한 권으로 끝내는

# 스파르타 토익

**NEW EDITION**

Power
## START

**LC&RC**

English&북스

한 권으로 끝내는

# 스파르타 토익
## Power START
### LC&RC

NEW EDITION

개정판 1쇄 발행 2020년 1월 2일
개정판 9쇄 발행 2025년 2월 20일

**저 자** 원정서, 피터
**펴낸이** 박성호
**펴낸곳** 잉글리쉬앤㈜

**편 집** 박고우니, 장서원
**마케팅** 여주형, 김성윤, 방성출, 박훈효, 조민형, 이달님, 강정구, 이진희, 조병운
조예선, 이현정, 조광민, 노희동, 김정민, 최희성, 최인태, 윤종철, 엄주아
오지현, 최유미, 최가연, 안혜연, 조승채

**주 소** 서울 특별시 관악구 쑥고개로 67-1
**대표전화** (02) 878-1945
**출판등록** 2002년 3월 3일 제 320-2002-00045호

ISBN 978-89-6715-137-9 13740

저작권자 2025 잉글리쉬앤㈜
이 책은 잉글리쉬앤㈜에 의해 출간되었으므로
저자와 출판사의 서면에 의한 허락 없이 글과 그림의 인용, 복제, 발췌를 금합니다.

* 가격은 뒤표지에 있습니다. 파본은 바꾸어 드립니다.

www.english.co.kr

# Preface

## 스파르타 토익 Power START
## 개정판을 내면서

2016년 첫 출간 이후 독자 여러분께 꾸준히 사랑을 받아온 토익 입문서 베스트셀러인 스파르타 토익 Power START가 새롭게 개정판을 출간합니다.

어떻게 하면 단기간에 토익의 기본기를 탄탄히 익히고 고득점에 도달할 수 있을까? 토익을 이제 막 시작하는 모든 수험생들의 한결같은 질문일 것입니다.

이미 많은 고득점자들이 증명한 대로 토익은 기본기가 무엇보다 중요하고 단기간에 집중적으로 학습해서 끝내야 합니다. 또한 출제 유형이 정해져 있고 이 유형들이 반복 출제되기 때문에 무엇을 어떻게 학습하는지가 고득점의 관건이라고 할 수 있습니다.

스파르타 토익 Power START 개정판은 기출 문제를 기반으로 토익 입문자가 효율적으로 목표 점수에 도달할 수 있도록 안내하는 토익 입문서입니다. 본 교재에는 저자진이 15년 이상 현장에서 집중 훈련을 통해 고득점자를 배출한 전략 및 노하우가 모두 응축되어 있습니다. 또한 영어의 기본기를 다지고 효과적으로 학습할 수 있도록 꼭 필요한 내용만 실었습니다. 토익 유형을 완벽 분석하여, 이에 맞는 문제 풀이 전략과 다양한 연습 문제들로 구성하였습니다.

토익 공부를 어떻게 시작해야 할지 막막한 학습자, 목표 점수가 나오지 않아 고민인 학습자들을 위해, 스파르타 토익 Power START 개정판이 토익 고득점으로 향하는 지름길을 제시하고자 합니다. 그리고 그 길을 함께 하며 여러분을 항상 응원하겠습니다.

# Contents

- 토익 소개 ·············································································· 6
- 파트별 유형 및 전략 ······················································· 8

## LISTENING COMPREHENSION

### PART 1

| UNIT 01 | 인물 사진 ············································· 20 |
| UNIT 02 | 사물/풍경 사진 ·································· 26 |
| UNIT 03 | 혼합 사진 ············································· 32 |

### PART 2

| UNIT 04 | 의문사 의문문 ···································· 40 |
| UNIT 05 | 일반/기타 의문문 ······························ 44 |
| UNIT 06 | 평서문 ···················································· 48 |
| UNIT 07 | "몰라요" 유형 ····································· 52 |

### PART 3

| UNIT 08 | 문제 유형 I ········································· 58 |
| UNIT 09 | 문제 유형 II ······································· 64 |
| UNIT 10 | 주제 I: 일상생활 ································ 70 |
| UNIT 11 | 주제 II: 회사 생활 ··························· 76 |

### PART 4

| UNIT 12 | 유형 I: 방송/뉴스 ···························· 84 |
| UNIT 13 | 유형 II: 녹음 메시지 ······················· 90 |
| UNIT 14 | 유형 III: 행사/인물 소개 ················ 96 |
| UNIT 15 | 유형 IV: 직원 회의 ························ 102 |

# READING COMPREHENSION

## PART 5&6

| UNIT 01 | 명사와 대명사 | 110 |
| UNIT 02 | 형용사와 부사 | 118 |
| UNIT 03 | 전치사 | 126 |
| UNIT 04 | 동사의 형태와 종류 | 134 |
| UNIT 05 | 수 일치 | 142 |
| UNIT 06 | 시제 | 150 |
| UNIT 07 | 수동태 | 158 |
| UNIT 08 | 부정사 | 166 |
| UNIT 09 | 동명사 | 174 |
| UNIT 10 | 분사 | 182 |
| UNIT 11 | 접속사 | 190 |
| UNIT 12 | 비교 / 도치 및 가정법 | 202 |

## PART 7

| UNIT 13 | 독해 I [문제 유형별] | 212 |
| UNIT 14 | 독해 II [지문 유형별 1] | 230 |
| UNIT 15 | 독해 III [지문 유형별 2] | 246 |

- 정답 및 해설 ............ 266
- 토익 빈출 어휘 ............ 370

### 온라인 모의고사 이용 방법

books.english.co.kr 접속 ▶ 상단 메뉴 [도서 인증 받기] 클릭
▶ 인증 내용 입력 ▶ 인증 완료 ▶ 테스트 응시

# 토익 소개

## 토익이란?

Test Of English for International Communication의 약자로, 영어가 모국어가 아닌 사람들의 일상생활이나 국제 업무 등에 필요한 실용 영어 능력을 평가하는 국제 평가 시험

### ▶ 시험 구성

| 구성 | Part | 유형 | | 문항 수 | | 시간 | 배점 |
|---|---|---|---|---|---|---|---|
| 듣기(LC) | 1 | 사진 묘사 | | 6 | 100 | 45분 | 495점 |
| | 2 | 질의 응답 | | 25 | | | |
| | 3 | 대화문 | | 39 | | | |
| | 4 | 담화문 | | 30 | | | |
| 읽기(RC) | 5 | 단문 공란 채우기 | | 30 | 100 | 75분 | 495점 |
| | 6 | 장문 공란 채우기 | | 16 | | | |
| | 7 | 지문 독해 | 단일 지문 | 29 | | | |
| | | | 복수 지문 | 25 | | | |
| TOTAL | | 7 Parts | | 200문항 | | 120분 | 990점 |

### ▶ 시험 내용

| Part | 유형 | 유형 내용 |
|---|---|---|
| 1 | 사진 묘사 | 제시된 사진을 알맞게 설명하는 보기 고르기 |
| 2 | 질의 응답 | 질문을 듣고 알맞은 대답 고르기 |
| 3 | 대화문 | 대화를 듣고 질문에 알맞은 내용 고르기 |
| 4 | 담화문 | 담화를 듣고 질문에 알맞은 내용 고르기 |
| 5 | 단문 공란 채우기 | 빈칸에 맞는 내용을 골라 단문 완성하기 |
| 6 | 장문 공란 채우기 | 빈칸에 맞는 내용을 골라 장문 완성하기 |
| 7 | 지문 독해 | 단일 지문 또는 이중·삼중 지문을 읽고 문제에 맞는 내용 고르기 |

### 접수 방법은?

▶ 한국 토익 위원회 사이트 혹은 앱으로 접수 ➜ www.toeic.co.kr
▶ 인터넷 접수할 때 시험일, 고사장, 개인 정보 등을 입력 (증명사진 필요)
　※ 접수 마감일 이후 추가 접수일에 접수 시 추가 비용 발생

### 응시 준비물은?

▶ 규정 신분증 (주민등록증, 운전면허증, 기간 만료 전의 여권, 중고등학생만 학생증 인정)
▶ 연필, 지우개 (볼펜이나 사인펜은 사용 금지)
▶ 아날로그 시계 (전자 시계 불가)

### 시험 진행은?

▶ **시험 시간이 오전일 경우** 오전 9:20까지 입실 (오전 9:50 이후 입실 불가)
▶ **시험 시간이 오후일 경우** 오후 2:20까지 입실 (오후 2:50 이후 입실 불가)

| 오전 시험 | 오후 시험 | 시험 진행 |
| --- | --- | --- |
| 오전 9:30 ~ 9:45 (15분) | 오후 2:30 ~ 2:45 (15분) | 답안지 작성에 관한 오리엔테이션 |
| 오전 9:45 ~ 9:50 (5분) | 오후 2:45 ~ 2:50 (5분) | 수험자 휴식 시간 |
| 오전 9:50 ~ 10:05 (15분) | 오후 2:50 ~ 3:05 (15분) | 신분 확인 |
| 오전 10:05 ~ 10:10 (5분) | 오후 3:05 ~ 3:10 (5분) | 문제지 배부, 파본 확인 |
| 오전 10:10 ~ 10:55 (45분) | 오후 3:10 ~ 3:55 (45분) | 듣기 평가(LC) |
| 오전 10:55 ~ 12:10 (75분) | 오후 3:55 ~ 5:10 (75분) | 읽기 평가(RC) |

※ 읽기 평가(RC) 시간에 2차 신분 확인 실시

### 성적 확인은?

▶ 시험일로부터 약 2주 후에 토익 위원회 사이트(www.toeic.co.kr)에서 확인 가능
▶ 온라인 출력과 우편 수령은 1회 무료, 이후에는 유료 발급

# 파트별 유형 및 전략

**PART 1**  사진 묘사  **6문제**

파트 1은 4개의 보기 중에서 사진을 가장 잘 묘사하는 보기를 고르는 유형이다. 총 6문제가 출제되며, 인물 및 사물/풍경 사진 등 다양한 유형의 사진이 등장한다.

| 핵심 전략 |

- 사진 유형별로 자주 출제되는 어휘와 표현을 익힌다.
- 난이도가 높은 경우 주어가 사물인 보기가 자주 등장하므로 수동태, 현재완료 수동태, 수동태 진행형과 같은 문법을 완벽하게 숙지한다.
- 오답 소거법을 통해, 사진을 완벽하게 묘사한 보기가 아닌 정답에 가장 가까운 Best Answer 를 고르도록 훈련한다.
- 유사 발음, 연상 어휘 등을 이용하거나, 사람과 사물의 상태 및 동작을 잘못 묘사하는 오답이 자주 등장한다.

| 문제 형태 |

1

Look at the picture marked number one in your test book.

(A) She is cleaning her desk.
(B) She is sharpening a pencil.
(C) She is filing some papers.
(D) She is holding a phone.

# PART 2

## 질의 응답 `25문제`

파트 2는 3개의 보기 중에서 질문에 가장 적절한 응답을 고르는 유형이다. 문항 수는 총 25개로, 의문사 의문문, Yes/No 의문문 등이 출제된다.

| 핵심 전략 |

- 질문의 앞부분을 집중해서 듣고 질문 유형을 파악하는 연습을 한다.
- 의문사 의문문은 가장 자주 출제되는 유형으로, 답변 패턴이 정해져 있다. 의문사별로 정답 유형을 숙지해 두자.
- 평서문은 답변 패턴이 정해져 있지 않아서 어렵게 느껴질 수 있다. 오답 소거법을 이용하여 보기 중 가장 적절한 응답을 고르는 훈련이 필요하다.
- 유사 발음 어휘, 질문의 단어 반복 등을 이용한 보기가 오답으로 자주 등장하므로 이를 주의하여 정답을 골라야 한다.

| 문제 형태 |

7   Mark your answer on your answer sheet.

How much longer do you need on this project?

(A) About ten pages long.
(B) Roughly half an hour.
(C) The project was successful.

# PART 3

## 대화문 39문제

파트 3는 2~3명이 나누는 대화를 듣고 이와 관련된 3개의 문제를 푸는 유형이다. 총 39문제가 출제되며, 3인 대화가 1~2세트 출제된다. 화자 의도 파악 문제와 시각 자료 연계 문제는 각각 2~3세트 출제된다.

### 핵심 전략

+ 대화를 듣기 전에 문제를 먼저 읽고, 키워드를 파악한 후 그 부분을 집중적으로 듣는 훈련을 하자.
+ 첫 번째 문제는 주로 주제나 장소, 신분에 관한 문제로, 정답의 단서가 대화 초반에 나오므로 처음 부분을 놓치지 않고 들어야 한다.
+ 화자 의도 파악 문제는 먼저 제시된 표현을 확인하고, 음성을 들으면서 해당 표현이 나올 때까지 문맥을 정확히 파악해야 한다.
+ 시각 자료 문제는 미리 도표를 읽고 지문의 내용을 예측해 본다. 또한, 시각 자료와 음성을 연계하여 정보를 파악하는 능력을 길러야 한다.
+ 3인 대화에서 화자는 국적에 따라 발음이 구분되므로, 미국, 영국, 호주 등의 다양한 발음에 익숙해지도록 연습한다.

### 문제 형태

**32** What does the woman imply when she says, "I got one for my friend"?

(A) She is inviting the man to meet her friend.
(B) Her friend is the same size with his wife.
(C) She is willing to pay for the product.
(D) She is emphasizing it's a good product.

Questions 32 through 34 refer to the following conversation.

M: Hi, I'm looking for a birthday present for my wife. I think she'd like one of these sweaters, but do you have any in a smaller size?

W: I'm pretty sure everything we have is out here on the display table. But I can check the stockroom in the back if you'd like.

M: Thanks, that'll be great. You know they look perfect for early spring. Light, but warm. You can wear them indoors or outdoors.

W: That's right. I got one for my friend who wears it a lot, so I'm sure your wife would love one. And we're selling them for 30% off this week.

M: That's good to know. I hope you have one in my wife's size.

# PART 4

## 담화문 30문제

파트 4는 담화를 듣고 이와 관련된 3개의 문제를 푸는 유형이다. 총 30문항이 출제되며, 녹음 메시지나 공지, 뉴스 등이 주로 출제된다. 파트 3와 마찬가지로, 화자 의도 파악 문제와 시각 자료 연계 문제가 2~3세트씩 출제된다.

## 핵심 전략

- 담화를 듣기 전에 문제를 먼저 읽고, 키워드를 파악한 후 그 부분을 집중적으로 듣는 훈련을 하자.
- 첫 번째 문제는 주로 주제나 장소, 신분에 관한 문제로, 정답의 단서가 담화 초반에 나오므로 처음 부분을 놓치지 않고 들어야 한다.
- 화자 의도 파악 문제는 파트 3와 달리 한 사람의 담화이므로 문맥의 흐름을 더 쉽게 파악할 수 있다. 따라서 담화의 전반적인 문맥 흐름을 이해하고, 해당 문장의 앞뒤 상황을 정확히 파악하는 훈련을 하자.
- 시각 자료 문제는 미리 도표를 읽고 지문의 내용을 예측해 본다. 또한, 시각 자료와 음성을 연계하여 정보를 파악하는 능력을 길러야 한다.

## 문제 형태

| Tour Schedule | |
|---|---|
| Garden Tour | 10:00 A.M. |
| Lunch | Noon |
| Museum Visit | 1:30 P.M. |
| Theater Performance | 4:00 P.M. |

**98** Look at the graphic. What time is this talk most likely being given?

(A) At 10:00 A.M.
(B) At noon
(C) At 1:30 P.M.
(D) At 4:00 P.M.

Questions 98 through 100 refer to the following talk and schedule.

Can I have everyone's attention at the front of the bus? I hope you enjoyed your lunch at Restaurant Baron. As I mentioned earlier, it first opened in 1880 and has been operating longer than any other restaurants in Charlestown. Now, if you look out the window on your right, you'll see the National Museum of History and according to our schedule, we're right on time. We'll be spending about 2 hours here. I'll pass out the brochures with the information about the permanent and temporary exhibits you'll be seeing today. We'll meet again at the main entrance at 3:30 for our next schedule. Enjoy yourselves.

# PART 5

## 단문 공란 채우기 〈30문제〉

파트 5는 문장 안에 있는 빈칸에 적절한 단어나 어구를 채워 넣는 유형이다. 총 30문항이 출제되며, 문법 문제와 어휘 문제가 등장한다. 문제 유형에 따라 풀이 방식이 다르므로 이를 가장 먼저 파악하는 것이 중요하다.

### | 핵심 전략 |

- 문제를 풀기 전, 보기를 통해 문제 유형을 파악하는 연습을 한다.
- 문법 문제는 문장 구조나 빈칸 주변의 문법을 통해 문제를 풀어야 한다. 문법 문제를 단시간에 풀기 위해서 명사, 동사, 형용사 등의 기본적인 문법 규칙을 확실히 익혀 두자.
- 어휘 문제는 해석을 통해 문맥에 가장 적절한 단어를 선택해야 한다. 가능한 한 많은 어휘와 표현을 암기하고, 예문을 통해 어휘가 어떻게 사용되는지까지 익혀 두자.
- 자주 함께 쓰이는 단어 및 표현을 숙지하여 빠른 시간 내에 푸는 것이 관건이다.

### | 문제 형태 |

**101** Sky Motors offers a variety of training programs to help enhance ------- in the workplace.

(A) productivity
(B) produce
(C) productive
(D) productively

**102** The fundraising event recorded such high ------- that the proceeds will be higher than expected.

(A) representative
(B) consultation
(C) safety
(D) attendance

# PART 6

## 장문 공란 채우기 — 16문제

파트 6는 지문 안에 있는 4개의 빈칸에 알맞은 보기를 선택하는 유형이다. 문법, 어휘, 문장을 넣는 문제가 등장하며, 총 16문항이 출제된다. 문맥에 맞는 문장을 고르는 문제는 각 지문마다 1개씩 출제된다.

### | 핵심 전략 |

+ 전체 문맥을 이해해야 풀 수 있는 문법 및 어휘 문제가 나오므로 지문의 흐름을 놓치지 않는 것이 중요하다.
+ 빈칸에 알맞은 문장을 넣는 문제는 빈칸 앞뒤와 전체 맥락을 파악하여 정답을 골라야 하므로 독해력을 꾸준히 길러야 한다.
+ 문장 삽입 유형은 지문을 읽으며 앞뒤 흐름상 자연스러운 내용을 예측하면 정답을 쉽게 찾을 수 있다.

### | 문제 형태 |

Questions 135-138 refer to the following notice.

**Important Notice about Hatter Industries**

Please note that the contact information for Hatter Industries changed on March 21. Due to the closure of our Dabbley office and the ------- (135) of our operations in Buena, all correspondence concerning our products and services should now be sent to the following address: Hatter Industries, 642 Mandela Lane, Buena, CA.

Our employees' e-mail addresses, as well as our Web site's address, www.hatterindustries.com, remain ------- (136).

However, we are still waiting for our new telephone and fax numbers. ------- (137) will be updated on our Web site as soon as the new numbers are assigned as of March 25.

------- (138).

**135**
(A) decision
(B) relocation
(C) suspension
(D) result

**136**
(A) assigned
(B) even
(C) formal
(D) unchanged

**137**
(A) Yours
(B) Another
(C) These
(D) Theirs

**138**
(A) We apologize for any inconvenience and thank you for your understanding.
(B) Refer to the side of the packet for full details of instructions before applying.
(C) Her office location will also remain the same.
(D) For more information about the forthcoming event, visit www.lizard.org.br/events.

# PART 7

## 지문 독해 | 54문제

파트 7은 지문을 읽고 지문과 관련된 문제 2~5개를 푸는 유형이다. 총 54문항이 출제되며, 편지, 문자 메시지, 광고, 공지문 등 다양한 유형의 지문이 나온다. 단일 지문 10개, 이중 지문 2개, 삼중 지문 3개의 세트가 등장한다.

| 핵심 전략 |

+ 지문의 종류와 제목, 키워드를 파악하여 내용을 미리 예측하고 정답 단서를 찾는다.
+ 지문의 정답 단서가 보기에서는 다르게 패러프레이징될 수 있으므로, 단어를 암기할 때 동의 표현을 함께 익힌다.
+ 복수 지문에서는 2개 이상의 지문을 연계하여 풀어야 하는 문제들이 출제되므로, 지문 간의 관계를 파악하는 연습을 해야 한다.

| 문제 형태 |

Questions 162-164 refer to the following advertisement.

**ACCOUNT SERVICE DIRECTOR WANTED**

A leading financial service bank is looking for an account services director. —[1]—. He or she will be responsible for reclassifying income payment to ensure the accurate reporting of tax payments. —[2]—. Validating tax related information, determining reclassification amounts, processing reclassifications using various internal systems, and performing quality-control checks relevant to all tax-reporting processes will be some of the other responsibilities. —[3]—. In order to qualify, the candidate must have a college degree and previous tax or brokerage experience along with strong analytical skills. —[4]—.

If you are interested, please send your résumé to:

Rosabeth Moss Kanter / Lawrence Financial, Inc.
985, Andrew Park Avenue / Houston, TX 48954

**162** What position is being advertised?

(A) Public official
(B) Real estate agent
(C) Accountant
(D) Financial consultant

**163** Which of the following is required for the position?

(A) Communication skills
(B) A license approved by a related organization
(C) Background knowledge of Lawrence Financial, Inc.
(D) A college education

**164** In which of the positions marked [1], [2], [3], and [4] does the following sentence best belong?

"They must also be able to work overtime and weekends when required."

(A) [1]
(B) [2]
(C) [3]
(D) [4]

# 학습 플랜

## > 2주 완성

|  |  | Day 1 | Day 2 | Day 3 | Day 4 | Day 5 |
|---|---|---|---|---|---|---|
| Week 1 | LC | UNIT 1-3 | UNIT 4-5 | UNIT 6-7 | UNIT 8-9 | UNIT 10 |
| Week 1 | RC | UNIT 1 | UNIT 2 | UNIT 3 | UNIT 4 | UNIT 5-6 |
| Week 2 | LC | UNIT 11 | UNIT 12 | UNIT 13 | UNIT 14 | UNIT 15 |
| Week 2 | RC | UNIT 7-8 | UNIT 9-10 | UNIT 11-12 | UNIT 13-14 | UNIT 15 |

## > 4주 완성

|  |  | Day 1 | Day 2 | Day 3 | Day 4 | Day 5 |
|---|---|---|---|---|---|---|
| Week 1 | LC | UNIT 1-3 | UNIT 4-5 | UNIT 6-7 | UNIT 8-9 | UNIT 10 |
| Week 2 | LC | UNIT 11 | UNIT 12 | UNIT 13 | UNIT 14 | UNIT 15 |
| Week 3 | RC | UNIT 1-2 | UNIT 3-4 | UNIT 5-6 | UNIT 7-8 | UNIT 9-10 |
| Week 4 | RC | UNIT 11 | UNIT 12 | UNIT 13 | UNIT 14 | UNIT 15 |

※ 보다 효율적인 학습을 위해 토익 빈출 어휘(p. 370 ~)와 온라인 모의고사를 활용하시기 바랍니다.

# LISTENING COMPREHENSION

| PART 1 | UNIT 01 | 인물 사진 | 20 |
| --- | --- | --- | --- |
| | UNIT 02 | 사물/풍경 사진 | 26 |
| | UNIT 03 | 혼합 사진 | 32 |

| PART 2 | UNIT 04 | 의문사 의문문 | 40 |
| --- | --- | --- | --- |
| | UNIT 05 | 일반/기타 의문문 | 44 |
| | UNIT 06 | 평서문 | 48 |
| | UNIT 07 | "몰라요" 유형 | 52 |

| PART 3 | UNIT 08 | 문제 유형 I | 58 |
| --- | --- | --- | --- |
| | UNIT 09 | 문제 유형 II | 64 |
| | UNIT 10 | 주제 I : 일상생활 | 70 |
| | UNIT 11 | 주제 II : 회사 생활 | 76 |

| PART 4 | UNIT 12 | 유형 I : 방송/뉴스 | 84 |
| --- | --- | --- | --- |
| | UNIT 13 | 유형 II : 녹음 메시지 | 90 |
| | UNIT 14 | 유형 III : 행사/인물 소개 | 96 |
| | UNIT 15 | 유형 IV : 직원 회의 | 102 |

# PART 1

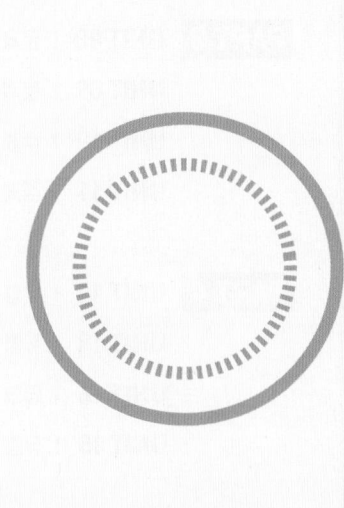

**1 몇 문제인가요?** 총 6문제
**2 어떻게 푸나요?** 4개의 선택지를 듣고, 사진을 가장 잘 묘사한 것을 고르는 유형입니다.

### 예제

(A) She's serving food at a restaurant.
   그녀는 식당에서 음식을 서빙하고 있다.
(B) She's wiping the counter.
   그녀는 카운터를 닦고 있다.
(C) She's mixing food in a bowl.
   그녀는 접시에 음식을 섞고 있다.
(D) She's holding a plate.
   그녀는 접시를 들고 있다.

### 전략

Part 1에서는 이미 사진으로 찍힌 모습을 묘사해야 하기 때문에 정답이 될 수 있는 문장 형태가 정해져 있습니다. 다시 말해, 사진 속의 인물, 물건, 배경은 다양하게 나올 수 있지만 이런 상황을 묘사할 수 있는 동사의 시제는 **현재, 현재 진행형, 그리고 현재 완료형**이 등장해요. 문장의 형식은 3형식이 가장 많이 등장합니다.

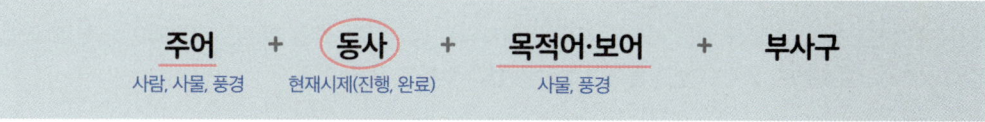

▶▶ Part 1에 자주 나오는 전형적인 문장의 구조입니다. 아주 간단하죠?
자, 이제 부담 갖지 말고 Part 1부터 차근차근 시작해 봅시다.

# UNIT 01 인물 사진

## 기본 전략

☑ **문제의 포인트는 동사와 목적어!**

| | |
|---|---|
| 주어 | the woman, the man, people, they |
| 동사 | smiling, wearing, playing |
| 목적어 | hat, instrument |
| 부사(구) | on the street, outside |

인물 사진은 크게 1인 사진, 2인 이상 사진으로 나눌 수 있습니다. 위의 사진에서 각 품사별 단어를 이용하여 하나의 문장을 만들어 볼까요?

▶ The woman **is smiling**.  여자는 웃고 있다.
▶ The man **is wearing** a hat.  남자는 모자를 쓰고 있다.
▶ They **are playing** instruments outside.  그들은 야외에서 악기를 연주하고 있다.

이 세 문장을 분석해 볼까요? 주어로는 사람이 나오고, 동사로는 행동/상태를 나타내는 현재 진행형이, 그 뒤에 목적어나 부사구가 나온 것이 보이죠? 인물 사진은 주어가 여자인지 남자인지, 혹은 복수인지를 확인하고, 그 다음에 동사/목적어/부사구를 끝까지 놓치지 않고 들으면 정답을 쉽게 맞힐 수 있습니다.

특히, 사진에 있는 사람이 '~하고 있다'는 동작이나 상태를 나타내기 위해 현재 진행형(be + -ing)이 주로 나오므로 "동사" 부분을 주의해서 들어야 합니다.

## 유형 분석 및 출제 포인트

### 유형 1 ▶ 1인 사진

(A) The man is walking up the stairs.
남자는 계단을 올라가고 있다.
(B) The man is leaning against the railing.
남자는 난간에 기대어 있다.
(C) The man is entering the house.
남자는 집에 들어가고 있다.
(D) The man is crossing his legs.
남자는 다리를 꼬고 있다.

**포인트** 1인 사진에서는 동사와 목적어를 끝까지 듣는 훈련이 필요하다. 남자는 반바지를 입고(wearing), 팔짱을 끼고(folding, crossing) 난간에 기대는(leaning) 행동을 하고 있다.

### 유형 2 ▶ 2인 이상 사진

(A) They are checking into a hotel.
그들은 호텔에 체크인을 하고 있다.
(B) The woman is paying for the purchase.
여자가 물건 값을 지불하고 있다.
(C) They are waiting in line for a bus.
그들은 버스를 타기 위해 줄 서서 기다리고 있다.
(D) The man is wearing a suit.
남자가 정장을 입고 있다.

**포인트** 2인 이상 사진에서는 각각의 인물이 취하는 동작, 관계, 배경 등을 놓치지 않아야 하고, 주어와 동사가 제대로 연결되어 있는지 확인해야 한다. 즉, 인물들의 공통되는 동작과 주요 인물의 동작을 파악해야 한다. 장소는 호텔로 보이지만 손님은 보이지 않으므로 손님이 할 만한 행동은 오답 처리한다. 정답은 남자가 정장을 입고 있는 것(wearing)을 묘사한 (D).

### ➕ VOCABULARY : 인물 사진에 자주 등장하는 어휘

| | | | |
|---|---|---|---|
| 놓다 | put, place, lay | 치우다, 쓸다/닦다 | clear, sweep/mop |
| 잡다/운반하다, 옮기다 | hold/carry, move | 자르다/잔디를 깎다 | cut, chop/trim, mow |
| 사용하다/일하다 | use/work | 붓다/섞다 | pour/stir, mix |
| 작동하다, 다루다 | operate, adjust, handle | 입다(상태) | wear |
| 싣다/내리다 | load/unload | 쉬다/기대다 | rest/lean |
| 보다/향하다 | gaze, stare, glance/face | (서로) 말하다 | chat, discuss, converse |
| 자세히 보다(검사하다) | examine, inspect, check | 주다 | give, hand |

## 빈출 패턴 훈련　▶ U01_22

• 음성을 듣고 빈칸을 채워 보세요.

1　The woman is _____ some vegetables.
2　She is _____ at a counter.

3　Some people are _____ to each other.
4　They are _____ on the low wall.

5　The man is _____ a copy machine.
6　He is _____ some buttons.

7　People are _____ the road.
8　They're in the _____ of the street.

### 💬 Answers

1　The woman is **chopping** some vegetables. 여자는 야채를 썰고 있다.
2　She is **working** at a counter. 그녀는 카운터에서 일하고 있다.
3　Some people are **talking** to each other. 사람들이 서로 이야기하고 있다.
4　They are **resting** on the low wall. 그들은 낮은 벽 위에서 쉬고 있다.
5　The man is **using** a copy machine. 남자는 복사기를 사용하고 있다.
6　He is **pushing** some buttons. 그는 버튼을 누르고 있다.
7　People are **crossing** the road. 사람들이 도로를 건너고 있다.
8　They're in the **middle** of the street. 그들은 길 한가운데에 있다.

## SPARTA PRACTICE

U01_23 | 해설 p.266

• 음성을 듣고 사진을 가장 잘 묘사한 것을 고르세요.

**1**

(A)　　　(B)

**2**

(A)　　　(B)

**3**

(A)　　　(B)

**4**

(A)　　　(B)

UNIT 01 인물 사진　**23**

# SPARTA TEST

1

(A)　　　　(B)　　　　(C)　　　　(D)

2

(A)　　　　(B)　　　　(C)　　　　(D)

3

(A)　　　　(B)　　　　(C)　　　　(D)

**4**

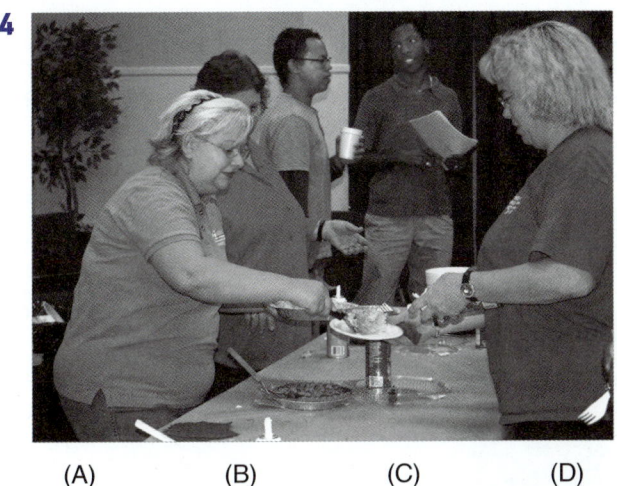

(A)　　　(B)　　　(C)　　　(D)

**5**

(A)　　　(B)　　　(C)　　　(D)

**6**

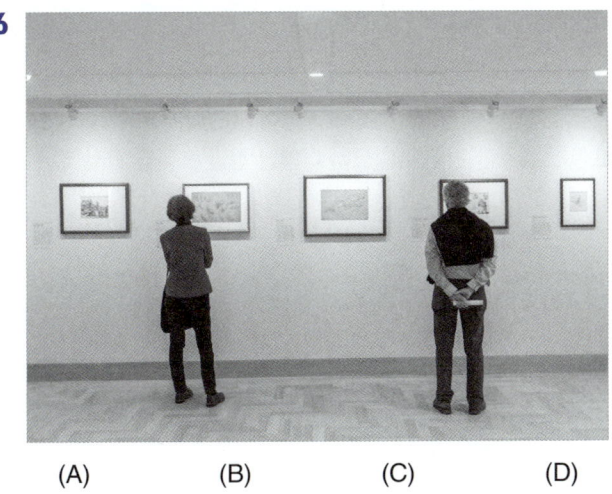

(A)　　　(B)　　　(C)　　　(D)

# UNIT 02 사물/풍경 사진

## 기본 전략

☑ 수동태/수동태 완료 구문을 내 것으로!

주어: light, plant, table, wall, floor
동사: turn on, place, stand, sit
부사(구): in the corner, along the wall

Part 1에는 특정 사물을 표현한 사물 사진과, 장소를 보여 주는 풍경 사진이 있습니다. 가장 먼저 할 일은 사물/풍경 사진을 묘사하는 시제 표현에 익숙해지는 것입니다. 현재 진행형이 주로 정답이 되는 인물 사진과 달리, 사물/풍경 사진은 다양한 시제를 익히는 것이 중요합니다.

- 수동태 완료 (~가 되어 있다): The lights **have been turned on**. 불이 켜져 있다.
- 수동태 (~가 되다): Some plants **are placed** on the table. 화초가 테이블 위에 놓여 있다.
  ★ 오답(수동태 진행형): Plants are being placed. 화초가 놓여지는 중이다.(해당 동작을 하는 사람이 안 보임)
- 현재 (있다, 이다): A table **stands** in the middle of the room.
  : **There is** a table in the middle of the room. 방 한가운데에 테이블이 있다.

사물/풍경 사진의 주어로는 다양한 물건이나 배경이 나올 수 있습니다. 사물이 주어이다 보니 어떤 행동을 "당했다"는 소위 "수동태"가 많이 등장합니다. 하지만 경우에 따라 사물을 의인화하여 사물이 서 있다(stand), 앉아 있다(sit) 등의 표현도 가능하다는 것을 기억해 두세요. 표현이 생소한 경우가 많으니 다양한 정답 표현을 익혀 두는 것이 중요합니다.

# 유형 분석 및 출제 포인트

### 유형 1 ▶ 풍경 사진

U02_27_1

(A) They're walking on the beach.
그들은 바닷가에서 걷고 있다.
(B) Some boats are docked at a pier.
배들이 선착장에 정박해 있다.
(C) Some trees are being planted near the water.
나무들이 물가에 심어지고 있는 중이다.
(D) **The path leads to the beach.**
길이 바닷가로 이어진다.

> **포인트** 풍경 사진에는 다양한 사물이 주어로 나올 수 있다. "길은 뻗어 있고, 풀이 자라고, 파도가 치고…"처럼 다양한 표현과 시제들을 익혀 두도록 하자. '길'은 path, trail 등이 많이 쓰이며, '길이 쭉 뻗어 있다'는 표현은 run, extend가, '다른 곳으로 연결된다'는 표현은 lead to가 사용될 수 있다.

### 유형 2 ▶ 사물 사진

U02_27_2

(A) Some flowers are being picked up.
꽃들이 꺾이고 있다.
(B) Crops are being harvested.
농작물이 추수되고 있다.
(C) **Some fruits have been stacked in baskets.**
과일들이 바구니에 쌓여 있다.
(D) Some leaves have been raked into a pile.
나뭇잎들이 더미로 긁어모아져 있다.

> **포인트** 사물 사진에서는 사물을 의인화해서 표현하는 경우가 많다. 사물의 위치, 상태, 배경 등을 빠르게 파악하고, 각각의 주어와 동사를 매칭해서 오답을 가려내야 한다. 수동태 진행형(be being p.p.)은 주로 사람의 동작을 묘사하는 데 쓰이고, 현재완료(have/has been p.p.)는 물건의 상태를 묘사할 때 쓰인다. 정답은 바구니에 쌓여 있는 과일을 묘사한 (C)이다.

### ✚ VOCABULARY : 사물/풍경 사진에 자주 등장하는 어휘

| | | | |
|---|---|---|---|
| 쌓다 | stack, pile, stock | 둘러싸다/나누다 | encircle/divide |
| 정렬하다 | arrange, display, be on display | 묶다, 고정하다 | tie up, secure |
| 정리하다, 세팅하다 | organize, set | 위치하다 | locate, position |
| 놓여 있다 | stand, sit | 걸리다, 매달리다 | hang, suspend |
| 뻗다/지나가다 | run, extend/go, pass | 덮다, 가리다/장식하다 | cover/decorate |
| 연결되다/휘어지다 | lead to/curve | 비어 있다 | be unoccupied, be empty |

## 빈출 패턴 훈련

▶ U02_28

- 음성을 듣고 빈칸을 채워 보세요.

1. The plant _____ _____ _____ outside the window.
2. The windows _____ _____ _____.
3. The boat _____ _____ _____.
4. Trees _____ _____ on the water.

5. Clothes _____ _____ on the racks.
6. Merchandise _____ ____ _____.
7. Cars _____ _____ at a crosswalk.
8. Cars _____ _____ for the light to change.

### 💬 Answers

1. The plant **has been placed** outside the window. 화초가 창문 밖에 놓여 있다.
2. The windows **have been closed**. 창문들이 닫혀 있다.
3. The boat **is tied up**. 배가 정박되었다.
4. Trees **are reflected** on the water. 나무들이 물에 반사되고 있다.
5. Clothes **are hanging** on the racks. 옷들이 옷걸이에 걸려 있다.
6. Merchandise **is on display**. 상품들이 진열되어 있다.
7. Cars **have stopped** at a crosswalk. 자동차들이 횡단보도에 멈춰 있다.
8. Cars **are waiting** for the light to change. 자동차들이 불(신호등)이 바뀌기를 기다리고 있다.

# SPARTA PRACTICE

U02_29 | 해설 p.268

- 음성을 듣고 사진을 가장 잘 묘사한 것을 고르세요.

**1**

(A)　　　(B)

**2**

(A)　　　(B)

**3**

(A)　　　(B)

**4**

(A)　　　(B)

# SPARTA TEST

**1**

(A)  (B)  (C)  (D)

**2**

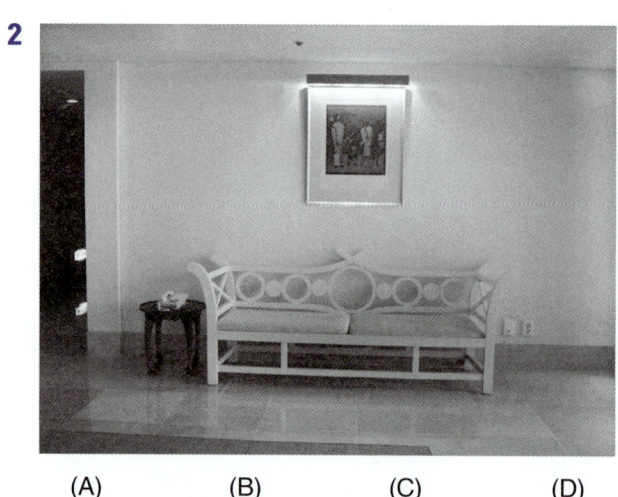

(A)  (B)  (C)  (D)

**3**

(A)  (B)  (C)  (D)

**4**

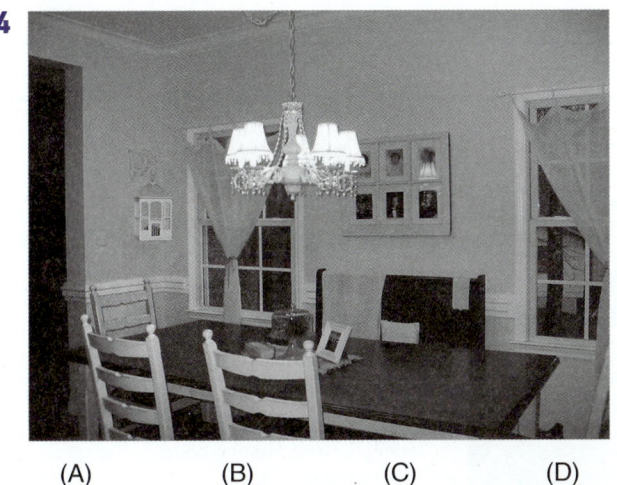

(A)   (B)   (C)   (D)

**5**

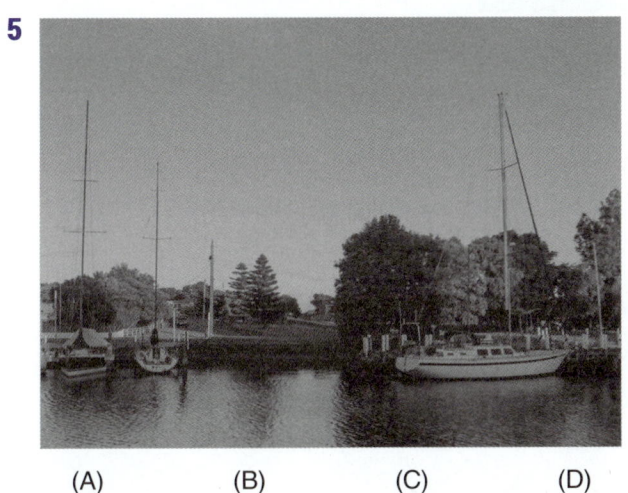

(A)   (B)   (C)   (D)

**6**

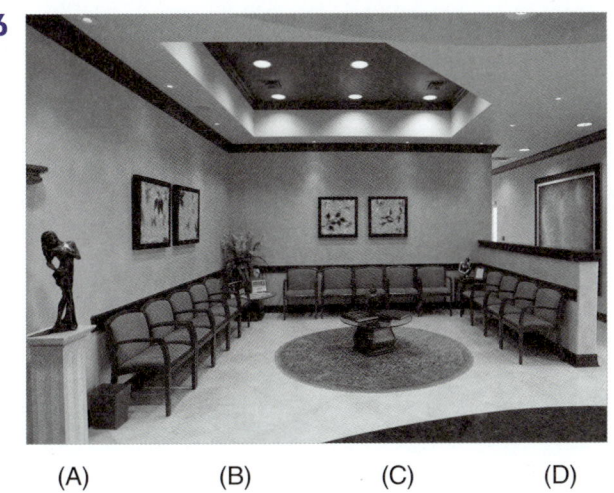

(A)   (B)   (C)   (D)

# UNIT 03 혼합 사진

## 기본 전략

☑ 사진에서 각각의 주어와 동사를 찾자!

**배경 중심**
- 자동차가 주차되어 있다.
- 나무가 길가에 심어져 있다.
- 길이 도로 옆으로 나 있다.

**인물 중심**
- 남자가 기계를 작동하고 있다.
- 남자가 일하고 있다.
- 남자가 반팔 옷을 입고 있다.

혼합 사진은 인물이 등장하지만 배경에 나온 사물이나 잘 보이지 않는 부분이 정답이 될 수 있어 까다로운 유형입니다. 따라서 사진을 보고 바로 정답을 예측하기보다는 주어진 4개의 선택지 중에서 '가장 덜 틀린 것(Best Answer)'을 고르는 훈련을 해야 해요. 표현이 다소 생소하더라도 정답에 가장 가까운 선택지를 고르도록 훈련합시다.

▶ The man **is mowing the lawn**.    남자는 잔디를 깎고 있다.
▶ The man **is working** outside.    남자는 야외에서 일하고 있다.
▶ A car **is parked** along the street.    자동차가 길을 따라 주차되어 있다.
▶ A sidewalk **runs** behind the man.    보도가 남자 뒤편으로 나 있다.

## 유형 분석 및 출제 포인트

### 유형 1 ▶ 혼합 사진

U03_33_1

(A) The woman is writing on the board.
여자는 칠판에 쓰고 있다.

(B) They are facing each other.
그들은 서로 마주 보고 있다.

(C) Plants are being watered in a garden.
정원의 식물에 물을 주고 있다.

(D) One of the seats is empty.
좌석 중 하나가 비어 있다.

**포인트** 인물 사진으로 보이지만 사진 앞쪽에 있는 빈 좌석을 묘사한 보기가 정답이 되었다. 사진을 보고 바로 정답을 예측하기보다 4개의 선택지 중에서 가장 좋은 Best Answer를 고르는 훈련을 하자.

### 유형 2 ▶ 혼합 사진

U03_33_2

(A) Some of the umbrellas have been opened.
몇몇 우산들이 펼쳐져 있다.

(B) Some people are crossing the street.
몇몇 사람들이 길을 건너고 있다.

(C) Travelers are in line to get the tickets.
여행객들이 티켓을 받기 위해 줄 서 있다.

(D) Trees have been planted near the castle.
나무들이 성 근처에 심어져 있다.

**포인트** 관광지에 많은 사람들이 모여 있는 혼합 사진이다. 인물 사진의 경우, 주로 사람이 주어로 나오고 인물의 주된 동작을 묘사한다. 혼합 사진의 경우, 인물의 동작은 물론이고 사물의 상태나 배경을 묘사한 보기도 나온다. 여기서는 펼쳐져 있는 우산의 상태를 묘사한 (A)가 정답이다.

### ➕ VOCABULARY : 혼합 사진에 자주 등장하는 표현

| | | | |
|---|---|---|---|
| 있다 | There is ~, There are ~ | 자라다 | grow |
| 비어 있다 | be empty, be vacant | 줄지어 있다 | line, be lined (up) |
| 차지하다, 앉아 있다 | be taken, be occupied | 참석하다, 참여하다 | attend, participate in, take part in |
| 붐비다 | be crowded with | 공유하다, 같이 쓰다 | share |
| 많다, 꽉 차다 | be filled with, be full of | 다루다, 조정하다 | handle, adjust |
| 모이다, 같이 있다 | be gathered, be grouped together | 기다리다 | be waiting for |

## 빈출 패턴 훈련

▶ U03_34

- 음성을 듣고 빈칸을 채워 보세요.

1  Some seats are _____.
2  There are some _____ seats in the room.

3  Some plants are _____ by the fence.
4  _____ _____ some plants by the fence.

5  The man is _____ ___ a box.
6  Some items are _____ by a cart.

7  The train _____ _____.
8  The man is _____ the edge of the platform.

### 💬 Answers

1  Some seats are <u>occupied</u>. 일부 좌석이 찼다.(누군가 앉아 있다.)
2  There are some <u>empty</u> seats in the room. 방에 빈 좌석들이 있다.
3  Some plants are <u>growing</u> by the fence. 식물들이 담장 옆에서 자라고 있다.
4  <u>There are</u> some plants by the fence. 담장 옆에 식물들이 있다.
5  The man is <u>picking up</u> a box. 남자는 박스를 들어올리고 있다.
6  Some items are <u>stacked</u> by a cart. 물건들이 카트 옆에 쌓여 있다.
7  The train <u>has stopped</u>. 기차가 서 있다.
8  The man is <u>near</u> the edge of the platform. 남자는 플랫폼 가장자리 근처에 있다.

## SPARTA PRACTICE

U03_35 | 해설 p.270

- 음성을 듣고 사진을 가장 잘 묘사한 것을 고르세요.

**1**

(A)　　　　(B)

**2**

(A)　　　　(B)

**3**

(A)　　　　(B)

**4**

(A)　　　　(B)

# SPARTA TEST

**1**

(A)    (B)    (C)    (D)

**2**

(A)    (B)    (C)    (D)

**3**

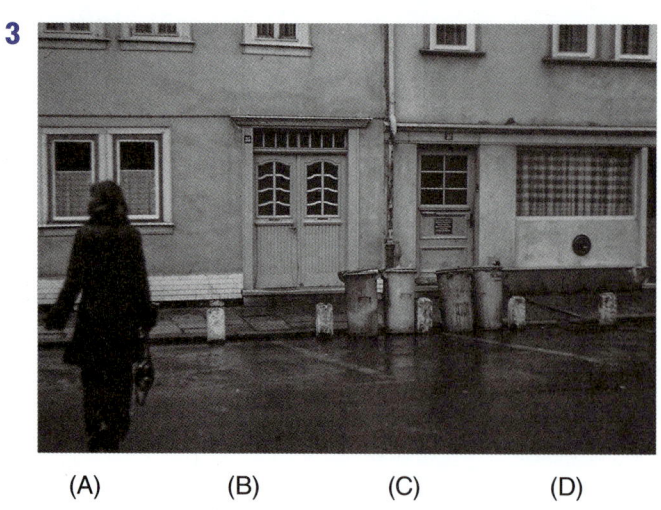

(A)    (B)    (C)    (D)

**4**

(A)      (B)      (C)      (D)

**5**

(A)      (B)      (C)      (D)

**6**

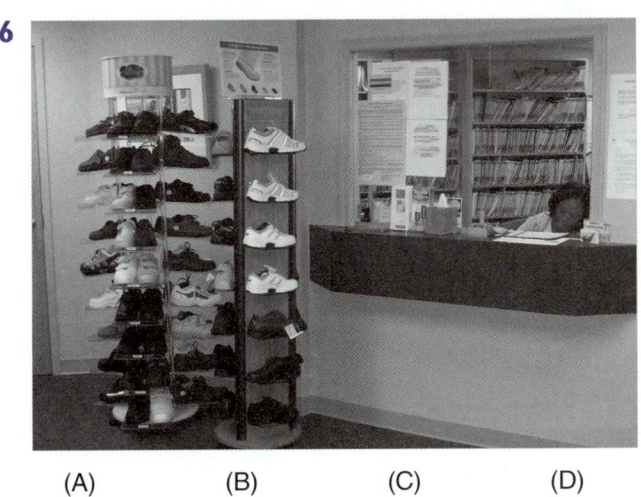

(A)      (B)      (C)      (D)

# PART 2

**1 몇 문제인가요?** 총 25문제
**2 어떻게 푸나요?** 질문을 듣고 주어진 3개의 선택지 중에서 가장 적절한 보기를 고르는 유형입니다.

## 예제

**7** Mark your answer on your answer sheet.
(A)　　(B)　　(C)

When do you need a final decision?
(A) By Friday.
(B) Yes, I think so.
(C) How many pages?

언제 최종 결정이 필요해요?
(A) 금요일까지요.
(B) 네, 저도 그렇게 생각해요.
(C) 몇 페이지인가요?

## 전략

Part 2에서 정답을 맞히기 위해서는 다양한 의문문의 형태를 먼저 이해해야 합니다. 의문사 의문문은 맨 앞에 등장하는 의문사를 정확하게 듣는 연습을 하고 정답 유형을 암기하는 것이 좋습니다. Yes/No 의문문은 '누가(주어) + 본동사의 행동을 하는가(동사)'를 정확히 이해해야 합니다.

▶ **의문사 의문문**

(의문사) + 조동사 + (주어) + (본동사) + 목적어, 부사구
질문 목적과 연결　　　　인칭　　본문 해석

▶ **Yes/No 의문문**

(조동사) + (주어) + (본동사) + 목적어, 부사구
시제　　　인칭　　Yes/No 좌우

▶▶ Part 2에 자주 나오는 전형적인 문장 구조입니다.
이제 Part 2를 본격적으로 시작해 볼까요?

# UNIT 04 의문사 의문문

## 기본 전략

☑ 의문사 듣기, 의문문별 정답 유형 외우기

Q **What date** would you like to **reserve** the room for? ← What + date (어떤 날짜)
   (A) I like non-fiction. ← 오답 동의어/ 유사 발음 (like)
   (B) From the 7th to the 9th, please. ← 정답 날짜 (7일부터 9일까지)
   (C) It's on the upstairs. ← 오답 Where 의문문의 정답

Q 며칠로 방을 예약하시겠어요?
   (A) 저는 논픽션을 좋아해요.
   (B) 7일부터 9일까지요.
   (C) 위층에 있어요.

## ■ 의문사 의문문 핵심 정리

| | |
|---|---|
| **Who 의문문** | 사람 이름뿐만 아니라, 직책, 부서, 회사 이름 등이 정답으로 출제<br>ex Q. **Who** drove you to the hospital? 누가 당신을 병원까지 태워줬어요?<br>    A. **Mr. James** did. James 씨가요. |
| **Where 의문문** | 장소, 위치, 소속 등의 전치사(in, at, to, on)를 포함한 장소 부사구가 정답으로 출제<br>ex Q. **Where** did you buy your suitcase? 어디에서 여행 가방을 샀어요?<br>    A. **On the Internet.** 인터넷에서요. |
| **When 의문문** | 날짜, 시간 등 특정 시점이 정답으로 출제되므로 시간 표현 및 전치사를 익혀 둘 것!<br>ex Q. **When** will the seminar be over? 세미나는 언제 끝나요?<br>    A. **In half an hour.** 30분 후에요. |
| **How 의문문** | How와 연결되는 단어를 통해 어떤 정보를 묻는지 파악! (ex. How often → 빈도)<br>ex Q. **How** often do you go on a business trip? 얼마나 자주 출장을 가요?<br>    A. About **once a month.** 한 달에 한 번 정도요. |
| **Why 의문문** | Because, For 등 이유를 나타내는 표현이 정답으로 출제되지만 오답 함정으로도 자주 나오므로 주의할 것!<br>ex Q. **Why** was the meeting canceled? 회의가 왜 취소됐어요?<br>    A. **(Because)** the director is out of the office. 이사님이 사무실에 안 계셔서요. |
| **What/Which 의문문** | What/Which와 연결되는 단어를 통해 어떤 정보를 묻는지 파악! (ex. What time → 몇 시)<br>ex Q. **What** time are they coming back? 그들은 몇 시에 돌아오나요?<br>    A. **Around seven,** I guess. 7시쯤일 거예요.<br><br>ex Q. **Which** fax machine would you like? 어떤 팩스기를 원하세요?<br>    A. **Whichever** costs less. 어느 것이든 더 저렴한 거요. |

## 유형 분석 및 출제 포인트

### 유형 1 ▶ How 의문문

U04_41_1

**Q  How** long have you been working here?   여기에서 얼마 동안 근무하셨어요?
(A) In two hours.   (A) 2시간 후에요.
(B) For over ten years.   (B) 10년 넘게요.
(C) I don't work on Sundays.   (C) 저는 일요일에는 일하지 않아요.

> **포인트**  How long 의문문은 거리뿐만 아니라 기간에도 많이 사용된다. 근무한 기간을 물어보는 문제에 10년 이상이라고 말한 (B)가 정답이다. 무조건 숫자만 듣고 답으로 고르지 않도록 주의하자. (A)는 미래 시점이고 (C)는 유사 발음 work이 반복된 오답이다.

### 유형 2 ▶ Why 의문문

U04_41_2

**Q  Why** can't we replace the computers?   왜 컴퓨터를 교체할 수 없나요?
(A) The copies are in black and white.   (A) 복사본은 흑백입니다.
(B) We don't have enough budget.   (B) 저희는 예산이 충분하지 않아요.
(C) On the table is fine.   (C) 테이블 위에 두시면 됩니다.

> **포인트**  이유를 물어보는 Why 의문문에서는 이유와 목적과 관련된 다양한 표현을 알아 두어야 한다. 특히 회사 업무상 문제가 발생한 이유를 묻는 경우가 많다. 회사에서 왜 사무기기를 교체하지 못 하냐는 질문에, "예산이 없다"라는 이유가 자주 등장한다는 것을 알아 두자. (A) computer/copy의 연상 가능한 어휘가 등장하지만 교체 불가능한 이유를 설명하고 있지 않다. (C) 장소를 물어보는 Where 의문문의 답으로 적합하다.

### ✚ VOCABULARY : 의문사별 전형적인 질문 및 정답 표현

| 의문사 | |
|---|---|
| 의문사 Who | (사람 이름, 직급, 부서, 회사 이름, 인물 묘사) **Mr. Anderson** Anderson 씨  **sales department/ division/ team** 판매팀   **company/ corporation/ firm** 회사 |
| 의문사 Where | (장소 이름, 위치, 장소 묘사) **Riverside Park** 리버사이드 공원  **near the main entrance** 정문 옆에  **in the drawer** 서랍 속에  **on the cover** 표지에 |
| 의문사 When | (시각, 시점) **last week** 지난주  **two months ago** 두 달 전  **in an hour** 한 시간 후  **next summer** 다음 여름 |
| 의문사 How | (방법: How + 일반동사) **sign up/ register** 등록하다  (상태: How + be동사) **reasonable** 합리적인  **acceptable** 받아들일 만한  **How much / How long / How far / How often** |
| 의문사 Why | (목적) **to buy some books** 책을 사려고  **to make it visible** 잘 보이게 하려고  (이유) **scheduling conflicts** 일정이 겹쳐서  **not feeling well** 몸이 아파서 |
| 의문사 What | <What + 명사> **What time / What place / What color / What price**  <What + 동사> **What ~ prepare / What ~ purchase / What do you think[say]** |
| 의문사 Which | (선택: the one ~한 것) **the one in the corner** 구석에 있는 것  **the blue one** 파란 것  **the one you recommended** 네가 추천한 것 |

## 빈출 패턴 훈련

▶ U04_42

• 음성을 듣고 빈칸을 채워 보세요.

1. Q. _____'s _____ for the upcoming project?
   A. The marketing _____.

2. Q. _____ _____ made the bestseller's list?
   A. _____ _____ on display.

3. Q. _____ _____ do you like most?
   A. _____.

4. Q. _____ _____ do you visit the head office?
   A. _____ Monday, if possible.

5. Q. _____ did they say we should _____ _____?
   A. ___ _____, at the latest.

6. Q. _____ did you _____ so early?
   A. ____ _____ a meeting.

7. Q. _____ should we _____ the client out for dinner?
   A. _____ _____ out some Web sites.

8. Q. _____ does the _____ look _____ tomorrow?
   A. We'll have some _____.

### 💬 Answers

1. Q. **Who's responsible** for the upcoming project? 누가 곧 있을 프로젝트를 담당하나요?
   A. The marketing **department**. 마케팅 부서요.

2. Q. **Which book** made the bestseller's list? 어떤 책이 베스트셀러가 되었나요?
   A. **The one** on display. 진열되어 있는 것이요.

3. Q. **What color** do you like most? 어떤 색깔이 가장 마음에 들어요?
   A. **Blue**. 파란색이요.

4. Q. **How often** do you visit the head office? 당신은 얼마나 자주 본사를 방문하나요?
   A. **Every** Monday, if possible. 가능하면 매주 월요일에요.

5. Q. **When** did they say we should **be here**? 그들은 우리가 언제 여기 와야 한다고 했어요?
   A. **By three**, at the latest. 늦어도 세 시까지요.

6. Q. **Why** did you **leave** so early? 왜 그렇게 일찍 떠났어요?
   A. **To attend** a meeting. 회의에 참석하기 위해서요.

7. Q. **Where** should we **take** the client out for dinner? 저녁 식사를 위해 고객을 어디로 모시고 갈까요?
   A. **Let's check** out some Web sites. 웹 사이트를 확인해 보도록 하죠.

8. Q. **What** does the **weather** look **like** tomorrow? 내일 날씨는 어떨 것 같나요?
   A. We'll have some **snow**. 눈이 좀 올 거예요.

## SPARTA PRACTICE

U04_43_1 | 해설 p.272

• 음성을 듣고 질문에 가장 알맞은 응답을 고르세요.

1. Mark your answer on your answer sheet. (A) (B)
2. Mark your answer on your answer sheet. (A) (B)
3. Mark your answer on your answer sheet. (A) (B)
4. Mark your answer on your answer sheet. (A) (B)
5. Mark your answer on your answer sheet. (A) (B)
6. Mark your answer on your answer sheet. (A) (B)

## SPARTA TEST

U04_43_2 | 해설 p.272

▶ **Who/ Where/ When 의문문**

1. Mark your answer on your answer sheet. (A) (B) (C)
2. Mark your answer on your answer sheet. (A) (B) (C)
3. Mark your answer on your answer sheet. (A) (B) (C)
4. Mark your answer on your answer sheet. (A) (B) (C)
5. Mark your answer on your answer sheet. (A) (B) (C)
6. Mark your answer on your answer sheet. (A) (B) (C)

▶ **How/ Why/ What·Which 의문문**

1. Mark your answer on your answer sheet. (A) (B) (C)
2. Mark your answer on your answer sheet. (A) (B) (C)
3. Mark your answer on your answer sheet. (A) (B) (C)
4. Mark your answer on your answer sheet. (A) (B) (C)
5. Mark your answer on your answer sheet. (A) (B) (C)
6. Mark your answer on your answer sheet. (A) (B) (C)

# UNIT 05 일반/기타 의문문

## 기본 전략

☑ **<조동사 + 주어 + 본동사> 듣기 훈련**

Q  **Do you want to go out** for **lunch**?
  (A) Yes, let's try the new Korean restaurant.
  (B) Yes, I like you too.
  (C) The launching show was delayed.

긍정 의문문 : Yes/No 의문문
<조동사 + 주어 + 본동사 + 목적어>

**정답** Yes + 세부 내용
**오답** Yes + 연결 내용 틀림
**오답** 발음 유사 (lunch/launch)

Q  점심 먹으러 나갈래요?
  (A) 네, 새로 생긴 한식당에 가봅시다.
  (B) 네, 저도 당신을 좋아해요.
  (C) 런칭쇼가 연기됐어요.

■ **일반/기타 의문문 핵심 정리**

| | |
|---|---|
| 긍정 의문문 | 사실이거나 동의하면 Yes, 사실이 아니거나 동의하지 않으면 No + 부연 설명 (Yes/No 생략 가능)<br>ex Q. **Is** there a train station nearby? 근처에 기차역이 있나요?<br>A. **Yes**, just around the corner. 네, 모퉁이만 돌면요. |
| 부정 의문문 | 부정어 not으로 시작하는 의문문으로, Yes/No 뒤에 나온 내용이 핵심! (조동사/be동사 + not ~)<br>ex Q. **Didn't** you leave for Paris yesterday? 어제 파리로 떠나지 않았나요?<br>A. **No**, it was postponed. 아뇨, 연기됐어요. |
| 부가 의문문 | 사실이거나 동의하면 Yes, 사실이 아니거나 동의하지 않으면 No + 부연 설명 (Yes/No 생략 가능)<br>ex Q. You **have** been to China, **haven't you**? 중국에 가봤죠, 그렇지 않아요?<br>A. **No**, I haven't visited there before. 아뇨, 전에 가본 적 없어요. |
| 권유/청유형 | Could[Would] you ~? 형태로 쓰이며, 동의 표현으로 Why don't we[you] ~? / Would you mind -ing?가 있다. (* Would you mind ~?는 수락할 때 부정, 거절할 때 긍정으로 답하는 것에 유의!)<br>ex Q. **Would you mind** if I open the window? 창문 좀 열어도 될까요?<br>A. **Not at all.** 그러세요. |
| 선택 의문문 | or로 연결된 두 가지 중 하나를 선택하거나, 둘 다 선택 또는 둘 다 선택하지 않는 제3의 보기가 정답으로 출제<br>ex Q. Should I send you an invoice by e-mail **or** fax?<br>송장을 이메일로 보낼까요, 아니면 팩스로 보낼까요?<br>A. **Either** is fine. 아무거나 좋아요. |
| 간접 의문문 | Do you know ~, Did you hear ~, Can you tell me ~ 등의 어구 뒤에 의문사 의문문을 붙여서 간접적으로 묻는 형태<br>ex Q. **Do you know where** the reception desk is? 접수처가 어디 있는지 아세요?<br>A. I can show you if you want. 원하시면 보여 드릴게요. |

## 유형 분석 및 출제 포인트

### 유형 1 ▶ 선택 의문문

U05_45_1

**Q  Would you prefer** a window seat **or** an aisle seat?
(A) A sheet of paper.
(B) It doesn't matter.
(C) A reference section.

창가쪽 좌석을 선호하시나요? 아니면 복도쪽을 원하시나요?
(A) 종이 한 장이요.
(B) 상관없어요.
(C) 참고문헌 칸이요.

> **포인트** 선택 의문문에서는 or 앞뒤의 단어를 놓치지 않고 들어야 한다. "둘 다 좋아요, 아무거나 좋아요"는 자주 나오는 정답 문형으로, 반드시 암기해 두자.

### 유형 2 ▶ 부정 의문문

U05_45_2

**Q  Shouldn't** we update our company logo?
(A) Yes, but we have to get approval first.
(B) That date is convenient.
(C) I go there often.

회사 로고를 변경해야 하지 않나요?
(A) 네, 하지만 먼저 승인을 받아야 해요.
(B) 그 날짜가 편해요.
(C) 저는 그곳에 자주 갑니다.

> **포인트** 회사 로고를 바꿔야 하지 않냐는 부정 의문문으로, 권유/청유를 부정 형태로 묻고 있다. 전형적인 정답 유형은 "Yes + 세부적인 로고 수정 방향", "No + 못 하는 이유"이다. 정답은 "Yes + but 승인이 필요하다"라고 설명한 (A)이다. (B)는 update/date가 발음이 유사하지만 내용상의 연계성은 없고, (C)도 질문과 연관성이 없다.

### ✚ VOCABULARY : 일반/기타 의문문의 전형적인 정답 유형

| | |
|---|---|
| 문장 전체 Yes/No | I think so. 그런 것 같아요.   Sure. / No problem. 물론이죠.   That's my plan. 그럴 계획이에요. <br> Not really. 그렇지 않아요.   Not that I know of. 제가 아는 바로는 아니에요. <br> Not yet. 아직 아니에요.   That's what I heard. 제가 듣기로는 그래요. |
| Yes + 세부 내용 | Q: 오늘 시간 있으세요? <br> ➡ A: Yes, after lunch. 네, 점심 먹고요. <br> ➡ A: Sure, I will call you later. 네, 제가 나중에 전화할게요. |
| No + 이유/다른 옵션 | ➡ A: No, I have a deadline today. 아뇨, 오늘 마감이 있어요. <br> ➡ A: Actually, how about meeting next week? 실은, 다음 주에 만나는 건 어때요? |
| 선택 의문문 | 1) I like both. 둘 다 좋아요. <br> 2) Either will be fine. 아무거나 좋아요.   I don't care. 상관없어요. <br>     It doesn't matter. 중요하지 않아요.   I have no preference. 선호하는 것이 없어요. <br> 3) I don't like either. 둘 다 싫어요.   Do you have anything else? 다른 것은 없나요? |
| 권유/청유형 | Q: ~하자. (Why don't we ~? / How[What] about ~?) <br> ➡ A: (Yes) + that's a good idea[suggestion]. 좋은 생각[제안]이에요. <br> ➡ A: (No) + I'm busy. / I haven't had time. 바빠요. / 시간이 없어요. |
| 제안형 | Q: 제가 ~해 드릴게요. (I could ~. / Do you want me to ~?) <br> ➡ A: Thank you. That'll be great. 고마워요. 그러면 좋죠. <br> ➡ A: (No) + I can manage[handle]. 제가 [처리]할 수 있어요. |

UNIT 05 일반/기타 의문문

## 빈출 패턴 훈련

▶ U05_46

• 음성을 듣고 빈칸을 채워 보세요.

1  Q. Would you like to _____ _____ this weekend?
   A. That _____ _____.

2  Q. Are you taking the _____, or the _____?
   A. The _____ will be faster.

3  Q. The rain is supposed to _____ _____, isn't it?
   A. That's _____ ___ _____.

4  Q. Didn't you _____ _____ of the report?
   A. Yes, they're ____ your _____.

5  Q. _____ you _____ the quarterly budget?
   A. _____ _____.

6  Q. Would you _____ _____ me the contract?
   A. Sure, I'll _____ that _____.

7  Q. Could you _____ it _____ a bit, please?
   A. Oh, I'm _____.

8  Q. Did you open the account _____, or here _____ _____ _____?
   A. I did it on your _____ _____.

### 💬 Answers

1  Q. Would you like to **go swimming** this weekend? 이번 주말에 수영하러 갈래요?
   A. That **sounds great**. 좋은 생각이에요.

2  Q. Are you taking the **bus**, or the **train**? 버스를 탈 건가요? 아니면 기차를 탈 건가요?
   A. The **train** will be faster. 기차가 더 빠를 거예요.

3  Q. The rain is supposed to **stop soon**, isn't it? 비가 곧 그친다고 했죠, 그렇지 않나요?
   A. That's **what I heard**. 제가 듣기로는 그래요.

4  Q. Didn't you **make copies** of the report? 보고서를 복사하지 않았나요?
   A. Yes, they're **on your desk**. 네, 당신 책상 위에 있어요.

5  Q. **Have** you **finished** the quarterly budget? 분기별 예산안을 다 작성했나요?
   A. **Not yet**. 아직 아니에요.

6  Q. Would you **mind sending** me the contract? 저한테 계약서를 보내 주시겠어요?
   A. Sure, I'll **do** that **now**. 물론이죠, 지금 할게요.

7  Q. Could you **turn** it **down** a bit, please? 소리 좀 줄여 주시겠어요?
   A. Oh, I'm **sorry**. 아, 죄송해요.

8  Q. Did you open the account **online**, or here **at the bank**? 온라인에서 계좌를 개설했나요? 아니면 은행에서 했나요?
   A. I did it on your **Web site**. 당신네 웹 사이트에서 했어요.

## SPARTA PRACTICE

▶ U05_47_1 | 해설 p.274

• 음성을 듣고 질문에 가장 알맞은 응답을 고르세요.

1  Mark your answer on your answer sheet.    (A)    (B)
2  Mark your answer on your answer sheet.    (A)    (B)
3  Mark your answer on your answer sheet.    (A)    (B)
4  Mark your answer on your answer sheet.    (A)    (B)
5  Mark your answer on your answer sheet.    (A)    (B)
6  Mark your answer on your answer sheet.    (A)    (B)

## SPARTA TEST

▶ U05_47_2 | 해설 p.275

▶ 긍정/ 부정/ 부가 의문문

1  Mark your answer on your answer sheet.    (A)    (B)    (C)
2  Mark your answer on your answer sheet.    (A)    (B)    (C)
3  Mark your answer on your answer sheet.    (A)    (B)    (C)
4  Mark your answer on your answer sheet.    (A)    (B)    (C)
5  Mark your answer on your answer sheet.    (A)    (B)    (C)
6  Mark your answer on your answer sheet.    (A)    (B)    (C)

▶ 권유[청유]형/ 선택/ 간접 의문문

1  Mark your answer on your answer sheet.    (A)    (B)    (C)
2  Mark your answer on your answer sheet.    (A)    (B)    (C)
3  Mark your answer on your answer sheet.    (A)    (B)    (C)
4  Mark your answer on your answer sheet.    (A)    (B)    (C)
5  Mark your answer on your answer sheet.    (A)    (B)    (C)
6  Mark your answer on your answer sheet.    (A)    (B)    (C)

# UNIT 06 평서문

## 기본 전략

☑ **긍정적 & 세부적으로 대답하는 훈련을 하자!**

Q **I'd like to make a reservation, please.** ← 평서문 : Yes/No 답변 가능
"Yes + 세부 내용 / No + 이유, 다른 옵션"

(A) The <u>reserved</u> parking space. — 오답 유사 발음 오답 (reserved)

(B) Sure, may I have your name, please? — 정답 Yes + 세부 내용 (이름, 시간대 등)

(C) Sorry. <u>He's</u> on vacation right now. — 오답 대명사 호환 오류 (I/he)

Q 예약을 하고 싶습니다.
(A) 예약된 주차 공간이요.
(B) 네, 이름이 어떻게 되시나요?
(C) 죄송합니다. 그는 지금 휴가 중입니다.

평서문은 문장의 핵심이 되는 부분을 찾기 쉽지 않으므로 전체 문장을 놓치지 않고 듣는 것이 중요합니다.

| 평서문 | 선형석 반응 |
|---|---|
| • 문제점, 정보 요구 | ➡ 해결책, 정보 제시 |
| • 뉴스, 사실 제공 | ➡ 관심을 보이며 세부 내용 제시 |
| • 의견 제시 | ➡ 동의, 비동의 또는 그에 따른 세부 설명 |

ex Q. I'm not sure how to use it. 이것을 어떻게 쓰는지 모르겠어요.
A. I can help you with that. 제가 도와드릴게요. (해결책 제시)

Q. The square is crowded today. 광장이 오늘 붐비네요.
A. Because of the festival. 축제 때문에 그래요. (세부 내용 제시)

Q. I didn't go to the workshop yesterday. 저는 어제 워크숍에 가지 않았어요.
A. Neither did I. 저도 그래요. (동의)

## 유형 분석 및 출제 포인트

### 유형 1 ▶ 평서문

U06_49_1

Q  The fax machine stopped working.  팩스기가 작동하지 않아요.
(A) I don't work on weekends.  (A) 저는 주말에는 일하지 않아요.
(B) This is the last stop.  (B) 이게 마지막 정류장이에요.
(C) Let me take a look at it.  (C) 제가 한번 볼게요.

**포인트** 평서문에서 문제점을 제시하는 경우에 전형적인 반응은 문제점을 해결하려고 하거나 관심을 보이는 것이다. 물론 유사 발음/대명사 호환으로 오답을 제거하는 전략과 정답 유형을 암기하는 전략을 동시에 사용하면 정답률을 높일 수 있다.

### 유형 2 ▶ 평서문

U06_49_2

Q  I heard Shawn is presenting her proposal today.  제가 듣기로는 Shawn이 오늘 제안서를 발표한대요.
(A) Sure, I will.  (A) 물론이죠, 제가 할게요.
(B) We bought them each a present.  (B) 저희는 그들 각자에게 선물을 사 줬어요.
(C) Oh, I thought it was tomorrow.  (C) 아, 저는 그게 내일인 줄 알았어요.

**포인트** 제안서 발표 일정을 말해 주는 평서문으로, "다른 날인 줄 알았다"고 답한 (C)가 정답이다. 평서문은 자신의 생각이나 의견을 말하는 것보다 사실을 말할 경우 반응하기 더 까다롭다. 다양한 평서문에 긍정/부정적으로 반응하는 훈련을 하자. Yes로 말할 경우, "발표에 참여하겠다, 기대된다"는 표현이 연결될 수 있다.

### ➕ VOCABULARY : 평서문의 전형적인 정답 유형

| | |
|---|---|
| 문제점 해결 | I can take care of it. 제가 처리할게요.  Let me take a look at it. 제가 한번 볼게요.<br>I'll do it right away. 제가 지금 할게요.  I'll ask Dave to do it. 제가 Dave에게 하라고 할게요.<br>Let me help you with that. 제가 도와드릴게요.<br>I think the receptionist can help you. 접수원이 도와드릴 거예요. |
| 동의 표현 | I think so, too. 저도 그렇게 생각해요.  I think you're right. 당신 말이 맞는 거 같아요.<br>That's a good idea. 좋은 생각이에요.  That'll be great. 그럼 좋죠.  So do I. 저도 그래요.<br>I don't like it either. 저도 별로예요.  Neither have I. 저도 해 본 적 없어요. |
| 잘 됐네요/<br>유감이네요 | That's good news. 좋은 소식이네요.  I'm glad you like it. 당신 마음에 든다니 다행이네요.<br>I'm sorry to hear that. 정말 유감이네요.  You'll get it next time. 다음번에는 꼭 잘될 거예요.<br>We can do better next time. 다음번에는 더 잘 할 수 있을 거예요. |
| 관심 표현 | Yes + what time / what place / how many people ~? 네 + 언제/어디서/몇 명이 ~?<br>I'll confirm ~ ~을 확인할게요.  Let me do ~ for you. 당신을 위해 ~해 드리죠.<br>No + I like the other one/different one. 아니요 + 전 다른 게 좋아요. |
| 반문/조건형 | When does it start? 언제 시작하는데요?  How did it go? 어땠어요?<br>Why was it late? 왜 늦었나요?  What time do you want to meet? 언제 만나고 싶어요?<br>Should I make a reservation? 제가 예약할까요?  How did you like it? 마음에 들었나요?<br>Do you think you have time? 시간이 있을 것 같아요?  If it doesn't rain. 비가 안 오면요. |

## 빈출 패턴 훈련

▶ U06_50

• 음성을 듣고 빈칸을 채워 보세요.

1  Q. We need to _____ some _____.
   A. I'll _____ it _____ _____.

2  Q. I heard our _____ have _____.
   A. We'll _____ _____ soon.

3  Q. I _____ _____ these assembly directions.
   A. Let me _____ _____ with that.

4  Q. The _____ is so nice today.
   A. You're _____, it is.

5  Q. The store is having a _____ _____.
   A. That's _____ to _____.

6  Q. These new _____ are _____.
   A. Actually, I _____ the _____ ones.

7  Q. Our _____ are _____ for office uses.
   A. _____ _____ does it cost?

8  Q. Mr. Kim is going to be _____ to the London office.
   A. Yes, but _____ _____ next month.

### 📢 Answers

1  Q. We need to <u>order</u> some <u>papers</u>. 우리는 종이를 주문해야 해요.
   A. I'll <u>do</u> it <u>right away</u>. 제가 당장 하도록 하죠.

2  Q. I heard our <u>sales</u> have <u>dropped</u>. 우리 판매가 떨어졌다고 들었어요.
   A. We'll <u>do better</u> soon. 곧 더 잘될 거예요.

3  Q. I <u>don't understand</u> these assembly directions. 전 이 조립 설명서가 이해되지 않아요.
   A. Let me <u>help you</u> with that. 제가 도와드릴게요.

4  Q. The <u>weather</u> is so nice today. 오늘 날씨가 정말 좋아요.
   A. You're <u>right</u>, it is. 당신 말이 맞아요, 날씨가 좋네요.

5  Q. The store is having a <u>big sale</u>. 가게가 빅 세일을 해요.
   A. That's <u>good</u> to <u>know</u>. 알게 되어서 좋네요.

6  Q. These new <u>chairs</u> are <u>comfortable</u>. 이 새 의자들은 편하네요.
   A. Actually, I <u>prefer</u> the <u>old</u> ones. 실은, 전 옛날 게 더 좋아요.

7  Q. Our <u>printers</u> are <u>perfect</u> for office uses. 저희 프린터들은 사무실용으로 딱 맞습니다.
   A. <u>How much</u> does it cost? 비용이 얼마나 드는데요?

8  Q. Mr. Kim is going to be <u>transferred</u> to the London office. Kim 씨는 런던 사무소로 전근 갈 거예요.
   A. Yes, but <u>not until</u> next month. 네, 그런데 다음 달이나 되어야 해요.

## SPARTA PRACTICE

U06_51_1 | 해설 p.277

• 음성을 듣고 질문에 가장 알맞은 응답을 고르세요.

1  Mark your answer on your answer sheet.  (A)  (B)
2  Mark your answer on your answer sheet.  (A)  (B)
3  Mark your answer on your answer sheet.  (A)  (B)
4  Mark your answer on your answer sheet.  (A)  (B)
5  Mark your answer on your answer sheet.  (A)  (B)
6  Mark your answer on your answer sheet.  (A)  (B)

## SPARTA TEST

U06_51_2 | 해설 p.277

1   Mark your answer on your answer sheet.  (A)  (B)  (C)
2   Mark your answer on your answer sheet.  (A)  (B)  (C)
3   Mark your answer on your answer sheet.  (A)  (B)  (C)
4   Mark your answer on your answer sheet.  (A)  (B)  (C)
5   Mark your answer on your answer sheet.  (A)  (B)  (C)
6   Mark your answer on your answer sheet.  (A)  (B)  (C)
7   Mark your answer on your answer sheet.  (A)  (B)  (C)
8   Mark your answer on your answer sheet.  (A)  (B)  (C)
9   Mark your answer on your answer sheet.  (A)  (B)  (C)
10  Mark your answer on your answer sheet.  (A)  (B)  (C)

# UNIT 07 "몰라요" 유형

## 기본 전략

☑ 발음이 비슷하면 오답, 모르겠다고 하면 정답!

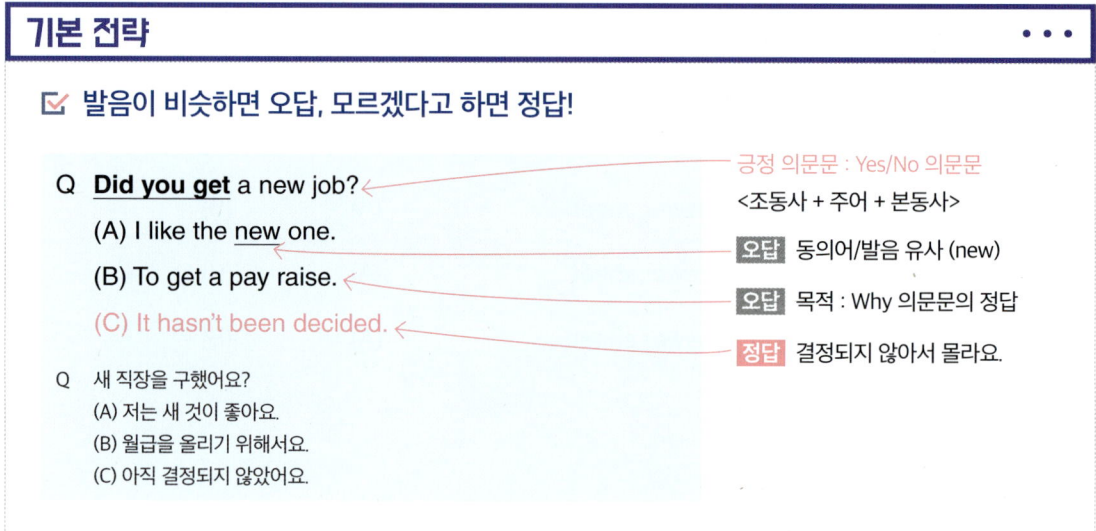

Part 2에서 질문과 3개의 보기가 완벽하게 해석되면 답을 쉽게 고를 수 있겠지만, 출제 유형에 따라 오답을 쉽게 지우는 방법이 있습니다. 해석이 잘 안 될 때 비슷한 발음이나 연상되는 어휘를 무작정 고르는 초보의 약점을 역으로 공략하면 됩니다. 비슷한 발음은 일단 오답 처리! "몰라요" 유형은 암기해 두고 정답 처리! 정확하게 들리지 않는다고 불안해하지 말고, 이 전략들을 사용해서 문제를 풀어 보면 의외로 정답을 쉽게 맞힐 수 있습니다.

## 유형 분석 및 출제 포인트

### 유형 1 ▶ "몰라요" 유형
U07_53_1

**Q** Where can I pick up my ticket?
(A) I don't know.
(B) I will pick you up tonight.
(C) The subway station is near.

어디에서 티켓을 찾을 수 있나요?
(A) 모르겠어요.
(B) 제가 오늘 밤 당신을 데리러 갈게요.
(C) 지하철역은 가까워요.

**포인트** 티켓을 찾을 수 있는 장소를 물어보는 질문에, "몰라요" 유형이 답이 되었다. 질문의 유형과 상관없이 "몰라요" 유형은 정답이 될 확률이 높다는 것을 기억하자. (B)는 유사 발음 함정(pick up), (C)는 내용상 말이 되지 않는다.

### 유형 2 ▶ "몰라요" 유형
U07_53_2

**Q** Have you ordered the office supplies we needed?
(A) Yes, the board of directors.
(B) A receipt for the chairs.
(C) Kathy is in charge of it.

우리가 필요한 사무용품을 주문했나요?
(A) 네, 이사회요.
(B) 의자에 대한 영수증이요.
(C) Kathy가 담당자예요.

**포인트** 주문을 했는지 묻는 질문에, 자기는 담당자가 아니며(I'm not in charge) 담당자는 Kathy라고 하는 "몰라요" 유형의 전형적인 답변이 정답이다. 다양한 "몰라요" 유형을 암기해 두자. (A) Yes는 맞지만 뒤에 이어진 내용이 어울리지 않는다. (B) 주문하다(order)에서 영수증(receipt)이라는 어휘는 연상 가능하지만 내용상 연결되지 않는다.

### ➕ VOCABULARY : "몰라요" 유형의 다양한 표현

| | |
|---|---|
| 기억나지 않아요 | I can't remember. 기억나지 않아요.<br>I forgot. 잊어버렸어요.<br>It slipped my mind. 잊어버렸어요. |
| 못 들었어요 | I haven't heard. 못 들었어요.<br>No one told me. 아무도 말해 주지 않았어요.<br>I haven't been informed[notified]. 공지 못 받았어요. |
| 결정되지 않았어요 | It hasn't been announced yet. 아직 발표나지 않았어요.<br>They are still discussing. 아직 논의 중이에요.<br>It hasn't been decided yet. 아직 결정되지 않았어요. |
| 안 했어요 | I didn't go. 안 갔어요.<br>I didn't check. 확인하지 않았어요. |
| 저는 담당자가 아니에요 | I'm not in charge. 저는 책임자가 아니에요.<br>I can't decide. 저는 결정할 수 없어요.<br>Ask Mr. Roberts. Roberts 씨한테 물어보세요. |
| 확인해 봐야 해요 | I'll ask the manager. 매니저한테 물어볼게요.<br>Let me check. 제가 확인해 볼게요.<br>Let me call someone. 다른 사람에게 전화해 볼게요. |
| 기다려 봐야 해요 | We'll have to wait. 기다려야 해요.<br>Let's wait. 기다려 보죠. |
| 상황에 따라 달라요 | It depends on ~. ~에 따라 달라요.<br>Let me think (about it). 생각해 보죠. |

## 빈출 패턴 훈련

▶ U07_54

• 음성을 듣고 빈칸을 채워 보세요.

1. Q. _____ is Mr. Chen _____ for the airport?
   A. _____ his schedule.

2. Q. _____ can I _____ my car?
   A. In front of my _____.

3. Q. _____ will be _____ for the position?
   A. Mr. Lee will be _____.

4. Q. _____ are your business _____?
   A. From _____ to _____.

5. Q. _____ the package _____ today?
   A. I'm not _____.

6. Q. _____ you want to _____ to the music festival?
   A. Yes, that's a _____ _____.

7. Q. _____ Amy going to _____ you?
   A. I'll have to _____ _____.

8. Q. Should we _____, or take a _____?
   A. _____ will be fine.

### 💬 Answers

1. Q. **When** is Mr. Chen **departing** for the airport? Chen 씨는 언제 공항으로 출발하나요?
   A. **Check** his schedule. 그의 일정을 확인해 보세요. ("몰라요" 유형)

2. Q. **Where** can I **park** my car? 제 차를 어디에 주차할 수 있을까요?
   A. In front of my **place**. 우리집 앞에요.

3. Q. **Who** will be **hired** for the position? 그 직책에 누가 고용될 건가요?
   A. Mr. Lee will be **suitable**. Lee 씨가 적합해요.

4. Q. **What** are your business **hours**? 귀사의 영업시간은 어떻게 되나요?
   A. From **nine** to **five**. 9시부터 5시까지요.

5. Q. **Did** the package **arrive** today? 오늘 소포가 도착했나요?
   A. I'm not **sure**. 잘 모르겠어요. ("몰라요" 유형)

6. Q. **Do** you want to **go** to the music festival? 음악 축제에 가고 싶어요?
   A. Yes, that's a **good idea**. 네, 좋은 생각이에요.

7. Q. **Is** Amy going to **meet** you? Amy가 당신을 만날 건가요?
   A. I'll have to **ask her**. 그녀에게 물어봐야 해요. ("몰라요" 유형)

8. Q. Should we **continue**, or take a **break**? 우리 계속할까요? 아니면 잠깐 쉴까요?
   A. **Either** will be fine. 어느 쪽이든 좋아요.

# SPARTA PRACTICE

- 음성을 듣고 질문에 가장 알맞은 응답을 고르세요.

1. Mark your answer on your answer sheet. (A) (B)
2. Mark your answer on your answer sheet. (A) (B)
3. Mark your answer on your answer sheet. (A) (B)
4. Mark your answer on your answer sheet. (A) (B)
5. Mark your answer on your answer sheet. (A) (B)
6. Mark your answer on your answer sheet. (A) (B)

# SPARTA TEST

1. Mark your answer on your answer sheet. (A) (B) (C)
2. Mark your answer on your answer sheet. (A) (B) (C)
3. Mark your answer on your answer sheet. (A) (B) (C)
4. Mark your answer on your answer sheet. (A) (B) (C)
5. Mark your answer on your answer sheet. (A) (B) (C)
6. Mark your answer on your answer sheet. (A) (B) (C)
7. Mark your answer on your answer sheet. (A) (B) (C)
8. Mark your answer on your answer sheet. (A) (B) (C)
9. Mark your answer on your answer sheet. (A) (B) (C)
10. Mark your answer on your answer sheet. (A) (B) (C)

# PART 3

**1 몇 문제인가요?** 총 39문제

**2 어떻게 푸나요?** 눈으로는 한 세트의 3문제를 읽고, 귀로는 대화문을 듣고 푸는 유형입니다.

### 예제

**32** Where most likely are the speakers?

(A) At a hotel
(B) At an airport
(C) At a bus terminal
(D) At an office

**33** What does the man want to do?

**34** What does the woman ask about?

W This is the front desk. How may I help you?

M Hi, this is Jamie from Room 803. I need to purchase a ticket for the shuttle bus that goes to Chicago International Airport tomorrow.

W Certainly, sir. When would you like to take the bus?

M My plane leaves at 10 A.M., so I'd like to get on a seven o'clock bus.

W 프론트입니다. 무엇을 도와드릴까요?
M 안녕하세요, 803호에 제이미인데요. 내일 시카고 국제공항으로 가는 셔틀버스 티켓을 구매해야 해서요.
W 물론이죠, 손님. 언제 버스를 타고 싶으세요?
M 비행기가 오전 10시에 출발하니 7시 버스를 탈게요.

### 전략

Part 3에서는 눈으로 문제를 보는 동시에 귀로는 음원을 들으면서 문제를 풀어야 합니다. 토익에 익숙하지 않은 수험생들은 "청취만 잘 하면 된다"고 생각할 수 있지만, 절대 그렇지 않습니다. 아무리 잘 들어도 주어진 문제의 답을 맞혀야 점수를 받겠죠? 문제를 보면서 답을 맞히는 데 필요한 정답 단서만 골라 듣는다는 생각으로 들어야 합니다.

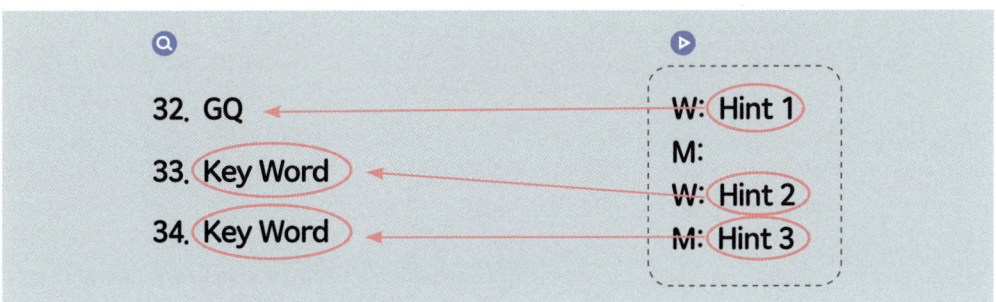

▶▶ 처음에는 문제와 음원 사이에서 우왕좌왕하지만 문제를 읽고 그 키워드(Key Word)를 기억하면 정답의 단서가 귀에 쏙쏙 들어옵니다.

# UNIT 08 문제 유형 I

## 기본 전략

☑ 문제를 미리 읽고 정답 단서의 위치를 예측하자!

32. What are the speakers talking about?  ← ❖ 주제에 관한 문제
→ 주로 첫 문장에 힌트가 있다.

33. What is the man concerned about?  ← ❖ 남자가 걱정하는 것을 묻는 문제
→ 남자가 말할 확률이 높다.

34. What does the woman suggest?  ← ❖ 여자가 제안하는 것을 묻는 문제
→ 여자가 말할 확률이 백프로!

Part 3가 익숙하지 않은 수험자들은 음원이 나올 때 "어떻게 음원을 듣는 동시에 문제를 읽고 푸는가?"라는 질문을 많이 합니다. 전략은 '미리 준비하는 것'입니다. 문제를 미리 읽어 유형을 파악하고, 단서가 되는 부분을 집중적으로 들으면서 정답을 고르는 훈련을 하면, 3문제를 한번에 맞히는 것이 가능합니다.

- **General Question**[전체적인 것을 묻는 문제] 주제, 장소, 직업을 물어보는 문제
  : 본문의 앞쪽에 힌트가 있다. 첫 문장 듣고 정답 찾기 훈련!
- **Specific Question**[세부적인 것을 묻는 문제] 여자/남자, 과거/미래, 세부 내용을 물어보는 문제
  : 키워드의 앞뒤로 힌트가 있다. 각 문제의 키워드 듣기 훈련!

음원이 나오기 전에 문제를 얼마나 정확하게 파악하는지가 정답을 맞히는 데 가장 중요한 전략이라는 걸 잊지 마세요. 어휘나 청취 공부도 병행해야 하지만, 이 전략은 LC 고득점을 얻는 데 있어서 가장 필수입니다!

## 유형 분석 및 출제 포인트

### 유형 1 ▶ General Question

▶ U08_59

**GQ**
32 Who probably is the woman?
(A) A bank clerk
(B) A travel agent
(C) A restaurant server
(D) A car salesperson

**GQ**
33 What are the speakers talking about?
(A) Getting an application form
(B) Receiving a loan
(C) Moving into the neighborhood
(D) Rescheduling an appointment

M: Hi, [32, 33] I'd like to get a loan. Where should I go to get more information?
W: You should see Mr. Sims at Window 6, but I'm afraid he's talking to another customer at the moment.
M: Should I come back later?
W: Why don't you have a seat over there and read some of our brochures? He'll be ready for you soon.
M: Thank you. I'll do that.

32 여자는 누구인 것 같은가?
(A) 은행원      (B) 여행사 직원
(C) 식당 종업원  (D) 자동차 판매원

33 화자들은 무엇에 대해 이야기하고 있는가?
(A) 신청서를 받는 것   (B) 대출을 받는 것
(C) 이사를 가는 것     (D) 약속을 다시 잡는 것

M: 안녕하세요, 대출을 받고 싶은데요. 정보를 더 얻으려면 어디로 가야 하나요?
W: 6번 창구에서 심스 씨를 만나야 하지만 안타깝게도 지금 다른 고객과 얘기하고 있네요.
M: 나중에 다시 올까요?
W: 저쪽에 앉으셔서 안내서를 읽어보시는 게 어때요? 그는 곧 준비될 겁니다.
M: 고마워요. 그렇게 하죠.

**포인트** 화자들의 직업이나 장소를 묻는 General Question은 단서가 주로 본문의 앞쪽에 있는 경우가 많다. GQ가 2개 이상일 경우는 힌트가 한꺼번에 제시될 수 있으니 앞부분을 집중해서 듣도록 하자. 대출(loan)에 대한 정보를 묻고 있으므로 대화 장소는 은행(bank)이 가장 적합하다. 직업/장소별 어휘를 암기하도록 하자.

## 빈출 GQ 유형

Where does this conversation take place? / Where is the woman? [장소]
Who probably is the man? / What is the man's occupation? [직업/정체성]
What are the speakers talking about? / What seems to be the problem? [주제/문제점]

## 빈출 SQ 유형

■ 성별 지정 문제: 문제에서 성별을 지정하는 유형으로, 해당 성별의 대사를 집중해서 듣는다.
What does the woman say? 여자는 뭐라고 말하는가?
What does the man want to do? 남자는 무엇을 하고 싶어 하는가?

■ 동사 지정 문제: suggest(제안하다), recommend(추천하다), ask for/request(요청하다), offer(제공하다) 류의 동사가 제시되어 대화 흐름을 파악할 수 있다.
What does the woman suggest the man do? 여자는 남자에게 무엇을 하라고 제안하는가?

■ 시제 지정 문제: 문제 안에 시제를 알 수 있는 동사나 부사구가 포함되어 있다.
과거: did, was, originally (원래), initially (처음에), last time (지난번에)
미래: will, be going to, next (다음에), next month (다음 달에)
What will the man do next? 남자는 다음에 무엇을 할 것인가?

## 빈출 패턴 훈련

▶ U08_60 | 해석 p.282

• 음성을 듣고 알맞은 보기를 고른 후 빈칸을 채우세요.

**1** Where does this conversation take place?

(A) At a restaurant  (B) At a grocery store

> W   Are you ready _____ _____, sir?
> M   I need a few more minutes to decide. Can you give me a glass of water, please?

**2** What are the speakers talking about?

(A) Security system  (B) Computer software

> W   Have you used the _____ _____ system? It's really efficient.
> M   Yes, the program is easy to operate, and it can take care of all major transactions.

**3** What does the man ask for?

(A) A ride home  (B) Bus fare

> M   Myra, can you _____ _____ ____ _____ home after work today?
> W   Sorry, but I have to leave early to see the doctor. Why don't you take the bus across the street?

**4** What does the woman offer to do?

(A) Fix the computer  (B) Print some data

> M   I have a presentation to prepare for, but I cannot print anything from my computer.
> W   __ _____ _____ the file from my computer if you send the data to me. It'll only take a while.

### 💬 Answers

1  to order
2  new computer
3  give me a ride
4  I can print

[정답] 1. (A)  2. (B)  3. (A)  4. (B)

# SPARTA PRACTICE

## ✓ General Question

1. What is the man's occupation?

   (A) Hotel employee
   (B) Bus driver
   (C) Auto mechanic
   (D) Waiter

2. What are the speakers talking about?

   (A) A play
   (B) A film
   (C) An opera
   (D) An entertainer

3. Where does the man probably work?

   (A) At a bank
   (B) At an airline
   (C) At a travel agency
   (D) At a restaurant

4. Who most likely is the woman?

   (A) A moving company employee
   (B) A mobile phone company worker
   (C) A bank representative
   (D) A post office employee

5. Why is the man calling?

   (A) To respond to a question
   (B) To get directions
   (C) To arrange a shuttle bus
   (D) To reserve a room

6. What is the problem?

   (A) They got lost.
   (B) They cannot find their tickets.
   (C) The car is broken.
   (D) They don't know the show time.

## ✓ Specific Question

1. What does the woman suggest the man do?

   (A) Check out some online sites
   (B) Ask for a group discount
   (C) Make a reservation
   (D) Call some of her friends

2. When did the man visit Paris?

   (A) Yesterday        (B) Last week
   (C) Last month       (D) Last year

3. What does the man offer to do?

   (A) Give her a refund
   (B) Contact another branch
   (C) Give her directions
   (D) Explain the procedure

4. What will the woman do in Miami?

   (A) Go sightseeing
   (B) Visit a friend
   (C) Attend a conference
   (D) Meet with a client

5. What does the man imply when he says, "And who can do that"?

   (A) He is asking for a volunteer.
   (B) He thinks the task is impossible.
   (C) He wants to know the name of an employee.
   (D) He is not interested in the position.

| Schedule | |
|---|---|
| Stage 1 | Refinish cabinets |
| Stage 2 | Install flooring |
| Stage 3 | Paint outside |
| Stage 4 | Replace roof |

6. Look at the graphic. What stage of renovation will begin next week?

   (A) Stage 1          (B) Stage 2
   (C) Stage 3          (D) Stage 4

# SPARTA TEST

**1** Where does this conversation take place?

(A) At a store
(B) At a bank
(C) At a dry cleaner's
(D) At a swimming pool

**2** How much does the woman have to pay?

(A) $2
(B) $4
(C) $26
(D) $56

**3** How will the woman probably pay for the purchase?

(A) By cash
(B) By check
(C) By credit card
(D) By a voucher

**4** What is the man's job?

(A) Parking attendant
(B) Hotel clerk
(C) Taxi driver
(D) Tour guide

**5** Where does the woman want to go?

(A) To the bank
(B) To her house
(C) To her office
(D) To the library

**6** When is the woman's appointment?

(A) At noon
(B) At 2 o'clock
(C) At 3 o'clock
(D) At 4 o'clock

**7** What are the speakers discussing?

(A) A room reservation
(B) A dinner party
(C) Information technology
(D) A flight schedule

**8** What does the woman request?

(A) Room service
(B) More information on participants
(C) Price changes
(D) Details of the plan

**9** How many people will be at the meeting?

(A) 2 people
(B) 3 people
(C) 7 people
(D) 10 people

**10** Who most likely is the man?

(A) A job seeker
(B) A restaurant owner
(C) A head of department
(D) A waiter

**11** What does the man inquire about?

(A) The size of a restaurant
(B) Special menus
(C) Some necessary materials
(D) The business hours

**12** What will the man most likely do next?

(A) Cancel an appointment
(B) Connect to a Web site
(C) Send some documents
(D) Fax the résumé

**13** What are the speakers mainly talking about?

(A) A new employee
(B) An overseas branch
(C) Company finances
(D) A special sale

**14** What does the woman suggest?

(A) Firing a few employees
(B) Traveling to another country
(C) Meeting with the sales team
(D) Finding a new supplier

**15** What will the woman probably do next?

(A) Make some phone calls
(B) Register for the conference
(C) Finish the report
(D) Cancel the order

| Product | Life Span |
|---|---|
| BM 3045 | 10 years |
| SJ 2233 | 15 years |
| JK 5055 | 8 years |
| PL 2223 | 12 years |

**16** What did the man do yesterday?

(A) Delivered some samples
(B) Recommended a product
(C) Inspected some equipment
(D) Sent a booklet

**17** Look at the graphic. Which product did the woman decide to choose?

(A) BM 3045
(B) SJ 2233
(C) JK 5055
(D) PL 2223

**18** What will the man do next?

(A) Ask for some information
(B) Take the measurement
(C) Visit the property
(D) Call a manufacturer

# UNIT 09 문제 유형 II

## 기본 전략

### ☑ 시각자료 유형

| Schedule | |
|---|---|
| Jazz dance | 3 P.M. |
| Latin dance | 4 P.M. |
| Hip-hop | 5 P.M. |
| Ballet | 6 P.M. |

1  Look at the graphic. What class will the woman attend?
  (A) Jazz dance
  (B) Latin dance
  (C) Hip-hop
  (D) Ballet

STEP 1  표/그림과 문제를 미리 읽고 키워드를 파악한다.
STEP 2  음원에서 어떤 내용을 들려줄지 예측한다.
STEP 3  눈으로는 표를 보고 귀로는 음원을 들으면서 문제를 푼다.

도표를 보시오. 여자는 어떤 수업에 참여할 것인가?
(A) 재즈 댄스
(B) 라틴 댄스
(C) 힙합
(D) 발레

- 일정표, 지도/안내도, 가격 리스트, 티켓 등의 다양한 시각자료에 익숙해지세요.
- 시각자료 유형은 음성을 듣기 전에 도표/그래프를 먼저 보고 무엇에 대한 내용인지 미리 확인해 둬야 단서를 더 쉽게 찾을 수 있습니다.
- 정답 단서는 최고치/최저치, 변동된 사항 등이 언급되는 부분에 제시되므로 이 부분을 집중해서 듣는 훈련을 하세요.

### ☑ 화자 의도 파악 유형

2  What does the man mean when he says, "I need some help"?
  (A) He needs additional information.
  (B) He cannot complete the task.
  (C) He wants to hire more staff.
  (D) He will be attending another event.

남자가 "도움이 좀 필요해요"라고 말하는 의도는 무엇인가?
(A) 그는 추가 정보가 필요하다.
(B) 그는 임수를 완수할 수 없다.
(C) 그는 직원을 더 채용하고 싶다.
(D) 그는 다른 행사에 참여할 것이다.

- 대화를 듣기 전에 문제에 제시된 인용구(" ")를 미리 확인해 두세요.
- 대화를 들으면서 해당 인용구가 어떤 맥락으로 쓰이는지 대화의 흐름을 파악하세요.
- 문제는 What does the man mean[imply] when he says ~? / Why does the woman say ~? 형태로 출제됩니다.

## 유형 분석 및 출제 포인트

### ▶ 화자 의도 파악 유형: 문맥상 의미 & 말하는 의도

- What does the woman mean when she says, "Two hours wasn't enough"? (2시간도 부족했어요.)
  → She enjoyed the performance. 그녀는 공연을 재미있게 봤다.

- What does the man imply when he says, "You can't miss it"? (찾기 쉬워요.)
  → The place is right across from the café. 그 장소는 카페 바로 맞은편에 있다.

- Why does the woman say, "Do we need to order more"? (주문을 더 해야 한다고요?)
  → To express surprise 놀라움을 표현하기 위해

- Why does the man say, "We still have many in the warehouse"? (이미 창고에 많이 있어요.)
  → To reject the idea 제안을 거절하기 위해

### ▶ 자주 출제되는 시각자료 유형

**❶ 표/ 목록** : 가격/모델/일정 등

**Rate of Increase**

| Boston | 30% |
|---|---|
| Quincy | 25% |
| Cambridge | 20% |
| Worcester | 7% |

**❷ 그림/ 그래프** : 파이 차트, 바 차트, 선 그래프 등
(순서 매기기)

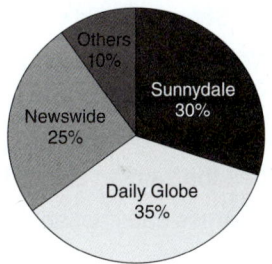

**❸ 지도/ 길 (배치도, 평면도)** : 선택지 및 위치 파악

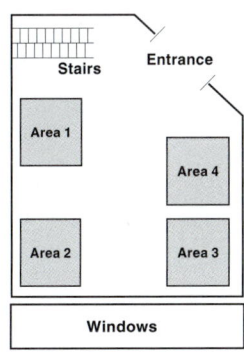

**❹ 쿠폰/ 광고 (티켓/ 할인 쿠폰/ 영수증 등)** :
그림에서 확인 가능한 내용 파악

## 빈출 패턴 훈련

▶ U09_66 | 해석 p.289

• 음성을 듣고 알맞은 보기를 고른 후 빈칸을 채우세요.

**1** What does the woman mean when she says, "I'm running late to a meeting"?

(A) The traffic is really bad.   (B) She doesn't have time now.

> M  Irene, the sales report is missing a page. Could you write it now?
> W  Sorry, but **I'm running late to a meeting**. I _____ _____ _____.

**2** What does the man imply when he says, "I work until four on Fridays"?

(A) He needs a later appointment.   (B) He wants to meet on the weekend.

> W  We have a couple of openings on Fridays. Does three o'clock work for you, Mr. Bernard?
> M  Actually, **I work until four on Fridays**. I could _____ _____ _____ 4:30.

**3** What does the man imply when he says, "that is a good question"?

(A) He understands the question.   (B) He is pleased to get the question.

> W  Mr. Shaw, I heard you're planning a new book. When can we expect to see it?
> M  Well, **that is a good question**. I have conducted _____ ___ _____ on my own.

**4** Why does the woman say, "The number is higher than we expected"?

(A) To express satisfaction   (B) To ask for an explanation

> W  Did you check the sales figures from last quarter? **The number is higher than we expected**.
> M  Yes, that is _____ _____. You know that everyone worked really hard.

### 💬 Answers

1 don't have time
2 get here by
3 research a lot
4 good news

[정답] 1. (B) 2. (A) 3. (B) 4. (A)

## SPARTA PRACTICE

•음성을 듣고 질문에 가장 알맞은 응답을 고르세요.

| Schedule | |
|---|---|
| Class | Time |
| Jazz Dance | 3 P.M. |
| Latin Dance | 4 P.M. |
| Hip-hop | 5 P.M. |
| Ballet | 6 P.M. |

**1** Look at the graphic. What class will the woman attend?

(A) Jazz Dance
(B) Latin Dance
(C) Hip-hop
(D) Ballet

**Pollution By Factory**

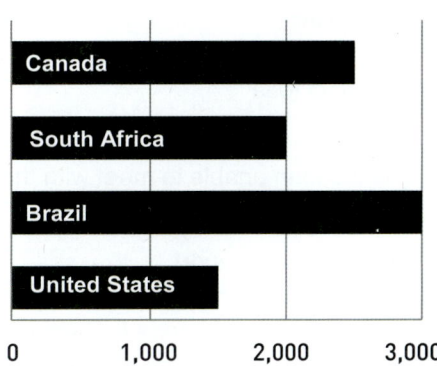

**3** Look at the graphic. Which location are the speakers talking about?

(A) Canada
(B) South Africa
(C) Brazil
(D) United States

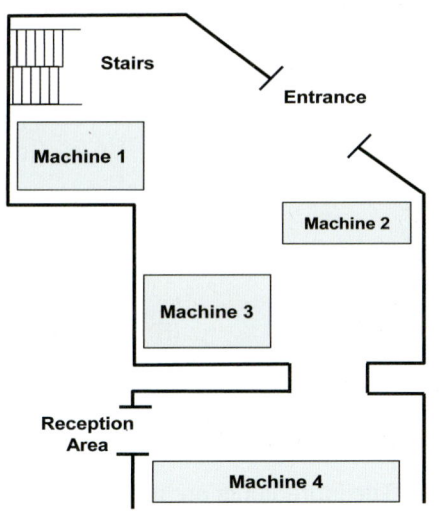

**2** Look at the graphic. Which machine needs to be repaired?

(A) Machine 1
(B) Machine 2
(C) Machine 3
(D) Machine 4

*The Tasting Room*
**COUPON**

Half-priced appetizers
OR
A free glass of wine with a main dish order
OR
Free coffee with a dessert order

**4** Look at the graphic. What special offer will the man receive?

(A) An extra main dish
(B) A discounted appetizer
(C) A free glass of wine
(D) A free cup of coffee

# SPARTA TEST

1. What does the woman want to talk about?
   (A) A transfer
   (B) A deadline
   (C) A meeting location
   (D) A project idea

2. Why is the man unable to meet with the woman today?
   (A) He is writing a report.
   (B) He has to meet his clients.
   (C) He is traveling overseas for business.
   (D) He hasn't read the proposal yet.

3. What does the woman mean when she says, "I can wait until next week"?
   (A) She is not working on Friday.
   (B) She wants to edit the report again.
   (C) She cannot meet the deadline.
   (D) She is not in a hurry.

4. What problem does the woman mention?
   (A) She cannot buy a new machine.
   (B) She cannot locate a store.
   (C) She cannot fax a document.
   (D) She cannot find a product number.

5. Why does the man say, "Do you have the user manual"?
   (A) To borrow the manual
   (B) To suggest a solution
   (C) To correct the mistake
   (D) To conduct research

6. What will the woman probably do in the afternoon?
   (A) Go to a store
   (B) Call the repair center
   (C) Visit the Web site
   (D) Revise a document

7. What are the speakers planning?
   (A) A business trip      (B) A dinner party
   (C) An outing            (D) A trade fair

8. What does the woman mean when she says, "we've done that for three years in a row"?
   (A) She doesn't need a direction.
   (B) She thinks they need more people.
   (C) She doesn't have much experience.
   (D) She doesn't want to repeat the activity.

9. What is the man concerned about?
   (A) The price of a class
   (B) The size of a location
   (C) A scheduling conflict
   (D) The number of participants

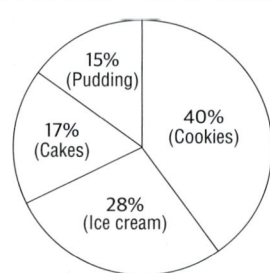

10. What are the speakers mainly talking about?
    (A) A new chef          (B) Market share
    (C) Survey results      (D) Food prices

11. Why can't they purchase more cookies?
    (A) The ingredients are not healthy.
    (B) The supplier went out of business.
    (C) People want other options.
    (D) The prices are high.

12. Look at the graphic. What item does the woman recommend purchasing?
    (A) Cookies             (B) Ice cream
    (C) Cakes               (D) Pudding

### Oak Street Building Directory

| Office | Location |
|---|---|
| Greenspace Construction | Suite 103 |
| PST Systems | Suite 120 |
| Law Office of Joseph Gordon | Suite 205 |
| Kim's Dental Clinic | Suite 220 |

**13** Why does the woman want to visit the office?

(A) To see a doctor
(B) To get a job interview
(C) To deliver supplies
(D) To make a purchase

**14** What does the man say about the parking?

(A) It is available behind the building.
(B) It is free for visitors upon validation.
(C) It is for employees only.
(D) It has a time restriction.

**15** Look at the graphic. Which office name has to be updated on the building directory?

(A) Greenspace Construction
(B) PST Systems
(C) Law Office of Joseph Gordon
(D) Kim's Dental Clinic

| JOB INTERVIEW | | |
|---|---|---|
| Tuesday | 10 A.M. | Room 205 |
| Wednesday | 2 P.M. | Room 301 |
| Thursday | Noon | Room 302 |
| Friday | 4 P.M. | Room 402 |

**16** What field did the man major in?

(A) Education
(B) Fashion
(C) Marketing
(D) Distribution

**17** Look at the graphic. Which room will the man be interviewed in?

(A) At Room 205
(B) At Room 301
(C) At Room 302
(D) At Room 402

**18** What does the woman ask the man to do?

(A) Change the interview time
(B) Design some merchandise
(C) Bring a document
(D) Send out an estimate

# UNIT 10 주제 I: 일상생활

## 기본 전략

☑ **쇼핑, 교통, 편의 시설, 여가 등 일상생활 관련 주제를 익히자!**

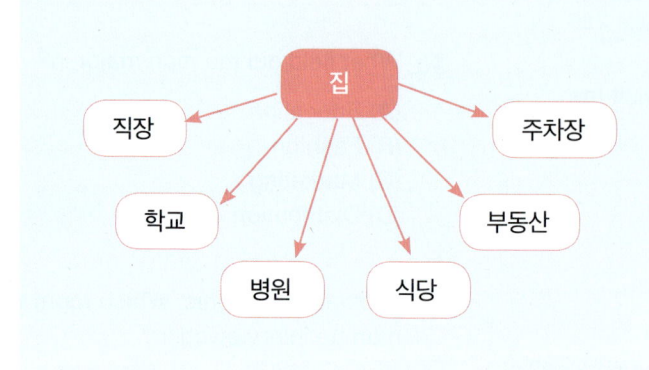

❖ 물건을 구매, 할인, 반품, 배송하는 내용

❖ 식당을 예약, 변경, 취소하고 세부 정보를 요청하는 내용

❖ 이사를 위해 방을 구하거나 임대 계약서를 작성하는 내용

우리는 앞에서 Part 3의 다양한 유형의 문제를 푸는 방법을 배웠습니다. 음원이 나오기 전에 미리 3문제를 읽어 두고, 전체적인 내용을 묻는 General Question은 본문 앞쪽에서 힌트를 얻고, 세부적인 내용을 묻는 Specific Question은 각각의 키워드를 기억하고 본문에서 해당 부분을 찾아 듣는 것이 가장 효율적인 방법입니다.

토익에 자주 등장하는 두 가지 주제로는 1) 일상생활, 2) 비즈니스가 있는데요, 이번 단원에서는 일상생활에서 자주 접할 수 있는 주제를 살펴보겠습니다.

- **일상생활**: 출퇴근, 쇼핑, 식당, 병원, 은행, 세탁소, 부동산 이용 관련
- **여가생활**: 영화/연극 관람, 휴가/여행 관련 (여행사, 항공사, 호텔, 관광지, 박물관 등)

물론 가장 중요한 전략이 "문제를 미리 읽고, 음원을 들으면서 푼다"는 것에는 변함이 없습니다. 하지만 주제별 어휘를 많이 알수록 음원도 더 잘 들리고 정답도 눈에 잘 띕니다. 지금까지 배운 문제 읽기 전략을 주제별로 차근차근 적용해 봅시다.

# 유형 분석 및 출제 포인트

### 유형 1 ▶ General/Specific Question

▶ U10_71

**GQ**

32. Who is the man talking to?
   (A) A waiter
   (B) A flight attendant
   (C) A ground crew
   (D) A hotel receptionist

**SQ**

33. What does the woman recommend the man do?
   (A) Go back to his seat
   (B) Talk to the pilot
   (C) Contact the airport
   (D) Have some beverage

M: Excuse me. ³²When do we land at Washington Airport?
W: It will take another hour. ³³Would you like some coffee or another drink?
M: No, thanks. I just want to use the toilet.
W: Sure, they're on both ends of the aisle. Let me know if you need anything else.

---

32. 남자는 누구와 이야기하고 있는가?
   (A) 종업원           (B) 비행기 승무원
   (C) 지상 근무원       (D) 호텔 접수원

33. 여자는 남자에게 무엇을 하라고 권유하는가?
   (A) 자리에 돌아갈 것   (B) 조종사에게 말할 것
   (C) 공항에 연락할 것   (D) 음료수를 마실 것

M: 실례합니다. 언제 워싱턴 공항에 착륙하나요?
W: 1시간 정도 더 걸려요. 커피나 다른 음료수를 드시겠어요?
M: 고맙지만 괜찮아요. 저는 그냥 화장실을 이용하고 싶어요.
W: 물론이죠, 통로의 양쪽 끝에 있습니다. 다른 게 필요하시면 알려 주세요.

---

**포인트**
32. 남자가 말하고 있는 사람, 즉 여자의 직업을 물어보는 General Question이다. GQ의 힌트는 앞부분에서 준다는 것을 잊지 말자. 착륙 시간을 알려 주고 음료수를 권할 수 있는 사람은 (B) 승무원이다.
33. 토익에 자주 등장하는 항공/호텔/여행 관련 어휘를 암기해 두면 해당 주제의 문제를 더 쉽게 풀 수 있다. 중반에 여자가 음료가 필요한지 묻고 있으므로 정답은 (D)이다.

## ➕ VOCABULARY : 일상생활 관련 빈출 어휘

| | |
|---|---|
| **real estate** 부동산 | apartment 아파트   rent 임대하다; 임대료   lease 임대하다; 임대 계약서   utilities 공공시설 사용료   landlord 집주인   tenant 세입자 |
| **hotel** 호텔 | accommodations 숙박 시설   reserve[book] 예약하다   confirm 확인하다   single 1인실   double 2인실   suite 특실   shuttle bus 셔틀버스   facility 시설   front desk 프런트 데스크 |
| **airline** 항공사 | direct flight 직항편   stopover 경유지   check in bags 짐을 부치다   carry-on bags 기내용 가방   flight attendant 승무원   captain 기장   delay[postpone] 지연시키다   landing[arrival] 착륙[도착]   takeoff[departure] 이륙[출발] |
| **hospital** 병원 | doctor[physician] 의사   patient 환자   examine a patient 진찰하다   receptionist 접수원   fill the prescription 처방하다   pharmacist 약사   prescribe medicine 약을 처방하다 |
| **restaurant/cafeteria** 식당 | menu 메뉴   table 식탁   diner 식사하는 사람   kitchen 부엌   today's special 오늘의 특선 요리   chef[cook] 요리사   waiter[server] 웨이터 |
| **bank** 은행 | financial institute 재정기관   open an account 계좌를 개설하다   deposit 입금하다   withdraw 출금하다   wire[transfer] money 송금하다   get a loan 대출을 받다 |
| **store/retail outlet** 가게/소매점 | discount 할인   credit card 신용 카드   check 수표   cash 현금   ship[deliver] 배송하다   inventory[stock] 재고   storage room[warehouse] 창고   return a product 제품을 반품하다   receipt 영수증 |

## 빈출 패턴 훈련

▶ U10_72 | 해석 p.295

• 음성을 듣고 알맞은 보기를 고른 후 빈칸을 채우세요.

**1** Who most likely is the man?
(A) A store clerk
(B) A parking attendant

> W  Excuse me. How much does it cost to _____ _____?
> M  It costs five dollars for the first hour and two dollars for each additional hour.

**2** What are the speakers talking about?
(A) A travel schedule
(B) Opening of a new branch

> M  Becky, when are you coming back from _____ _____ to London?
> W  Well, I have a meeting with all the branch managers on Wednesday, so I won't be back until Friday.

**3** What does the man say about the restaurant?
(A) It was great.
(B) It was bad.

> W  I went to the new Japanese restaurant last night, and it was great.
> M  You mean Ginza? I went there with my friends last week, and the _____ was _____.

**4** When will the speakers probably meet?
(A) This afternoon
(B) Tomorrow afternoon

> W  Brian, can we meet at three o'clock this afternoon?
> M  Actually, I'll be in a conference at that time. We should set up something for _____ _____.

### 💬 Answers

1  park here
2  your trip
3  service, terrible
4  tomorrow afternoon

[정답] 1. (B) 2. (A) 3. (B) 4. (B)

## SPARTA PRACTICE

• 음성을 듣고 질문에 가장 알맞은 응답을 고르세요.

**1** Who most likely is the woman?

(A) A travel agent
(B) A tourist

**2** Where does the man want to go?

(A) Chicago
(B) Los Angeles

**3** When will the man most likely leave?

(A) Today
(B) Tomorrow

**4** What kind of room does the woman want?

(A) Large one
(B) Quiet one

**5** Which room will the woman get?

(A) Room 707
(B) Room 305

**6** What will the woman do next?

(A) Take a walk
(B) Carry some bags

**7** Where does this conversation take place?

(A) At a dry cleaner's
(B) At a clothing store

**8** When does the woman want the items back?

(A) On Thursday
(B) On Friday

**9** What does the man request?

(A) The address
(B) The phone number

**10** Who probably is the woman?

(A) A builder
(B) A real estate agent

**11** When does the man want to see the property?

(A) Today
(B) Tomorrow

**12** What does the woman say she will do?

(A) Meet with the manager
(B) Call the man

# SPARTA TEST

**1** Where most likely are the speakers?

(A) At a clearance sale
(B) At a luggage store
(C) At a convention
(D) At a warehouse

**2** When is the woman going to Singapore?

(A) Today
(B) Tomorrow
(C) In two days
(D) In three days

**3** What is the woman concerned about?

(A) The time of the flight
(B) The color of the bag
(C) The weight of a suitcase
(D) The price of a product

**4** What are the speakers talking about?

(A) A sports competition
(B) Construction delays
(C) Weather for tomorrow
(D) Having a new hobby

**5** What time did the man want to play tennis?

(A) At 1 o'clock
(B) At 2 o'clock
(C) At 3 o'clock
(D) At 4 o'clock

**6** What will the man probably do tomorrow?

(A) Take some pictures
(B) Play baseball
(C) Go to the movies
(D) Stay at home

**7** What does the woman want to do?

(A) Open an account
(B) Correct a mistake
(C) Withdraw some money
(D) Deposit a check

**8** What information does the woman provide?

(A) Her name
(B) Her address
(C) Her phone number
(D) Her order number

**9** What will the woman probably do next?

(A) Wait in line
(B) Ask for a discount
(C) Pay for the merchandise
(D) Look for a number

**10** Where does the man work?

(A) At a police station
(B) At an airline
(C) At a theater
(D) At a travel agency

**11** Why is the man calling?

(A) An event is canceled.
(B) A payment is late.
(C) An offer is expired.
(D) A ticket is missing.

**12** What will the man email to the woman?

(A) A questionnaire
(B) A sales receipt
(C) A discount code
(D) An autograph of a performer

| Quality Food Discounts | |
|---|---|
| Meats | 40% |
| Vegetables | 30% |
| Canned items | 20% |
| Cereal | 35% |

**13** Why is the store having a sale?

(A) To celebrate an anniversary
(B) To promote a grand opening
(C) To compete with other stores
(D) To introduce new products

**14** Look at the graphic. What is the discount rate on the item the man wants to purchase?

(A) 40%
(B) 30%
(C) 20%
(D) 35%

**15** What will the man probably do this afternoon?

(A) Visit the woman's place
(B) Go to the supermarket
(C) Meet his friends
(D) Return some products

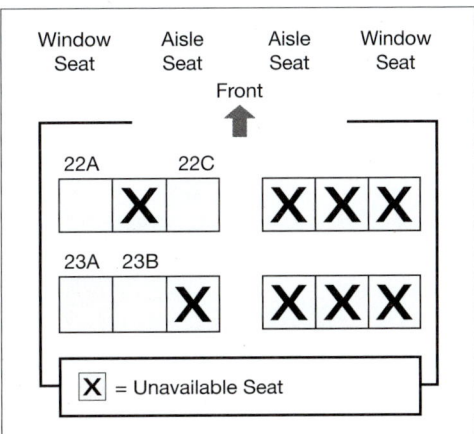

**16** What is the purpose of the woman's trip?

(A) To help a product launching
(B) To take a vacation
(C) To get a new job
(D) To open a factory

**17** What does the woman agree to do?

(A) Give a presentation
(B) Pay an additional fee
(C) Call back tomorrow
(D) Travel on a different day

**18** Look at the graphic. Which seat would the woman most likely take?

(A) 22A
(B) 22C
(C) 23A
(D) 23B

# UNIT 11 주제 II: 회사 생활

## 기본 전략

☑ **회사 내 관계, 부서별 업무 협조를 익히자!**

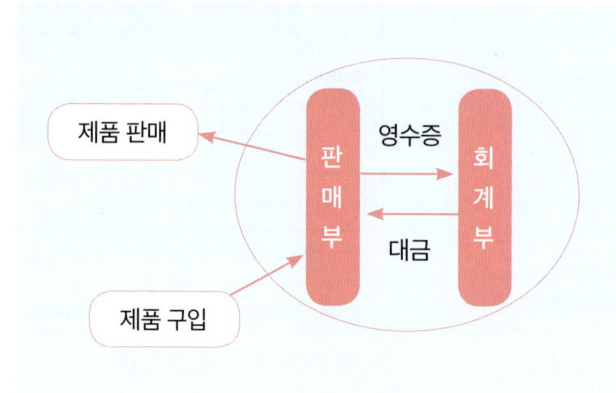

❖ 하청업체와 계약하고, 물건 및 서비스 대금을 지불하는 내용

❖ 고객에게 자사의 물건이나 서비스를 제공하고 대금을 받는 내용

❖ 외부업체와의 비즈니스 관련 업무에 대한 비용을 정산하는 내용

우리는 이미 앞에서 문제를 정확하게 읽고 음원을 듣는 것(미리 읽고 들으면서 풀기)이 가장 중요하다고 배웠습니다. 하지만 난이도가 올라길수록 정확하게 해석하기 힘든 내용들도 있습니다. 그게 바로 비즈니스 관련 내용입니다. 특히, 아직 회사 생활을 경험하지 못한 수험생들은 음원을 듣고도 왜 답인지 이해하지 못해서 정답을 고르지 못하는 경우가 있습니다. 하지만 걱정하지 마세요. 이제부터 차근차근 빈출 내용과 정답 표현을 정리해 드리겠습니다.

- **회사간의 업무 교류:** 하청업체 고용 관련, 고객업체에게 물건/서비스 제공 관련
- **사내 업무 협조:** 다양한 부서 간의 업무 협조

단순히 소비자 입장에서 물건을 사는 것이 아니라, 여러분이 회사의 직원이 되었다고 생각해 보세요. 물품을 구매하고, 고객에게 멋진 프레젠테이션을 보여 계약을 성사시키고, 다른 부서 직원들과 좋은 관계를 유지하는 모습을 생각하는 것은 토익 시험에 큰 도움이 됩니다.

## 유형 분석 및 출제 포인트

### 유형 1 ▶ General/Specific Question　　U11_77

**GQ**
32 What are the speakers talking about?
(A) Tourism in Sydney
(B) Introduction of a product
(C) Moving into a new place
(D) Promotion of a colleague

**SQ**
33 Where do the speakers work?
(A) In the sales department
(B) In the marketing department
(C) In the finance division
(D) In the personnel division

M: Did you hear ³²Ms. Martinez has been promoted to sales director in Sydney?
W: Yes, I think she really deserves it, but ³³we're going to miss her a lot in our marketing team.
M: True. How about throwing a small party for her at a nearby restaurant?
W: Let's set up a date when everyone can join us. I'll post a notice in the employee lounge.

32 화자들은 무엇에 대해 이야기하고 있는가?
(A) 시드니 관광　　(B) 제품 소개
(C) 새로운 곳으로 이사하기　　(D) 동료의 승진

33 화자들은 어디에서 일하는가?
(A) 판매부서에서　　(B) 마케팅부서에서
(C) 재무부서에서　　(D) 인사부서에서

M: 마르티네즈 씨가 시드니의 영업부장으로 승진했다는 거 들으셨어요?
W: 네, 저는 그녀가 정말로 그럴만 하다고 생각하지만, 우리 마케팅 팀은 그녀를 무척 그리워하게 될 거예요.
M: 맞아요. 그녀를 위해서 근처 식당에서 작은 파티를 열면 어떨까요?
W: 모든 사람이 참석할 수 있는 날짜를 잡아 봅시다. 제가 직원 휴게실에 공지를 올릴게요.

**포인트**
32_ 주제를 물어보는 General Question은 주로 첫 문장을 듣고 정답을 골라야 하는 경우가 많다. 첫 문장에서 마르티네즈 씨가 승진했다는 얘기를 듣고, 동료 사원이라는 것을 추측해서 (D)를 골라야 한다. 나머지 선택지는 내용상 연계성이 없다.
33_ 대화 중반부에 'our marketing team(우리 마케팅팀)'을 듣고 (B) 마케팅부서가 답임을 알 수 있다.

### ➕ VOCABULARY : 회사 생활 관련 빈출 어휘

| | |
|---|---|
| 고객/하청업체 | client[customer] 고객　supplier 공급업체　contract[agreement] 계약[협약]　terms[conditions] 조건　demonstration 시연　negotiate 협상하다 |
| 다양한 업체 | radio[television] station 라디오[텔레비전] 방송국　manufacturer 제조업체　caterer 음식 제공업체　clothing[apparel] 의류　sports equipment[goods] 스포츠 장비[용품]　publisher[magazine/newspaper] 출판사[잡지사/신문사] |
| 사내 부서 | department[division/team] 부서　branch[location/office] 지점　sales 판매　marketing 마케팅　accounting 회계, 경리　maintenance 시설 관리　quality control 품질 관리　public relations 홍보 |
| 인사/직급 | president 사장　director 이사　department head 부서장　manager[supervisor] 관리자　representative[agent] 직원　personnel 인사, 직원들　promote 승진시키다　fire[dismiss] 해고하다　transfer 전근시키다　colleague[co-worker] 동료 사원 |
| 서류 | report[document/paper] 서류　proposal 제안서　budget report 예산 보고서　draft 초안　final version 최종안　review[go over] 검토하다　correct 수정하다　deadline 마감　extend 연장하다 |
| 회의/행사 | meeting[conference] 회의　presenter 발표자　guest speaker 초대 발표자　keynote speaker 기조 연설자　material 자료　reserve[book] 예약하다 |
| 사무용품/사무기기 | office supplies 사무용품　stationery 문구류　printer papers 인쇄 용지　folder 폴더, 서류철　office equipment 사무기기　machinery 기계　photocopier[copy machine] 복사기　printer 프린터　fax machine 팩스기　be broken[down/out of order] 고장 나다 |

UNIT 11 주제 II: 회사 생활

## 빈출 패턴 훈련

U11_78 | 해석 p.301

• 음성을 듣고 알맞은 보기를 고른 후 빈칸을 채우세요.

**1** Where are the speakers?

(A) At an office  (B) At a store

> W James, do you have time to _____ the quarterly sales _____ for me? I have a meeting soon.
> M Sure, you can just leave it on my desk. I'll look it over this afternoon.

**2** What are the speakers discussing?

(A) Hiring new employees  (B) Opening up a plant

> W I heard that you're going to _____ the _____.
> M Yes, we're trying to implement a new business plan and specialize in custom-made products only.

**3** Why does the man want to speak to the woman?

(A) To reduce expenses  (B) To discuss a report

> M Hi, I just stopped by to see if you have time to discuss the budget _____ in your _____.
> W Sure, I need to see the director now, but I'll be back in about an hour.

**4** What will the man do next?

(A) Find another place  (B) Call the security office

> W We're supposed to have a meeting in the main conference room, but the projector is not working.
> M I'll _____ _____ if there is another meeting room available.

### 💬 Answers

1 review, report
2 reopen, factory
3 proposal, office
4 find out

[정답] 1. (A)  2. (B)  3. (B)  4. (A)

## SPARTA PRACTICE

• 음성을 듣고 질문에 가장 알맞은 응답을 고르세요.

**1** What seems to be the problem?

(A) The printer is broken.
(B) The deadline has passed.

**2** When is the supervisors' meeting?

(A) Today
(B) Tomorrow

**3** What will the man do next?

(A) Order a new printer
(B) Contact another department

**4** Who is the woman talking to?

(A) A new employee
(B) A department head

**5** How often do employees get paid?

(A) Every two weeks
(B) Every month

**6** Where will the man work?

(A) In a marketing department
(B) In a payroll division

**7** What are the speakers discussing?

(A) Sales promotion of a product
(B) Reimbursement for expenses

**8** What problem does the man mention?

(A) A receipt is missing.
(B) Some numbers are wrong.

**9** What does the man ask the woman to do?

(A) Call the hotel
(B) Fax the document

**10** Who probably is the woman?

(A) A receptionist
(B) An accountant

**11** Where is Ms. Miyagi's office located?

(A) On the third floor
(B) On the fourth floor

**12** Why does the man want to see Ms. Miyagi?

(A) To interview for a job
(B) To discuss a contract

# SPARTA TEST

**1** What is the woman unable to do?

(A) Log on to her computer
(B) Find a projector
(C) Print a document
(D) Take computer classes

**2** According to the man, what happened yesterday?

(A) A building lost power.
(B) Some servers were upgraded.
(C) An office was relocated.
(D) A telephone line was installed.

**3** What does the man say he will do?

(A) Restart the computer
(B) Install some software
(C) Call a coworker
(D) Submit a help request

**4** What are the speakers discussing?

(A) Stocks
(B) Beverages
(C) Weather
(D) Clothes

**5** What do the speakers say about the products?

(A) They are not selling well.
(B) They have poor quality.
(C) They are too expensive.
(D) They are damaged.

**6** What does the man suggest?

(A) Changing to new colors
(B) Designing new models
(C) Reducing product prices
(D) Trying a new strategy

**7** Who most likely is the woman?

(A) A photographer
(B) A real estate agent
(C) A store owner
(D) A news reporter

**8** What is the woman pleased about?

(A) A design of an advertisement
(B) A recent article
(C) A property's location
(D) A contract with a new client

**9** What does the man offer to do?

(A) Move some furniture
(B) Expedite a service request
(C) Print an invoice
(D) Enlarge some words

**10** Where does the woman probably work?

(A) At a newspaper
(B) At a movie theater
(C) At a broadcasting station
(D) At a museum

**11** Why does the woman say, "We're celebrating the first anniversary"?

(A) To promote discounted items
(B) To explain a special occasion
(C) To plan a trip to another country
(D) To invite people to a party

**12** What does the woman think is the reason for the program's popularity?

(A) Her writing skills
(B) Her musical talents
(C) Her appearance
(D) Her guests' stories

**Nearby Restaurant**

▶ Capital Steak
  88 Park Avenue

▶ Korea House
  120 Main Street

▶ Pizza Republic
  22 Allington Street

▶ Little India
  48 Simpson Street

**13** Which field do the speakers most likely work in?

(A) Technology
(B) Accounting
(C) Tourism
(D) Agriculture

**14** What will take place in the afternoon?

(A) A job fair
(B) A business trip
(C) A workshop
(D) A book reading

**15** Look at the graphic. Where will the speakers probably have lunch?

(A) At Capital Steak
(B) At Korea House
(C) At Pizza Republic
(D) At Little India

**Michelle's Schedule**
*Wednesday*

| | |
|---|---|
| 9:00 A.M. | Department workshop |
| Noon | Lunch |
| 1:00 P.M. | |
| 2:00 P.M. | Presentation |
| 3:00 P.M. | |
| 4:00 P.M. | Appointment |

**16** What does the man say will happen on Thursday?

(A) He will have a job interview.
(B) He will go on a business trip.
(C) Some products will be delivered.
(D) Some inventory will be taken.

**17** Look at the graphic. When will the speakers most likely meet?

(A) At 9:00 A.M.
(B) At 1:00 P.M.
(C) At 3:00 P.M.
(D) At 4:00 P.M.

**18** What does the woman say she will do?

(A) Send an invitation
(B) Talk to a supervisor
(C) Renovate an office space
(D) Prepare some materials

# PART 4

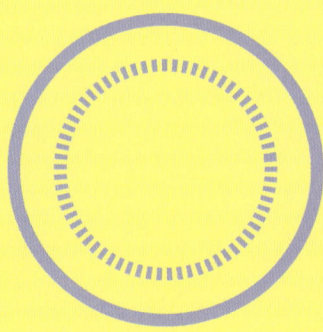

**1 몇 문제인가요?** 총 30문제

**2 어떻게 푸나요?** 눈으로는 한 세트의 3문제를 읽고, 귀로는 담화를 듣고 푸는 유형입니다.

### 예제

**71** Where is this announcement most likely taking place?

(A) On a train
(B) On a plane
(C) On a bus
(D) In a taxi

**72** Where is the final destination?

**73** What are the listeners asked to do?

This train is the limited express bound for Washington D.C. We will be making brief stops in New York and Baltimore before we reach our final destination at Union Square in Washington D.C. Please make sure you're seated in the right seat. We suggest you take your tickets and other valuables with you when you leave your seat. Thank you for using the limited express.

이 기차는 워싱턴 DC로 가는 특별 급행열차입니다. 우리는 최종 목적지인 워싱턴 DC의 유니온 스퀘어에 도착하기 전에 뉴욕과 볼티모어에서 잠깐 정차하겠습니다. 손님 좌석이 맞는지 확인해 주시기 바랍니다. 좌석을 떠나실 때는 티켓과 다른 귀중품을 챙기시기 바랍니다. 특별 급행편을 이용해 주셔서 감사합니다.

### 전략

Part 3와 4는 눈으로 문제를 보면서 귀로는 음원을 들어야 한다는 점은 같으나 토익 초보는 한 명의 화자가 말하는 Part 4를 훨씬 어려워 합니다. 하지만 걱정은 금물! Part 4는 음원 속도가 빠른 것이 아니라, 한 사람의 목소리만 계속 나오기 때문에 더 어렵다고 느껴지는 것뿐이에요. General Question은 주로 앞쪽에서 힌트를 찾고, Specific Question은 정확한 키워드를 찾는 훈련을 하면 Part 4 정복도 어렵지 않습니다.

- **General Question (전체적인 것을 묻는 문제):** 주제, 장소, 화자의 직업을 물어보는 문제
  → 본문의 앞쪽에 힌트가 있다. 첫 문장을 듣고 정답 찾기 훈련!
- **Specific Question (세부적인 것을 묻는 문제):** 화자(speaker)/청자(listener), 과거/미래, 세부 내용을 물어보는 문제
  → 키워드 앞뒤로 힌트가 있다. 각 문제의 키워드를 찾는 훈련!

▶▶ 보기에는 어려워 보이지만 꾸준히 훈련한다면 Part 4도 전혀 어렵지 않아요! 몇 사람이 이야기하든 문제에서 원하는 요점을 미리 알고 들으면 정답을 쉽게 맞힐 수 있습니다.

# UNIT 12 유형 I: 방송/뉴스

## 기본 전략

☑ 방송 프로그램의 구조를 파악하자!

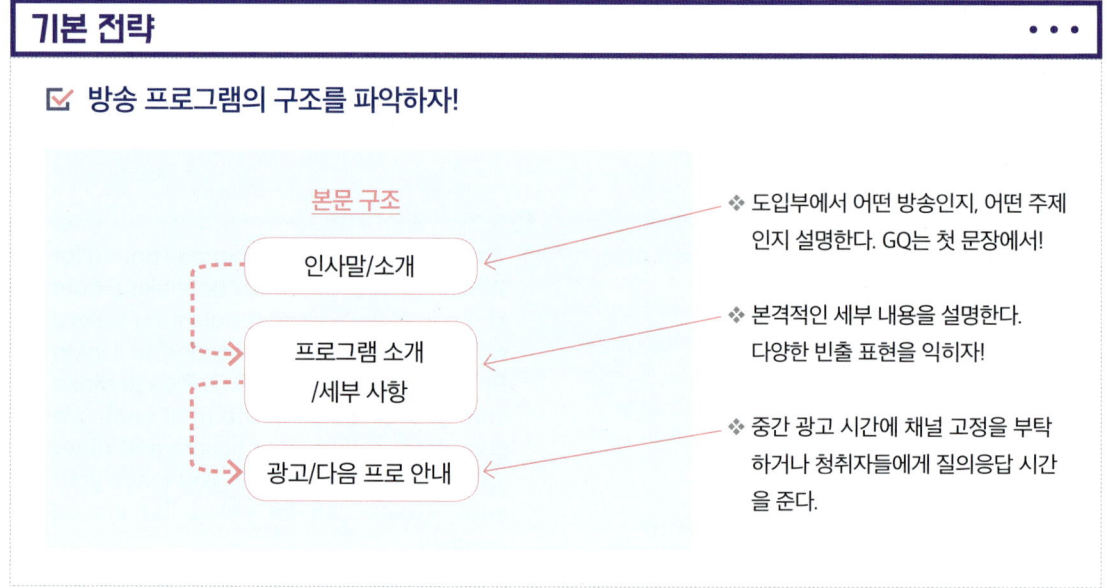

문제 3개를 정확히 읽고 기억하는 것은 이제 기본! Part 4에 자주 등장하는 주제를 하나씩 마스터해 봅시다. 라디오, 혹은 TV 프로그램의 진행 구조와 주제별 표현을 익혀 두면 정답을 맞히는 데 보다 유리합니다. Part 4는 특히 주제별 학습으로 큰 효과를 볼 수 있는 파트입니다.

- **교통 뉴스**: 교통 체증의 이유, 우회로 안내
- **일기 예보**: 요일별 날씨와 변동 시점, 특정 날씨에 대한 대비책을 안내
- **라디오 토크쇼**: 호스트가 특정 행사/인물을 소개
- **지역 뉴스**: 지역 사회의 각종 행사/인물에 대한 내용 보도
- **사회/비즈니스 뉴스**: 사회적 연구, 대기업의 행로(합병, 인수, 신상품 출시 등)를 보도

프로그램 소개, 광고 안내, 그날의 교통이나 날씨 안내는 한 번만 들어도 맞힐 수 있는 전형적인 문제 유형입니다. 물론, 프로그램의 주제가 어려워지면 어휘나 표현이 조금 까다롭게 느껴질 수 있지만 여러분은 이미 앞에서 토익 상식을 거의 다 확보한 거나 다름 없으니 자신감을 갖고 풀어 보세요.

## 유형 분석 및 출제 포인트

### 유형 1 ▶ General/Specific Question

▶ U12_85

**GQ**
71 Who is the announcement intended for?
 (A) Police officers
 (B) Radio announcers
 (C) Drivers
 (D) Road workers

**SQ**
72 What are the listeners asked to do?
 (A) Take public transportation
 (B) Call the radio station
 (C) Drive carefully
 (D) Allow enough time to commute

⁷¹If you are on the road, you will know the situation is pretty bad. The morning rush hour started earlier, and all major highways into the downtown area are congested. And there has been an accident near the Highway Exit 27B. The traffic is bumper to bumper for almost three miles. It will take at least an hour before the traffic goes back to normal. ⁷²We suggest you allow extra time for your morning commute. Thank you for listening. Stay tuned for the local weather.

---

71 안내는 누구를 대상으로 하는가?
 (A) 경찰관들   (B) 라디오 아나운서들
 (C) 운전자들   (D) 도로 인부들

72 청자들은 무엇을 하도록 요청 받는가?
 (A) 대중교통을 이용한다   (B) 라디오 방송국에 전화한다
 (C) 조심해서 운전한다   (D) 출근에 충분한 시간을 잡는다

여러분이 도로에 계시면 상황이 꽤 나쁘다는 것을 아실 겁니다. 아침 교통 혼잡 시간이 더 일찍 시작해서 시내로 들어가는 모든 주요 고속도로가 막힙니다. 그리고 고속도로 27B 출구 근처에서 사고가 있었습니다. 교통은 약 3마일이 밀려 있습니다. 평소로 돌아가려면 적어도 1시간은 걸릴 것입니다. 아침 출근에 시간을 넉넉히 잡을 것을 제안 드립니다. 청취해 주셔서 감사합니다. 지역 날씨를 들으시려면 계속 청취해 주세요.

---

**포인트**
71_ 안내 방송을 듣는 사람이 누군지 묻는 문제로, 첫 문장을 통해 주제가 교통 뉴스이며 듣는 사람은 운전자들임을 알 수 있다.
72_ 교통 안내 방송은 교통 정체의 이유와 다른 길로 돌아가라는 내용이 가장 많이 등장한다. 주제별 어휘와 상황을 익혀 두면 문제를 비교적 쉽게 맞힐 수 있다. 길이 막히니 출근할 때 시간을 넉넉히 잡으라는 (D)가 정답이다.

### ➕ VOCABULARY : 방송/뉴스 관련 빈출 표현

| | |
|---|---|
| 방송 표현 | Thank you for listening. 청취해 주셔서 감사합니다. Stay tuned[Keep listening/Don't go away]. 채널 고정해 주세요. We'll be right back (after the commercial). (광고 후) 바로 오겠습니다. |
| 교통 뉴스 | commuter 출퇴근자  driver[motorist] 운전자  traffic jam[congestion] 교통 체증 be backed up[held up/caught up] 밀리다  take a different road 다른 길로 가다 alternative 대안  accident 사고  roadwork 도로 공사  outdoor event 야외 행사 |
| 일기 예보 | temperature 온도  cold[chilly] 추운[서늘한]  sunny[clear] 맑은  shower[rain] 비 foggy[misty] 안개 낀  heavy rain[storm] 폭우[폭풍]  chance[possibility] 가능성 |
| 라디오 토크쇼 | program 프로그램  host 진행자  guest 초대 손님  interview 취재하다 waiting for your questions[comments] 여러분의 질문[의견]을 기다립니다 |
| 지역 뉴스 | city council 시 위원회  mayor 시장  official 공무원  local 지역의  community 지역 공동체 resident 주민  tourism 관광 산업  attract tourists 관광객을 유치하다  local event 지역 행사 competition 대회  construction 공사  proposal 제안  budget 예산  public hearing 공청회 |
| 비즈니스 뉴스 | CEO[president] 사장  merger 합병  acquisition 인수  market share 시장 점유율 new product 신상품  hire[employ] 고용하다  project 프로젝트, 작업  business deal 사업상 거래 contract[agreement] 계약[협약]  details 세부 사항 |

UNIT 12 유형 I: 방송/뉴스

## 빈출 패턴 훈련

▶ U12_86 | 해석 p.307

• 음성을 듣고 알맞은 보기를 고른 후 빈칸을 채우세요.

**1** Who probably is the speaker?

(A) A weather reporter  (B) A tour guide

> Now, let's check out today's _____ again. It seems like this week's long and hard _____ has finally stopped. It will be sunny all day, so I suggest you go out and enjoy the sun.

**2** What is the main topic of the news report?

(A) The merger of two companies  (B) The release of a new product

> Good evening. This is Samantha Laurie with your daily business news update. ST Electronics has confirmed the _____ date of its _____ _____ phone, the Zenith 7.

**3** What did the council do yesterday?

(A) Approved the budget  (B) Worked on revising a law

> And in local news, there has been a lot of interest in the community about the proposed _____. Yesterday, the city council made the decision and finally voted to _____ _____.

**4** According to the study, who is expected to be less fit?

(A) A mail carrier  (B) A secretary

> Welcome back. A recent study shows that people who have _____ _____ are _____ _____ than people who have more active jobs. Sitting all day at a desk reduces blood circulation.

### 💬 Answers

1 weather, rain
2 release, new mobile
3 budget, approve it
4 office jobs, less fit

[정답] 1. (A) 2. (B) 3. (A) 4. (B)

## SPARTA PRACTICE

• 음성을 듣고 질문에 가장 알맞은 응답을 고르세요.

**1** What is the main topic of the news report?

(A) A roadwork
(B) A traffic update

**2** How long does it take to enter the city?

(A) An hour
(B) One and a half hour

**3** What does the speaker suggest the listeners do?

(A) Download an app
(B) Depart earlier than usual

**4** Who probably is the speaker?

(A) A weather forecaster
(B) A talk-show host

**5** What are the listeners advised to take?

(A) A coat
(B) An umbrella

**6** What will happen next?

(A) A guest speaker will be introduced.
(B) The traffic situation will be checked out.

**7** Where does the speaker work?

(A) At a movie theater
(B) At a radio station

**8** Who is Jackie Chang?

(A) A movie star
(B) A city official

**9** What will Mr. Chang do at 3 o'clock?

(A) Begin filming a new movie
(B) Depart for the airport

**10** What is the broadcast about?

(A) An upcoming performance
(B) A famous director

**11** According to the speaker, what did Janice Richmond do recently?

(A) Won an award
(B) Took acting classes

**12** What will the listeners most likely hear next?

(A) A news update
(B) An advertisement

# SPARTA TEST

1. What kind of weather is expected this week?

   (A) Hot
   (B) Cold
   (C) Foggy
   (D) Windy

2. What are the listeners asked to do?

   (A) Eat nutritious food
   (B) Go outside
   (C) Drink lots of water
   (D) Do not look at the sun

3. When will the temperature drop?

   (A) Today
   (B) Saturday
   (C) Sunday
   (D) Monday

4. Where does the speaker work?

   (A) At a university
   (B) At a bookstore
   (C) At a radio station
   (D) At a bank

5. What will Dr. Fernandez be discussing?

   (A) Career choices
   (B) Publishing opportunities
   (C) Communication strategies
   (D) Personal finance

6. What does the speaker encourage the listeners to do?

   (A) Call in with questions
   (B) Register for a seminar
   (C) Open an account
   (D) Refer a friend

7. What caused the traffic delay in the morning?

   (A) Some bad weather
   (B) A car accident
   (C) A special event
   (D) Highway construction

8. What are listeners encouraged to do?

   (A) Keep listening to the radio
   (B) Take a different road
   (C) Take public transportation
   (D) Leave home early

9. According to the speaker, what will happen tomorrow?

   (A) A new highway will open.
   (B) There will be heavy rain.
   (C) The roadwork will begin.
   (D) The parade will take place.

10. What event is taking place?

    (A) A magic show
    (B) A music award
    (C) A parade
    (D) A concert

11. When will the event start?

    (A) On June 1
    (B) On June 3
    (C) On June 5
    (D) On June 15

12. According to the speaker, why will the celebrities attend the event?

    (A) To give a performance
    (B) To talk as a guest speaker
    (C) To enjoy the show
    (D) To introduce the event

**13** What type of business is being discussed?

(A) A fabric manufacturer
(B) An art gallery
(C) A café
(D) A grocery store

**14** What will some customers receive this morning?

(A) A free drink
(B) Some coupons
(C) A mug cup
(D) Some recipes

**15** What does the speaker imply when she says, "the store's already been open for three hours"?

(A) Their business hours have changed.
(B) The place is not popular among customers.
(C) They'd rather meet another time.
(D) They have to hurry to get what they want.

**16** What is the main topic of the broadcast?

(A) Driving tips
(B) Eating habits
(C) Financial planning
(D) Home decorations

**17** Why does the speaker say, "That's not a lot of time"?

(A) To extend the deadline
(B) To make travel arrangements
(C) To ask for an opinion
(D) To emphasize the benefits of a program

**18** According to the speaker, what should the listeners do first?

(A) Log on to a computer
(B) Make a list of goals
(C) Listen to a guest speaker
(D) Answer the questions

# UNIT 13 유형 II: 녹음 메시지

## 기본 전략

☑ 누가 무슨 용건으로 전화한 것인지 먼저 파악하자!

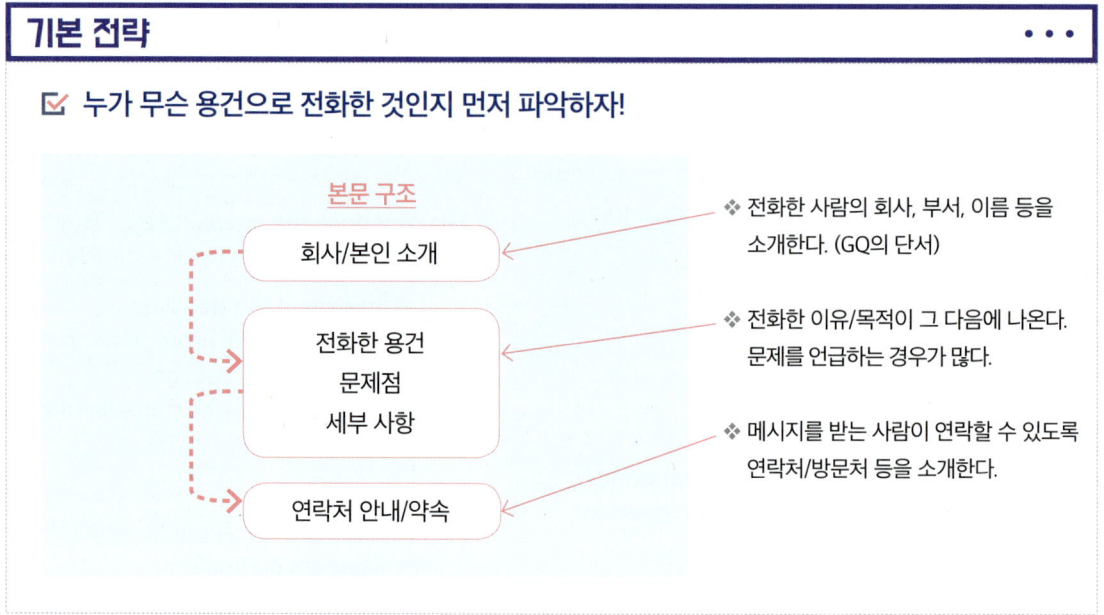

Part 4에서 가장 출제율이 높은 유형 중 하나입니다. 전화 대화문의 특성상 상대방에게 회사 및 자기소개를 해야 용건을 설명할 수 있습니다. 특히, 회사에서 업무상의 문제를 해결하는 내용을 이해하면 난이도 높은 문제도 맞힐 수 있습니다.

- **부재중 안내 메시지**: 전화를 받을 수 없는 이유 설명, 급한 일 처리 안내
- **기업체 녹음 메시지**: 영업 시간 안내, 특정 업무 해결 방법, 상담원 소개
- **개인 메시지**: 특정 인물에게 업무상의 문제점 설명/세부 정보 요구

회화에서 "특정 표현"을 통해 전화 대화인 것을 알 수 있듯이 Part 4에서도 맨 앞부분의 표현을 듣고 녹음 메시지라는 것을 알 수 있습니다. 자주 출제되는 녹음 메시지의 문제와 본문 구조를 익히세요.

## 유형 분석 및 출제 포인트

### 유형 1 ▶ General Question

▶ U13_91

**GQ**
71 What kind of business is the speaker calling?
 (A) A publishing company
 (B) A library
 (C) A restaurant
 (D) A bookstore

**GQ**
72 What is the purpose of the call?
 (A) To confirm the reservation
 (B) To ask about a lost item
 (C) To inquire business hours
 (D) To place a special order

Hello, this is David Han. ⁷¹I was in your bookstore earlier, and ⁷²I'm afraid I left my umbrella there. I spent some time checking out the new books, and I'm pretty sure I left it on the floor in the fiction section. It's a standard sized black umbrella. I'm going to be in your area this afternoon, so I can stop by around four o'clock. Please set it aside for me if you find it. Thank you.

---

71 화자는 어떤 종류의 사업체에 전화하고 있는가?
 (A) 출판사   (B) 도서관
 (C) 식당     (D) 서점

72 전화의 목적은 무엇인가?
 (A) 예약을 확인하기 위해   (B) 분실물에 대해 묻기 위해
 (C) 영업시간을 묻기 위해   (D) 특별 주문을 하기 위해

안녕하세요, 저는 데이비드 한입니다. 제가 전에 당신 서점에 갔었는데 안타깝게도 우산을 거기에 두고 온 것 같아요. 신간 서적들을 보느라 시간을 좀 보냈는데 소설 칸의 바닥에 두고 온 게 거의 확실해요. 일반 사이즈의 검은 우산입니다. 제가 오늘 오후에 그쪽으로 갈 거라서 4시경에 들를 수 있습니다. 혹시 찾으시면 따로 보관해 주시기 바랍니다. 감사합니다.

**포인트** 71~72_ 앞부분에서 누구에게 무슨 이유로 전화하는지를 언급하고 있다. 전형적인 General Question 유형으로, 앞부분을 놓치지 않고 들어야 한다. 녹음 메시지에서는 첫 문장에서 자기소개 또는 상대방 확인 후 목적을 말하는 것이 가장 일반적이다. 주의해야 할 것은 특정 장소에 남기는 메시지라 하더라도 전화한 목적은 다양할 수 있다는 것이다. 일반적인 추측이 아닌 문제의 핵심을 정확하게 파악하고 본문의 힌트를 들을 수 있도록 훈련하자.

### ➕ VOCABULARY : 녹음 메시지 관련 빈출 표현

| | |
|---|---|
| 전화 목적 | I'm calling to ~하려고 전화드립니다  This message is for Mr. Kim. 김 씨를 위해 남긴 메시지입니다.<br>I saw the advertisement and would like to 광고를 봤고 ~하고 싶습니다<br>to respond to a request[inquiry] 요청[질문]에 응답하기 위해<br>to order[to change/to update] 주문[변경]하기 위해  to arrange[schedule/book/reserve] 예약하기 위해 |
| 기업체 안내 | You have reached ~에 전화하셨습니다.  Thank you for calling. 전화 주셔서 감사합니다.<br>We're located in 저희는 ~에 위치해 있습니다.  business hours[hours of operation] 영업시간<br>ARS service 자동응답 서비스  Press number 1. 1번을 누르세요.  operator 전화 교환수<br>service agent[representative] 서비스 담당 직원  compensate[make up for] 보상하다<br>make a choice[option/preference] 선택하다  voice mail 음성 사서함  answering machine 자동 응답기 |
| 부재 안내 | ~ is not available[unavailable] at the moment 지금 전화를 받을 수 없으니<br>international[overseas] 해외의  Get back to me. 저한테 연락 주세요.<br>emergency 긴급 상황  need immediate help 즉시 도움이 필요하다  while I'm away 제가 없는 동안에 |
| 전화 표현 | Stay on the line. 기다리세요.  The line is busy. 통화 중입니다.  Mr. Kim is on the other line.<br>김 씨는 다른 전화를 받고 있습니다.  Hang up and call again later. 끊고 나중에 다시 전화 주세요.<br>Leave a message after the tone. 삐 소리 후에 메시지를 남겨주세요.  Return a call later. 응답 전화를 주세요. |

## 빈출 패턴 훈련

▶ U13_92 | 해석 p.313

• 음성을 듣고 알맞은 보기를 고른 후 빈칸을 채우세요.

**1** Where does Mr. Anderson work?

(A) In the human resources department  (B) In the advertising department

> Hello, this message is for Mr. David Anderson in the _____ _____.
> My name is Teresa Han, and I'm calling about the advertisement I saw in the newspaper for a sales position in your company.

**2** Why is the speaker calling?

(A) To respond to an inquiry  (B) To give more information

> Hello, Ms. Emerson. This is Ben in the maintenance department. You _____ ____ _____ yesterday about the broken light in your office. I could stop by this afternoon.

**3** What seems to be the problem?

(A) Nobody is at home right now.  (B) It is a wrong number.

> I'm sorry, but the number you have dialed is _____ _____ _____ any more. Please check the number and call again later.

**4** For whom is this message intended?

(A) Computer users  (B) Assistants

> Thank you for calling our _____ _____ line. If you are interested in purchasing our computer products, please press 1 now. You can press 0 at any time for assistance.

### 💬 Answers

1 **personnel department**

2 **left a message**

3 **not in service**

4 **computer help**

[정답] 1. (A) 2. (A) 3. (B) 4. (A)

## SPARTA PRACTICE

• 음성을 듣고 질문에 가장 알맞은 응답을 고르세요.

**1** Who most likely is the speaker?

(A) A doctor
(B) A receptionist

**2** What is the purpose of the message?

(A) To confirm an appointment
(B) To ask for a refund

**3** Why is Ms. Suzuki asked to arrive early?

(A) To fill out some forms
(B) To schedule another meeting

**4** What kind of business has the listener called?

(A) A law office
(B) A recording studio

**5** Why can't the speaker answer the phone?

(A) She's on a vacation.
(B) She's away on business.

**6** What should the listener do if the matter is urgent?

(A) Press 1
(B) Leave a message

**7** Where does the speaker work?

(A) At a museum
(B) At an art school

**8** On what day is the museum closed?

(A) On Monday
(B) On Sunday

**9** What should the listener do to get information about the lecture series?

(A) Stay on the line
(B) Call another number

**10** Why did the speaker leave the message?

(A) To invite to a party
(B) To offer a new job

**11** What does the listener need to bring?

(A) Food to share
(B) Business cards

**12** What does the speaker recommend the listener do?

(A) Stop by her office
(B) Send an e-mail

# SPARTA TEST

1. Who probably is the speaker?

   (A) A store manager
   (B) A travel agent
   (C) A maintenance worker
   (D) A printer

2. What does the speaker recommend?

   (A) Doubling the order
   (B) Getting a discount
   (C) Ordering a different model
   (D) Visiting the store

3. Where does the speaker say she will be tomorrow?

   (A) At the bookstore
   (B) At the telephone company
   (C) At the post office
   (D) At the warehouse

4. What is the message about?

   (A) Plumbing problems
   (B) An electrical failure
   (C) A weather report
   (D) Road construction

5. By when is the work expected to be finished?

   (A) This morning
   (B) This afternoon
   (C) Tomorrow morning
   (D) Tomorrow afternoon

6. How often will the recorded message be updated?

   (A) Every 30 minutes
   (B) Every hour
   (C) Every two hours
   (D) Every three hours

7. What did Mr. Blackstone request?

   (A) A price discount
   (B) A business card
   (C) A price estimate
   (D) A different product

8. What additional information does the speaker need?

   (A) An exact address
   (B) Payment information
   (C) A telephone number
   (D) A delivery preference

9. What does the speaker say about the overnight delivery service?

   (A) It is fast.
   (B) It is cheap.
   (C) It is new.
   (D) It Is popular.

10. Why is the speaker interested in the Providence neighborhood?

    (A) It has many restaurants.
    (B) It is quiet.
    (C) It is near public transportation.
    (D) It has a large park.

11. What does the speaker want in a home?

    (A) An office space
    (B) An outdoor patio
    (C) A swimming pool
    (D) A greenhouse

12. What does the speaker say she will do tomorrow?

    (A) Call a landscaper
    (B) Meet with clients
    (C) Visit some properties
    (D) Pay a deposit

| Time | Schedule |
|---|---|
| 10:00 – 11:00 | Conference call |
| 12:00 – 1:00 | Lunch meeting |
| 2:00 – 3:00 | Client consultation |
| 4:00 – 5:30 | Staff meeting |

**13** Where does the speaker most likely work?

(A) At a law firm
(B) At an accounting firm
(C) At an employment agency
(D) At an airline company

**14** What would the speaker like to discuss?

(A) A hiring process
(B) A rent increase
(C) A budget proposal
(D) A flight schedule

**15** Look at the graphic. What time does the speaker want to meet?

(A) At 10:00 A.M.
(B) At 11:00 A.M.
(C) At 1:00 P.M.
(D) At 3:00 P.M.

```
+----------------+        +----------+
| Staff Lounge   |        | Office 2 |
+----------------+        +----------+
| Conference     |        | Office 3 |
| Room           |        |          |
+----------------+        +----------+
| Office 1       |        | Office 4 |
+----------------+        +----------+
             Entrance
```

**16** Why did the speaker leave the message?

(A) To give some tips on a project
(B) To inquire about work schedule
(C) To provide technical support for free
(D) To receive feedback on a new product

**17** What should the listener do for the project?

(A) Arrange a meeting
(B) Confirm other team's order
(C) Check the previous projects
(D) Change a schedule

**18** Look at the graphic. Which office will the meeting be held in?

(A) Office 1
(B) Office 2
(C) Office 3
(D) Office 4

# UNIT 14 유형 III: 행사/인물 소개

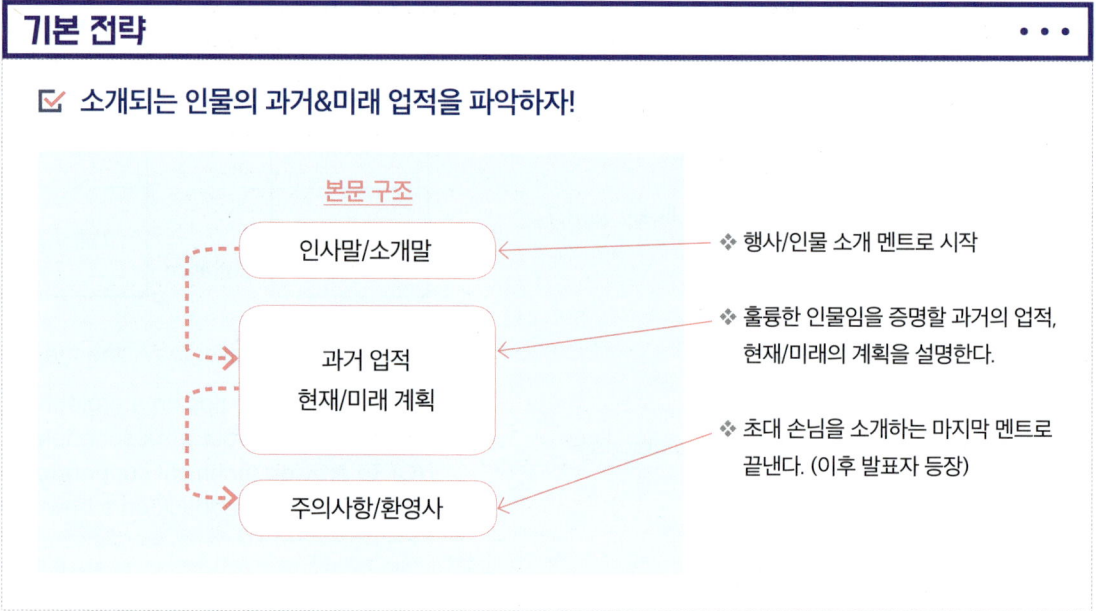

Part 4에서 가장 많이 등장하는 상황은 한 명의 화자(speaker)가 다수의 청자(listeners)에게 일빙적으로 정보를 주고 지시를 내리는 내용입니다. 특히, 어떤 행사나 인물을 소개하는 내용은 자주 출제됩니다. 토익에 자주 등장하는 행사의 종류와 내용, 그리고 인물의 배경을 익히면 훨씬 더 쉽게 문제에 접근할 수 있습니다.

- **인물 소개**: 시상식, 은퇴식, 신입 사원 환영식 등의 상황에서 인물의 장점 등을 소개
- **행사 소개**: 사내 행사에서 참석자들에게 일정/변동 사항 소개
- **강의 소개**: 수업 일정/주의 사항/강사 소개

화자가 제3의 인물을 소개할 때는 그 사람의 장점을 주로 강조합니다. 또한, 인물의 과거 업적과 미래의 계획을 말하는 내용도 등장합니다. "과거와 미래"를 엮어 인물을 소개하는 구조에 익숙해지세요!

# 유형 분석 및 출제 포인트

### 유형 1 ▶ General/Specific Question

▶ U14_97

**GQ**
71. What is the purpose of the announcement?
 (A) To take pictures
 (B) To give information on travelling
 (C) To celebrate the retirement
 (D) To welcome a speaker

**SQ**
72. What will Ms. Tanaka talk about today?
 (A) Hawaiian life
 (B) International shipping
 (C) World music tour
 (D) Marketing techniques

⁷¹It is my great pleasure to introduce to you the world-famous pianist Karen Tanaka. Ms. Tanaka was born in Hawaii and has been living in Australia for the past 10 years. ⁷²Today, she will talk about her world tour that will start from next week and how her international background affected her music life. We'll be opening our phone lines soon. So, if you have questions toward Ms. Tanaka, please call in. We look forward to hearing from her fans.

71 안내의 목적은 무엇인가?
 (A) 사진을 찍기 위해
 (B) 여행 정보를 제공하기 위해
 (C) 은퇴를 축하하기 위해
 (D) 연사를 환영하기 위해

72 타나카 씨는 오늘 무엇에 대해 이야기할 것인가?
 (A) 하와이에서의 생활
 (B) 국제 배송
 (C) 세계 음악 투어
 (D) 마케팅 기술

여러분에게 세계적으로 유명한 피아니스트인 카렌 타나카 씨를 소개하게 되어 정말 기쁩니다. 타나카 씨는 하와이에서 태어났고 지난 10년 동안 호주에서 살아왔습니다. 오늘 그녀는 다음 주부터 시작하는 월드 투어와 그녀의 국제적인 배경이 음악 인생에 어떻게 영향을 미쳤는지에 대해 얘기할 것입니다. 저희는 곧 전화를 받겠습니다. 그러니 타나카 씨에 대해서 질문이 있으신 분들은 전화 주세요. 팬들의 전화를 기다리고 있겠습니다.

> **포인트**
> 71_ 인물 소개 유형은 앞부분에서 주제를 알 수 있으므로 본문의 시작부터 집중하자. 첫 문장에서 안내의 목적이 인물을 소개하는 것임을 알 수 있다.
> 72_ 인물을 소개하는 내용의 지문에는 소개되는 주인공에 대한 질문이 나올 수 있다. 라디오 호스트인 화자가 게스트인 피아니스트를 소개하면서 월드 투어에 대해 말할 것이라는 내용을 파악할 수 있다.

## ➕ VOCABULARY : 행사/인물 소개 관련 빈출 어휘

| | |
|---|---|
| 인물 소개 | award ceremony[dinner/banquet] 시상식[시상 연회]  employee of the year[best employee award] 올해의 직원상[우수 직원상]  performance 실적  new employee[staff/hire] 신입 사원  retire 은퇴하다  promote[advance] 승진시키다  transfer 전근시키다  experience 경력 |
| 수업/강연 소개 | instructor 강사  speaker 발표자  expert 전문가  expertise 전문 지식  speech[talk] 발표  lecture 강의  presentation 발표  demonstration 시연  receive an award 상을 받다  publish books 책을 출간하다  schedule 일정  evaluation 평가  questionnaire[survey] 설문지  feedback[opinion] 피드백[의견] |
| 행사 소개 | function[event] 행사  annual 연례의  monthly 월례의  quarterly 분기별의  program 프로그램  material 자료  register[sign up] 등록하다  discussion session 토론 시간  Question & Answer session 질의응답 시간  guest speaker 초대 발표자  keynote speaker 기조 연설가  remind 다시 알려 주다  discuss 토론하다  share opinions 의견을 나누다  conclusion 결론 |
| 관광 안내/ 관광지 소개 | main attraction 볼만한 곳, 갈만한 곳  landmark 랜드마크, 역사적 구조물  historic site 역사적 장소  manufacturing facility 제조 시설  museum 박물관  hiking trail 산책로  mountain[cave] 산[동굴]  admission 입장(료)  exhibit 전시(물)  collection 수집품  painting 그림  sculpture 조각  pottery 도자기  remember[don't forget] 잊지 마세요  depart 출발하다  arrive 도착하다  proceed[go] 가다 |

## 빈출 패턴 훈련

▶ U14_98 | 해석 p.319

• 음성을 듣고 알맞은 보기를 고른 후 빈칸을 채우세요.

**1** Who is the speaker talking to?

(A) Car dealers  (B) Guest speakers

> Thank you all for coming to the _____ _____ _____ for the year 2020. I'm the head of the organizing committee. We have prepared an exciting program for you today.

**2** Who probably is the speaker?

(A) A tour guide  (B) An author

> Ladies and gentlemen, if you turn to the right, you will _____ Diego _____ of Arts, which used to be the home of the famous painter, Patrick Diego.

**3** How often does this ceremony take place?

(A) Once a month  (B) Once a year

> Wecome to the _____ _____ International Wildlife Preservation _____ ceremony. Today, we are giving special thanks to those who contributed to our society.

**4** What will most likely happen next?

(A) Mr. Gordon will speak.  (B) Mr. Gordon will buy some books.

> Today, Mr. Gordon will talk about his new book, *My life, My choice*, which was published early this week. Now everyone, let us _____ Mr. Gordon \_\_\_\_\_ _____ _____.

### Answers

1 car dealers' convention
2 see, Museum
3 third annual, Awards
4 welcome, to the stage

[정답] 1. (A) 2. (A) 3. (B) 4. (A)

## SPARTA PRACTICE

▶ U14_99 | 해설 p.319

• 음성을 듣고 질문에 가장 알맞은 응답을 고르세요.

**1** What is the announcement about?

(A) A retirement party
(B) An annual workshop

**2** When will the event take place?

(A) Next month
(B) Next week

**3** How long has Ms. Barry been working for the company?

(A) 20 years
(B) 30 years

**4** What is the purpose of the talk?

(A) To introduce a course
(B) To present an award

**5** Who is the intended audience for this talk?

(A) Book editors
(B) Sales representatives

**6** What did Nathan Freeman do ten years ago?

(A) Developed a new product
(B) Published a book

**7** What is the purpose of the announcement?

(A) To explain the painting process
(B) To describe a museum tour

**8** What does the speaker say about the oil painting gallery?

(A) It is popular.
(B) It is closed.

**9** What does the speaker recommend not to do?

(A) Take flash photographs
(B) Eat in the gallery

**10** Who most likely is attending the conference?

(A) International traders
(B) Travel agents

**11** What change was announced?

(A) A change in dates
(B) A change in rooms

**12** What will take place in the cafeteria?

(A) A discussion session
(B) A product demonstration

# SPARTA TEST

**1** What is the purpose of this announcement?

(A) To announce a retirement
(B) To introduce a new product
(C) To introduce a new staff member
(D) To explain a company policy

**2** Where did Ms. Richardson most recently work?

(A) In New York
(B) In Paris
(C) In Japan
(D) In Singapore

**3** What will Ms. Richardson probably do next?

(A) Launch an advertising campaign
(B) Host a celebration party
(C) Conduct a job interview
(D) Give a speech

**4** Why is Mr. Lowe at the Springtown Medical Clinic?

(A) To change a medical appointment
(B) To provide software training
(C) To repair some equipment
(D) To pick up a prescription

**5** According to the speaker, what information was sent by e-mail?

(A) Discount coupons
(B) Insurance information
(C) Individual passwords
(D) Today's work schedule

**6** What are the listeners asked to do?

(A) Turn off their phones
(B) Restart their computers
(C) Read some instructions
(D) Purchase some products

**7** Where is the introduction taking place?

(A) At a film festival
(B) At an awards ceremony
(C) At a fund-raising event
(D) At a job fair

**8** Who is Isabela Madison?

(A) A marketing director
(B) An actress
(C) A veterinarian
(D) A biologist

**9** What will Isabela Madison talk about?

(A) Wild animals in the forest
(B) Home renovation
(C) Animal adoption
(D) Registration process

**10** What does the speaker mean when she says, "it is still operating in its original building"?

(A) It operates 24 hours a day.
(B) It has a long history.
(C) It didn't make lots of money.
(D) It has been destroyed before.

**11** What will be distributed to the visitors?

(A) Product samples
(B) Tour schedules
(C) Floor plans
(D) Headphones

**12** What are the visitors asked to do?

(A) Speak quietly
(B) Fill out a survey
(C) Remain with the group
(D) Wear protective clothing

| Tour Itinerary | |
| --- | --- |
| 9 A.M. | Private Lecture |
| 10 A.M. | Forest Hike |
| 12 P.M. | Lunch |
| 1 P.M. | Folk Village Tour |

**13** Look at the graphic. What time is the information being announced?

(A) At 9:00 A.M.
(B) At 10:00 A.M.
(C) At 12:00 P.M.
(D) At 1:00 P.M.

**14** What does the speaker say is included in the tour?

(A) A breakfast
(B) A ticket to the museum
(C) A return flight
(D) A book of photographs

**15** What does the speaker suggest the listeners do?

(A) Drink a lot of water
(B) Wear sunscreen
(C) Carry an umbrella
(D) Clean the equipment

---

| STEP 1 | STEP 2 | STEP 3 | STEP 4 |
| --- | --- | --- | --- |
| Business Plan | Location | Menus | Advertising |

**16** What industry does the workshop focus on?

(A) Restaurant
(B) Manufacturing
(C) Tourism
(D) Information technology

**17** Look at the graphic. Which step will a guest speaker discuss?

(A) Step 1
(B) Step 2
(C) Step 3
(D) Step 4

**18** Why does the speaker suggest visiting another room?

(A) Some refreshments will be served.
(B) Individual consultations can be arranged.
(C) Another seminar will begin soon.
(D) Some additional resources are available.

# UNIT 15 유형 IV: 직원 회의

## 기본 전략

☑ **지시를 하는 관리자와, 지시를 받는 직원의 할 일을 각각 구분하자!**

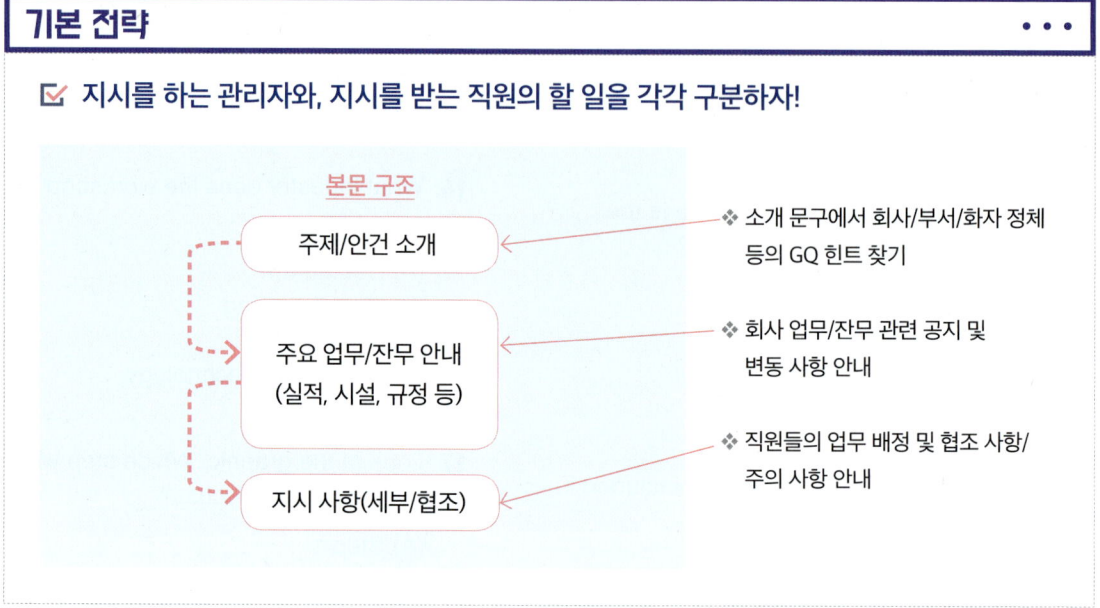

회사에서 토익 점수를 원하는 이유는 토익 고득점자가 회사에서 영어로 소통하고 업무를 진행하는 데 문제가 없다고 보기 때문입니다. Part 4에 가장 많이 등장하면서도 비즈니스 관련 배경지식이 많이 필요한 유형이 바로 직원 회의 (Staff Meeting)입니다. 주로 상사가 회사 업무/규정/기타 회사 생활에 관련된 사항을 공지하고 세부적인 사항을 지시하는 내용입니다.

- **업체/부서별 업무 확인**: 다양한 업체와 부서별 업무 일정 및 세부 업무 배정을 다룸
- **회사 시설 관련**: 회의실/주차장/사무기기 등 다양한 시설과 규정을 다룸
- **사내외 업무 협조**: 회사 홍보/지역 공동체 협조 등을 다룸

난이도가 높은 직원 회의 유형의 정답률을 높이기 위해서는 평소에 회사/업무 관련 어휘는 물론, 배경지식도 있어야 유리하겠죠? 특히, 물건 생산(Production), 판매(Sales), 관리(Management) 등에 대한 다양한 배경지식이 있으면 지문 내용을 더 쉽게 파악할 수 있습니다.

# 유형 분석 및 출제 포인트

## 유형 1 ▶ General Question

◎ U15_103

**GQ**

**71** Where is the talk being given?
(A) At a warehouse
(B) At a supermarket
(C) At a restaurant
(D) At a hotel

**GQ**

**72** What seems to be the problem?
(A) A menu is unavailable.
(B) A waiter is sick.
(C) The restaurant is overbooked.
(D) Business hours have been changed.

Good evening, everyone. [71]I've called this waiter staff meeting to tell you all about a menu change before we open for dinner service. Because of a delivery problem, [72]we will not be serving any shrimp fries tonight. Many of our customers visit the restaurant to have those shrimp fries. So, you have to make sure customers know they're not ready today, and you have to apologize for it. I suggest recommending fried clams or calamari instead.

---

71  담화는 어디에서 이뤄지는가?
   (A) 창고에서         (B) 슈퍼마켓에서
   (C) 식당에서         (D) 호텔에서
72  무엇이 문제인 것 같은가?
   (A) 메뉴를 이용할 수 없다.   (B) 종업원이 아프다.
   (C) 식당 예약이 초과되었다.  (D) 영업시간이 바뀌었다.

여러분, 안녕하세요. 저녁 서비스를 개시하기 전에, 여러분 모두에게 메뉴 변경에 대해 알려 드리려고 종업원 회의를 소집했습니다. 배달 문제로 인해 저희는 오늘밤 새우튀김을 제공하지 않을 겁니다. 우리 고객 중에 많은 분들이 그 새우를 맛보기 위해 식당을 방문합니다. 그러니 여러분들은 고객들에게 오늘 그 요리가 준비되지 않았으며 죄송하다고 꼭 말씀드려야 합니다. 저는 대신에 조개 튀김이나 오징어를 추천하라고 제안합니다.

---

**포인트**
71_ 식당, 마트, 미용실 등 다양한 업체(business)에서 직원들의 업무 관리를 위해 정기적으로 회의를 한다. 첫 구문을 들으면 대화가 이뤄지는 장소가 식당임을 알 수 있으므로 정답은 (C)이다.
72_ 직원들을 대상으로 식당 메뉴 변경을 공지하는 담화이다. 담화 중반에 메뉴를 이용할 수 없다는 내용이 나오므로 정답은 (A)이다.

## ➕ VOCABULARY : 직원 회의 관련 빈출 어휘

| | |
|---|---|
| 업체별 업무 | manufacturing facility 생산 시설  factory[plant] 공장  safety inspection 안전 점검  assembly line 조립 라인  conveyor belt 컨베이어 벨트  performance 실적  profit 수익  revenue 수입  cost[expense] 비용  sporting goods store 스포츠 용품점  electronics 전자제품  library 도서관  gallery 갤러리, 미술관  construction 공사업체  publisher 출판사 |
| 부서별 업무 | new product development team 신상품 개발팀  survey[questionnaire] 설문 조사  sales 판매  feedback[comment] 피드백, 의견  introduce[launch/unveil] 소개하다  advertisement 광고  accounting 회계  reimbursement 상환  service center 서비스 센터, 수리 센터  maintenance 시설 관리 |
| 사내 규정/방침 | policy 방침  regulations[rules] 규정  effective[in effect] 효력이 발생하는  procedure[process] 절차  dress code 복장 규정  security regulations 보안 규정  safety rules 안전 규정  sanitation policy 위생 방침  shipping procedure 배송 절차  application process 신청 절차  safety policy 안전 방침 |
| 시설/용품 | equipment 장비  photocopier 복사기  printer 프린터  fax machine 팩스기  electricity 전기  telephone system 전화 시스템  projector 프로젝터  supplies 용품  stationery 문구류  plumbing 배관  wiring 배선  software update 소프트웨어 업데이트  cleaning 청소  parking 주차  elevator inspection 엘리베이터 검사  painting 페인트 칠하기  car pool 자동차 같이 타기, 카풀 |
| 홍보/ 지역 사회 기여 | public relations 홍보  public image 대외적 이미지  community 지역 공동체  resident 주민  contribution[donation] 기부[헌금]  volunteer 자원하다 |

## 빈출 패턴 훈련

U15_104 | 해석 p.325

• 음성을 듣고 알맞은 보기를 고른 후 빈칸을 채우세요.

**1** Who is making the announcement?

(A) A clothing manufacturer    (B) A company manager

> Before we begin, I'd like to first discuss the official _____ _____ of our company. You should remember your appearance does affect our customers' impression.

**2** What kind of work will be done?

(A) Electrical maintenance    (B) Office cleaning

> The next topic is about the _____ _____ that will be done in the office this weekend. We found some problems with the wiring in the basement and decided to replace it.

**3** Who is this announcement intended for?

(A) Sales staff    (B) Factory workers

> Attention. This is a reminder for all employees working in the _____ _____. Before you start your day, make sure you check the notice board to see if there are any changes.

**4** How much did the profits increase last year?

(A) 30 percent    (B) 20 percent

> Good morning, regional managers. I'm proudly announcing that our company's total sales have increased almost 30 percent and _____ almost _____ _____ last year.

### Answers

1 dress code

2 electrical work

3 production line

4 profits, 20 percent

[정답] 1. (B) 2. (A) 3. (B) 4. (B)

# SPARTA PRACTICE

- 음성을 듣고 질문에 가장 알맞은 응답을 고르세요.

**1** Who is the speaker talking to?

(A) Office workers
(B) Painters

**2** When will the work be finished?

(A) On Friday
(B) On Monday

**3** What are the listeners asked to do?

(A) Purchase new computers
(B) Prepare for the painting work

**4** Where does the speaker most likely work?

(A) At a sports stadium
(B) At a shoe manufacturer

**5** According to the speaker, what has the company recently done?

(A) Introduced a new line of merchandise
(B) Merged with a competitor

**6** What does the speaker suggest doing?

(A) Lowering retail prices
(B) Hiring a different agency

**7** Where most likely is this announcement being made?

(A) At a construction site
(B) At a factory

**8** What problem does the speaker mention?

(A) Some equipment is not working.
(B) Some supplies are missing.

**9** What will the employees be informed about this afternoon?

(A) Safety policy changes
(B) Work schedule changes

**10** What is the speaker mainly discussing?

(A) Company uniforms
(B) Membership options

**11** Why is the change being made?

(A) To reduce the product cost
(B) To update the company's image

**12** What information are the employees asked to provide?

(A) Design preferences
(B) Shipping addresses

# SPARTA TEST

1. Who most likely is the talk intended for?

   (A) Sales representatives
   (B) Cleaning crews
   (C) Factory workers
   (D) Part-time workers

2. What is the purpose of the talk?

   (A) To present an award
   (B) To announce a promotion
   (C) To apologize for the delay
   (D) To describe a policy

3. According to the speaker, what will Dexter do?

   (A) Call the maintenance office
   (B) Review applicants' résumés
   (C) Update schedule information
   (D) Provide copies of a report

4. What is the talk about?

   (A) The opening of a new store
   (B) The renovation of a house
   (C) The maintenance of a parking lot
   (D) The construction of a stadium

5. What are the employees asked to do?

   (A) Leave the office early
   (B) Use different parking lots
   (C) Prepare for the conference
   (D) Advertise in the newspaper

6. How long will the project take?

   (A) One day
   (B) Two days
   (C) Three days
   (D) Seven days

7. According to the speaker, what is the company trying to do?

   (A) Expand to overseas markets
   (B) Reduce electricity use
   (C) Hire new employees
   (D) Purchase new equipment

8. What does the speaker imply when he says, "I know what you're thinking"?

   (A) He likes a suggested idea.
   (B) He predicts an increase in sales.
   (C) He wants to hire more people.
   (D) He understands the listeners' doubt.

9. What can the listeners receive if the plan is successful?

   (A) A free meal
   (B) A bonus
   (C) A new computer
   (D) An opportunity for promotion

10. Why are some colleagues visiting the company?

    (A) To inspect a facility
    (B) To celebrate the anniversary
    (C) To sign an agreement
    (D) To participate in a training

11. What are the listeners asked to do?

    (A) Give a city tour
    (B) Arrange a transportation
    (C) Prepare some materials
    (D) Gather again the next day

12. What do the volunteers have to send in an e-mail?

    (A) Their qualifications
    (B) Contact information
    (C) Their availability
    (D) A list of clients

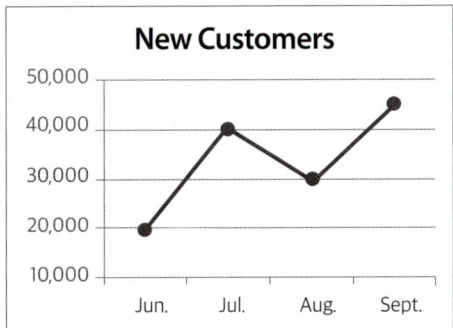

**Lorenzo's Restaurant**
*Weekend Specials*

**Friday Dinner:** Oven-baked pizza with pickles
**Saturday Lunch:** Home-made pasta with salad
**Saturday Dinner:** Fried seafood with vegetables
**Sunday Lunch:** Meatball sandwiches with soup

**13** Where most likely does the speaker work?

(A) At an advertising agency
(B) At an insurance agency
(C) At a publishing company
(D) At a grocery store

**14** Look at the graphic. When was the special discount event held?

(A) In June
(B) In July
(C) In August
(D) In September

**15** According to the speaker, what does the company plan to do next month?

(A) Open another branch
(B) Reduce its prices
(C) Offer online classes
(D) Hire a staff member

**16** Who most likely are the listeners?

(A) Cooks
(B) Servers
(C) Diners
(D) Managers

**17** Look at the graphic. What menu item will need to be replaced?

(A) Pizza
(B) Pasta
(C) Seafood
(D) Sandwiches

**18** What does the speaker want the listeners to do today?

(A) Prepare for an inspection
(B) E-mail suggestions
(C) Arrange a special delivery
(D) Print a new menu

# READING COMPREHENSION

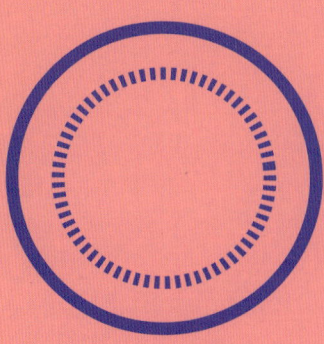

## PART 5&6

| | | |
|---|---|---|
| **UNIT 01** | 명사와 대명사 | **110** |
| **UNIT 02** | 형용사와 부사 | **118** |
| **UNIT 03** | 전치사 | **126** |
| **UNIT 04** | 동사의 형태와 종류 | **134** |
| **UNIT 05** | 수 일치 | **142** |
| **UNIT 06** | 시제 | **150** |
| **UNIT 07** | 수동태 | **158** |
| **UNIT 08** | 부정사 | **166** |
| **UNIT 09** | 동명사 | **174** |
| **UNIT 10** | 분사 | **182** |
| **UNIT 11** | 접속사 | **190** |
| **UNIT 12** | 비교 / 도치 및 가정법 | **202** |

# UNIT 01 명사와 대명사

## 출제 유형 1 문장에서 명사 자리

1. **명사란?** 사람, 사물, 장소나 눈에 보이지 않는 것 등을 가리키는 말입니다.
2. **명사의 종류는?** 가산 명사(셀 수 있는 명사)와 불가산 명사(셀 수 없는 명사)가 있습니다.
3. **일반적인 명사의 말꼬리는?** 주로 -tion, -sion, -ance, -ment, -ty 등과 같은 말꼬리를 가집니다.

### 1 ▶ 명사 자리

✚ 문장을 구성하는 데 필수적 품사인 명사는 문장에서 주어, 목적어, 보어 자리에 옵니다.

**주어**
The [**information** / ~~informative~~] is not available to the public.
그 정보는 일반인들이 사용할 수 없습니다.

**동사의 목적어**
He will attend the [**conference** / ~~confer~~] tomorrow morning.
　　　　　　동사
그는 내일 아침 회의에 참석할 것이다.

**전치사의 목적어**
The center offers a photography class for [**beginners** / ~~began~~] on Friday.
　　　　　　　　　　　　　　　　　　　전치사
센터는 금요일에 초보자를 위한 사진 강의를 제공합니다.
▶ 전치사 뒤에는 항상 명사가 따라오는데, 그 명사를 전치사의 목적어라고 함.

**보어**
Ms. Kates is our [**supervisor** / ~~supervise~~] in the accounting department.
Kates 씨는 회계 부서에서 우리의 상사이다.
▶ 형용사 또는 명사가 보어 역할을 하는데, 보어가 주어의 상태를 표현할 때 형용사, 주어와 동격일 때 명사를 씀.

✚ a(n), the, 소유격, 형용사, 전치사 뒤에 명사가 옵니다.

**관사 뒤**
The [**meeting** / ~~meets~~] was canceled because of the bad weather.
　관사
악천후 때문에 회의가 취소되었다.

**소유격 뒤**
All candidates should submit their [**applications** / ~~applies~~] to Mr. Myers.
　　　　　　　　　　　　　　　　소유격
모든 후보자들은 Myers 씨에게 지원서를 제출해야 합니다.

**형용사 뒤**
Defective [**products** / ~~productively~~] may be refunded within 3 days of purchase.
　형용사
결함 있는 제품은 구입한 후 3일 이내에 환불될 수 있습니다.

## SPARTA ✓ CHECK-UP

• 다음 중 알맞은 것을 고르세요.

1  The [operate / operation] of cameras is prohibited during the performance.
공연 중에는 카메라 작동이 금지된다.

[정답] operation

## 출제 유형 2 | 가산 명사와 불가산 명사

### 1 ▶ 가산 명사와 불가산 명사

✚ 셀 수 있는 명사는 하나(단수)인지, 여러 개(복수)인지를 반드시 표시해야 합니다. 단수 명사 앞에는 하나를 의미하는 a/an을, 복수 명사는 뒤에 -(e)s를 붙입니다.

| 단수 | a manager | a price | an expert |
|---|---|---|---|
| 복수 | managers | prices | experts |

▶ 첫 소리가 a, e, i, o, u로 시작하는 명사 앞에는 an을 붙입니다.
**an** item 상품 한 개　　**an** applicant 지원자 한 명　　**an** expert 전문가 한 명　　**an** hour 한 시간

Online customers will receive **a** 20 percent [**discount** / ~~discounts~~].
온라인 고객들은 20퍼센트 할인을 받을 것입니다.

✚ 셀 수 없는 명사는 단/복수의 개념이 없어서 앞에 a/an이 올 수 없으며, 뒤에 -(e)s도 오지 않습니다. 하지만 단수와 동일하게 취급하므로 뒤에 오는 동사도 단수 형태가 됩니다.

| a/an + 불가산 | 불가산 + -(e)s | the + 불가산 | 소유격 + 불가산 |
|---|---|---|---|
| an information (X) | informations (X) | the information (O) | my information (O) |

Please call for more [**information** / ~~informations~~] about our special packages.
저희 특별 패키지에 대한 보다 자세한 정보를 문의하십시오.

### 2 ▶ 가산 명사와 불가산 명사의 구별

✚ 셀 수 없는 것처럼 보이는 가산 명사와 셀 수 있는 것처럼 보이는 불가산 명사를 구별해야 합니다.

| 가산 명사 | | 불가산 명사 | |
|---|---|---|---|
| area 지역 | refund 환불 | knowledge 지식 | luggage 수화물 |
| workplace 직장 | charge 요금 | furniture 가구 | productivity 생산성 |
| company 회사 | fee 요금 | merchandise 상품 | equipment 장비 |
| result 결과 | profit 수익 | clothing 의류 | advice 충고, 조언 |
| fund 자금 | price 가격 | baggage 수화물 | access 접근, 이용 |

The meeting failed to produce a satisfactory [**result** / ~~advice~~].
　　　　　　　　　　　　　　　　　　　　　　　　가산 명사
회의는 만족스러운 결과를 내지 못했다.

[**Access** / ~~Accesses~~] to confidential information is strictly prohibited.
불가산 명사
기밀 정보에 대한 접근이 엄격히 금지된다.

## SPARTA ✓ CHECK-UP

• 다음 중 알맞은 것을 고르세요.

**2** Our company ordered new office [furniture / furnitures] last month.
우리 회사는 지난달에 새 사무용 가구를 주문했다.

[정답] furniture

UNIT 01 명사와 대명사

## 출제 유형 3 · 인칭대명사 / 소유대명사 / 재귀대명사

> **1 대명사란?** 사람이나 사물의 이름을 대신 나타내는 말을 지칭하는 품사입니다.
> **2 대명사의 종류는?** 인칭대명사(소유대명사, 재귀대명사), 지시대명사, 부정대명사가 있습니다.

### 1 ▶ 인칭대명사

➕ 인칭대명사의 주격은 주어 자리, 소유격은 명사 앞, 목적격은 목적어 자리에 옵니다.

**주격**   **We** attached the report for your review. 저희는 당신이 검토하실 수 있게 보고서를 첨부했습니다.
문장의 주어 자리

**소유격**   We will send **your** airline ticket by e-mail. 우리는 당신의 항공권을 이메일로 보내드릴 겁니다.
명사 앞

**목적격**   You should mail the receipt to **me** by tomorrow. 내일까지 제게 그 영수증을 보내주셔야 합니다.
전치사의 목적어 자리

### 2 ▶ 소유대명사

➕ [소유격+명사]를 대신해서 쓰는 것으로, '~의 것'으로 해석하며 주어, 목적어, 보어 자리에 옵니다.

**주어**   This is not my bag. **Mine**(= **my bag**) is blue.
이것은 내 가방이 아니다. 내 것은 파란색이다.

**목적어**   Ms. Susan doesn't like my idea. She likes **his**(= **his idea**).
Susan 씨는 내 아이디어를 좋아하지 않는다. 그녀는 그의 것을 좋아한다.

**보어**   The document on the desk is **mine**(= **my document**).
책상 위의 문서는 내 것이다.

### 3 ▶ 재귀대명사

➕ 재귀대명사는 인칭대명사의 소유격 또는 목적격에 -self/-selves를 붙인 것으로, '~ 자신'으로 해석됩니다. 문장의 주어와 목적어가 같을 때 목적어를 대신합니다. 문장의 주어나 목적어를 강조하기 위해 쓰기도 하는데, 이 경우 생략 가능합니다.

She introduced **herself** to the audience. 그녀는 그녀 자신을 청중에게 소개했다.
주어                =주어(She)

The CEO **himself** reviewed the document. 최고 경영자는 문서를 직접 검토했다.
주어     =주어(The CEO) : 생략 가능한 강조 용법

= The CEO reviewed the document (**himself**).

## SPARTA ✓ CHECK-UP

• 다음 중 알맞은 것을 고르세요.

**3**   [We / Ourselves] have received many complaints about the new products.
우리는 신상품에 관해 많은 불만 사항을 접수했다.

[정답] We

## 출제 유형 4 — 지시대명사와 부정대명사

### 1 ▶ 지시대명사

✚ 두 대상을 비교하는 문장에서 앞에 언급된 명사를 지칭할 때 that/those를 씁니다. that/those 뒤에는 대체로 수식어가 동반되며, that은 단수 명사를, those는 복수 명사를 받습니다.

Our product is cheaper than **that** of our competitor. (**that** = **product**)
우리 제품은 경쟁사 제품보다 더 싸다.

This year's profits surpassed **those** of last year. (**those** = **profits**)
올해의 이윤이 작년 이윤을 넘어섰다.

### 2 ▶ 부정대명사

✚ 특정한 사람이나 사물을 가리키지 않고 막연한 수를 나타내는 표현입니다.

**❶ some / any**

✚ some과 any는 모두 '몇몇, 약간'이라는 의미로, some은 주로 긍정문에, any는 부정문, 의문문, 조건문에 쓰입니다.

**긍정문**    The computer has **some** problems.    그 컴퓨터에 약간의 문제가 있다.

**조건문**    If you have **any** questions, feel free to call me.
질문이 있으시면 저에게 언제든지 전화 주세요. ▶ feel free to V: 마음 놓고 ~하다

**❷ one / another / others / the other(s)**

✚ 사람이나 사물이 둘일 경우 하나는 one으로, 나머지 하나는 the other로 나타냅니다.

I bought two jackets. **One** is red, and **the other** is black.
나는 재킷 두 벌을 샀다. 하나는 빨간색이고 나머지는 검정색이다.

✚ 사람이나 사물이 셋 이상 있을 경우 하나는 one, 또 다른 하나는 another, 나머지 전부는 the others로 표현합니다. 여럿 중 몇몇은 some, 나머지 중 불특정 다수는 others로 표현할 수 있습니다.

Of the five designs, **one** is mine, and **another** is his.
다섯 개의 디자인 중에서, 하나는 내 것이고 다른 하나는 그의 것이다.

Of the five designs, **one** is mine, and **the others** are his.
다섯 개의 디자인 중에서, 하나는 내 것이고 나머지는 그의 것이다.

Of these designs, **some** are mine, and **others** are his.
이 디자인 중에서, 몇 개는 내 것이고 다른 것들은 그의 것이다.

## SPARTA ✓ CHECK-UP

- 다음 중 알맞은 것을 고르세요.

**4**    Our company's earnings this year are similar to [those / that] of last year.
회사의 올해 수익은 작년 수익과 비슷하다.

[정답] those

## 품사별 토익 빈출 어휘 및 표현

### 1 ▶ 동사 빈출 어휘

| encourage | 권장[장려]하다 | **encourage** a healthy lifestyle<br>건강한 생활 방식을 권장하다 |
|---|---|---|
| promote | 홍보하다 | **promote** one's new album<br>신규 앨범을 홍보하다 |
| succeed | 성공하다 | **succeed** commercially<br>상업적으로 성공하다 |
| attract | 끌어들이다 | in an effort to **attract** more tourists<br>관광객들을 더 많이 유치하기 위해 |
| hesitate | 망설이다, 주저하다 | Do not **hesitate**.<br>주저하지 마세요. |

### 2 ▶ 명사 빈출 어휘

| discussion | 토론(회), 논의 | a productive **discussion**<br>생산적인 논의 |
|---|---|---|
| conservation | 보존, 관리 | implement the water **conservation** plan<br>물 보존 계획을 실시하다 |
| popularity | 인기 | gain **popularity**<br>인기를 얻다 |
| visitor | 방문객, 손님 | a frequent **visitor**<br>자주 찾아오는 방문객, 단골손님 |
| purpose | 용도, 목적 | for any other **purpose**<br>다른 용도로 |

## SPARTA PRACTICE

··· 해설 p.332

• 다음 중 알맞은 것을 고르세요.

1. If you have any questions concerning our policy, do not ------- to contact our customer service representatives.
   (A) compete
   (B) qualify
   (C) hesitate
   (D) provide

2. After Mr. Smith's lecture, the audience is invited to stay for a brief -------.
   (A) attendance
   (B) correspondence
   (C) participation
   (D) discussion

### 3 ▶ 형용사 빈출 어휘

| customary | 관례적인, 습관적인 | It is **customary** to V<br>~하는 것이 관례이다 |
|---|---|---|
| extensive | (다루는 정보가) 광범위한 | **extensive** knowledge<br>광범위한 지식 |
| stringent | (법률·규칙 등이) 엄중한 | **stringent** regulations<br>엄격한 규정 |
| outdoor | 야외의 [명사 앞에만 씀] | the **outdoor** exhibition<br>야외 전시회 |
| defective | 결함이 있는 | **defective** merchandise<br>결함이 있는 상품 |

### 4 ▶ 부사 빈출 어휘

| previously | 이전에, 미리 | higher than **previously** predicted<br>전에 예상했던 것보다 더 높은 |
|---|---|---|
| slightly | 약간, 조금 | be **slightly** modified<br>약간 수정되다 |
| respectfully | 공손하게, 정중하게 | decline **respectfully**(=politely)<br>정중히 거절하다 |
| exclusively | 독점적으로, 오로지 | designed **exclusively** for children<br>아이들만을 위해 설계된 |
| quickly | 빨리, 곧 | spread **quickly**<br>급속히 퍼지다 |

## SPARTA PRACTICE

해설 p.332

• 다음 중 알맞은 것을 고르세요.

**3** It is ------- for the audience to hold its applause until the speaker has finished.
(A) enthusiastic
(B) casual
(C) exclusive
(D) customary

**4** The amount of orders for the new mobile phones has been much higher than ------- anticipated.
(A) previously
(B) newly
(C) completely
(D) positively

# SPARTA TEST

1. ------- of Nice Interior ensure that their clients receive outstanding decorating service.
   (A) Employees
   (B) Employment
   (C) Employed
   (D) Employs

2. Several technicians who worked extra hours will receive full ------- for their overtime work.
   (A) compensation
   (B) compensate
   (C) compensated
   (D) compensating

3. ------- has been responsible for our company's accounting division for almost ten years now.
   (A) His
   (B) He
   (C) Himself
   (D) Him

4. Thank you for ------- interest in our upcoming seminar on customer relationship management.
   (A) you
   (B) your
   (C) yours
   (D) yourself

5. Kristen Wiig, founder of Punchbowl Bus Service, used to drive a bus -------.
   (A) her
   (B) hers
   (C) herself
   (D) her own

6. To make your next ------- with Dr. Stan, please call his office during business hours tomorrow.
   (A) appointed
   (B) appoint
   (C) appointment
   (D) appoints

7. Using an ATM is an easy way to transfer money from one account to -------.
   (A) one
   (B) another
   (C) other
   (D) one another

8. Mr. Cornel deals with issues related to local events by ------- even though he was recently promoted to senior editor.
   (A) himself
   (B) he
   (C) his own
   (D) his

9. ------- in mail delivery are frequent due to the increased volume of letters and packages during peak periods.
   (A) Delays
   (B) Delaying
   (C) Delayed
   (D) Delay

10. Goldman Fabrics Inc. has consistently surpassed its ------- in sales volume and product quality.
    (A) competitive
    (B) competing
    (C) competitors
    (D) competitiveness

Questions 11-14 refer to the following advertisement.

## Available for Lease

The English Bay Unit Group will be celebrating its annual Open House Weekend on 7–8 December. A beachside lifestyle could be -------! All apartments ------- spectacular views. Enjoy large, light-filled living spaces.

All units include up-to-date kitchens and laundry facilities. Each apartment comes with garage space. -------, you may never need to use your car! The Tracie Street Apartment is conveniently located, and it is only a short stroll to cafés and shopping areas downtown.

The rental office opens everyday at 9 A.M. and closes at 5 P.M. -------. Schedule a tour of our lovely apartments today!

Deirdre MacDonald, 555-5709

11. (A) many
    (B) yours
    (C) mine
    (D) others

12. (A) featured
    (B) featuring
    (C) feature
    (D) have featured

13. (A) However
    (B) Therefore
    (C) Similarly
    (D) Consequently

14. (A) This means additional staff may be needed.
    (B) We are building several offices that will soon be available.
    (C) In case of inclement weather, feel free to contact us.
    (D) Evening appointments may be arranged by phone.

# UNIT 02 형용사와 부사

## 출제 유형 1 | 형용사 자리 및 혼동하기 쉬운 형용사

**1 형용사란?** 명사의 모양, 색깔, 성질, 크기, 개수 등을 설명하거나 꾸며 주는 말입니다.
**2 일반적인 형용사의 말꼬리는?** 주로 -able, -ive, -ful 등과 같은 말꼬리를 가집니다.

### 1 ▶ 형용사 자리

✚ 명사 바로 앞이나 보어 자리에 옵니다.

**명사 앞** A **spacious** meeting room is always available for employees.
　　　　　　　　　　　　　명사
직원들은 항상 넓은 회의실을 이용할 수 있다.

**보어 자리** The renovation of our production facility was **complete**.
　　　　　　　　명사(주어)　　　　　　　　　　　　　　　　　보어
우리 생산 설비의 보수 작업이 완료됐다.
▶ complete는 형태 변화 없이 동사와 형용사 모두 가능하며, 동사로 쓰일 때는 '끝마치다', '(양식을) 작성하다'의 뜻으로 쓰임.

### 2 ▶ 혼동하기 쉬운 형용사

✚ 형태는 비슷하지만 의미가 서로 다른 형용사들을 구분해야 합니다.

| | | | |
|---|---|---|---|
| economic 경제의 | economical 절약하는 | respectable 존경할 만한 | respective 각각의 |
| successful 성공적인 | successive 연속적인 | considerable 상당한 | considerate 사려 깊은 |
| confident 확신하는 | confidential 기밀의 | competitive 경쟁력 있는 | competent 유능한 |
| reliable 믿을 만한 | reliant 의존적인 | sensible 분별 있는 | sensitive 민감한 |

The company provides its customers with [**reliable** / ~~reliant~~] service.
그 회사는 고객들에게 믿을 만한 서비스를 제공합니다.　▶ provide A with B: A에게 B를 제공하다
▶ reliant는 '의존하는'이라는 뜻으로, 보통 be reliant on=rely on(~에 의지하다)의 형태로 쓰임.

This task requires a [**considerable** / ~~considerate~~] amount of time and energy.
이 일은 상당한 시간과 노력이 필요합니다.
▶ considerate은 '신중한, 사려 깊은'이라는 뜻으로, 주로 사람명사와 함께 쓰임.

## SPARTA ✓ CHECK-UP

• 다음 중 알맞은 것을 고르세요.

**1** Mr. Ku can access customers' [confidential / confident] information without manager's approval.
　　Ku 씨는 관리자의 승인 없이 고객의 기밀 정보에 접근할 수 있다.

[정답] confidential

## 출제 유형 2 · 부사 자리 및 혼동하기 쉬운 부사

**1 부사란?** 문장의 형용사나 동사, 부사를 더 자세하게 설명하고 꾸며 주는 역할을 합니다.
**2 일반적인 부사의 말꼬리는?** 형용사에 -ly가 붙어 있으면 주로 부사입니다.

### 1 ▶ 부사 자리

✚ 부사는 동사, 형용사, 부사 또는 문장을 앞에서 수식합니다. 단, 동사를 수식할 경우 동사 뒤에 올 수도 있습니다.

**동사 앞** KM Group **recently** changed its marketing strategy.
　　　　　KM 그룹은 최근에 마케팅 전략을 바꾸었다.
　　　　　▶ 부사 recently는 동사의 시제가 과거형이나 현재완료형(have p.p.)일 때 수식하는 부사로 자주 쓰임.

**동사 뒤** She reviewed the financial report **carefully**.
　　　　　그녀는 재정 보고서를 신중히 검토했다.

**형용사 앞** Ryan Potter designed a **completely** new logo.
　　　　　Ryan Potter 씨는 완전히 새로운 로고를 디자인했다.

**부사 앞** The company's sales volume grew **so** sharply.
　　　　　회사의 판매량이 매우 급격히 증가했다.

**문장 앞** **Unfortunately**, we missed the flight to L.A. 안타깝게도 우리는 LA행 비행기를 놓쳤다.

### 2 ▶ 혼동하기 쉬운 부사

✚ 형태는 비슷하지만 의미가 서로 다른 부사들을 구분해야 합니다.

| short 짧게 | shortly 곧, 이내 | high 높게 | highly 매우, 대단히 |
| close 가까이 | closely 밀접하게, 면밀히 | hard 열심히 | hardly 거의 ~하지 않다 |
| late 늦게 | lately 최근에 | near 가까이 | nearly 거의 |

arrive (~~short~~ / **shortly**)　　(~~close~~ / **closely**) inspect　　(~~high~~ / **highly**) successful
곧 도착하다　　　　　　　　　면밀히 검사하다　　　　　　　매우 성공적인

stay open (**late** / ~~lately~~)　work (**hard** / ~~hardly~~)　　(~~near~~ / **nearly**) six months
늦게까지 영업하다　　　　　　열심히 일하다　　　　　　　　거의 6개월

### SPARTA ✓ CHECK-UP

• 다음 중 알맞은 것을 고르세요.

2　The annual sales meeting was [original / originally] scheduled for October 1.
　　연례 영업 회의는 원래 10월 1일로 예정되어 있었다.

[정답] originally

## 출제 유형 3  그밖에 알아두어야 할 형용사

### 1 ▶ 부정 수량 형용사

➕ 막연한 수나 양을 나타내는 형용사를 부정 수량 형용사라고 합니다.

| 구분 | 많은 | 약간 있는 (긍정) | 거의 없는 (부정) |
|---|---|---|---|
| 셀 수 있는 명사 앞(수) | many | a few | few |
| 셀 수 없는 명사 앞(양) | much | a little | little |
| 수/양 공통으로 사용 | a lot of, lots of | some | any |

The book contains [~~many~~ / **much**] information about upcoming local events.
그 책에는 다가올 지역 행사에 관한 많은 정보가 실려 있다.

[**Many** / ~~Much~~] commuters are taking public transportation nowadays.
요즈음 많은 통근자들이 대중교통을 이용하고 있다.

### 2 ▶ -ly 형태의 형용사

➕ [명사+ -ly] 형태의 형용사는 명사 앞에서 수식이 가능합니다.

| | | |
|---|---|---|
| weekly 매주의 | friendly 친절한 | timely 시기적절한 |
| monthly 매달의 | costly 값비싼 | orderly 질서 있는 |
| yearly 매년의 | lovely 사랑스러운 | likely ~할 것 같은 |

Please submit the [~~month~~ / **monthly**] <u>sales report</u> to Jessica Harper.
　　　　　　　　　　　　　　　　　명사
Jessica Harper 씨에게 월례 영업 보고서를 제출해 주세요.

The customer service staff was very [~~friend~~ / **friendly**] and welcoming.
고객 서비스 직원은 매우 친절하고 따뜻했다.
▶ 형용사 welcoming은 '(방문객에게) 따뜻한', '반갑게 맞이하는'이라는 뜻으로 쓰임.

## SPARTA ✓ CHECK-UP

• 다음 중 알맞은 것을 고르세요.

3  Renovating the old building is both [cost / costly] and time-consuming.
　　오래된 건물을 보수하는 것은 비용과 시간이 많이 든다.

[정답] costly

## 출제 유형 4   그밖에 알아두어야 할 부사

### 1 ▶ '정각에'라는 의미를 나타내는 부사

**promptly / exactly / precisely** at 10:00   정각 10시에

Our weekly staff meeting begins [**promptly** / ~~prompt~~] at 9 A.M.
주간 업무 회의는 오전 9시 정각에 시작한다.

▶ promptly, exactly, precisely는 <at + --- + 시각>이나 <at + 시각 + --->  형태로 쓰임. 단, 시각 뒤에 올 때 sharp도 쓸 수 있음. 이때 sharply로 쓰지 않도록 주의!

### 2 ▶ be _____ located와 함께 출제되는 부사

| be | conveniently | perfectly | centrally | + located(situated / placed) |
|---|---|---|---|---|
| | 편리하게 | 완벽히 | 중앙에 | ~에 위치하다 |

The hotel **is** [**conveniently** / ~~slightly~~] **located** in the heart of the city.
그 호텔은 도시 중심부에 편리하게 위치해 있다.

### 3 ▶ be _____ v-ing 또는 be _____ (un)available과 함께 출제되는 부사

| be | presently / currently | + v-ing / (un)available |
|---|---|---|
| | 현재 | ~하는 중이다 / 이용할 수 있는(없는) |

We **are** [**currently** / ~~previously~~] **looking** for experienced salespeople for our Boston office.
우리는 현재 보스턴 사무소에서 일할 경험 많은 영업 사원들을 구하고 있다.

### 4 ▶ 숫자와 함께 사용되는 부사

| approximately, about, around | nearly, almost | over, more than | at least |
|---|---|---|---|
| 대략 | 거의 | ~ 이상 | 최소한 |

This position requires [**at least** / ~~quite~~] 5 years of experience.
이 직책은 적어도 5년의 경력이 필요합니다.

We have been providing reliable service to our customers for [**nearly** / ~~mostly~~] 20 years.
우리는 거의 20년 동안 고객들에게 신뢰할 만한 서비스를 제공하고 있다.

## SPARTA ✓ CHECK-UP

• 다음 중 알맞은 것을 고르세요.

4. The awards ceremony will begin [extremely / **precisely**] at 2 P.M.
시상식이 정확히 오후 2시에 시작할 것이다.

[정답] precisely

# 품사별 토익 빈출 어휘 및 표현

## 1 ▶ 동사 빈출 어휘

| store | 저장하다, 보관하다 | **store** the documents safely<br>문서를 안전하게 보관하다 |
|---|---|---|
| defer | 미루다, 연기하다 | **defer** the decision<br>결정을 미루다 |
| express | (감정을) 나타내다, 표하다 | **express** concern<br>우려를 표하다 |
| perform | (일·과제·의무 등을) 수행하다 | **perform** a contract<br>계약을 이행하다 |
| subscribe | (신문 등을) 구독하다 | **subscribe** to a magazine<br>잡지를 구독하다 |

## 2 ▶ 명사 빈출 어휘

| preparation | 준비[대비] | in **preparation** for tomorrow's meeting<br>내일 회의에 대비해서 |
|---|---|---|
| concentration | 집중, 밀집 | a **concentration** of the population<br>인구 집중 |
| consideration | 사려, 숙고 | under **consideration**<br>고려[생각] 중인 |
| defect | 결함 | a minor **defect**<br>사소한 결함 |
| participation | 참가, 참여 | enthusiastic **participation**<br>열정적인 참여 |

## SPARTA PRACTICE

••• 해설 p.334

• 다음 중 알맞은 것을 고르세요.

1. Any decision about software upgrades will be ------- until the special meeting scheduled for next month.
   (A) deferred
   (B) resolved
   (C) organized
   (D) agreed

2. ------- in the survey is optional, and all customer feedback is welcome.
   (A) Participatory
   (B) Participant
   (C) Participated
   (D) Participation

## 3 ▶ 형용사 빈출 어휘

| efficient | 효율적인 | **efficient** heating equipment<br>효율적인 난방 장치 |
|---|---|---|
| dedicated | 전념하는, 헌신적인 | **dedicated** sales representatives<br>헌신적인 영업 사원들 |
| remarkable | 놀라운, 주목할 만한 | a **remarkable** career/talent<br>놀라운 경력/재능 |
| hesitant | 주저하는, 머뭇거리는 | be **hesitant** about (동)명사/to V<br>~에 대해 망설이다 / ~하는 것을 주저하다 |
| entire | 전체의 [명사 앞에만 씀] | on behalf of the **entire** staff<br>직원 전체를 대표하여 |

## 4 ▶ 부사 빈출 어휘

| mistakenly | 잘못하여, 실수로 | believe **mistakenly**<br>잘못 생각하다 |
|---|---|---|
| minimally | 최소한으로 | **minimally** affect<br>극미하게 영향을 주다 |
| originally | 원래, 본래 | as **originally**(=initially) scheduled<br>원래 예정된 대로 |
| approximately | 대략, 거의 | within **approximately** two months<br>대략 두 달 내에 |
| temporarily | 일시적으로 | be **temporarily** out of stock<br>일시적으로 품절되다 |

# SPARTA PRACTICE

••• 해설 p.334

• 다음 중 알맞은 것을 고르세요.

**3** While at G-Star International, I made the company's accounting process much more -------.
(A) dedicated
(B) hesitant
(C) abundant
(D) efficient

**4** The assembly process for a Mboro truck takes ------- 17 hours from start to finish.
(A) neatly
(B) approximately
(C) closely
(D) ultimately

# SPARTA TEST

1. After ------- debate, the committee decided to expand its investments in South America.
   (A) consider
   (B) considerable
   (C) considerably
   (D) considerate

2. Sending a letter of apology promptly after a customer's complaint is a ------- recommended practice.
   (A) high
   (B) higher
   (C) highest
   (D) highly

3. To ensure the safety of its customers, Mac Grill evaluates its food-handling procedures -------.
   (A) regular
   (B) regularity
   (C) regularness
   (D) regularly

4. Though Ms. Conley arrived ------- to the conference, she had enough time to deliver her entire presentation.
   (A) lately
   (B) late
   (C) later
   (D) latest

5. Although the company has been in business for only six months, it has very quickly become -------.
   (A) profit
   (B) profitable
   (C) profitability
   (D) profited

6. Most managers ------- examine applicants' résumés when choosing new staff members.
   (A) close
   (B) closely
   (C) closest
   (D) closer

7. For many years, Flyder Co. has been ------- in promoting employee welfare.
   (A) active
   (B) actively
   (C) activists
   (D) activities

8. The picnic invitation is for ------- company employees, including part-time staff.
   (A) every
   (B) few
   (C) much
   (D) all

9. Customers of Maholo Bank can ------- access various banking services from their computers any time of the day.
   (A) easily
   (B) easy
   (C) easing
   (D) ease

10. After ------- reviewing the contract, the applicant found the conditions to be less than satisfactory.
    (A) equally
    (B) particularly
    (C) densely
    (D) thoroughly

**Questions 11-14** refer to the following e-mail.

**To**: Charlie Rowe
**From**: Gemma Jones
**Subject**: Relocation
**Date**: 2 December

Dear Mr. Rowe,

Because of a family situation, I need to relocate back to my hometown of Norwich next month. -------, I hope to continue working for Strathmoor Associates.
       **11**

If you agree, I would like to meet with you to discuss the possibility of continuing in my current position. I believe it would be quite possible for me to work -------. -------. And when necessary, I would still be available to travel to the office in London for important meetings.
                                                                                                **12**        **13**

I look forward to speaking with you about this ------- in more detail soon.
                                               **14**

Sincerely,

Gemma Jones

---

**11** (A) Therefore
   (B) Finally
   (C) After all
   (D) Even so

**12** (A) remote
   (B) remotely
   (C) remotion
   (D) remove

**13** (A) Norwich is a fascinating city to visit.
   (B) I am waiting for replies from others about the meeting.
   (C) Much of our work is done electronically.
   (D) Travel expense reports must be submitted by the end of the month.

**14** (A) book
   (B) idea
   (C) design
   (D) project

# UNIT 03 전치사

## 출제 유형 1 전치사구의 역할

1. **전치사란?** 명사, 대명사 앞에 위치하여 위치, 시간, 방향, 소유 등을 나타내는 품사입니다.
2. **전치사의 종류는?**
   1) **단순 전치사** : 하나의 전치사로 이루어진 것. ex) in, on, at, from, to 등
   2) **구 전치사** : 2개 이상의 단어가 모여 하나의 전치사 역할을 하는 것. ex) because of, in front of 등
3. **전치사구란?** 전치사구는 at the hotel, for them 등과 같이 [전치사+명사/대명사]를 한꺼번에 일컫는 말입니다. 전치사구는 문장에서 수식어 역할을 하며, 문장의 앞, 중간, 뒤에 올 수 있습니다.

### 1 ▶ 전치사구의 역할

**형용사 역할**

➕ 명사를 뒤에서 꾸며 주거나 be동사 뒤에서 보어의 역할을 합니다.

I'd like some information about this new product. ▶ 명사 수식
이 신제품에 관한 정보를 얻고 싶습니다.

The copying machine in my office is out of order. ▶ 보어 역할
내 사무실에 있는 복사기가 고장 났다.

**부사 역할**

➕ 동사, 형용사 또는 문장 전체를 수식하는 역할을 합니다.

The department head delayed the meeting without any notice. ▶ 동사 수식
부장은 아무 예고 없이 회의를 연기했다.

This information is available on the Internet. ▶ 형용사 수식
이 정보는 인터넷에서 이용 가능합니다.

During the show, please turn off your mobile phones. ▶ 문장 전체 수식
공연 중에는 휴대 전화를 꺼 주세요.

## SPARTA ✓ CHECK-UP

- 다음 중 알맞은 것을 고르세요.

1. The shopping mall was closed [due to / because] financial difficulties.
   그 쇼핑몰은 재정난 때문에 문을 닫았다.

[정답] due to

## 출제 유형 2 | 주요 전치사 1

### 1 ▶ 시간을 나타내는 전치사

✚ in, at, on은 대표적인 시간 전치사입니다. '하루'를 나타낼 수 있는 on을 기준으로 at은 더 작은 범위, 즉 시각을 나타내고, in은 월/연도/계절 등을 나타낼 때 사용됩니다.

| | 월 | 연도 | 계절 | 아침, 점심, 저녁 |
|---|---|---|---|---|
| in | in June<br>6월에 | in 2020<br>2020년에 | in winter<br>겨울에 | in the morning/afternoon/evening<br>오전/오후/저녁에 |

| | 시각 | | 정확한 시점 | |
|---|---|---|---|---|
| at | at 5 P.M. 오후 5시에 | | at noon 정오에 | at night 밤에 |
| | at 10 o'clock 10시에 | | at the end of the year 연말에 | |

| | 요일 | 날짜 | 특별한 날 |
|---|---|---|---|
| on | on Friday<br>금요일에 | on December 3<br>12월 3일에 | on my birthday<br>내 생일에 |

Blackline Systems is planning to hire new computer technicians [**in** / ~~on~~] **August**.
Blackline Systems는 8월에 신입 컴퓨터 기술자들을 채용할 예정이다.

### 2 ▶ 장소를 나타내는 전치사

✚ in, at, on은 대표적인 장소/위치 전치사로, 시간 전치사와 마찬가지로 at이 가장 작은 범위, in이 가장 넓은 범위를 나타냅니다.

| | 공간 | 도시 | 국가 |
|---|---|---|---|
| in | 비교적 넓은 장소 | in Paris<br>파리에서 | in England<br>영국에서 |

| | 지점 | 공항 | 정류장 |
|---|---|---|---|
| at | 비교적 좁은 장소 | at the airport<br>공항에서 | at the bus station<br>버스 정류장에서 |

| | 표면 | 층 | 선반 |
|---|---|---|---|
| on | 표면에 접촉되어 있는 경우 | on the second floor<br>2층에 | on the shelf<br>선반 위에 |

All visitors must check-in [**at** / ~~on~~] **the front desk** upon arrival.
모든 방문객들은 도착하자마자 반드시 안내데스크에서 체크인 해야 한다.

## SPARTA ✓ CHECK-UP

• 다음 중 알맞은 것을 고르세요.

**2** Our next monthly meeting will be held [on / in] August 25 at Tileyard Studio.
다음 월례 회의는 8월 25일에 Tileyard Studio에서 열릴 것입니다.

[정답] on

## 출제 유형 3 주요 전치사 2

### 1 ▶ 기간을 나타내는 전치사

| during | during your stay 당신이 머무는 동안 | for | for five days 5일 동안 |
|---|---|---|---|
| over | over the next decade 향후 10년간 | in | in a week 일주일 후에 |
| throughout | throughout the year 일 년 내내 | within | within a week 일주일 이내에 |

For more information, stop by our front desk **during** your visit.
더 많은 정보를 원하시면, 방문하시는 동안 저희 안내데스크에 들러 주세요.

### 📖 TIP! for vs. during

for는 주로 [for+숫자+기간 명사]로 쓰여 구체적인 기간을 나타내며, during은 행사/사건의 진행 기간을 나타낼 때 씁니다.

ex) **for** 30 years 30년 동안  ex) **during** the meeting 회의 동안

### 2 ▶ 시점을 나타내는 전치사

| since | since last week 지난주 이래로 | from | from next month 다음 달부터 |
|---|---|---|---|
| before | before March 3월 전에 | prior to | prior to the due date 만기일 전에 |
| until | until tomorrow morning 내일 아침까지 | by | by next Friday 다음 주 금요일까지 |

Make sure that you finish the report [**by** / ~~until~~] this Friday.
이번 주 금요일까지 보고서를 반드시 끝내세요.

### 📖 TIP! by vs. until

by는 특정 시점까지 동작이 완료됨을 나타내어 finish, complete, submit, send 등의 동사와 어울리고, until은 어떤 상태가 특정 시점까지 계속됨을 나타내어 last, stay, delay, continue 등의 동사와 어울립니다.

ex) You should <u>submit</u> the report **by** October 31. 당신은 10월 31까지 보고서를 제출해야 한다.
  → 10월 31일에 동작(submit)이 완료됨

ex) The business event will <u>last</u> **until** March 3. 그 비즈니스 행사는 3월 3일까지 지속될 것이다.
  → 3월 3일까지 상태(last)가 계속됨

## SPARTA ✓ CHECK-UP

• 다음 중 알맞은 것을 고르세요.

3  He has been working at this company [since / within] last year.
  그는 작년부터 이 회사에서 근무해 왔다.

[정답] since

## 출제 유형 4 | 주요 전치사 3

### 1 ▶ 위치나 방향을 나타내는 전치사

| to + 목적지/대상 | ~으로(방향)/~에게(대상) | to the left 왼쪽으로 / open to the public 대중에게 공개된 |
|---|---|---|
| from + 출발점/출처 | ~로부터 | return from the business trip 출장에서 돌아오다 |
| into | ~안으로 | into the station 역 안으로 |
| out of | ~밖으로 | out of the office 사무실에 없는 |
| through | ~을 통과하여 | through the tunnel 터널을 통과하여 |
| across | ~을 가로질러 | across the road 도로를 가로질러 |

### 2 ▶ 이유나 양보를 나타내는 전치사

| 이유 | because of | because of bad weather 나쁜 날씨 때문에 |
|---|---|---|
| | due to | due to the heavy traffic 많은 교통량 때문에 |
| 양보 | despite | despite heavy snow 폭설에도 불구하고 |
| | in spite of | in spite of his age 그의 나이에도 불구하고 |

### 3 ▶ 묶어서 알아 두면 좋은 <자동사 + 전치사>

| participate in | ~에 참여[참가]하다 | focus on | ~에 초점을 맞추다 |
|---|---|---|---|
| contribute to | ~에 기여하다 | benefit from | ~로부터 이익[혜택]을 보다 |
| deal with | ~을 다루다/처리하다 | comply with | ~을 따르다, 준수하다 |
| respond[react] to | ~에 응답하다 | rely[depend] on | ~에 의지하다 |

### 4 ▶ 자주 출제되는 전치사구

| 명사 + 전치사 | | 전치사 + 명사 | |
|---|---|---|---|
| interview with | ~와의 면접 | in detail | 상세히 |
| expansion into | ~으로의 확장 | in advance | 미리, 사전에 |
| increase(decrease) in | ~의 증가(하락) | at all times | 항상 |
| interest in | ~에 대한 관심 | on schedule | 예정대로 |
| commitment to / dedication to | ~에 대한 헌신 | ahead of schedule / behind schedule | 일정보다 앞서 / 일정보다 늦게 |

## SPARTA ✓ CHECK-UP

• 다음 중 알맞은 것을 고르세요.

4  Mr. Stevens decided to postpone the meeting [despite / because of] a scheduling conflict.
Stevens 씨는 일정이 겹쳐서 회의를 연기하기로 결정했다.

[정답] because of

# 품사별 토익 빈출 어휘 및 표현

## 1 ▶ 동사 빈출 어휘

| transfer | 전근[이전]하다, 이전시키다 | **transfer** to the Sales Department<br>영업부서로 전근가다 |
|---|---|---|
| monitor | 감시하다 | **monitor** closely<br>면밀히 감시하다 |
| disturb | 방해하다 | Do not **disturb** others.<br>다른 사람들을 방해하지 마세요. |
| fulfill | (필요·요건 등을) 만족시키다 | **fulfill** the customers' expectations<br>고객들의 기대를 충족시키다 |
| install | 설치하다 | **install** the software<br>소프트웨어를 설치하다 |

## 2 ▶ 명사 빈출 어휘

| accommodations | 숙박 시설 | comfortable **accommodations**<br>편안한 숙박 시설 |
|---|---|---|
| expenditure | 지출, 경비 | the total **expenditure**<br>총 경비 |
| investor | 투자자 | a large **investor**<br>거액 투자자 |
| increase | 증가, 인상 | impressive **increase** in sales<br>인상적인 판매량 증가 |
| revenue | 수익[수입] | **revenue** loss<br>수입 감소 |

## SPARTA PRACTICE

• 다음 중 알맞은 것을 고르세요.

**1** When the new paintings arrive, all of the existing works will be ------- to the underground space of the gallery.

(A) changed
(B) connected
(C) transferred
(D) related

**2** After three months of steady -------, the number of home sales in Perth fell in the second quarter.

(A) advantages
(B) increases
(C) productions
(D) explanations

## 3 ▶ 형용사 빈출 어휘

| specific | 구체적인, 명확한 | **specific** instructions<br>명확한 지시(지침) |
|---|---|---|
| attached | 첨부된 | the **attached** seminar registration form<br>첨부된 세미나 등록 양식 |
| eligible | 자격이 있는 | be **eligible** for paid vacation<br>유급 휴가를 받을 자격이 되다 |
| stable | 안정된, 안정적인 | **stable** prices<br>안정된 물가 |
| unpredictable | 예측할 수 없는 | **unpredictable** consequences<br>예측할 수 없는 결과 |

## 4 ▶ 부사 빈출 어휘

| relatively | 상대적으로, 비교적 | at a **relatively** low price<br>상대적으로 낮은 가격에 |
|---|---|---|
| highly | 매우, 대단히 | **highly** qualified applicants<br>매우 자격을 갖춘 지원자들 |
| considerably | 많이, 상당히 | drop **considerably** in value<br>가치가 현저히 떨어지다 |
| greatly | 대단히, 크게 | be **greatly** appreciated<br>매우 고마워하다 |
| newly | 최근에, 새로 | a **newly** created job<br>새로 창출된 일자리 |

# SPARTA PRACTICE

해설 p.336

- 다음 중 알맞은 것을 고르세요.

**3** According to the new regulations, all employees are ------- to apply for personal leave of up to two months.
(A) variable
(B) capable
(C) sociable
(D) eligible

**4** James Harrison is a ------- regarded designer and has been honored for his creativity over the past decade.
(A) gracefully
(B) largely
(C) luckily
(D) highly

# SPARTA TEST

**1** The orientation for new employees will be held ------- the company auditorium.
 (A) on
 (B) at
 (C) over
 (D) with

**2** The furniture you ordered is scheduled to be delivered ------- November 11.
 (A) on
 (B) in
 (C) to
 (D) at

**3** Mr. Rosenfield's presentation was supposed to begin ------- approximately 9 A.M.
 (A) in
 (B) on
 (C) for
 (D) at

**4** Commercial trucks are prohibited ------- using the parkway because several bridges are too low for some trucks.
 (A) by
 (B) away
 (C) under
 (D) from

**5** We may request personal information when you register to receive additional information ------- our services.
 (A) concerns
 (B) concerned
 (C) concerning
 (D) concerning to

**6** Our research center is located ------- the fifth floor of the Edwards Building in downtown Tokyo.
 (A) in
 (B) of
 (C) to
 (D) on

**7** Mr. Connelly will serve ------- the project's new coordinator for the next three months before taking charge of the entire department.
 (A) on
 (B) as
 (C) of
 (D) in

**8** The Labelle Shopping Center will be unavailable during certain periods this summer ------- the ongoing construction.
 (A) although
 (B) due to
 (C) in addition
 (D) however

**9** United Health Inc. believed that there would be an increase ------- domestic demand of its products.
 (A) in
 (B) by
 (C) on
 (D) at

**10** All proposals must be submitted ------- November 12 and will be evaluated no later than December 1.
 (A) until
 (B) during
 (C) by
 (D) in

**Questions 11-14** refer to the following article.

BRENTON (June 22) – Yesterday, Brenton Railway won a $37 million grant from the Federal Transit Agency. Thanks to the ------- (11), construction of the train terminal in Birmingham can now begin. The expansion of the rail system is certainly good news for many in the community. ------- (12). Drivers, too, are pleased about the grant.

Robert Fraisse, ------- (13) lives near the planned Birmingham Station, says, "What a relief for commuters like me! We have had to endure steadily worsening road traffic ------- (14) some time now. I'm looking forward to taking the train instead of my car to work every day as soon as the station opens."

11. (A) funding
    (B) policy
    (C) design
    (D) strategy

12. (A) Riders will no longer be able to park their cars at the terminal.
    (B) Officials have confirmed that construction has been postponed indefinitely.
    (C) The cost of a monthly train pass, however, is expected to increase.
    (D) The project will create about 75 permanent jobs at the station.

13. (A) when
    (B) what
    (C) whose
    (D) who

14. (A) for
    (B) with
    (C) about
    (D) on

# UNIT 04 동사의 형태와 종류

## 출제 유형 1  동사의 형태

**1 동사의 형태는?** 기본형(동사원형), 3인칭 단수형(동사원형+ -(e)s), 과거형(동사원형+ -ed/불규칙 변화), 현재분사형(동사원형+ing), 과거분사형(동사원형+ -ed/불규칙 변화)으로 나뉩니다.

**2 동사의 종류는?** 동사는 크게 자동사와 타동사로 나뉩니다. 자동사는 목적어 없이 [주어+동사] 구조로 문장을 이룰 수 있는 동사이고, 타동사는 목적어가 필요한 동사입니다.

### 1 ▶ 동사원형이 오는 경우

➕ 조동사 바로 뒤나 명령문에서는 동사원형이 옵니다.

Allen **will** [**visit** / ~~visited~~] all local offices.  Allen은 모든 지역 사무실을 방문할 것이다.
**Please** [**contact** / ~~contacting~~] us at any time.  언제든 저희에게 연락하시기 바랍니다.

### 2 ▶ 3인칭 단수형이 오는 경우

➕ 3인칭 단수 주어 뒤에서 동사가 현재를 나타낼 때는 3인칭 단수형이 옵니다.

**The store** [~~open~~ / **opens**] on Sunday.  그 가게는 일요일에 문을 엽니다.

### 3 ▶ 과거형이 오는 경우

➕ 주어와 상관없이 동사가 과거를 나타낼 때는 과거형이 옵니다.

He [~~goes~~ / **went**] to the library **last Wednesday**.  그는 지난주 수요일에 도서관에 갔다.
Posey [~~joins~~ / **joined**] Camp Corporation **five years ago**.  Posey는 5년 전에 Camp 사에 입사했다.
▶ <last + 시점>, <시간 + ago> 등의 시간 표현은 과거시제와 어울려 쓰임.

### 4 ▶ 현재분사형 또는 과거분사형이 오는 경우

➕ be동사 뒤에는 현재분사형/과거분사형이, have동사 뒤에는 과거분사형이 올 수 있습니다.

We **are** [~~seek~~ / **seeking**] a network engineer.  우리는 네트워크 엔지니어를 찾고 있다.
The meeting **was** [~~hold~~ / **held**] at 3 o'clock.  회의가 3시에 열렸다.
I **have** [~~finish~~ / **finished**] the report.  나는 보고서를 끝냈다.

## SPARTA ✓ CHECK-UP

• 다음 중 알맞은 것을 고르세요.

1  The delay was [causes / caused] by a defective part of the machine.
결함 있는 기계 부품 때문에 지연이 야기되었다.

[정답] caused

## 출제 유형 2 | 자동사

### 1 ▶ 주어 + 완전 자동사 (+ 부사/전치사구)

✚ 1형식 동사는 완전 자동사로, 목적어나 보어가 필요하지 않습니다. 1형식 문장이라고 [주어+동사]만으로 쓰이는 문장은 별로 없으며, 대개는 수식어가 따릅니다.

| 주어 | + | 완전 자동사 | + | 부사 | / | 전치사구 | ▶ 전치사구는 <전치사+명사/대명사>를 일컫는다. 문장에서 수식어 역할을 하며, 문장의 앞·중간·뒤에 올 수 있다. |

| | | | | | |
|---|---|---|---|---|---|
| go 가다 | come 오다 | exist 존재하다 | expire 만기가 되다 | work 효과가 있다 |
| talk 말하다 | arrive 도착하다 | wait 기다리다 | last 지속되다 | rise 오르다 |
| vary 다양하다 | fall 떨어지다, 내리다 | happen = occur = take place 발생하다 | | |

The local conference will **take place** on January 14.
　　　　　　　　　　　　　　　　　　　전치사구

지역 회의는 1월 14일에 개최될 것이다.

### 2 ▶ 주어 + 불완전 자동사 + 주격 보어

✚ 2형식 동사는 불완전 자동사로, 목적어는 필요하지 않지만 주어를 설명해 주는 주격 보어가 필요합니다. 보어로는 명사나 형용사가 올 수 있습니다.

| 주어 | + | 불완전 자동사 | + | 주격 보어 | ▶ 명사: 주어와 동격 관계<br>형용사: 주어의 상태 서술 |

| | | | |
|---|---|---|---|
| be ~이다 | become ~이 되다 | remain ~인 채로 남다 | look ~처럼 보이다 |
| seem ~처럼 보이다 | feel ~인 것 같다 | appear ~인 듯하다 | stay ~인 채로 머무르다 |

✚ 보어 자리에 명사가 오면 주어와 동격의 의미를 나타내며, 형용사가 오면 주어의 상태를 서술합니다.

**Kelly Marcel** finally **became** a licensed accountant.
　　　　　　　　　　　　　　　　보어(명사)

Kelly Marcel은 마침내 정식 회계사가 되었다.
　▶ licensed는 과거분사로, 명사 앞에서 명사를 수식하는 형용사 역할을 함.

**Office supplies are** available at many stores in the city.
　　　　　　　　　보어(형용사)

사무용품은 그 도시의 많은 상점에서 구할 수 있다.

---

## SPARTA ✓ CHECK-UP

• 다음 중 알맞은 것을 고르세요.

2　The two companies worked [cooperation / cooperatively] to find a mutually beneficial solution.

　　두 회사는 서로 이익이 되는 해결책을 찾기 위해 협력해서 일했다.

[정답] cooperatively

UNIT 04 동사의 형태와 종류

## 출제 유형 3 | 타동사

### 1 ▶ 주어 + 완전 타동사 + 목적어

✚ 3형식 동사는 완전 타동사로, 동작의 대상이 되는 목적어가 뒤따릅니다.

주어 + **완전 타동사** + 목적어

Mr. Stevens **supervised** the construction of the new factory.
　　　　　　　　　　　　　목적어(명사)
Stevens 씨는 새로운 공장의 공사를 감독했다.

### 2 ▶ 주어 + 타동사(수여동사) + 간접 목적어 + 직접 목적어

✚ 4형식 동사는 수여동사라 하는데, 그 뒤에는 간접 목적어(~에게)와 직접 목적어(~을/를)가 나옵니다.

주어 + **수여동사** + 간/목(사람) + 직/목(사물)

| give 주다 | offer 제공하다 | send 보내다 | buy 사 주다 | show 보여 주다 | teach 가르쳐 주다 |

She **sent** me the confidential file through e-mail.
　　　　간/목 (~에게)　직/목 (~을/를)
그녀는 나에게 이메일로 기밀 서류를 보냈다.

### 3 ▶ 주어 + 불완전 타동사 + 목적어 + 목적격 보어

✚ 5형식 동사는 불완전 타동사라 하는데, 그 뒤에 목적어와 그 목적어를 설명하는 목적격 보어가 필요합니다. 목적격 보어로는 명사나 형용사가 올 수 있습니다.

주어 + **불완전 타동사** + 목적어 + 목적격 보어 ▶ 명사: 목적어와 동격 관계
　　　　　　　　　　　　　　　　　　　　　　 형용사: 목적어의 상태 서술

| make 만들다 | keep 유지하다 | find 알다 | leave 두다 | consider 고려하다 |

Customers **found** our new product very attractive. 고객들은 자사의 신제품이 매우 매력적이라고 생각했다.
　　　　　　　　목적어　　　　　　목적격 보어

▶ 목적격 보어(attractive)는 목적어(our new product)의 상태를 서술한다.

---

## SPARTA ✓ CHECK-UP

• 다음 중 알맞은 것을 고르세요.

**3** The Paradise Hotel is [offering / making] all of its guests a complimentary breakfast.
　　Paradise 호텔은 모든 투숙객들에게 무료 아침 식사를 제공하고 있다.

[정답] offering

## 출제 유형 4 | 그밖에 주의해야 할 동사

### 1 ▶ <There + 완전 자동사 + 주어> 구문

✚ <There + 완전 자동사 + 주어>에서 주어와 동사의 수를 일치시켜야 합니다.

There [**are** / ~~is~~] some people in the train. 몇몇 사람들이 기차 안에 있다.
　　　　　　　주어 (복수)

### 2 ▶ 자동사로 착각하기 쉬운 타동사

✚ 자칫 자동사로 착각할 수 있는 타동사에 주의해야 합니다.

| 타동사 | 자동사 | 의미 |
|---|---|---|
| await | wait for | ~을 기다리다 |
| attract | appeal to | ~을 매료시키다 |
| oppose | object to | ~에 반대하다 |
| handle | deal with | ~을 처리하다 |
| interrupt | interfere with | ~을 방해하다 |
| reach | arrive at/in | ~에 도착하다 |
| comprise | consist of | ~로 구성되다 |
| explain | account for | ~을 설명하다 |
| discuss | talk over | ~을 논의하다 |

We will soon [**discuss** / ~~talk~~] the technical matters. 우리는 곧 기술적인 문제들에 대해 논의할 것이다.
→ discuss about the matters (x)

### 3 ▶ 자동사 + 전치사

✚ 자동사와 함께 쓰이는 전치사를 묶어서 암기해야 합니다.

| | | |
|---|---|---|
| rely[depend] on ~에 의존하다 | collaborate with[on] ~와[~에] 협력하다 | go through ~을 겪다/검토하다 |
| participate in ~에 참가하다 | concentrate on ~에 집중하다 | specialize in ~을 전문으로 하다 |
| look over ~을 검토하다 | look into ~을 조사하다 | register for ~에 등록하다 |
| comply with ~을 따르다 | agree with[on] ~에 동의하다 | subscribe to ~을 정기 구독하다 |

The staff members [**agreed** / ~~opposed~~] **with** the manager's decisions.
→ agreed the decisions (x)
직원들은 부장의 결정에 동의했다.

## SPARTA ✓ CHECK-UP

- 다음 중 알맞은 것을 고르세요.

**4** Every member of the team should [comply / object] with the new regulations.
　　모든 팀 멤버들은 새로운 규정을 따라야 합니다.

[정답] comply

UNIT 04 동사의 형태와 종류

## 품사별 토익 빈출 어휘 및 표현

### 1 ▶ 동사 빈출 어휘

| postpone | 연기하다, 미루다 | **postpone** the release date<br>출시일을 연기하다 |
|---|---|---|
| retain | (계속) 유지[보유]하다 | **retain** all the receipts<br>모든 영수증을 간직(보유)하다 |
| refuse | 거절하다 | **refuse** his request<br>그의 요청을 거절하다 |
| undergo | 겪다, 경험하다 | **undergo** changes<br>변화를 겪다 |
| appreciate | 고마워하다; 환영하다 | **appreciate** sincerely<br>깊이 감사하다 |

### 2 ▶ 명사 빈출 어휘

| enrollment | 등록, 등록자 수 | **enrollment** fees<br>입회비 |
|---|---|---|
| permission | 허락, 허가 | get **permission**<br>허가를 얻다 |
| durability | 내구성, 내구력 | **durability** of the products<br>제품의 내구성 |
| delivery | 배달, 배송 | guarantee same-day **delivery**<br>당일 배송을 보장하다 |
| expiration | (기간의) 만료, 만기 | an **expiration** date<br>만기일 |

## SPARTA PRACTICE

··· 해설 p.338

• 다음 중 알맞은 것을 고르세요.

1. The meeting originally scheduled for tomorrow has been ------- until next Friday.
   (A) appointed
   (B) postponed
   (C) held
   (D) refused

2. *The Sunday Post* guarantees ------- of its newspapers at 6:30 A.M. on weekdays.
   (A) delivery
   (B) protection
   (C) security
   (D) expense

### 3 ▶ 형용사 빈출 어휘

| | | |
|---|---|---|
| confidential | 비밀[기밀]의 | customers' **confidential** information<br>고객의 기밀 정보 |
| overall | 종합[전반]적인, 전체의 | **overall** results<br>종합적인 성과 |
| protective | 보호하는, 보호용의 | **protective** clothing<br>보호(장비)복 |
| fragile | 부서지기[손상되기] 쉬운 | **fragile** goods<br>파손되기 쉬운 상품 |
| demanding | 요구가 많은, 까다로운 | a **demanding** boss<br>요구가 많은 사장 |

### 4 ▶ 부사 빈출 어휘

| | | |
|---|---|---|
| currently | 현재, 지금 | be **currently** available<br>현재 이용 가능하다 |
| regularly | 정기[규칙]적으로 | inspect **regularly**<br>정기적으로 점검하다 |
| constantly | 끊임없이; 거듭 | complain **constantly**<br>끊임없이 불평하다 |
| otherwise | 다르게, 그렇지 않으면 | unless **otherwise** indicated<br>별도의 표시가 없다면 |
| completely | 완전히, 전적으로 | be kept **completely** confidential<br>완전히 비밀리에 유지되다 |

## SPARTA PRACTICE

• 다음 중 알맞은 것을 고르세요.

**3** Based on the company policy, documents of a ------- nature should be stored in locked file cabinets at all times.
  (A) confidential
  (B) limited
  (C) former
  (D) mandatory

**4** Human Resources is ------- seeking qualified graduates to fill a number of entry-level positions in the accounting division.
  (A) completely
  (B) currently
  (C) significantly
  (D) slightly

# SPARTA TEST

1. Employees should ------- to their division manager if they expect to be on leave.
   (A) tell
   (B) say
   (C) talk
   (D) mention

2. A small design company, Robin Interiors specializes ------- residential spaces.
   (A) at
   (B) with
   (C) in
   (D) for

3. Setting a reasonable price on the new product is essential to remain -------.
   (A) competitor
   (B) competitive
   (C) competitively
   (D) competitiveness

4. Each applicant for the job must ------- a résumé with full personal details.
   (A) provide
   (B) provided
   (C) providing
   (D) provides

5. If you want to request a refund or replacement, please ------- customer service.
   (A) talk
   (B) contact
   (C) respond
   (D) reply

6. The new plant supervisor recently ------- a tour of the main production facilities.
   (A) conduct
   (B) to conduct
   (C) conducted
   (D) conducting

7. Mr. Welsh was extremely ------- to receive the award for outstanding sales performance.
   (A) happily
   (B) happy
   (C) happiness
   (D) to happy

8. Many of our employees have found the new computer program quite -------.
   (A) benefit
   (B) benefits
   (C) benefiting
   (D) beneficial

9. While Ms. Lawrence is away, Mr. Hoult will be ------- some of her projects.
   (A) supervise
   (B) supervises
   (C) supervised
   (D) supervising

10. Immediately ------- the manager that the client has arrived and is waiting in her office to see her.
    (A) notify
    (B) notified
    (C) notification
    (D) notifying

**Questions 11-14** refer to the following e-mail.

To: Height Sportswear Employees
From: Stephen Graham
Date: August 26
Subject: New marketing manager

Dear Staff,

I am writing to let you know that Samantha Logan ------- our offer of employment as a marketing manager. Her first day will be September 1. Ms. Logan has 16 years of marketing experience, and 8 years of experience in the sportswear -------. She will focus initially on developing a marketing strategy for our upcoming Height Fit women's clothing line. A welcome lunch is planned for her first day. -------. Please let me know by August 31 if you are planning to ------- it.

11. (A) may accept
    (B) has accepted
    (C) having accepted
    (D) was accepting

12. (A) study
    (B) outfit
    (C) industry
    (D) application

13. (A) We are looking for volunteers to train Ms. Logan.
    (B) The date has not yet been decided.
    (C) A job interview will be conducted at that time.
    (D) It will be held in Room 124 at noon.

14. (A) attend
    (B) reply
    (C) leave
    (D) travel

# UNIT 05 수 일치

## 출제 유형 1 | 주어와 동사의 수 일치 1

**1 수 일치란?** 주어가 단수일 때 동사도 단수로 맞추고, 주어가 복수일 때 동사도 복수로 맞추는 것을 말합니다. 즉, 주어의 수에 따라 동사의 수를 일치시켜야 하는데 이를 수 일치라고 합니다.

**2 수 일치 문제는?** 동사나 명사를 단수형과 복수형으로 보기에 제시하여 문장 구조상 어느 것이 맞는지 묻는 형태가 나옵니다. 우선 주어와 동사를 파악하고 그 수에 맞는 보기를 골라야 합니다.

### 1 ▶ be동사의 수 일치

| 1인칭 | | 2인칭 | | 3인칭 | |
|---|---|---|---|---|---|
| 단수 | 복수 | 단수 | 복수 | 단수 | 복수 |
| am | are | are | are | is | are |

She [**is** / ~~are~~] very familiar with the business.  그녀는 그 일에 매우 정통하다.  ▶ be familiar with ~: ~에 익숙하다
The reports [**are** / ~~is~~] very useful for new employees.  그 보고서들은 신입 직원들에게 매우 유용하다.

### 2 ▶ have동사의 수 일치

| 1인칭 | | 2인칭 | | 3인칭 | |
|---|---|---|---|---|---|
| 단수 | 복수 | 단수 | 복수 | 단수 | 복수 |
| have | have | have | have | has | have |

The company [**has** / ~~have~~] many offices overseas.  그 회사는 해외에 많은 지사들을 가지고 있습니다.
We [**have** / ~~has~~] a company outing twice every year.  저희는 매년 두 번 회사 야유회를 합니다.

### 3 ▶ 일반동사의 수 일치

| 1인칭 | | 2인칭 | | 3인칭 | |
|---|---|---|---|---|---|
| 단수 | 복수 | 단수 | 복수 | 단수 | 복수 |
| 동사원형 | 동사원형 | 동사원형 | 동사원형 | 동사원형+ -(e)s | 동사원형 |

Mr. Gonzales [**handles** / ~~handle~~] customer complaints.  Gonzales 씨는 고객 불만 사항들을 처리합니다.
We [**handle** / ~~was handled~~] a wide variety of office supplies.  저희는 매우 다양한 사무용품을 취급합니다.

## SPARTA ✓ CHECK-UP

- 다음 중 알맞은 것을 고르세요.

**1** A pleasant working atmosphere [improves / improve] employees' performance.
   쾌적한 근무 환경은 직원들의 실적을 올려 줍니다.

[정답] improves

## 출제 유형 2 · 주어와 동사의 수 일치 2

### 1 ▶ 삽입 표현이 들어간 경우의 수 일치

✚ 주어 바로 뒤에 동사가 오는 경우도 있지만, 주어와 동사 사이에 삽입구나 절이 들어가는 경우가 대부분입니다. 이런 경우 동사 바로 앞의 명사를 주어로 착각하지 않도록 주의해야 합니다.

❶ 주어 + 전치사구 + 동사

**The machines** in the factory **need** regular repair. 공장의 기계들은 정기적인 수리가 필요합니다.
　주어　　　전치사구　　동사(복수)

❷ 주어 + 부정사구 + 동사

**The plan** to renovate existing apparatus **costs** a lot. 기존의 장비를 보수하는 계획은 많은 비용이 든다.
　주어　　　　부정사구　　　　동사(단수)

❸ 주어 + 관계사절 + 동사

**The product** which was delivered yesterday **was** damaged. 어제 배달된 상품은 손상되어 있었다.
　주어　　　관계사절(형용사절)　　동사(단수)

❹ 주어 + 부사 + 동사

**Secretaries** usually **avoid** meeting the president. 비서는 보통 사장을 만나는 것을 피하려 한다.
　주어　　부사　동사(복수)

❺ 주어 + 분사구 + 동사

**Staff members** working at the factory **wear** masks. 공장에서 일하는 직원들은 마스크를 쓴다.
　주어　　　(현재)분사구　　동사(복수)

**The hotels** located in L.A. **are** famous for their nice view. LA에 위치한 호텔들은 멋진 전망으로 유명하다.
　주어　　(과거)분사구　　동사(복수)

### 2 ▶ each와 every

| each + 단수 명사 | + 단수 동사 | each of the(소유격) + 복수 명사 | + 단수 동사 |
| every + 단수 명사 | | | |

▶ every는 대명사로 쓸 수 없으므로 [every of the(소유격) + 명사] 형태는 불가능하다.

[**Every** / Each] **participant** gets a coupon for a complimentary dessert.
모든 참가자들은 무료 디저트 쿠폰을 받는다.

[**Each** / ~~Every~~] of the digital cameras is displayed in the shop.
각각의 디지털 카메라들이 매장에 전시되어 있다.

## SPARTA ✓ CHECK-UP

• 다음 중 알맞은 것을 고르세요.

2. Mr. Abrams who visited with the staff [is / are] our new supervisor.
　직원들과 함께 방문한 Abrams 씨가 우리의 새로운 관리자다.

[정답] is

## 출제 유형 3  주어와 동사의 수 일치 3

### 1 ▶ many + 복수 명사 + 복수 동사 / much + 불가산 명사 + 단수 동사

**Many companies** [**want** / ~~wants~~] to hire part-time workers.
　many + 복수 명사　　　복수 동사

많은 회사들은 시간제 근로자를 고용하고 싶어 한다.

**Much information** in the brochure [**has** / ~~have~~] been updated.  그 안내서의 많은 정보가 갱신되었다.
　much + 불가산 명사　　　　　　　　　단수 동사

### 2 ▶ some / most / all

✚ 주어가 부분이나 전체를 나타낼 때 of the(소유격) 뒤에 오는 명사의 단·복수에 따라 동사의 단·복수도 달라집니다.

| some / most / all + 불가산 명사 + 단수 동사 |
| some / most / all + 복수 가산 명사 + 복수 동사 |
| some / most / all of the(소유격) + 불가산 명사 + 단수 동사 |
| some / most / all of the(소유격) + 복수 가산 명사 + 복수 동사 |

**All employees** in the company [**work** / ~~works~~] on the weekend.
　all + 복수 가산 명사　　　　　　　　복수 동사

그 회사의 모든 직원들은 주말에 근무한다.

**All of the customer information** [**is** / ~~are~~] confidential.  모든 고객 정보는 기밀 사항이다.
　all of the + 불가산 명사　　　　　단수 동사

### 3 ▶ the number of + 복수 명사 + 단수 동사 / a number of + 복수 명사 + 복수 동사

✚ the number of는 the number가 주어이므로 단수 동사로 수 일치시키고, a number of는 뒤에 오는 복수 명사가 주어이므로 복수 동사로 수 일치시킵니다.

**The number of customers** [**has** / ~~have~~] increased significantly.  손님의 수가 상당히 증가했다.
　the number of + 복수 명사　　　단수 동사

**A number of candidates** [**are** / ~~is~~] qualified for the position.  많은 후보자들이 그 직책을 맡을 자격이 있다.
　a number of + 복수 명사　　　복수 동사

> 📖 **TIP!** one of the(소유격) + 복수 명사 + 단수 동사
>
> **One of the facilities** [**is** / ~~are~~] currently unavailable.  저희 시설 중 하나는 현재 이용할 수 없습니다.
> 　one of the + 복수 명사　단수 동사

---

## SPARTA ✓ CHECK-UP

• 다음 중 알맞은 것을 고르세요.

**3** One of the reasons for the hotel's closure [is / are] its low occupancy rate.
　그 호텔이 폐업한 이유 중 하나는 낮은 이용률 때문이다.

[정답]  is

## 출제 유형 4 | 주어와 동사의 수 일치 4

### 1 ▶ to부정사가 주어로 오면 동사는 단수

<u>To update your computer regularly</u> [**is** / ~~are~~] advised. 당신의 컴퓨터를 정기적으로 업데이트하는 것이 좋습니다.
　to부정사　　　　　　　　　　단수 동사

### 2 ▶ 동명사가 주어로 오면 동사는 단수

<u>Hiring new employees</u> [**is** / ~~are~~] one of my responsibilities. 신입 사원들을 채용하는 것이 내 업무 중 하나다.
　동명사　　　　　　　　단수 동사

### 3 ▶ 명사절이 주어로 오면 동사는 단수

<u>That the anniversary is important</u> [**is** / ~~were~~] certain. 그 기념일이 중요한 것은 확실하다.
　명사절　　　　　　　　　　　　단수 동사

= It is certain that the anniversary is important.

### 4 ▶ -body / -one / -ing로 끝나는 부정대명사가 주어로 쓰이면 동사는 단수

| Anybody | Everybody | Nobody | Somebody | |
|---|---|---|---|---|
| Anyone | Everyone | No one | Someone | + 단수 동사 |
| Anything | Everything | Nothing | Something | |

<u>Everyone</u> in the office [**is** / ~~are~~] preparing for the upcoming conference.
　부정대명사　　　　　　단수 동사

사무실의 모든 직원들이 다가올 회의를 준비하고 있다.

### 5 ▶ 복합명사의 수 일치

✚ 주어가 복합명사일 때 동사는 뒤의 명사에 수 일치시켜야 합니다.

This <u>job</u> **opportunities** [**are** / ~~is~~] available for temporary employment.
　　　복합명사　　　　복수 동사

이번 구직 기회는 임시직에 대해 유효하다.

## SPARTA ✓ CHECK-UP

• 다음 중 알맞은 것을 고르세요.

**4**　To obey the company regulations [is / are] one of your duties.
　　　회사 규정을 준수하는 것은 귀하의 의무 중 하나입니다.

[정답] is

UNIT 05 수 일치 **145**

# 품사별 토익 빈출 어휘 및 표현

## 1 ▶ 동사 빈출 어휘

| reduce | 줄이다, 축소하다 | **reduce** the budget<br>예산을 줄이다 |
|---|---|---|
| present | 제시하다, 보여 주다 | **present** the final report<br>최종 보고서를 제출하다 |
| reimburse | 배상[변제]하다 | **reimburse** expenses<br>비용을 상환하다 |
| create | (느낌이나 인상을)<br>자아내다, 만들다 | **create** a lot of interest<br>많은 흥미를 자아내다 |
| target | 대상으로 삼다, 겨냥하다 | be **targeted** at regular customers<br>단골고객들을 대상으로 하다 |

## 2 ▶ 명사 빈출 어휘

| refund | 환불(금) | receive a full **refund**<br>전액 환불을 받다 |
|---|---|---|
| merchandise | 물품, 상품 | a wide selection of **merchandise**<br>다양하게 엄선한 상품 |
| development | 개발, 발달 | a profitable **development** plan<br>수익성 있는 개발 계획 |
| strategy | 계획, 전략 | plan a **strategy**<br>전략을 세우다 |
| lack | 부족, 결핍 | a **lack** of skills<br>기술 부족 |

# SPARTA PRACTICE

··· 해설 p.339

- 다음 중 알맞은 것을 고르세요.

1  Rob Corddry, a book reviewer for the Callan Brunker Publisher will ------- a lecture at the festival next week.
   (A) succeed
   (B) participate
   (C) present
   (D) speak

2  We are sorry to inform you that our company has discontinued manufacturing that item because of a ------- of funding.
   (A) deletion
   (B) vacancy
   (C) cancellation
   (D) lack

## 3 ▶ 형용사 빈출 어휘

| competitive | 경쟁력 있는, 뒤지지 않는 | at **competitive** prices<br>경쟁력 있는 가격으로 |
|---|---|---|
| leading | 가장 중요한, 선두적인 | a **leading** manufacturer<br>선두 제조업체 |
| excellent | 훌륭한, 탁월한 | **excellent** service<br>훌륭한 서비스 |
| ideal | 이상적인, 가장 알맞은 | the **ideal** candidate for the job<br>그 일자리에 가장 알맞은 후보자 |
| delicate | 부서지기 쉬운, 민감한 | **delicate** client information<br>민감한 고객 정보 |

## 4 ▶ 부사 빈출 어휘

| adequately | 충분히, 적절히 | He performed his job **adequately**.<br>그는 일을 적절히 수행했다. |
|---|---|---|
| personally | 직접, 개인적으로 | apply **personally**(=in person)<br>직접 신청하다 |
| finally | 마침내 | **finally** finish the report<br>마침내 보고서를 끝내다 |
| adversely | 불리하게, 반대로 | affect **adversely**<br>나쁜 영향을 미치다 |
| abroad | 해외에(서), 해외로 | reside **abroad**<br>외국에 거주하다 |

# SPARTA PRACTICE

••• 해설 p.339

• 다음 중 알맞은 것을 고르세요.

**3** Our employees are trained to transport all things, from large items to even the most ------- belongings safely.
(A) personal
(B) delicate
(C) interesting
(D) durable

**4** The director of Green Chile Foods ------- agreed to build a larger food processing facility.
(A) exactly
(B) daily
(C) justly
(D) finally

# SPARTA TEST

1. Hiring qualified applicants ------- very important to the growth of the organization.
   (A) is
   (B) are
   (C) were
   (D) been

2. The number of local workers to be hired at your plants ------- far greater than I expected.
   (A) are
   (B) have
   (C) were
   (D) is

3. Mr. Carlyle, newly appointed president, ------- us of his new business plan.
   (A) inform
   (B) to inform
   (C) informed
   (D) informative

4. All visitors to the Royal Alberta factory ------- to register at the entrance and obtain an access card.
   (A) need
   (B) needing
   (C) to need
   (D) needs

5. Most employees in the Personnel Department ------- the annual seminar yesterday.
   (A) attends
   (B) attended
   (C) will attend
   (D) has attended

6. For your information, the ------- of your hotel room includes continental breakfast.
   (A) price
   (B) pricey
   (C) priced
   (D) prices

7. Customers not completely satisfied with our merchandise ------- to a full refund.
   (A) entitles
   (B) are entitled
   (C) entitling
   (D) has entitled

8. Northwest Pacific Airways ------- an incentive program to its regular customers.
   (A) offering
   (B) to offer
   (C) is offering
   (D) are offered

9. To apply for this job, please send a résumé that ------- your work experience.
   (A) summarize
   (B) summary
   (C) summarizes
   (D) summarizing

10. Approximately 30 percent of the researchers at the institute ------- to work by subway.
    (A) commute
    (B) commutes
    (C) commuting
    (D) has commuted

**Questions 11-14** refer to the following press release.

---

The Minnesota Report, hosted by Courtney Eaton and Jessica Henwick, is a regional radio program providing up-to-date forecasts ------- weather-related news. The Minnesota
                                                                                                    **11**
Report debuted six years ago with Eaton delivering the forecasts.

It rose to the top-rated show in the Minnesota area when local journalist Henwick -------
                                                                                                                                    **12**
a few years later. As a result, program executives ------- to expand the focus of the show
                                                                        **13**
to include documentaries about weather-related topics. -------.
                                                                                              **14**

The Minnesota Report airs daily from 7:00 A.M. to 7:30 A.M.

---

**11** (A) in detail
(B) as a result
(C) furthermore
(D) together with

**12** (A) joined
(B) replaced
(C) introduced
(D) hired

**13** (A) decision
(B) decided
(C) deciding
(D) decides

**14** (A) Radio programs gradually improve by reflecting listeners' feedback.
(B) Weather forecasts are also available through apps on mobile phones.
(C) The programs will include discussions with renowned meteorologists.
(D) The Minnesota Report demonstrates a recent increase in radio ratings.

# UNIT 06 시제

## 출제 유형 1 | 현재시제 / 과거시제 / 미래시제

**1** 시제란? 말하는 내용이 언제 일어난 것인지 나타내는 것을 시제라고 합니다.
**2** 시제의 종류는? 단순시제(현재, 과거, 미래), 진행시제(현재진행, 과거진행, 미래진행), 완료시제(현재완료, 과거완료, 미래완료)로 나뉩니다.

### 1 ▶ 현재시제

➕ 반복되는 사건이나 습관 또는 일반적인 사실 등을 표현할 때 씁니다.

| 현재시제와 함께 쓰이는 표현 | always 항상 | often 종종 | every day 매일 | every month 매달 |
|---|---|---|---|---|
| | usually 보통 | frequently 자주 | every week 매주 | every year 매년 |

He **participates** in the new employee orientation session <u>every year</u>.
　　　현재시제
그는 매년 신입 사원 오리엔테이션에 참석한다.

### 2 ▶ 과거시제

➕ 과거에 일어난 일이나 과거의 동작, 상태를 표현할 때 씁니다.

| 과거시제와 함께 쓰이는 표현 | 시간 표현 + ago ~전에 | yesterday 어제 | once 한때 |
|---|---|---|---|
| | in + 연도 ~년에 | last week [month, year] 지난주[달, 해] | |

Mr. Tull **finished** reviewing the report <u>yesterday</u>. Tull 씨는 어제 보고서 검토하는 것을 끝냈다.
　　　　과거시제

### 3 ▶ 미래시제

➕ 앞날에 대한 추측이나 의지, 계획 등을 표현할 때 씁니다.

| 미래시제와 함께 쓰이는 표현 | tomorrow 내일 | by [until] + 미래 시점 ~까지 |
|---|---|---|
| | soon / shortly 곧 | next week [month, year] 다음 주[달, 해] |

Registration for the international conference **will open** shortly.
　　　　　　　　　　　　　　　　　　　　　　　미래시제
국제 컨퍼런스 등록이 곧 시작될 것이다.

## SPARTA ✓ CHECK-UP

• 다음 중 알맞은 것을 고르세요.

**1** Online shopping malls [offer / will offer] special discounts usually on holidays.
　온라인 쇼핑몰은 보통 휴일에 특별 할인을 제공한다.

[정답] offer

## 출제 유형 2 — 현재진행 / 과거진행 / 미래진행

### 1 ▶ 현재진행 : am / is / are + -ing

➕ 현재 진행 중인 일이나 동작 등을 표현할 때 씁니다. 특히 현재진행시제와 함께 쓰이는 표현을 익혀 둬야 합니다. 또한 현재진행시제는 가까운 미래를 나타낼 수 있습니다.

| 현재진행시제와<br>함께 쓰이는 표현 | now 지금 | right now 바로 지금 | currently 현재 |
| --- | --- | --- | --- |

Mr. Dance **is** currently **presenting** a business plan.
<sub>현재진행</sub>
Dance 씨는 현재 사업 계획을 발표하는 중이다.

The emergency board meeting **is starting** soon.
비상 위원회가 곧 시작된다.

The next train **is arriving** in approximately 20 minutes.
다음 열차는 약 20분 후에 도착할 것이다.

### 2 ▶ 과거진행 : was / were + -ing

➕ 과거의 특정 시점에 진행되고 있었던 일을 표현할 때 씁니다. 주로 과거 시점을 나타내는 시간 표현이 함께 나옵니다.

Mr. Rogers **was reviewing** the contract when he got a call.
<sub>과거진행</sub>
Rogers 씨는 전화를 받았을 때 계약서를 검토하고 있었다.

### 3 ▶ 미래진행 : will be + -ing

➕ 미래의 특정 시점에 진행되고 있을 사건이나 동작을 표현할 때 씁니다. 주로 미래 시점을 나타내는 시간 표현이 함께 나옵니다.

He **will be beginning** his new position as a division head next week.
<sub>미래진행</sub>
그는 다음 주에 새로운 직책인 부서장으로 일하고 있을 것이다.

## SPARTA ✓ CHECK-UP

- 다음 중 알맞은 것을 고르세요.

**2** Ms. Thomas [talks / was talking] about her partner when you called.
당신이 전화했을 때 Thomas 씨는 그녀의 파트너에 대해 이야기 중이었다.

[정답] was talking

## 출제 유형 3  현재완료 / 과거완료 / 미래완료

### 1 ▶ 현재완료 : have / has + p.p.

✚ 과거에 발생한 일이나 상태가 현재까지 계속되고 있는 것을 표현할 때 씁니다.
✚ 현재완료 동사는 명확한 과거 시점을 나타내는 <last+시점>, ago, yesterday 등과 함께 쓸 수 없습니다.

| 현재완료시제와 함께 쓰이는 표현 | since + 과거 시점 ~이래로 | in/for/over/during the past [last] + 숫자 + 단위 |
|---|---|---|
| | so far 지금까지 | |

The revenue of the company **has fallen** significantly over the last three years.
　　　　　　　　　　　　　　　　현재완료
회사의 수익이 지난 3년 동안 상당히 떨어졌다.

The factory [**stopped** / ~~has stopped~~] operating last month.
공장은 지난달에 가동을 멈췄다.

### 2 ▶ 과거완료 : had + p.p.

✚ 과거의 특정 시점을 기준으로 그보다 더 앞서 발생한 일을 표현할 때 씁니다. 이때, 과거 특정 시점을 나타내는 표현이 함께 나옵니다.

Before I arrived at the venue, the conference **had** already **started**.
　　　　　　　　　　　　　　　　　　　　　　　　　　과거완료
내가 행사장에 도착하기 전에 회의는 이미 시작되었다.

### 3 ▶ 미래완료 : will have + p.p.

✚ 과거나 현재 발생한 동작이 미래의 어떤 시점까지 완료될 것임을 표현할 때 씁니다.

| 미래완료시제와 함께 쓰이는 표현 | by next + 시간 표현 다음 ~까지 | next + 시간 표현 다음 ~에 | by the end of + 시간 표현 ~말까지 |
|---|---|---|---|

Ms. Hawkins **will have worked** here for three years by next year.
　　　　　　　미래완료
Hawkins 씨는 내년이면 이곳에서 3년간 일한 것이 된다.

## SPARTA ✓ CHECK-UP

• 다음 중 알맞은 것을 고르세요.

**3**　Blake Jenner [will serve / has served] as marketing manager for three years.
　　Blake Jenner 씨는 3년 동안 마케팅 팀장으로 근무했다.

[정답] has served

## 출제 유형 4 | 그밖에 주의해야 할 시제

### 1 ▶ 시간/조건 부사절의 시제

✚ 시간이나 조건 부사절에서는 현재시제가 미래시제를 대신합니다.

✚ 시간, 조건의 부사절에서는 미래의 일을 나타내더라도 'will+동사원형'을 쓰지 않습니다. 그러나 주절의 동사는 미래시제로 미래의 일을 표현합니다.

| 시간 부사절 접속사 | when ~할 때<br>as soon as ~하자마자 | after ~후에<br>until ~할 때까지 | before ~이전에<br>while ~하는 동안 |
|---|---|---|---|
| 조건 부사절 접속사 | if 만약 ~라면 | once 일단 ~하면 | unless ~이 아니라면 |

If it [**rains** / ~~will rain~~] tomorrow, the ceremony will be delayed until further notice.
　　현재시제
내일 비가 내리면, 그 행사는 추후 통지가 있을 때까지 연기될 것이다. ▶ until further notice: 추후 공지가 있을 때까지

### 2 ▶ 현재시제가 미래를 나타내는 경우

✚ 대중교통이나 영화 상영 시간처럼 시간표가 정해져 있는 일은 현재시제가 미래를 나타낼 수 있습니다. 주로 '오다, 출발하다, 떠나다, 도착하다, 시작하다, 끝내다(come, start, leave, arrive, begin, end)' 등의 동사가 미래를 나타내는 부사(구)와 함께 쓰일 경우 현재시제가 나옵니다.

The bus for Boston **leaves** at eleven tomorrow. 보스턴행 버스는 내일 11시에 출발할 것이다.
　　　　　　　현재시제

### 3 ▶ 현재진행시제가 미래를 나타내는 경우

✚ will을 쓰지 않더라도 현재진행시제가 미래시제를 대신할 수 있습니다. 이때, 가까운 미래를 나타내는 tonight(오늘 밤), next week(다음 주), on Sunday evening(일요일 저녁에), within a month(한 달 내에) 등의 부사(구)가 함께 사용됩니다.

I **am having** dinner with my supervisor tonight. 나는 내 상관과 오늘 밤에 저녁 식사를 할 것이다.
　현재진행

### 4 ▶ be going to가 미래를 나타내는 경우

✚ will은 막연한 미래를 표현하는 반면, be going to는 이미 예정되었거나 계획된 미래를 표현할 때 씁니다.

We **are going to** renovate the space this spring. 우리는 올봄에 이 공간을 보수할 것이다.
　　미래시제

## SPARTA ✓ CHECK-UP

• 다음 중 알맞은 것을 고르세요.

**4**　If an accident [happens / will happen], the emergency center will help.
　　사고가 나면 응급센터에서 도와줄 것이다.

[정답] happens

## 품사별 토익 빈출 어휘 및 표현

### 1 ▶ 동사 빈출 어휘

| respond | 대답[응답]하다 | **respond** promptly<br>신속하게 반응하다 |
|---|---|---|
| comment | 논평하다, 견해를 밝히다 | have yet to officially **comment**<br>아직 공식적인 논평을 하지 않다 |
| delete | 삭제하다 | **delete** a file<br>파일을 지우다 |
| award | 수여하다 | **award** him a prize<br>그에게 상을 주다 |
| submit | (서류·제안서 등을) 제출하다 | **submit** an application/a claim<br>지원서/청구서를 제출하다 |

### 2 ▶ 명사 빈출 어휘

| feedback | 반응, 의견 | appreciate immediate **feedback**<br>즉각적인 응답에 감사하다 |
|---|---|---|
| feature | 특색, 특징, 특성 | a notable **feature**<br>눈에 띄는 특징 |
| identification | 신원 확인, 신분 증명 | an **identification** number<br>신분증 번호 |
| budget | 예산(안) | a **budget** deficit<br>예산 적자 |
| contract | 계약(서) | sign a **contract**<br>계약서에 서명하다 |

## SPARTA PRACTICE

··· 해설 p.341

• 다음 중 알맞은 것을 고르세요.

**1** Landscape architects are invited to ------- designs for a new garden at Brio Apartments.
(A) submit
(B) agree
(C) call
(D) base

**2** TreeBirds Furniture received positive ------- for its one-day delivery service from customers and suppliers.
(A) feedback
(B) experience
(C) impact
(D) influence

## 3 ▶ 형용사 빈출 어휘

| outstanding | 뛰어난, 미지불된 | **outstanding** debts<br>미불 채무 |
|---|---|---|
| familiar | ~에 익숙한 | **familiar** with the system<br>시스템에 익숙한 |
| sufficient | 충분한 | **sufficient** evidence<br>충분한 증거 |
| identifiable | 인식 가능한, 알아볼 수 있는 | **identifiable** information<br>식별 정보 |
| suitable | 적합한, 적절한, 알맞은 | a **suitable** candidate<br>적합한 후보 |

## 4 ▶ 부사 빈출 어휘

| consequently | 결과적으로 | **consequently** end in failure<br>결과적으로 실패로 끝나다 |
|---|---|---|
| generally | 일반적으로, 대개, 보통 | be **generally** used<br>널리 쓰이다 |
| partially | 부분적으로 | a **partially** finished work<br>부분적으로 완료된 업무 |
| entirely | 완전히, 전적으로 | **entirely** agree<br>전적으로 동의하다 |
| shortly | 조만간, 곧 | arrive **shortly**<br>곧 도착하다 |

## SPARTA PRACTICE

• 다음 중 알맞은 것을 고르세요.

**3** Ms. Susan will be recognized for her ------- work at this year's employee awards banquet.

(A) promising
(B) remaining
(C) outstanding
(D) considering

**4** Sandbox Inc. is ------- regarded as the most reliable financial consulting firm in the area.

(A) approximately
(B) exactly
(C) generally
(D) loosely

# SPARTA TEST

**1** The Texon Company ------- its plan to release about five new online games last week.

(A) is announced
(B) will announce
(C) announced
(D) announces

**2** When you ------- the project, you will be given three days off.

(A) finish
(B) finishing
(C) will finish
(D) had finished

**3** Effective next year, Gordon Argyle, the project officer, ------- responsible for the management of the project.

(A) was
(B) will be
(C) to be
(D) has been

**4** Since being hired in the Sales Department, Mr. Gonzales ------- contracts with a lot of new clients.

(A) has made
(B) making
(C) will make
(D) to make

**5** The president ------- the head office when his assistant arrived to report the emergency situation.

(A) leaves
(B) had left
(C) will have left
(D) has left

**6** Litz Hotel ------- a complimentary breakfast in the lounge every day from 6 A.M. to 10 A.M.

(A) offering
(B) offers
(C) be offered
(D) to offer

**7** Media Tree Advertising Agency ------- applications for salespeople until noon next Friday.

(A) will be accepting
(B) are accepted
(C) accepted
(D) have been accepting

**8** We are pleased to announce that Mr. Gluck ------- his new position as vice president on May 1.

(A) was started
(B) is being started
(C) has been starting
(D) will be starting

**9** Due to an electrical problem, the air conditioner in the office has not been used ------- last month.

(A) in
(B) since
(C) over
(D) while

**10** After his five-year term as the managing director, Mr. Kaminski ------- to executive director in Al-Redwan Trading Co. next year.

(A) promoted
(B) has promoted
(C) to promote
(D) will be promoted

**Questions 11-14** refer to the following e-mail.

| | |
|---|---|
| **To** | Customer Service <customerservice@winderbaumapparel.co.id> |
| **From** | Thomas M. Hammel <m.hammel@fbemail.com> |
| **Date** | Wednesday, August 15 |
| **Subject** | Order #8957293 |

To Whom It May Concern:

I recently purchased a shirt from the Winderbaum Apparel Web site, and I received the item last week. -------(11)-------, when I tried to wear it for the first time yesterday, I noticed slight damage in the stitching of the sleeve. I know that any -------(12)------- items must be returned or exchanged within three days and that my purchase is no longer within the required time frame.

-------(13)-------. If the item -------(14)------- out, I would be happy to choose another one at the same price.

Please let me know what my options are.

Sincerely,

Thomas M. Hammel

---

**11**
(A) Therefore
(B) Additionally
(C) Still
(D) However

**12**
(A) mistaken
(B) defective
(C) accepted
(D) ill-fitting

**13**
(A) I sent the package back to you two weeks after I received it.
(B) More and more people prefer to wear business attire.
(C) This policy has been extended to at least 60 days.
(D) Nonetheless, I am asking you to kindly make an exception.

**14**
(A) has sold
(B) will sell
(C) be selling
(D) having been sold

# UNIT 07 수동태

## 출제 유형 1　능동태와 수동태의 구별

**1** 능동태/수동태란? 주어의 입장에서 '어떤 동작을 한다'고 표현하는 것을 능동태라고 하고, 행위 대상인 목적어의 입장에서 '동작을 당하거나 받는다'고 표현하는 것을 수동태라고 합니다.

**2** 능동태를 수동태로 바꾸는 방법은?
　1) 능동태의 목적어를 수동태의 주어로 보낸다.
　2) 능동태의 동사를 'be+p.p.'로 바꾼다.
　3) 능동태의 주어를 'by+목적격'으로 바꾼다.

### 1 ▶ 능동태를 수동태로 바꾸기

✦ 능동태에서 반드시 목적어를 가지는 타동사의 경우, 수동태에서는 목적어를 가지지 않습니다.
✦ 능동태 문장의 목적어를 주어로 해서 만든 문장이 수동태이므로 목적어를 갖는 타동사만 수동태가 될 수 있습니다. 즉, 뒤에 목적어가 오지 않는 rise와 같은 자동사는 수동태로 쓰이지 않습니다.

　**능동태**　We **reviewed** the proposal. 우리는 그 제안서를 검토했다. ▶ the proposal : 목적어
　**수동태**　The proposal **was reviewed** by us. 그 제안서는 우리에 의해 검토되었다.

### 2 ▶ 능동태

✦ 주어가 행위의 주체로서 어떤 동작을 하여, 그 동작이 목적어에 영향을 미치는 경우를 능동태라고 합니다. 해석은 '주어가 목적어를 ~하다'라고 합니다.
✦ 동사가 능동태인지 수동태인지는 동사 뒤의 목적어 유무에 따라 결정됩니다. 동사 자리 뒤에 목적어가 있으면 능동태, 목적어가 없으면 수동태가 됩니다.

　He [**built** / ~~was built~~] the conference hall in 2015. 그는 2015년에 그 회의장을 건설했다.
　　주어: 건설하는 주체　　　　　　　　목적어

### 3 ▶ 수동태

✦ 주어가 행위의 대상이 되어 어떤 동작의 영향을 받는 경우를 수동태라 합니다. 해석은 '주어가 ~되다/되어지다/당하다'라고 합니다. 동사의 형태는 <be+p.p.>를 취합니다.

　The new brochure [~~published~~ / **was published**] this morning.
　　주어: 발행되는 대상
　새 팸플릿이 오늘 아침에 발행됐다.

## SPARTA ✓ CHECK-UP

• 다음 중 알맞은 것을 고르세요.

1　The Grove Hotel is [located / locating] in the heart of downtown Boise.
　Grove 호텔은 Boise 시내 중심가에 위치해 있다.

[정답] located

## 출제 유형 2 　 수동태의 시제

### 1 ▶ 수동태의 시제

✚ 수동태도 동사이기 때문에 시제가 있습니다. 단, 완료진행형과 미래진행형의 수동태는 사용하지 않습니다.

| 시제 | 형태 | 기본 동사의 수동태 (be + p.p.) |
| --- | --- | --- |
| 현재 | am/are/is + p.p. | New hires are trained by the company.<br>신입 직원들은 그 회사에 의해 훈련 받는다. |
| 과거 | was/were + p.p. | New hires were trained by the company.<br>신입 직원들은 그 회사에 의해 훈련 받았다. |
| 미래 | will be + p.p. | New hires will be trained by the company.<br>신입 직원들은 그 회사에 의해 훈련 받을 것이다. |

| 시제 | 형태 | 진행의 수동태 (be being + p.p.) |
| --- | --- | --- |
| 현재진행 | am/are/is + being + p.p. | New hires are being trained by the company.<br>신입 직원들은 그 회사에 의해 훈련 받고 있는 중이다. |
| 과거진행 | was/were + being + p.p. | New hires were being trained by the company.<br>신입 직원들은 그 회사에 의해 훈련 받고 있는 중이었다. |

| 시제 | 형태 | 완료의 수동태 (have been + p.p.) |
| --- | --- | --- |
| 현재완료 | have/has + been + p.p. | New hires have been trained by the company.<br>신입 직원들은 그 회사에 의해 훈련 받아 왔다. |
| 과거완료 | had + been + p.p. | New hires had been trained by the company.<br>신입 직원들은 그 회사에 의해 훈련 받아 왔었다. |
| 미래완료 | will have + been + p.p. | New hires will have been trained by the company.<br>신입 직원들은 그 회사에 의해 훈련 받을 것이다. |

## SPARTA ✓ CHECK-UP

- 다음 중 알맞은 것을 고르세요.

2 　Cars [will have repaired / are being repaired] by the mechanics.
　　차들이 정비공들에 의해 수리되는 중이다.

[정답] are being repaired

UNIT 07 수동태

## 출제 유형 3 | 3형식과 4형식의 수동태

### 1 ▶ 3형식의 수동태

✚ 3형식 <주어+동사+목적어>가 수동태로 바뀌면 목적어가 주어 자리로 이동하므로, 수동태 뒤에 명사(목적어)가 오지 않습니다.

**능동태**  They **conducted** a survey. 그들은 설문 조사를 실시했다.
주어　　　 타동사　　　 목적어

**수동태**  A survey **was conducted** by them. 설문 조사가 그들에 의해 실시됐다.
주어　　　 be + p.p.　　 by + 주체

### 2 ▶ 4형식의 수동태

✚ 4형식은 <주어+동사+간접 목적어+직접 목적어>의 구조로 목적어가 두 개이므로 수동태도 두 가지가 가능합니다.

| 4형식에서 자주 쓰이는 동사 | give 주다<br>show 보여 주다 | offer 제공하다<br>buy 사 주다 | send 보내다<br>ask 묻다 | grant 주다<br>teach 가르치다 |
|---|---|---|---|---|

**능동태**  The secretary **gave** him the document. 비서가 그에게 서류를 주었다.
　　　　 주어　　 동사 간접 목적어 직접 목적어

**수동태**  ❶ 간접 목적어가 주어로 간 수동태

He **was given** the document by the secretary. 그는 비서에 의해 서류를 받았다.
간접 목적어　　　 직접 목적어

❷ 직접 목적어가 주어로 간 수동태

The document **was given** to him by the secretary. 서류는 비서에 의해 그에게 주어졌다.
직접 목적어　　　　　　　　 간접 목적어

### 📖 TIP!

직접 목적어로 만든 수동태의 경우, 3형식과 마찬가지로 동사 뒤에 명사가 있으면 능동태, 없으면 수동태로 볼 수 있습니다. 그러나 간접 목적어로 수동태를 만드는 경우 뒤에 직접 목적어가 남아 있기 때문에 동사 뒤의 목적어의 유무로 능동과 수동을 선택해야 합니다.

Only those with a visitor pass are [**given** / ~~giving~~] access to the museum.
방문객 입장권을 소지하신 분만 박물관 입장권을 이용하실 수 있습니다.

| be given + 명사 | ~을 받다 | be granted + 명사 | ~을 받다 |
|---|---|---|---|
| be offered + 명사 | ~을 제공 받다 | be awarded + 명사 | ~을 수여 받다 |

### SPARTA ✓ CHECK-UP

• 다음 중 알맞은 것을 고르세요.

**3** A monthly magazine is offered [to / by] our regular customers for free.
월간지는 단골고객들에게 무료로 제공된다.

[정답] to

## 출제 유형 4 | 5형식의 수동태와 수동태의 짝 표현

### 1 ▶ 5형식의 수동태

✚ 5형식 동사는 목적어와 목적격 보어를 가지며, 목적격 보어 자리에는 명사, 형용사, to부정사 등 다양한 형태가 올 수 있습니다. 따라서 5형식 문장의 수동태는 동사 뒤에 다양한 형태가 올 수 있습니다.

#### ❶ 목적격 보어가 명사인 경우의 수동태

**능동태**　　The CEO **appointed** Ms. Ellis his secretary. 사장은 Ellis 씨를 그의 비서로 임명했다.
　　　　　　　주어　　　　동사　　　목적어　　　목적격 보어

**수동태**　　Ms. Ellis **was appointed** his secretary by the CEO.
　　　　　　　　　　　　be + p.p.　　　　목적격 보어
　　　　　　Ellis 씨는 사장에 의해 그의 비서로 임명되었다.

#### ❷ 목적격 보어가 to부정사인 경우의 수동태

✚ <주어+동사+목적어+to부정사> 구조의 문장이 수동태가 되면 <주어+be+p.p.+to부정사> 구조를 갖습니다.

All of the employees **were asked to comply** with the new regulations.
　　　　　　　　　　　　be + p.p.　　목적격 보어
모든 직원들은 새 규정을 따를 것을 부탁 받았다.

### 2 ▶ 수동태의 짝 표현

✚ <be + p.p. + to부정사> 빈출 표현

| | | | |
|---|---|---|---|
| be asked to | ~하라고 요청 받다 | be reminded to | ~하라는 말을 듣다 |
| be required to | ~하라고 요구 받다 | be advised to | ~하라는 충고를 듣다 |
| be expected to | ~할 것으로 기대되다 | be allowed to | ~하도록 허가 받다 |
| be scheduled to | ~할 예정이다 | be encouraged to | ~하도록 권장되다 |

✚ by 이외의 다른 전치사와 함께 쓰이는 수동태 표현

| | | | |
|---|---|---|---|
| be satisfied with | ~에 만족하다 | be related to | ~와 관계가 있다 |
| be pleased with | ~을 기뻐하다 | be dedicated to | ~에 헌신하다, 전념하다 |
| be equipped with | ~을 갖추고 있다 | be devoted to | ~에 헌신하다 |
| be surprised at | ~에 놀라다 | be interested in | ~에 관심이 있다 |
| be shocked at | ~에 충격을 받다 | be involved in | ~에 관여하다 |

The manager **was** [**pleased** / ~~pleasing~~] **with** his staff's performance.
매니저는 팀원들의 성과에 기뻐했다.

---

## SPARTA ✓ CHECK-UP

• 다음 중 알맞은 것을 고르세요.

**4** Dream Inc. is devoted [to / by] the development of new materials.
　　Dream 사는 신소재 개발에 전념한다.

[정답] to

# 품사별 토익 빈출 어휘 및 표현

## 1 ▶ 동사 빈출 어휘

| enclose | 동봉하다 | **enclose** a remittance<br>송금액을 동봉하다 |
|---|---|---|
| fill in | 기입하다, 채우다 | **fill in** the registration form<br>신청서에 기입하다 |
| offer | 제공하다, 제안하다 | **offer** free delivery services<br>무료 배달 서비스를 제공하다 |
| complete | (서식을) 작성하다 | **complete** the questionnaire<br>설문지를 작성하다 |
| merge | 합병하다, 합치다 | **merge** the two companies<br>두 회사를 합병하다 |

## 2 ▶ 명사 빈출 어휘

| goal | 목표 | achieve/attain a **goal**<br>목표를 달성하다 |
|---|---|---|
| strength | 강점, 장점 | the **strengths** and weaknesses<br>강점과 약점 |
| firm | 회사 | an engineering **firm**<br>엔지니어링 회사 |
| conflict | 충돌, 갈등 | a **conflict** in schedule<br>일정의 겹침 |
| safety | 안전[함] | a **safety** device<br>안전장치 |

# SPARTA PRACTICE

··· 해설 p.343

• 다음 중 알맞은 것을 고르세요.

1  This Saturday, Danni's Dress Boutique will be ------- all shoppers a 20 percent discount.
   (A) notifying
   (B) offering
   (C) performing
   (D) joining

2  Mr. Jones was absent from the awards banquet due to a scheduling -------.
   (A) following
   (B) conflict
   (C) combination
   (D) preservation

## 3 ▶ 형용사 빈출 어휘

| tremendous | 굉장한, 대단한 | **tremendous** growth<br>엄청난 성장 |
|---|---|---|
| beneficial | 유익한, 이로운 | a mutually **beneficial** contract<br>상호간에 이익이 되는 계약 |
| impressive | 인상적인, 인상[감명] 깊은 | an **impressive** performance<br>감명 깊은 공연 |
| foreseeable | 예측[예견]할 수 있는 | in the **foreseeable** future<br>가까운 미래에 |
| current | 현재의 [명사 앞에만 씀] | a budget for the **current** year<br>올해의 예산 |

## 4 ▶ 부사 빈출 어휘

| promptly | 즉시, 정확히 제 시간에 | begin **promptly** at 8 A.M.<br>오전 8시 정각에 시작하다 |
|---|---|---|
| already | 이미, 벌써 | **already** fully booked<br>이미 완전히 예약된 |
| easily | 쉽게, 수월하게, 용이하게 | more **easily** than before<br>전보다 더 쉽게 |
| presently | 현재, 지금 | **presently** under construction<br>현재 건설 중인 |
| directly | 곧장, 똑바로 | report **directly** to the manager<br>매니저에게 직접 보고하다 |

# SPARTA PRACTICE

••• 해설 p.343

• 다음 중 알맞은 것을 고르세요.

**3** Catherine Salee was chosen for the music therapist position because her background was very -------.
(A) qualified
(B) knowledgeable
(C) pleased
(D) impressive

**4** The staff meeting is scheduled to start ------- at 10 A.M. on Monday, so all members have to be present.
(A) promptly
(B) soon
(C) sometime
(D) presently

# SPARTA TEST

**1** Kraft Foods Group, Inc. ------- several positive reviews in major newspapers.
(A) receive
(B) is being received
(C) has received
(D) was received

**2** The nominations for the city community service award ------- at the end of this month.
(A) is announcing
(B) will announce
(C) will be announced
(D) has been announced

**3** Successful applicants ------- to have at least three years of experience in a related field.
(A) require
(B) requires
(C) are required
(D) has required

**4** All participants in the employee training program will be ------- a chance to work abroad.
(A) give
(B) given
(C) giving
(D) gave

**5** If you are not satisfied ------- this purchase, please bring it with the receipt for a full refund.
(A) at
(B) in
(C) with
(D) to

**6** Mr. Hoult was away last week, so he needs to ------- on the new terms of the contract.
(A) brief
(B) briefing
(C) briefed
(D) be briefed

**7** To avoid traffic congestion, participants are ------- to use public transportation.
(A) advise
(B) advised
(C) advising
(D) advisory

**8** Mr. William, who was interviewed on Monday, will ------- to either the research department or the marketing department.
(A) be assigning
(B) assigns
(C) be assigned
(D) assign

**9** Because seats in the seminar are -------, you will need to reserve tickets in advance.
(A) limit
(B) limited
(C) limitations
(D) limiting

**10** We will ------- our workers training and support for transitions to other roles within the company.
(A) providing
(B) be providing
(C) be provided
(D) to provide

**Questions 11-14** refer to the following e-mail.

| | |
|---|---|
| **To:** | staff@alexander.com |
| **From:** | k.urban@alexandercenter.com |
| **Re:** | Power Shut Down |
| **Date:** | January 12 |

As a part of the electrical service update to the Alexander Center, power will be shut down to parts of the building over the next three Sundays from 8 A.M. to 2 P.M. Staff cannot work in the building on these ------- under any circumstances. -------. Staff should clean out refrigerators and take home all perishable items in advance. -------, computers and scanners should be turned off prior to leaving for the day on Fridays. The Data Center will not ------- by the shutdown.

Sincerely,

Karl Urban

---

**11**
(A) issues
(B) projects
(C) days
(D) months

**12**
(A) Employees can request overtime pay, if they work on Sunday.
(B) Staff can, however, work from home using their company laptop computers.
(C) If you want to come to the office, do not park in the garage.
(D) Highly skilled workers were hired to perform the electrical update.

**13**
(A) Frequently
(B) Additionally
(C) Exceptionally
(D) Occasionally

**14**
(A) affect
(B) be affected
(C) affecting
(D) affected

# UNIT 08 부정사

## 출제 유형 1 | to부정사의 역할

**1** 부정사란? 품사가 정해지지 않았다는 의미이며 [to + 동사원형]의 형태를 to부정사라고 합니다.
**2** to부정사의 역할은? 문장에서 명사, 형용사, 부사 역할을 합니다. 동사에서 나온 것이기 때문에 동사의 성질도 가지고 있습니다.

### 1 ▶ 명사적 용법

➕ to부정사가 명사처럼 쓰여서 문장에서 주어, 목적어, 보어 역할을 하는 경우로, '~하는 것, ~하기'로 해석합니다.

**주어 역할**  **To come to the meeting on time** is important. 회의에 정시에 도착하는 것은 중요하다.
　　　　　　　　　문장의 주어

**목적어 역할** We failed **to meet the project deadline**. 우리는 프로젝트 마감일을 맞추는 것을 실패했다.
　　　　　　　　　　　　타동사의 목적어

**보어 역할**  His goal is **to submit reports this week**. 그의 목표는 이번 주에 보고서를 제출하는 것이다.
　　　　　　　　　　　　be동사의 보어

### 2 ▶ 형용사적 용법

➕ to부정사가 형용사처럼 쓰여서 명사를 뒤에서 수식하는 경우로, '~할, ~하는'으로 해석합니다.

You reserve the right **to refuse our service**. 당신은 우리 서비스를 거부할 권리를 가지고 있다.
　　　　　　명사

### 3 ▶ 부사적 용법

➕ to부정사가 부사처럼 쓰여 동사, 형용사, 문장 전체를 수식하는 경우로, 주로 '~하기 위해, ~하게 되어'로 해석합니다.
'~하기 위해'라는 목적을 나타낼 때는 in order to 동사원형, so as to 동사원형으로도 표현할 수 있습니다.

**동사 수식**  Travelers should call the airline **to confirm their flight**.
　　　　　　　　　　　　　　동사　　　　= in order to confirm their flight
　　　　　　여행객들은 비행편을 확인하기 위해 항공사에 전화해야 한다.

**형용사 수식** This software program is easy **to use**. 이 소프트웨어 프로그램은 이용하기 쉽다.
　　　　　　　　　　　　　　　　형용사

**문장 수식**  **To get a refund**, you need to bring your original receipt.
　　　　　　= In order to get a refund　　　　　　　　　　　문장
　　　　　　환불을 받으시려면 원본 영수증을 가지고 오셔야 합니다.

## SPARTA ✓ CHECK-UP

• 다음 중 알맞은 것을 고르세요.

**1** Mr. Moody agreed [giving / to give] a speech at the opening ceremony.
　 Moody 씨는 개막식에서 연설하기로 합의했다.

[정답] to give

## 출제 유형 2 : to부정사의 가주어 / 진주어

### 1 ▶ to부정사의 가주어 it

➕ to부정사가 쓰인 주어가 긴 경우, 가주어인 it을 주어 자리에 쓰고 to부정사를 뒤로 보낼 수 있습니다.

**To wear protective gear for safety** is necessary. 안전을 위해 안전 장비를 착용하는 것이 필수이다.

→ **It** is necessary **to wear protective gear for safety**.
　　가주어　　　　　　　　　　　　　진주어

### 2 ▶ to부정사의 의미상 주어

➕ to부정사가 나타내는 동작의 주체를 의미하며, 일반적으로 to부정사 앞에 <for + 목적격>으로 나타냅니다.

It is necessary **for factory workers** to wear protective gear for safety.
　　　　　　　　　　의미상 주어
공장 노동자들은 안전을 위해 안전 장비를 착용하는 것이 필수이다.

### 3 ▶ 원형부정사

➕ 사역동사(have, let, make)는 목적어에게 어떤 행위를 시키는 동사로, 목적어와 목적격 보어의 관계가 능동이면 원형부정사를, 수동이면 과거분사를 씁니다. 지각동사(see, hear, watch 등)는 목적어와 목적격 보어의 관계가 능동이면 원형부정사나 현재분사를, 수동이면 과거분사를 씁니다.

Sandra Huller requested to **have** all her mail [**delivered** / ~~deliver~~] to her office.
　　　　　　　　　　　　　　　　　　　　　　수동의 과거분사
Sandra Huller는 그녀의 모든 우편물이 사무실로 배달되도록 요청했다.

I **saw** someone [**enter** / ~~to enter~~] her office.
나는 누군가 그녀의 사무실에 들어가는 것을 보았다.

➕ 동사 help 뒤 목적격 보어 자리에는 원형부정사 또는 to부정사를 쓸 수 있습니다.

This guideline will **help** you [**make** / ~~making~~] an informed decision.
　　　　　　　　　　　　　　원형부정사
이 지침서는 당신이 현명한 결정을 내리도록 도와줄 것이다.
▶ make an informed decision: 정확한 정보를 바탕으로 결정하다

---

## SPARTA ✓ CHECK-UP

• 다음 중 알맞은 것을 고르세요.

2　It is important [for / that] us to finish the work by tomorrow.
　　우리가 내일까지 그 일을 끝내는 것이 중요하다.

[정답] for

## 출제 유형 3  그밖에 알아두어야 할 부정사 1

### 1 ▶ 동사 + to부정사

| 타동사 + to부정사 | | | |
|---|---|---|---|
| want to부정사 | ~하는 것을 원하다 | refuse to부정사 | ~하는 것을 거절하다 |
| decide to부정사 | ~하기로 결정하다 | intend to부정사 | ~할 의향이 있다 |
| fail to부정사 | ~하는 것을 실패하다 | need to부정사 | ~할 필요가 있다 |
| expect to부정사 | ~하기를 기대하다 | hope to부정사 | ~하기를 희망하다 |

We **need** [**to conduct** / ~~conduction~~] a customer satisfaction survey.
우리는 고객 만족도 조사를 실시할 필요가 있다.

The company **decided** [**to delay** / ~~delaying~~] the release date of its new product.
회사는 신제품의 출시일을 늦추기로 결정했다.

### 2 ▶ 명사 + to부정사

| 명사 + to부정사 | | | |
|---|---|---|---|
| ability to부정사 | ~할 능력 | right to부정사 | ~할 권리 |
| chance to부정사 | ~할 기회 | plan to부정사 | ~할 계획 |
| effort to부정사 | ~하려는 노력 | way to부정사 | ~하는 방법 |
| authority to부정사 | ~할 수 있는 권한 | attempt to부정사 | ~하려는 시도 |

Mr. Grey has the **ability** [**to carry** / ~~carrying~~] out the project.
Grey 씨는 프로젝트를 수행할 능력이 있다.

The city announced a **plan** [**to reduce** / ~~reducing~~] traffic congestion.
시는 교통 혼잡을 줄이기 위한 계획을 발표했다.

---

## SPARTA ✓ CHECK-UP

- 다음 중 알맞은 것을 고르세요.

**3**  Stelco Malls plans [to open / opened] its first store in Paris this year.
Stelco 몰은 올해 파리에 첫 번째 매장을 열 계획이다.

[정답] to open

## 출제 유형 4 | 그밖에 알아두어야 할 부정사 2

### 1 ▶ 형용사 + to부정사

| be + 형용사 + to부정사 | | | |
|---|---|---|---|
| be (un)able to부정사 | ~할 수 있다[없다] | be pleased to부정사 | ~하는 것을 기쁘게 생각하다 |
| be likely to부정사 | ~할 것 같다 | be willing to부정사 | 기꺼이 ~하다 |
| be proud to부정사 | ~하게 되어 자랑스럽다 | be eligible to부정사 | ~할 자격이 있다 |
| be ready to부정사 | ~할 준비가 되다 | be eager to부정사 | ~하고 싶어 하다 |
| be easy to부정사 | ~하기 쉽다 | be reluctant to부정사 | ~하기를 주저하다 |

Mr. Murray **is eligible to** [**receive** / ~~receiving~~] a big bonus.
Murray 씨는 고액의 보너스를 받을 자격이 있다.

The price of oil **is likely to** [**affect** / ~~affecting~~] our economy.
유가는 우리 경제에 영향을 미칠 가능성이 있다.

Mr. Smith **will not be able** [**to attend** / ~~attending~~] the sales workshop this Friday.
Smith 씨는 이번 주 금요일에 있을 판매 워크숍에 참석할 수 없을 것이다.

### 2 ▶ 타동사 + 목적어 + to부정사

| 타동사 + 목적어 + to부정사 | |
|---|---|
| advise + 목적어 + to부정사 | 목적어가 ~하도록 조언하다 |
| allow + 목적어 + to부정사 | 목적어가 ~하는 것을 허락하다 |
| ask + 목적어 + to부정사 | 목적어에게 ~하는 것을 부탁하다 |
| expect + 목적어 + to부정사 | 목적어가 ~하기를 기대하다 |
| encourage + 목적어 + to부정사 | 목적어에게 ~하라고 장려하다 |
| require + 목적어 + to부정사 | 목적어에게 ~하라고 요구하다 |
| request + 목적어 + to부정사 | 목적어에게 ~하라고 요구하다 |
| remind + 목적어 + to부정사 | 목적어에게 ~하라고 상기시키다 |
| invite + 목적어 + to부정사 | 목적어에게 ~하라고 요청하다 |

The guard **allowed me** [**to enter** / ~~entering~~] the building.
경비원은 내가 건물로 들어가는 것을 허락했다.

My professor **encouraged me** [**to apply** / ~~applying~~] for the job.
교수님은 내게 그 일자리에 지원하라고 권유하셨다.

The new system will **allow you** [**to place** / ~~placing~~] orders online more conveniently.
새로운 시스템은 당신이 온라인에서 더 편리하게 주문할 수 있도록 해줄 것입니다.

## SPARTA ✓ CHECK-UP

• 다음 중 알맞은 것을 고르세요.

4  The Internet enables us [share / to share] all kinds of information.
   인터넷은 우리가 모든 종류의 정보를 공유할 수 있게 한다.

[정답] to share

## 품사별 토익 빈출 어휘 및 표현

### 1 ▶ 동사 빈출 어휘

| hire | 고용하다, 채용하다 | **hire** a clerk<br>점원을 고용하다 |
|---|---|---|
| review | 재검토하다 | **review** the evidence<br>증거를 재검토하다 |
| gather | (정보를) 모으다, 수집하다 | **gather** information<br>정보를 수집하다 |
| acquire | 습득하다, 얻다 | **acquire** a skill<br>기술을 익히다 |
| attribute | ~을 덕으로[탓으로] 보다 | **attribute** the success to him<br>성공을 그의 덕으로 돌리다 |

### 2 ▶ 명사 빈출 어휘

| charge | (상품·서비스에 대한) 요금 | completely[absolutely] free of **charge**<br>완전히 무료로 |
|---|---|---|
| inquiry | 질문, 문의 | an **inquiry** office<br>안내소 |
| loss | 손실(액), 손해 | considerable **losses**<br>상당한 손실 |
| delegate | 대표(자) | meet a **delegate**<br>대표를 만나다 |
| recession | 경기 후퇴, 불경기, 불황 | an economic **recession**<br>경기 침체 |

## SPARTA PRACTICE

••• 해설 p.344

- 다음 중 알맞은 것을 고르세요.

1. Heinfeld Ltd. experienced a marked drop in online orders, which analysts ------- to public concerns over the leak of personal information.
   (A) accused
   (B) presented
   (C) disapproved
   (D) attributed

2. Each passenger is allowed to carry one piece of luggage onto the plane free of -------.
   (A) loss
   (B) fare
   (C) budget
   (D) charge

## 3 ▶ 형용사 빈출 어휘

| additional | 추가의 | hire **additional** sales staff<br>영업 사원들을 추가 채용하다 |
|---|---|---|
| conscientious | 양심적인, 성실한 | a **conscientious** worker<br>성실한 근로자 |
| valid | 유효한, 정당한 | a **valid** contract<br>합법적인(유효한) 계약 |
| direct | 직행의, 직통의 | a **direct** flight<br>직항편 |
| competent | 능숙한, 유능한 | be **competent** in the field<br>그 분야에 능숙하다 |

## 4 ▶ 부사 빈출 어휘

| particularly | 특히, 특별히 | **particularly** small<br>특히 작은 |
|---|---|---|
| right | 정확히, 바로, 꼭 | **right** after the meeting<br>회의 직후에 |
| individually | 개별적으로, 각각 따로 | be considered **individually**<br>개별적으로 고려되다 |
| effectively | 효과적으로 | work **effectively**<br>효율적으로 일하다 |
| initially | 처음에 | **initially** opposed the plan<br>처음에는 계획에 반대했다 |

# SPARTA PRACTICE

••• 해설 p.344

• 다음 중 알맞은 것을 고르세요.

**3** Baker's Kitchen was so popular that the owner opened two ------ stores.
(A) allowable
(B) additional
(C) uninterested
(D) inclusive

**4** The training session will help participants learn how to ------ conduct a survey.
(A) accidently
(B) slightly
(C) effectively
(D) rarely

# SPARTA TEST

1. In order to ------- properly, this machine must be serviced at regular intervals.
   (A) functions
   (B) functional
   (C) functioning
   (D) function

2. The trade show is a good opportunity ------- with representatives from the top suppliers in your industry.
   (A) meeting
   (B) in meeting
   (C) to meet
   (D) met

3. Chef Faye Ward took over Richard's Restaurant after the previous chef left ------- a new restaurant.
   (A) open
   (B) opened
   (C) opening
   (D) to open

4. The finance team's flexible budget will allow us ------- more office supplies.
   (A) purchasing
   (B) purchased
   (C) purchases
   (D) to purchase

5. All of our workers are required ------- with the regulations written in the company manual.
   (A) comply
   (B) complying
   (C) compliance
   (D) to comply

6. Guests should contact the hotel ------- confirm their reservations at least two days in advance.
   (A) to
   (B) for
   (C) so
   (D) when

7. Mr. Josiah received an e-mail invitation ------- the summer intensive program that will be hosted by Gwinnett College.
   (A) to attend
   (B) attend
   (C) attended
   (D) is attending

8. It is necessary ------- department managers to work overtime in order to fulfill the requirements of their positions.
   (A) for
   (B) from
   (C) at
   (D) on

9. In an effort ------- accuracy, engineers are encouraged to inspect the machinery for damage at least twice a month.
   (A) ensured
   (B) ensuring
   (C) to ensure
   (D) ensures

10. ------- reserve tickets for Saturday's dance performance, you must call the box office before noon on Thursday.
    (A) As to
    (B) In addition to
    (C) In order to
    (D) As a result of

**Questions 11-14** refer to the following e-mail.

---

**To:** sally732@que2mail.ca
**From:** noreply@bluemountainairlines.ca
**Date:** September 1
**Subject:** Blue Mountain Airlines Password

Dear Member,

You are receiving this e-mail because you ------- (11) a password change for your Blue Mountain Airlines account. Your account has been reset, and your temporary password is: Sa7d203b.

Please note that it will ------- (12) in 24 hours. As soon as possible, log on to bluemountainairlines.co.ca/members using this password. ------- (13) the change, follow the instructions when prompted.

Blue Mountain Airlines values the security of our customers' information. ------- (14).

Sincerely,

Blue Mountain Airlines

---

**11** (A) request
(B) requested
(C) requesting
(D) requests

**12** (A) activate
(B) expire
(C) amend
(D) execute

**13** (A) Complete
(B) To complete
(C) Completed
(D) Completing

**14** (A) We have enclosed a new membership card.
(B) Since you are new to our Airline Club, we will waive the membership fee.
(C) Visit our Web site for more information about discounts and other offers.
(D) If you did not request the change, please contact us immediately.

# UNIT 09 동명사

## 출제 유형 1 | 동명사의 역할

**1** 동명사란? 동사에 -ing가 붙은 형태로, 문장에서 명사처럼 쓰이는 것을 말합니다.
**2** 동명사의 역할은? 동명사는 명사처럼 문장에서 주어, 목적어, 보어 역할을 합니다. 본래 동사였기 때문에 동사의 성질도 가지고 있습니다.

### 1 ▶ 동명사의 역할

✚ 명사처럼 쓰여서 문장에서 주어, 목적어, 보어 역할을 하며 '~하는 것, ~하기'로 해석합니다.

**주어**      <u>Exercising regularly</u> <u>is</u> important. 규칙적으로 운동하는 것은 중요하다.
                        주어            동사

**목적어**   She <u>finished</u> <u>writing the report</u>. 그녀는 보고서 작성을 끝마쳤다.
                          동사         목적어

**목적어**   We are thinking <u>about</u> <u>changing the location of our store</u>.
                               전치사                    목적어
               우리는 가게 위치를 바꾸는 것을 생각 중이다.

**보어**     Her job <u>is</u> <u>reviewing the financial report</u>. 그녀의 업무는 재정보고서를 검토하는 것이다.
                         be동사               보어

📖 **TIP!** 시험에 자주 출제되는 <전치사 + 동명사>

| | | | |
|---|---|---|---|
| by + V-ing | ~함으로써 | before[prior to] + V-ing | ~하기 전에 |
| in + V-ing | ~함에 있어서 | without + V-ing | ~하지 않고 |
| instead of + V-ing | ~하는 대신에 | besides + V-ing | ~하는 것뿐만 아니라 |
| on[upon] + V-ing | ~하자마자 | in addition to + V-ing | ~하는 것뿐만 아니라 |

## SPARTA ✓ CHECK-UP

• 다음 중 알맞은 것을 고르세요.

**1** The board of directors postponed [authorizing / authorization] the marketing plan.
이사회는 마케팅 계획 승인을 연기했다.

[정답] authorizing

## 출제 유형 2 | 동명사의 동사적 성질

### 1 ▶ 동명사의 의미상의 주어

➕ 동명사 앞에 (대)명사의 소유격을 씁니다.

**Your reviewing** our products will enable us to provide better service.
▶ review의 주체는 you
우리 제품에 대한 당신의 평가는 우리가 보다 나은 서비스를 제공할 수 있게 할 것이다.

### 2 ▶ 동명사의 부정

➕ 동명사의 부정은 동명사 앞에 not이나 never를 씁니다. 본동사를 부정하는 것이 아니므로 해석에 주의해야 합니다.

Mr. Hurt is always complaining about **not receiving** a bonus this year.
Hurt 씨는 올해 보너스를 받지 못한 것에 대해 항상 불평한다.

### 3 ▶ 동명사를 수식하는 품사

➕ 명사는 형용사의 수식을 받지만 동명사는 동사의 성질을 가지고 있기 때문에 부사의 수식을 받습니다.

It was a highly [**successful** / ~~successfully~~] project. 그것은 아주 성공적인 계획이었다.
　　　　　　　　　형용사　　　　　　　　　　명사

He was promoted after [~~successful~~ / **successfully**] completing the project.
　　　　　　　　　　　　　　　　　　　　부사　　　　　동명사
그는 프로젝트를 성공적으로 끝마친 후 승진했다.

### 4 ▶ 동명사와 명사의 구별

➕ 명사와 동명사 둘 다 주어, 목적어, 보어 역할을 합니다. 그러나 동명사는 동사의 성질을 갖기 때문에 뒤에 목적어가 올 수 있으나, 명사는 뒤에 목적어가 올 수 없습니다. 또한 동명사는 명사와 달리 관사(a/an/the) 뒤에 올 수 없습니다.

IMB Inc. has increased profits by [~~reduction~~ / **reducing**] production costs.
　　　　　　　　　　　　　　　　　　　　　　　　　　　　　　　　목적어
IMB 사는 생산 비용을 줄여서 수익을 늘렸다.

People are standing in line at the [**entrance** / ~~entering~~] of the performance hall.
　　　　　　　　　　　　　　　　관사
사람들이 공연장 입구에 줄지어 서 있다.

## SPARTA ✓ CHECK-UP

- 다음 중 알맞은 것을 고르세요.

2. Oxnard Deigns is planning to grow by [expansion / expanding] its operations to Europe.
　Oxnard Deigns 사는 유럽으로 사업을 확장하여 성장할 계획이다.

[정답] expanding

## 출제 유형 3 그밖에 알아두어야 할 동명사 1

**1 ▶ 타동사 + 동명사**

| 타동사 + 동명사 | |
|---|---|
| include V-ing | ~하는 것을 포함하다 |
| suggest V-ing | ~하는 것을 제안하다 |
| consider V-ing | ~하는 것을 고려하다 |
| recommend V-ing | ~하는 것을 추천하다 |
| postpone / delay V-ing | ~하는 것을 연기하다 |

Mr. Burke is **considering** [**changing** / to change] his job. Burke 씨는 전직을 고려하고 있다.

**2 ▶ 타동사 + 동명사/to부정사 (의미 변화 없음)**

| 타동사 + 동명사/to부정사 | |
|---|---|
| like V-ing / to부정사 | ~하는 것을 좋아하다 |
| begin V-ing / to부정사 | ~하는 것을 시작하다 |
| continue V-ing / to부정사 | ~하는 것을 계속하다 |

Management will **begin** [**installing** / installed] additional security devices.
관리소 측은 추가 안전 장비 설치를 시작할 것입니다.

**3 ▶ 타동사 + 동명사/to부정사 (의미 변화 있음)**

| 타동사 | 동명사 (V-ing) | to부정사 (to동사원형) |
|---|---|---|
| try | 시험 삼아 ~을 해보다 | ~하기 위해 애쓰다 |
| stop | ~하는 것을 멈추다 | ~하기 위해 멈추다/끊다 |
| regret | ~했던 것을 후회하다 | ~하게 되어 유감이다 |
| remember | ~한 것을 기억하다 | ~할 것을 기억하다 |

We **regret to inform** you that we are unable to process your order.
우리는 귀하의 주문을 처리할 수 없음을 알려드리게 되어 유감입니다.

We **regret relocating** our headquarters factory to Singapore.
저희는 본사 공장을 싱가포르로 이전한 것을 후회하고 있습니다.

## SPARTA ✓ CHECK-UP

• 다음 중 알맞은 것을 고르세요.

3. Please remember [to include / including] your signature on the order form.
   주문 양식에 당신의 서명을 포함하는 것을 잊지 마세요.

[정답] to include

## 출제 유형 4 | 그밖에 알아두어야 할 동명사 2

### 1 ▶ 전치사 to + 동명사

| 전치사 to + 동명사 | |
|---|---|
| prior to V-ing | ~하기 이전에 |
| object to V-ing / be opposed to V-ing | ~하는 데 반대하다 |
| look forward to V-ing | ~하기를 기대하다, 고대하다 |
| be used[accustomed] to V-ing | ~하는 데 익숙하다 |
| be devoted[dedicated / committed] to V-ing | ~하는 데 전념[헌신]하다 |

We **are committed to** [**maintaining** / ~~maintain~~] reasonable prices.
우리는 적당한 가격을 유지하는 데 전념합니다.

Mr. Madden **is used to** [**giving** / ~~give~~] presentations to international buyers.
Madden 씨는 해외 바이어들에게 발표하는 것이 익숙합니다.   ▶ cf. be used to V: ~하는 데 사용되다

### 2 ▶ 그밖에 동명사 관용표현

| 동명사 관용표현 | | |
|---|---|---|
| be busy V-ing<br>~하느라 바쁘다 | be worth V-ing<br>~할 만한 가치가 있다 | feel like V-ing<br>~하고 싶다 |
| cannot help V-ing<br>~하지 않을 수 없다 | spend time[money] V-ing<br>~하는 데 시간(돈)을 쓰다 | have difficulty[trouble] (in) V-ing ~하는 데 어려움을 겪다 |

Miss McKenzie **spent last week** happily [**touring** / ~~to tour~~] the island.
McKenzie 씨는 지난주에 이 섬을 즐겁게 여행하며 보냈다.

Our team will **have difficulty** [**meeting** / ~~to meet~~] the deadline.
우리 팀은 마감일을 지키는 데 어려움을 겪을 것이다.

## SPARTA ✓ CHECK-UP

• 다음 중 알맞은 것을 고르세요.

**4** UP Packages is committed to [provide / providing] reliable delivery service.
UP Packages 사는 신뢰할 만한 배송 서비스를 제공하는 데 전념합니다.

[정답] providing

## 품사별 토익 빈출 어휘 및 표현

### 1 ▶ 동사 빈출 어휘

| seek | 찾다, 구하다 | **seek** assistance/an assistant<br>도움을/보조자를 구하다 |
|---|---|---|
| arrange | (약속 등을) 정하다 | **arrange** an appointment<br>약속을 정하다 |
| compile | (자료를) 엮다, 편집하다 | **compile** a guidebook<br>안내서를 편집하다 |
| contact | 연락하다, 접촉하다 | **contact** him in an emergency<br>비상시에 그에게 연락하다 |
| recommend | 추천하다, 권하다 | **recommend** a good resort<br>좋은 휴양지를 추천하다 |

### 2 ▶ 명사 빈출 어휘

| recruitment | 채용 | a **recruitment** plan<br>채용 계획 |
|---|---|---|
| candidate | 지원자 | a successful **candidate**<br>합격자 |
| requirement | 요구 사항 | **requirements** for the position<br>그 직책에 대한 요구 사항 |
| earnings | 소득, 이익 | annual **earnings**<br>연간 소득 |
| incentive | 장려금 | provide an **incentive**<br>장려금을 지급하다 |

## SPARTA PRACTICE

••• 해설 p.346

• 다음 중 알맞은 것을 고르세요.

1  We are currently ------- qualified employees who have at least two years of experience in accounting.
   (A) seeking
   (B) urging
   (C) expressing
   (D) looking

2  After thoroughly reviewing all of the résumés, we will determine which ------- to interview.
   (A) donations
   (B) candidates
   (C) incentives
   (D) earnings

## 3 ▶ 형용사 빈출 어휘

| versatile | 다재다능한 | a **versatile** employee<br>다재다능한 직원 |
|---|---|---|
| domestic | 국내의 | a **domestic** flight<br>국내선 비행기 |
| upcoming | 곧 있을, 다가오는 | an **upcoming** business trip<br>곧 있을 출장 |
| urgent | 시급한 | an **urgent** matter<br>시급한 사안 |
| comprehensive | 포괄적인, 종합적인 | **comprehensive** services<br>종합적인 서비스 |

## 4 ▶ 부사 빈출 어휘

| immediately | 즉시, 즉각 | take effect **immediately**<br>즉시 효력을 발휘하다 |
|---|---|---|
| specifically | 특별히, 분명히 | aimed **specifically** at students<br>특별히 학생들을 대상으로 한 |
| persuasively | 설득력 있게 | argued **persuasively**<br>설득력 있게 주장했다 |
| frequently | 자주, 흔히 | the most **frequently** visited<br>가장 자주 방문되는 |
| cordially | 성심성의로, 정성껏 | be **cordially** invited<br>정중하게 초청되다 |

# SPARTA PRACTICE

••• 해설 p.346

- 다음 중 알맞은 것을 고르세요.

**3** Mr. Johnson is ------- enough to handle organizing the database as well as addressing customer complaints.

(A) assorted
(B) complete
(C) versatile
(D) typical

**4** The new products we launched last month sold out almost ------- after they went on sale.

(A) personally
(B) closely
(C) immediately
(D) frequently

# SPARTA TEST

1. Employees have the option of ------- a training class or completing an online tutorial.
   (A) attended
   (B) attending
   (C) to attend
   (D) attendance

2. Hotel guests must show their parking pass before ------- in the underground garage.
   (A) to park
   (B) parked
   (C) parking
   (D) park

3. One of the keys to ------- launching a new product is doing careful market research.
   (A) success
   (B) successful
   (C) succeed
   (D) successfully

4. To avoid errors in financial records, follow the standard procedures for ------- account numbers.
   (A) enter
   (B) entrance
   (C) entering
   (D) entered

5. If you have difficulty ------- the software, technical support is available throughout the day.
   (A) install
   (B) to install
   (C) installed
   (D) installing

6. We wish to apologize for the mistake in ------- your recent order from our summer catalog.
   (A) processor
   (B) processed
   (C) process
   (D) processing

7. We are proud to announce the ------- of our new gallery of Modern and Contemporary art.
   (A) open
   (B) opened
   (C) opens
   (D) opening

8. Mr. Gupta is responsible for ------- that safety procedures are followed by all Belleza Construction employees.
   (A) ensuring
   (B) ensured
   (C) ensure
   (D) ensures

9. Ms. Olsen began ------- a book on economics as soon as she retired from the company last month.
   (A) writing
   (B) written
   (C) write
   (D) writes

10. Newly hired employees should be used to ------- intensive training during their probation period.
    (A) undergo
    (B) undergoing
    (C) undergone
    (D) underwent

**Questions 11-14** refer to the following e-mail.

> To: markjohnson@pharcon.com.au
> From: jamesgarner@umedvic.edu.au
> Date: 21 July
> Subject: Thanks!
>
> Dear Dr. Johnson,
>
> Thanks for ------- our lab yesterday. As always, your expertise -------. Our technicians especially
>                11                                                    12
> benefited from your demonstration of the updated imaging systems.
>
> Over the next few months, I will be hiring several more employees. Would ------- be available to
>                                                                              13
> lead one more session in October? -------.
>                                      14
> Please let me know so we can discuss the details.
>
> Sincerely,
>
> James Garner

11 (A) calling
   (B) opening
   (C) visiting
   (D) staffing

12 (A) appreciates
   (B) will be appreciated
   (C) is appreciating
   (D) was appreciated

13 (A) theirs
   (B) yours
   (C) you
   (D) they

14 (A) Most of candidates seem very promising.
   (B) If so, it would be a great help to the new employees.
   (C) With your input, the process can be quick.
   (D) These employees must adhere to strict regulations.

# UNIT 10 분사

## 출제 유형 1  분사의 종류 및 자리

**1 분사란?** 동사가 형태를 달리하여 형용사 역할을 하는 경우를 말합니다. 분사는 형용사로 쓰이지만 동사의 성격을 가지고 있어서 뒤에 목적어 또는 보어를 취할 수 있습니다. 또한 현재분사(V-ing)는 능동을 나타내고, 과거분사(V-ed/불규칙 형태)는 수동의 의미를 나타냅니다.

### 1 ▶ 분사의 종류

**현재분사**

➕ 현재분사는 형용사로서 명사를 꾸며주며 '~하는, ~하는 중인'이라는 능동을 의미합니다.

| 동사 | 현재분사(동사+ing) | 의미 | 쓰임 |
|---|---|---|---|
| publish | publishing | 출판 중인 | 동사의 능동형 (be+ -ing), 명사 수식 |
| require | requir(e)ing → requiring | 요구하고 있는 | |

**과거분사**

➕ 과거분사는 형용사로서 명사를 꾸며주며 '~된, ~당한, ~받는'이라는 수동을 의미합니다.

| 동사 | 과거분사(동사+ed/ 불규칙 형태) | 의미 | 쓰임 |
|---|---|---|---|
| publish | published | 출판된 | 동사의 수동형(be+p.p.), 완료시제 (have+p.p.), 명사 수식 |
| update | update(e)d → updated | 개선된 | |
| prefer | prefer+red → preferred | 선호되는 | |
| pay | paid | 지불된 | |

### 2 ▶ 분사의 자리

➕ 분사는 형용사 역할을 하므로 형용사처럼 명사 앞뒤나 보어 자리에 옵니다.

**명사 앞**  I bought the **used** car at a **reduced** price.  나는 중고차를 저렴한 가격에 샀다.

**명사 뒤**  The woman **using the photocopier** is my secretary.
복사기를 사용하고 있는 여자는 내 비서다.

**보어 자리**  The project seems very **challenging**.  그 프로젝트는 매우 어려워 보인다.

## SPARTA ✓ CHECK-UP

• 다음 중 알맞은 것을 고르세요.

**1**  I will send all the [required / requiring] information to the Personnel Department.
요청 받은 모든 정보를 인사과로 보내겠습니다.

[정답] required

## 출제 유형 2 | 분사구문

### 1 ▶ 분사구문의 형태

✚ 분사구문이란 <부사절 접속사+주어+동사>로 된 절을 '구'로 만든 것을 말합니다.

| | 부사절을 분사구문으로 바꾸는 순서 |
|---|---|
| 1 | 부사절 접속사를 생략한다. |
| 2 | 부사절의 주어가 주절의 주어와 같을 경우 부사절의 주어를 생략한다. (다를 경우, 생략 불가) |
| 3 | 부사절의 동사원형에 -ing를 붙인다. (being 또는 having been일 경우, 생략 가능) |

When you enter the building, you should present your identification.
❶ (**When**) you enter the building, you should present your identification.
❷ (**When**) (**you**) enter the building, you should present your identification.
❸ (**When**) (**you**) (**are**) **entering** the building, you should present your identification.
　= Entering the building, you should present your identification.
　　그 건물에 들어갈 때 신분증을 제시해야 합니다.

✚ when, as, after 등의 접속사가 올 경우, 정확한 의미 전달을 위해 접속사를 남겨두기도 합니다.

You must wear safety goggles **when working** at the lab.
실험실에서 작업할 때는 반드시 보안경을 착용해야 합니다.

**As discussed**, your order will be delivered soon.
논의된 대로, 귀하께서 주문하신 물품이 곧 도착할 겁니다.
▶ <as + p.p.>는 '~된 대로'라는 의미의 관용구로, as mentioned(언급된 대로), as stated(명시된 대로) 등이 자주 쓰임.

### 2 ▶ 분사구문의 자리에 올 수 없는 것

✚ 분사 자리에는 동사나 명사가 올 수 없습니다.

[**Submitting** / ~~Submit~~] the résumé, please call Mr. Garcia.
이력서를 제출할 때 Garcia 씨에게 전화 주세요.

[**Disappointed** / ~~Disappointment~~] with her supervisor, Ms. McCarthy quit.
그녀의 상사에게 실망해서 McCarthy 씨는 사직했다.

## SPARTA ✓ CHECK-UP

• 다음 중 알맞은 것을 고르세요.

2 [Completing / Completed] the mission, she was promoted as a reward.
　그녀가 임무를 수행했기 때문에 보상으로 승진되었다.

[정답] Completing

## 출제 유형 3    현재분사와 과거분사의 구별

### 1 ▶ 전치 수식

+ 분사가 명사를 앞에서 수식하는 경우를 말합니다. 분사와 수식 받는 명사의 관계가 능동이면 현재분사를, 수동이면 과거분사를 사용합니다.

The test showed very [**satisfying** / ~~satisfied~~] re<u>sults</u>.
명사

시험은 매우 만족스러운 결과를 보여 주었다.

Please complete the [~~enclosing~~ / **enclosed**] <u>survey</u> as soon as possible.
명사

동봉된 설문지를 가능한 한 빨리 작성해 주십시오.

### 2 ▶ 후치 수식

+ 분사가 명사를 뒤에서 수식하는 경우를 말합니다. 전치 수식과 마찬가지로 분사와 수식 받는 명사의 관계가 능동이면 현재분사를, 수동이면 과거분사를 사용합니다.

+ 분사가 명사를 후치 수식하는 경우, 대체로 분사 뒤에 목적어(명사)가 있으면 -ing, 뒤에 목적어가 없고 전치사구나 부사가 있으면 p.p.가 옵니다.

The <u>person</u> [**making** / ~~made~~] important decisions is the boss.
명사

중요한 결정을 내리는 사람은 사장이다.

All <u>files</u> [~~deleting~~ / **deleted**] from your computer can be recovered.
명사

### 📖 TIP!

| 명사 뒤에서<br>수식할 때 | 분사 뒤에 목적어가 있으면 주로 능동(-ing) | an e-mail **accepting** the job offer<br>일자리 제안을 수락하는 이메일 |
|---|---|---|
| | 분사 뒤에 목적어가 없으면 주로 수동(p.p.) | the records **stored** on the first floor<br>1층에 보관된 기록물들 |

## SPARTA ✓ CHECK-UP

• 다음 중 알맞은 것을 고르세요.

**3**   By tomorrow morning, you should submit a [revised / revising] copy of the report.

내일 아침까지 당신은 보고서 수정본을 제출해야 합니다.

[정답] revised

## 출제 유형 4 | 그밖에 알아두어야 할 분사 표현

### 1 ▶ 혼동하기 쉬운 <분사 + 명사> 표현

| 과거분사 + 명사 | 현재분사 + 명사 |
|---|---|
| **revised** procedures 개정된 절차 | **existing** equipment 기존 장비 |
| **written** consent 서면 동의 | **lasting** impression 지속적인 인상 |
| **finished** products 완제품 | **leading** company 선두 기업 |
| **detailed** information 자세한 정보 | **promising** candidate 유망한 후보 |
| **discounted** prices 할인된 가격 | **increasing** demand 증가하는 수요 |
| **preferred** means 선호되는 수단 | **opening** remarks 개회사 |
| **damaged** luggage 파손된 수하물 | **presiding** officer 사회자 |
| **attached** documents 첨부된 서류 | **missing** baggage 분실된 짐 |
| **updated** manual 개정된 설명서 | **misleading** information 잘못된 정보 |
| **enclosed** brochures 동봉된 소책자 | **mounting** pressure 증가하는 압력 |
| **unlimited** guarantee 무제한 보장 | **deteriorating** economy 악화되는 경제 |
| **informed** decision 신중한 결정 | **remaining** inventory 남은 재고 |
| **designated** areas 지정된 구역 | **demanding** supervisor 까다로운 상사 |

### 2 ▶ 사람 명사를 수식하는 과거분사

| 과거분사 | | 사람 명사 |
|---|---|---|
| dedicated 헌신적인 | | employee 직원 |
| experienced 경험이 있는 | | consultant 상담가 |
| talented 재능이 있는 | | assistant 조수 |
| qualified 자질(자격)을 갖춘 | + | accountant 회계사 |
| distinguished 뛰어난 | | applicant 지원자 |
| established 인정 받는 | | candidate 후보자 |
| accomplished 숙달한 | | mechanic 기계공 |
| recognized 인정 받는 | | professional 전문가 |
| skilled 숙련된 | | technician 기술자 |

### 3 ▶ 감정 표현 분사

| | | | |
|---|---|---|---|
| satisfying 만족시키는 | satisfied 만족하는 | exciting 흥분시키는 | excited 신난 |
| surprising 놀라게 하는 | surprised 놀란 | disappointing 실망시키는 | disappointed 실망한 |
| interesting 흥미롭게 하는 | interested 흥미로워하는 | fascinating 매료시키는 | fascinated 매료된 |
| confusing 혼란스럽게 하는 | confused 혼란스러워하는 | exhausting 지치게 하는 | exhausted 지친 |

▶ 주로 감정을 유발하는 대상인 사물은 현재분사, 감정을 느끼는 사람은 과거분사와 어울려 쓰임.

## SPARTA ✓ CHECK-UP

• 다음 중 알맞은 것을 고르세요.

**4** The discounted holiday packages are available for a [limited / limit] time only.
할인된 휴가 패키지 상품은 한시적으로 판매된다.

[정답] limited

UNIT 10 분사

# 품사별 토익 빈출 어휘 및 표현

## 1 ▶ 동사 빈출 어휘

| host | (행사를) 주최하다 | **host** a reception<br>환영회를 주최하다 |
|---|---|---|
| specialize | 전공하다, 전문적으로 다루다 | **specialize** in planning events<br>행사 기획을 전문으로 하다 |
| recruit | (신입 사원·회원 등을) 모집하다, 뽑다 | **recruit** staff<br>직원을 모집하다 |
| predict | 예측하다 | **predict** the weather<br>날씨를 예측하다 |
| delegate | (권한·업무 등을) 위임하다 | **delegate** authority<br>권한을 위임하다 |

## 2 ▶ 명사 빈출 어휘

| invitation | 초대, 초청 | a letter of **invitation**<br>초대장 |
|---|---|---|
| damage | 손상, 피해 | severe/minor **damage**<br>심한/경미한 손상[피해] |
| guideline | 가이드라인, 지침 | according to the new **guideline**<br>새로운 지침에 따라 |
| depression | 불경기, 불황 | economic **depression**<br>경제 불황 |
| procedure | 절차, 방법 | emergency/safety **procedures**<br>비상 조치/안전 절차 |

# SPARTA PRACTICE

··· 해설 p.347

• 다음 중 알맞은 것을 고르세요.

1. We ------- in shipping large items such as industrial vehicles and machinery.
   (A) commend
   (B) emerge
   (C) perform
   (D) specialize

2. The event organizers sent Mr. Price an ------- to attend the regional conference.
   (A) invitation
   (B) application
   (C) expression
   (D) information

## 3 ▶ 형용사 빈출 어휘

| quarterly | 분기별의 | a **quarterly** meeting of the board<br>분기별 이사회 |
|---|---|---|
| timely | 시기적절한, 때맞춘 | **timely** measures<br>시기적절한 방법[조치] |
| legal | 법률적인 [명사 앞에만 씀] | take/seek **legal** advice<br>법률적 자문을 받다/구하다 |
| complete | 완전한, 완료된 | earn the **complete** trust<br>완전한 신뢰를 얻다 |
| appropriate | 적절한 | an **appropriate** response/measure<br>적절한 반응/조치 |

## 4 ▶ 부사 빈출 어휘

| absolutely | 절대적으로, 완전히 | be **absolutely** forbidden<br>완전히 금지되어 있다 |
|---|---|---|
| accurately | 정확하게(=exactly), 정밀하게 | to **accurately** measure our productivity<br>생산성을 정확하게 측정하기 위해 |
| appropriately | 적절히, 알맞게 | dress **appropriately**<br>적절히 옷을 입다 |
| closely | 밀접하게, 면밀하게 | be **closely** analyzing<br>면밀히 분석하는 중이다 |
| briefly | 간략하게, 잠시 | be delayed **briefly**<br>잠시 지연되다 |

# SPARTA PRACTICE

··· 해설 p.347

- 다음 중 알맞은 것을 고르세요.

**3** Once the order is ------, the items will be shipped to the customer within three days.
(A) whole
(B) accurate
(C) entire
(D) complete

**4** Prior to the morning session, all team members must ------ look over the strategy outline.
(A) briefly
(B) readily
(C) scarcely
(D) visibly

# SPARTA TEST

1. Some ------- information about upcoming local events is listed on the Web site.
   (A) interesting
   (B) interests
   (C) interested
   (D) interest

2. Customers ------- online banking reported a number of faults in the new system.
   (A) use
   (B) using
   (C) used
   (D) will use

3. The layout of the building can often be ------- to new employees and visitors.
   (A) confusing
   (B) confusion
   (C) confuse
   (D) confused

4. Once -------, the three departments will be under the supervision of only one manager.
   (A) merging
   (B) merged
   (C) merge
   (D) to merge

5. For over ten years, Max Taxis has been the ------- means of transportation for visitors and locals.
   (A) preferring
   (B) preferred
   (C) preference
   (D) preferably

6. Since the show is extremely popular, there are only a ------- number of tickets available.
   (A) limit
   (B) limiting
   (C) limits
   (D) limited

7. ------- late at the convention center, she was prohibited from entering the meeting room.
   (A) Arrived
   (B) Arriving
   (C) To arrive
   (D) Being arrived

8. *Inside Engineering* is a journal ------- quarterly by the International Society of Engineers.
   (A) are distributed
   (B) distributed
   (C) distributes
   (D) will distribute

9. Although Mora Stewart has a minor role in the play, his performance leaves a ------- impression on the audience.
   (A) lasts
   (B) lasting
   (C) lasted
   (D) lastly

10. When ------- announcements for the bulletin board, we recommend that you follow the format shown in this sample.
    (A) prepared
    (B) preparing
    (C) to prepare
    (D) prepare

**Questions 11-14** refer to the following information.

### ANNUAL PERFORMANCE EVALUATIONS

The written evaluation is the final ------- (11) of the performance assessment process. It is a formal appraisal of job performance over a specified time period. Success is measured according to expectations determined by the employer. ------- (12). It also helps ------- (13) expectations for the next performance period.

This evaluation is not a substitute for the ongoing communication ------- (14) necessary for performance appraisal.

11. (A) quality
    (B) revision
    (C) phase
    (D) fragment

12. (A) The evaluation's main purpose is to provide feedback to the employees.
    (B) Many companies have instituted biannual reviews.
    (C) Managers can authorize payment at their discretion.
    (D) Evaluations are kept on files for five years after you leave our company.

13. (A) try
    (B) establish
    (C) know
    (D) release

14. (A) considered
    (B) consideration
    (C) considerable
    (D) considering

# UNIT 11 접속사

## 출제 유형 1 ▸ 등위 접속사 / 상관 접속사 / 종속 접속사

1. **접속사란?** 단어와 단어, 구와 구 또는 두 개의 절을 연결하는 품사입니다.
2. **접속사의 종류는?** 등위 접속사, 상관 접속사, 종속 접속사로 나뉩니다.

### 1 ▸ 등위 접속사

➕ 등위 접속사는 단어와 단어, 구와 구, 절과 절을 연결하며 각각의 의미에 맞게 써야 합니다.

| 등위 접속사 | and | 그리고 (추가) |
|---|---|---|
|  | but (yet) | 그러나 (반대) |
|  | or | 혹은, 그렇지 않으면 (선택) |
|  | so | 그래서 (결과) |

Visit our Web site [~~but~~ / **and**] read the guidelines. 웹 사이트를 방문해서 안내서를 읽어 보세요.

He was sick, [**so** / ~~but~~] he couldn't go to work. 그는 아파서 출근할 수 없었다.

▶ 등위 접속사는 문장 맨 앞에 쓸 수 없으며, 앞과 뒤에 대등한 단어, 구, 절을 연결함. 단, so는 문장과 문장만 연결할 수 있음.

### 2 ▸ 상관 접속사

➕ 상관 접속사는 두 단어 이상이 서로 짝을 이루어 쓰이는 접속사입니다.

| 상관 접속사 | both | A | and | B | A와 B 모두, A와 B 둘 다 |
|---|---|---|---|---|---|
|  | either |  | or |  | A 혹은 B, A이거나 B |
|  | neither |  | nor |  | A도 B도 아닌 |
|  | not only |  | but (also) |  | A뿐만 아니라 B도 (= B as well as A) |

You must return it by [**either** / ~~neither~~] e-mail **or** fax. 당신은 그것을 이메일 또는 팩스로 반송해야 한다.

They are [~~only~~ / **not only**] delicious **but also** nutritious. 그것들은 맛있을 뿐만 아니라 영양가도 높다.

### 3 ▸ 종속 접속사

➕ 문장의 주절과 종속절을 연결하는 접속사를 종속 접속사라고 합니다. 종속 접속사는 명사절 접속사(that, whether 등), 형용사절 접속사(who, which 등), 부사절 접속사(because, if 등)가 있습니다.

Please let me know [**if** / ~~because~~] you can attend the seminar. ▶ 명사절 접속사 if

세미나에 참석할 수 있는지 저에게 알려 주세요. ▶ cf. because : 부사절 접속사

## SPARTA ✓ CHECK-UP

• 다음 중 알맞은 것을 고르세요.

1. Participants must present [**both** / neither] tickets and photo identification.
   참석자들은 티켓과 사진이 포함된 신분증을 모두 제시해야 합니다.

[정답] both

## 출제 유형 2 | 명사절 접속사 1

### 1 ▶ 명사절이 오는 자리

✚ 명사절이란 명사처럼 주어, 목적어(동사 뒤 또는 전치사 뒤), 보어 역할을 하는 절을 명사절이라고 하며, 문장 내에서 이런 명사절을 이끄는 접속사를 명사절 접속사라고 합니다. 명사절은 문장에서 명사 역할을 하므로 명사처럼 주어, 목적어, 보어 자리와 전치사 뒤에 옵니다.

| 주어 | **That you missed the train** is not your fault. 기차를 놓친 것은 당신의 잘못이 아닙니다. |

| 동사의 목적어 | I don't <u>know</u> **who left the message**. 나는 누가 메시지를 남겼는지 모른다. |
| | 　　　　　동사 |

| 전치사의 목적어 | I am thinking <u>about</u> **what you offered**. 나는 당신이 제안한 것에 대해 생각하고 있다. |
| | 　　　　　　전치사 |

| 보어 | The problem is **that sales have been dropping**. |
| | 문제는 판매가 계속 떨어지고 있다는 것이다. |

| 대표적인 명사절 접속사 | | | | |
|---|---|---|---|---|
| that ~라는 것 | what 무슨, 무엇 | whether/if ~인지 아닌지 | which 어느, 어느 것 | who 누가 |
| when 언제 | where 어디에 | how 어떻게, 얼마나 | why 왜 | |

### 2 ▶ 명사절 접속사 that

✚ 명사절 접속사 that이 이끄는 절은 확실하고 단정적인 사실이나 결론을 나타낼 때 쓰며, '~라는 것'으로 해석합니다.

**That the economy is going down** is true. 경기가 나빠지고 있다는 것은 사실이다.
　　확실한 사실 (경기가 나빠지고 있다는 것)

= It is true that the economy is going down.
▶ 주어가 that절처럼 긴 경우, 주어를 뒤로 보내고 가주어 it을 그 자리에 대신 쓸 수 있음.

Everyone knows **that the economy is going down**. 모두가 경기가 나빠지고 있다는 것을 안다.
　　　　　　　　확실한 사실 (경기가 나빠지고 있다는 것)

## SPARTA ✓ CHECK-UP

• 다음 중 알맞은 것을 고르세요.

**2** The economic report suggests [that / about] consumer spending is on the rise.
경제 보고서에 따르면, 소비자 지출이 증가하고 있는 것으로 나타난다.

[정답] that

## 출제 유형 3  명사절 접속사 2

### 1 ▶ 명사절 접속사 whether / if

✚ 명사절 접속사 whether와 if는 불확실한 사실을 전달할 때 쓰며, '~인지 아닌지'라고 해석합니다.

Mr. Conklin didn't decide **whether (=if) he will apply for the position**.
　　　　　　　　　　　　　　　불확실한 사실 (그가 그 직책에 지원할지 말지)

Conklin 씨는 그 직책에 지원할지 말지를 결정하지 못했다.

✚ whether는 뒤에 'or not'이 나올 수 있으며, whether 뒤에 주어를 생략하고 to부정사를 쓸 수도 있습니다.
　같은 의미로 사용되는 if는 타동사 뒤에서 목적어절을 이끌 때만 씁니다. 단, 그 뒤에 to부정사를 쓸 수 없습니다.

The problem is [**whether** / ~~if~~] **or not he will attend the meeting**.
　　　　　　　　　　　　불확실한 사실 (그가 회의에 참석할지 말지)

문제는 그가 회의에 참석할지 말지이다.

I am considering [**whether** / ~~if~~] **to renew the contract**.
　　　　　　　　(= whether or not to renew the contract)

나는 계약을 갱신할지 말지 고려 중이다.

[**Whether** / ~~If~~] **the city will increase the taxes hasn't been decided**.

시가 세금을 올릴지는 결정되지 않았다.


### 2 ▶ 명사절 접속사: 의문사

✚ 의문사 who, when, where, what, which, why, how가 이끄는 명사절은 각각 '누가/언제/어디서/무엇을/
　어느 것을/왜/어떻게 ~하는지'라고 해석합니다.

**Who will be in charge of the job** is our concern.　누가 그 업무를 담당할 것인지가 우리의 관심사이다.
　　　문장의 주어 역할

We didn't **decide where next year's conference will be**.
　　　　　　　　　동사 뒤 목적어 역할

우리는 내년 회의를 어디에서 개최할지 결정하지 못했다.

Our main concern **is when we will release the new product**.
　　　　　　　　　　be동사 뒤 보어 역할

우리의 주된 관심사는 언제 신제품을 출시하는가이다.


### SPARTA ✓ CHECK-UP

- 다음 중 알맞은 것을 고르세요.

**3**　We will find out soon [whether / who] the new business is profitable.

　　우리는 신사업이 수익성이 있는지 없는지를 곧 알아낼 것이다.

[정답] whether

## 출제 유형 4 | 명사절 접속사 that과 어울리는 표현

### 1 ▶ that절을 목적어로 취하는 동사

| | | | | | |
|---|---|---|---|---|---|
| suggest | ~을 제시하다 | explain | ~을 설명하다 | insist | ~라고 주장하다 |
| show | ~을 보여주다 | announce | ~을 발표하다 | ensure | ~을 보장하다 |
| indicate | ~을 나타내다 | state | ~라고 진술하다 | note | ~에 주목[주의]하다 |

The engineer insists **that the brake system be remodeled**.
　　　　　　동사　　　　　　　　　명사절
그 엔지니어는 브레이크 시스템이 개조되어야 한다고 주장한다.

### 2 ▶ that절을 취하는 형용사 <주어+be+형용사+that절>

| | | | | | |
|---|---|---|---|---|---|
| aware | ~을 알고 있는 | glad | ~이 기쁜 | likely | ~일 것 같은 |
| confident | ~에 자신 있는 | sure | ~이 확실한 | certain | ~임이 확실한 |

We are aware **that our warranty expired a year ago**.
　　　형용사　　　　　　　　명사절
우리는 1년 전에 보증서가 만료되었다는 것을 알고 있다.

### 3 ▶ that절을 직접 목적어로 쓰는 4형식 동사 <주어+동사+사람+that절>

| | | | |
|---|---|---|---|
| tell | ~에게 …을 말하다 | inform/notify | ~에게 …을 알리다, 통보하다 |
| show | ~에게 …을 보여주다 | persuade | ~에게 …을 설득하다 |
| advise | ~에게 …을 충고하다 | remind | ~에게 …을 생각나게 하다, 상기시키다 |
| assure | ~에게 …을 보증하다 | warn | ~에게 …을 경고하다 |

Ms. Foster told me **that she will quit her job**.　Foster 씨는 나에게 직장을 그만둘 거라고 말했다.
　　　4형식 동사　　　　직접 목적어

## SPARTA CHECK-UP

- 다음 중 알맞은 것을 고르세요.

4　Please be aware [about / that] the regulations for vehicle inspection will change next year.
　차량 검사 규정이 내년에 바뀐다는 것을 유념해 주세요.

[정답] that

## 출제 유형 5 | 형용사절 접속사

**1 형용사절이란?** 형용사절은 관계사절을 말하며, 두 개의 문장을 하나로 만들기 위해 사용합니다. 이때, 선행사(명사)를 수식하는 절을 형용사절 혹은 관계사절이라고 합니다.

The man is kind. + He works in the Marketing Department.

The man [who works in the Marketing Department] is kind.
선행사(명사)          형용사절

마케팅부에서 일하는 그 남자는 친절하다.

→ who works in the Marketing Department 절이 명사인 The man을 수식합니다. 이처럼 앞의 명사를 수식하는 절을 형용사절 혹은 관계사절이라고 하고, 수식을 받는 명사를 '선행사'라고 합니다.

**2 형용사절 접속사의 종류는?** 선행사가 사람인지 사물인지에 따라 관계대명사의 종류가 달라져요.

| 선행사 | 주격 | 소유격 | 목적격 |
|---|---|---|---|
| 사람 | who | whose | who(m) |
| 사물 | which | whose | which |
| 사람/사물 | that | x | that |

→ 관계대명사는 '접속사+대명사' 역할을 하며, 관계대명사절은 선행사를 수식하는 형용사 역할을 합니다. 관계대명사 자리를 확인하는 문제, 관계대명사의 종류를 묻는 문제가 출제됩니다.

### 1 ▶ 형용사절이 오는 자리

✚ 형용사절은 선행사인 명사 뒤에 위치하여 명사를 꾸며줍니다.

**주격 관계대명사**   He will manage the project [which begins next month].
                              선행사(명사)              형용사절

그는 다음 달에 시작할 프로젝트를 담당할 것이다.
▶ 주격 관계대명사 which는 사물 선행사인 project를 수식하며, 관계대명사절에서 동사 앞 주어 역할을 함.

**목적격 관계대명사**   This is Mr. Ryan [whom I mentioned a moment ago].
                              선행사(명사)            형용사절

이 사람은 좀 전에 내가 말한 Ryan 씨이다.
▶ 목적격 관계대명사 whom은 Mr. Ryan을 수식하며, 관계대명사절에서 동사 mentioned의 목적어 역할을 함. 참고로, a moment ago는 시간부사임.

**소유격 관계대명사**   I have a friend [whose mother is an accountant].
                              선행사(명사)          형용사절

내겐 어머니가 회계사인 친구가 있다.
▶ 소유격 관계대명사 whose는 선행사인 friend를 수식하며, 관계대명사절에서 명사 mother을 수식하고 있음.

## SPARTA ✓ CHECK-UP

• 다음 중 알맞은 것을 고르세요.

5  The company is producing a new suitcase [who / which] is extremely durable.

그 회사는 내구성이 매우 강한 새로운 여행용 가방을 제작하고 있다.

[정답] which

## 출제 유형 6    부사절 접속사

**1** **부사절이란?** 부사절은 주절의 앞이나 뒤에서 주절을 수식하는 부사 역할을 하는 절을 말합니다.

Alex was hired **because he was a qualified applicant**.
      주절                        부사절

Alex는 자격을 갖춘 지원자이기 때문에 고용되었다.

→ 'Alex가 고용되었다(Alex was hired)'는 주절의 내용이고, '자격을 갖춘 지원자이기 때문에(because he was a qualified applicant)'는 고용된 이유를 말해 주는 부가적인 내용입니다. 이처럼 주절을 수식하여 의미를 더해 주는 절이 '부사절'입니다.

**2** **부사절 접속사의 종류는?** 부사절 접속사는 시간, 조건, 양보, 이유 등을 나타냅니다.

| 시간 | 조건 | 양보 | 이유 |
|---|---|---|---|
| when ~할 때 | if 만약 ~라면 | although / though / even if | as / because / since |
| after ~이후에 | as long as ~하는 한 | 비록 ~일지라도 | ~이기 때문에 |

Mc Cuisine plans to hire additional staff. + Business continues to grow.
                   완전한 절                                완전한 절

Mc Cuisine plans to hire additional staff **if business continues to grow**.
                                                           조건을 의미하는 부사절

= If business continues to grow, Mc Cuisine plans to hire additional staff.

만약 사업이 계속 성장하면 Mc Cuisine은 추가 직원을 고용할 계획이다.

---

▶ **부사절이 오는 자리**

✚ 부사절은 주절의 앞이나 뒤에 옵니다. 주절의 앞에 오는 경우, 부사절 뒤에 콤마(,)를 반드시 붙여야 합니다.

**주절 앞**     **When you leave**, he will inspect the computer.  당신이 퇴근할 때 그가 컴퓨터를 검사할 것이다.
                            부사절                    주절

**주절 뒤**     Harris got the job **although he was inexperienced**.
                           주절                       부사절
                 Harris는 경력이 없었지만 직장을 구했다.

---

## SPARTA ✓ CHECK-UP

• 다음 중 알맞은 것을 고르세요.

**6**    [If / That] you have any questions, please contact Jack Huston.

     질문이 있으시면, Jack Huston 씨에게 연락 주세요.

[정답] If

## 출제 유형 7　부사절 접속사의 종류

### 1 ▶ 부사절 접속사 1: 시간

| when | ~할 때 | until | ~까지 | before | ~전에 | after | ~한 후에 |
|---|---|---|---|---|---|---|---|
| while | ~하는 동안 | once | ~하자마자 | since | ~이래로 | as soon as | ~하자마자 |

[**As soon as** / ~~During~~] all the paperwork is complete, I will let you know.
모든 서류 작업이 끝나는 대로 알려 드리겠습니다.

### 2 ▶ 부사절 접속사 2: 조건

| if | once | as long as | so long as | unless |
|---|---|---|---|---|
| 만약 ~하면 | 일단 ~하면 | ~하기만 한다면 | ~하기만 한다면 | ~하지 않는 한 |

[**If** / ~~Unless~~] you leave a message, we will respond immediately.
메시지를 남기시면 즉시 연락 드리겠습니다.

### 3 ▶ 부사절 접속사 3: 양보

| ~에도 불구하고 | although | even though | even if | though |
|---|---|---|---|---|

[**Although** / ~~Despite~~] they look expensive, the hotel rates were reasonable.
비싸 보이지만 그 호텔 가격은 합리적이었다.

### 4 ▶ 부사절 접속사 4: 이유

| ~때문에 | because | since | as | now that |
|---|---|---|---|---|

[**Because** / ~~Even if~~] Mr. Clarke was late, the meeting couldn't start on time.
Clarke 씨가 지각해서 회의는 제시간에 시작할 수 없었다.

---

## SPARTA ✓ CHECK-UP

- 다음 중 알맞은 것을 고르세요.

7  [Because / Unless] you finish the report by tomorrow, you will be in big trouble.
보고서를 내일까지 끝내지 않으면, 당신은 큰 곤경에 처하게 될 것입니다.

[정답] Unless

## 출제 유형 8 주의해야 할 부사절 접속사와 전치사

### 1 ▶ 부사절 접속사와 전치사의 구별

부사절을 이끄는 부사절 접속사 자리에 전치사는 올 수 없습니다. 의미가 유사한 전치사와 부사절 접속사를 구분해야 합니다.

| 의미 | 접속사 | 전치사(구) |
| --- | --- | --- |
| ~ 때문에 | because, since, as, now that | because of, due to, owing to |
| ~에도 불구하고 | (al)though, even though, even if | in spite of, despite, notwithstanding |
| ~하는 동안에 | while | during, for |
| ~한 경우에 | in case (that), in the event (that) | in case of, in the event of |
| ~할 때까지 | by the time, until | by+시점 (완료), until+시점 (계속) |
| ~하자마자 | as soon as | on[upon] -ing |

We cannot give you a full refund [**because** / ~~due to~~] the warranty has expired.
보증 기간이 만료되었기 때문에 전액 환불을 해 드릴 수 없습니다.

There were several calls [**while** / ~~during~~] you were out of the office.
당신이 사무실에 없는 동안 전화가 몇 통 왔습니다.

[**Although** / ~~Despite~~] she had a cold, Payne attended the seminar.
Payne은 감기에 걸렸지만 세미나에 참석했다.

I'll let you know my cell number [**in case** / ~~in the event of~~] I'm not in office.
제가 사무실에 없을 경우를 대비해서 전화번호를 알려드리겠습니다.

The plant will not become operational [**until** / ~~by~~] all safety equipment has been tested.
모든 안전 장비가 테스트될 때까지 공장은 가동되지 않을 것이다.

## SPARTA ✓ CHECK-UP

• 다음 중 알맞은 것을 고르세요.

8  The newsletter will not be updated next month [because / due to] the publisher will be away on a holiday.
발행자가 휴가를 떠나기 때문에 다음 달에는 회보가 업데이트되지 않을 것입니다.

[정답] because

# 품사별 토익 빈출 어휘 및 표현

## 1 ▶ 동사 빈출 어휘

| train | 교육[훈련]시키다 | **train** new employees<br>신입 직원들을 훈련시키다 |
|---|---|---|
| lease | (부동산·장비를) 임대하다 | **lease** computer equipment<br>컴퓨터 장비를 빌리다 |
| pack | 포장하다 | **pack** the product<br>제품을 포장하다 |
| resume | 재개하다, 다시 시작하다 | **resume** talks/negotiations<br>회담/협상을 재개하다 |
| hold | 개최하다 | **hold** a meeting<br>회의를 개최하다 |

## 2 ▶ 명사 빈출 어휘

| flexibility | 융통성, 탄력성 | offer customers more **flexibility**<br>고객들에게 더 많은 융통성을 제공하다 |
|---|---|---|
| atmosphere | 분위기, 기운, 공기 | create a warm **atmosphere**<br>따뜻한 분위기를 조성하다 |
| transportation | 수송, 운송 | the preferred means of **transportation**<br>가장 선호하는 교통수단 |
| connection | 연결, 접속, (교통) 연결편 | Internet **connection**<br>인터넷 연결 |
| exhibition | 전시(회) | attend an **exhibition**<br>전시회에 참석하다 |

# SPARTA PRACTICE

··· 해설 p.349

• 다음 중 알맞은 것을 고르세요.

1. Our new employee reception will be ------- on the 13th of February at the TNC Building.
   (A) replaced
   (B) hired
   (C) picked
   (D) held

2. Alicia Bergan missed her ------- and had to stay overnight at an airport hotel.
   (A) flexibility
   (B) observation
   (C) connection
   (D) suggestion

## 3 ▶ 형용사 빈출 어휘

| temporary | 일시적인, 임시의 | a **temporary** worker<br>임시 직원 |
|---|---|---|
| necessary | 필요한 | a **necessary** part<br>필수 부품 |
| successful | 성공한, 성공적인 | a **successful** businessman<br>성공적인 사업가 |
| crucial | 중대한, 결정적인 | a **crucial** stage<br>중대한 단계 |
| responsible | 책임 있는 | be **responsible** for the mistake<br>실수에 책임이 있다 |

## 4 ▶ 부사 빈출 어휘

| favorably | 호의적으로, 순조롭게 | **favorably** affect traffic flow<br>교통 흐름에 좋은 영향을 미치다 |
|---|---|---|
| heavily | 몹시, 심하게, 무겁게 | be **heavily** discounted<br>대폭 할인되다 |
| remarkably | 눈에 띄게, 매우 | guide the group **remarkably** well<br>그룹을 아주 잘 이끌다 |
| nearly | 거의, 대략 | last **nearly** two hours<br>거의 두 시간 동안 지속되다 |
| prominently | 두드러지게, 눈에 띄게 | be displayed **prominently**<br>눈에 띄게 전시되다 |

# SPARTA PRACTICE

··· 해설 p.349

• 다음 중 알맞은 것을 고르세요.

**3** Mr. Ross lost his job last year, and he has since held a number of ------- jobs.
(A) factual
(B) temporary
(C) prepared
(D) further

**4** Because of rising demand for health care, the sales of organic foods increased -------.
(A) regularly
(B) nearly
(C) shortly
(D) remarkably

# SPARTA TEST

1. The location of our new branch will either be in the Mason Building ------- the Sorenton Tower.
   (A) or
   (B) yet
   (C) and
   (D) also

2. The concert organizers insist ------- no recording equipment be brought into the venue.
   (A) so
   (B) that
   (C) while
   (D) unless

3. Please confirm ------- the changes in employee benefits will also affect part-time workers.
   (A) while
   (B) whether
   (C) prior to
   (D) as long as

4. Mr. Wilson will be out of the office next week, ------- will still be reachable by e-mail.
   (A) so
   (B) but
   (C) as
   (D) and

5. I regret to inform you ------- neither Ms. Brown nor I will be able to attend the conference.
   (A) that
   (B) so
   (C) what
   (D) though

6. Customers are invited to tour the Birmingham factory to see ------- our office furniture is made.
   (A) whom
   (B) during
   (C) about
   (D) how

7. Additional details on the seminar will be sent to everyone ------- has expressed interest in attending.
   (A) who
   (B) whom
   (C) which
   (D) what

8. This organization is hiring a staff member ------- responsibilities will include fundraising.
   (A) who
   (B) whom
   (C) whose
   (D) which

9. ------- kitchen tables and chairs are usually sold as a set, some chairs may also be purchased individually.
   (A) While
   (B) During
   (C) Meanwhile
   (D) Still

10. Ms. Wambach was employed as a substitute for the salesperson ------- she was the most qualified for the job.
    (A) until
    (B) because
    (C) only
    (D) so that

Questions 11-14 refer to the following memo.

To: All Ecotinuum Employees
From: Anthony Quintal, Director, Engineering Department
Date: Friday, 30 March
Subject: Regular Safety Inspection

Dear Colleagues,

As the management team announced earlier this month, the Engineering Department ------- (11) a regular safety inspection of the company's computers and air-conditioners. The goal is to determine ------- (12) electronic equipment must be replaced.

We are asking for your help in this ------- (13). Please make a note of any recurrent problems that you encounter with computers or air-conditioners. Report the issue by next week using the form available at www.ecotinuumco.com/form. ------- (14). All we ask is that you enter the machine number and then briefly describe the problem. Thank you for your assistance.

11. (A) perform
    (B) will be performing
    (C) will have performed
    (D) was performing

12. (A) which
    (B) whom
    (C) each
    (D) some

13. (A) experiment
    (B) region
    (C) category
    (D) matter

14. (A) There is no need to provide elaborate details.
    (B) No other technicians are expected to be hired now.
    (C) It is no wonder that there are so many problems.
    (D) No additional meetings have been scheduled.

# UNIT 12 비교 / 도치 및 가정법

## 출제 유형 1 | 비교 구문

**1** 비교 구문이란? 둘 이상의 대상을 비교할 때 사용하는 구문을 말합니다.
**2** 비교 구문의 종류는? 두 대상이 동등할 때 쓰는 원급 구문, 두 개의 비교 대상 중 하나가 더 우월할 때 쓰는 비교급 구문, 그리고 셋 이상의 비교 대상 중 하나가 가장 뛰어날 때 쓰는 최상급 구문이 있습니다.

### 1 ▶ 비교 구문의 종류

| 원급 구문 | as + 원급 + as | as strong as |
| --- | --- | --- |
| 비교급 구문 | 비교급 + than | stronger than |
| 최상급 구문 | the + 최상급 (단, 부사의 최상급 앞에는 the를 쓰지 않는다.) | the strongest |

### 2 ▶ 비교급과 최상급을 만드는 법

➕ 비교급과 최상급은 형용사와 부사의 형태를 변화시켜서 만들며, 규칙 변화와 불규칙 변화가 있습니다.

**규칙 변화**

| 비교급 | 1음절 | (e)r을 붙인다. | cheap ▶ cheaper |
| --- | --- | --- | --- |
| | 2음절 이상 | 앞에 more를 붙인다. | efficient ▶ more efficient |
| 최상급 | 1음절 | -(e)st를 붙인다. | cheap ▶ cheapest |
| | 2음절 이상 | 앞에 most를 붙인다. | efficient ▶ most efficient |

The product is **cheaper** than anything else. 그 상품은 다른 어떤 것보다 더 저렴하다.
This computer is the **cheapest** model in the store. 이 컴퓨터는 매장에서 가장 싼 모델이다.

**불규칙 변화**

| 원급 | 비교급 | 최상급 |
| --- | --- | --- |
| good / well | better | best |
| bad | worse | worst |
| many / much | more | most |
| little | less | least |

The customer service is **better** than I expected. 그 고객 서비스는 내가 예상했던 것보다 더 좋다.
Our department made the **least** number of copies. 우리 부서가 복사를 가장 적게 했다.

## SPARTA ✓ CHECK-UP

• 다음 중 알맞은 것을 고르세요.

**1** HighTech Airlines' profits were 15 percent [higher / highest] than previously predicted.
HighTech 항공사의 수익은 전에 예상했던 것보다 15퍼센트가 더 높았다.

[정답] higher

## 출제 유형 2 │ 원급/비교급 구문

### 1 ▶ 원급 구문

+ 원급 구문은 <as + 형용사/부사 + as>로 나타내며, '~만큼 ...한(하게)'이라는 의미입니다.
+ as ~ as 사이에 들어갈 품사를 고르는 문제는 as를 없애고 문장 구조를 살펴서 빈칸에 적절한 품사를 고르면 됩니다.

The new project is as [**difficult** / ~~difficultly~~] as the previous one.
새로운 프로젝트는 지난번만큼 어렵다.

You should fill out the form as [**completely** / ~~complete~~] as possible.
당신은 그 양식을 되도록 완벽하게 작성해야 한다.

### 2 ▶ 비교급 구문

**❶ 비교급 + than**

+ 비교급 구문은 <형용사/부사의 비교급 + than>으로 나타내며, '~보다 ...한(하게)'이라는 의미입니다. 문장에 than이 나오면 앞에 형용사/부사는 비교급이 와야 합니다.

The opening of the new shop was [**later** / ~~latest~~] than expected.
새로운 매장의 개장이 예상했던 것보다 더 늦었다.

The facility was built more [**securely** / ~~secure~~] than the existing one.
그 시설은 기존의 시설보다 더 안전하게 지어졌다.

**❷ 비교급 강조 부사**

+ 비교급을 강조하는 부사로는 much, even, still, far, a lot이 있으며, '훨씬'이라는 의미입니다.

This year's seminar was [**much** / ~~very~~] **more beneficial** than that of last year.
올해 세미나는 작년보다 훨씬 더 유익했다.

This topic is [**far** / ~~so~~] **more interesting** than the previous one.
이번 주제는 지난번 주제보다 훨씬 더 흥미롭다.

**❸ 비교급이 포함된 표현**

| more than | ~이상 | no later than | 늦어도 ~까지는 |
|---|---|---|---|
| no longer | 더 이상 ~아닌 | rather than | ~보다는 |

Monthly reports should be submitted no [**later** / ~~latest~~] than the 25th of each month.
월례 보고서는 늦어도 매달 25일까지 제출되어야 합니다.

## SPARTA ✓ CHECK-UP

• 다음 중 알맞은 것을 고르세요.

2 Our company delivers products much more [quick / quickly] than our competitors.
저희 회사는 경쟁 업체들보다 물건을 훨씬 더 빨리 배송합니다.

[정답] quickly

UNIT 12 비교 / 도치 및 가정법

## 출제 유형 3 | 최상급 구문

### 1 ▶ 최상급 구문

✚ 최상급 구문은 <the + 형용사/부사의 최상급 + in / of / among / that절>로 나타내며, '~ 중에 가장 ...한(하게)'이라는 의미입니다. 단, 부사의 최상급 앞에는 the를 쓰지 않습니다.

✚ 최상급은 형용사/부사 뒤에 -est 또는 앞에 most를 써서 '가장 ~한 /하게'라고 해석하며, 앞에 주로 the가 옵니다. 최상급 뒤에는 'in + 장소 명사', 'of + 복수 명사/시간 명사', 'that 주어 have ever p.p.' 등 범위를 나타내는 표현이 붙습니다.

Fresh Foods is **the** [**biggest** / ~~bigger~~] company **in the grocery market**.
Fresh Foods 사는 식료품 업계에서 가장 큰 회사다.

Her speech was **the** [**most** / ~~more~~] **impressive of the three lecturers**.
그녀의 연설은 세 명의 강연자 중에서 가장 인상 깊었다.

He is **the** [**kindest** / ~~kinder~~] supervisor **that I have ever met**.
그는 이제껏 내가 만나본 가장 친절한 상관이다.

### ❶ 최상급 강조 부사

✚ 최상급을 강조하는 부사로는 much, even, by far, quite, the very 등이 있으며, '단연코'라는 의미입니다.

Mr. Camp seems to be [**by far** / ~~extremely~~] **the most competent** of all the candidates.
Camp 씨는 모든 후보 중 단연 가장 유능한 후보 같다.

### ❷ 최상급이 포함된 표현

| one of the + 최상급 + 복수 명사 | 가장 ~한 사람/것 중 하나 |
| --- | --- |
| the + 서수 + 최상급 | 몇 번째로 가장 ~한 |

He is **one of the** [**wisest** / ~~wiser~~] **directors** at the company.
그는 그 회사에서 가장 현명한 이사 중 한 명이다.

Time Tower is **the second** [**largest** / ~~lager~~] building in Townsville.
Time Tower는 Townsville에서 두 번째로 큰 건물이다.

---

### SPARTA ✓ CHECK-UP

- 다음 중 알맞은 것을 고르세요.

3. Among the candidates, Mr. Kinberg is the [most / so] highly qualified for the position.
   후보자들 중에, Kinberg 씨가 그 직책에 가장 적합한 후보다.

[정답] most

## 출제 유형 4 · 도치 및 가정법

**1 도치란?** 문장의 한 구성 요소를 강조하기 위해 그 요소가 문장의 맨 앞에 나올 때 주어와 동사의 순서가 바뀌는 것을 말합니다. be동사나 조동사가 쓰인 문장은 주어와 (조)동사의 순서만 바뀌고, 일반 동사가 쓰인 문장은 do/does/did가 주어 앞으로 오고, 주어 뒤에 동사원형이 옵니다.

### 1 ▶ 도치가 일어나는 경우

**❶ be동사의 보어가 문장의 맨 앞에 오는 경우**

A brochure that describes our services **is enclosed**. 저희 서비스를 기술한 소책자를 동봉했습니다.
　　　　　　　　　　　　　　　　　　　　be동사　보어

= **Enclosed is** a brochure that describes our services.
　　보어　be동사

**❷ 부정어가 문장의 맨 앞에 오는 경우**

✚ 부정 의미의 부사 never, neither, hardly, seldom, rarely, little 등을 강조하기 위해 도치가 일어납니다.

We **hardly predicted** the decline in the stock market.  우리는 주가 하락을 거의 예상하지 못했다.
주어　부정어　　　　동사

= **Hardly did we predict** the decline in the stock market.
　부정어　do동사　주어　동사

### 2 ▶ 가정법 및 가정법 도치

✚ 가정법 과거완료에서 if가 생략되고 had가 앞으로 온 형태의 가정법 문장에 주의해야 합니다.

> If + 주어 + had + p.p., 주어 + would(could, might) + have + p.p.
> = Had + 주어 + p.p., 주어 + would(could, might) + have + p.p.
> 　　　~했었더라면,　　　　　　　　　　~했을 텐데.

**If you had asked** me, you could have finished the report.
= **Had you asked** me, you could have finished the report. 내게 부탁했더라면 보고서를 끝낼 수 있었을 텐데.

### 📖 TIP!

✚ 가정법 과거(현재 상황을 반대로 가정):
　If + 주어 + 과거 동사, 주어 + would/could/might + 동사원형　만약 ~라면, ~할 텐데.

✚ 가정법 과거완료(과거 상황을 반대로 가정):
　If + 주어 + had p.p., 주어 + would/could/might + have p.p.　만약 ~했다면, ~했을 텐데.

✚ 가정법 미래(미래에 있을 만한, 가능성이 희박한 일):
　If + 주어 + should + 동사원형, 주어 + will/can/may + 동사원형　만약 ~하면, ~할 텐데.

## SPARTA ✓ CHECK-UP

• 다음 중 알맞은 것을 고르세요.

**4**　Had she [taken / takes] my advice, she wouldn't have been fired at work.
　　만약 그녀가 나의 충고를 받아들였더라면, 직장에서 해고당하지 않았을 텐데.

[정답] taken

# 품사별 토익 빈출 어휘 및 표현

## 1 ▶ 동사 빈출 어휘

| invite | 초대하다, 요청하다 | cordially **invite** A to B<br>A를 B로 정중하게 초대하다 |
|---|---|---|
| adjust | 조정하다, 적응하다 | **adjust** to the new environment<br>새로운 환경에 적응하다 |
| coordinate | 조정하다, 조직하다 | **coordinate** the company policy<br>사규를 조정하다 |
| forward | 보내다, 전달하다 | **forward** the new catalogues to customers<br>고객들에게 새 카탈로그를 보내다 |
| rise | 오르다, 증가하다 | **rise** sharply<br>급격히 증가하다 |

## 2 ▶ 명사 빈출 어휘

| aptitude | 소질, 적성, 재능 | display an **aptitude** in sales<br>영업에 소질을 보이다 |
|---|---|---|
| extension | (기한) 연장, 확대,<br>(전화의) 내선번호 | call me at **extension** 525<br>저한테 내선번호 525로 연락하세요. |
| precaution | 예방 조치, 예방책 | observe safety **precautions**<br>안전 예방책을 준수하다 |
| appraisal | 평가, 판단 | conduct performance **appraisals**<br>업무 평가를 실시하다 |
| convenience | 편의, 편리 | for your **convenience**<br>귀하의 편의를 위해 |

# SPARTA PRACTICE

··· 해설 p.351

- 다음 중 알맞은 것을 고르세요.

1. The first quarter of this year was fairly slow, but profits have ------- in the second quarter.
   (A) risen
   (B) paid
   (C) cost
   (D) applied

2. For the ------- of our customers, a copy of our menu can be found on our Web site.
   (A) purpose
   (B) convenience
   (C) precision
   (D) condition

## 3 ▶ 형용사 빈출 어휘

| commercial | 상업의 | a **commercial** vehicle<br>(화물을 옮기는) 상업용 차량 |
|---|---|---|
| permanent | 영구적인 | a **permanent** position<br>정규직 |
| managerial | 경영의, 관리의 | a **managerial** position<br>관리직 |
| sophisticated | 정교한, 세련된 | a highly **sophisticated** program<br>매우 정교한 프로그램 |
| mandatory | 의무적인 | **mandatory** safety training<br>의무적인 안전 교육 |

## 4 ▶ 부사 빈출 어휘

| unanimously | 만장일치로 | **unanimously** decide<br>만장일치로 결정하다 |
|---|---|---|
| readily | 쉽게, 순조롭게 | **readily** available<br>손쉽게 구할 수 있는 |
| conveniently | 편리하게 | **conveniently**(=ideally) located<br>편리하게 위치한, 입지 조건이 좋은 |
| markedly | 두드러지게, 현저하게 | increase **markedly**<br>현저하게 증가하다 |
| repeatedly | 되풀이하여, 여러 차례 | **repeatedly** visit the factory<br>공장을 반복해서 방문하다 |

## SPARTA PRACTICE

•••해설 p.351

- 다음 중 알맞은 것을 고르세요.

**3** Supplementary insurance for rental cars is not ------, but it is strongly recommended.
  (A) inspected
  (B) mandatory
  (C) approved
  (D) official

**4** The manager has ------ stressed the importance of effective communication.
  (A) readily
  (B) markedly
  (C) naturally
  (D) repeatedly

# SPARTA TEST

**1** We at Happy Home provide cleaning services at ------- prices than our competitors.
(A) low
(B) lower
(C) lowest
(D) lowed

**2** Ms. McCarthy reviewed this year's budget report as ------- as she could.
(A) thorough
(B) more thorough
(C) most thorough
(D) thoroughly

**3** The financial condition of our company has become ------- than it was last year.
(A) worst
(B) worse
(C) more bad
(D) most bad

**4** Had the road ------- completely, the traffic congestion would have been relieved.
(A) repair
(B) repaired
(C) should repair
(D) been repaired

**5** Seldom did Daisy Ridley ------- late for a meeting no matter how busy she was.
(A) arrive
(B) had arrived
(C) arrives
(D) arrived

**6** The number of applicants for the sales position is ------- higher than three years ago.
(A) very
(B) so
(C) much
(D) many

**7** If Mr. Holland had come to the party, he ------- a chance to meet his potential clients.
(A) will have
(B) would have had
(C) have had
(D) would have

**8** Birch Run Outlet offers customers the ------- variety of home appliances in the market.
(A) widely
(B) wider
(C) wide
(D) widest

**9** In order to be considered, completed application forms should be sent no later ------- June 30.
(A) that
(B) as
(C) by
(D) than

**10** Of the many lawyers at this firm, Mr. Neill is ------- experienced specializing in real estate law.
(A) more
(B) the most
(C) the very
(D) better

**Questions 11-14** refer to the following comment card.

I highly recommend the Espressione #2419. It brews great coffee quickly and easily. It is much ------- (11) than a kettle. It can make two cups of coffee in less than two minutes! The Espressione #2419 comes with a range of useful features that are easy to ------- (12). For example, you can adjust the strength of the coffee just by turning a wheel on the side. ------- (13). Best of all, the smart and compact design is easy to clean ------- (14) use.

11. (A) faster
    (B) lighter
    (C) cleaner
    (D) cheaper

12. (A) add
    (B) imitate
    (C) operate
    (D) assemble

13. (A) I was not satisfied with the manufacturer's guaranty.
    (B) The Espressione company has been in business for 20 years.
    (C) You can order this machine by calling us at 506-7674-7000.
    (D) It automatically switches off when left unattended for over a minute.

14. (A) once
    (B) when
    (C) so
    (D) after

# READING COMPREHENSION

## PART 7

**UNIT 13** | 독해 I [문제 유형별]     212

**UNIT 14** | 독해 II [지문 유형별 1]     230

**UNIT 15** | 독해 III [지문 유형별 2]     246

# UNIT 13 독해 I [문제 유형별]

## 출제 유형 1    전체적인 사항을 묻는 유형

### 1 ▶ 출제 포인트

✚ 전체적인 사항을 묻는 General Question은 지문 유형에 따라 문제 유형도 다양하며, 주제, 요지, 목적, 대상 등을 묻습니다.

### 2 ▶ 출제 유형

❶ 안내, 공지문 (announcement & notice)
누구를 대상으로 무엇을 안내 또는 공지하는지 그리고 그 목적이 무엇인지 묻는 문제가 나옵니다.

What is this **notice about**?    공지문은 무엇에 관한 것인가?
What is the **purpose of this notice**?    공지문의 목적은 무엇인가?
For whom is this **notice intended**?    공지문은 누구를 대상으로 하고 있는가?

❷ 광고문 (advertisement)
누구를 대상으로 무엇을 광고하는지 묻는 문제가 나옵니다.

What is being **advertised**?    무엇이 광고되고 있는가?
For whom is this **advertisement mainly intended**?    광고문은 주로 누구를 대상으로 하고 있는가?

❸ 편지글 (letter & e-mail & memo)
편지를 쓴 이유, 목적이나 수신자, 발신자에 대해 묻는 문제가 나옵니다.

**Why** was the **letter written**?    편지는 왜 쓰였는가?
What is the **purpose of this e-mail**?    이메일의 목적은 무엇인가?
Who is the **letter intended** for?    편지는 누구에게 쓰였는가?

❹ 기사, 보도 (article & report)
기사, 보도의 주제나 요지를 묻는 문제가 나옵니다.

What is this **report about**?    보고서는 무엇에 관한 것인가?
What is the **main topic of this article**?    기사의 주제는 무엇인가?

### 3 ▶ 핵심 전략

✚ 주제, 요지, 목적, 대상과 같은 전반적인 사항은 보통 지문의 1~2번째 문장에서 언급되는 경우가 많습니다. 하지만 지문의 앞부분에 명확히 언급되어 있지 않다면, 전체적인 지문 속에 제시된 여러 가지 단서들을 종합해서 정답을 찾으세요.

▶ 전체적인 사항을 묻는 문제의 정답 단서가 2~3번째 문장에 나오는 경우도 있으니 주의하세요!

# READING POINT

▶ 목적을 묻는 유형

The main floor will be undergoing renovations this summer. Q1<u>All employees are invited to submit ideas</u> for style, color, or ornamentation.

올 여름 1층이 보수 공사에 들어갈 것입니다. 스타일, 색깔 혹은 장식품에 관해 모든 직원들은 아이디어를 제출할 것을 요청 드립니다.

**Q1** What is the purpose of the memo?

(A) To request ideas from employees
(B) To give an invitation to an event
(C) To announce the opening of a new store
(D) To inform employees of a change in plans

메모의 목적은 무엇인가?
(A) 직원들에게 아이디어를 요청하기 위해
(B) 행사에 초대하기 위해
(C) 신규 매장의 개점을 알리기 위해
(D) 직원들에게 계획 변동을 알리기 위해

**포인트** 메모의 목적을 묻는 GQ(General Question) 문제로, 보통 지문의 두세 번째 문장에 정답 힌트가 등장한다. 위의 지문도 메모 글의 처음 두 문장을 발췌한 것으로, 메모를 쓴 목적이 나타나 있다. 올 여름에 있을 1층 보수 공사와 관련하여 스타일, 색깔, 장식 등에 대해 직원들에게 아이디어를 요청하기 위해 쓰인 메모로 (A)가 답이다.

▶ 공지 대상을 묻는 유형

Q2 The Re-Start Mall is offering free tickets to Regent's Park for its staff and their families. Regent's Park is one of the nation's largest amusement parks with over a hundred rides, more than twenty restaurants, and a whole lot of fun.

Re-Start 쇼핑몰은 직원과 직원 가족들에게 Regent's Park의 무료 티켓을 제공하고 있습니다. Regent's Park는 100개가 넘는 놀이기구와 20개 이상의 식당, 수많은 재밋거리가 있는 전국에서 가장 큰 놀이공원 중 하나입니다.

**Q2** For whom is this notice intended?

(A) Restaurant owners
(B) Mall employees
(C) Park guests
(D) Amusement park employees

공지문은 누구를 대상으로 하는가?
(A) 식당 주인들
(B) 쇼핑몰 직원들
(C) 공원에 온 손님들
(D) 놀이공원 직원들

**포인트** 공지의 대상을 묻고 있는 GQ(General Question) 문제로, 보통 지문의 앞부분에 정답 단서가 등장한다. 첫 문장을 보면 쇼핑몰 직원과 직원 가족들에게 Regent's Park의 무료 티켓을 제공해 주겠다고 공지하고 있다. 따라서 이 안내문의 대상은 쇼핑몰 직원들로 볼 수 있으므로 (B)가 답이 된다.

## 출제 유형 2 │ 세부적인 사항을 묻는 유형

### 1 ▶ 출제 포인트

✚ 세부적인 사항을 묻는 Specific Question은 전체 독해 문제 중 약 70%를 차지하며, 질문이나 보기에 정답 단서가 등장합니다.

✚ 세부적인 정보를 묻는 문제는 특정 정보를 찾는 문제와 진위 확인 문제로 구분할 수 있습니다. 질문이나 보기에 등장하는 키워드를 근거로 정답을 찾는 유형입니다.

### 2 ▶ 출제 유형

✚ 세부 정보를 찾는 문제는 언제, 어디서, 무엇이, 어떻게 되는지 등 육하원칙에 따라 글의 세부 내용을 정확히 파악하고 답해야 하는 질문들이 주로 출제됩니다.

**How** did Mr. Brown get to Chicago? Brown 씨는 어떻게 시카고에 도착했는가?
**What** has contributed to the sales increase? 판매 증가에 기여한 것은 무엇인가?
**Why** were the factory employees sent home? 왜 공장 직원들이 집으로 보내졌는가?
**Who** wants to participate? 누가 참가하기를 원하는가?

### 3 ▶ 핵심 전략

✚ 세부 정보를 찾는 문제는 질문과 보기를 먼저 보고 의문사와 키워드를 파악한 후 그것을 단서로 정답을 고릅니다. 주로 (고유)명사, 숫자, 동사, 형용사, 부사 등이 키워드가 됩니다.

✚ 이 경우 질문과 보기에 등장한 키워드는 지문 속에서 페리프레이징되어 제시됩니다.

### 📖 잠깐! 패러프레이징이란?

패러프레이징이란 동의 표현이나 다른 문장 구조를 사용해서 원래의 문장과 비슷한 의미를 나타내는 것을 말합니다.

**ex)** **is available** at the company's store 회사 매장에서 구매 가능하다
  → **can be purchased** at the company's store 회사 매장에서 구매할 수 있다

The offer **is valid until** December 30. 그 제안은 12월 30일까지 유효하다.
  → The offer **will expire on** December 30. 그 제안은 12월 30일에 만료될 것이다.

**two swimming pools, a gym, and a tennis court** 2개의 수영장, 체육관, 그리고 테니스 코트
  → **sports facilities** 스포츠 시설

wear **protective hats, hard boots, and glasses** 안전모와 튼튼한 부츠, 안경을 착용하다
  → wear **protective gear** 안전 장비들을 착용하다

# READING POINT

### ▶ 세부 정보를 묻는 유형

Q1 The entry form can be downloaded at our Web site, www.peterworld.com. Finalists in each category will be notified by August 5, and the grand prize will be awarded on November 20.

참가 신청서는 웹 사이트 www.peterworld.com에서 다운로드 받으실 수 있습니다. 각 분야의 결승 진출자들은 8월 5일까지 통보를 받을 것이며, 대상은 11월 20일에 수여할 예정입니다.

**Q1** How can applicants obtain an entry form?

(A) By writing to the company before August 5
(B) By visiting the company's Web site
(C) By being present at the grand prize drawing
(D) By telephoning the number listed online

지원자들은 참가 신청서를 어떻게 구할 수 있는가?
(A) 8월 5일 전에 회사에 편지를 써서
(B) 회사의 웹 사이트를 방문해서
(C) 대상 추첨 행사에 참석해서
(D) 온라인상에 있는 번호로 전화를 걸어서

 신청자들이 참가 신청서를 어떻게 구할 수 있는지에 대한 SQ(Specific Question) 문제이다. 이 유형은 질문 속의 키워드를 통해 정답의 단서를 찾을 수 있다. 문제의 키워드는 'entry form'이고, 지문의 'The entry form can be downloaded at our Web site ~' 부분이 단서가 된다. 이 부분을 보면 '참가 신청서는 웹 사이트에서 다운로드 받을 수 있다'고 나와 있으므로 (B)가 답이 된다.

### ▶ 세부 정보를 묻는 유형

Q2 The increase in sales and the subsequent increase in profits are directly related to shoppers returning to markets that had become less popular in Asia such as Singapore and Bangkok.

판매 증가와 이에 따른 수익 증가는 싱가포르나 방콕과 같이 아시아에서 인기가 덜했던 시장에 소비자들이 되돌아온 것과 직접적으로 연관이 있다.

**Q2** What has contributed to the sales increase?

(A) The opening of markets in Asia
(B) An increase in profits
(C) Increased demand in certain areas
(D) An influx of shoppers from overseas

판매 증가에 기여한 것은 무엇인가?
(A) 아시아 시장의 개방
(B) 수익의 증가
(C) 특정 지역에서 늘어난 수요
(D) 해외 쇼핑객의 유입

판매 증가에 기여한 것이 무엇인지 묻는 SQ(Specific Question) 문제로, 질문 속의 키워드(sales increase)를 통해 답을 찾을 수 있다. '판매 증가는 아시아에서 큰 인기를 얻지 못했던 시장에 소비자들이 되돌아온 것과 직접적인 연관이 있다'고 지문에 나와 있으므로, 판매 증가에 기여한 것은 '특정 지역에서 늘어난 수요'로 볼 수 있다. 따라서 답은 (C)가 된다. 질문에 있는 키워드(sales increase)가 지문 속에 패러프레이징(The increase in sales and the subsequent increase in profits)되고, 지문 속의 내용(shoppers returning to markets that had become less popular in Asia such as Singapore and Bangkok)이 보기에서 패러프레이징(Increased demand in certain areas)되었다.

## 출제 유형 3 | 진위 여부를 묻는 유형

### 1 ▶ 출제 포인트

➕ 진위 확인 문제(NOT/True)는 구체적인 사항을 묻는 문제 유형으로, 제시된 보기가 지문 속에 언급되어 있는지, 보기 내용이 본문과 일치하는지 고르는 문제입니다.

### 2 ▶ 출제 유형

➕ 진위 확인 문제는 각 보기와 지문을 하나씩 대조하면서 진위 여부나 언급 유무를 파악해야 합니다.

What problem is **mentioned**? 어떤 문제가 언급되어 있는가?

What information is **NOT included** in the brochure? 안내서에 포함되지 않은 정보는 무엇인가?

What is **NOT mentioned** as a benefit? 혜택으로 언급되지 않은 것은 무엇인가?

What is **NOT true** about this hotel? 이 호텔에 대해 사실이 아닌 것은 무엇인가?

What is **NOT a feature** of the new design? 새 디자인의 특징이 아닌 것은 무엇인가?

What is **NOT mentioned** as a requirement for applicants?
지원자들의 자격요건으로 언급되지 않은 것은 무엇인가?

### 3 ▶ 핵심 전략

➕ 진위 확인 문제는 질문과 보기의 키워드를 찾는 것이 중요합니다. 주로 (고유)명사, 숫자, 동사, 형용사, 부사 등이 키워드로 제시됩니다.

➕ 질문과 보기에서 찾은 키워드를 중심으로, 지문에서 이와 관련된 내용을 찾아야 합니다. 이때, 지문에 키워드나 단서가 패러프레이징되기도 하므로 평소에 다양한 동의 표현을 익혀둬야 합니다.

➕ 문제 속에 'NOT, NOT mentioned, NOT stated, NOT true' 등이 있는 경우, 지문 내용과 보기를 하나씩 비교해 오답을 지워가며 지문에 언급되지 않은 보기를 골라야 합니다. 반면 'mentioned, stated, true' 등이 있는 경우, 지문에 언급된 보기를 지문과 대조해 가며 골라야 합니다.

# READING POINT

▶ 진위 여부를 묻는 유형

On Monday, Shelley and Jacob Thompson became the new owners of the Palace Hotel. Q1"This place has such a rich history, not to mention beautiful facilities. In short, it's legendary," Shelley Thompson said. "And Q1the location is incredible. It's near downtown and just half an hour from the airport. I think we got a really good deal even if it was expensive."

월요일에 Shelley와 Jacob Thompson이 Palace 호텔의 새로운 소유주가 됐습니다. "이 호텔은 아름다운 시설뿐만 아니라 매우 풍부한 역사를 가지고 있습니다. 요약하면, 이곳은 전설로 남을 만합니다."라고 Shelley Thompson은 말했습니다. "그리고 위치도 아주 환상적입니다. 도심지 근처에 있고 공항에서 단 30분 거리에 위치하고 있죠. 비록 값은 비쌌지만 정말 잘 샀다고 생각합니다."

**Q1** What is NOT a reason Shelley and Jacob for buying the hotel?

(A) The facilities
(B) The rich history
(C) The location
(D) Customer satisfaction

Shelley와 Jacob이 호텔을 구입한 이유가 아닌 것은 무엇인가?

(A) 시설
(B) 풍부한 역사
(C) 위치
(D) 고객 만족

> **포인트** 질문 속에 NOT이 있는 진위 확인 문제로, 지문에 언급되지 않은 것을 고르면 된다. 지문 속의 단서인 'This place ~ even if it was expensive.'를 보면, Shelley와 Jacob이 이 호텔 인수를 하게 된 이유로 (B)의 '풍부한 역사', (C)의 '시내와 공항과 가까운 좋은 위치', (A)의 '시설'이 언급되어 있다. 하지만 '고객 만족'은 언급되지 않았으므로, (D)가 답이 된다. 진위 확인 문제는 지문 내용과 보기를 하나씩 비교해 가며 오답을 제거해야 하므로 시간이 많이 걸리는 유형이다.

▶ 진위 여부를 묻는 유형

Come to www.carlsfinefilms.com for Q2up-to-date movie schedules, group ticket sales, and printable coupons which you can use at local restaurants.

최신 영화 일정과 단체 표 판매, 인근 식당에서 사용할 수 있는 인쇄 가능한 쿠폰을 받으시려면 www.carlsfinefilms.com에 오세요.

**Q2** What is NOT listed as a part of the Web site's contents?

(A) Ticket information
(B) Movie times
(C) Restaurant menus
(D) Discount coupons

웹 사이트의 내용물로 나와 있지 않은 것은 무엇인가?

(A) 티켓 정보
(B) 영화 시간
(C) 식당 메뉴
(D) 할인 쿠폰

> **포인트** 웹 사이트의 내용물로 나와 있지 않은 것을 고르는 진위 확인 문제이다. 지문 속의 단서인 '~ up-to-date movie schedules, group ticket sales, and printable coupons which you can use at local restaurants'를 보면 (B) 영화 시간, (A) 티켓 정보, (D) 쿠폰이 나와 있다. 하지만 식당 메뉴는 지문에 언급되지 않았으므로 (C)가 답이 된다. 문제에 NOT이 있으므로 지문 속에서 단서를 찾은 다음 보기를 하나씩 비교해 가며 답을 골라야 한다.

UNIT 13 독해 I [문제 유형별] **217**

## 출제 유형 4  추론/유추 유형

### 1 ▶ 출제 포인트

✚ 추론/유추 문제는 지문에 언급된 내용을 바탕으로 명확하게 언급되지 않은 정보, 앞으로 할 일 혹은 정보가 게시될 만한 장소 등에 관한 사항을 유추하는 유형을 말하며, 전체 독해 문제 중에서 약 10%를 차지합니다.

### 2 ▶ 출제 유형

✚ 추론/유추 문제는 지문에 정답 단서가 정확하게 제시되지 않으므로 유추를 통해 답을 골라야 합니다. 이 유형은 문제에 most likely, probably가 등장합니다. 추론 유형에 해당하는 문장 위치를 찾는 문제도 평균 2문제씩 등장합니다.

Where would this notice **most likely** be found?  공지문은 어디에서 볼 수 있을 것 같은가?

Why would Mr. Evans **most likely** send a letter?  왜 Evans 씨는 편지를 보내려고 하는가?

Where would the notice **probably** come from?  공지문은 어디에서 왔을 것 같은가?

Who would **probably** answer the question?  누가 질문에 답할 것 같은가?

**In which of the positions** marked [1], [2], [3], and [4] does the following sentence **best belong**?  [1], [2], [3], [4]로 표시된 위치 중, 다음 문장이 들어가기에 가장 적절한 것은?

### 3 ▶ 핵심 전략

✚ 추론/유추 문제는 지문에 대한 이해를 바탕으로 정답을 주론해야 합니다. 즉, 질문과 보기에 나온 키워드뿐만 아니라, 그 키워드를 바탕으로 정답의 단서를 추론해서 풀어야 합니다. 전체 독해 유형 중 패러프레이징이 가장 많이 나타나는 유형이라고 볼 수 있습니다.

✚ 문장 위치 찾기 유형은 In which of the positions ~? 다음에 제시된 문장을 읽고 앞뒤 내용을 미리 예측해야 합니다. 그 내용을 바탕으로, 지문에서 연관된 부분을 찾아 적절한 위치를 찾습니다. 이때, 문장에 However, Therefore 같은 연결어가 있을 경우 앞뒤 문맥을 파악하는 데 도움이 됩니다.

✚ 문장 위치 찾기 유형은 대부분 마지막 문제로 등장합니다. 문제를 풀 때 1) 주어진 문장의 뜻을 먼저 파악하고, 2) 다른 문제들을 풀면서 지문의 전체적인 흐름을 파악한 후, 3) 제시된 문장이 들어가기에 적합한 위치를 골라야 합니다.

# READING POINT

▶ 추론/유추 유형

Currently, the parking lot is closed during non-business hours. <sup>Q1</sup> However, beginning April, overnight parking will be permitted as per employee requests. The present policy prohibits overnight employees from parking at night, but many employees have asked the management to change the policy for those who must use the Skyway Airport outside working hours. Details of the policy will be posted on the staff room bulletin board.

현재, 영업시간 이외에는 주차장이 닫혀 있습니다. 하지만 직원들의 요청에 따라 4월부터는 야간 주차가 허용될 예정입니다. 현재 정책은 야간 근무자들이 야간 주차하는 것을 금지하고 있지만, 많은 직원들이 경영진에게 근무 시간 외에 Skyway 공항을 이용해야 하는 직원들을 위해 이 방침을 바꿔 달라고 요청했습니다. 방침에 관한 자세한 내용은 직원실 게시판에 붙여 놓을 예정입니다.

**Q1** Where would the notice most likely be seen?

(A) In an employee newsletter
(B) In an airport parking lot
(C) In a local newspaper
(D) At an information desk

이 공지문은 어디서 볼 수 있을 것 같은가?
(A) 사보에서
(B) 공항 주차장에서
(C) 지역 신문에서
(D) 안내 데스크에서

> **포인트** 공고문을 어디서 볼 수 있는지에 대해 묻는 문제로, 지문 내용을 바탕으로 추론해서 정답을 찾아야 한다. 첫 번째 줄, 'However, beginning April, ~ employee requests.'를 보면 직원들의 요청에 따라 야간 주차가 허용될 것이라고 나와 있으므로, 회사 직원들을 대상으로 한 공지문이라고 볼 수 있다. 보통 유추 문제에는 most likely, probably가 제시된다.

▶ 문장 위치 찾기 유형

Aqua Fresh's 365 Spring Bottled Water is taken from crystal lakes. —[1]—. The lakes are set high in the Rocky Mountains made from the melting of glacial snow. Bottles are kept ice-cold until you take them home. —[2]—. Aqua Fresh's 365 Spring Bottled Water is refreshing and contains lots of minerals.
—[3]—. <sup>Q2</sup> Our water is as clear as crystal. —[4]—. We invite you to hold each one up to the light before you drink it to see the perfect clarity of the water.

Aqua Fresh 사의 365 Spring Bottled Water는 크리스털호에서 끌어온 물입니다. —[1]—. 호수는 로키산 높은 곳에 위치해 있고 빙하의 녹은 눈으로 만들어졌습니다. 병들은 여러분이 집에 가지고 갈 때까지 얼음처럼 차가운 온도를 유지합니다. —[2]—. Aqua Fresh 사의 365 Spring Bottled Water는 신선하고 미네랄이 많이 함유되어 있습니다.
—[3]—. 저희 물은 크리스털만큼 깨끗합니다. —[4]—. 여러분이 물을 마시기 전 이를 불빛에 비추어 보면 물이 완벽히 투명하다는 것을 확인할 수 있을 겁니다.

**Q2** In which of the positions marked [1], [2], [3], and [4] does the following sentence best belong?

"Don't take our word for it."

(A) [1]    (B) [2]    (C) [3]    (D) [4]

[1], [2], [3] 그리고 [4]로 표시된 곳 중에 다음 문장이 들어가기에 가장 적합한 위치는 어디인가?
"듣지만 말고 직접 확인해 보세요."
(A) [1]    (B) [2]    (C) [3]    (D) [4]

> **포인트** "Don't take our word for it."은 "말로만 듣지 말고 직접 확인해 보라"라는 뜻이다. 이 문장이 위치하기 가장 적합한 곳은 물이 정말 투명하고 깨끗하다고 말한 후 물을 직접 불빛에 비추어보며 투명함을 확인해 보라는 문장 사이가 자연스러우므로 정답은 (D) [4]이다.

UNIT 13 독해 I [문제 유형별] **219**

## 출제 유형 5 │ 기타 유형

### 1) 요청 / 충고 / 지시 유형

**1 ▶ 출제 포인트**

✚ 지문에 나타난 요청 / 충고 / 지시 사항을 묻는 문제 유형으로, 질문에 'asked, advised, instructed' 등이 제시됩니다.

**What are applicants asked to submit when applying for the job?**
지원자들은 그 직책에 지원할 때 무엇을 제출하도록 요구되는가?

**What are the employees advised to do?**
직원들은 무엇을 하도록 조언 받는가?

**2 ▶ 핵심 전략**

✚ 이 유형은 보통 'please + 동사원형' 형태의 지시/명령문이나, 의무를 나타내는 조동사 should(~해야 한다)가 있는 문장에서 정답 단서가 제시됩니다. 이는 주로 마지막 부분에 제시되는 경우가 많으니 지문의 마지막 부분을 꼼꼼히 파악하도록 합니다.

### 2) 어휘 유형

**1 ▶ 출제 포인트**

✚ 어휘 의미 파악 문제는 제시된 단어의 문맥상 가장 적절한 의미를 파악하고, 뜻이 가장 비슷한 단어, 즉 유의어나 동의어를 고르는 유형입니다.

**The word "appreciation" in paragraph 3, line 5, is closest in meaning to**
세 번째 단락, 다섯 번째 줄의 단어 "appreciation"과 의미상 가장 가까운 것은?

**2 ▶ 핵심 전략**

✚ 문제에 언급된 단어가 문장 속에서 어떤 의미로 쓰였는지 파악한 후, 보기에서 가장 비슷한 의미의 단어를 고릅니다. 이 유형을 쉽게 풀기 위해서는 평소에 유의어, 동의어를 주의 깊게 보는 습관을 들여야 합니다. 또한, 사전적 의미에만 의존하지 않고 문맥을 통해 단어의 의미를 유추하는 연습을 해야 합니다.

### 📖 잠깐! 빈출 동의어 익히기

| | |
|---|---|
| cover = pay for ~의 대금을 지불하다 | properly = adequately 적절히 |
| extend = offer (이용할 수 있도록) 제공하다 | proof = evidence 증거, 증거 서류 |
| credit = recognition 인정 | residence = dwelling 주거, 거주 |
| mark = celebrate 기념[축하]하다 | modify = change 바꾸다, 수정하다 |
| flat rate = fixed price 고정가 | monitor = check 감시하다 |
| register = enroll 등록하다 | penalty = fine 벌금 |
| compensate = make up for 보상하다 | comply with = observe 준수하다 |
| application = submission 신청(서) | implement = execute 실행하다, 실시하다 |

# READING POINT

▶ 요청 사항을 묻는 유형

Q1 Please send me a list with our customers' names and addresses so we can mail the newsletters to the right people.

사람들에게 회보를 제대로 보낼 수 있도록 저한테 고객 이름과 주소가 있는 명부를 보내 주세요.

**Q1** What is the reader asked to do?

(A) Send some customer data
(B) Find out the addresses of related employees
(C) Make a list of customers with outstanding balances
(D) Investigate who the correct people are

이 글을 읽는 사람은 무엇을 하도록 요구되는가?
(A) 고객 자료를 보내는 것
(B) 관련된 직원들의 주소를 찾는 것
(C) 미결제 잔액이 있는 고객 목록을 만드는 것
(D) 누가 적절한 사람인지 조사하는 것

**포인트** 글을 읽는 사람에게 요구된 것을 묻는 요청/지시 유형으로, 보통 지시문이나 명령문에 정답 단서가 등장한다. 명령문인 'Please send me a list with our customers' names and addresses ~'를 보면, 고객의 이름과 주소 리스트를 보내달라고 나와 있으므로 이를 '고객 자료'로 바꿔 표현한 (A)가 답이 된다.

▶ 어휘 의미를 묻는 유형

The Gateway Financial Group is expanding its sphere of operations. Q2 According to a press release on the company's Web site, Gateway will open the international market to its domestic clients in October.

Gateway 금융 그룹은 사업 영역을 확장하고 있습니다. 회사 웹 사이트에 실린 한 보도 자료에 따르면, Gateway는 10월에 국내 고객들에게 국제 시장을 개방할 예정이라고 합니다.

**Q2** The word "press" in line 2, is closest in meaning to

(A) raise
(B) newspaper
(C) notice
(D) media

두 번째 줄에 있는 단어 "press"와 의미상 가장 유사한 것은?
(A) 증가
(B) 신문
(C) 공지
(D) 대중 매체

**포인트** 문제에서 주어진 단어가 문맥상 어떤 의미를 나타내는지 파악하고 가장 유사한 의미의 단어를 고르는 문제다. 두 번째 줄에 나와 있는 a press release는 '언론 보도 자료'라는 의미로, 'press'와 가장 의미가 비슷한 단어로 (D) media를 고를 수 있다.

# SPARTA TEST

**Questions 1-2** refer to the following e-mail.

| From: | Bryan Cranston |
|---|---|
| To: | EAU Factory Managers |
| Subject: | Gloria Inc. |
| Date: | June 17 |

We were notified that our company has entered into negotiations with Gloria Inc. to become its main supplier for building tools. Gloria Inc.'s assistant engineer, Mr. Schwartz will be coming to our main headquarters in Arizona on Friday morning to discuss the production process of our facilities with William Packer, the production manager.

Mr. Schwartz asked us to give a tour of our factories in Phoenix on Friday afternoon. We have already arranged a limousine to take them there around 3:00 P.M. Therefore, I ask you to create an agenda of the tour which can provide necessary details about factory operations to them.

Please call me for any questions you may have.

Bryan Cranston

**1** What is the purpose of the e-mail?

(A) To announce hiring a new assistant engineer
(B) To provide information on the production process
(C) To request arrangements for a visit to a factory
(D) To order a large amount of building tools

**2** What is Mr. Schwartz expected to do on Friday morning?

(A) Sign a contract
(B) Rent a car
(C) Tour a factory
(D) Attend a meeting

**Questions 3-5** refer to the following announcement.

### BUSINESS FOR SALE

Maisons Bread and Butter is a profitable and heavily frequented baked-goods shop, with an asking price of $170,000. It is conveniently located in Units 1-2 Sedley place, within walking distance of Central Park, Broadway theaters, shopping malls, restaurants, and more. Sale of the business includes all store fixtures, appliances, and baking equipment.

This business has significant growth potential: the shop can be expanded to a larger retail space with a dining area. An outdoor seating area could also be created.

Contact the real estate agent, Christopher Bowie of Sedley Commercial Properties, for photos and property details (bowie@sedleycp.co.ie).

**3** What kind of business is for sale?

(A) A supermarket
(B) A restaurant
(C) A bakery
(D) A kitchen appliance store

**4** What is NOT stated about Maisons Bread and Butter?

(A) It has early opening hours.
(B) It has many customers.
(C) It is close to Central Park.
(D) It is a successful business.

**5** According to the announcement, what change for the business is suggested?

(A) The business location could be moved.
(B) The kitchen equipment could be upgraded.
(C) The size of the sales area could be increased.
(D) The variety of products could be improved.

Questions 6-7 refer to the following notice.

## Cordwainers Clothing

To our valued customers,

Cordwainers Clothing of Norwick is pleased to announce that beginning November 27, free home or business delivery of all items will be available. When you drop off any items for repair or alteration, please let us know if you would like to have them delivered or pick them up in-store.

Please note that free delivery is available to Norwick addresses only.

Thank you for your patronage!

**6** What will happen on November 27?

(A) A new location will open.
(B) A new service will be offered.
(C) A shop will be closed for renovations.
(D) A discount will become available.

**7** What are customers asked to do?

(A) Return a form by mail
(B) Order products promptly
(C) Attend an event
(D) Choose an option

**Questions 8-10** refer to the following article.

The world was shocked last month when Ray Stevenson was chosen as this year's Neville Prize winner. Stevenson, a Swedish writer, proclaimed in his acceptance speech that he was as surprised as everybody else. "I will be shocked for the rest of my life." —[1]—. He joked to his audience of 300. He also noted that "This is a great honor, and I will be sure to cherish it forever."

Despite having written over 50 novels, the fifty-year-old writer has never enjoyed this much fame. —[2]—. He said "I'll be happy to sell even just a single book," when he released his first novel at the age of 20. During his 30-year career, he only had time to write in the evenings because he worked as a legal clerk during the day in order to support his family. In doing so, he explored social justice and human nature. He believes that he has not been able to reach a larger market because his books are philosophical and not packed with action.

—[3]—. Since his award, he has received many offers to have his books translated into different languages, starting with his latest book, 'FIRST THINGS FIRST.'

The Neville Prize is awarded to authors who have produced outstanding artistic and creative work related to social issues. It is named after Morgan Neville, who established the award and continues judging the competition today. —[4]—. She is from Florida, and she established the Human Dignity Foundation in 1970 to address social prejudice.

**8** What is true about Mr. Stevenson?

(A) He started as a full-time writer.
(B) He lives in Florida.
(C) His stories contain a lot of action.
(D) He was surprised to win the prize.

**9** The word "outstanding" in paragraph 4, line 1, is closest in meaning to

(A) subsequent
(B) brilliant
(C) mediocre
(D) remaining

**10** In which of the positions marked [1], [2], [3], and [4] does the following sentence best belong?

"But things are about to change."

(A) [1]
(B) [2]
(C) [3]
(D) [4]

Questions 11-12 refer to the following e-mail.

| | |
|---|---|
| **To:** | noreply@wickpedbooks.com |
| **From:** | mhyoon@uhemail.net |
| **Subject:** | Next book by Foster |
| **Date:** | August 28 |

As a customer who purchased a best-selling business book by Thomas C. Foster, you might be interested to know that "*Manage Your Day-to-Day*" by the same author will be published soon.

By preordering now for delivery on October 12, you are guaranteed to receive a copy from the first edition printing. To preorder, visit www.wickpedbooks.com/coming_soon.

Best regards,

wickpedbooks.com sales team

**11** Why was the e-mail sent?

(A) To confirm a purchase
(B) To advertise a product
(C) To announce a book tour
(D) To request a customer review

**12** What is indicated about *Manage Your Day-to-Day*?

(A) It is not yet available.
(B) It has already sold out.
(C) It is a best-selling book.
(D) It has been reviewed on a Web site.

**Questions 13-14** refer to the following Web page.

Many companies begin to hire at this time of year, so now is the time to submit your résumé. Whether you are just beginning your career or looking for a change, there is a job for you.

Our nonprofit organization has identified over 100 companies that are currently seeking workers for various positions in manufacturing, delivery, office administration, and food service.

This is an updated list. All of the positions here are open as of September 1. Simply go through the list and find the jobs that match your experience and interests.

Apply today!

*Page updated on September 1*

**13** What is the purpose of the Web page?

(A) To promote a new campaign
(B) To advertise a new company
(C) To help people looking for a job
(D) To explain new policies to employees

**14** What has recently been revised?

(A) A delivery route
(B) A list of companies
(C) A résumé requirement
(D) A set of hiring guidelines

**Questions 15-17** refer to the following advertisement.

---

## Successful business with Ace!

Along with professional-looking printouts, Ace Office Printing Solutions can give your business a valuable competitive edge. Both Ace color laser jets and professional series inkjet printers print splendid quality color documents on a variety of paper. In addition, the Ace 3500C and 3000C professional series inkjet printers feature dual paper trays that allow up to 400 pieces of paper to be loaded at once. It makes printing multi-page, multi-copy documents for large meetings a piece of cake! We also help keep your overheads to a minimum. Lower cost per page and higher performance than competitive brands make Ace a smart and affordable choice. There's a variety of products for every size and type of business. To find one that's right for you and to learn more about Ace's legendary support services, visit www.acc.org now.

---

**15** What is being advertised?

(A) Computers
(B) Monitors
(C) Printers
(D) Printing paper

**16** What is NOT mentioned as a feature of Ace Co.'s products?

(A) They can print a lot of pages at once.
(B) Their performance is better than competitive products.
(C) They are cost-effective.
(D) They are smaller than other brands.

**17** What should customers do if they need some technical assistance?

(A) Visit the company's Web site
(B) Stop by the company in person
(C) Visit any nearby agency
(D) Call the designated repair shop

**Questions 18-20** refer to the following article.

Montreal, Canada (August 16) — For more than 50 years, the Sokolov family owned and operated the Montreal Glass Factory, which is located in Montreal Central Square. —[1]—. However, in a matter of four years, Opal Auto Parts closed down its business and sold the property to the city of Montreal for an undisclosed price.

Earlier yesterday, the Montreal City Council sold the property to entrepreneur, Scott Heidegger. —[2]—. Mr. Heidegger is planning on building a renewable carbon fiber manufacturing factory on this property. According to Mayor Cindy Merlin, the city council sold the 15,000-square-meter building for $4 million to balance the city's budget. She added, "Mr. Heidegger is working on producing carbon fiber that could be 90% recyclable, and this will be the first of its kind." She also highlighted the fact that she is committed to bringing cleaner industries to Montreal. "As mayor, keeping the city clean is my responsibility." —[3]—.

A former chemist, Mr. Heidegger said he chose Montreal because it was one of the few cities which offered discounts on the local tax rate to environmentally friendly industries. He also plans to invest an extra $2.5 million for more machineries and renovation of the building. He expects the company will become profitable in two years.

"Lighter, yet stronger sporting equipment such as golf balls and tennis rackets can be made from recycled carbon fiber," he said, "Soon, we will be using an additive I've invented to make all carbon fiber 100 percent renewable."

—[4]—. He stated that it will take approximately eight months to repair the factory to become fully functional for production. In the meantime, he also added that he will hire more than 150 people from the local workforce.

**18** What does the article announce?

(A) The renaming of a company
(B) The relocation of a factory
(C) The establishment of a new industry
(D) The merger of two auto-parts makers

**19** What is suggested about the city of Montreal?

(A) It has an award winning recycling program.
(B) It has more than two industrial parks.
(C) It has sold property to Mr. Heidegger before.
(D) It aims to attract environmentally responsible companies.

**20** In which of the positions marked [1], [2], [3], and [4] does the following sentence best belong?

"The Montreal Glass Factory was sold to Opal Auto Parts seven years ago."

(A) [1]
(B) [2]
(C) [3]
(D) [4]

# UNIT 14 독해 II [지문 유형별 1]

## 출제 유형 1 | 편지/이메일

### 1 ▶ 출제 포인트

✚ 편지/이메일은 매회 2~3문제 정도 출제되는 지문 유형입니다. 가장 자주 출제되는 유형은 ① 회사와 고객 간의 편지/이메일, ② 회사와 입사 지원자 간의 편지/이메일, ③ 회사와 직원 간의 편지/이메일, ④ 구인 관련 편지/이메일입니다.

✚ 글을 보낸 목적, 수신인과 발신인의 관계, 직업 및 추후 해야 할 일 등을 묻는 문제가 주로 출제됩니다.

✚ 글의 흐름은 주제/목적 → 세부 사항 → 요청/제안 사항 순으로 전개되는 것이 일반적입니다.

### 2 ▶ 출제 유형

**발신자 정보를 묻는 문제**
**Who sent** this letter (e-mail)?  편지(이메일)는 누가 보냈는가?

**수신자 정보를 묻는 문제**
**To whom** is this letter (e-mail) addressed?  편지(이메일)는 누구에게 보내지는가?

**편지를 쓴 목적을 묻는 문제**
What is the **purpose** of this letter (e-mail)?  편지(이메일)의 목적은 무엇인가?

**편지를 쓴 이유를 묻는 문제**
**Why** was this letter (e-mail) written?  편지(이메일)는 왜 쓰였는가?

**동봉에 관한 문제**
**What** was sent **with** the letter (e-mail)?  편지(이메일)와 함께 발송된 것은 무엇인가?

### 3 ▶ 핵심 전략

✚ 일반적으로 편지를 쓴 목적이나 주제는 본문 초반에 나옵니다. 빈출 표현으로는 I am writing/sending to ~, I would like to ~, Please ~ 등이 있습니다. 하지만 글의 전체적인 내용을 파악해야 알 수 있는 경우도 있으니 유의하세요.

✚ 무엇이 동봉되어 있는지 묻는 문제는 send, enclose, attach, include와 같은 단어가 제시되므로 지문에서 그 키워드를 찾아 해당 문장의 내용을 파악해야 합니다.

✚ 질문에서 과거의 사실이나 배경사항을 물어보면 주로 그 단서는 글을 쓴 목적 뒤에 위치합니다. 구체적인 내용을 묻는 문제는 본문에서 키워드를 찾아서 단서를 파악하세요.

✚ 사람 이름이나 날짜, 장소 등의 구체적인 명사가 질문에 나오면 지문 속에서 그 명사가 있는 문장이 단서가 됩니다.

# READING POINT

해석 p.356

**Questions 1-2** refer to the following letter.

A&S Piano School, 6250 Plaza de Augustus
265-970 Rome, Italy

November 25
George Smith
Manager, Client Relations
Smith & Andersen Pianos Inc.
530 Via Thecla 255-860 Rome, Italy

Dear Mr. Smith,

In today's fast-paced world, it is common to overlook the performance of an employee. This being the case, [1-2] I am writing to inform you that one of your sales associates, Mr. Frank Jones, provided me with superb service. When I visited your store to purchase a new piano last month, Mr. Jones was there to answer all of my questions and fulfill every need I had. He is certainly a credit to his profession, and you should feel privileged to have such an excellent employee.

Kindly let Mr. Jones know that we at A&S Piano School greatly appreciate his skill, service, and knowledge of pianos. He made shopping at your store a real pleasure for us.

Sincerely,

John Giovanni
President

① 지문의 유형이 표시된다.

② 편지를 보낸 날짜 및 수신자 이름과 주소 등 기본적인 정보가 표시된다. 이 부분을 이용해 신분을 물어보는 문제가 주로 출제된다.

③ 보통 'Dear+이름/직책'으로 시작하며 'To Whom It May Concern'로 표현하기도 한다.

④ 편지를 보내는 목적 및 이와 관련된 세부 사항을 밝힌다. 목적은 대개 지문 초반에 등장한다.

⑤ 편지글의 하단부에는 앞으로 자신이 하고자 하는 일이나 당부 사항 등이 나온다. 또한 첨부물이 언급되기도 한다.

⑥ 보내는 사람의 이름 및 직책, 소속 등이 나온다. 사람 이름이 출제되는 경우가 많기 때문에 반드시 이 부분을 확인해야 한다.

**1** What is the purpose of this letter?

(A) To comment on the quality of pianos
(B) To apply for a sales position
(C) To request the delivery of a piano
(D) To praise a certain employee

🔍 포인트
지문 초반에 직원을 칭찬할 목적을 밝히고 있으며 전반적으로도 그를 칭찬하는 내용이 담겨 있다.

**2** What does Frank Jones do for the Smith & Andersen Pianos Inc.?

(A) He plays the piano.
(B) He keeps pianos in storage.
(C) He sells pianos.
(D) He delivers pianos.

🔍 포인트
본문 내용 중 "sales associates, Mr. Frank Jones"가 결정적 힌트다. 영업사원(sales associate)은 물건을 판매하는 일을 담당한다.

## 출제 유형 2  메모/회람

### 1 ▶ 출제 포인트

✚ memo 또는 memorandum이라 하며, 편지와 달리 필요한 용건만 간단히 나옵니다. 메모는 정석대로 본문을 신속히 읽고 문제를 풀어야 합니다. 이때 기억을 잘 하기 위해 주요 내용에는 표시하면서 읽는 것이 좋습니다.

### 2 ▶ 출제 유형

**메모의 주제/목적을 묻는 문제**
What is the **topic** of the memo?  회람의 주제는 무엇인가?
What is the **purpose** of the memorandum?  메모의 목적은 무엇인가?

**메모가 쓰여진 이유**
**Why** was this memo written?  이 메모는 왜 쓰였는가?

**메모의 세부 사항을 묻는 문제**
What will happen on **November 10**?  11월 10일에는 무슨 일이 일어날 것인가?

**수신자가 요청 받는 일을 묻는 문제**
What are the **recipients asked** to do?  수신자들은 무엇을 하라고 요청 받는가?

### 3 ▶ 핵심 전략

✚ 메모는 먼저 발신자, 수신자의 신분 및 관계 그리고 주제를 파악하는 것이 중요합니다. 메모의 주제나 핵심 요지는 상단의 Re:(Regarding의 약어, '~에 관하여'라는 의미) 또는 Subject(제목) 뒤에 나오므로 그 부분만 봐도 전체적인 내용을 짐작할 수 있습니다.

▶ **메모/회람에 자주 쓰이는 필수 어휘**

| | | | | | |
|---|---|---|---|---|---|
| date | 날짜 | to | 수신 | from | 발신 |
| subject | 제목 | Re: | ~에 관하여(제목:) | post | 게시하다 |
| annual | 연례의 | be held | (행사가) 열리다 | whether | ~인지 아닌지 |
| attend | 참석하다 | reach | 연락하다 | ext. | 내선번호(extension) |
| in addition to | ~외에도 | arrange | 마련하다 | in advance | 미리 |
| delay | 지연 | sincerely | 안녕히 계세요 | postpone | 연기하다 |

# READING POINT

... 해석 p.356

**Questions 1-2** refer to the following memo.

TO: All Employees

FROM: Human Resources

RE: [1] The New Vacation Regulations

As announced last week, [1-2] there has been an increase in the amount of vacation time that will be granted to employees who have been with the company for one year or more. Here are the details relating to the additional vacation time:

- An additional 3 days per year will be granted to employees who have been with us for 1 to 5 years.
- An additional week (5 working days) will be granted to employees who have been with the company for 6 to 10 years.
- 8 additional days of vacation will be given to people employed here for 11 or more years.

These days are in addition to the two weeks (or 10 working days) that all employees now receive. Please note that this does not apply to employees who are currently on probationary status; they will continue to receive only 10 days of vacation a year.

[1] 받는 사람

[2] 보내는 사람

[3] 제목 : Regarding의 줄임말 RE:나 Subject의 줄임말 Sub.이 나올 수 있다.

[4] 구체적인 내용 : 도입부에 메모의 목적이 나오는 경우가 대부분이다.

1. What is the purpose of this memo?
   (A) To encourage employees to use more vacation days
   (B) To notify employees about some changes
   (C) To report the amount of vacation time each employee has
   (D) To inquire about the needs of the employees

 포인트

제목처럼 새 휴가 규정에 관한 메모로, 지문 초반에 전반적으로 새로 바뀐 휴가 정책을 알리고 있다.

2. What kind of additional benefit are employees to be given?
   (A) More vacation time
   (B) More sick days
   (C) More comprehensive health benefits
   (D) More chances for salary increases

 포인트

지문 초반에 휴가가 늘어났다는 내용을 구체적으로 제시하고 있다.

## 출제 유형 3 | 구인 광고

### 1 ▶ 출제 포인트

✚ 구인 광고는 자주 출제되는 지문 유형으로, 일정한 형식을 갖추고 있기 때문에 내용을 파악하기 쉽습니다. 대부분의 구인 광고에는 ① 관련 직책, ② 업무 및 책임, ③ 자격 및 경력, ④ 우대 조건, ⑤ 지원 방법 등이 포함되어 있습니다. 이와 관련된 사항을 묻는 문제나 지원자가 해야 할 행동을 묻는 문제가 출제됩니다.

✚ 모집 직책과 담당 업무 - 자격 요건과 회사에서 제공하는 복지 혜택 - 지원 방법, 연락처 순서로 전개되는 것이 일반적입니다.

### 2 ▶ 빈출 소재

❶ 회사 관련 정보 : 회사 위치, 업종, 연락처, 회사 소개
❷ 업무, 직책
❸ 필수, 우대 자격 조건 : 학력, 경력, 자격증 등
❹ 제출 서류, 제출 방법, 제출 장소
❺ 혜택 : 급여, 보험, 연금, 휴가, 수당 등

### 3 ▶ 출제 유형

**업무를 묻는 문제**
What is one of the **responsibilities** of the job? 그 직책의 업무 중 하나는 무엇인가?

**필수 자격 요건을 묻는 문제**
What is a stated **requirement** for the job? 그 직책의 자격 요건으로 언급된 것은 무엇인가?

**직책을 묻는 문제**
What type of **position** is being advertised? 광고 중인 직책은 무엇인가?

**제출 서류를 묻는 문제**
What are the applicants asked to **submit** when applying for the job?
지원자들은 그 직책에 지원할 때 무엇을 제출하라고 요청 받는가?

### 4 ▶ 핵심 전략

✚ 구인 광고는 지문 내용과 질문 유형이 한정적이어서 문제를 미리 읽어 두면 비교적 쉽게 풀 수 있습니다. 대표적인 빈출 질문 유형으로는 자격 요건을 묻는 문제, 관련 업무를 묻는 문제, 지원 방법을 묻는 문제가 있습니다.

▶ **구인 광고에 자주 쓰이는 필수 어휘**

| | | | | | |
|---|---|---|---|---|---|
| applicant | 지원자 | candidate | 후보자 | benefits | 복지 혜택 |
| bilingual | 2개 국어를 구사하는 | cover letter | 자기소개서 | desirable | 바람직한 |
| deadline | 마감일 | degree | 학위 | fluent | 유창한 |
| hire | 고용하다 | job opening | 공석 | preference | 우대 사항 |
| temporary | 임시직의 | permanent | 정규직의 | qualified | 자격을 갖춘 |
| reference | 추천서 | relevant | 관련된 (= related) | replacement | 대체자, 후임자 |
| required | 필수적인 | résumé | 이력서 | experience | 경력, 경험 |

# READING POINT

••• 해석 p.357

**Questions 1-2** refer to the following advertisement.

### FRIENDS OF THE EARTH

① 회사 이름

¹ We are currently looking for an experienced, creative, and dedicated environmental expert to work in our office in Vienna, Austria.

② 직책

English is the working language of the organization, and fluency in written and spoken English is a must. In addition to this requirement, applicants must possess a degree in environmental science or biology and have at least three years of international work experience.

③ 지원 자격

Responsibilities include working with director Clifford Simpson to accelerate the expansion of research programs, conducting surveys on the environmental issues, and implementing internal strategies to ensure that programs operate within the budget and that fundraising goals are met.

④ 직무 내용

For a full description of the position and an application form, please visit www.foe.org. ² Please email your application with a résumé, a letter of recommendation, and a writing sample to Clifford Simpson by September 30.

⑤ 지원 방법

---

**1** For whom is this advertisement most likely intended?

(A) Environmental specialists
(B) Administrative assistants
(C) Human resources professionals
(D) International trade experts

**◎ 포인트**

첫 번째 문단을 보면 '경험 많고 창의력이 있으며 헌신적인 환경 전문가를 찾고 있습니다.'라고 언급하고 있다.

**2** What must applicants send to the director?

(A) A list of qualifications
(B) A cover letter
(C) A letter of recommendation
(D) A copy of a diploma

**◎ 포인트**

보내야 될 서류들이 마지막 문단에 언급되어 있다. 'a résumé(이력서), a letter of recommendation(추천서), a writing sample(작문 샘플)' 중 보기에 제시된 것을 찾아 보자.

## 출제 유형 4  상품 및 서비스 광고

### 1 ▶ 출제 포인트

✚ 상품/서비스 광고는 매회 평균 두 문제 이상 등장하는 지문 유형입니다. 다양한 광고 지문이 출제되며, 주로 ① 상품/서비스 명칭, ② 상품/서비스의 특징과 세부 사항, ③ 구매 방법 및 문의처 순으로 제시됩니다.

✚ 광고의 전반적인 내용을 묻는 문제가 주로 나오지만 광고되는 상품/서비스에 대한 세부적인 내용을 묻는 유형도 출제됩니다.

### 2 ▶ 빈출 소재

❶ 광고 상품/서비스명
❷ 상품/서비스 광고문의 대상
❸ 상품/서비스의 장점과 특징
❹ 상품/서비스 이용 시 제공되는 혜택

### 3 ▶ 출제 유형

광고되는 상품/서비스를 묻는 문제
What is being **advertised**? 무엇을 광고하고 있는가?

광고문의 대상을 묻는 문제
**Whom** is this advertisement **intended for**? 이 광고의 대상은 누구인가?

광고되는 상품/서비스의 특징을 묻는 문제
Which is **NOT** a **feature** of the product? 상품의 특징이 아닌 것은 무엇인가?

### 4 ▶ 핵심 전략

✚ 간단한 형식의 광고는 문제의 키워드를 중심으로 본문에서 해당 사항만 찾으면 되지만, 서술형 광고는 지문이 길기 때문에 시간이 더 걸릴 수 있습니다. 문제를 먼저 읽어 키워드를 파악한 후 본문에서 해당 내용을 찾아 문제를 풀어야 합니다. 이때, 주요 내용(상품이나 서비스의 특징, 장점, 가격 등)에는 표시를 해 두는 것이 좋습니다.

▶ 상품/서비스 광고에 자주 쓰이는 필수 어휘

| | | | | | |
|---|---|---|---|---|---|
| discount | 할인 | affordable price | 저렴한 가격 | bulk order | 대량 주문 |
| lease | 임대하다 | expenditure | 지출 | rent | 임대료; 임대하다 |
| durable | 내구성 좋은 | present a coupon | 쿠폰을 제시하다 | policy | 정책, 규정 |
| tenant | 세입자 | sign up | 등록하다 | feature | 특징 |
| benefit | 혜택 | clearance sale | 재고정리 세일 | quality | 품질; 고급의 |

# READING POINT

··· 해석 p.357

**Questions 1-2** refer to the following advertisement.

### Double Shot Apartments

We at Torquay Home Builders are proud to announce that [2] we are currently constructing 50 units in London district. To date, site preparation, foundation construction, and framing have been completed, and the installation of roofing and siding is well on its way. Construction of these fine apartments is expected to conclude by the end of this year.

First-floor units will have 3 bedrooms and 2 baths with access to the backyard. Second-floor units will consist of 2 bedrooms and 2 baths with a balcony in the rear. [1] These terrific low maintenance apartments come with electric heating and new energy-efficient refrigerator, stove, and dishwasher models.

They are conveniently located in the heart of London close to the main station.

Contact a Twin Oaks agent today to find the perfect place to call home!

[2] Model units will be open for viewing beginning August 21. Call us at 555-1357 for more information.

- [1] 제목은 보통 상품/서비스 이름이나, 이목을 끄는 문구가 제시된다.
- [2] 서두에서 상품/서비스 이름과 대상을 밝히거나, 간략한 회사 소개와 함께 상품/서비스를 소개한다.
- [3] 광고 대상의 장점을 소개하며, 구매 시 어떤 혜택이 있는지 알려 준다.
- [4] 구입[이용] 방법이나 연락할 수 있는 수단을 제시하기도 한다.

**1** What is stated about the apartments?

(A) Construction has been completed.
(B) Kitchen appliances are included.
(C) The living rooms are spacious.
(D) Laundry facilities are available.

**포인트**

세부 사항을 묻는 문제는 보기를 먼저 확인하자. 지문 중반부에서 부엌 가전제품이 포함되어 있음을 알 수 있다.

**2** What information is NOT included in the advertisement?

(A) The date the model apartments open
(B) The number of units being constructed
(C) The expected prices of the units
(D) The location of the units

**포인트**

'Model units will be open for viewing beginning August 21.'에서 (A), 'we are currently constructing 50 units in London district'에서 (B), (D)가 언급되어 있음을 알 수 있다.

UNIT 14 독해 II [지문 유형별 1]

# SPARTA TEST

**Questions 1-2** refer to the following e-mail.

**To:** All employees

**From:** Zara Patterson <zpatterson@mcelhinneyco.com>

**Date:** November 21

**Subject:** Information

Attention all employees,

Last week, we updated the employee handbook to reflect recent changes in our employee vacation time policy. Vacation time must now be requested at least one week in advance, except in emergency situations. Also, the number of paid sick days for each employee has been increased from three to five. The handbook has additional information on specific policy updates. You can pick up a printed copy of the handbook in the Human Resources office (Room 142), or contact me if you would like me to send you an electronic copy in an attachment.

If you want to require a detailed look at your situation, please make an appointment so that we can discuss it.

Sincerely,

Zara Patterson
Director of Human Resources
The McElhinney Company

**1** What is the purpose of the e-mail?

(A) To announce that a revised manual is available
(B) To report changes to the performance review process
(C) To notify employees of an upgrade to the e-mail system
(D) To inquire about employees' vacation plans

**2** What does Mr. Patterson suggest employees do?

(A) Notify him when they are sick
(B) Email him for a vacation request form
(C) Read the guidelines about new copying policies
(D) Schedule a meeting with him if necessary

**Questions 3-4** refer to the following memo.

To: Sevelia Corporation Employees
From: Scott Frank, Office Manager
Re: Office Closures

The main office of Sevelia Corporation and all branches will be closed from December 22 to January 2 for the holidays. Additionally, several branches will not open from Thursday, December 21. Please see below for more detailed information on branch closings.

- Miami / December 21 – noon closing
- Virginia Gardens / December 21 – regular business hours
- Coconut Grove / December 21 – regular business hours
- Bay Heights / December 21 – closing at 3 P.M.
- Palmetto Bay / December 21 – noon closing

3. What is the purpose of the memo?

   (A) To announce the opening of a new branch
   (B) To inform workers about a change in office hours
   (C) To introduce a new business strategy
   (D) To collect donations for a new office

4. When does the Palmetto Bay branch close on December 21?

   (A) At 12 P.M.
   (B) At 1 P.M.
   (C) At 2 P.M.
   (D) At 3 P.M.

Questions 5-8 refer to the following advertisement.

## Neo Trading Co.

We are looking for someone who will lead the accounting department starting from January 1. Requirements for the position are as follows: at least five years of experience in a related field, a certificate in accounting, and fluency in both English and French.

Only qualified candidates will be taken into consideration for an interview with executives of our company.

As the head accountant, you will supervise the accounting staff members ensuring that they comply with auditing regulations, reviewing the accuracy of accounting materials, and checking the appropriateness of our budget proposals.

Salary will be commensurate with experience and achievements. However, there is room to negotiate compensation and benefits.

Applicants should submit an application indicating a desired salary range and a salary history with a résumé. In addition, please note that proof of all credentials must be included.

**5** What is the purpose of the advertisement?

(A) To reject an offer of employment
(B) To provide special offers
(C) To announce a job vacancy
(D) To recommend a potential employee

**6** What is one of the requirements to be hired for the job?

(A) Bilingual communication skills
(B) A bachelor's degree
(C) Four years of experience in accounting
(D) Knowledge of auditing regulations

**7** What is indicated about the interview?

(A) All candidates will be subject to a brief interview.
(B) It will be conducted by staff members of the HR department.
(C) All applicants should prepare English interviews.
(D) Those who do not meet requirements are not qualified for it.

**8** What information is NOT included in the advertisement?

(A) The qualifications for the position
(B) A successful candidate's start date
(C) The duties of the head of the department
(D) The schedule for the interview with executives

Questions 9-11 refer to the following information.

## Temporary Exhibit: Janet Wilder and her Life's Work
### June 9 – August 5
### Loom Gallery Hall

The Reign Museum is holding an exhibition this summer which pays tribute to the work of Janet Wilder, the well-known photographer and writer of the twentieth-century. The exhibit will feature the background of Wilder's life and illustrate how her career took off. Some of her personal photographs and diaries during her childhood up to her marriage to Italian artist, Roberto Paccini will also be on display. This exhibition has gathered some of her finest works from her old house in Milan and her last house in Palermo, which greatly influenced her writing and photography technique. All her art collections will be placed in the halls on the second floor of the gallery. In addition, a 30-minute documentary and past interview clips of Wilder will play throughout the exhibition dates in the Margot Elizabeth Show Room.

Pre-registration for this wonderful exhibit is required. Tickets will be on sale starting May 20. They may be purchased by calling the museum office at 881-818-5588 or online at the Reign Museum Web site, www.reignmuseum.com. Please remember that all ticket buyers are allowed to the exhibit only at the date and time printed on the tickets. All ticket sales and reservations are final.

**9** What is the purpose of the information?

(A) To announce an upcoming event
(B) To publicize the opening of a museum
(C) To advertise a recently published play
(D) To promote newly released films

**10** What is mentioned about Ms. Wilder?

(A) She hosted tours of her childhood home.
(B) She painted scenes of the Italian countryside.
(C) She lived in two different locations.
(D) She made a film with Mr. Paccini.

**11** What is stated about tickets?

(A) They will not be sold before June 9.
(B) They are only available online.
(C) They must be used on a specific date.
(D) They may be canceled at any time.

Questions 12-13 refer to the following advertisement.

### The Ready-made Office
### Conduct Business Immediately!

Carden Office Leasing is a revolutionary company that provides fully furnished and equipped office spaces in Sydney, Melbourne, and Brisbane. Choose from several convenient locations in the business district. All of our leased spaces are close to high-end restaurants, shopping malls, and cultural centers.

From small to large, fully equipped with computers to just a few desks and chairs: Carden can provide you with exactly what you require to run your business. Computer databases and reception can all be custom-ordered to your specifications.

For more information, visit www.leaseofficenow.com, or call 555-3215-121.

**12** What service is provided to office-space renters?

(A) Customized spaces for their requirements
(B) Free parking at high-class restaurants
(C) Transportation to cultural centers
(D) Cost-effective Web site design

**13** What is NOT mentioned about the spaces that can be rented from Carden?

(A) They are fully-equipped.
(B) They are close to shopping facilities.
(C) They come in various sizes.
(D) They are available for short-term rental.

**Questions 14-16** refer to the following e-mail.

| |
|---|
| **TO:** Steve O'Shea <steveo@b&b.co.uk> |
| **FROM:** Tina Conners <tconners@b&b.co.uk> |
| **SUBJECT:** My holiday |
| **DATE:** Thursday, 14 October |

Mr. O'Shea,

I appreciate that you have agreed to handle my responsibilities while I am away for my holiday break next week. Allow me to give you the details of the duties that you will need to take care of.

First, I would like to ask you to pick up all files from the fax machine every morning at 11:00 A.M. and hand them out to colleagues promptly. The fax machine is on the hallway just outside our office. Also, I have already arranged appointments with the managing partners. Their schedules for next week have been all confirmed, but for your reference, I left a copy of their schedules on your desk.

Furthermore, there is an important strategy meeting in Room 101 on Thursday at 11:30 A.M. Please take good notes during the meeting, and then e-mail them to everyone in the department no later than 3:00 P.M.

Last, you should send all the invoices from our attorneys to our clients by Friday afternoon. If you need any help, e-mail me or call me.

Thanks for being such a supportive office mate.

Sincerely,

Tina Conners

**14** What is the purpose of the e-mail?

(A) To provide a set of instructions
(B) To describe the responsibilities of a new employee
(C) To request leave of absence
(D) To finalize a meeting agenda

**15** According to the e-mail, what is one task Ms. Conners performs every day?

(A) Distributing faxes
(B) Sending bills to clients
(C) Taking notes at meetings
(D) Scheduling holidays

**16** What is suggested about Mr. O'Shea and Ms. Conners?

(A) They were hired around the same time.
(B) They work on different days.
(C) They share office space.
(D) They have never met in person.

**Questions 17-20** refer to the following press release.

# IMMEDIATE RELEASE

Contact Chris Kent, 735-717-8617

Hampton, Virginia (September 14) – Some art pieces displayed at Lucian Art Center have been selected to be a part of an international exhibition which will begin next month. Five paintings of Karl Ray and nine photographs by Helena Beesly will be included in the exhibition.

Ray's works are scheduled to open on October 2 at the NCA Art Center in France. After that, the exhibition will move to Hexagon Museum in Copenhagen, in which it will be displayed for five months.

While Turkey's Mara Museum of Art is already displaying some of Ms. Beesly's photographs, this is the Mr. Ray's first time showing his works in foreign countries. The main curator responsible for the museum's collections, Camilla Baker, has invited Mr. Ray to Lucian Art Center on Thursday night, September 21, and there, he will discuss his paintings with guests.

The Lucian Art Center will be open until 10:30 P.M. on Thursday and Friday, September 21–22, two and half hours later than the usual closing time. This attempt is to attract more visitors who wish to appreciate these great works before they leave for France.

Please refer to the Lucian Art Center homepage, www.lucianartcenter.org to find out operation hours and details of other events. You may also print out 30% discount coupons, which can be only used on September 21 and 22.

**17** What is being announced?

(A) Workshops being scheduled at the Lucian Art Center
(B) A change in leadership at the Lucian Art Center
(C) Plans for a display of artwork
(D) A generous donation by a local art collector

**18** What is suggested about Mr. Ray?

(A) He will soon travel to France.
(B) His art has been displayed in several countries.
(C) He plans to speak about his artwork.
(D) His photographs feature local events.

**19** According to the press release, what will happen on September 21?

(A) Art curators will visit from other museums.
(B) An exhibition of Ray's works will open.
(C) Ms. Beesly will give a presentation to the public.
(D) Museum visitors will be permitted to stay late.

**20** What information is mentioned about the Lucian Art Center?

(A) The name of the museum's curator
(B) The cost of admission to the museum
(C) The museum's street address
(D) The contact number for the museum

# UNIT 15 독해 III [지문 유형별 2]

## 출제 유형 1  안내/공지

### 1 ▶ 출제 포인트

- 안내/공지는 어떤 행사에 대한 정보나 방침, 규정의 변경을 알리는 지문이 주를 이루며, 전달하고자 하는 내용이 명확하게 드러나는 글입니다.
- 세부적인 사항을 묻는 문제가 주로 출제되기 때문에 지문을 빠르게 읽으면서 정답의 단서를 파악하는 것이 중요합니다. 글의 주제와 목적을 묻는 문제와, 대상 및 장소를 묻는 문제가 주로 출제됩니다.

### 2 ▶ 빈출 소재

1. 사내 공지 & 지시 사항: 인사 변화에 대한 공지 등
2. 고객에게 회사에 대해 알리는 글: 새로운 서비스 개시 및 변경 사항 안내 등
3. 세미나, 강좌, 축제, 전시회 등 여러 행사 안내와 입장료 안내
4. 기타: 동문에게 보내는 공지 등

### 3 ▶ 출제 유형

안내/공지의 목적을 묻는 문제
**What** is the **purpose** of this notice?   이 공지의 목적은 무엇인가?

안내/공지의 대상을 묻는 문제
**Whom** is this notice **intended for**?   이 공지는 누구를 대상으로 하는가?

안내/공지의 주제를 묻는 문제
**What** is this notice **about**?   무엇에 대한 공지인가?

안내/공지문이 게시된 장소를 묻는 문제
**Where** would this announcement probably **be seen**?   안내문은 어디에 게시되었을 것 같은가?

안내/공지하고 있는 주체를 묻는 문제
**Who** probably **wrote** this notice?   누가 이 공지를 썼겠는가?

### 4 ▶ 핵심 전략

- 안내/공지는 대부분 도입부에서 주제가 제시됩니다. 서식 상단의 수신인, 발신인 또는 별도로 표기된 주제를 통해 추론하는 훈련이 필요합니다.

▶ 안내/공지에 자주 쓰이는 필수 어휘

| | | | | | |
|---|---|---|---|---|---|
| interruption | 중단 | alternative | 대안 | approval | 승인 |
| opening address | 개회사 | brochure | 안내책자 | conference | 회의, 회담 |
| demand | 요구하다 | debate | 토론, 논쟁 | devise | 고안하다 |
| recess | (회의, 근무 중) 휴식 | refuse | 거절하다 | unanimous | 만장일치의 |

# READING POINT

해석 p.361

**Questions 1-3** refer to the following notice.

### Notice

[1] Atam International Airport would like to inform passengers that wireless Internet access has recently been installed throughout all terminals. Our wireless service provides easy-to-use access, so you can use the Internet and send or receive e-mail 24 hours a day. The service is complimentary. All you need to get connected to the Internet is a laptop computer.

If you do not have a laptop computer but would like to access the Internet, [2] computer stations are located throughout Terminal B for your convenience and are marked by blue signs. This service is available at the nominal charge of one euro per ten minutes and is accessible 7 days a week from 6 A.M. until midnight.

[3] If you require technical assistance or more information or if you are dissatisfied with the service, come to our Help Desk, located at Gate 20 in Terminal A. We are happy to do all we can to better serve you.

[1] 공지는 주로 Notice나 Reminder 등으로 나타내며 특정 제목, 회사나 단체명 등이 제시되기도 한다.

[2] 공지의 목적은 주로 제목이나 글의 도입부에서 파악할 수 있다.

[3] 요청 사항 및 연락처: 무엇을 요청하는지 묻는 문제의 단서가 되는 부분이다. 일반적으로 공지에 관한 문의는 지문 후반부에 나온다.

---

**1** What is the purpose of this notice?

(A) To request assistance
(B) To advertise merchandise
(C) To publicize a service
(D) To provide directions

**포인트**
공항의 무선 인터넷 설치를 알리고 있으며, 이용 방법과 이용시 필요한 사항들에 대해 설명하고 있다. 따라서 전반적인 내용은 새 서비스의 홍보임을 알 수 있다.

**2** What does the notice state about the computer station?

(A) It is indicated by a blue sign.
(B) It is available 24 hours a day.
(C) It is located in Terminal A.
(D) It is available free of charge.

**포인트**
두 번째 문단에, 컴퓨터 스테이션은 파란색으로 표시되어 있다(marked by blue signs)고 나와 있다.
(B) 오전 6시부터 자정까지 이용 가능하고,
(C) 터미널 A에 위치하고 있는 것은 안내데스크이며,
(D) 무료로 이용 가능한 것은 컴퓨터 스테이션이 아닌 무선 인터넷 서비스이다.

**3** What are users asked to do when they need help?

(A) Call the service center
(B) Go to Gate 20
(C) Send an e-mail
(D) Contact a manager

**포인트**
지문 마지막에, 기술 지원이 필요하면 20번 게이트에 있는 안내데스크로 가라고 언급되어 있다.

## 출제 유형 2　기사/보도

### 1 ▶ 출제 포인트

✚ 기사/보도는 비교적 지문이 길고 어려운 어휘가 많아 난이도가 높은 편입니다. 자주 등장하는 주제로는 ① 사회의 각종 사건과 사고, ② 환경 보호 및 에너지 절약, ③ 건강 상식, ④ 회사의 합병과 주가 정보 등이 있지만, 점점 다양해지고 있습니다.

✚ 대부분의 문제가 지문 분석을 토대로 세부 사항이나 True/False를 묻는 유형이지만, 지문의 전체적인 내용을 이해해야 하는 주제나 목적을 묻는 문제도 출제됩니다.

### 2 ▶ 빈출 소재

❶ 회사 관련 기사: 합병, 회사의 이전, 신제품 개발, 사업 성공 기사
❷ 인물 관련 기사: 수상자 소개, 강의 연사 소개, 새로 부임한 인물 소개
❸ 환경 관련 기사: 토지 개발, 물품 절약, 천연 자원 개발, 수질 오염
❹ 건강 관련 기사: 특정 질병과 그에 대한 연구 결과, 건강 상식에 대한 정보

### 3 ▶ 출제 유형

**기사/보도의 주제를 묻는 문제**
**What** is the article mainly **about**?　기사는 주로 무엇에 관한 것인가?

**기사/보도를 쓴 이유**
What is the **purpose** of the article?　기사의 목적은 무엇인가?

**기사/보도에 언급된 세부 내용을 묻는 문제**
What is **indicated** in the article?　기사에 언급된 것은 무엇인가?

**기사/보도를 볼 수 있는 장소**
**Where** can this kind of article **be seen**?　이러한 기사는 어디에서 볼 수 있는가?

**기사/보도의 대상**
**For whom** is this article **intended**?　기사는 누구를 대상으로 하는가?

### 4 ▶ 핵심 전략

✚ 기사에 표제(headline)가 있는 경우, 이 부분만 읽어도 글의 주제를 묻는 문제는 바로 해결할 수 있습니다. 다른 유형의 지문과 마찬가지로, 기사/보도 역시 지문의 도입부에 주제가 나옵니다. 기사의 특성상 수치나 통계 자료 등이 자주 나오므로 이와 관련된 문제는 질문에서 키워드를 확인한 후 지문에서 관련 내용을 찾아야 합니다. True/False 문제는 각 보기와 지문 내용을 대조하면서 정답을 골라야 합니다.

# READING POINT

해석 p.361

**Questions 1-2** refer to the following article.

### Whitten Vice President to Leave the Industry

¹ The Whitten Corporation, a soft drink maker, announced the retirement of its 53-year-old vice president, Eric Smalls, yesterday afternoon. Whitten has yet to name a successor, but inside sources say that Maureen Wicks is the most likely candidate.

² For the last five years, Eric Smalls has expressed his interest in spending more time with his family. He will continue as a consultant but will give up most of his day-to-day duties. Smalls was a founding member of the Olde Tyme Drinks Company and was crucial to its early success more than 25 years ago.

① 제목을 통해 주제를 예측할 수 있다.

② 기사의 목적이나 주제는 주로 지문 첫 단락에 나온다.

③ 목적이나 주제 다음에 세부 사항이 연결된다.

**1** What is the article mainly about?

(A) A modification in a management procedure
(B) A change in staff at a company
(C) The development of a new product
(D) The retiring of some managers

**포인트**
기사문의 주제를 묻는 문제로, 보통 지문의 앞부분에 정답 단서가 등장한다. 지문의 첫 문장을 보면 한 회사의 부사장의 퇴임 소식과 후임자 관련 내용이 나오므로 이 기사문의 주된 내용은 '회사 내의 직원 변동'이다.

**2** What is mentioned about Eric Smalls?

(A) He is responsible for the company's expansion into overseas markets.
(B) He is leaving to work for a competitor.
(C) He has wanted to be with his family for several years.
(D) He is going to be the new vice president.

**포인트**
특정인에 대해 언급된 것을 묻는 진위 확인 문제로, 질문 속의 키워드(Eric Smalls)를 통해 단서를 찾을 수 있다. 두 번째 문단 첫 번째 줄에 지난 5년 동안 가족과 더 많은 시간을 보내고 싶어 했다고 나와 있다.

## 출제 유형 3  양식/온라인 대화문

### 1 ▶ 출제 포인트

✚ 양식은 시각, 날짜, 수량, 가격, 이름 등의 단편적인 정보로 구성되는 경우가 많기 때문에 비교적 단시간에 풀 수 있는 유형에 속합니다. 지문 전체를 꼼꼼히 읽기보다 문제에서 요구하는 정보 위주로 신속하게 파악해야 합니다.

✚ 문자 메시지/온라인 채팅 등의 온라인 대화문은 업무 처리를 위해 즉석에서 주고받는 정보나 의견이 주를 이룹니다.

### 2 ▶ 빈출 소재

❶ information (정보), schedule (일정표), agenda (일정), itinerary (여행 일정표)
❷ brochure (안내책자)
❸ invoice (송장)
❹ statement (거래 내역서)
❺ text-message chain (문자 메시지)
❻ online chat discussion (온라인 채팅)

### 3 ▶ 출제 유형

**지문의 목적을 묻는 문제**
What is the **purpose** of the information?  정보의 목적은 무엇인가?

**송장의 작성 날짜를 묻는 문제**
What **date** was this invoice **written**?  송장이 쓰여진 날짜는 언제인가?

**주문한 사람에 대해 묻는 문제**
**Who** placed the **order**?  누가 주문했는가?

**화자 의도 파악 문제**
At 11:15 A.M., what does Michael mean when he writes, "**Absolutely**"?
오전 11시 15분에 Michael이 "물론이죠"라고 쓴 것은 무슨 의미인가?

### 4 ▶ 핵심 전략

✚ 어디에서 누구에게 무엇을 안내하는 글인지부터 파악해야 합니다. 주요 단어와 표현을 보면 무엇에 관한 안내이며 어떤 상황인지 파악하는 데 도움이 됩니다. 글의 대상과 글을 볼 수 있는 곳은 추론 문제로 나오는 경향이 있으므로 지문의 전반적인 내용을 보고 유추해야 합니다.

▶ **양식/온라인 대화문에 자주 쓰이는 필수 어휘**

| | | | | | |
|---|---|---|---|---|---|
| airfare | 항공 요금 | baggage | 수화물 | customs | 관세 |
| destination | 목적지 | sponsor | 후원하다 | patron | 단골, 후원자 |
| attractive | 매혹적인 | service charge | 봉사료 | banquet | 연회 |
| charity | 자선 (단체) | cordially | 진심으로, 다정하게 | donor | 기증자 |
| fundraiser | 모금 행사 | in honor of ~ | ~을 기념하여 | refreshments | 다과 |
| renowned | 유명한 | audience | 청중 | prohibit | 금지하다 |

# READING POINT

**Questions 1-2** refer to the following information.

### Theater Directory

[1] For ticket and show time information, go to Movie Time's Web site at www.movietime.com or call (321) 555-1212.

Enter # and the code listed next to the theater below.

Baronet – 59th St. & 3rd Ave. #609
*A Hot Day in Brooklyn*
*Tim's Forest*

Beekman – 65th St. & 2nd Ave. #606
*The Dangerous Whisper*

Chelsea – 23rd St. between 7th & 8th Aves. #597
*A Hot Day in Brooklyn*
*Cold Soup and Melted Cheese*
*The Rains Were Late*

Cinema Verte – Waverly Place & Broadway #625
*Call the Mountain*
*Lo Que Se Puede*
[2] (In Spanish with English subtitles)

Fun House Four Cineplex – 10th St. & 6th Ave. #547
*Revenge of the Primates*
*Space Buddies II*
*Daredevils on the Loose*

1  For whom is the information most likely intended?

   (A) Movie stars
   (B) Theater owners
   (C) Moviegoers
   (D) Film makers

2  At which theater is a non-English film being shown?

   (A) Beekman
   (B) Chelsea
   (C) Cinema Verte
   (D) Fun House Four Cineplex

## 출제 유형 4 | 복수 지문

### 1 ▶ 출제 포인트

- 복수 지문은 편지/이메일이 포함된 구성이 가장 일반적이며, 주제나 목적 등 전체적인 사항을 묻는 문제, 요청 사항이나 변동 사항 등 세부적인 사항을 묻는 문제, 두 지문의 연계 내용을 파악하는 문제 등이 출제됩니다.
- 문제를 풀기 전에 지문의 종류, 제목, 수/발신인 등을 훑으면서 지문 간의 관계를 파악하면 전체 흐름과 내용을 이해하는 데 유리합니다.

### 2 ▶ 출제 유형

- **이중지문** - 연계지문 문제가 최소 1문제 출제되며, 세 번째 문항이 연계지문 문제인 경우가 가장 많으므로 마지막에 푸는 것이 좋습니다.
- **삼중지문** - 연계지문 문제가 최소 1문제 이상 출제되며, 세 지문 중 두 개의 지문이 연계된 문제가 출제됩니다. 역시 지문 간의 연결 고리를 파악하는 것이 중요하며 특히, 이름, 회사명, 날짜 등에 유의해야 합니다.

### 3 ▶ 핵심 전략

- 다섯 문제 중 초반 문제는 첫 번째 지문에 단서가 있는 경우가 대부분이므로, 단일 지문을 풀 때와 같은 방법으로 문제를 먼저 읽고 정답 단서를 찾습니다.
- 거의 모든 복수 지문에서 연계지문 문제가 출제됩니다. 따라서 지문에 주어진 정보를 통해 지문 간의 연결 고리를 파악해야 합니다.
- 첫 지문에서 언급된 내용에 대한 예외적인 상황이나 변경된 내용이 두세 번째 지문에 있을 경우 연계지문 문제의 단서가 되므로 집중적으로 살펴봅니다.
- 연계지문 문제는 보통 질문이나 보기에 고유명사, 숫자(금액, 날짜/요일) 등이 등장합니다. 따라서 지문을 읽을 해당 부분(이름, 숫자 등)에 표시한 후, 다음 지문에 그 부분이 나오면 두 지문을 면밀히 대조해 봅니다.

## READING POINT

해석 p.362

**Question 1** refers to the following receipt and letter.

---

**Aroma Coffee Shop**

2nd/F Rossio Square, Spring Avenue
Los Angeles, California
410-810-1992

Order No.: 106110
[1] Date: August 7, 7:30 A.M.

| | |
|---|---|
| 2 LARGE CAPPUCCINOS WITH WHIPPED CREAM | $7.00 |
| SUBTOTAL | $7.00 |
| TAX | $0.84 |
| **TOTAL** | **$7.84** |
| | |
| CASH | $10.00 |
| CHANGE | $2.16 |

[2] 영수증 발행 날짜 : Spaeny 씨가 커피숍에 들른 날짜

---

August 15
Jack Reynor
Store Manager
Aroma Coffee Shop
2nd/F Rossio Square, Spring Avenue
Los Angeles, California

Dear Mr. Reynor,

I'd like to inform you about an experience I had in your coffee shop. [1] One time, I dropped by your café a few hours before my vacation trip abroad and ordered a cappuccino. Since I was in a hurry, I wasn't able to count my change carefully. Upon arriving at the airport, I found out that I paid more, in fact twice the price, than what I was supposed to. On my receipt, I bought two glasses of cappuccino with whipped cream although I only got a glass of plain cappuccino.
I'm hoping that something must be done to make up for this inconvenience.

Cailee Spaeny

[1] Spaeny 씨가 여행을 가기 전 커피숍에 들렀다는 정보 확인

---

**1** When did Ms. Spaeny leave for a trip?

(A) On August 2
**(B) On August 7**
(C) On August 15
(D) On August 16

🔵 포인트

두 번째 지문 두 번째 줄에서 해외여행 가기 몇 시간 전에 커피를 샀다는 것을 알 수 있고, 그때 받은 영수증인 첫 번째 지문에서 날짜를 보면 8월 7일로 되어 있는 것을 알 수 있다.

# SPARTA TEST

**Questions 1-3** refer to the following announcement.

---

### Attention to all who wish to submit papers or articles to the *American Journal of Science* for the December 2019 issue

Starting November 1, 2019, anyone who wishes to submit a paper or an article for publication in the *American Journal of Science* will be required to follow the format below:

- I. Cover Page
- II. Table of Contents
- III. Executive Summary
- IV. Introduction
- V. Objectives of the Study
- VI. Limitations of the Study
- VII. Procedure
- VIII. Findings
- IX. Conclusion and Analysis
- X. Bibliography
- XI. Annexes

**Additional Notes:**

* The cover pages of any paper should include the title of the study, the name of the author, the date submitted, and the contact details of the author.

* The deadline for submissions is on November 20, 2019. After which, authors will be notified the day after that their papers have been received by the journal.

* As has been done in the past, anyone who is interested in submitting a paper or an article should sign up for a one-year subscription of the journal. For inquiries on subscriptions, please call Deborah Harris at 875-4433 or e-mail her at dharris@ajs.org.

* For any other inquiries, please e-mail George Roberts at groberts@ajs.org.

---

**1** What is the purpose of the announcement?

(A) To ask for ad placements in the magazine
(B) To invite authors to read the journal
(C) To sell the journal to authors
(D) To notify authors of article acceptance

**2** According to the announcement, what is NOT required on the cover page?

(A) The date it is submitted
(B) The title of the paper
(C) The length of the article
(D) The name of the author

**3** What is mentioned about people who submit papers?

(A) They must subscribe to the journal.
(B) They must have a doctorate degree.
(C) They must be a science professor.
(D) They must buy the December 2019 issue.

**Questions 4-5** refer to the following article.

## Endo Motors Increase in Sales

South Bend, Indiana (April 7) — Endo Motors released its annual sales numbers for its sedan lines. It is reported that the sales for this year increased by 4.8 percent compared to last year. This increase is almost double the rate of what industry experts had expected, which was 2.2 percent. However, this rate is still comparably low for the company that had showed a steady 8.0 percent increase in sales from two years ago. Company directors remain positive; they showed their confidence by announcing that Endo Motors is in preparation to increase its sedan production for the next three years.

**4** How much did the company's sales increase for the year?

(A) 2.2 percent
(B) 4.8 percent
(C) 7.0 percent
(D) 8.0 percent

**5** What is stated about the company directors?

(A) They are disappointed with the size of the increase in sales.
(B) They are confident about the accuracy of the report.
(C) They want to make more automobiles in the future.
(D) They plan to build a new manufacturing plant in South Bend.

**Questions 6-7** refer to the following online chat discussion.

| | |
|---|---|
| **Imaker Byflow Agent**<br>8:30 A.M. | Hello, this is Joanne with Myers-L Help. How can I help you? |
| **Adrien Brody**<br>8:30 A.M. | I'm having trouble downloading the new version of software for my printer. |
| **Imaker Byflow Agent**<br>8:32 A.M. | What kind of printer do you have? |
| **Adrien Brody**<br>8:33 A.M. | It's a K-17 desktop. I need the product serial numbers for the download, but I can't find it. |
| **Imaker Byflow Agent**<br>8:33 A.M. | Is the printer off? Try looking inside the cartridge door. |
| **Adrien Brody**<br>8:34 A.M. | That's a new one! Ok, just one moment. I'll check. |
| **Adrien Brody**<br>8:35 A.M. | There's an 8 digit-number on the door. Is that it? |
| **Imaker Byflow Agent**<br>8:37 A.M. | You've got it. Is there anything else I can help you with? |
| **Adrien Brody**<br>8:38 A.M. | That's all. Thank you. |

**6** What is Mr. Brody trying to do?

(A) Fix a cartridge door
(B) Purchase a printer
(C) Download software
(D) Create a password

**7** At 8:34 A.M., what does Mr. Brody most likely mean when he writes, "That's a new one"?

(A) He has not tried the agent's idea.
(B) He forgot to turn off the printer.
(C) He just purchased a cartridge.
(D) He has not used online help before.

**Questions 8-10** refer to the following text-message chain.

---

**Gillian Anderson**
I'm at Sunnyside Diner and ran into Annie Starke from the Huntington Library. We may get the contract on their new installations.
3:13 P.M.

3:14 P.M.
**Terence Stamp**
Great. Is she with you now?

**Gillian Anderson**
She just stepped away to take a call from Stefanie Martini, the library director but will be back soon. Can we finish all the woodworking by June 30?
3:15 P.M.

3:16 P.M.
**Terence Stamp**
Well, we have the work at Woodlands Regional Museum next, then the dormitory at the South Carolina College, then just little things. I don't see why not.

**Gillian Anderson**
To make sure, can we delay the dormitory project until later?
3:19 P.M.

3:20 P.M.
**Terence Stamp**
I'll call Honor Kneafsey at the college now and tell him we might run behind on a few jobs. They're not putting anyone in the dormitory until August.

**Gillian Anderson**
Good. Looks like she's about done. Anyway, text me whatever Honor says. This would be a huge contract, so I don't want to lose it.
3:22 P.M.

---

**8** What is Ms. Anderson hoping to do?

(A) Meet with a library director
(B) Find a good restaurant
(C) Enter into an agreement
(D) Attend a business college

**9** At 3:16 P.M., what does Mr. Stamp most likely mean when he writes, "I don't see why not"?

(A) He feels a message was misunderstood.
(B) He thinks he can meet a deadline.
(C) He wants to study a proposal.
(D) He needs to consult a colleague.

**10** What is suggested about the South Carolina College?

(A) It does not need a project finished right away.
(B) It is moving to a location in Huntington.
(C) It plans to build dormitories in some new fields.
(D) It does not currently have its dormitory.

**Questions 11-15** refer to the following ticket and notice.

Intourist Travel, Inc.
65922 Willborough Lane
Seattle, Washington 31154
(402) 387-2020

| | |
|---|---|
| NAME : | Jennifer Walker |
| FROM : | Montclair, NJ |
| TO : | Strasburg, PA |
| GATE No. : | 7 |
| DEPARTURE TIME : | 7:35 A.M., December 24, Monday |
| ARRIVAL TIME : | 12:35 P.M., December 24, Monday |
| SEAT NUMBER : | 3B (Aisle) |
| BUS TYPE : | Deluxe |
| BUS FARE : | $80.00 |

## Notice to Passengers

Due to serious congestion experienced at East Coast bus stations last season, we at Intourist Travel, Inc. would like to announce the following changes aimed at preventing long delays and cancellations:

- We are adding five additional buses to all bus routes traveling to and from major cities on the East Coast, but the buses in the Midwest will not be increased.
- We are increasing station staff by 50% to assist with your needs during this season.
- We are increasing ticket prices by 15% for all bus routes which depart during the peak hours of 9 A.M. and 8 P.M. Monday through Saturday. This could reduce the amount of congestion during peak time.
- We are discounting all ticket prices by 20% for bus routes which depart between the hours of 10 P.M. and 6 A.M.
- Deluxe bus tickets will be reduced by 5% in order to fill all buses to maximum capacity.
- We require that all tickets be bought at least 10 days prior to departure.
- Please arrive at least one hour prior to your time of departure due to new security checks which will delay boarding. If you do not arrive within one hour of your departure, we cannot guarantee you a seat on the bus. No refund will be given in such a case.

** All changes are valid from December 15 until January 15.

**11** Why were changes made to the bus riding policy of Intourist Travel, Inc.?

(A) Customers complained about the high prices.
(B) Intourist Travel wanted to increase the number of passengers.
(C) There were many delays last season.
(D) Customers wanted a variety of destinations.

**12** According to the notice, what do passengers have to do?

(A) Order a deluxe bus ticket first
(B) Report their departure time
(C) Notify the train station of cancellations
(D) Purchase their tickets in advance

**13** Which of the following changes is NOT being made?

(A) Additional buses will be added to all bus routes.
(B) The cost of some bus tickets will be reduced.
(C) The extra staff members will be working at the station.
(D) Some security measures will be implemented.

**14** How much of a discount will Ms. Walker receive?

(A) 5%
(B) 15%
(C) 20%
(D) 50%

**15** When did Ms. Walker probably purchase her ticket?

(A) On December 15
(B) On December 24
(C) Before December 14
(D) After December 15

**Questions 16-20** refer to the following e-mail and information.

| |
|---|
| **TO:** Lana Chambers <lchambers@lunetech.com> |
| **FROM:** Benjamin Zhang <benzhang@lunetech.com> |
| **DATE:** April 6 |
| **SUBJECT:** Trade show |

Dear Chambers,

Thank you for helping me to organize the participation in the El Cid Trade Show last year.

This year, the trade show will be held at Saint Thomas Convention Center from July 15 to 18. I booked the Squire Hall room last year. There were approximately 700 people in attendance at our events during the four days, with an average of about 75 people at each event. This year, the trade show is expected to attract even more visitors.

We had plenty of chairs last year, but our presentations could have been better if we'd prepared our event in a place with better audiovisual equipment. I remember some participants complaining about the poor sound system, which obviously got them confused during the presentations. So, this year, I do not want to repeat the same mistake.

Last year, we had a small reception for our vendors in Squire Hall from the first day of the event. As for this year, we are going to invite a selected group of vendors to a dinner at either Terrance Grill or Sal's Kitchen. So we won't need extra catering services. As soon as I make a reservation, I will fill you in with the details.

Thank you.

Benjamin Zhang

Lune Tech Co.

---

### Saint Thomas Convention Center

Squire Hall is our largest venue. It can accommodate up to 250 guests for your business function or personal celebration. Catering services are provided by the Ivory Tusk Catering.

The Yellow Room and Extina Room are excellent spaces for smaller business or academic groups to lead private meetings or events. Each room has wireless Internet access, two computers, and a digital projector. The maximum capacity of the Yellow Room is 50 people. The Extina Room can hold up to 75 people along with a wall-mount television.

Briar Hall provides a luxurious setting for presentations, ceremonies, and seminars. One large projection screen, raised stage, podium, professional-grade lighting, and advanced sound system are all placed in this room. Maximum capacity of 100 people.

Buena Square is located in the center of the Saint Thomas Convention Center. This elegant outdoor venue is available for dining or wedding receptions. Maximum capacity is 200 people. Free if you rent Briar Hall.

**16** What most likely was Mr. Zhang's role in last year's trade show?

(A) Organizing the event
(B) Setting up the equipment
(C) Assisting the caterer
(D) Giving a presentation

**17** How is this year's trade show expected to be different from last year's?

(A) It will be held at a convention center.
(B) It will last for two days.
(C) It will be attended by more people.
(D) It will include additional exhibitions.

**18** What problem occurred at last year's show?

(A) Some people could not hear the speakers.
(B) The event location was changed during the show.
(C) The reserved room was too small.
(D) One of the presenters could not attend.

**19** Who provided the food services at Lune Tech's reception last year?

(A) Buena Square
(B) Sal's Kitchen
(C) Terrance Grill
(D) Ivory Tusk Catering

**20** Which space will Lune Tech most likely reserve this year?

(A) Squire Hall
(B) The Yellow Room
(C) The Extina Room
(D) Briar Hall

Questions 21-25 refer to the following e-mails and form.

| To: | Jane Goldman <jgoldman@huntsco.co.uk> |
|---|---|
| From: | Shipping Department <shipping@quickpack.co.uk> |
| Date: | 2 June, 11:03 A.M. |
| Subject: | Shipping list, Order #48628 |

Dear Ms. Goldman,

Thanks for your order with Quick Pack Shipping. Attached is a list of the items you ordered.

We will prepare your order and ship it within four business days to the mailing address that you listed. Your credit card will be charged when your order is shipped.

Please be aware that you cannot cancel or make changes to orders after they have been sent out.

Regards,

Quick Pack Shipping

## ORDER FORM

| Item No. | Description | Count |
|---|---|---|
| C306 | Paper bags | 300 |
| B012 | Cardboard boxes | 450 |
| E256 | Bubble wrap rolls | 250 |
| E311 | Mailing tubes | 350 |

| To: | Shipping Department <shipping@quickpack.co.uk> |
| From: | Jane Goldman <jgoldman@huntsco.co.uk> |
| Date: | 2 June, 04:45 P.M. |
| Subject: | Re: Shipping list, Order #48628 |

I'm writing concerning order #48628. The order is correct according to the list you sent me, but I'd like to change the order.

Originally, I requested 300 of item C306, but I'd like to decrease this amount to 200. The first time I called to place my order on the phone, I was also told that rolls of vinyl wrap are currently out of stock. If they are available before my order is delivered, I want to add 400 to the order.

Sincerely,

Jane Goldman
Hunts Co.

**21** What is the purpose of the first e-mail?

(A) To check the ordered items
(B) To inform that an order can't be sent
(C) To explain a delayed order
(D) To notify of an out-of-stock item

**22** What policy is mentioned in the first e-mail?

(A) A damage policy
(B) A cancellation policy
(C) A compliance policy
(D) A privacy policy

**23** In the second e-mail, the word "place" in paragraph 2, line 2, is closest in meaning to

(A) hire
(B) stand
(C) give
(D) contemplate

**24** What does Ms. Goldman want fewer of?

(A) Paper bags
(B) Cardboard boxes
(C) Bubble wrap rolls
(D) Mailing tubes

**25** What is implied about Ms. Goldman?

(A) Her order has a problem.
(B) She may cancel her order.
(C) She wants the item not in stock.
(D) She used the Internet to order.

# 정답 및 해설

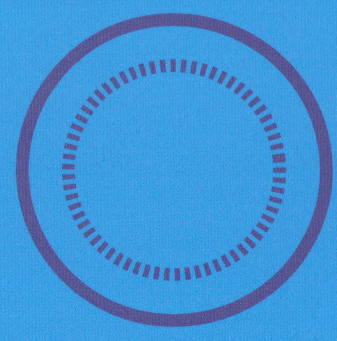

# PART 1

## UNIT 01 인물 사진

### SPARTA PRACTICE | p.23

1 (A)  2 (B)  3 (B)  4 (A)

**1**
(A) The woman is sweeping the walkway.
(B) The woman is mowing the lawn.
(A) 여자는 보도를 쓸고 있다.
(B) 여자는 잔디를 깎고 있다.

**해설** 인물 사진의 정답을 맞히기 위해서는 자주 등장하는 행동 동사를 암기해야 한다. 여자가 빗자루로 길을 쓸고 있는 동작을 묘사한 (A)가 답이다. 대걸레질하다(mop), 문질러 닦다(scrub, wipe) 등의 동사를 익혀 두자. 여자가 하는 동작은 잔디 깎기가 아니므로 (B)는 오답이다.

**어휘** **sweep** 빗자루로 쓸다  **walkway** 보도, 길  **mow** 잔디를 깎다  **lawn** 잔디밭

**2**
(A) The cooks are cleaning some dishes.
(B) One of the men is pouring something into a pan.
(A) 요리사들이 접시를 닦고 있다.
(B) 남자들 중 한 명이 팬에 무언가를 붓고 있다.

**해설** (A) 요리사는 맞지만 접시를 닦고 있지 않다. 넓은 조리 팬에 소스 같은 액체를 붓고 있는 행동을 묘사한 동사 pour를 익혀 두자.

**어휘** **cook** 요리사; 요리하다  **clean** 청소하다, 닦다  **dish** 접시  **pour** 붓다, 따르다  **pan** 팬, 넓고 평평한 판

**3**
(A) The man is cutting some trees.
(B) The man is wearing a hard hat.
(A) 남자는 나무를 자르고 있다.
(B) 남자는 안전모를 쓰고 있다.

**해설** 옷이나 액세서리, 모자 등을 입고 있는 상태를 묘사할 때 동사 wear를 사용한다는 것을 기억해 두자. 해석은 비슷하지만 put on은 입고 있는 '동작'을 묘사하는 동사로, 주로 오답으로 등장한다. (A)는 사진 속의 잘려져 있는 나무를 tree라고 하지 않으므로 오답이다.

**어휘** **cut** 자르다  **tree** 나무  **wear** 입다(상태)  **hard hat** 안전모

**4**
(A) They are all facing the same direction.
(B) One of the men is giving a presentation.
(A) 그들은 모두 같은 방향을 향하고 있다.
(B) 남자들 중 한 명이 발표하고 있다.

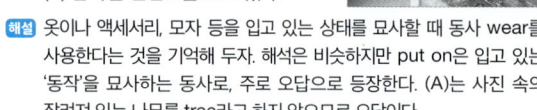

**해설** 복수 인물 사진을 묘사할 때 자주 등장하는 표현으로, 사람들이 서로 마주 보면 face each other, 같은 방향을 보면 face the same direction, 다른 방향을 보면 face the opposite direction으로 표현한다. (B) 사진의 보이지 않는 곳에 발표자가 있을 거라고 추측하지 말자.

**어휘** **face** 향하다, 보다  **direction** 방향, 지시  **give a presentation** 발표하다

### SPARTA TEST | p.24

1 (D)  2 (B)  3 (C)  4 (A)  5 (D)
6 (C)

**1**
(A) He is putting on a suit.
(B) He is looking into a microscope.
(C) He is discussing with his colleagues.
(D) He is holding a microphone.
(A) 그는 양복을 입는 중이다.
(B) 그는 현미경을 들여다보고 있다.
(C) 그는 동료들과 이야기하고 있다.
(D) 그는 마이크를 들고 있다.

**해설** 마이크를 잡고 있는 모습을 동사 hold로 묘사했다. (A)의 put on은 옷을 입는 행동을 묘사할 때 쓰인다. 이미 다 입은 상태를 묘사할 때는 동사 wear를 쓴다. (B) microscope은 microphone의 유사 발음으로 오답. 사진 속 장소는 실험실도 아니고 현미경도 없다. (C) 남자가 동료들과 대화를 나누고 있는지 알 수 없다.

**어휘** **put on** 입다(입는 동작을 하다)  **suit** 정장  **look into** 들여다보다  **microscope** 현미경  **discuss** 토론하다, 말하다  **colleague** 동료 사원  **hold** 잡다  **microphone** 마이크

**2**
(A) They are assembling a car at a factory.
(B) They are examining some tools together.
(C) All of them are wearing safety goggles and hats.
(D) The men are sitting next to each other.
(A) 그들은 공장에서 차를 조립하고 있다.
(B) 그들은 함께 어떤 공구를 보고 있다.
(C) 그들은 모두 보안경과 안전모를 쓰고 있다.
(D) 남자들은 나란히 앉아 있다.

**해설** 남자들이 어떤 도구를 같이 보고 있는 사진으로, '보다'라는 의미의 동사 examine이 쓰였다. look 이외에도 examine, check, inspect가 전부 '보다'라는 뜻이 될 수 있다. (A) 공장도 아니고 조립하고 있는 행동도 없다. (C) 안경을 쓴 사람은 있으나, 전부 다 모자나 안경을 쓰고 있지는 않다. 다수 인물 사진에서 전체(all)와 부분(some)을 구분해야 하는 보기가 자주 등장한다. (D) 사진 속에 앉아 있는 사람은 없다.

**어휘** **assemble** 조립하다  **factory** 공장  **examine** 자세히 보다  **tool** 공구, 장비  **wear** 입다(상태)  **safety goggles** 안전 고글  **hat** 모자  **next to** ~ 옆에  **each other** 서로

**3**
(A) The man is driving a truck.
(B) The man is stacking some boxes.
(C) The man is operating some machinery.
(D) The man is cleaning the warehouse.
(A) 남자는 트럭을 운전하고 있다.
(B) 남자는 박스를 쌓고 있다.
(C) 남자는 기계를 작동하고 있다.
(D) 남자는 창고를 청소하고 있다.

266 스파르타 토익 파워스타트

해설 창고에서 지게차를 운전하고 있는 남자의 모습을 기계를 작동하고 있다고 묘사한 (C)가 답이다. 오답을 제거하는 '지우기 훈련'으로 정답을 맞힐 수 있도록 하자. (A) 운전하고 있는 행동은 맞으나 트럭이 아니다. 지게차는 forklift라는 어휘가 있지만 답으로 자주 나오지 않는다. (B) 박스는 이미 쌓여 있으며 지금 남자가 쌓고 있지 않다. (D) 창고는 맞지만 지금 청소하고 있지는 않다.

어휘 **drive** 운전하다  **truck** 트럭  **stack** 쌓다  **box** 박스  **operate** 작동하다, 조작하다  **machinery** 기계, 장비  **clean** 청소하다  **warehouse** 창고

해설 미술관에서 그림을 보고 있는 사람들의 사진이다. see, look 외에도 admire 등 다양한 동사가 '보다'라는 의미로 사용될 수 있다. (A) paint(그리다)와 painting(그림)이라는 어휘의 혼동을 노린 보기로, 벽을 칠하고 있는 사진은 아니다. (B) 액자가 있지만 수리하고 있지 않고, (D) 조명을 지금 켜고 있는 것은 아니다. 수동태 진행형(be being p.p.)은 그 행동을 하고 있는 인물이 등장해야 한다. 정답은 '그림을 감상 중'이라는 (C)이다.

어휘 **paint** 페인트칠하다; 물감  **fix** 수리하다, 고정하다  **frame** 틀, 액자  **admire** (감탄하며) 바라보다  **light** 불, 조명; 켜다  **turn on** 켜다

4  (A) One woman is handing some food to the other.
   (B) The waiter is serving food to the customers.
   (C) One woman is pouring water into a glass.
   (D) The women are ready to order a meal.

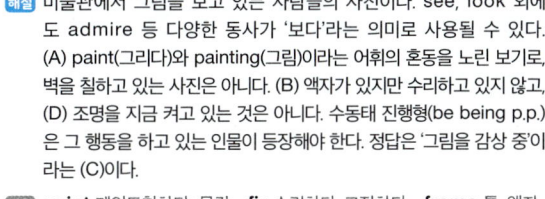

   (A) 한 여자가 다른 사람에게 음식을 건네고 있다.
   (B) 웨이터가 손님들에게 음식을 서빙하고 있다.
   (C) 여자는 유리잔에 물을 따르고 있다.
   (D) 여자들은 음식을 주문할 준비가 되어 있다.

해설 Part 1에서는 쉬워 보이는 동사를 함정으로 만드는 경우가 많다. hand는 다른 사람에게 무엇을 주는 give의 유사 표현으로 기억해야 한다. (B)는 식당도 아니고 웨이터로 보이는 사람도 없어서 오답이다. (C) 뒤에 컵을 들고 있는 사람은 있으나 물을 따르는 사람은 없다. (D) 주문을 받을 웨이터나 메뉴도 보이지 않는다.

어휘 **hand** 건네주다, 주다  **food** 음식  **the other** 다른 사람, 다른 것  **waiter** 웨이터  **serve** 서빙하다, 봉사하다  **customer** 고객, 손님  **pour** 붓다, 따르다  **glass** 유리잔  **be ready to** ~할 준비가 되다  **order** 주문하다  **meal** 식사

5  (A) She is picking up some items.
   (B) She is opening a package.
   (C) She is comparing some prices.
   (D) She is shopping in the store.
   (A) 그녀는 물건들을 집어 들고 있다.
   (B) 그녀는 소포를 열고 있다.
   (C) 그녀는 가격을 비교하고 있다.
   (D) 그녀는 가게에서 쇼핑하고 있다.

해설 가게에서 손님이 선반 위에 있는 물건을 보고 있는 사진이다. 인물의 행동과 동사를 매칭시켜서 오답을 지우자. (A) 물건을 집고 있지 않으므로 오답이다. (B) 박스는 보이지만 열고 있지 않다. (C) 가격을 비교하는 것은 추상적인 행동이므로 사진으로 표현하기 힘들다. 가게에서 쇼핑 중이라고 표현한 (D)가 정답이다. 사진을 보고 바로 정답을 예측하기보다는 선택지를 들으면서 오답을 지워 나가는 소거법을 이용하자.

어휘 **pick up** 집어 들다  **item** 물건, 상품  **open** 열다; 열린  **compare** 비교하다  **price** 가격  **shop** 쇼핑하다; 가게

6  (A) They are painting the wall.
   (B) They are fixing some frames.
   (C) They are admiring some artwork.
   (D) Some lights are being turned on.

   (A) 그들은 벽에 페인트칠을 하고 있다.
   (B) 그들은 액자를 수리하고 있다.
   (C) 그들은 예술 작품을 보고 있다.
   (D) 조명에 불이 켜지고 있다.

# UNIT 02 사물/풍경 사진

## SPARTA PRACTICE | p.29

**1** (B)  **2** (B)  **3** (B)  **4** (A)

**1**
(A) They're eating in a restaurant.
(B) The tables have been set.
(A) 그들은 식당에서 먹고 있다.
(B) 식탁이 차려졌다.

[해설] 식탁이 다 차려진 상태를 수동태 완료 시제(have been set)를 사용해서 묘사했다. (A)의 restaurant이라는 어휘만 듣고 무조건 정답으로 고르지 않도록 주의하자. 식당에서는 set the table(식탁을 차리다), 호텔에서는 make the bed(침대를 정리하다)라는 어휘를 익혀 두자.

[어휘] **restaurant** 식당  **set** 세팅하다, 준비하다

**2**
(A) The sofa is being moved.
(B) Some pieces of pottery stand on the table.
(A) 소파가 옮겨지고 있다.
(B) 도자기들이 테이블에 놓여 있다.

[해설] 사물/풍경을 묘사하는 표현 중 하나로 현재형(stand)을 이용해서 사물을 의인화하는 경우가 있다. (A) 주어인 sofa만 듣고 성급으로 고르지 않도록 주의하자. 문장의 한 단어만 듣고 고르는 것이 아니라 가장 틀린 부분이 없는 보기를 고르는 것이 안전한 전략이다.

[어휘] **move** 옮기다, 이동하다  **pottery** 도자기  **stand** 서다, 위치해 있다

**3**
(A) The car is being parked in the garage.
(B) One of the car doors has been left open.
(A) 자동차가 차고에 주차되고 있다.
(B) 차 문 중 하나가 열려 있다.

[해설] leave라는 동사는 ① 떠나다, ② 두다, 놓다, ③ ~한 상태로 두다라는 3가지 의미로 사용된다. (A)의 수동태 진행형(be being p.p.)은 사물/풍경 사진에서 오답으로 쓰인다. 자동차는 이미 주차된 상태이지, 지금 주차되고 있는 중(is being parked)은 아니다. 자동차 문이 이미 열려 있는 것을 현재완료 수동태(has been left open) 시제를 사용해서 표현한 (B)가 답이다.

[어휘] **park** 주차하다; 공원  **garage** 차고, 수리점  **left** ~한 상태로 두다 (leave)의 과거분사형  **open** 열린

**4**
(A) Some goods have been arranged in rows.
(B) Some breads are being baked in the oven.
(A) 물건들이 줄지어 정렬되어 있다.
(B) 빵이 오븐에서 구워지고 있다.

[해설] 가게에 진열되어 있는 빵을 현재완료 수동태(have been arranged)를 사용해서 묘사했다. 특히 in rows(여러 줄로)는 arrange, display 등의 동사와 함께 나온다는 것을 기억해 두자. (B)는 수동태 진행형으로, 오븐에서 빵이 구워지고 있는 모습이 아니므로 오답이다.

[어휘] **goods** 물건, 상품  **arrange** 정렬하다  **in rows** 줄지어  **bread** 빵  **bake** 굽다  **oven** 오븐, 화덕

## SPARTA TEST | p.30

**1** (B)  **2** (D)  **3** (A)  **4** (C)  **5** (C)
**6** (D)

**1**
(A) People are opening some boxes.
(B) Some boxes have been stacked up.
(C) They're pushing the door open.
(D) The warehouse is being renovated.
(A) 사람들이 박스들을 열고 있다.
(B) 몇몇 박스들이 쌓여 있다.
(C) 그들은 문을 열고 있다.
(D) 창고가 수리되고 있다.

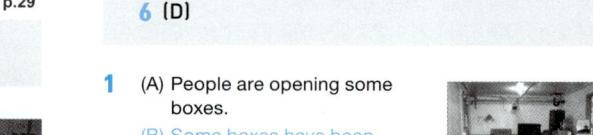

[해설] 창고에 물건과 박스들이 쌓여 있는 것을 현재완료 수동태(have been stacked) 시제를 사용해 표현했다. (A) 박스를 열고 있는 사람들은 보이지 않는다. (C) 문을 열고 있는 사람은 없다. (D) 창고는 맞지만 수리하고 있는 사람은 없다.

[어휘] **open** 열다; 열린  **stack** 쌓다  **push** 밀다  **warehouse** 창고  **renovate** 수리하다

**2**
(A) They're sitting under a picture.
(B) A sofa is being placed in the middle of the room.
(C) Some people are seated around the table.
(D) A picture is positioned above a bench.
(A) 그들은 그림 밑에 앉아 있다.
(B) 소파가 방의 한가운데 놓이고 있다.
(C) 몇몇 사람들이 테이블 주위에 앉아 있다.
(D) 그림이 벤치 위에 위치해 있다.

[해설] 방에 의자가 있고 그 위에 그림이 있는 것을 수동태(is positioned)로 묘사했다. (A) 그림 밑에 앉아 있는 사람은 없다. 'under a picture'라는 표현만 듣고 답으로 고르지 않도록 주의하자. (B) 지금 놓이고 있는 중을 표현한 수동태 진행형(is being placed)은 인물이 등장하는 사진에서 사용된다. (C) 테이블도 없고 앉아 있는 사람도 없다.

[어휘] **sit** 앉다  **picture** 그림  **sofa** 소파  **place** 놓다  **in the middle** 중간에  **seat** 앉히다  **around** 주위에, 둘러서  **position** 위치시키다  **above** ~위로  **bench** 벤치

**3**
(A) The road runs next to the river.
(B) They are walking along the water.
(C) Cars are traveling on a highway.
(D) A bridge extends above the water.
(A) 도로가 강 옆을 지나고 있다.
(B) 그들은 물가를 따라 걷고 있다.
(C) 자동차들이 고속도로를 가고 있다.
(D) 다리가 물 위로 뻗어 있다.

[해설] 강 옆에 도로가 쭉 뻗어 있는 모습을 현재시제(runs)를 사용해서 묘사했다. 길, 다리, 계단 등이 이어지거나 쭉 뻗어 있는 모습을 'go, run, extend, lead to'를 사용해서 묘사한다는 것을 기억해 두자. (B) 물가를 따라 걷는 사람은 없다. (C) 자동차들은 보이지 않으며 고속도로라고 볼 수도 없다. (D) 다리도 보이지 않는다.

어휘 **run** 지나가다　**along** ~을 따라　**travel** 여행하다, 이동하다
**highway** 고속도로　**extend** 쭉 뻗다　**above** ~ 위로

4  (A) The chairs are being carried into the kitchen.
   (B) They're hanging up a picture on the wall.
   (C) The lights have been turned on.
   (D) Meals have been served to the customers.
   (A) 의자들이 부엌으로 옮겨지고 있다.
   (B) 그들은 벽에 그림을 걸고 있는 중이다.
   (C) 불이 켜져 있다.
   (D) 음식이 손님들에게 제공되었다.

해설 식탁 위에 조명이 켜진 상태를 현재완료 수동태(have been turned on) 시제를 사용해서 표현했다. 난이도가 높을수록 중심에 놓여 잘 보이는 물건보다 천장이나 바닥에 있는 물건을 묘사한다는 것을 기억해 두자. (A) 의자는 있지만 의자를 옮기고 있는 사람은 없다. (B) 그림을 걸고 있는 사람은 없다. 'picture on the wall'이라는 표현만 듣고 답을 고르지 않도록 주의하자. (D) 음식도 없고, 서빙하고 있는 사람도 없다.

어휘 **carry** 운반하다　**kitchen** 부엌　**hang** 걸다, 걸리다　**light** 조명, 불　**turn on** 켜다　**meal** 식사　**serve** 제공하다, 서빙하다　**customer** 고객, 손님

5  (A) People are fishing from a riverbank.
   (B) People are swimming in the ocean.
   (C) Some boats are docked at a pier.
   (D) A boat is being lifted onto a trailer.
   (A) 사람들이 강둑에서 낚시하고 있다.
   (B) 사람들이 바다에서 수영하고 있다.
   (C) 배 몇 대가 부두에 정박해 있다.
   (D) 배가 트레일러로 들어올려지고 있다.

해설 부두(pier, dock) 같은 특정 장소는 '배가 정박하다' 등 묘사할 수 있는 표현이 한정되어 있으므로 자주 사용되는 표현을 익혀 두면 유리하다. (A), (B) 사진에 낚시나 수영을 하고 있는 사람은 보이지 않는다. (D) 배는 있지만 트레일러로 올려지는 모습은 아니다.

어휘 **fish** 낚시하다; 물고기　**riverbank** 강둑, 강기슭　**ocean** 대양, 바다　**dock** 선착장에 대다; 선착장　**pier** 부두　**lift** 들어올리다　**trailer** 트레일러

6  (A) A picture is being packed for a delivery.
   (B) A sculpture is suspended from a ceiling.
   (C) People are waiting to be seated.
   (D) Chairs have been arranged in a room.
   (A) 그림이 배달을 위해 포장되고 있다.
   (B) 조각상이 천장에 매달려 있다.
   (C) 사람들이 앉을 자리를 기다리고 있다.
   (D) 의자들이 방에 정렬되어 있다.

해설 사물을 놓다(place, put, lay), 쌓다(stack, pile, stock), 정렬하다(organize, arrange, display, set)는 가장 많이 등장하는 동사로 반드시 암기해 둬야 한다. (A) 그림은 있지만 포장하는 모습은 없고, (B) 조각상은 보이지만 천장에 매달려 있지 않다. (C) 사진에 사람들은 보이지 않는다. 의자들이 방에 배치되어 있는 모습을 묘사한 (D)가 답이다.

어휘 **pack** 포장하다, 싸다　**delivery** 배달　**sculpture** 조각(상)　**suspend** 매달다, 걸다　**ceiling** 천장　**be seated** 앉다　**arrange** 정렬하다

# UNIT 03 혼합 사진

## SPARTA PRACTICE | p.35

**1** (B)  **2** (B)  **3** (A)  **4** (A)

**1** (A) The man is driving a car.
(B) The man is handling a device.
(A) 남자가 자동차를 운전하고 있다.
(B) 남자가 장비를 다루고 있다.

**해설** 사진을 봤을 때 눈길을 끌거나 잘 들리는 어휘가 있는 보기가 아니라, 가장 덜 틀린 보기를 정답으로 골라야 한다. 특히 '다루다, 처리하다(handle, adjust)' 의 어휘는 장비를 만지거나 들고 있는 것만으로도 답이 될 수 있다. (A) 자동차만 있을 뿐 운전하는 모습은 아니므로 오답이다.

**어휘** handle 다루다  device 장치, 기기

**2** (A) Some people are waiting to board the plane.
(B) The place is crowded with many people.
(A) 몇몇 사람들이 비행기를 타기 위해 기다리고 있다.
(B) 장소가 많은 사람들로 붐비고 있다.

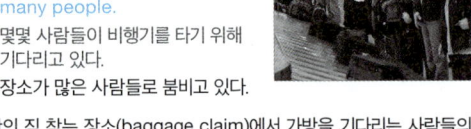

**해설** 공항의 짐 찾는 장소(baggage claim)에서 가방을 기다리는 사람들의 사진이다. 얼핏 보고 공항을 연상해서 비행기를 타려고 한다는 선택지를 고르지 않도록 주의하자. 정답은 사람이 많다고 묘사한 (B)이다.

**어휘** wait 기다리다  board 탑승하다  place 장소  be crowded 붐비다

**3** (A) Some boxes have been piled on the ground.
(B) The man is moving some boxes in the warehouse.
(A) 박스들이 땅에 쌓여 있다.
(B) 남자가 창고에서 박스를 옮기고 있다.

**해설** 인물이 등장한 사진에서 배경이 답이 되는 혼합 사진에 익숙해지도록 하자. (B) 남자가 박스를 옮기는 행동이라고 볼 수 없고 창고도 아니다.

**어휘** pile 쌓다  ground 땅, 지상  warehouse 창고

**4** (A) Some workers are sharing the office space.
(B) Some people are walking in the park.
(A) 몇몇 직원들이 사무 공간을 공유하고 있다.
(B) 몇몇 사람들이 공원에서 산책하고 있다.

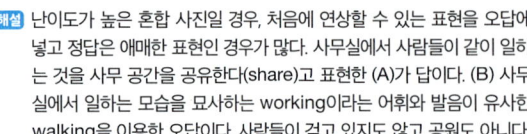

**해설** 난이도가 높은 혼합 사진일 경우, 처음에 연상할 수 있는 표현을 오답에 넣고 정답은 애매한 표현인 경우가 많다. 사무실에서 사람들이 같이 일하는 것을 사무 공간을 공유한다(share)고 표현한 (A)가 답이다. (B) 사무실에서 일하는 모습을 묘사하는 working이라는 어휘와 발음이 유사한 walking을 이용한 오답이다. 사람들이 걷고 있지도 않고 공원도 아니다.

**어휘** share 공유하다, 나누다  office space 사무 공간, 사무실  walk 걷다  park 공원

## SPARTA TEST | p.36

**1** (C)  **2** (B)  **3** (D)  **4** (A)  **5** (B)
**6** (C)

**1** (A) One man is giving a presentation.
(B) They are all signing a document.
(C) Some people are participating in a meeting.
(D) Some people are drinking water from a bottle.

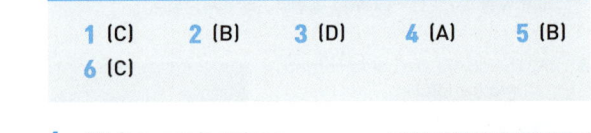

(A) 한 남자가 발표를 하고 있다.
(B) 그들은 모두 서류에 서명하고 있다.
(C) 몇몇 사람들이 회의에 참석하고 있다.
(D) 몇몇 사람들이 병에 있는 물을 마시고 있다.

**해설** 사람들이 회의장에서 큰 테이블 주위에 둘러앉아 있는 사진을 '앉다' 라는 직접적인 표현이 아닌 '회의에 참가하다(participate in)'라는 넓은 의미로 표현한 (C)가 정답이다. 이외에도 'attend, take part in' 등의 표현을 익혀 두자. (A) 발표하는 남자는 보이지 않는다. 사진에서 안 보이는 위치에서 무슨 행동이 일어나는지 추측해서 고르는 것은 금물이다. (B) 사람들은 서명하고 있지 않다. (D) 병은 있으나 마시고 있지 않다.

**어휘** presentation 발표  sign 서명하다; 표시  document 서류  participate 참가하다  drink 마시다; 음료수  bottle 병

**2** (A) A man is checking the passengers' tickets.
(B) The bus has stopped to let passengers in.
(C) The bus is heading for the hotel.
(D) Some people are getting off a vehicle.

(A) 남자가 승객들의 티켓을 확인하고 있다.
(B) 버스가 승객들을 태우기 위해 멈춰 섰다.
(C) 버스가 호텔로 향하고 있다.
(D) 몇몇 사람들이 자동차에서 내리고 있다.

**해설** 버스를 타고 있는 승객들의 행동을 표현한 보기가 아닌 이미 정차해 있는 차를 묘사한 전형적인 혼합 사진 문제이다. 사진을 보고 바로 정답을 추측하면 오히려 실수할 확률이 높다. 주어진 4개의 선택지 중에서 가장 덜 틀린 보기를 고르는 훈련을 하자. (A) 승객들의 티켓을 확인하는 모습은 보이지 않는다. (C) 버스가 어디로 갈지는 사진상으로 알 수 없다. (D) get off는 '내리다'라는 의미로 사진과는 정반대이므로 오답이다.

**어휘** passenger 승객  let ~ in 들여보내다  head for ~를 향해 가다  get off 내리다  vehicle 탈것, 자동차

**3** (A) A woman is putting trash into baskets.
(B) Beverage cans are being recycled.
(C) A woman is emptying the trash cans.
(D) Some garbage cans are lined up.

(A) 여자가 바구니에 쓰레기를 넣고 있다.
(B) 음료수 캔이 재활용되고 있다.
(C) 여자가 쓰레기통을 비우고 있다.
(D) 쓰레기통 몇 개가 줄 지어 있다.

해설 쓰레기통이 줄지어 있는 모습을 동사 line을 사용해서 묘사했다. 이 동사는 여러 물건이 줄지어 있을 때 '놓다, 정렬하다'의 뜻으로 쓰이지만 풍경을 묘사할 때도 쓰일 수 있다. (A) 쓰레기를 넣고 있다는 여자의 동작 묘사가 틀렸다. (B) 사진으로는 재활용하고 있는지 알 수 없다. (C) empty는 형용사로 '비어 있는', 동사로는 '비우다'라는 뜻으로 쓸 수 있다. 쓰레기통을 비우고 있는 모습이 아니므로 오답이다.

어휘 **put into** 넣다 **trash** 쓰레기(= garbage) **basket** 바구니, 통 **recycle** 재활용하다 **empty** 비우다; 비어 있는 **trash can** 쓰레기통 **line (up)** 줄지어 있다

4  (A) Some papers have been stacked up on a desk.
   (B) The man is cleaning the carpet in his office.
   (C) The desk is being pushed back into the corner.
   (D) Some books have been arranged on the floor.
   (A) 종이들이 책상 위에 쌓여 있다.
   (B) 남자가 사무실의 카펫을 청소하고 있다.
   (C) 책상이 구석으로 밀리고 있다.
   (D) 책 몇 권이 바닥에 놓여 있다.

해설 책상에 앉아 작업하는 인물 사진이지만 책상 위에 쌓인 서류를 묘사한 보기가 답이 된 전형적인 혼합 사진 문제이다. 그림을 보고 바로 정답을 예측하기보다는 주어진 선택지 중에 다소 애매한 표현이 있어도 가장 적절한 것을 고르도록 훈련하자. (B) 남자는 보이지만 청소하고 있지 않다. (C) 수동태 진행형(is being pushed)으로, 책상은 밀리고 있지 않다. 수동태 진행형은 주로 인물의 행동을 묘사할 때 사용되는 시제이다. (D) 책이 정렬된 것은 맞지만 바닥 위에 놓여 있지 않다.

어휘 **stack (up)** 쌓다 **clean** 청소하다; 깨끗한 **carpet** 카펫, 양탄자 **push back** 뒤로 밀다 **corner** 구석, 모퉁이 **arrange** 정렬하다 **floor** 바닥

5  (A) A floor is being mopped.
   (B) A carpet is being rolled out.
   (C) A table is being cleaned.
   (D) A flag is being folded.
   (A) 바닥이 닦이고 있다.
   (B) 카펫이 펼쳐지고 있다.
   (C) 식탁이 닦이고 있다.
   (D) 깃발이 접히고 있다.

해설 사람들이 카펫을 펼치고 있는 사진이다. 사람을 주어로 묘사할 수도 있지만 수동태 진행형(be being p.p.)을 이용해서 사물을 주어로 묘사할 수도 있다. 여기서는 펼쳐지는 카펫을 묘사한 (B)가 답이 되었다. (A) 바닥은 보이지만 대걸레질하는 동작 묘사가 틀렸고, (C) 식탁은 보이지 않으며, (D) 멀리 깃발은 보이지만 접고 있는 사람은 없다.

어휘 **mop** (문질러) 닦다 **roll** 말다 **clean** 닦다, 청소하다 **flag** 깃발 **fold** 접다

6  (A) A receptionist is talking to a customer.
   (B) The waiting area is crowded with people.
   (C) Shoes have been organized on the rack.
   (D) The doctor is treating the patient.
   (A) 접수원이 고객과 이야기하고 있다.
   (B) 대기실이 사람들로 붐빈다.
   (C) 신발이 걸이대에 정리되어 있다.
   (D) 의사가 환자를 치료하고 있다.

해설 사진에 등장한 인물과 상관없는 선택지가 정답이 될 수도 있다. 병원 대기실로 보이는 장소로, 여기서는 여자(접수원)가 아니라 진열된 신발을 묘사한 (C)가 답이 되었다. (A) 접수원은 있지만 고객은 보이지 않고, (B) 사진에 기다리는 사람들은 보이지 않는다. (D) 환자도 보이지 않고 치료하고 있는 의사도 보이지 않는다.

어휘 **receptionist** 접수원 **customer** 고객 **organize** 정리하다, 배열하다 **rack** 걸이대, 선반 **treat** 치료하다, 다루다 **patient** 환자

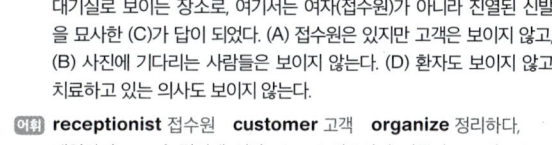

## PART 2

### UNIT 04 의문사 의문문

**SPARTA PRACTICE** | p.43

1 (B)　2 (A)　3 (B)　4 (A)　5 (B)
6 (A)

**1** Where can I get some office supplies?
  (A) Until next week.
  (B) The stationery store around the corner.
  제가 어디서 사무용품을 살 수 있을까요?
  (A) 다음 주까지요.
  (B) 모퉁이에 있는 문구점에서요.

  해설 장소를 물어보는 Where 의문문에, 가게의 위치를 설명한 (B)가 정답이다. (A)는 시점을 물어보는 When 의문문의 정답으로 적합하다.

  어휘 **get** 구하다　**office supplies** 사무용품　**until** ~까지
  **stationery** 문구류　**around the corner** 모퉁이를 돌아

**2** When do you leave for Canada?
  (A) This afternoon.
  (B) He preferred Japan.
  언제 캐나다로 떠나요?
  (A) 오늘 오후에요.
  (B) 그는 일본을 선호했어요.

  해설 시점을 물어보는 When 의문문에, 오늘 오후라는 시점을 말한 전형적인 표현이 답이 되었다. (B)는 대명사 He가 등장하는 것이 부자연스러우며 장소를 물어보는 Where 의문문의 답으로 적합하다.

  어휘 **leave for** ~를 향해 떠나다　**prefer** 선호하다

**3** What time are you going to go home?
  (A) A nice place in downtown.
  (B) Around seven.
  당신은 언제 집으로 갈 건가요?
  (A) 시내에 있는 좋은 장소요.
  (B) 7시 정도에요.

  해설 What 의문문은 연결되는 명사나 동사에 따라 다양한 의미를 가진다. What time은 시점을 나타내는 When과 같은 의미이므로 (B)가 답이 되었다. 이외에도 What과 함께 나올 수 있는 다양한 명사/동사의 연결 구문을 익혀 두자. (A)는 장소를 묻는 Where 의문문의 답으로 적합하다.

  어휘 **What time** 몇 시(= When)　**be going to** ~하려고 하다　**nice** 좋은
  **place** 장소　**downtown** 시내　**around** 근처의, 약

**4** How did your job interview go?
  (A) Fine, I think.
  (B) With Ms. Wilson.
  구직 면접은 어땠어요?
  (A) 좋았어요.
  (B) 윌슨 씨와 함께요.

  해설 How의 관용적인 용법의 하나로, go라는 어휘가 "가다"라는 뜻이 아니라 "일이 잘 진행되다"의 의미로 사용되었다. "How did it go~?(~는 어땠나요?)" 표현을 기억해 두자. (B)는 Who 의문문의 정답으로 적합하다.

  어휘 **interview** 면접, 취재　**fine** 좋은

**5** Who bought the tickets for tomorrow?
  (A) It's for the seven o'clock show.
  (B) My assistant did.
  누가 내일 쓸 티켓을 구매했나요?
  (A) 7시 공연을 위한 거예요.
  (B) 제 비서가 했어요.

  해설 누구인지 물어보는 Who 의문문의 정답으로, 직업/직급을 나타내는 어휘인 assistant가 정답이 되었다. 사람 이름뿐만 아니라 직급, 부서, 회사 이름도 정답이 될 수 있다는 것을 기억해 두자. (A) 시점을 나타내는 When 의문문의 정답으로 적합하다.

  어휘 **bought** 사다(buy)의 과거, 과거분사형　**ticket** 표　**show** 공연
  **assistant** 비서, 보좌관

**6** How much money did we raise for the charity?
  (A) I'll have to ask the manager.
  (B) The ticket price has been reduced.
  우리는 자선 단체를 위해 돈을 얼마나 모금했나요?
  (A) 매니저에게 물어봐야 할 것 같아요.
  (B) 티켓 가격이 인하되었어요.

  해설 불가산명사의 양을 물어보는 How much 의문문의 정답으로 금액이 나올 수 있다. 하지만 이 문제의 경우 '몰라요' 유형인, "나는 모르니 다른 사람에게 물어봐야 한다"라는 표현이 정답이 되었다. 이외에도 확인해 보자(check), 전화해 보자(call), 기다려 보자(wait) 등의 다양한 표현이 답이 될 수 있다는 것을 기억해 두자.

  어휘 **raise** 모금하다　**charity** 자선, 자선 단체　**ask** 물어보다
  **reduce** 줄이다, 감소시키다

---

**SPARTA TEST** | p.43

1 (C)　2 (B)　3 (A)　4 (C)　5 (B)
6 (A)

1 (C)　2 (A)　3 (B)　4 (A)　5 (C)
6 (A)

▶ **Who/ Where/ When 의문문**

**1** Who's in charge of sending the invoices?
  (A) His voice is too loud.
  (B) Yes, I got the invitation.
  (C) Ms. Romano usually does it.
  누가 송장 보내는 것을 담당하나요?
  (A) 그의 목소리가 너무 커요.
  (B) 네, 제가 초대장을 받았어요.
  (C) 보통 로마노 씨가 해요.

  해설 누가 송장을 보내는지 묻는 Who 의문문에, 고유명사인 사람 이름이 답이 된 전형적인 문제이다. (A) invoice, voice의 유사 발음이 반복되는 오답이다. (B) 의문사 의문문에는 Yes/No로 답하지 않는다.

  어휘 **be in charge** 책임지다　**invoice** 송장, 고지서　**voice** 목소리
  **invitation** 초대장　**usually** 보통

**2** Where do we keep printing papers?
  (A) The printer keeps jamming.
  (B) In the back of the room.
  (C) I will pay by cash.

인쇄 용지를 어디에 보관하나요?
(A) 프린터에 용지가 계속 걸려요.
(B) 방 뒤쪽에요.
(C) 현금으로 낼게요.

**해설** 장소를 물어보는 Where 의문문에, 방의 위치를 설명한 표현이 답이 된 전형적인 문제이다. (A) printing, printer의 유사 발음이 반복된 오답으로, 이유를 물어보는 Why 의문문의 답으로 적합하다. (C) 가게에서 계산할 때의 표현으로, 방법을 물어보는 How 의문문의 답으로 적합하다.

**어휘** **keep** 보관하다  **printing paper** 인쇄 용지  **printer** 인쇄기  **jam** 막히다, 걸리다  **in the back** 뒤에, 뒤쪽에  **pay** 지불하다  **by cash** 현금으로

**3** When will the main course be served?
(A) Right away.
(B) The head chef.
(C) Good choice.

언제 주 요리가 서빙되나요?
(A) 지금 당장이요.
(B) 수석 주방장이요.
(C) 좋은 선택이에요.

**해설** 시점을 물어보는 When 의문문의 정답으로 "지금 당장"이라는 표현이 답이 되었다. 질문의 어휘와 유사한 발음을 고르는 것이 아니라 주어진 의문문에 가장 적합한 것을 골라야 한다. (B)는 main course에서 연상되는 어휘이기는 하지만 When 의문문에 대한 내용이 아니다.

**어휘** **main course** 주 요리  **serve** 서빙하다  **right away** 바로  **head** 수석의  **chef** 쉐프, 요리사  **choice** 선택

**4** When will the new plant begin its operation?
(A) At the new factory.
(B) We'll plant them tomorrow.
(C) In less than five months.

새로운 공장이 언제 운영을 시작하나요?
(A) 새로운 공장에서요.
(B) 우리는 내일 그것들을 심을 거예요.
(C) 5개월 이내에요.

**해설** 시점을 물어보는 When 의문문에 시간 전치사와 함께 "in+시간"으로 답한 (C)가 정답이다. 특히 미래시제에는 in, next가, 과거시제에는 ago, last가 자주 쓰인다. (A)는 장소를 물어보는 Where 의문문의 답으로 적합하다. (B)는 plant라는 유사 발음 어휘가 반복된 전형적인 오답이다.

**어휘** **plant** 공장, 화초; 심다  **begin** 시작하다  **operation** 운영, 영업  **factory** 공장  **less than** ~보다 더 적은

**5** Who's going to be assigned as our department head?
(A) I'm going to the department meeting.
(B) It hasn't been announced yet.
(C) It will be held in the conference room.

누가 우리 부서장으로 배정될 건가요?
(A) 저는 부서 회의에 갈 거예요.
(B) 아직 발표나지 않았어요.
(C) 회의실에서 개최될 거예요.

**해설** 인물을 물어보는 Who 의문문에, "아직 결정 나지 않아 모른다"는 전형적인 "몰라요" 유형인 (B)가 답이 되었다. (A) department라는 어휘가 반복된 오답이다. 회의에 가는 것은 새로운 상사가 오는 것과 전혀 관련이 없다. (C)는 장소를 물어보는 Where 의문문의 정답으로 적합하다.

**어휘** **assign** 배정하다  **department** 부서  **head** 매니저, 상사  **announce** 발표하다  **be held** 개최되다  **conference room** 회의실

**6** Where did you spend your vacation?
(A) With my friends in Italy.
(B) We have to make the reservation.
(C) I speak Italian and French.

어디에서 휴가를 보냈어요?
(A) 이탈리아에서 친구들과 함께요.
(B) 저희는 예약을 해야 해요.
(C) 저는 이탈리아어와 불어를 해요.

**해설** 장소를 물어보는 Where 의문문에, 친구들과 이탈리아에서 보냈다고 설명하는 (A)가 답이 되었다. 난이도가 높을수록 장소 명사를 예측하기보다는 주어진 선택지에서 가장 좋은 것을 고르는 훈련을 해야 한다. (B) vacation이라는 어휘에서 연상되는 오답으로, 장소에 대한 내용이 아니다.

**어휘** **spend** 보내다, 쓰다  **vacation** 휴가  **Italy** 이탈리아  **make the reservation** 예약하다(= reserve)  **speak** 말하다  **Italian** 이탈리아어, 이탈리아의  **French** 프랑스어, 프랑스의

▶ **How/ Why/ What·Which 의문문**

**1** How soon will I receive the results of the interview?
(A) No, it's earlier in the week.
(B) In meeting room C, I believe.
(C) We'll call you next week.

면접 결과를 얼마나 빨리 받을 수 있을까요?
(A) 아니요, 이번 주 초예요.
(B) 제가 알기로는 C 회의실이에요.
(C) 다음 주에 전화 드릴게요.

**해설** How soon(얼마나 빨리)은 When과 같은 의문사로 기억해 두자. 시점을 물어보는 How soon 의문문에, "다음 주"라는 어휘가 포함된 (C)가 답이 되었다. 보기가 길어도 어떤 의문문에 적합한 답인지 계속 생각하는 훈련을 하자. (A) 의문사 의문문에 Yes/No로 답하지 않는다. (B) 장소를 물어보는 Where 의문문의 답으로 적합하다.

**어휘** **receive** 받다  **result** 결과  **interview** 면접  **earlier** 더 빠른  **week** 주  **believe** 생각하다, 믿다

**2** Why did the assembly line stop?
(A) Some machinery was broken.
(B) The line is busy.
(C) Sure, let's put it together.

조립 라인이 왜 멈췄나요?
(A) 일부 기계가 고장났어요.
(B) 통화 중이에요.
(C) 물론이죠, 조립합시다.

**해설** 이유를 물어보는 Why 의문문에, "장비가 고장났다"라는 전형적인 이유가 답이 되었다. (B) line이라는 어휘가 반복된 오답이다. (C) Sure는 Yes의 변형으로, 의문사 의문문에 Yes/No로 답하지 않는다.

**어휘** **assembly line** 조립 라인  **stop** 세우다, 멈추다  **machinery** 기계  **be broken** 고장 나다  **line** 선, 전화선  **be busy** 바쁘다  **put together** 조립하다, 만들다

**3** Why did Ms. Khan bring an assistant to the fair?
(A) It's a fair price.
(B) To help with the demonstration.
(C) No, not this time.

칸 씨는 왜 박람회에 비서를 데리고 왔나요?
(A) 적당한 가격이에요.
(B) 시연회를 돕기 위해서요.
(C) 아니요, 이번은 아니에요.

해설 이유를 물어보는 Why 의문문에, 목적을 얘기하는 to부정사가 답이 되었다. 이때 to부정사는 "~하려고, ~하기 위해"라는 부사적 용법으로 해석해야 한다. (A)는 fair라는 어휘가 반복되는 오답으로, 내용상의 연계성이 전혀 없다. (C) 의문사 의문문에 Yes/No로 답하지 않는다.

어휘 **bring** 가지고 오다, 데리고 오다  **assistant** 비서  **fair** 박람회; 정당한  **price** 가격  **help** 돕다; 도움  **demonstration** 시연  **this time** 이번에

**4**  What do you think of Ms. Nelson's proposal?
(A) It's quite acceptable.
(B) No, I don't think so.
(C) The coffee was really great.
넬슨 씨의 제안에 대해 어떻게 생각해요?
(A) 꽤 괜찮았어요.
(B) 아니요, 저는 그렇게 생각하지 않아요.
(C) 커피는 정말 좋았어요.

해설 What 의문문은 뒤에 함께 나오는 명사/동사에 따라 다양한 의미를 만든다. What do you think ~?(~은 어떻게 생각하나요?)는 '상태'를 묻는 How 의문문과 유사하다. "괜찮다"라는 뜻의 acceptable이 답이 되었다. 이외에도 '좋아요'라는 의미의 다양한 표현을 익혀 두자. (B) 의문사 의문문에 Yes/No로 답하지 않는다. (C) How 의문문의 답으로 적합한 표현이기는 하지만 coffee는 질문과 관련 없다.

어휘 **proposal** 제안, 제안서  **quite** 꽤  **acceptable** 받아들일 만한, 괜찮은  **really** 정말

**5**  How did you hear about the job?
(A) The volume is too low.
(B) Yes, he retired last month.
(C) It was advertised in the newspaper.
이 직장에 대해 어떻게 알았어요?
(A) 소리가 너무 낮아요.
(B) 네, 그는 지난달에 퇴사했어요.
(C) 신문에 광고가 났어요.

해설 방법을 물어보는 How 의문문에, "신문에서 알아냈다"라고 설명한 (C)가 답이 되었다. <How+일반동사>는 주로 방법에 대해 물어보는데, How 뒤에 따라 나오는 동사를 같이 해석할 수 있어야 한다. (A) hear에서 volume이라는 어휘가 연상될 수 있지만 방법에 대해 설명하고 있지 않다. (B) 의문사 의문문에 Yes/No로 답하지 않는다.

어휘 **hear** 듣다  **volume** 볼륨, 소리  **low** 낮은  **advertise** 광고하다  **newspaper** 신문

**6**  Which contract should we discuss at the board meeting?
(A) The one for N&L Incorporated.
(B) The bulletin board in the lobby.
(C) Just a couple of days ago.
우리는 임원 회의에서 어떤 계약을 논의해야 할까요?
(A) N&L 사에 대한 것이요.
(B) 로비의 게시판이요.
(C) 단 이틀 전에요.

해설 여러 개 중에서 선택해야 하는 Which 의문문의 경우, 선택한 것을 설명하는 the one(~한 것)이 답이 되는 경우가 많다. 어떤 계약을 논의할지 묻는 질문에 the one을 이용한 보기가 답이 되었다. (B) board라는 어휘가 반복된 전형적인 오답. (C) 시점을 나타내는 When 의문문의 답으로 적합하다.

어휘 **contract** 계약(서); 계약하다  **discuss** 토론하다, 말하다  **board meeting** 이사회의  **incorporated** 법인의  **bulletin board** 게시판  **just** 단지  **a couple of** 2개의

---

## UNIT 05 일반/기타 의문문

### SPARTA PRACTICE | p.47

**1** (A)  **2** (B)  **3** (A)  **4** (B)  **5** (B)
**6** (A)

**1**  Mr. Chase likes baseball, doesn't he?
(A) Yes, he does.
(B) No, he didn't.
체이스 씨는 야구를 좋아하죠, 그렇지 않나요?
(A) 네, 맞아요.
(B) 아니요, 그는 하지 않았어요.

해설 야구를 좋아하지 않냐고 물어보는 부가 의문문에, 대동사 do를 그대로 받아서 그렇다고 답한 (A)가 답이 되었다. (B)는 시제가 틀렸다. 질문이 현재에 대한 것이지 과거에 특정 행동을 했는지 물어보는 것은 아니다.

어휘 **baseball** 야구

**2**  Why don't you join us this evening?
(A) Yes, you can.
(B) Sorry. I have another appointment.
오늘밤에 우리와 함께 가지 그래요?
(A) 네, 당신은 할 수 있어요.
(B) 죄송해요. 다른 약속이 있어요.

해설 "Why don't you/Why not/How about/What about ~" 구문은 권유/청유형으로, "Yes + 세부 내용, No + 이유/다른 대안"의 전형적인 정답 구조이다는 것을 알아 두자. "No(Sorry) + 이유"로 제안을 거절하는 (B)가 정답이다. (A)는 대명사가 틀렸다. 질문에서 You로 물어보므로 대답할 때는 I로 바꾸어서 답해야 한다.

어휘 **join** 같이 하다  **another** 다른, 하나 더  **appointment** 약속

**3**  Did Marcus give a great presentation yesterday?
(A) Yes, it was good.
(B) He'd like that present.
마커스가 어제 발표를 잘 했나요?
(A) 네, 좋았어요.
(B) 그는 그 선물을 좋아할 거예요.

해설 발표를 잘 했냐는 질문에 "Yes + 긍정 내용"의 전형적인 구문인 (A)가 답이 되었다. 난이도가 높을수록 뒤에 연결되는 세부 내용이 더 까다롭게 나온다. (B) presentation, present라는 유사 발음이 반복되지만 내용상의 연계성은 없다.

어휘 **give a presentation** 발표하다  **present** 선물; 현재의

**4**  Weren't we supposed to meet at four?
(A) No, she can't have four of them.
(B) Yes, but I was stuck in traffic.
우리 4시에 만나기로 하지 않았나요?
(A) 아니요, 그녀는 4개를 가질 수 없어요.
(B) 네, 하지만 교통이 막혔어요.

해설 과거시제로 4시에 만나기로 하지 않았는지 확인하는 부정 의문문이다. 부정 의문문은 사실 확인이나 추궁의 의도도 있으며, "Yes, but ~(네, 하지만 ~)"의 변명하는 표현이 정답으로 많이 나왔다. (A) 대명사 she가 등장할 수 없고 four가 반복 사용된 함정이다.

어휘 **be supposed to** ~하기로 되어 있다  **be stuck** 막히다  **traffic** 교통, 교통량

**5** My parking permit is valid for one year, isn't it?
(A) It's 55 dollars.
(B) No, only for six months.
제 주차증은 1년 동안 유효하죠, 그렇지 않나요?
(A) 55달러입니다.
(B) 아니요, 6개월 동안만요.

해설 부가 의문문으로 유효 기간이 1년인지 묻는 질문에, "No + 다른 옵션"의 형태인 (B)가 정답이 되었다. 답변에 No가 나오면 비슷한 다른 옵션을 연결하는 경우가 많다. (A)는 가격을 물어보는 How much 의문문의 답으로 적합하다.

어휘 **permit** 허가, 허가증  **valid** 유효한  **for** ~동안

**6** Is there a faster way to process the application?
(A) Hand them in by e-mail.
(B) Put it slowly.
신청 건을 더 빨리 처리할 수 있는 방법이 있나요?
(A) 이메일로 보내세요.
(B) 천천히 놓으세요.

해설 "더 빠른 방법이 있냐"고 묻는 긍정 의문문으로, Yes가 생략되어 뒤의 내용만으로 긍정/부정을 확인해야 하는 난이도 높은 유형이다. "Yes+긍정/No+부정"의 전형적인 정답 형태를 연습하면 Yes/No가 생략된 문장만으로도 정답을 맞히는 것이 가능하다. (B) faster, slowly의 연상 어휘가 등장하지만 내용상의 연계성은 없다.

어휘 **faster** 더 빠른  **process** 처리하다  **application** 지원, 지원서  **hand in** 제출하다  **put** 놓다  **slowly** 천천히

### SPARTA TEST | p.47

| 1 (C) | 2 (A) | 3 (A) | 4 (B) | 5 (B) |
| 6 (C) | | | | |

| 1 (A) | 2 (C) | 3 (B) | 4 (C) | 5 (C) |
| 6 (B) | | | | |

▶ 긍정/ 부정/ 부가 의문문

**1** The performance was really great, wasn't it?
(A) At the entrance.
(B) No, he's still at school.
(C) Yes, I really enjoyed it.
공연이 정말 멋졌어요, 그렇지 않나요?
(A) 입구에서요.
(B) 아니요, 그는 아직 학교에 있어요.
(C) 네, 정말 즐거웠어요.

해설 공연이 좋았는지 묻는 부가 의문문에, "Yes+긍정 내용"으로 답한 (C)가 답이다. (A) performance, entrance는 발음이 유사해서 혼동을 주는 오답이다. (B) No가 나오면 좋지 않은 이유를 말하는 것이 일반적이다.

어휘 **performance** 공연  **really** 정말  **entrance** 입구  **still** 아직도  **enjoy** 즐기다

**2** Will you be checking in any baggage for today's flight?
(A) Yes, I have one suitcase.
(B) A one-way flight.
(C) No, I bring food from home.
오늘 비행을 위해 짐을 부치실 건가요?
(A) 네, 여행 가방 한 개가 있어요.
(B) 편도 비행기예요.
(C) 아니요, 저는 집에서 음식을 가지고 와요.

해설 공항에서 항공사 직원이 부칠 짐이 있냐는 긍정 의문문에 "Yes+세부 내용"으로 "가방이 하나 있다"고 말한 전형적인 유형의 (A)가 답이다. (B) flight라는 어휘만 반복되는 오답. (C) No가 나오면 부치지 않는 이유를 말해야 한다.

어휘 **check in** 맡기다, (공항) 짐을 보내다  **baggage** 짐, 가방  **flight** 비행, 비행기  **suitcase** 여행 가방  **one-way** 편도의

**3** Didn't you make a follow-up appointment with your dentist?
(A) Yes, for next week.
(B) Some toothpaste.
(C) I don't like following orders.
치과 의사와 다음 약속을 잡지 않았나요?
(A) 네, 다음 주로요.
(B) 약간의 치약이요.
(C) 저는 명령 따르는 것을 좋아하지 않아요.

해설 약속을 하지 않았는지 묻는 과거시제의 부정 의문문에, "Yes+세부 내용" 형태로 약속을 언제로 잡았는지 알려 주는 (A)가 답이다. (B) dentist, toothpaste는 서로 연상되는 어휘지만 내용상 연계성이 없다. (C) follow, following이라는 어휘만 반복되는 전형적인 유사 발음 오답이다.

어휘 **make an appointment** 약속하다  **follow-up** 추가의; 후속  **dentist** 치과 의사  **toothpaste** 치약  **follow** 따르다, 쫓아가다  **order** 명령, 주문

**4** Is Ms. Sanchez the new sales director?
(A) The direction was wrong.
(B) Yes, she started last week.
(C) No, at a marketing meeting.
산체스 씨가 새로 온 영업 이사인가요?
(A) 길 안내가 틀렸어요.
(B) 네, 그녀는 지난주에 시작했어요.
(C) 아니요, 마케팅 회의에서요.

해설 산체스 씨가 새 이사인지 묻는 질문에, "Yes+세부 내용"의 형태로 산체스 씨가 일을 시작한 시점을 설명한 (B)가 답이다. (A)는 director, direction의 유사 발음 오답으로 내용상 연계성이 전혀 없다. (C) 질문의 sales에서 연상할 수 있는 marketing을 이용한 오답이다.

어휘 **director** 이사  **direction** 길 안내, 지시  **wrong** 틀린

**5** Hasn't your transfer to Beijing been delayed?
(A) I can translate it for you.
(B) Not that I've heard.
(C) I'm afraid the flight has been delayed.
당신의 베이징 전근이 연기되지 않았나요?
(A) 제가 당신을 위해 통역해 드릴게요.
(B) 제가 들은 바로는 아닌데요.
(C) 죄송하지만 비행기가 지연되었어요.

해설 전근이 연기되지 않았냐고 묻는 부정 의문문으로, 정답은 문장 전체로 No를 답한 (B)이다. "내가 들은 바로는 그래요(That's what I heard)"와 "제가 들은 바로는 아닌데요(Not that I've heard, Not that I know of)"는 가장 전형적인 '문장 전체의 Yes/No 구문'으로 꼭 익혀 두자. (A) transfer, translate의 유사 발음이 반복된 오답이다. (C) delay라는 어휘가 반복된 오답이다.

어휘 **delay** 지연시키다  **heard** 듣다(hear)의 과거, 과거분사형  **afraid** 두려운, 유감스러운

**6** Are you available for coffee later?
(A) It is the latest version.
(B) I'm going to make some copies.
(C) Around three would be perfect.

나중에 커피 마실 시간 있어요?
(A) 그것은 최신 버전입니다.
(B) 제가 복사할 겁니다.
(C) 3시 정도면 딱 좋을 것 같아요.

**해설** 난이도 높은 Yes/No 의문문의 경우, Yes/No가 생략된 문장을 듣고 긍정인지 부정인지 파악할 수 있어야 한다. 커피를 마시자는 제안에, 구체적으로 "3시면 좋겠다"고 말한 (C)가 답이다. (A) later, latest라는 유사 발음 어휘가 반복된 오답으로 내용 연계성이 없다. (B) coffee, copies도 유사 발음 반복 오답으로 많이 등장한다.

**어휘** **available** 시간 있는, 만날 수 있는  **later** 나중에, 더 늦게  **the latest** 가장 최신의  **version** 버전  **make copies** 복사하다  **around** 주변의, 약  **perfect** 완벽한

▶ 권유[청유]형 / 선택 / 간접 의문문

**1** Should we take the highway or Park Avenue?
(A) Take the highway.
(B) Let's find a parking space.
(C) Yes, I will go upstairs.

고속도로로 갈까요? 아니면 파크 가로 갈까요?
(A) 고속도로로 가요.
(B) 주차 공간을 찾읍시다.
(C) 네, 제가 위층으로 갈게요.

**해설** Yes/No 의문문에서 유사 발음이 나오면 오답인 경우가 많지만 선택 의문문은 A or B 중에 선택하는 것이기 때문에 같은 어휘가 반복될 수 있다. (A) 역시 두 선택 사항 중 고른 것이므로 정답으로 가능하다. (B) Park와 parking은 발음만 비슷하고 내용상 연계성이 없다. (C) 선택 의문문에서 No는 A, B가 아닌 새로운 선택 사항을 말할 때 사용할 수 있지만 Yes로는 답할 수 없다.

**어휘** **take** (도로로) 가다  **avenue** 길  **space** 공간  **upstairs** 위층으로

**2** Let's take a break for 15 minutes.
(A) I think it's broken.
(B) Didn't we make more than that?
(C) That sounds like a good idea.

15분 동안 쉬죠.
(A) 제 생각에는 고장 난 것 같아요.
(B) 저희가 그것보다 많이 만들지 않았나요?
(C) 좋은 생각인 것 같아요.

**해설** "잠깐 쉬었다 하자"는 권유/청유형에, Yes를 생략하고 "좋은 생각"이라고 말한 (C)가 답이 되었다. Yes/No가 생략된 전형적인 형태로, 긍정/부정 내용인지 잘 듣고 확인해야 한다. (A)는 break, broken이 같은 동사에서 시작되었지만 의미상의 연계성이 없다. (B) that이라고 부를 내용이 없다.

**어휘** **take a break** 쉬다  **for** ~ 동안  **broken** 고장 난, 부서진  **more than** ~보다 많은  **sound** ~처럼 들리다; 소리

**3** Should I open the window for you?
(A) Yes, let's stay inside.
(B) Thanks. That'll be great.
(C) I'm here to open an account.

창문을 열어드릴까요?
(A) 네, 실내에 있도록 하죠.
(B) 고마워요. 그러면 좋겠네요.
(C) 계좌를 만들려고 왔어요.

**해설** 상대방의 제안에, "고맙다, 그래 주면 좋겠다"라는 전형적인 답변인 (B)가 답이 되었다. 특히 권유/청유형에서는 "네가 ~해라"와 "내가 ~해 줄까"를 구분해야 하므로 대명사를 꼭 듣자. (A) Yes 다음에 연결되는 구문이 연계성이 없다. (C) open이라는 어휘만 반복되는 유사 발음 오답으로 내용상 관련 없다.

**어휘** **open** 열다; 열린  **stay** 머물다, 유지하다  **inside** 내부에, 안쪽에  **account** 계좌, 계정

**4** Would you like a table inside or out on the patio?
(A) Take a seat, please.
(B) Can I have some water, please?
(C) It doesn't matter to me.

안쪽 테이블을 원하세요? 아니면 야외 테라스 자리를 원하세요?
(A) 앉아 주시기 바랍니다.
(B) 물 좀 마실 수 있을까요?
(C) 상관없어요.

**해설** 식당에서 종업원이 물어보는 질문으로, 안이나 야외 좌석 중에 고르라는 선택 의문문에 "아무거나 좋다(Either will be fine)" 류인 '상관없다'는 (C)가 답이 되었다. 빈출 정답 표현인 "둘 다 좋다, 둘 다 싫다, 아무거나 좋다"를 익혀 두자.

**어휘** **patio** 파티오, 테라스  **take a seat** 앉다  **have** 먹다, 가지다  **matter** 중요하다

**5** Why don't you ask your supervisor for a raise?
(A) You can ask me any time.
(B) To raise money for the charity.
(C) I think I will talk to her tomorrow.

당신 상사에게 봉급 인상을 요청하지 그래요?
(A) 제게 아무 때나 물어보셔도 돼요.
(B) 자선 단체를 위해 모금하려고요.
(C) 내일 그녀와 얘기할 생각이에요.

**해설** Why don't you ~?(~하지 그래?)는 전형적인 권유/청유형이다. 난이도가 높은 Yes/No 의문문에서는 Yes/No가 생략되고 뒤에 나온 내용만으로 긍정/부정을 나타내는 것이 가능하다. "상사에게 말해 보라"는 제안에, Yes를 생략하고 "내일 얘기해 보겠다"고 한 (C)가 답이다. (A) ask라는 어휘가 반복되지만 질문은 제3자에게 요청하라는 내용이다. (B) raise라는 어휘가 반복되는 오답이다.

**어휘** **ask for** 요청하다  **raise** 인상; 올리다, 모으다  **any time** 아무 때나  **charity** 자선, 자선 단체

**6** Could you tell me how you analyzed this sales data?
(A) Justin likes the logo.
(B) I used a newly installed program.
(C) We need to hire some analysts.

이 매출 데이터를 어떻게 분석했는지 말해 줄 수 있나요?
(A) 저스틴은 그 로고를 좋아해요.
(B) 새로 설치된 프로그램을 이용했어요.
(C) 저희는 몇몇 분석가들을 고용해야 해요.

**해설** 데이터 분석 방법을 알려 달라고 묻는 간접 의문문에, 새로 설치한 프로그램을 이용했다고 답한 (B)가 정답이다. (A)는 질문과 상관 없고, (C)는 질문의 analyze와 유사한 analyst를 사용한 보기이다. 간접 의문문에서 묻는 핵심 내용은 의문사 뒤를 정확히 해석해야 알 수 있다.

**어휘** **analyze** 분석하다  **sales data** 매출 데이터  **newly** 새로  **install** 설치하다  **analyst** 분석가

## UNIT 06 평서문

### SPARTA PRACTICE | p.51

1 (A)  2 (B)  3 (B)  4 (A)  5 (B)
6 (B)

**1** The new catalog is ready.
(A) It looks good.
(B) About 300 copies.
새로운 카탈로그가 준비됐어요.
(A) 좋아 보이네요.
(B) 약 300부요.

**해설** 평서문에 긍정적으로 반응하는 표현을 많이 익혀 둬야 한다. 회사에서 쓰는 카탈로그가 준비되었다는 말에 "좋아 보인다"라고 긍정적으로 얘기한 (A)가 답이 되었다. (B)는 수치를 물어보는 How many 의문문의 답으로 적합하다.

**어휘** catalog 카탈로그  be ready 준비되다  copy 부, 권(세는 단위)

**2** This report has to be edited before publishing.
(A) The price of the magazine is 7 dollars.
(B) That's a good suggestion.
이 보고서는 발행하기 전에 편집되어야 해요.
(A) 잡지 가격은 7달러입니다.
(B) 좋은 제안이네요.

**해설** 보고서가 편집되어야 한다고 말하는 평서문의 반응으로, "좋은 생각이다(That's a good idea)"의 변형인 "좋은 제안이다"가 답이 되었다. 업무와 관련된 질문에는 그 일을 해결해 주거나 대신 처리할 사람 및 방법을 알려 주는 표현이 답이 되는 경우가 많다. (A)는 publish라는 단어를 듣고 연상하기 쉬운 magazine이 들어간 오답이다.

**어휘** report 보고서; 보고하다  edit 편집하다  publishing 출판, 발행  price 가격  suggestion 제안

**3** I'd like to sell my house in the next six months.
(A) I'm going home at six o'clock.
(B) Oh, are you moving somewhere?
6개월 내에 집을 팔고 싶어요.
(A) 저는 6시에 집에 갈 겁니다.
(B) 아, 다른 데로 이사 가요?

**해설** 평서문에서 어떤 사실(fact)을 말하면 반문이나 조건으로 세부 내용을 물어보는 경우가 많다. 부동산업체와 이야기하고 있는 것으로 보이며, 직원인 듯한 사람이 이사를 가는지 반문하면서 관심을 나타내고 있다. (A) six라는 어휘가 반복되는 전형적인 유사 발음 오답이다.

**어휘** sell 팔다  move 옮기다, 이사하다  somewhere 어딘가

**4** These contracts have to be delivered right away.
(A) I'll do it right after work.
(B) I contacted him last week.
이 계약서들을 지금 당장 보내야 해요.
(A) 제가 일 끝내고 바로 하죠.
(B) 저는 지난주에 그에게 연락했어요.

**해설** "계약서를 당장 보내야 한다"는 평서문에 대한 대답으로 "일이 끝난 후 하겠다"고 한 (A)가 답이다. (B) contract/contact의 전형적인 유사 발음 오답이다.

**어휘** contract 계약(서)  deliver 배달하다  right away 지금 당장  contact 연락하다

**5** We should be leaving soon.
(A) Yes, I hope it doesn't.
(B) Don't worry. We have a few more minutes.
우리는 곧 떠나야 해요.
(A) 네, 그러지 않기를 바라요.
(B) 걱정하지 마요. 아직 시간이 좀 있어요.

**해설** "지금 출발해야 한다"는 평서문에 "No+이유" 형태로 반응했다. 평서문은 Yes 또는 No로 답하는 것이 가능하다. 따라서 Yes/No 의문문의 전형적인 반응을 익혀 두면 평서문을 풀 때 도움이 된다. (A) Yes라고 답하면 떠날 시간을 말하거나 무엇을 할 건지에 대한 더 자세한 내용이 나와야 하는데 3인칭의 it doesn't는 관계 없는 내용이다.

**어휘** leave 떠나다  soon 곧  hope 바라다  worry 걱정하다  a few 몇몇의, 약간의

**6** The package I ordered two months ago finally arrived today.
(A) Yes, that's final.
(B) Why was it late?
제가 두 달 전에 주문한 물건이 오늘 마침내 도착했어요.
(A) 네, 그게 마지막이에요.
(B) 왜 늦었대요?

**해설** "두 달 전에 주문한 물건이 오늘에야 도착했다"는 평서문에, 물건이 왜 늦게 도착했는지 반문하는 (B)가 답이 되었다. (A) finally/final의 파생어 유사 발음이 반복된 전형적인 오답이다.

**어휘** package 짐, 물건, 소포  order 주문하다  ago ~전에  finally 마침내, 결국  arrive 도착하다  final 최종의, 마지막의  late 늦은

### SPARTA TEST | p.51

1 (B)  2 (C)  3 (A)  4 (B)  5 (A)
6 (C)  7 (A)  8 (C)  9 (B)  10 (A)

**1** I haven't heard from Daniella in weeks.
(A) It's been fixed.
(B) Neither have I.
(C) They heard it from the radio.
다니엘라로부터 소식을 몇 주 동안 듣지 못했어요.
(A) 그것은 수리되었어요.
(B) 저도 못 들었어요.
(C) 그들은 라디오에서 들었어요.

**해설** 현재완료시제로 "완료, 경험"을 나타내는 표현이 등장했다. "나도 못 해봤다"라는 표현인 "Neither have I"를 꼭 암기해 두자. 한국말과 달리 영어는 "나도 그래"라는 표현이 "So do I(나도 그래), So have I(나도 그랬어), So can I(나도 그럴 수 있어)" 등과 같이 긍정/부정, 시제, 인칭 등을 맞춰야 한다. (A) 수리에 관한 내용은 언급되지 않았다. (C) heard라는 어휘가 반복되는 전형적인 유사 발음 오답이다.

**어휘** in weeks 몇 주 동안  fix 고치다, 수정하다  neither ~도 아니다

**2** The photocopier is making a strange noise.
(A) Ten cents a copy.
(B) Let's take pictures of everybody.

(C) Have you contacted maintenance yet?
복사기가 이상한 소음을 내고 있어요.
(A) 복사 한 장에 10센트예요.
(B) 모두의 사진을 찍죠.
(C) 시설 관리팀에 연락했나요?

**[해설]** 회사에서 사무기기의 고장과 사무용품의 재고가 떨어지는 내용은 자주 등장하는 주제이다. 복사기가 잘못되었다는 말에 직접 고쳐 주거나 시설 관리팀에 연락하라는 답변이 많이 나온다는 것을 기억해 두자. (A)는 photocopier를 듣고 연상되는 copy가 등장하지만 내용상 전혀 연계성이 없다. (B) photocopier에서 연상 가능한 pictures가 등장하는 오답이다.

**[어휘]** **photocopier** 복사기 **strange** 이상한 **noise** 소음 **cent** 센트(돈 세는 단위) **copy** 한 장, 한 부 **take a picture** 사진 찍다 **contact** 연락하다 **maintenance** 시설 관리(팀)

**3** I can't find my stapler.
(A) You can borrow mine if you want.
(B) I'm full, thank you.
(C) 20 pages in total.
제 스테이플러를 찾을 수 없네요.
(A) 원하시면 제 것을 빌리셔도 돼요.
(B) 배가 불러요, 고마워요.
(C) 다 합쳐서 20페이지예요.

**[해설]** 물건을 찾을 수 없다는 평서문에는 잃어버린 물건을 찾아 주거나 본인의 것을 주어서 문제를 해결하는 답변이 나올 수 있다. 본인 것을 빌려주겠다는 (A)가 정답이다. (B) 음식을 더 먹으라고 권유하는 질문의 답으로 가능하다. (C)는 How many pages 의문문의 답으로 가능하다.

**[어휘]** **find** 찾다 **stapler** 스테이플러 **borrow** 빌리다 **mine** 나의 것 **be full** 꽉 차다, 배부르다 **in total** 전체로, 총

**4** I already saw that movie last week.
(A) The moving expenses are very high.
(B) What did you think about it?
(C) Two tickets, please.
저는 지난주에 이미 그 영화를 봤어요.
(A) 이사 비용이 매우 비싸요.
(B) 어땠어요?
(C) 티켓 2장 주세요.

**[해설]** "이미 영화를 봤다"는 과거의 일에 대한 반응으로 "어땠는지" 관심을 나타내는 표현이 답이 되었다. 질문 앞부분의 주어/시제를 확인하는 연습을 많이 해야 한다. (A) movie/moving의 유사 발음 오답으로 내용상 연계성은 없다. (C)는 movie에서 연상할 수 있는 ticket을 사용한 오답이다. 장소는 매표소도 아니고 티켓을 살 상황도 아니다.

**[어휘]** **saw** 보다(see)의 과거형 **last week** 지난주 **moving expense** 이사 비용 **high** 높은 **ticket** 티켓, 표

**5** You could use my office if you need to make a phone call.
(A) That's very kind of you.
(B) You have the wrong number.
(C) They're on the third floor.
전화해야 하면 제 사무실을 사용해도 돼요.
(A) 정말 친절하시네요.
(B) 전화를 잘못 거셨어요.
(C) 그들은 3층에 있어요.

**[해설]** 호의를 제공하는(offer) 내용의 평서문으로, 이에 대한 답변으로 "고맙다"고 반응하는 것이 일반적이고 더 나아가 세부 내용으로 반문하는 것도 가능하다. (B)는 질문의 phone call을 듣고 연상되는 wrong number라는 어휘를 넣은 오답이다. (C)는 They로 부를 만한 물건이나 사람이 없고 위치에 관한 질문도 아니다. 대명사 호환(You/I)으로 오답을 지우는 것도 가능하다.

**[어휘]** **use** 사용하다 **make a phone call** 전화하다 **kind** 친절한 **wrong** 잘못된 **number** 번호 **third floor** 3층

**6** I think we should promote Kay for the sales manager's position.
(A) In interview room A.
(B) The sales will last for three days.
(C) But Carmen does have more experience.
제 생각에 영업 매니저 자리에 케이를 승진시켜야 할 것 같아요.
(A) A 면접실이에요.
(B) 세일은 3일 동안 진행될 겁니다.
(C) 하지만 카르멘이 경력이 더 많아요.

**[해설]** "케이를 승진시켜야 한다"는 평서문에 "No+다른 옵션"의 형태로 다른 사람을 추천하는 내용의 (C)가 답이 되었다. "Yes+긍정", "No+부정"으로 대답하는 형태를 익혀 두면 평서문에서도 사용할 수 있다. (A)는 장소를 묻는 Where 의문문의 답으로 적합하다. 질문은 현재 면접을 보거나 구직을 하는 것이 아니라 제3자의 승진에 대해 이야기하고 있다. (B) sales라는 어휘만 반복될 뿐 내용상의 연계성이 없다.

**[어휘]** **promote** 승진시키다 **sale** 판매, 세일 **manager** 관리자, 상사 **position** 자리, 직책 **interview** 면접, 취재 **last** 지속하다 **for** ~동안 **experience** 경력, 경험

**7** My car won't start.
(A) Okay, I can send someone to help you.
(B) It was about 40 miles.
(C) Some new business cards.
제 차가 시동이 안 걸려요.
(A) 알겠어요, 제가 도와줄 사람을 보내 드리죠.
(B) 약 40마일 정도였어요.
(C) 새 명함 몇 장이요.

**[해설]** 문제를 언급하는 평서문에 전형적인 대답은 "도와주겠다"고 하는 것이다. 시동이 안 걸린다는 말에, "도와줄 사람을 보내주겠다"라는 반응을 보인 (A)가 답이다. (B)는 거리를 묻는 How long 의문문에 대한 답변으로 적절하며, (C)는 car와 발음이 유사한 card를 사용한 오답이다.

**[어휘]** **start** 시동이 걸리다 **about** 약, 대략 **business card** 명함

**8** I'd like to make a reservation for this evening.
(A) We should rest for a while.
(B) Three nights a week.
(C) For how many people?
오늘 저녁으로 예약하고 싶습니다.
(A) 우리는 잠시 쉬어야 합니다.
(B) 일주일에 3일입니다.
(C) 몇 사람인가요?

**[해설]** 식당에 전화하는 손님의 대사로, 오늘 저녁으로 예약하고 싶다는 말에 전형적인 응답은 "Yes+세부 내용" 또는 "No+예약이 안 되는 이유"를 말하는 것이다. 몇 사람이 올 건지 묻는 것이 적절하므로 (C)가 정답이다.

**[어휘]** **make a reservation** 예약하다 **rest** 쉬다 **for a while** 한동안

**9** A taxi will be here in ten minutes.
(A) Yes, two hours ago.
(B) Thanks for arranging that.
(C) The manager will be here any minute.
택시가 10분 후에 여기에 도착할 겁니다.
(A) 네, 두 시간 전에요.
(B) 준비해 주셔서 감사합니다.
(C) 지배인이 곧 여기 도착할 겁니다.

해설 택시가 곧 도착한다고 알려 주는 평서문으로, 택시를 불러줘서 고맙다는 (B)가 정답이다. (A) 택시가 곧 도착할 거라는 미래시제 질문에 과거시제 (ago)로 답한 오답이며, (C) here와 minute이라는 어휘가 반복되었지만 내용상 연계성이 없다.

어휘 **minute** 분　**arrange** 잡다, 준비하다　**any minute** 곧, 지금 당장

**10** I don't think we'll be able to complete our design project by the deadline.
(A) We'll have to ask for more time.
(B) Yes, it was very difficult to complete.
(C) There was no response.
우리가 디자인 프로젝트를 마감일까지 끝낼 수 없을 것 같아요.
(A) 추가 시간을 요청해야 할 것 같아요.
(B) 네, 그것은 완성하기 매우 어려웠어요.
(C) 아무런 답이 없었어요.

해설 마감일을 맞출 수 없을 것 같다고 부정적인 소식을 전하는 평서문이다. 평서문에서는 좋은 일이 생기면 같이 기뻐하고 문제가 있으면 함께 해결하려고 하는 것이 일반적인 반응이다. 시간 안에 프로젝트를 마치지 못할 것 같다는 말에, 추가 시간을 요청해야 한다는 (A)가 이어지는 것이 내용상 자연스럽다. (B) complete라는 어휘가 반복, 시제가 맞지 않는 오답이다. (C)는 전화나 이메일을 보냈는지 묻는 질문에 대한 반응으로 적합하다.

어휘 **be able to** ~할 수 있다　**complete** 완성하다　**deadline** 마감 기한　**ask for** 요청하다　**response** 응답

## UNIT 07 "몰라요" 유형

### SPARTA PRACTICE | p.55

**1** (A)　**2** (B)　**3** (A)　**4** (A)　**5** (B)
**6** (B)

**1** Where is the interview with the manager taking place?
(A) I can't remember.
(B) It's at nine o'clock.
매니저와의 면접을 어디에서 할 건가요?
(A) 기억나지 않아요.
(B) 9시에 있어요.

해설 장소를 물어보는 Where 의문문의 정답으로, "기억나지 않는다"는 "몰라요" 유형이 답이 되었다. "몰라요" 유형 중에 "기억나지 않는다, 잊어버렸다(can't remember/recall, forgot)" 등의 표현을 익혀 두자. (B)는 시점을 물어보는 When 의문문의 답으로 적합하다.

어휘 **interview** 면접　**manager** 매니저, 상사　**remember** 기억하다

**2** Are you helping with George's presentation?
(A) He is very helpful.
(B) I don't know yet.
조지의 발표를 도와줄 건가요?
(A) 그는 굉장히 도움이 돼요.
(B) 아직 모르겠어요.

해설 긍정 의문문으로, 어떤 행동을 할 것인지 물어보는 질문에 "아직 모르겠다"고 대답한 전형적인 "몰라요" 유형이 답이 되었다. 이외에도 "기다려 봐야 한다(I'll have to wait)" 등의 유사 표현을 익혀 두자. (A) help, helpful의 유사 발음이므로 오답 처리해야 한다.

어휘 **help** 도와주다　**presentation** 발표　**helpful** 도움이 되는

**3** Why did Mr. Turner decide to go back to China?
(A) He didn't tell me.
(B) The decision is up to you.
터너 씨는 왜 중국으로 돌아가기로 결정했나요?
(A) 그는 저에게 말하지 않았어요.
(B) 당신의 판단에 맡길게요.

해설 이유를 물어보는 Why 의문문에, "말하지 않아서 모른다"는 표현이 답이 되었다. 이외에도 듣지 못했다(I haven't heard, I haven't been told)의 표현을 익혀 두자. (B)는 decide, decision의 유사 발음을 이용한 오답이다. 정확히 해석되지 않을 때 유사 발음을 오답 처리하자.

어휘 **decide** 결정하다　**go back** 돌아가다　**decision** 결정

**4** When is Mr. Martinez coming back to town?
(A) Next week.
(B) I'm not coming back.
마르티네즈 씨는 언제 시내로 돌아오나요?
(A) 다음 주예요.
(B) 저는 돌아오지 않을 거예요.

해설 돌아오는 시점을 물어보는 When 의문문으로, "다음 주"라는 미래 시점을 언급한 (A)가 답이 되었다. (B) come back이라는 표현이 반복되는 전형적인 오답이다. 정확하게 해석되지 않는 상황에서 질문에 나온 어휘가 반복되면 오답 처리하는 훈련을 하자.

어휘 **come back** 돌아오다　**town** 도시

**5** Why don't you go to the movies with us?
(A) I will move it right away.
(B) Let me check my schedule.

우리와 함께 영화 보러 가는 게 어때요?
(A) 당장 그것을 옮길게요.
(B) 제 일정을 확인해 볼게요.

해설 "Why don't you ~?"로 시작하는 권유/청유문에, "몰라요" 유형으로 일정을 확인해 보겠다고 한 (B)가 답이 되었다. 이외에도 "모르니 물어보겠다, 확인해 보겠다(Let me ask, Let me check, Let me find out)" 표현을 익혀 두자. (A)는 movie, move의 유사 발음 오답이다.

어휘 **move** 이동하다, 옮기다   **right away** 지금 당장   **check** 확인하다   **schedule** 일정

**6** How was the concert you went to last night?
(A) Last winter was really cold.
(B) Actually, I didn't go.

어젯밤에 간 콘서트는 어땠어요?
(A) 지난 겨울은 정말 추웠어요.
(B) 실은 저는 가지 않았어요.

해설 상태를 물어보는 How 의문문에, "가지 않아서 모른다"는 "몰라요" 유형인 (B)가 답이 되었다. 모르는 이유로 "확인하지 않았어요(I didn't check, I didn't ask ~)" 등의 표현도 가능하다는 것을 기억해 두자. (A)는 last라는 어휘가 반복된 유사 발음 오답이다. 정확하게 해석되지 않을 경우 비슷한 어휘나 발음이 나오는 보기는 오답 처리하자.

어휘 **concert** 음악회   **went** 가다(go)의 과거형   **last** 지난   **cold** 추운

## SPARTA TEST | p.55

| 1 (B) | 2 (C) | 3 (A) | 4 (B) | 5 (A) |
| 6 (C) | 7 (C) | 8 (C) | 9 (A) | 10 (B) |

**1** When will our order be shipped?
(A) They will send them by ship.
(B) By the end of next week.
(C) Yes, it will be there.

우리 주문품은 언제 배송되나요?
(A) 그들은 그것들을 배로 보낼 것입니다.
(B) 다음 주말까지요.
(C) 네, 그곳에 있을 거예요.

해설 시점을 물어보는 When 의문문에, next week을 언급한 (B)가 답이 되었다. (A)는 ship이라는 어휘가 반복되는 전형적인 유사 발음 오답이다. (C) 의문사 의문문에 Yes/No로 답할 수 없다는 것을 기억해 두자.

어휘 **order** 주문(품); 주문하다   **ship** 배송하다; 배, 선박   **send** 보내다

**2** Who will be the manager for the accounting department?
(A) The apartment has a very good location.
(B) No, I can't manage it.
(C) I haven't heard anything yet.

누가 회계부서의 매니저가 될 건가요?
(A) 그 아파트는 굉장히 좋은 위치에 있어요.
(B) 아니요, 저는 관리할 수 없어요.
(C) 저는 아직 들은 게 없어요.

해설 매니저가 누구인지를 물어보는 Who 의문문에, "아직 듣지 않아서 모른다"는 전형적인 "몰라요" 유형이 답이 되었다. (A)는 department, apartment의 유사 발음 오답이다. (B) 의문사 의문문에 Yes/No로 답할 수 없으며 manager, manage 유사 발음이 등장한 오답이다.

어휘 **manager** 매니저, 상사   **accounting** 회계   **department** 부서   **apartment** 아파트   **location** 위치   **manage** 관리하다   **heard** 듣다(hear)의 과거, 과거분사형

**3** Does the bill include the sales tax?
(A) Yes, it does.
(B) Yes, he's in sales.
(C) Yes, the fax machine.

계산서에 판매세가 포함되어 있나요?
(A) 네, 맞아요.
(B) 네, 그는 판매직에 있어요.
(C) 네, 팩스기요.

해설 긍정 의문문에서 대동사(do/does)를 그대로 받아서 표현한 (A)가 답이 되었다. Yes/No 의문문에서는 Yes/No 다음에 문법/인칭/내용에 맞는 연결 내용을 찾는 훈련을 해야 한다. (B) sales가 반복된 오답이다. (C) tax, fax의 유사 발음 오답이다.

어휘 **bill** 고지서, 계산서   **include** 포함하다   **sales** 판매   **tax** 세금   **fax machine** 팩스기

**4** How long will it take to get to the convention center?
(A) It's very convenient.
(B) It depends on the traffic.
(C) The center will be relocated.

컨벤션 센터까지 가는 데 시간이 얼마나 걸릴까요?
(A) 굉장히 편리해요.
(B) 교통량에 따라 달라요.
(C) 센터는 이전할 거예요.

해설 기간을 물어보는 How long 의문문에, "상황을 봐야 한다"는 의미의 "It depends on ~"이 답이 되었다. 이외에도 "기다려 봐야 한다, 물어봐야 한다" 등의 "몰라요" 표현을 익혀 두자. (A)는 convention, convenient의 유사 발음 오답이며, 상태를 묻는 How 의문문의 답으로 적합하다.

어휘 **take** (시간이) 걸리다   **convention center** 컨벤션 센터, 대행사 장소   **convenient** 편리한   **depend on** ~에 따라 다르다   **traffic** 교통, 교통량   **relocate** 이전하다, 옮기다

**5** What's the fare to the airport?
(A) It's ten dollars.
(B) The job fair.
(C) Send it by airmail.

공항까지 요금은 얼마인가요?
(A) 10달러입니다.
(B) 구직 박람회요.
(C) 항공 우편으로 보내요.

해설 가격을 묻는 What 의문문에, 구체적인 금액을 얘기한 (A)가 정답이다. fare는 '요금/금액'이라는 의미이므로 "What+fare"는 "How much ~"와 같은 의미로 볼 수 있다. (B)는 fare, fair 유사 발음 오답으로, 무슨 행사를 하는지 묻는 질문에 가능한 답변이다. (C)는 airport, airmail의 유사 발음 오답으로, 방법을 물어보는 How 의문문의 답으로 적합하다.

어휘 **fare** 요금   **fair** 박람회   **send** 보내다   **airmail** 항공 우편

**6** Do you know where the police station is?
(A) Please finish it as soon as possible.
(B) The bus station.
(C) I'm new here, too.

경찰서가 어디에 있는지 아세요?
(A) 되도록 빨리 끝내주세요.
(B) 버스 정류장이요.
(C) 저도 여기는 처음이에요.

**해설** 경찰서의 위치를 묻는 간접 의문문(Do you know ~?)에, 본인도 처음이라 모른다는 "몰라요" 유형인 (C)가 답이 되었다. 최근에는 "새로 와서 모른다, 늦게 와서 모른다" 등의 "몰라요" 유형이 자주 출제되고 있다. (A)는 시점을 묻는 When 의문문의 답으로 가능하다. (B)는 station이라는 어휘가 반복된 오답이다.

**어휘** **police station** 경찰서　**finish** 끝내다　**as soon as possible** 되도록 빨리　**bus station** 버스 정류장

**7** Why hasn't the shipment arrived yet?
(A) By truck, I think.
(B) I'm sorry I'm late.
(C) I'll call the delivery company.

배송물은 왜 아직 도착하지 않았나요?
(A) 제 생각에는 트럭으로요.
(B) 늦어서 죄송합니다.
(C) 택배 회사에 전화해 보겠습니다.

**해설** 배송 지연의 이유를 물어보는 Why 의문문에, '택배 회사에 전화해 보겠다'고 응답한 (C)가 답이 되었다. "몰라요" 유형인 "알아보겠다"는 표현을 익혀 두자. (A)는 배송 방법을 물어보는 How 의문문의 답으로 적합하며, (B)는 질문의 arrived에서 late이 연상될 수 있으나 내용상 관련 없다.

**어휘** **shipment** 선적(물)　**arrive** 도착하다　**late** 늦은　**call** 전화하다　**delivery company** 택배 회사

**8** Would you like to go shopping tomorrow or next week?
(A) She would like it.
(B) At the department store.
(C) I have to go on a business trip next week.

내일 쇼핑갈까요? 아니면 다음 주에 갈까요?
(A) 그녀는 그걸 좋아할 거예요.
(B) 백화점에서요.
(C) 저는 다음 주에 출장을 가야 해요.

**해설** 쇼핑을 언제 가고 싶은지 묻는 말에, 다음 주에는 출장을 가서 안 된다고 하는 (C)가 답이다. (A)는 질문의 would, like를 반복한 오답, (B)는 go shopping에서 연상 가능한 department store를 이용한 오답이다.

**어휘** **go shopping** 쇼핑 가다　**department store** 백화점　**business trip** 출장

**9** What are the estimated budgets for next year?
(A) You can find out tomorrow.
(B) During next year.
(C) How did they estimate that?

내년도 추정 예산은 얼마나 되나요?
(A) 내일이면 아실 수 있어요.
(B) 내년 동안에요.
(C) 그들은 그것을 어떻게 추정했나요?

**해설** What 의문문으로 내년 추정 예산이 얼마인지 묻고 있다. 지금은 모르지만 내일이면 알 수 있을 거라고 답하는 "몰라요" 유형의 (A)가 답이다. (B)는 next year를 반복한 오답, (C)는 동일 어휘 estimate를 써서 혼동을 준 오답이다.

**어휘** **estimate** 추정하다　**budget** 예산　**find out** 알아내다　**during** ~하는 동안

**10** Where is the Billing Department located?
(A) Because it wasn't paid.
(B) Here's the building directory you can refer to.
(C) That seems too low.

경리부는 어디에 위치해 있나요?
(A) 왜냐하면 그것은 지불되지 않았어요.
(B) 여기 당신이 보실 수 있는 건물 안내도가 있어요.
(C) 너무 낮은 것 같아요.

**해설** 부서의 위치를 물어보는 질문에, '안내도'를 보라고 대답한 "몰라요" 유형의 (B)가 정답이다. (A) billing, pay는 서로 연상되는 어휘지만 내용상 연계성이 없다. (C) located, low의 발음 혼동을 노린 오답이다.

**어휘** **billing department** 경리부　**pay** 지불하다　**directory** 안내서, 배치도　**refer to** 참조하다, 보다

# PART 3

## UNIT 08 문제 유형 I

### ✚ 빈출 패턴 훈련 | p.60

W: 손님, 주문하시겠습니까?
M: 결정할 시간이 좀 필요해요. 물 한 잔 가져다주시겠어요?

**1** 대화가 이루어지는 곳은 어디인가?
  (A) 식당에서
  (B) 식료품점에서

W: 새 컴퓨터 시스템을 써 본 적 있어요? 정말 효율적이에요.
M: 네, 그 프로그램은 작동하기 쉽고 모든 주요 거래를 처리할 수 있어요.

**2** 화자들은 무엇에 대해 이야기하는가?
  (A) 보안 시스템
  (B) 컴퓨터 소프트웨어

M: 마이라, 오늘 일 끝나고 집에 좀 데려다주시겠어요?
W: 미안하지만 병원에 가야 해서 일찍 퇴근할 거예요. 길 건너편에서 버스를 타지 그래요?

**3** 남자가 요청하는 것은 무엇인가?
  (A) 집까지 데려다주기
  (B) 버스 요금

M: 저는 준비할 발표가 있는데 제 컴퓨터로 아무것도 인쇄할 수 없어요.
W: 저한테 데이터를 보내 주시면 제 컴퓨터에서 파일을 인쇄할 수 있어요. 얼마 안 걸릴 거예요.

**4** 여자가 해 주겠다고 하는 것은 무엇인가?
  (A) 컴퓨터 고치기
  (B) 데이터 인쇄하기

### SPARTA PRACTICE | p.61

| 1 (C) | 2 (A) | 3 (C) | 4 (B) | 5 (D) |
| 6 (A) |

| 1 (A) | 2 (D) | 3 (B) | 4 (C) | 5 (B) |
| 6 (C) |

### [General Question]

**Question 1** refers to the following conversation.

W: Here is my car key. When can I come back to pick up my car?
M: We have to change the oil and check the engine alignment, so it'll take at least two hours.

W: 여기 제 자동차 열쇠가 있어요. 언제 제 차를 찾으러 오면 될까요?
M: 오일을 교체하고 엔진 정렬을 확인해야 하니까 적어도 2시간은 걸릴 거예요.

**어휘** **occupation** 직업  **driver** 운전사  **mechanic** 기술자, 수리공  **waiter** 웨이터  **key** 열쇠  **come back** 돌아오다  **pick up** 찾으러 가다  **change** 바꾸다  **oil** 오일  **check** 확인하다  **alignment** 정렬

**1** 남자의 직업은 무엇인가?
  (A) 호텔 직원
  (B) 버스 운전사
  (C) 자동차 수리공
  (D) 웨이터

**해설** 직업을 물어보는 General Question으로, 3문제 중에서 가장 먼저 등장하고 힌트는 주로 앞부분에 등장한다. 첫 문장에서 자동차 열쇠를 맡기고 차 점검이 끝나면 찾으러 오겠다는 내용을 듣고 (C)를 고를 수 있다. 물론 뒤에 자동차 점검에 대한 이야기가 나오지만 정해진 시간 내에 3문제를 풀어야 하기 때문에 되도록이면 앞부분에서 정답을 고르는 훈련을 하자.

**Question 2** refers to the following conversation.

M: Are you interested in seeing a new play by Scott Miller at the Grand Theater? I'm planning to go this weekend.
W: I heard it is really great, but I'm a little short this month. I don't think I can afford more entertainment right now.

M: 그랜드 극장에서 하는 스콧 밀러의 새로운 연극을 보러 가는 데 관심 있어요? 저는 이번 주말에 갈 계획이에요.
W: 정말 훌륭하다고 들었지만 이번 달에는 돈이 조금 모자라서요. 지금은 여흥을 더 즐길 여유가 없을 것 같아요.

**어휘** **play** 연극  **film** 영화, 필름  **opera** 오페라  **entertainer** 연예인  **be interested in** ~에 대해 관심이 있다  **plan** 계획하다; 계획  **really** 정말  **a little** 약간의  **short** 모자라는, 부족한  **afford** ~할 여유가 되다  **entertainment** 오락, 여흥

**2** 화자들은 무엇에 대해서 이야기하고 있는가?
  (A) 연극
  (B) 영화
  (C) 오페라
  (D) 연예인

**해설** 주제를 묻는 General Question의 힌트는 주로 맨 앞에 등장하지만 동의 표현이 나오거나 선택지가 길 수 있으므로 장소/직업 문제보다 조금 더 까다롭다. 하지만 이 문제는 연극을 보는 데 관심 있는지 (interested in seeing a new play) 묻는 첫 문장에서 답을 알 수 있는 쉬운 문제이다.

**Question 3** refers to the following conversation.

M: Good morning, welcome to World Travel. How may I help you today?
W: I'm interested in visiting Europe for my vacation. Do you have package tours for about a week or so? My friends and I are thinking about the ones involved in France, Spain and England.

M: 좋은 아침입니다, 세계 여행사에 와 주셔서 감사합니다. 오늘 무엇을 도와드릴까요?

W: 휴가로 유럽을 방문하는 데 관심이 있어요. 일주일 정도의 패키지 여행 상품이 있나요? 제 친구들과 저는 프랑스, 스페인 그리고 영국이 포함된 것을 생각하고 있어요.

**어휘** **probably** 아마도　**bank** 은행　**travel agency** 여행사　**vacation** 휴가　**package tour** 패키지 여행 상품　**for** ~동안　**one** 한 개, ~것(불특정한 것을 지칭)

**3** 남자는 어디에서 일하는 것 같은가?
(A) 은행에서
(B) 항공사에서
(C) 여행사에서
(D) 식당에서

**해설** 남자가 일하는 장소를 물어보는 General Question으로, 주로 본문 앞쪽에서 힌트를 준다. 장소/직업 관련 문제는 시험에 자주 등장하는 관련 어휘를 암기하고 본문을 들을 때 이를 통해 장소를 파악해야 한다. 첫 문장에서 "세계 여행사에 오신 것을 환영한다(welcome to World Travel)"라는 부분을 보고 여행사임을 추측할 수 있다.

**Question 4** refers to the following conversation.

W: Hello, Mr. Yamada. This is Jane Watson from Sprint Mobile Telephone Services. I've noticed that you haven't paid your bills for the last two months.

M: Now that you've told me, I haven't gotten any phone bills. I recently moved to a new place. Maybe you don't have the right address.

W: 안녕하세요, 야마다 씨. 저는 스프린트 휴대 전화 서비스 사에서 근무하는 제인 왓슨이라고 합니다. 고객님께서 지난 2달 동안 요금을 내지 않으신 것을 발견했습니다.

M: 당신의 말을 듣고 보니 저는 전화 요금 고지서를 받지 못했어요. 제가 최근에 새로운 곳으로 이사를 했는데요. 아마 제대로 된 주소를 가지고 있지 않으신가 봐요.

**어휘** **moving company** 이삿짐센터　**mobile phone** 휴대 전화　**representative** 직원(= employee)　**post office** 우체국　**notice** 알아차리다; 공지　**paid** 내다(pay)의 과거, 과거분사형　**pay one's bill** 대금을 치르다, 요금을 내다　**gotten** 얻다, 받다(get)의 과거분사형　**recently** 최근에　**move** 이사하다, 옮기다　**address** 주소; 주소를 적다

**4** 여자는 누구인 것 같은가?
(A) 이삿짐센터 직원
(B) 휴대 전화 회사 직원
(C) 은행 직원
(D) 우체국 직원

**해설** 여자의 직업을 물어보는 General Question으로, 본문 앞쪽에서 힌트를 찾아야 한다. 여자의 첫 문장에서 휴대 전화 서비스 사(Mobile Telephone Services)에서 일한다는 내용을 듣고 답을 고를 수 있다. General Question은 되도록 첫 부분에서 정답 힌트를 찾자.

**Question 5** refers to the following conversation.

M: Hi, I've registered for the International Convention in April, and I want to book a room at your hotel for the week. Do you have special rates for convention participants?

W: Yes, rooms that week are 30 percent off for guests going to the convention. Later on, you'll have to show your convention registration form to confirm your attendance.

M: 안녕하세요, 4월에 있을 국제 컨벤션에 등록했는데, 그 주에 당신 호텔 방을 예약하고 싶어요. 컨벤션 참가자들을 위한 특별가를 제공하나요?

W: 네, 그 주에 방들은 컨벤션에 가는 손님들을 위해 30프로 할인합니다. 손님은 나중에 참석 확인을 위해 컨벤션 신청서를 보여 주셔야 해요.

**어휘** **respond** 답장하다, 반응하다　**question** 질문　**directions** 길 안내　**arrange** 잡다, 계획하다　**reserve** 예약하다(= book)　**register** 등록하다　**special** 특별한　**rates** 가격, 비율　**participant** 참가자　**off** 할인된, 떨어진　**later on** 나중에　**attendance** 참석

**5** 남자는 왜 전화하는가?
(A) 질문에 대답하기 위해
(B) 길 안내를 받기 위해
(C) 셔틀 버스를 잡기 위해
(D) 방을 예약하기 위해

**해설** 남자가 전화하는 목적은 General Question으로, 주로 본문 앞쪽에서 힌트를 준다. 남자의 첫 대사에서 컨벤션에 가는데 방을 예약하고 싶다(I want to book a room at your hotel for the week)고 했으므로 book의 동의 표현인 reserve를 골라야 한다.

**Question 6** refers to the following conversation.

W: Are you sure this is the right way? Maybe we should ask someone else how to get to the theater.

M: Don't worry. We'll follow this road all the way to the next intersection, and then we can see whether this is the right way. We still have plenty of time before the show starts.

W: 이 길이 맞다고 확신해요? 극장에 어떻게 가야 하는지 다른 사람에게 물어봐야 할 거 같아요.

M: 걱정하지 마요. 이 길로 다음 교차로까지 쭉 따라가 보면 맞는 길인지 알 수 있을 거예요. 쇼가 시작하기 전까지 아직 시간이 많아요.

**어휘** **problem** 문제　**lost** 길을 잃은　**find** 찾다　**be broken** 고장 나다　**show time** 상영 시간　**right** 맞는, 오른쪽의　**follow** 따라가다　**intersection** 교차로, 사거리　**plenty of** 많은

**6** 무엇이 문제인가?
(A) 그들은 길을 잃어버렸다.
(B) 그들은 티켓을 찾을 수 없다.
(C) 자동차가 고장났다.
(D) 그들은 공연 시간을 모른다.

**해설** 문제점을 묻는 유형도 General Question으로, 본문 앞쪽에서 힌트를 얻을 수 있지만 난이도가 높아지면 동의 표현이 많이 나오고 단서도 전체 지문을 파악해야 알 수 있다. 첫 문장인 "이 길이 맞는지 확신하나요? 다른 사람한테 극장에 가는 법을 물어봐야 해요(Are you sure this is the right way? Maybe we should ask someone else how to get to the theater)"를 듣고 (A)를 골라야 한다.

## [Specific Question]

**Question 1** refers to the following conversation.

> M: My lease expires at the end of the month, and I still can't find a place to live. Do you know anybody who has rooms to rent out?
> W: Well, why don't you research some Web sites? Online realtors are easy to access, and the prices are very reasonable.
> M: 제 임대 계약이 이번 달 말에 끝나는데 아직도 살 장소를 구하지 못했어요. 방을 임대하는 사람을 아나요?
> W: 글쎄요, 웹 사이트를 찾아 보지 그래요? 온라인 부동산들은 사용하기 편하고 가격이 매우 합리적이에요.

**어휘** suggest 제안하다  check out 확인해 보다  site 장소, 사이트  reservation 예약  lease 임대 계약서  still 아직  place to live 살 장소  rent out 임대하다  research 연구하다, 찾아 보다  realtor 부동산(= real estate agency)  easy 쉬운  access 접근하다, 이용하다  reasonable 합리적인, 저렴한

**1** 여자는 남자에게 무엇을 하라고 제안하는가?
(A) 몇몇 온라인 사이트 확인하기
(B) 단체 할인 요청하기
(C) 예약하기
(D) 그녀의 친구들에게 전화하기

**해설** 여자가 제안하는 내용은 여자가 말할 확률이 높다. 문제를 정확하게 읽고 본문에서 어떻게 제시될지를 생각하면서 듣자. 남자의 문제에 대해 여자가 "웹 사이트를 조사해 봐라(~ why don't you research some Web sites?)"라고 했으므로 (A)가 정답이다.

**Question 2** refers to the following conversation.

> M: Christina, how was your vacation? When I visited Paris last year, I had a wonderful time, too.
> W: It was really great. My husband and I visited so many local museums and outdoor events. The weather was great throughout the whole time, too. Actually, I'm planning to travel to the city again next year.
> M: 크리스티나, 휴가는 어땠어요? 저도 작년에 파리를 방문했을 때 정말 멋진 시간을 보냈어요.
> W: 정말 좋았어요. 저희 남편이랑 저는 많은 지역 박물관과 야외 행사를 방문했어요. 날씨도 내내 좋았어요. 실은 내년에도 그 도시를 여행할 계획이에요.

**어휘** visit 방문하다  vacation 휴가  wonderful 멋진  local 지역의  museum 박물관  outdoor 야외의  event 행사  weather 날씨  throughout 내내  whole time 전체  actually 실은

**2** 남자는 언제 파리를 방문했는가?
(A) 어제
(B) 지난주에
(C) 지난달에
(D) 작년에

**해설** 남자가 파리를 방문했던 시점은 남자가 말할 확률이 높다. 남자의 첫 문장에서 작년에 파리를 방문했다고 했으므로 답이 (D)임을 알 수 있다.

**Question 3** refers to the following conversation.

> W: Excuse me, I really like this sweater but don't like the color. Don't you have this in black?
> M: Yes, but we're all sold out. But if you want, I could call other stores and see if they have the color you want. Please wait for a moment.
> W: 실례합니다만, 이 스웨터가 정말 마음에 드는데 색깔이 별로예요. 검은색으로도 있지 않나요?
> M: 네, 그런데 품절되었어요. 하지만 원하시면 다른 가게에 전화해서 손님이 원하시는 색깔이 있는지 알아봐 드릴 수 있어요. 잠깐만 기다리세요.

**어휘** offer 제공하다, 해 주다  refund 환불  contact 연락을 취하다  another 다른, 또 하나의  branch 지점  directions 길 안내  explain 설명하다  procedure 절차  sweater 스웨터  in black 검정으로  sold out 매진된, 품절된  wait 기다리다

**3** 남자는 무엇을 해 주겠다고 하는가?
(A) 그녀에게 환불해 주겠다고
(B) 다른 지점에 연락하겠다고
(C) 그녀에게 길 안내를 해 주겠다고
(D) 절차를 설명해 주겠다고

**해설** 남자가 해 주겠다고 말하는 내용은 남자가 말할 확률이 높다. "원하면 해 줄 수 있다(if you want, I could ~)"의 구문을 익혀 두자. 원하는 물건이 없다는 고객의 말에 "그럼 다른 가게에 있는지 알아봐 주겠다(if you want, I could call other stores ~)"고 하는 부분에서 답을 알 수 있다. 특히 call(전화하다)과 contact(연락을 취하다)는 자주 나오는 동의 표현이므로 꼭 기억해 두자.

**Question 4** refers to the following conversation.

> M: Hi, Jennifer. Have you found a place to stay in Miami during the conference in July?
> W: No, I've been trying to find a room everywhere and have no luck. I don't have any friends or relatives to stay with. If I don't get something by this weekend, I'm in big trouble.
> M: 안녕하세요, 제니퍼. 7월에 있을 컨퍼런스 기간 동안 마이애미에 머물 장소는 찾았나요?
> W: 아니요, 방을 찾으려고 모든 곳을 알아 봤는데 운이 없네요. 같이 머무를 친구나 친척들도 없어요. 이번 주말까지 어딘가 잡지 못하면 큰일이에요.

**어휘** sightseeing 관광  conference 컨퍼런스, 대회  client 고객  during ~동안  try ~하려고 노력하다, 시도하다  luck 행운  relative 친척  stay 머물다  trouble 문제, 어려움

**4** 여자는 마이애미에서 무엇을 할 것인가?
(A) 관광을 간다
(B) 친구를 방문한다
(C) 컨퍼런스에 참가한다
(D) 고객을 만난다

**해설** 문제를 먼저 읽고 '여자가 마이애미에서 할 일'이라는 키워드를 정확하게 기억한 후 음원을 듣자. 문제에서 성별이 지정될 경우 그 성별이 단서를 말할 확률이 높으나 여기서는 여자가 마이애미에 가는 이유를 남자가 이야기했다. 남자가 컨퍼런스 기간 동안 마이애미에서 머물 공간을 찾았냐고 물었으므로 (C)가 정답이다.

**Question 5** refers to the following conversation.

W: Hi, Carlos. Did you check next month's schedule for our fitness classes? We have classes in a row with no break times in the middle. This is a big problem.

M: You're right. That means I have to put away the exercise equipment for the first class and get ready for the next one in less than five minutes. And who can do that?

W: 안녕, 카를로스. 다음 달 피트니스 수업 일정을 확인했어요? 우리는 중간에 쉬는 시간 없이 연속으로 수업이 있어요. 이건 큰 문제예요.

M: 맞아요. 그렇다면 저는 5분 안에 첫 번째 수업의 운동 장비를 치우고 두 번째 수업을 준비해야 해요. 근데 누가 그것을 할 수 있겠어요?

**어휘** **imply** 암시하다 **ask for** 요청하다 **volunteer** 자원자, 지원자 **task** 일, 작업 **impossible** 불가능한 **position** 자리, 직책 **fitness** 피트니스, 운동 **in a row** 연결해서, 연속해서 **break time** 쉬는 시간 **middle** 중간, 중앙 **mean** 의미하다 **put away** 치우다 **equipment** 장비 **get ready for** 준비하다 **less than** ~보다 적은

**5** 남자가 "근데 누가 그것을 할 수 있겠어요"라고 말하는 의도는 무엇인가?

(A) 그는 자원자를 요청하고 있다.
(B) 그는 그 일이 불가능하다고 생각한다.
(C) 그는 한 직원의 이름을 알고 싶어 한다.
(D) 그는 그 직책에 관심이 없다.

**해설** 남자가 "5분 안에 수업을 준비해야 한다(get ready for the next one in less than five minutes)"라고 한 다음에 "누가 할 수 있겠는가"라고 하는 것은 그 일이 불가능하다는 뉘앙스이다.

**Question 6** refers to the following conversation and schedule.

W: Hi, Allan. How's the townhouse renovation project going?

M: Let me check my calendar. We've just completed the floor installation. And we're going to start painting outside next week. So we should be done by the end of March.

W: 안녕하세요, 알랜. 연립 주택 개조 프로젝트는 어떻게 진행되고 있나요?

M: 달력을 확인해 보죠. 저희는 조금 전에 바닥 설치를 마쳤어요. 그리고 다음 주에 외부 페인트칠을 시작할 거예요. 그러면 3월 말까지는 끝날 겁니다.

| 일정 | |
|---|---|
| 1단계 | 캐비닛 마무리 |
| 2단계 | 바닥 설치 |
| 3단계 | 야외 페인트칠 |
| 4단계 | 지붕 교체 |

**어휘** **schedule** 일정 **refinish** (표면을) 다시 손질하다 **cabinet** 장, 캐비닛 **install** 설치하다 **flooring** 마루, 바닥 **paint** 페인트칠하다 **outside** 야외 **replace** 교체하다 **roof** 지붕 **townhouse** 연립 주택 **renovation** 개조, 개축 **project** 작업 **check** 확인하다 **complete** 완성시키다 **be done** 끝내다

**6** 도표를 보시오. 어느 단계의 작업이 다음 주에 시작할 것인가?

(A) 1단계
(B) 2단계
(C) 3단계
(D) 4단계

**해설** 표/그림 관련 문제는 문제를 읽기 전에 표를 한번 훑어보고 어떤 내용이 음원에 나올지 미리 준비해야 한다. 문제를 보고 "다음 주의 어떤 단계(What stage ~ next week)"라는 키워드를 찾은 후 선택지를 표와 연계해 본다. 선택지에 Stage가 나온 것으로 보아 음원에서는 작업을 언급할 확률이 높다. 본문에서 "다음 주에 페인트칠을 한다(~ we're going to start painting outside next week)"는 부분을 듣고 페인트칠인 3단계를 골라낼 수 있다.

## SPARTA TEST | p.62

| 1 (A) | 2 (D) | 3 (D) | 4 (C) | 5 (A) |
| 6 (D) | 7 (A) | 8 (B) | 9 (D) | 10 (A) |
| 11 (C) | 12 (B) | 13 (C) | 14 (D) | 15 (A) |
| 16 (D) | 17 (C) | 18 (A) | | |

**Questions 1 through 3** refer to the following conversation.

M: Are you all set, ma'am?

W: Yes, I'd like to take these two shirts. One blue and another one in gray. Both in size 4.

M: Certainly. Total price for two shirts comes to fifty-six dollars. Will you be paying in cash?

W: Actually, I have a gift certificate. Can I pay with it?

M: 준비가 다 되셨나요, 손님?

W: 네, 이 셔츠 두 개를 살게요. 하나는 파란색, 다른 하나는 회색으로요. 둘 다 4사이즈로 주세요.

M: 물론이죠. 셔츠 두 장의 총액은 56달러입니다. 현금으로 계산하시겠어요?

W: 실은, 상품권이 있는데요. 그걸로 내도 돼요?

**어휘** **take place** 일어나다 **dry cleaner's** 세탁소 **pay** 지불하다 **check** 수표; 확인하다 **credit card** 신용 카드 **be set** 준비되다 **total** 총액, 전체의 **gift certificate** 상품권

**1** 이 대화는 어디에서 일어나고 있는가?

(A) 가게에서
(B) 은행에서
(C) 세탁소에서
(D) 수영장에서

**해설** 대화의 장소를 물어보는 General Question은 주로 본문의 앞쪽에서 힌트를 준다. 첫 문장에서 "계산할 준비가 되었나요(Are you all set)"라는 문장과 "셔츠를 사겠다(I'd like to take these two shirts)"에서 대화 장소가 옷 가게임을 알 수 있다.

**2** 여자는 얼마를 지불해야 하는가?

(A) 2달러
(B) 4달러
(C) 26달러
(D) 56달러

**해설** 여러 숫자가 등장하지만 문제에서 묻는 돈의 금액을 정확하게 들어야 한다. 두 개의 셔츠를 4사이즈로 사고 싶다는 내용이 등장해서 헷갈릴 수 있지만 총액이 56달러라는 남자의 말(Total price for two shirts comes to fifty-six dollars)에서 답이 (D)임을 알 수 있다. SQ는 문제를 정확하게 기억하고 음원을 듣는 것이 중요하다.

**3** 여자는 구매한 물건을 어떻게 지불할 것 같은가?

(A) 현금으로
(B) 수표로
(C) 신용 카드로
(D) 상품권으로

[해설] 미래에 관한 내용은 주로 뒤쪽에 나온다. 종업원인 남자가 현금으로 계산할 건지 물어봤지만 여자는 "상품권으로 내도 되나요(Actually, I have a gift certificate. Can I pay with it?)"라고 물어봤으므로 상품권으로 계산할 것임을 추측할 수 있다. 대화의 gift certificate이 voucher로 패러프레이징되었다.

**Questions 4 through 6** refer to the following conversation.

M: Where would you like me to take you?
W: To the Citizen's Bank on Main Street, please. How long will it take?
M: Normally, it would only take about 20 minutes, but rush hour is about to start.
W: I think it would be faster if we drive through Park Avenue instead of the downtown area.
M: Yes, I was thinking the same thing. The bank is in front of the Public Library, right?
W: That's right. Could you hurry up a little bit? I have a meeting there at four o'clock, and it's already past three o'clock.

M: 어디로 모셔다 드릴까요?
W: 메인 가에 있는 시티즌 은행이요. 얼마나 걸릴까요?
M: 보통은 20분 정도 걸리는데요, 이제 곧 출퇴근 교통 체증이 시작하네요.
W: 제 생각에는 시내로 가지 말고 파크 가로 운전하는 것이 더 빠를 것 같아요.
M: 네, 저도 그렇게 생각하고 있었어요. 은행은 공립 도서관 앞에 있죠?
W: 맞아요. 좀 서둘러 주시겠어요? 제가 4시에 거기에서 회의가 있는데 벌써 3시가 넘었네요.

[어휘] **job** 직업  **attendant** 조수, 보조 요원  **take** 가지고 가다, (시간이) 걸리다  **normally** 보통  **rush hour** 출퇴근 교통 체증  **faster** 더 빠른  **through** ~를 통해  **downtown** 시내  **area** 지역  **same** 같은  **in front of** ~앞에  **hurry up** 서두르다  **already** 벌써, 이미

**4** 남자의 직업은 무엇인가?

(A) 주차 보조 요원
(B) 호텔 직원
(C) 택시 운전사
(D) 여행 가이드

[해설] 남자의 직업을 물어보는 General Question으로, 첫 문장의 "어디로 모셔다 드릴까요(Where would you like me to take you?)"라는 부분에서 택시 운전사를 고를 수 있다. 뒤에서 은행과 도서관이 나오지만 남자의 직업과는 상관 없는 내용이다.

**5** 여자는 어디로 가고 싶어 하는가?

(A) 은행으로
(B) 그녀의 집으로
(C) 그녀의 사무실로
(D) 도서관으로

[해설] 여자가 가고 싶어 하는 장소를 묻는 Specific Question은 여자가 말할 확률이 높다. 여자의 첫 문장(To the Citizen's Bank on Main Street, please)에서 은행에 가고 싶다는 것을 알 수 있다. 두 번째 문제를 여유 있게 맞히려면 첫 번째 문제를 빨리 푸는 연습을 해야 한다.

**6** 여자의 약속은 언제인가?

(A) 정오에
(B) 2시에
(C) 3시에
(D) 4시에

[해설] 여자의 약속 시간을 물어보는 Specific Question으로, 여자가 말할 확률이 높다. 여러 시간 관련 표현이 나오지만 "4시에 거기에서 회의가 있어요(I have a meeting there at four o'clock)"에서 약속 시간은 4시임을 알 수 있다.

**Questions 7 through 9** refer to the following conversation.

M: Hi, this is Jeffrey from the design department. I'd like to reserve a meeting room for July 23, around 2 P.M.
W: Sure, how many people will be there? We have to have that information to assign a proper room.
M: I invited seven clients. There will be three more people from my department, so ten people will be there in total.
W: Okay. Your reservation has been confirmed for that time in Room 304.

M: 안녕하세요, 저는 디자인 팀의 제프리인데요. 7월 23일 오후 2시쯤에 회의실을 예약하고 싶어요.
W: 물론이죠, 몇 분이나 오실 건가요? 적당한 방을 배정하기 위해서는 그 정보를 알아야 해요.
M: 제가 7명의 고객을 초대했고요. 우리 부서에서 3명이 더 갈 거니까 총 10명이 갈 거예요.
W: 알겠습니다. 귀하의 예약이 그 시간에 304호로 확정되었습니다.

[어휘] **discuss** 말하다, 토론하다  **reservation** 예약  **information technology(IT)** 정보 기술  **flight** 비행, 비행기  **schedule** 일정  **request** 요청하다  **information** 정보  **participant** 참가자  **change** 변화  **detail** 세부 정보; 자세한  **assign** 배정하다  **invite** 초대하다  **client** 고객  **in total** 전체로, 총  **confirm** 확인하다

**7** 화자들은 무엇을 이야기하고 있는가?

(A) 방 예약
(B) 저녁 파티
(C) 정보 기술
(D) 비행 일정

[해설] 주제를 물어보는 General Question은 본문 앞에서 힌트를 얻을 수 있다. 남자가 자기소개를 한 후 "회의실을 예약하고 싶다(I'd like to reserve a meeting room for July 23)"고 하므로 (A)가 답이다.

**8** 여자는 무엇을 요청하는가?

(A) 룸서비스
(B) 참가자들에 대한 추가 정보
(C) 가격 변동
(D) 계획의 세부 정보

[해설] 여자가 요청하는 것(the woman request)은 여자가 말할 확률이 높다. 여자가 참석 인원 정보가 필요하다(~ how many people will be there? We have to have that information)고 했으므로 (B)가 답이다.

**9** 몇 명이 회의에 참석할 것인가?

(A) 2명
(B) 3명
(C) 7명
(D) 10명

**해설** '몇 명이 참석할 것인가'라는 문제를 기억하고 본문을 듣자. 총 몇 명이 올지 정확히 파악할 수 있어야 한다. 고객 7명에 직원 3명으로, 총 10명이 온다(ten people will be there in total)는 부분에서 답이 (D)임을 알 수 있다.

**Questions 10 through 12** refer to the following conversation.

W: Good morning and thank you for calling Royal Restaurant. How may I help you?
M: Hello, my name is Brandon Kim, and I saw an ad in the newspaper that you are looking for a chef. Is the job still available? If so, what documents do I need to apply for it?
W: Yes, the position is still open. Those are all posted on the Web site, so you need to check it out.
M: Thank you. I'll do that then.

W: 좋은 아침입니다. 로열 레스토랑에 전화해 주셔서 감사합니다. 무엇을 도와 드릴까요?
M: 안녕하세요, 제 이름은 브랜던 킴이고 당신 식당에서 요리사를 찾고 있다는 신문 광고를 봤어요. 그 자리가 아직도 비어 있나요? 만약 그렇다면 지원하는 데 어떤 서류가 필요한가요?
W: 네, 그 직책은 아직 비어 있습니다. 그것들은 모두 웹 사이트에 게시되어 있으니까 사이트를 확인하세요.
M: 감사합니다. 그럼 그렇게 할게요.

**어휘** **job seeker** 구직자  **head** 책임자  **inquire** 문의하다  **materials** 자료, 재료  **connect** 접속하다  **document** 서류  **ad** 광고(= advertisement)  **look for** ~을 찾다  **available** 이용 가능한  **apply for** ~에 지원하다  **open** 열린, 이용할 수 있는

**10** 남자는 누구일 것 같은가?

(A) 구직자
(B) 레스토랑 주인
(C) 부서장
(D) 웨이터

**해설** 남자의 정체를 묻는 General Question으로, 주로 본문의 앞쪽에서 단서를 주는 경우가 많다. 남자의 첫 대사에서 "I saw an ad in the newspaper that you are looking for a chef. Is the job still available?" 구인 광고를 봤고 그 직책이 공석인지 묻고 있으므로 정답은 (A)이다.

**11** 남자는 무엇에 대해 문의하는가?

(A) 식당의 규모
(B) 특별 메뉴
(C) 필요한 자료
(D) 영업시간

**해설** 남자가 묻는 것은 남자의 대사에서 단서를 찾을 수 있다. 남자의 첫 대사 중 "what documents do I need to apply for it?" 직책에 지원하기 위해서 필요한 서류에 대해 묻고 있으므로 정답은 documents를 materials로 표현한 (C)이다.

**12** 남자는 다음에 무엇을 할 것 같은가?

(A) 약속을 취소한다
(B) 웹 사이트에 접속한다
(C) 몇 가지 서류를 보낸다
(D) 이력서를 팩스로 보낸다

**해설** 후반 부분에서 여자가 "Those are all posted on the Web site, so you need to check it out" 남자에게 웹 사이트를 확인하라고 했으며, 이후에 남자가 그렇게 하겠다고 대답했으므로 (B)가 정답이다.

**Questions 13 through 15** refer to the following conversation with three speakers.

M1: Diana, Michael, I have reviewed the financial reports from last month. We really need to find a way to cut costs.
M2: Well, maybe we should limit our travel expenses.
M1: That's a good idea, but this year, we have many international conventions to go to. These events are crucial to introduce our new products to potential customers.
W: I agree. I suggest that we look for a less expensive supplier. We've had some problems with the current one for a long time.
M1: Actually, that's a better idea. We need to work on that idea fast.
W: Why don't I call a few suppliers right away and get some price estimates?

M1: 다이애나, 마이클, 제가 지난달의 재정 보고서들을 검토했는데요. 우리는 정말 비용 절감할 방법을 찾을 필요가 있어요.
M2: 음, 출장비를 제한해야 할지도 몰라요.
M1: 좋은 생각이지만 올해는 가야 할 국제 컨벤션이 많아요. 이 행사들은 우리의 신상품들을 잠재 고객에게 소개하는 데 아주 중요해요.
W: 동의해요. 저는 더 저렴한 공급업체를 찾을 것을 제안합니다. 저희는 현재 업체랑 오랫동안 문제가 있었어요.
M1: 실은, 그게 더 좋은 생각인 것 같아요. 우리는 그 제안을 빨리 실행에 옮겨야 해요.
W: 제가 지금 당장 몇몇 공급업체들에게 연락해서 견적을 받아 볼게요.

**어휘** **overseas** 해외의  **branch** 지점  **finance** 재정  **suggest** 제안하다  **fire** 해고하다  **travel** 여행가다  **supplier** 공급업체  **make a call** 전화하다  **register** 등록하다  **cancel** 취소하다  **review** 검토하다  **way** 방법, 길  **cut** 자르다, 삭감하다  **limit** 제한하다  **expense** 비용  **convention** 컨벤션  **event** 행사  **crucial** 중요한, 결정적인  **introduce** 소개하다  **potential** 잠재적인  **customer** 고객  **look for** 찾다  **expensive** 비싼  **current** 현재의  **for a long time** 오랫동안  **better** 더 좋은  **work on** 작업하다  **a few** 몇몇의  **right away** 지금 당장  **price estimate** 가격 견적

**13** 화자들은 주로 무엇에 대해 이야기하고 있는가?

(A) 신입 사원
(B) 해외 지점
(C) 회사 재정
(D) 특별 할인

해설 대화의 주제를 물어보는 General Question으로, 주로 본문 앞쪽에서 힌트를 준다. 첫 번째 남자가 "재정 보고서를 보니 비용을 절감해야 한다 (I have reviewed the financial reports from last month. We really need to find a way to cut costs)"고 했으므로 회사 재정이 문제이자 주제임을 알 수 있다. 3인 대화는 화자가 많고 내용도 길지만 GQ는 앞부분, SQ는 Keyword에 집중하면 정답을 맞힐 수 있다.

**14** 여자는 무엇을 제안하는가?
(A) 몇몇 직원들을 해고하는 것
(B) 다른 나라로 여행가는 것
(C) 판매팀과 만나는 것
(D) 새로운 공급업체를 찾는 것

해설 여자가 제안하는 것(the woman suggest)은 여자가 말할 확률이 높다. 남자 중 한 명이 출장비를 줄이자고 하지만 여자가 제안하는 것이 아니므로 문제와 상관 없다. 여자가 "공급업체를 바꿔 보자(I suggest that we look for a less expensive supplier.)"고 하는 부분에서 (D)가 답임을 알 수 있다.

**15** 여자는 다음에 무엇을 할 것 같은가?
(A) 전화를 한다
(B) 컨퍼런스에 등록한다
(C) 보고서를 끝낸다
(D) 주문을 취소한다

해설 여자가 미래에 어떤 행동을 할 것인지 물어보는 문제로, 주로 본문 마지막 부분을 듣고 추측해야 한다. 여자가 "몇몇 공급업체에게 전화해 보겠다(Why don't I call a few suppliers right away)"는 부분을 듣고 (A)를 고를 수 있다.

**Questions 16 through 18** refer to the following conversation and brochure.

M: Hello, this is Raymond from Best Home Appliances. I'm calling to talk about the brochure I sent you yesterday. It has the information about the right oven for your café. Have you checked it?

W: Sure, thank you for sending it to me.

M: So, did you decide what to order?

W: Well, you know I have a limited budget for it, so I have to choose the brand with the shortest life span from the brochure. And I'd like to know when it can be delivered.

M: Okay, I'll ask the delivery team right now.

W: Thanks. I'll be waiting to hear from you.

M: 안녕하세요, 베스트 가전제품 사의 레이몬드입니다. 제가 어제 보내드린 안내 책자에 대해 논의하기 위해 전화 드렸습니다. 거기에 당신의 카페에 맞는 오븐에 대한 정보가 들어 있어요. 확인해 보셨나요?

W: 물론이죠, 보내 주셔서 감사해요.

M: 그럼 무엇을 주문하기로 결정하셨나요?

W: 음, 아시다시피 저는 예산이 한정되어 있어서 안내 책자에서 수명이 가장 짧은 브랜드를 선택해야 해요. 그리고 그것이 언제 배송될 수 있는지 알고 싶어요.

M: 알겠습니다, 제가 지금 당장 배송팀에 물어보죠.

W: 감사합니다. 연락 기다리겠습니다.

| 제품 | 수명 |
| --- | --- |
| BM 3045 | 10년 |
| SJ 2233 | 15년 |
| JK 5055 | 8년 |
| PL 2223 | 12년 |

어휘 **deliver** 배송하다 **recommend** 추천하다 **inspect** 점검하다 **booklet** 책자 **measurement** 측정 **manufacturer** 제조업체 **brochure** 안내서, 상품 책자 **check** 확인하다 **limited** 제한된, 한정된 **budget** 예산 **life span** 수명 **delivery team** 배송팀

**16** 남자는 어제 무엇을 했는가?
(A) 샘플을 배송했다
(B) 제품을 추천했다
(C) 일부 장비를 점검했다
(D) 책자를 보냈다

해설 남자가 어제 한 일은 남자의 대사에서 단서를 얻을 수 있다. 남자의 첫 대사에서 "I'm calling to talk about the brochure I sent you yesterday." 어제 책자를 보냈다고 했으므로 이를 책자(booklet)로 표현한 (D)가 정답이다.

**17** 도표를 보시오. 여자는 어떤 제품을 선택하기로 결정했는가?
(A) BM 3045
(B) SJ 2233
(C) JK 5055
(D) PL 2223

해설 시각자료 문제는 표와 문제를 미리 읽고 음원에서 어떤 내용이 언급될지 생각하면 문제를 푸는 데 도움이 된다. 제품명이 보기에 나와 있으므로 본문에서는 수명에 대해 언급될 것임을 알 수 있다. 대화 중반부에 여자가 "I have to choose the brand with the shortest life span from the brochure." 안내 책자에서 수명이 가장 짧은 것을 골라야 한다고 했으므로 시각자료에서 이에 해당하는 (C)가 답이다.

**18** 남자는 다음에 무엇을 할 것인가?
(A) 정보를 요청한다
(B) 치수를 잰다
(C) 부지를 방문한다
(D) 제조업체에 전화한다

해설 다음에 할 일에 대한 단서는 주로 본문의 후반부에서 나온다. 여자가 제품이 언제 배송되는지 묻자, 남자가 "I'll ask the delivery team right now." 배송팀에 연락해서 알아본다고 했으므로 정답은 정보를 요청한다는 (A)이다.

# UNIT 09 문제 유형 II

## 빈출 패턴 훈련 | p.66

M: 아이린, 영업 보고서 한 페이지를 빠뜨렸네요. 지금 써 주시겠어요?
W: 미안하지만 회의에 늦었어요. 저는 지금 당장 시간이 없어요.

**1** 여자가 "회의에 늦었어요"라고 말하는 의도는 무엇인가?
(A) 교통이 매우 안 좋다.
(B) 그녀는 지금 시간이 없다.

W: 저희는 금요일에 공석이 좀 있어요. 버나드 씨, 3시 괜찮으신가요?
M: 사실 저는 금요일에 4시까지 일해요. 저는 여기에 4시 30분까지 올 수 있을 것 같아요.

**2** 남자가 "저는 금요일에 4시까지 일해요"라고 말하는 의도는 무엇인가?
(A) 그는 더 늦게 약속을 잡아야 한다.
(B) 그는 주말에 만나고 싶어 한다.

W: 쇼 씨, 새 책을 계획하신다고 들었어요. 언제 그 책을 볼 수 있을까요?
M: 음, 좋은 질문이네요. 저는 혼자서 조사를 많이 했습니다.

**3** 남자가 "좋은 질문이네요"라고 말한 의도는 무엇인가?
(A) 그는 질문을 이해했다.
(B) 그는 질문을 받아 기쁘다.

W: 지난 분기 영업 수치를 확인했나요? 수치가 우리가 예상했던 것보다 높던데요.
M: 네, 좋은 소식이네요. 당신도 알다시피 모두 정말 열심히 일했잖아요.

**4** 여자는 왜 "수치가 우리가 예상했던 것보다 높던데요"라고 말하는가?
(A) 만족을 표현하기 위해
(B) 설명을 요청하기 위해

## SPARTA PRACTICE | p.67

1 (C)   2 (A)   3 (C)   4 (D)

**Question 1** refers to the following conversation and schedule.

M: Welcome to Alive Dance Studio. Can I help you?
W: I'm here for Neo's dance class at five o'clock. Is there a locker room so that I can leave my bags and personal belongings?
M: Sure, you can check in your ID and get your locker key from here.

M: 얼라이브 댄스 스튜디오에 오신 것을 환영합니다. 무엇을 도와드릴까요?
W: 5시에 네오의 댄스 수업을 듣기 위해 왔는데요. 제 가방과 개인 소지품을 놓을 수 있는 락커 룸이 있나요?
M: 물론이죠, 여기서 신분증을 맡기시고 락커 열쇠를 받으시면 됩니다.

| 일정 | |
|---|---|
| 수업 | 시간 |
| 재즈 댄스 | 오후 3시 |
| 라틴 댄스 | 오후 4시 |
| 힙합 | 오후 5시 |
| 발레 | 오후 6시 |

**어휘** dance 춤; 춤을 추다  ballet 발레  locker room 락커 룸  leave 남기다  personal belongings 개인 소지품  check in 맡기다, 들여보내다  ID(identification) 신분증  key 열쇠

**1** 도표를 보시오. 여자는 어떤 수업에 참가할 것인가?
(A) 재즈 댄스
(B) 라틴 댄스
(C) 힙합
(D) 발레

**해설** 표/그림 관련 문제는 미리 선택지와 표를 확인해서 음원에서 어떤 부분이 나올지 확인해야 한다. 선택지에 수업이 나온 것으로 보아 음원에서 시간을 들려 줄 것임을 알 수 있다. 여자가 5시 수업을 들으러 왔다(I'm here for Neo's dance class at five o'clock)고 했고 표를 보면 이에 해당하는 수업은 힙합이므로 (C)를 선택하면 된다.

**Question 2** refers to the following conversation and map.

M: Excuse me. I received a call about malfunctioning equipment on the factory floor. Can you tell me which machine is causing a problem?
W: Of course, I'm glad you came. It would be difficult to meet the deadline with the broken machine. It's by the stairs, right around the corner there.
M: Thanks. I'll take a look at it and let you know when it can be used.

M: 실례합니다. 공장 현장의 고장 난 기계에 대해 전화를 받았는데요. 어떤 기계가 문제를 일으키고 있는지 알려 주시겠어요?
W: 물론이죠. 와 주셔서 감사해요. 고장 난 기계를 가지고 마감을 맞추기는 힘들 것 같아요. 모퉁이를 바로 돌면 계단 옆에 있어요.
M: 고마워요. 제가 한번 보고 언제 사용 가능한지 알려드리도록 하죠.

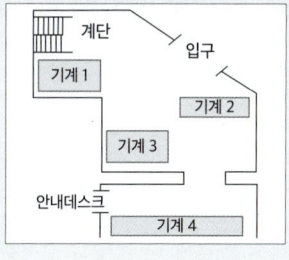

**어휘** stairs 계단  entrance 입구  reception area 접수데스크  repair 수리하다  receive 받다  malfunction 오작동하다  equipment 장비, 기계  factory 공장  cause 야기하다  difficult 어려운  meet the deadline 마감을 맞추다  broken 고장 난  corner 모퉁이, 구석  take a look 보다

**2** 도표를 보시오. 수리가 필요한 기계는 무엇인가?
(A) 기계 1
(B) 기계 2
(C) 기계 3
(D) 기계 4

해설 표/그림 관련 문제는 미리 선택지와 표를 확인해서 음원에서 어떤 부분이 나올지 확인해야 한다. 표가 아닌 지도는 어떤 부분이 음원에 나올지 예측하기 어려울 수 있다. 일단 그림에서 선택지 외에 entrance, stairs, reception area의 위치를 확인하고 구석/벽 등도 확인해야 한다. 정답은 "계단 옆에 있다(It's by the stairs)"에서 (A) 기계 1임을 알 수 있다.

Question 3 refers to the following conversation and chart.

M1: The factory managers have been disappointed with the latest pollution report. The new environmentally friendly machinery we installed wasn't helpful at all.

M2: I thought so, too. Our factory is still producing more pollution than any other location. It's quite disappointing.

M1: We should do something about it before the next board meeting.

M1: 공장 관리자들이 최근의 오염 보고서에 실망했어요. 우리가 설치한 새로운 친환경적인 기계가 전혀 도움되지 않았어요.

M2: 저도 그렇게 생각했어요. 우리 공장은 아직도 다른 어느 공장에 비해 더 많은 오염을 배출하고 있어요. 정말 실망스러워요.

M1: 다음 이사회 전에 무언가를 해야 해요.

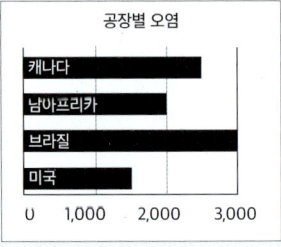

어휘 pollution 오염  factory 공장  location 위치
be disappointed 실망하다  report 보고서
environmentally friendly 친환경적인  machinery 기계
install 설치하다  produce 생산하다, 만들어내다  quite 꽤
board meeting 이사회

3  도표를 보시오. 화자들은 어떤 지역에 대해 이야기하고 있는가?
   (A) 캐나다
   (B) 남아프리카
   (C) 브라질
   (D) 미국

해설 표/그림 관련 문제는 미리 선택지와 표를 확인해서 어떤 부분이 나올지 확인해야 한다. 본문에서 남자 2가 "다른 어떤 공장보다 오염을 많이 배출하고 있다(Our factory is still producing more pollution than any other location.)"고 말하는 것은 가장 오염이 심하다는 의미로 볼 수 있다. 따라서 그래프에서 (C)를 고를 수 있다.

Question 4 refers to the following conversation and coupon.

W: Welcome to the Tasting Room. We have a lunch special today that you might be interested in; the main dish is flat bread with baby spinach and baked bacon on top. You can also add some meat if you want. How does that sound?

M: That sounds delicious, but I already had lunch. I'm here for dessert. Do you still have Pop-corn ice cream with rock salt? I also want some beverages as well. I have this coupon that I got last time.

W: Sure, the coupon is good with any cakes or ice cream.

W: 테이스팅 룸에 오신 것을 환영합니다. 오늘 손님이 관심을 가지실 만한 점심 특선 요리가 있는데, 주요리는 어린 시금치와 구운 베이컨을 얹은 플랫 브레드입니다. 원하시면 고기도 추가하실 수 있습니다. 어떠세요?

M: 맛있을 것 같지만 저는 이미 점심을 먹었어요. 디저트를 먹으려고 여기 왔거든요. 돌소금이 있는 팝콘 아이스크림이 아직 판매되고 있나요? 음료도 마시고 싶어요. 지난번에 받은 쿠폰이 여기 있어요.

W: 물론이죠, 쿠폰은 어떤 케이크나 아이스크림이든 사용하실 수 있어요.

```
테이스팅 룸
쿠폰

절반 가격 애피타이저
혹은
주요리 주문 시 무료 와인
혹은
디저트 주문 시 무료 커피
```

어휘 half-priced 절반 가격의  appetizer 애피타이저, 전채  glass 잔
wine 와인  receive 받다  special 특선 요리, 특가 요리
interested 관심 있는, 흥미 있는  flat 납작한  bread 빵
spinach 시금치  baked 구운  bacon 베이컨  meat 고기
dessert 디저트  rock salt 돌소금  as well 또한  last time 지난번  good 유효한

4  도표를 보시오. 남자는 어떤 특별 제안을 받을 것인가?
   (A) 추가된 주요리
   (B) 할인된 애피타이저
   (C) 무료 와인 한 잔
   (D) 무료 커피 한 잔

해설 음원을 듣기 전에 도표에 나온 어휘를 먼저 확인해야 한다. 선택지를 보면 절반 가격의 애피타이저, 와인, 커피와 관련된 내용을 듣고 답을 골라야 한다는 것을 알 수 있다. 남자는 디저트를 먹기 위해 왔다고 하면서 지난번에 받은 쿠폰으로 음료를 마시고 싶다고 한다. 쿠폰을 보면 디저트 주문 시 무료 커피를 이용할 수 있다고 나와 있으므로 (D)를 고를 수 있다.

## SPARTA TEST                                    p.68

| 1 (D) | 2 (B) | 3 (D) | 4 (C) | 5 (B) |
| 6 (A) | 7 (C) | 8 (D) | 9 (A) | 10 (C) |
| 11 (D) | 12 (B) | 13 (A) | 14 (B) | 15 (B) |
| 16 (B) | 17 (C) | 18 (C) | | |

Questions 1 through 3 refer to the following conversation.

W: Charlie, do you have time this afternoon around 2 o'clock? I'd like to talk to you about my project proposal; a new translation app.

M: Yes, I was impressed with your idea. Unfortunately, this week is really busy. I have client meetings all day today, and every afternoon until the rest of the week. I can meet you on Friday morning before my morning schedule starts.

W: That's okay. I can wait until next week.

M: Great. That works better for me, too.

W: 찰리, 오늘 오후 2시 정도에 시간이 있어요? 제 프로젝트 제안서인 새로운 번역 앱에 대해 당신과 이야기하고 싶은데요.

M: 그래요, 당신 아이디어는 인상적이었어요. 안타깝게도 이번 주는 정말 바빠요. 오늘 하루 종일이랑, 이번 주 오후 내내 고객 미팅이 있어요. 금요일 아침, 제 오전 일정이 시작하기 전에 만날 수 있어요.

W: 괜찮아요. 다음 주까지 기다릴 수 있어요.

M: 잘됐네요. 저도 그게 좋아요.

**어휘** transfer 전근, 이전  deadline 마감  location 위치  project 프로젝트  unable ~할 수 없는  client 고객  overseas 해외의  proposal 제안서, 제안  mean 의미하다, 의도하다  edit 편집하다  be in a hurry 서두르다  translation 통역  app 앱(= application)  impressed 감동 받은  unfortunately 유감스럽게  really 매우  until ~까지  the rest 남은 것  work 작동하다, 효과가 있다

**1** 여자는 무엇에 대해 말하고 싶어 하는가?
(A) 전근
(B) 마감
(C) 회의 장소
(D) 프로젝트 아이디어

**해설** 여자가 말하고 싶어 하는 것은 여자가 말할 확률이 높다. 여자가 "프로젝트 제안서인 새로운 번역 앱에 대해 말하고 싶다(I'd like to talk to you about my project proposal; a new translation app)"를 듣고 (D) 프로젝트 아이디어를 고를 수 있다.

**2** 남자는 왜 오늘 여자와 만날 수 없는가?
(A) 그는 보고서를 쓰고 있다.
(B) 그는 고객들을 만나야 한다.
(C) 그는 해외 출장을 갈 것이다.
(D) 그는 제안서를 아직 읽지 않았다.

**해설** 남자가 만날 수 없는 이유는 남자가 말할 확률이 높다. 남자가 "오늘 하루 종일 고객 미팅이 있다(I have client meetings all day today)"고 했으므로 고객들을 만난다는 것을 알 수 있다. 따라서 답은 (B)이다.

**3** 여자가 "다음 주까지 기다릴 수 있어요"라고 말하는 의미는 무엇인가?
(A) 그녀는 금요일에 일하지 않을 것이다.
(B) 그녀는 보고서를 다시 편집하고 싶다.
(C) 그녀는 마감일을 맞출 수 없다.
(D) 그녀는 급하지 않다.

**해설** 화자 의도 문제는 미리 따옴표 부분을 읽어 두고 음원을 들으면서 문맥상의 뜻을 파악해야 한다. 이번 주 계속 바쁘다는 남자의 대사 다음에 "괜찮다. 다음 주까지 기다릴 수 있다"고 했으므로 이는 "별로 급하지 않다"는 의미로 볼 수 있다. 따라서 답은 (D)이다.

**Questions 4 through 6** refer to the following conversation.

M: Thank you for calling Quanta Electronics. What can I help you with today?

W: Hi, I'm having trouble with my fax machine. Every time I try to fax a document to a place, it gets stuck in the machine and the power just goes off.

M: I'm sorry to hear that. Unfortunately, we can't offer technical support over the phone. Do you have the user manual? Otherwise, you'll need to bring your fax machine to your nearest store so that a licensed technician can take a look at it for you.

W: I've already looked through the manual, and it wasn't really helpful. So, I'll bring it to the store this afternoon. Thanks anyway.

M: 퀀타 전자에 전화해 주셔서 감사합니다. 오늘 무엇을 도와드릴까요?

W: 안녕하세요, 팩스기에 문제가 있어요. 다른 곳으로 서류를 팩스로 보내려고 할 때마다 기계에 종이가 끼고 전원이 꺼져요.

M: 정말 유감이네요. 안타깝게도 저희는 전화로 기술 지원을 제공해 드리지 않아요. 사용자 매뉴얼을 가지고 계세요? 그렇지 않으면 인증 받은 기술자가 한번 볼 수 있도록 팩스기를 가까운 매장으로 가지고 가셔야 할 거예요.

W: 제가 이미 매뉴얼을 봤는데 별로 도움이 되지 않았어요. 그러면 오늘 오후에 가게에 가지고 가야겠네요. 어쨌든 고마워요.

**어휘** problem 문제  locate 위치를 찾다  fax 팩스로 보내다; 팩스  user manual 사용자 매뉴얼, 사용 설명서  borrow 빌리다  suggest 제안하다  solution 해결책  correct 수정하다  mistake 실수  conduct 실시하다  research 연구  repair center 수리 센터  visit 방문하다  electronics 전자제품, 전자  stuck 꽉 낀, 꼼짝하지 못하는  power 전원, 힘  go off 꺼지다  unfortunately 불행하게도, 유감스럽게도  offer 제공하다  support 지원, 후원  otherwise 그렇지 않다면  bring 가지고 오다  nearest 가장 가까운  licensed 인증된  technician 기술자  helpful 도움이 되는

**4** 여자는 어떤 문제점을 이야기하는가?
(A) 그녀는 새로운 기계를 살 수 없다.
(B) 그녀는 가게를 찾을 수 없다.
(C) 그녀는 서류를 팩스로 보낼 수 없다.
(D) 그녀는 제품 번호를 찾을 수 없다.

**해설** 여자의 문제점은 여자가 말할 확률이 높다. 여자의 첫 대사인 "팩스기에 문제가 있는데 팩스를 보내려고 할 때마다 종이가 끼고 전원이 꺼진다(I'm having trouble with my fax machine. Every time I try to fax a document to a place, it gets stuck in the machine and the power just goes off)"에서 (C)가 답임을 알 수 있다.

**5** 남자는 왜 "사용자 매뉴얼을 가지고 계세요"라고 말하는가?
(A) 매뉴얼을 빌리기 위해
(B) 해결책을 제안하기 위해
(C) 실수를 수정하기 위해
(D) 연구하기 위해

**해설** 화자 의도 파악 문제는 미리 따옴표 부분을 읽어 두고 문맥상의 뜻을 파악해야 한다. 서비스 센터 직원인 남자가 매뉴얼을 보라는 것은 문제를 해결하기 위해서이다. 따라서 주어진 선택지 중, 해결책을 제안하기 위해서라는 (B)가 가장 적합하다.

**6** 여자는 오후에 무엇을 할 것 같은가?

(A) 가게에 간다
(B) 수리점에 전화한다
(C) 웹 사이트를 방문한다
(D) 서류를 수정한다

**해설** 여자가 오후에 할 일은 여자가 말할 확률이 높다. 여자의 마지막 대사에 "오늘 오후에 가게에 고장 난 팩스기를 가지고 갈 것이다(So, I'll bring it to the store this afternoon)"를 듣고 가게를 방문한다는 (A)를 고를 수 있다. 세부 사항을 묻는 Specific Question은 키워드 앞뒤 내용을 정확히 듣는 것이 중요하다.

**Questions 7 through 9** refer to the following conversation.

> W: Hi, Robert. Thanks for meeting with me. Since we're in charge of planning this year's summer outing for the staff, we'd better get started. We have only a couple of months.
> M: Right, but all we have to do is just to follow the plans from previous years. We all had a lot of fun on those hikes in the mountains.
> W: That's true, but we've done that for three years in a row.
> M: I see what you mean. So, what do you have in mind?
> W: Well, I was thinking about taking dance or singing classes together.
> M: That sounds interesting. But aren't those classes expensive? Our budget is pretty tight.
>
> W: 안녕하세요, 로버트. 만나 주셔서 고마워요. 저희가 올해 직원들을 위한 여름 야유회 계획을 담당하고 있으니 얼른 시작해야 할 것 같아요. 이제 두 달밖에 남지 않았어요.
> M: 알아요, 하지만 저희가 해야 할 건 작년의 계획을 따르는 거예요. 저희는 산행에서 굉장히 즐거웠잖아요.
> W: 맞아요, 하지만 그건 3년째 계속했어요.
> M: 무슨 말씀인지 알겠어요. 그러면 어떤 것을 생각하고 있나요?
> W: 글쎄요, 춤이나 노래 수업을 같이 듣는 것을 생각하고 있었어요.
> M: 재미있을 것 같아요. 하지만 그런 수업은 비싸지 않나요? 저희 예산은 상당히 빠듯해요.

**어휘** outing 소풍, 야유회   fair 박람회   in a row 연속으로   direction 길 안내   experience 경력, 경험   repeat 반복하다   activity 활동   be concerned about 걱정하다   size 규모   schedule 일정; 일정을 잡다   conflict 충돌   participant 참석자   be in charge of ~을 책임지다, 담당하다   plan 계획하다; 계획   staff 직원들   follow 따르다   previous 지난, 전의   hike 하이킹, 도보 여행   have in mind 생각하다, 염두에 두다   take a class 수업을 듣다   expensive 비싼   budget 예산   tight 빠듯한, 꽉 끼는

**7** 화자들은 무엇을 계획하고 있는가?

(A) 출장
(B) 만찬
(C) 야유회
(D) 무역 박람회

**해설** 화자들이 계획하는 것을 묻는 General Question으로, 본문 앞쪽에 힌트가 있다. 여자의 첫 대사 "Since we're in charge of planning this year's summer outing for the staff, we'd better get started"에서 회사의 여름 야유회 계획을 담당한다고 했으므로 답이 (C)임을 알 수 있다.

**8** 여자가 "그건 3년째 계속했어요"라고 말하는 의도는 무엇인가?

(A) 그녀는 길 안내가 필요하지 않다.
(B) 그녀는 더 많은 사람이 필요하다고 생각한다.
(C) 그녀는 경력이 많지 않다.
(D) 그녀는 그 활동을 반복하고 싶지 않다.

**해설** 화자 의도 파악 문제는 문맥상의 뜻을 파악해야 하는 까다로운 유형으로, 문제를 미리 읽어 두면 문제 푸는 속도를 높이는 데 도움이 된다. 여태껏 해 왔던 산행을 하자는 남자의 말에 "3년 연속으로 했다"고 말하는 것은 이제 다른 것을 하고 싶다는 의미로 해석할 수 있다. 답은 (D)로, 산행(hikes)을 "activity"라는 동의 표현으로 바꾸었다.

**9** 남자는 무엇을 걱정하는가?

(A) 수업의 가격
(B) 장소의 크기
(C) 일정이 겹치는 것
(D) 참가자 수

**해설** 남자가 걱정된다고 하는 것은 남자가 말할 확률이 높다. 수업을 듣자는 여자의 제안에 남자가 "But aren't those classes expensive? Our budget is pretty tight."라면서 수업 비용에 대해 걱정하고 있으므로 정답이 (A)임을 알 수 있다.

**Questions 10 through 12** refer to the following conversation and chart.

> M: Tammy, have you checked the results of that survey about new desserts for the cafeteria?
> W: I have. Here's a printout with the results. The cookies received the most votes. Customers especially liked the chocolate chip cookies, both dark and white.
> M: Oh, the problem is our supplier just increased the price of those cookies. It might be out of our price range now. We need to find an alternative for that.
> W: In that case, we should order the second most popular item. It still received a lot of votes, and I heard many employees said that it was their favorite.
>
> M: 태미, 구내식당에서 팔 새로운 디저트에 대한 설문 조사 결과를 확인해 봤어요?
> W: 봤어요. 결과 출력물이 여기 있어요. 쿠키가 가장 많은 표를 받았어요. 손님들은 특히 초콜릿 칩 쿠키를 좋아했어요, 다크하고 화이트 초콜릿 둘 다요.
> M: 아, 문제는 우리 공급업체가 그 쿠키 가격을 인상했다는 거예요. 이제 우리 가격대를 넘을 수도 있어요. 우리는 그것에 대한 대안이 필요해요.
> W: 그렇다면 우리는 두 번째로 인기 있는 물품을 주문해야 해요. 이것도 많은 표를 받았고 제가 듣기로는 많은 직원들이 가장 좋아하는 거라고 했어요.

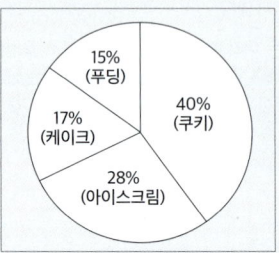

**어휘** chef 요리사  market share 시장 점유율  survey result 설문 조사 결과  purchase 구매하다  ingredient 재료  healthy 건강에 좋은  supplier 공급업체  go out of business 폐업하다  option 옵션, 선택 사항  recommend 추천하다  check 확인하다  dessert 디저트  cafeteria 구내식당, 교내식당  printout 출력물  the most 가장 많은  vote 투표; 투표하다  customer 고객, 손님  especially 특별히  chocolate chip 초콜릿 칩  increase 인상시키다, 올리다  price range 가격대  alternative 차선책, 다른 방법  in that case 그런 경우에  popular 인기 있는  item 품목, 물건  favorite 가장 좋은

**10** 화자들은 주로 무엇에 대해 이야기하는가?

(A) 새로운 요리사
(B) 시장 점유율
(C) 설문 조사 결과
(D) 음식 가격

**해설** 본문의 첫 문장 "디저트에 대한 설문 조사 결과를 봤어요?(have you checked the results of that survey about new desserts for the cafeteria?)"라는 내용에서 (C)를 고를 수 있다.

**11** 그들은 왜 쿠키를 더 구매할 수 없는가?

(A) 재료가 건강하지 않다.
(B) 공급업체가 폐업했다.
(C) 사람들이 다른 옵션을 원한다.
(D) 가격이 비싸다.

**해설** "쿠키를 살 수 없는 이유"라는 키워드를 기억하고 본문을 듣자. 중반부의 남자 대사에서 쿠키가 투표에서 가장 많은 표를 받았지만, "공급업체가 가격을 인상해서 가격대를 넘을 수 있다(the problem is our supplier just increased the price of those cookies. It might be out of our price range now)"를 듣고 동의 표현인 (D)를 고를 수 있다.

**12** 도표를 보시오. 여자는 어떤 물품을 살 것을 추천하는가?

(A) 쿠키
(B) 아이스크림
(C) 케이크
(D) 푸딩

**해설** 표/그림 관련 문제는 미리 선택지와 표를 확인해서 어떤 부분이 음원에 나올지 예측해야 한다. 선택지에 음식 종류가 나온 것으로 보아 음원에서는 퍼센트나 수치 순서를 알려줄 확률이 높다. 여자가 "두 번째로 인기 있는 물품을 주문하자(In that case, we should order the second most popular item)"고 한 부분을 듣고 표에서 두 번째로 비중이 높은 아이스크림을 고를 수 있다.

Questions 13 through 15 refer to the following conversation and directory.

W: Hello, I have an appointment with my doctor at 10 o'clock. I just parked in the garage, but where should I pay for parking?

M: Actually, visitors can park for free. I just need to validate your parking ticket when you leave. Make sure you get your parking ticket stamped at the business you visit.

W: Great, thanks. Also, this is my first time visiting Dr. Weinstein at this office complex, and I don't see her name on the building directory. Could you tell me where I should go?

M: Dr. Weinstein just moved in last week, and we haven't had time to change the directory yet. She's in Suite 120. It's right around the corner.

W: 안녕하세요, 10시에 진료 예약이 있는데요. 조금 전에 주차장에 주차했는데 어디에서 주차비를 내야 하나요?

M: 실은 방문객들은 무료로 주차하실 수 있어요. 손님이 떠나실 때 제가 주차권을 확인하면 돼요. 방문하시는 업체에서 주차권에 도장 받는 것을 잊지 마세요.

W: 잘됐네요, 고맙습니다. 그리고 제가 이 사무실 건물에서 웨인스타인 선생님을 방문하는 것은 처음인데요. 건물 안내도에 그분의 이름이 없네요. 어디로 가야 하는지 알려 주시겠어요?

M: 웨인스타인 선생님은 지난주에 이사 오셔서 아직 안내도를 바꿀 시간이 없었어요. 그녀는 120호에 계십니다. 모퉁이를 돌면 바로 있습니다.

| 오크 가 건물 안내도 | |
|---|---|
| 사무실 | 위치 |
| 그린스페이스 건축 | 103호실 |
| PST 시스템 | 120호실 |
| 조셉 고든 변호사 사무소 | 205호실 |
| 김 치과 | 220호실 |

**어휘** building 건물  directory 목록, 안내 명단  location 위치  suite 방, 특실  construction 공사  law office 법률 사무소  dental clinic 치과  interview 면접, 취재  deliver 배달하다  supplies 용품, 물품  purchase 구매, 구매품  available 이용할 수 있는, 사용할 수 있는  free 무료의, 시간 있는  visitor 방문객  validation 인증, 검증  restriction 제한  update 업데이트하다, 변경하다  garage 차고  validate 인증하다, 검증하다  ticket 표  leave 떠나다  stamp 도장 찍다  business 사업체  first time 처음  complex 단지  move in 이사 오다  corner 모퉁이, 구석

**13** 여자는 왜 사무실을 방문하려고 하는가?

(A) 진료를 받으려고
(B) 구직 면접을 보려고
(C) 물건을 배달하려고
(D) 물건을 구매하려고

**해설** 여자의 방문 목적은 여자가 말할 확률이 높다. 여자의 첫 대사 "진료 예약이 있어서 왔다(I have an appointment with my doctor at 10 o'clock)"에서 답이 (A)임을 알 수 있다.

**14** 남자는 주차에 대해 뭐라고 말하는가?

(A) 건물 뒤에 할 수 있다.
(B) 방문객들은 확인을 받으면 무료다.
(C) 직원들만 할 수 있다.
(D) 시간 제한이 있다.

**해설** 주차에 대해서 물어보는 여자의 질문에 남자가 "방문객은 무료로 주차할 수 있는데 주차권을 확인 받아야 한다(visitors can park for free. I just need to validate your parking ticket when you leave)"라고 답하므로 정답은 (B)임을 알 수 있다.

**15** 도표를 보시오. 건물 안내도에서 어떤 사무실 이름이 바뀌어야 하는가?

(A) 그린스페이스 건축
(B) PST 시스템
(C) 조셉 고든 변호사 사무소
(D) 김 치과

해설 표/그림 관련 문제는 미리 선택지와 표를 확인해서 어떤 부분이 음원에 나올지 예측해야 한다. 선택지에서 사무실 이름이 나왔기 때문에 방 번호를 힌트로 줄 가능성이 높다. 여자가 찾는 사람이 안내도에도 없다는 이야기를 듣고 남자가 "안내도를 변경할 시간이 없었으며, 여자가 찾는 방은 120호이다(we haven't had time to change the directory yet. She's in Suite 120)"라고 했으므로 120호였던 PST 시스템이 변경되어야 한다는 것을 알 수 있다.

Questions 16 through 18 refer to the following conversation and table.

W: Hi, this is Emily calling from Tommy's Apparel. I received your application to be one of our professional designers. I can see that you majored in fashion design as an undergraduate.

M: Yes, I've been designing a variety of women's clothing and accessories at school.

W: Great. I'd like to set up an interview for you this week. You've indicated you're available on Friday morning, but I'm afraid we won't conduct any interviews that morning. Can we meet tomorrow at noon?

M: Sure, tomorrow would be fine.

W: Okay. Please make sure to bring a list of references with their names and phone numbers.

M: Okay, I'll bring it tomorrow. Thanks.

W: 안녕하세요, 저는 토미스 어패럴에서 전화 드리는 에밀리입니다. 전문 디자이너 직책에 대한 당신의 지원서를 받았는데요. 대학생 때 패션 디자인을 전공하셨네요.

M: 네, 저는 학교에서 다양한 여성 의류와 액세서리를 디자인했습니다.

W: 좋네요. 이번 주에 당신과 면접 약속을 잡고 싶어요. 금요일 아침에 시간이 있다고 하셨는데 죄송하지만 저희는 그날 아침에 면접을 진행하지 않습니다. 내일 정오에 만날 수 있을까요?

M: 물론이죠, 내일은 괜찮을 겁니다.

W: 좋습니다. 추천인들의 이름 및 전화번호가 있는 목록을 가져오세요.

M: 알겠습니다, 내일 가져갈게요. 감사합니다.

| 취업 면접 | | |
|---|---|---|
| 화요일 | 오전 10시 | 205호 |
| 수요일 | 오후 2시 | 301호 |
| 목요일 | 정오 | 302호 |
| 금요일 | 오후 4시 | 402호 |

어휘 **field** 분야  **distribution** 유통, 분배  **merchandise** 상품  **document** 서류  **send out** 보내다  **estimate** 견적서, 추정  **application** 지원서  **professional** 전문인  **undergraduate** 대학생  **a variety of** 다양한  **set up** 마련하다, 잡다  **indicate** 나타내다, 명시하다  **available** 시간이 있는  **conduct** 시행하다, 실시하다  **reference** 추천(인)

**16** 남자는 어느 분야를 전공했는가?
 (A) 교육
 (B) 의류
 (C) 마케팅
 (D) 유통

해설 남자의 전공에 관해 묻는 Specific Question으로, 여자의 첫 대사에서 "I can see that you majored in fashion design as an undergraduate." 남자가 패션 디자인을 전공했다고 했으므로 정답은 (B)이다.

**17** 도표를 보시오. 남자는 어느 방에서 면접을 볼 것인가?
 (A) 205호에서
 (B) 301호에서
 (C) 302호에서
 (D) 402호에서

해설 시각 자료 문제는 표와 문제를 미리 읽은 후 음원을 들어야 한다. 보기에 요일이 나와 있으므로 음원에서는 시간대를 언급할 것임을 알 수 있다. 남자가 금요일에 시간이 가능하다고 했지만 여자가 그날 오전에는 면접을 진행하지 않는다고 했으므로 (D)는 오답이다. 중반부에 여자가 "Can we meet tomorrow at noon?" 내일 정오에 가능한지 물었고, 이에 남자가 괜찮다고 했으므로 표에서 정오에 면접을 진행하는 날은 목요일, 면접 장소는 (C) 302호임을 알 수 있다.

**18** 여자는 남자에게 무엇을 하라고 요청하는가?
 (A) 면접 시간을 변경한다
 (B) 상품을 디자인한다
 (C) 서류를 가져온다
 (D) 견적서를 보낸다

해설 여자가 남자에게 요청하는 내용은 여자의 대사를 주의 깊게 들어야 한다. 지문 후반부에 여자가 "Please make sure to bring a list of references with their names and phone numbers." 추천인 목록을 가져오라고 했으므로 이를 서류(document)로 표현한 (C)가 정답이다.

## UNIT 10 주제 I : 일상생활

### ✚ 빈출 패턴 훈련 | p.72

W: 실례합니다. 여기에 주차하는 데 비용이 얼마나 드나요?
M: 처음 한 시간은 5달러이고, 추가 시간마다 2달러가 듭니다.

**1** 남자는 아마도 누구일 것 같은가?
 (A) 가게 점원
 (B) 주차 요원

M: 베키, 런던으로 출장 갔다가 언제 돌아올 거예요?
W: 음, 수요일에 모든 지점장들과 회의가 있어서 금요일에야 돌아올 거예요.

**2** 화자들은 무엇에 대해 이야기하는가?
 (A) 출장 일정
 (B) 새 지점의 개점

W: 어젯밤에 새 일식집을 갔는데 좋았어요.
M: 긴자 말씀하시는 거죠? 지난주에 제 친구들과 거기 갔었는데 서비스가 형편없었어요.

**3** 남자는 식당에 대해 뭐라고 말하는가?
 (A) 훌륭했다.
 (B) 별로였다.

W: 브라이언, 오늘 오후 3시에 만날 수 있어요?
M: 사실, 그때 저는 학회에 있을 거예요. 내일 오후로 약속을 잡아야겠어요.

**4** 화자들은 언제 만날 것 같은가?
 (A) 오늘 오후
 (B) 내일 오후

### SPARTA PRACTICE | p.73

| 1 (A) | 2 (B) | 3 (B) | 4 (B) | 5 (B) |
| 6 (A) | 7 (A) | 8 (A) | 9 (B) | 10 (B) |
| 11 (A) | 12 (B) | | | |

**Questions 1 through 3** refer to the following conversation.

W: Mr. Chase, let's see what I can do. To go to Los Angeles, you'll have to change planes in Chicago.
M: Isn't there any direct flight to Los Angeles?
W: Yes, but they're all booked up. You could change your flight in Denver instead of Chicago.
M: I'll take the one that stops over in Chicago. Are there any seats available early tomorrow morning?

W: 체이스 씨, 제가 뭘 해 드릴 수 있는지 보죠. 손님은 로스앤젤레스에 가시기 위해 시카고에서 비행기를 갈아타셔야 합니다.
M: 로스앤젤레스까지 가는 직항편이 있지 않나요?
W: 네, 그런데 예약이 다 찼어요. 시카고 대신에 덴버에서 비행기를 갈아타실 수도 있고요.
M: 시카고에서 경유하는 것을 탈게요. 내일 아침 일찍 좌석이 있을까요?

**어휘** travel agent 여행사 직원  tourist 관광객, 여행객  leave 떠나다  direct flight 직항편  be booked up 예약이 꽉 차다, 마감되다  instead of ~대신에  stop over 경유하다  available 이용할 수 있는

**1** 여자는 누구인 것 같은가?
 (A) 여행사 직원
 (B) 관광객

**해설** 여자의 정체를 물어보는 General Question은 본문 앞쪽에서 힌트를 주는 경우가 대부분이다. 첫 대사에서 여자가 남자에게 비행 일정을 설명하므로 (A) 여행사 직원을 고를 수 있다.

**2** 남자는 어디를 가고 싶어 하는가?
 (A) 시카고
 (B) 로스앤젤레스

**해설** 남자가 가고 싶어 하는 장소(man want to go)는 남자가 말할 확률이 높다. 여러 지명이 나오지만 "Isn't there any direct flight to Los Angeles?"에서 남자가 가고 싶은 장소는 로스앤젤레스임을 알 수 있다. 난이도 높은 문제에서는 다른 성별이 단서를 줄 수도 있다.

**3** 남자는 언제 출발할 것 같은가?
 (A) 오늘
 (B) 내일

**해설** 남자가 출발할 시간을 물어보는 문제로, 본문의 후반부에 집중해야 한다. 남자의 마지막 대사 "내일 아침 일찍 좌석이 있나요(Are there any seats available early tomorrow morning?)"라고 했으므로 (B) 내일이 정답임을 알 수 있다.

**Questions 4 through 6** refer to the following conversation.

M: Hi, Ms. Williams. I'm going to give you Room 707 which is quite large and overlooks the pool.
W: Actually, I would prefer something quieter than the ones near the pool.
M: In that case, I'll put you up in Room 305. It is a bit smaller but very quiet. You're going to like it.
W: That sounds good. Could you ask someone to carry my bags to my room? I want to take a walk around the hotel.

M: 안녕하세요, 윌리엄스 씨. 당신에게 707호를 드릴 건데 꽤 크고 수영장을 내려다보고 있습니다.
W: 실은, 수영장 근처보다 더 조용한 곳을 선호하는데요.
M: 그렇다면 손님을 305호로 올려 드릴게요. 그 방은 조금 더 작기는 하지만 굉장히 조용합니다. 손님 마음에 드실 거예요.
W: 좋네요. 다른 사람에게 제 가방을 방으로 옮겨 달라고 해 주시겠어요? 호텔 주변을 산책하고 싶어서요.

**어휘** quiet 조용한  get 얻다  next 다음에  take a walk 산책하다  carry 운반하다  quite 꽤  overlook 내려다보다  pool 수영장  prefer 선호하다  quieter 더 조용한  near 근처의  in that case 그런 경우에, 그렇다면  around 주변의

**4** 여자는 어떤 방을 원하는가?
(A) 큰 방
(B) 조용한 방

**해설** 여자가 원하는 것은 여자가 말할 확률이 높다. 특히 동사 want, need는 해당 성별이 정답을 말하는 경우가 많다. 남자가 큰 방을 주겠다는 제안에 여자가 "조용한 방을 선호한다(I would prefer something quieter ~)"고 했으므로 답이 (B)임을 알 수 있다.

**5** 여자는 어떤 방을 받을 것인가?
(A) 707호
(B) 305호

**해설** 여자가 어떤 방을 받을지 물어보고 있다. 처음에 남자가 제안했던 방은 707호이지만, "조용한 305호로 올려 드리겠다(In that case, I'll put you up in Room 305. It is a bit smaller but very quiet.)"고 했으므로 여자가 얻을 방은 305호임을 알 수 있다.

**6** 여자는 다음에 무엇을 할 것인가?
(A) 산책한다
(B) 가방을 옮긴다

**해설** 여자가 미래에 할 행동을 물어보는 문제(will ~ do next)는 주로 본문 마지막에 힌트를 준다. 난이도 높은 문제는 여자의 행동뿐만 아니라 다른 사람이 할 행동도 언급하여 혼동을 주기도 한다. "호텔 주변을 산책하고 싶다(I want to take a walk around the hotel)"는 여자의 말에서 (A)를 고를 수 있다. 가방을 옮기는 것은 여자가 아닌 다른 사람이 해야 할 행동이므로 오답이다.

Questions 7 through 9 refer to the following conversation.

W: Hi, I want these blouses and dress cleaned. And there is a food stain on the dress.
M: Sure. When do you want them back?
W: I have a party on Friday, so I'd like to get them back on Thursday.
M: Okay. I'll have them ready for you by then. Can you write down your name and phone number here?

W: 안녕하세요, 이 블라우스와 드레스를 세탁하고 싶은데요. 그리고 드레스에 음식을 흘린 자국이 있어요.
M: 물론이죠. 언제 돌려받고 싶으세요?
W: 금요일에 파티가 있어서 목요일에 받았으면 좋겠네요.
M: 알겠습니다. 그때까지 준비해 놓도록 하죠. 여기에 손님의 성함과 전화번호를 적어 주시겠어요?

**어휘** dry cleaner's 세탁소  clothing 의류  item 물건  request 요청하다  address 주소  phone number 전화번호  stain 얼룩  ready 준비된  then 그때  write down 적다

**7** 대화는 어디에서 일어나고 있는가?
(A) 세탁소에서
(B) 옷 가게에서

**해설** 장소를 물어보는 General Question은 주로 본문 앞쪽에서 힌트를 잡아야 한다. 첫 문장에서 "옷을 세탁하고 싶다(want these blouses and dress cleaned)"라는 표현을 듣고 (A) 세탁소를 고를 수 있다.

**8** 여자는 언제 물건들을 돌려받고 싶어 하는가?
(A) 목요일에
(B) 금요일에

**해설** 여자가 돌려받고 싶어 하는 시점은 여자가 말할 확률이 높다. 본문에서는 두 시점이 등장하는데, 이 중에서 옷을 돌려받는 시점을 골라야 한다. "파티가 금요일이니 목요일에 돌려받고 싶다(I have a party on Friday, so I'd like to get them back on Thursday.)"는 부분에서 답이 (A) 목요일임을 알 수 있다.

**9** 남자는 무엇을 요청하는가?
(A) 주소
(B) 전화번호

**해설** 남자가 요청하는 것(the man request)을 묻는 문제 유형은 남자가 말할 확률이 높다. 남자가 "손님의 이름과 전화번호를 적어 주시겠어요?(Can you write down your name and phone number here?)"라는 부분에서 (B) 전화번호를 고를 수 있다.

Questions 10 through 12 refer to the following conversation.

M: Hello, I am calling about the ad I saw in the newspaper.
W: Yes, you mean the property on Hillsberry Lane? The apartment is pretty close to the subway station, and the rent is reasonable, too.
M: I'd like to see it as soon as possible. How about today?
W: Well, I'm busy all afternoon. Why don't I call you tomorrow morning and set up an appointment?

M: 안녕하세요, 신문에서 본 광고 때문에 전화 드렸어요.
W: 네, 힐스베리 레인에 있는 부동산 말씀하시는 거죠? 그 아파트는 지하철역에 꽤 가깝고 임대료도 저렴해요.
M: 가능하면 빨리 보고 싶은데요 오늘은 어떠세요?
W: 글쎄요, 오후 내내 바빠서요. 제가 내일 아침에 전화 드려서 약속을 잡도록 하죠.

**어휘** probably 아마도  builder 건축업자  real estate agent 부동산 중개인  property 부동산  ad 광고(= advertisement)  saw 보다(see)의 과거형  pretty 꽤  subway 지하철  rent 임대료  reasonable 합리적인  as soon as possible 되도록 빨리  How about ~? ~는 어때요?  set up (약속을) 잡다, 설치하다

**10** 여자는 아마도 누구인가?
(A) 건축업자
(B) 부동산 중개인

**해설** 직업을 묻는 General Question은 주로 본문 앞쪽에서 힌트를 준다. 여자의 첫 대사 "you mean the property on Hillsberry Lane?"에서 정답은 (B) 부동산 중개인임을 알 수 있다.

**11** 남자는 언제 부동산을 보기를 원하는가?
(A) 오늘
(B) 내일

해설 남자가 보기를 원하는 시점은 남자가 말할 확률이 높다. 남자가 "오늘은 어때세요?(How about today?)"라고 물어보는 부분에서 남자가 보고 싶어 하는 시점은 오늘임을 알 수 있다.

**12** 여자는 무엇을 하겠다고 말하는가?

(A) 매니저와 만나겠다고
(B) 남자에게 전화하겠다고

해설 여자가 하겠다고 말하는 것(the woman say she will do)은 여자의 대사에서 단서를 찾아야 한다. 오늘 만날 수 있냐는 남자의 말에 여자가 "내일 전화하겠다(Why don't I call you tomorrow morning and set up an appointment?)"고 했으므로 (B)가 정답임을 알 수 있다.

## SPARTA TEST | p.74

| 1 (B) | 2 (B) | 3 (C) | 4 (C) | 5 (B) |
| --- | --- | --- | --- | --- |
| 6 (D) | 7 (B) | 8 (A) | 9 (D) | 10 (C) |
| 11 (A) | 12 (C) | 13 (A) | 14 (A) | 15 (B) |
| 16 (A) | 17 (D) | 18 (B) | | |

**Questions 1 through 3** refer to the following conversation.

W: Excuse me. I'm looking for a suitcase that is small and light. Do you have anything that can be used as a carry-on bag?

M: Have you checked the bags displayed in the show window? Those are pretty small, but if you want something smaller than those, we can order it for you. It'll take about three days to get here.

W: I'm flying to Singapore tomorrow for a dealers' convention, so I have to buy something today.

M: Why don't I bring one of the displayed bags over to you so that you can look at it? This one is pretty small.

W: Yes, but I was wondering if it's light enough. I don't like to drag heavy bags, especially when I'm on a business trip.

M: It should be light enough for you. Here, take a look at it.

W: 실례합니다. 작고 가벼운 여행 가방을 찾고 있는데요. 기내용 가방으로 쓸 수 있는 것이 있나요?

M: 진열창에 전시되어 있는 가방들을 보셨나요? 그것들은 꽤 작은데 혹시 더 작은 것을 원하시면 주문해 드릴 수 있어요. 여기까지 오는 데 3일 정도 걸릴 거예요.

W: 제가 전문 판매인 컨벤션 때문에 내일 싱가포르에 갈 거라서 오늘 무언가를 사야 해요.

M: 손님께서 보실 수 있도록 저쪽에 진열된 가방 중 하나를 가져와 보죠. 이것도 꽤 작습니다.

W: 네, 그런데 그것이 충분히 가벼운지 궁금하네요. 저는 특히 출장 갔을 때 큰 가방을 끌고 다니는 것을 좋아하지 않거든요.

M: 충분히 가벼울 겁니다. 여기 있습니다, 한번 보세요.

어휘 **clearance** 재고 정리 **luggage** 가방, 짐 **convention** 컨벤션 **warehouse** 창고 **be concerned about** 걱정하다 **flight** 비행(기) **weight** 무게 **suitcase** 여행 가방 **look for** 찾다 **light** 가벼운 **be used** 사용되다 **carry-on bag** 기내용 가방 **check** 확인하다 **display** 진열하다 **show window** 진열창 **pretty** 꽤 **take** (시간이) 걸리다 **fly** 날아가다, 날리다 **dealer** 전문 판매인 **wonder** 궁금해하다, 의아해하다 **enough** 충분한 **drag** 질질 끌다 **especially** 특별히 **business trip** 출장 **take a look** 보다

**1** 화자들은 아마 어디에 있는가?

(A) 재고 정리 세일에
(B) 가방 가게에
(C) 컨벤션에
(D) 창고에

해설 화자들이 있는 장소를 묻는 GQ는 본문 앞쪽에서 힌트를 준다. 첫 문장 "여행 가방을 찾고 있다(I'm looking for a suitcase)"에서 대화의 장소가 (B) 가방 가게임을 알 수 있다.

**2** 여자는 언제 싱가포르에 갈 것인가?

(A) 오늘
(B) 내일
(C) 이틀 후
(D) 삼 일 후

해설 여자가 싱가포르에 가는 시점은 여자가 말할 확률이 높다. 여러 시점이 나오지만 문제에서 원하는 키워드를 정확하게 찾아야 한다. "내일 싱가포르에 가야 해서 오늘 사야 한다(I'm flying to Singapore tomorrow for a dealers' convention, so I have to buy something today)"에서 답이 (B)임을 알 수 있다.

**3** 여자는 무엇에 대해 걱정하는가?

(A) 비행 시간
(B) 가방의 색깔
(C) 가방의 무게
(D) 상품의 가격

해설 여자가 걱정하는 것은 여자가 말할 확률이 높다. 여자가 가방이 가벼운지 물어보는 부분(I was wondering if it's light enough)을 듣고 무게(weight)라는 동의 표현을 쓴 (C)를 고를 수 있다.

**Questions 4 through 6** refer to the following conversation.

W: Phillip, have you checked the forecast? I heard they're predicting heavy rain for tomorrow.

M: Really? Then, I might have to cancel my 2 o'clock tennis match. They only have outdoor courts at my gym.

W: If you're not going to play tennis, why don't you come to the movies with me and Clara?

M: If I am not playing tennis tomorrow, I'm not going anywhere. I'll just be at home and hang around with my family.

W: 필립, 일기 예보를 확인해 보셨나요? 내일 폭우가 온다고 하던데요.

M: 그래요? 그러면 2시에 테니스 경기를 취소해야 할지도 모르겠네요. 저희 체육관에는 야외 코트밖에 없어서요.

W: 테니스를 치지 않을 거면 저랑 클라라와 같이 영화를 보러 가는 게 어때요?

M: 내일 테니스를 치지 않으면 아무 데도 가지 않을 거예요. 저는 그냥 집에서 가족들과 시간을 보내려고요.

**어휘** **competition** 경쟁, 경기　**construction** 건축　**delay** 지연　**weather** 날씨　**play tennis** 테니스를 치다　**take a picture** 사진을 찍다　**stay** 머무르다　**check** 확인하다　**predict** 예측하다　**heavy rain** 폭우　**cancel** 취소하다　**match** 경기　**outdoor** 야외의　**court** 코트　**gym** 체육관　**anywhere** 어디든지　**hang around with** ~와 시간을 보내다

**4** 화자들은 무엇에 대해 이야기하고 있는가?
(A) 스포츠 대회
(B) 공사 지연
(C) 내일 날씨
(D) 새로운 취미 갖기

**해설** 주제를 물어보는 GQ는 본문 앞쪽에서 힌트를 준다. 첫 문장의 내일 비가 온다는 부분(have you checked the forecast? I heard they're predicting heavy rain for tomorrow)에서 날씨와 관련된 내용임을 알 수 있다. 따라서 정답은 (C)이다.

**5** 남자는 몇 시에 테니스를 치고 싶어 했는가?
(A) 1시에
(D) 2시에
(C) 3시에
(D) 4시에

**해설** 남자가 테니스를 치고 싶어 했던 시점을 물어보고 있다. 남자기 "2시 약속을 취소해야 할지 모른다(I might have to cancel my 2 o'clock tennis match)"고 했으므로 원래 2시에 치려고 했음을 알 수 있다.

**6** 남자는 내일 무엇을 할 것 같은가?
(A) 사진을 찍는다
(B) 야구를 한다
(C) 영화관에 간다
(D) 집에 머문다

**해설** 남자가 내일 할 일은 남자가 말할 확률이 높다. 영화를 보러 가자는 여자의 제안에 "그냥 집에서 가족들과 시간을 보내겠다(I'll just be at home and hang around with my family)"고 했으므로 집에 머문다는 (D)가 정답이다. 잘 들린다고 무조건 영화를 고르지 않도록 주의하자.

**Questions 7 through 9** refer to the following conversation.

M: Good morning and welcome to Riggs Bank. How may I help you?

W: I'm here to correct some information. I just received a new bank card yesterday, and somebody made a mistake and spelled my name wrong. My name is Heather Won, which is W-O-N, not W-O-N-G.

M: Oh, I'm sorry ma'am. If you give me your account number, we'll fix that problem right away.

W: Thank you. Hold on for just one minute. I have to find my account number.

M: 좋은 아침입니다. 릭스 은행에 오신 것을 환영합니다. 무엇을 도와드릴까요?

W: 정보를 수정하려고 왔는데요. 어제 새로운 은행 카드를 받았는데 누군가 실수해서 제 이름의 철자가 틀렸어요. 제 이름은 헤더 원이에요, WONG가 아닌 WON이요.

M: 아, 정말 죄송합니다, 손님. 손님의 계좌 번호를 주시면 문제를 바로 해결해 드리겠습니다.

W: 고마워요. 잠깐만 기다리세요. 계좌 번호를 찾아야 하거든요.

**어휘** **account** 계좌, 계정　**correct** 고치다, 수정하다　**mistake** 실수　**withdraw** 인출하다　**deposit** 입금하다　**information** 정보　**provide** 제공하다　**address** 주소　**order** 주문; 주문하다　**wait in line** 줄 서서 기다리다　**ask for** 요청하다　**merchandise** 상품　**look for** 찾다　**receive** 받다　**bank card** 은행 카드　**spell** 철자를 쓰다　**wrong** 틀린, 잘못된　**fix** 고치다, 수정하다　**right away** 지금 당장　**hold on** 기다리다

**7** 여자는 무엇을 하고 싶어 하는가?
(A) 계좌를 개설한다
(B) 실수를 수정한다
(C) 돈을 출금한다
(D) 수표를 입금한다

**해설** 남자는 은행 직원, 여자는 고객이다. 여자의 첫 문장인 "정보를 수정하려고 왔다(I'm here to correct some information. I just received a new bank card yesterday, and somebody made a mistake)"라는 부분에서 (B)가 답임을 알 수 있다. 장소가 은행이라고 무조건 은행과 관련된 보기를 고르지 않도록 주의하자.

**8** 여자는 어떤 정보를 제공하는가?
(A) 그녀의 이름
(B) 그녀의 주소
(C) 그녀의 전화번호
(D) 그녀의 주문 번호

**해설** 여자가 정보를 수정하려고 한다는 문장 다음에 본인의 이름을 알려주는 부분(My name is Heather Won, which is W-O-N, not W-O-N-G)을 듣고 답이 (A)임을 알 수 있다.

**9** 여자는 다음에 무엇을 할 것 같은가?
(A) 줄 서서 기다린다
(B) 할인을 요청한다
(C) 물건값을 지불한다
(D) 번호를 찾는다

**해설** 미래에 할 행동(will ~ do next)을 묻는 문제로, 주로 마지막 부분에서 힌트를 준다. 계좌 번호를 요청하는 직원에게 "찾아보겠으니 잠깐 기다려라(Hold on for just one minute. I have to find my account number)"라는 부분에서 (D)가 답임을 알 수 있다.

**Questions 10 through 12** refer to the following conversation.

M: Hi, I'm calling from Tower Theater for Ms. Suzuki.

W: This is she.

M: I understand you have tickets for tomorrow night's performance. I'm sorry, but we've had to cancel the performance because of some unfortunate incidents.

W: Really? That's too bad. Tomorrow is the only day I could make it.

M: I'm really sorry about that. I can offer you a refund for the tickets.

W: Okay, I'll take the refund. Thanks.

M: Sure, I'll also email you a promotional code that will give you a discount on your next ticket purchase. Thank you again for your patronage.

M: 안녕하세요, 타워 극장에서 전화 드렸는데 스즈키 씨 좀 바꿔 주세요.

W: 전데요.

M: 손님께서 내일 저녁에 있을 공연 티켓을 가지고 계신 걸로 아는데요. 죄송하지만 안타까운 사고 때문에 공연을 취소해야 했습니다.

W: 정말요? 안타깝네요. 내일이 제가 갈 수 있는 유일한 날이에요.

M: 정말 죄송합니다. 제가 티켓을 환불해 드릴 수 있어요.

W: 알겠어요, 환불 받도록 하죠. 고마워요.

M: 물론이죠, 그리고 다음 티켓 구매 시 할인 받을 수 있는 판촉 번호를 메일로 보내드리겠습니다. 고객님의 성원에 다시 한번 감사드립니다.

**어휘** police station 경찰서  travel agency 여행사  event 행사  payment 지불  offer 제안  expire 만기가 되다, 무효이다  miss 잃어버리다, 그리워하다  questionnaire 설문지  receipt 영수증  code 코드, 암호  autograph 사인, 서명  performer 공연가  performance 공연  unfortunate 불행한  incident 사고  can make it 갈 수 있다, 할 수 있다  refund 환불  promotional 판촉의, 선전의  discount 할인  purchase 구매; 구매하다  patronage 거래, 후원

**10** 남자는 어디에서 일하는가?
(A) 경찰서에서
(B) 항공사에서
(C) 극장에서
(D) 여행사에서

**해설** 화자가 일하는 장소를 물어보는 General Question은 주로 본문 앞쪽에서 힌트를 준다. 남자의 첫 대사 "Hi, I'm calling from Tower Theater for Ms. Suzuki."에서 남자가 일하는 장소가 극장임을 알 수 있다. 후반부에도 다른 힌트가 등장하지만 되도록 앞부분을 듣고 푸는 게 전체 문제를 다 맞히는 데 유리하다.

**11** 남자가 전화한 이유는 무엇인가?
(A) 행사가 취소되었다.
(B) 지불이 늦어졌다.
(C) 할인 기한이 지났다.
(D) 티켓을 잃어버렸다.

**해설** 전화한 이유나 목적은 본문의 앞쪽에서 말하는 경우가 많다. 남자의 대사 "~ we've had to cancel the performance because of some unfortunate incidents."에서 사고가 생겨 공연을 취소했다는 내용을 듣고 동의 표현인 행사(event)로 바꾼 (A)를 골라야 한다.

**12** 남자는 여자에게 메일로 무엇을 보낼 것인가?
(A) 설문지
(B) 판매 영수증
(C) 할인 코드
(D) 공연자의 사인

**해설** 남자가 미래에 메일로 보낼 것은 본문 후반부에 등장할 가능성이 높다. 남자의 마지막 대사 "I'll also email you a promotional code that will give you a discount on your next ticket purchase."에서 이메일로 할인 코드를 보낸다고 했으므로 답이 (C)임을 알 수 있다.

**Questions 13 through 15** refer to the following conversation and list.

W: Tim, did you know that Quality Food in our neighborhood is having a sale today to celebrate its 10th anniversary? I heard some of the items have discounted prices up to 50 percent.

M: Wow, that's good to know. I'm inviting some friends over this weekend, and I need to buy some meat. I still can't decide whether I should buy beef or pork.

W: You should hurry. Since the discount rates are high, there won't be much left after a few hours.

M: Thanks. I'll stop by the store this afternoon. Hey, if you're free on Saturday night, you can come by my place and have dinner with us. It'll be fun.

W: Wow, thanks. Let me check my schedule and let you know.

W: 팀, 우리 동네에 있는 퀄리티 푸드가 오늘 개업 10주년을 축하하는 세일을 한다는 거 알아요? 제가 듣기로 몇몇 품목은 최고 50프로까지 할인된대요.

M: 와, 알게 되어 좋네요. 제가 이번 주말에 친구들을 집에 초대할 건데 고기를 좀 사야 하거든요. 아직도 쇠고기를 사야 할지, 돼지고기를 사야 할지 정하지 못했어요.

W: 서둘러야 할 거예요. 할인율이 높기 때문에 몇 시간 후면 얼마 남지 않을 거예요.

M: 고마워요. 오늘 오후에 가게에 들러 볼게요. 저기, 토요일 밤에 시간 있으시면 저희 집에 오셔서 함께 저녁 먹어요. 재미있을 거예요.

W: 어머, 고마워요. 제가 일정을 보고 연락 드릴게요.

| 퀄리티 푸드 할인 | |
|---|---|
| 고기 | 40% |
| 야채 | 30% |
| 통조림류 | 20% |
| 시리얼 | 35% |

**어휘** quality 품질; 고급의  discount 할인  meat 고기  vegetable 야채  cereal 시리얼  celebrate 축하하다  anniversary 기념일  promote 홍보하다  grand opening 개업  compete 경쟁하다  introduce 소개하다  product 상품  purchase 구매하다  visit 방문하다  return 반품하다, 돌려주다  neighborhood 이웃, 동네  up to 최고 ~까지  invite 초대하다  whether ~인지 아닌지  beef 소고기  pork 돼지고기  hurry 서두르다  rate 비율, 가격  left 남긴, 남아 있는  a few 몇몇의, 몇 개의  stop by 들르다  be free 시간이 있다, 자유롭다  come by 들르다, 방문하다  check 확인하다  schedule 일정

**13** 가게는 왜 세일을 하고 있는가?
(A) 기념일을 축하하기 위해
(B) 개업식을 홍보하기 위해
(C) 다른 가게들과 경쟁하기 위해
(D) 신상품을 소개하기 위해

해설 문제의 세일(sale)이라는 어휘를 기억하고 본문을 듣자. 본문에서 "개업 기념일을 축하하기 위해 세일한다(Quality Food in our neighborhood is having a sale today to celebrate its 10th anniversary)"에서 (A)가 답임을 알 수 있다.

**14** 도표를 보시오. 남자가 사고 싶어 하는 품목의 할인율은 얼마인가?
(A) 40%
(B) 30%
(C) 20%
(D) 35%

해설 표/그림 관련 문제는 미리 문제와 표를 훑어보고 음원 내용을 추측해야 한다. 남자가 살 품목은 남자가 말할 확률이 높다. 선택지에 할인율이 나온 것으로 보아 음원에서는 음식 종류를 말할 것이다. 남자의 첫 문장에서 "고기를 사야 한다(I need to buy some meat)"라는 부분을 듣고 고기에 해당하는 할인율 (A) 40%를 고를 수 있다.

**15** 남자는 오늘 오후에 무엇을 할 것 같은가?
(A) 여자의 집에 방문한다
(B) 슈퍼마켓에 간다
(C) 그의 친구들을 만난다
(D) 일부 상품을 반품한다

해설 '남자가 오후에 할 일'이라는 문제의 키워드를 기억하고 본문을 듣자. 본문에서 "오후에 가게에 들르겠다(I'll stop by the store this afternoon)"는 부분을 듣고 슈퍼마켓에 간다는 동의 표현 (B)를 고를 수 있다.

**Questions 16 through 18** refer to the following conversation and seating plan.

M: Ms. Mendoza, would you like me to book a flight to Hong Kong?
W: Yes, I would. The new line of products is launching there, and I want to make sure everything goes smoothly.
M: Okay. When do you want to leave?
W: Are there any flights on March 5th?
M: Let me check online now. All flights on that day are sold out, but there's one flight with available seats on March 4th.
W: Well, that day would work for me. I'd prefer an aisle seat.
M: There's just one aisle seat left. I'll book it right away.

M: 멘도자 씨, 홍콩으로 가는 항공편을 예약해 드릴까요?
W: 네, 그래요. 거기서 새로운 브랜드가 출시될 건데 모든 것이 잘 진행되고 있는지 확인하고 싶어요.
M: 알겠습니다. 언제 떠나고 싶으세요?
W: 3월 5일에 항공편이 있나요?
M: 지금 온라인에서 확인해 볼게요. 그날 모든 항공편이 매진되었지만 3월 4일에는 빈 좌석이 있는 비행편이 하나 있네요.
W: 음, 그날이면 괜찮을 거 같아요. 저는 복도쪽 자리가 좋은데요.
M: 복도쪽 좌석은 하나 남았네요. 지금 당장 예약하도록 하죠.

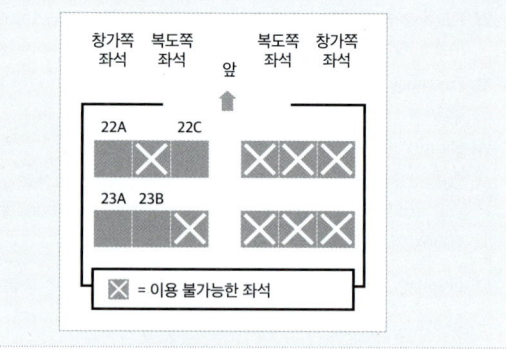

어휘 aisle 복도, 통로  unavailable 이용할 수 없는  purpose 목적  launch 출시하다  take a vacation 휴가 가다  agree 동의하다  presentation 발표  additional 추가의  fee 비용  book 예약하다  flight 비행(기)  smoothly 부드럽게  leave 떠나다  sold out 매진된  available 이용할 수 있는  work 잘 되다  prefer 선호하다  left 남아 있는  right away 지금 당장

**16** 여자의 여행 목적은 무엇인가?
(A) 제품 출시를 돕기 위해
(B) 휴가를 가기 위해
(C) 새로운 직업을 얻기 위해
(D) 공장을 열기 위해

해설 남자가 홍콩에 가는 항공편 예약을 언급하고 여자의 첫 대사 "The new line of products is launching there, and I want to make sure everything goes smoothly"에서 브랜드 출시를 위해 그곳에 간다고 했으므로 정답이 (A)임을 알 수 있다.

**17** 여자는 무엇을 하겠다고 동의하는가?
(A) 발표를 한다
(B) 추가 비용을 낸다
(C) 내일 다시 전화한다
(D) 다른 날짜에 여행을 간다

해설 여자가 원하는 날인 5일에는 좌석이 매진되었고 4일에는 남은 좌석이 있다는 남자의 말에 "that day would work for me"라고 말한 부분을 듣고 '다른 날짜에 여행을 간다'는 동의 표현 (D)를 골라야 한다.

**18** 도표를 보시오. 여자는 어떤 좌석에 앉을 것 같은가?
(A) 22A
(B) 22C
(C) 23A
(D) 23B

해설 시각자료 문제는 미리 문제와 표/그림을 읽으면 정답을 고르는 데 도움이 된다. 그림에서 이용 가능한 4개의 좌석 중에서 여자가 "복도쪽을 선호한다(I'd prefer an aisle seat.)"고 말하는 부분을 듣고 (B)를 고를 수 있다. 음원을 듣는 동시에 그림을 보면서 해당되는 선택지를 찾는 훈련을 하자.

## UNIT 11 주제 II : 회사 생활

### ✚ 빈출 패턴 훈련  | p.78

W: 제임스, 저를 위해 분기별 판매 보고서를 검토할 시간이 있어요? 저는 곧 회의가 있어서요.
M: 물론이죠, 제 책상 위에 두시면 돼요. 오늘 오후에 검토할게요.

**1** 화자들은 어디에 있는가?
(A) 사무실에
(B) 매장에

W: 당신이 공장을 재가동하실 거라고 들었어요.
M: 네, 저희는 새로운 사업 계획을 실행하고 주문 제작 상품만 전문으로 하려고 해요.

**2** 화자들은 무엇에 대해 논의하는가?
(A) 신입 사원 고용하기
(B) 공장 열기

M: 안녕하세요, 당신 사무실에서 예산 제안서를 논의할 시간이 있으신지 알고 싶어서 들렀어요.
W: 물론이죠, 지금 부장님을 만나러 가야 하는데 약 한 시간 후에는 돌아올 거예요.

**3** 남자는 왜 여자와 말하고 싶어 하는가?
(A) 비용을 줄이기 위해
(B) 보고서에 대해 논의하기 위해

W: 저희는 주회의실에서 회의를 할 예정이었는데 프로젝터가 작동하지 않네요.
M: 제가 다른 빈 회의실이 있는지 확인해 볼게요.

**4** 남자는 다음에 무엇을 할 것인가?
(A) 다른 장소 찾기
(B) 경비실에 전화하기

### SPARTA PRACTICE  | p.79

| 1 (A) | 2 (B) | 3 (B) | 4 (A) | 5 (B) |
| 6 (A) | 7 (B) | 8 (A) | 9 (B) | 10 (A) |
| 11 (B) | 12 (B) | | | |

**Questions 1 through 3** refer to the following conversation.

W: Kevin, there's something wrong with the printer. It keeps jamming and nothing is coming out.
M: Well, that's a big problem. We need to hurry to get those budget proposals printed for tomorrow's supervisors' meeting.
W: Don't worry. I'll make sure everything is ready by today.

M: Why don't I call the maintenance right away and see if someone is available to fix it now?
W: 케빈, 프린터가 뭔가 잘못된 것 같아요. 계속 종이가 끼고 아무것도 나오지 않아요.
M: 음, 큰일이네요. 내일 관리자 회의를 위해 예산 제안서를 서둘러 인쇄해야 하는데요.
W: 걱정하지 마요. 오늘까지 모든 것이 준비되도록 할게요.
M: 제가 시설 관리팀에 당장 전화해서 지금 고칠 수 있는 사람이 있는지 알아볼게요.

**어휘** seem ~인 것 같다  be broken 고장 나다  supervisor 관리자  order 주문하다; 주문  contact 연락하다  department 부서  jam 막히다  come out 나오다  hurry 서두르다  budget 예산  proposal 제안서  make sure 확실히 하다  be ready 준비하다  available 시간이 있는, 만날 수 있는  fix 수리하다

**1** 무엇이 문제인 것 같은가?
(A) 프린터가 고장 났다.
(B) 마감이 지났다.

**해설** 문제점은 전체적인 주제를 묻는 GQ에 해당한다. 첫 문장 "there's something wrong with the printer(프린트가 잘못된 것 같다)"에서 답을 추측할 수 있다. 뒤쪽에 서두르라는 얘기가 나오지만 마감에 대한 내용은 없다.

**2** 관리자 회의는 언제인가?
(A) 오늘
(B) 내일

**해설** '관리자 회의(supervisors' meeting)'라는 키워드를 기억하고 본문을 듣자. 남자의 첫 문장에서 관리자 회의가 내일인 것을 들을 수 있다.

**3** 남자는 다음에 무엇을 할 것인가?
(A) 새로운 프린터를 주문한다
(B) 다른 팀에 연락한다

**해설** 남자가 미래에 할 일은 남자의 말에서 힌트를 주는 경우가 많다. 남자가 "시설 관리팀에 전화하겠다(Why don't I call the maintenance ~)"는 내용을 듣고 다른 팀에 연락하다(contact)라는 동의 표현으로 고를 수 있다.

**Questions 4 through 6** refer to the following conversation.

W: Welcome to Advance Motors. We're so excited about finally working with you.
M: I feel the same way, Ms. Brown. By the way, I have a question. When do we get our paychecks?
W: You'll get your first check in two weeks. And after that, you'll get paid on the last day of every month. Now, are you ready to go to your department and meet your colleagues?
M: Of course. I've wanted to work at the marketing department for such a long time.
W: 어드밴스 모터스 사에 오신 것을 환영해요. 마침내 당신과 함께 일하게 되어서 굉장히 기쁩니다.

M: 저도 그렇습니다, 브라운 씨. 그런데 질문이 있어요. 저희는 언제 월급을 받나요?

W: 2주 후에 첫 월급을 받으실 겁니다. 그리고 그 다음에는 매달 마지막 날에 받습니다. 자, 당신 부서로 가서 동료들을 만날 준비가 됐나요?

M: 물론이죠. 저는 오랫동안 마케팅 부서에서 일해 보고 싶었어요.

**어휘** department head 부서장  how often 얼마나 자주  get paid 월급을 받다  every two weeks 2주마다  payroll division 경리부  motor 자동차  be excited 기뻐하다  finally 마침내, 결국  paycheck 급여 수표, 월급  last day 마지막 날  colleague 동료, 사원  for a long time 오랫동안

**4** 여자는 누구와 이야기하고 있는가?
(A) 신입 사원
(B) 부서장

**해설** 화자의 정체를 물어보는 GQ로, 주로 본문 앞쪽에서 힌트를 준다. 이 문제는 여자와 말하는 상대, 즉 남자가 누구인지 묻고 있다. 여자가 "어드밴스 모터스 사에 온 것을 환영한다"라고 말하면서 함께 일하게 되어 기쁘다고 했으므로 남자는 (A) 신입 사원임을 추측할 수 있다.

**5** 직원들은 얼마나 자주 월급을 받는가?
(A) 2주에 한 번
(B) 매달

**해설** '얼마나 자주 돈을 받는가(How often ~ get paid)'라는 문제를 정확하게 기억하고 본문을 듣자. 2주 후라는 어휘가 나오지만 첫 월급에 관한 내용이고, 그 다음에 "매달 월급을 받는다(you'll get paid on the last day of every month)"는 부분에서 (B)가 답임을 알 수 있다. 먼저 나오거나 잘 들리는 부분이 아니니 문제에서 묻는 것을 정확하게 고를 수 있도록 훈련하자.

**6** 남자는 어디에서 일할 것인가?
(A) 마케팅 부서에서
(B) 경리부에서

**해설** 남자가 일하게 될 부서를 물어보는 문제이다. 앞쪽에서 월급에 대한 내용이 나왔지만 남자가 일할 부서는 경리부가 아니다. 남자가 "오랫동안 마케팅 부서에서 일하고 싶었다(I've wanted to work at the marketing department for such a long time)"고 말하므로 (A)가 답임을 알 수 있다.

**Questions 7 through 9** refer to the following conversation.

W: Hi, this is Melanie from the sales department. I submitted the expense report for my trip last week. Can you tell me when I can be reimbursed for my expenses?

M: Actually, I was about to call you. Your report is missing a receipt for your hotel stay. We need to have all the receipts to process the payment.

W: That's weird. I thought I put everything in when I submitted it. Let me check my file.

M: If you find it, please fax it to me as soon as possible. If we get it within the week, you'll get your money back next week.

W: 안녕하세요, 저는 판매팀의 멜라니입니다. 제가 지난주에 출장비 보고서를 제출했는데요. 언제 그 비용을 상환 받을 수 있는지 알려 주시겠어요?

M: 사실, 당신에게 전화하려던 참이에요. 당신 보고서에 숙박 영수증이 빠져 있어요. 저희는 지불을 처리하기 위해 모든 영수증이 필요해요.

W: 이상한데요. 제가 제출했을 때 전부 다 넣었다고 생각했어요. 제 파일을 확인해 보죠.

M: 그것을 찾으시면 되도록 빨리 팩스로 보내 주세요. 저희가 이번 주 안으로 받으면 다음 주에 돈을 받으실 겁니다.

**어휘** discuss 토론하다  promotion 판촉  reimbursement 상환, 환급  expense 비용  receipt 영수증  missing 빠진  number 숫자  wrong 잘못된  ask 부탁하다, 묻다  fax 팩스로 보내다  submit 제출하다  be about to ~하려던 참이다  process 처리하다  payment 지불  weird 이상한  as soon as possible 되도록 빨리  within ~안으로

**7** 화자들은 무엇을 이야기하고 있는가?
(A) 상품 판촉
(B) 비용 상환

**해설** 주제를 묻는 GQ로, 주로 본문 앞쪽에서 힌트를 준다. 첫 문장에서 여자가 출장비 상환에 대해 질문했고 남자가 이에 대해 답하고 있으므로 답은 (B) 비용 상환이다.

**8** 남자는 어떤 문제에 대해 언급하는가?
(A) 영수증이 없다.
(B) 일부 수치가 틀렸다.

**해설** 남자가 언급하는 문제에 대해 묻고 있다. 비용을 상환 받지 못하는 이유로 "영수증이 빠져 있다(Your report is missing a receipt for your hotel stay)"는 부분에서 (A)가 답임을 알 수 있다.

**9** 남자는 여자에게 무엇을 하라고 요청하는가?
(A) 호텔에 전화하라고
(B) 서류를 팩스로 보내라고

**해설** 남자가 여자에게 부탁하는 것은 남자가 말할 확률이 높다. 남자의 마지막 문장에서 "영수증을 찾으면 팩스로 보내 달라(If you find it, please fax it to me as soon as possible)"는 내용을 듣고 '서류'라는 동의 표현을 쓴 (B)를 고를 수 있다.

**Questions 10 through 12** refer to the following conversation.

W: Thank you for visiting Lee & Miyagi's. How may I help you?

M: Hi, my name is Edward Paddington, and I have an appointment with Ms. Miyagi at three o'clock.

W: Hold on for a minute while I call up to the fourth floor for Ms. Miyagi. Can I also have the name of your company, please?

M: Sure, I own a security company called Protect-W. I want to use your company's accounting service, and I'm going to talk about the details of the contract with her today.

W: 리 앤 미야기 사에 방문해 주셔서 감사합니다. 무엇을 도와드릴까요?

M: 안녕하세요, 제 이름은 에드워드 패딩턴이고 미야기 씨와 3시에 약속이 있어요.

W: 제가 4층의 미야기 씨에게 전화하는 동안 잠깐만 기다려 주세요. 당신의 회사 이름도 알 수 있을까요?

M: 물론이죠, 저는 프로텍트-W라는 보안 회사를 소유하고 있어요. 당신 회사의 회계 서비스를 이용하고 싶어서요. 그리고 오늘 그녀와 계약의 세부 사항을 이야기할 것입니다.

**어휘** receptionist 접수원  accountant 회계사  be located 위치하다  interview 면접; 면접을 보다  contract 계약서  appointment 약속  hold on 기다리다  while ~하는 동안  security 보안  accounting 회계  details 세부 사항

**10** 여자는 누구일 것 같은가?
(A) 접수원
(B) 회계사

**해설** 직업을 물어보는 GQ는 본문 앞쪽에서 힌트를 준다. 첫 문장에서 회사에 온 손님을 안내하고 있으므로 접수원(receptionist)이라는 것을 알 수 있다.

**11** 미야기 씨의 사무실은 어디에 위치해 있는가?
(A) 3층에
(B) 4층에

**해설** '미야기 씨의 사무실(Miyagi's office)'이라는 키워드를 기억하고 본문을 듣자. "4층에 있는 미야기 씨에게 전화한다(I call up to the fourth floor for Ms. Miyagi)"는 부분에서 답이 (B)임을 알 수 있다.

**12** 남자는 왜 미야기 씨를 보려고 하는가?
(A) 구직 면접을 보기 위해
(B) 계약을 논의하기 위해

**해설** 남자가 만나려는 이유는 남자가 말할 확률이 높다. 남자의 마지막 말인 "계약의 세부 사항을 논의할 것이다(I'm going to talk about the details of the contract with her today)"라는 부분에서 계약에 대해 논의하기 위해 왔음을 알 수 있다.

### SPARTA TEST    | p.80

| 1 (A) | 2 (B) | 3 (D) | 4 (D) | 5 (A) |
|---|---|---|---|---|
| 6 (D) | 7 (C) | 8 (A) | 9 (D) | 10 (C) |
| 11 (B) | 12 (D) | 13 (B) | 14 (C) | 15 (D) |
| 16 (B) | 17 (C) | 18 (A) | | |

**Questions 1 through 3** refer to the following conversation.

W: Hi, Mark. I've been trying to log on to my computer, but it keeps telling me that my password is incorrect. Do you have the same problem?

M: No, I've been able to sign in. The IT department replaced some servers yesterday, so perhaps the upgrade is causing your problem.

W: Oh, I guess I should speak to someone in IT then. Do you have their extension number?

M: I don't know, but I think the best way to reach them is to submit a request online. Let me do that for you on my computer.

W: 안녕, 마크. 제가 컴퓨터에 로그인하려고 했는데요, 계속 암호가 맞지 않는다고 하네요. 당신도 같은 문제가 있나요?

M: 아니요, 저는 들어왔는데요. 어제 IT 부서에서 일부 서버를 교체했는데 아마 그 업그레이드가 문제를 야기한 것 같아요.

W: 아, 그럼 IT 부서의 누군가와 이야기해야겠네요. 그쪽 내선 번호 알고 있어요?

M: 모르겠어요, 하지만 그들에게 연락하기 가장 좋은 방법은 온라인으로 요청서를 제출하는 거예요. 제가 제 컴퓨터로 해 드릴게요.

**어휘** be unable to do ~할 수 없다  log on 접속하다  print 인쇄하다  document 서류  take classes 수업을 듣다  lost 잃어버리다 (lose)의 과거형  power 전원, 전기  upgrade 업그레이드하다  relocate 이전하다, 옮기다  install 설치하다  restart 재부팅하다, 다시 시작하다  password 암호  incorrect 맞지 않는  replace 교체하다  perhaps 아마도  cause 야기하다  extension 내선 번호  the best 가장 좋은  way 방법  request 요청

**1** 여자는 무엇을 할 수 없는가?
(A) 컴퓨터에 로그인하는 것
(B) 프로젝터를 찾는 것
(C) 서류를 프린트하는 것
(D) 컴퓨터 수업을 듣는 것

**해설** '여자가 할 수 없는 일(the woman unable to do)'이라는 문제를 기억하고 본문을 들으면, 첫 문장인 "로그인하려고 하는데 암호가 맞지 않는다고 나온다(I've been trying to log on to my computer, but it keeps telling me that my password is incorrect)"는 부분에서 (A)가 답임을 알 수 있다.

**2** 남자에 의하면, 어제 무슨 일이 있었는가?
(A) 건물에 전기가 나갔다.
(B) 일부 서버가 업그레이드되었다.
(C) 사무실이 이전되었다.
(D) 전화선이 설치되었다.

**해설** '어제 생긴 일(happened yesterday)'이라는 키워드를 기억하고 듣자. 남자가 "어제 서버를 교체했는데 아마 그 업그레이드가 문제를 야기했을 것이다(The IT department replaced some servers yesterday, so perhaps the upgrade is causing your problem)"라는 부분을 듣고 (B)를 고를 수 있다.

**3** 남자는 무엇을 하겠다고 말하는가?
(A) 컴퓨터를 다시 시작하는 것
(B) 소프트웨어를 설치하는 것
(C) 동료 사원에게 전화하는 것
(D) 도움 요청서를 내는 것

**해설** 남자가 하겠다고 하는 것은 남자의 대사에서 단서가 나온다. 남자가 "최선의 방법은 온라인으로 요청서를 제출하는 것이며 자신의 컴퓨터로 해 주겠다(the best way to reach them is to submit a request online. Let me do that for you on my computer)"는 부분을 듣고 (D)를 고를 수 있다.

**Questions 4 through 6** refer to the following conversation.

W: Mr. Jenkins, why do you think our new clothing line is doing poorly these days?

M: Maybe it's not appealing to the younger market. Those people would like to see more colors and less complicated designs.

W: But we had already conducted extensive research to specifically target those in their 20s and 30s before we launched this line.

M: Hmm… You're right. I think we need to come up with a new marketing strategy to promote our brand.

W: 젠킨스 씨, 요즘 저희 새로운 의류 라인이 왜 잘 안 되고 있다고 생각하시나요?

M: 아마도 젊은 소비자들에게 어필하고 있지 않은 것 같아요. 그들은 색이 더 많고 덜 복잡한 디자인을 보고 싶어 하거든요.

W: 하지만 우리는 이 라인을 출시하기 전에 20대와 30대를 특별히 타깃으로 하기 위해 이미 광범위한 조사를 했잖아요.

M: 음… 당신 말이 맞아요. 제 생각에는 우리 브랜드를 판촉하기 위해 새로운 마케팅 전략을 생각해야 할 것 같아요.

**어휘** **discuss** 토론하다  **stock** 주식  **beverage** 음료수  **clothes** 의류  **sell well** 잘 팔리다  **poor** 나쁜  **quality** 품질  **expensive** 비싼  **damaged** 손상된  **suggest** 제안하다  **reduce** 줄이다  **try** 시도하다  **strategy** 전략  **line** (상품) 라인  **poorly** 나쁘게, 형편없이  **appeal to** ~에게 어필하다, 호소하다  **younger** 더 어린  **less** 덜, 덜한  **complicated** 복잡한  **conduct** 행하다  **research** 연구  **specifically** 특별히, 세부적으로  **target** 목표로 삼다  **launch** 런칭하다, 소개하다  **come up with** ~을 생각해내다  **promote** 판촉하다  **brand** 상표, 브랜드

**4** 화자들은 무엇을 논의하고 있는가?
(A) 주식
(B) 음료수
(C) 날씨
(D) 의류

**해설** 주제를 물어보는 GQ로, 주로 본문 앞쪽에서 힌트를 준다. 첫 문장인 "왜 새로운 의류 라인의 실적이 좋지 않은가?(why do you think our new clothing line is doing poorly these days?)"라는 부분에서 (D)가 답임을 알 수 있다.

**5** 화자들은 상품에 대해 뭐라고 말하는가?
(A) 잘 팔리지 않는다.
(B) 품질이 나쁘다.
(C) 너무 비싸다.
(D) 손상되었다.

**해설** 난이도 낮은 문제는 힌트가 한 문장에 한 개씩 등장하지만 난이도가 높은 문제는 한꺼번에 제시되거나 순서가 바뀌어 나오는 경우도 있다. 첫 문장인 "왜 새로운 의류 라인의 실적이 좋지 않은가?(why do you think our new clothing line is doing poorly these days?)"에서 회사의 상품이 잘 판매되지 않는다고 했으므로 답은 (A)임을 알 수 있다. 4번과 5번의 단서가 한 문장에서 주어진 것에 주의하자.

**6** 남자는 무엇을 하자고 제안하는가?
(A) 새로운 색깔로 바꾸기
(B) 새로운 모델을 디자인하기
(C) 상품 가격을 내리기
(D) 새로운 전략 시도하기

**해설** 남자가 제안하는 것(the man suggest)은 남자가 말할 확률이 높다. 색깔, 디자인 등이 등장했지만 남자가 제안한 것은 마지막 "브랜드를 판촉하기 위해 전략을 생각해내자(I think we need to come up with a new marketing strategy to promote our brand)"라는 부분에서 답이 (D)임을 알 수 있다.

**Questions 7 through 9** refer to the following conversation.

M: Hello, Ms. Stanton. It's Andy Wilson. Have you looked at the draft of the design for your store's newspaper advertisement?

W: Yes, I think the design is coming along nicely. I especially like the way you added a photo of my paint store instead of just the logo.

M: I'm glad you like that idea. Is there anything you want me to change? I could make the words "We've moved" a little larger so that it can be more visible.

W: Yes, good point. After all, the main reason for the ad is to let people know the store has moved to a new location.

M: 안녕하세요, 스탠톤 씨. 저는 앤디 윌슨입니다. 당신 가게의 신문 광고를 위한 디자인 초안을 보셨나요?

W: 네, 제 생각에는 디자인이 아주 잘 나오고 있는 것 같아요. 저는 로고만 있는 게 아니라 저희 페인트 가게의 사진을 추가한 것이 특히 마음에 들어요.

M: 그 아이디어가 마음에 드신다니 기쁘네요. 제가 바꿨으면 하는 게 있으신가요? "이전했어요"라는 글씨를 좀 더 크게 해서 더 잘 보이게 할 수 있어요.

W: 네, 좋은 지적이에요. 결국 이 광고의 주된 목적은 사람들에게 가게가 새 위치로 옮겼다는 것을 알리는 거니까요.

**어휘** **photographer** 사진가  **real estate agent** 부동산 중개인  **owner** 주인  **reporter** 기자  **be pleased about** ~에 대해 즐거워하다  **advertisement** 광고  **recent** 최근의  **article** 기사  **property** 부동산  **location** 위치  **contract** 계약서  **client** 손님  **offer** 제공하다  **move** 옮기다, 이동하다  **expedite** 촉진시키다, 빠르게 하다  **draft** 초안  **come along** 되어 가다  **visible** (눈에) 보이는

**7** 여자는 누구인 것 같은가?
(A) 사진사
(B) 부동산 중개인
(C) 가게 주인
(D) 신문 기자

**해설** 말하는 사람의 직업을 묻는 GQ는 본문 앞쪽에서 힌트를 준다. 남자가 여자의 가게 광고 디자인 초안을 작성해서 보여 주는 내용(Have you looked at the draft of the design for your store's newspaper advertisement?)에서 여자가 가게 주인이자 광고 디자인을 위해 업체를 고용한 고객임을 알 수 있다.

**8** 여자는 무엇에 대해 기뻐하는가?
(A) 광고 디자인
(B) 최근 기사
(C) 건물 위치
(D) 새로운 고객과의 계약

해설 여자가 기뻐하는 내용은 여자가 말할 확률이 높다. 첫 문장에서 디자인 초안을 봤는지 묻는 질문에 "디자인이 잘 나오고 있는 것 같다(I think the design is coming along nicely)"라고 하므로 여자가 광고 디자인이 마음에 들었다는 것을 알 수 있다.

**9** 남자는 무엇을 해 주겠다고 제안하는가?

(A) 가구를 옮겨 주는 것
(B) 서비스 신청을 빨리 처리하는 것
(C) 송장을 프린트하는 것
(D) 글씨를 크게 하는 것

해설 남자가 해 주겠다고 제안하는 것(the man offer to do)은 남자가 말할 확률이 높다. 남자가 "원하면 글씨를 크게 해 줄 수 있다(I could make the words "We've moved" a little larger)"는 부분에서 (D)가 답임을 알 수 있다. move만 듣고 (A)를 고르지 않도록 주의하자.

**Questions 10 through 12** refer to the following conversation.

M: Irene, I heard that your program is having a lot of guest speakers next week.
W: That's right. We're celebrating the first anniversary of the show on the air, so we're planning a special episode. We are inviting some celebrities for this occasion.
M: Wow, you must be so excited. Congratulations! Your program is the most popular one at our station this season.
W: Thanks, but it's the guest speakers' stories that our listeners like. I'm so fortunate to have those people around me.

M: 아이린, 다음 주에 당신 프로그램에 초대 손님이 많이 오신다고 들었어요.
W: 맞아요. 저희는 우리 쇼의 방송 1주년을 축하하고 있어서 특별 방송편을 준비하고 있어요. 이 행사를 위해 유명인사들을 초대할 거예요.
M: 와, 정말 기쁘시겠어요. 축하 드려요! 당신 프로그램은 이번 시즌에 저희 방송국에서 가장 인기 있는 프로그램이에요.
W: 고마워요. 하지만 우리 청취자들이 좋아하는 건 초대 손님들의 이야기예요. 그런 분들이 제 주변에 있다는 게 행운이죠.

어휘 **museum** 박물관 **celebrate** 축하하다 **anniversary** 기념일 **promote** 홍보하다 **item** 물건 **explain** 설명하다 **special** 특별한 **occasion** 상황, 경우 **plan** 계획하다 **trip** 여행 **another** 다른, 또 하나의 **invite** 초대하다 **reason** 이유 **program** 방송 **popularity** 인기 **skill** 기술 **musical** 음악적인 **talent** 재능 **appearance** 외모, 외관 **guest** 손님 **a lot of** 많은 **episode** 에피소드, 회, 편 **celebrity** 유명인사 **excited** 신이 난 **congratulation** 축하 **popular** 인기 있는 **season** 시즌, 계절 **fortunate** 운 좋은, 행운의

**10** 여자가 어디에서 일하는 것 같은가?

(A) 신문사에서
(B) 영화관에서
(C) 방송국에서
(D) 박물관에서

해설 일하는 장소를 물어보는 GQ로, 본문 앞쪽에서 힌트를 준다. 첫 문장에서 program과 show라는 어휘를 통해 이곳이 방송국이라는 것을 추측할 수 있다.

**11** 여자는 왜 "저희는 1주년을 축하하고 있습니다"라고 말하는가?

(A) 할인 품목을 판촉하기 위해
(B) 특별한 상황을 설명하기 위해
(C) 다른 나라로의 여행을 계획하기 위해
(D) 사람들을 파티에 초대하기 위해

해설 "특별 방송편을 준비하는 것은 첫 번째 기념일을 축하하기 위해서이다(We're celebrating the first anniversary ~ a special episode)"라는 내용을 통해 특별한 상황을 설명하기 위해서임을 알 수 있다.

**12** 여자는 프로그램 인기의 이유가 무엇이라고 생각하는가?

(A) 그녀의 저술력
(B) 그녀의 음악적인 재능
(C) 그녀의 외모
(D) 그녀 손님들의 이야기

해설 여자가 생각하는 프로그램 인기의 이유는 여자가 말할 확률이 높다. 남자가 여자의 프로그램이 인기가 많다는 말에 "청취자들이 좋아하는 건 초대 손님들의 이야기이다(it's the guest speakers' stories that our listeners like)"라고 말한 부분에서 (D)가 답임을 알 수 있다.

**Questions 13 through 15** refer to the following conversation and list.

M: Today's accounting seminar has been really helpful. I'm looking forward to the rest of it.
W: Me, too. This afternoon's workshop on ethics and finance must be very interesting. A colleague of mine is leading it.
M: The workshop starts in an hour, so we'd better get lunch now if we want to get back in time. I found a list of local restaurants in this guidebook. Korean food is my favorite, but I think Main Street is too far from here.
W: Hmm, we're on Simpson Street.
M: Oh, there is the one on Simpson Street listed in the guidebook. It should be just around the corner. Let's go there.
W: Okay. We should have enough time then.

M: 오늘 회계 세미나는 정말 유익했어요. 남은 행사도 기대돼요.
W: 저도 그래요. 오늘 오후에 있을 윤리와 재정에 관한 워크숍도 정말 흥미로울 거예요. 제 동료가 진행하거든요.
M: 워크숍은 1시간 후에 시작하는데 시간 내에 돌아오려면 지금 점심을 먹어야 할 것 같아요. 가이드북에서 지역 식당 리스트를 찾았는데요 저는 한국 음식을 가장 좋아하는데 메인 가는 여기서 많이 먼 것 같아요.
W: 음, 우리는 심슨 가에 있죠.
M: 아, 가이드북에 실린 심슨 가에 위치한 식당이 하나 있네요. 모퉁이를 돌면 바로 있는 것 같아요. 거기로 갑시다.
W: 좋아요. 그러면 시간이 충분할 거예요.

| 인근 식당 |
| --- |
| ▶ 캐피탈 스테이크<br>88 파크 애비뉴 |
| ▶ 코리아 하우스<br>120 메인 가 |
| ▶ 피자 리퍼블릭<br>22 알링턴 가 |
| ▶ 리틀 인디아<br>48 심슨 가 |

어휘 **nearby** 근처의 **avenue** 대로, 가 **field** 분야 **technology** 기술 **accounting** 회계 **tourism** 관광 **agriculture** 농업 **take place** 일어나다 **fair** 박람회 **reading** 독서, 낭독 **helpful** 도움이 되는 **look forward to** ~을 기대하다 **ethics** 윤리 **finance** 재정 **interesting** 흥미 있는 **colleague** 동료 사원 **lead** 이끌다, 주도하다 **in time** 시간 내에 **list** 목록 **far** 먼, 멀리 떨어진 **enough** 충분한

**13** 화자들은 어떤 분야에서 일하는 것 같은가?
(A) 기술
(B) 회계
(C) 관광
(D) 농업

해설 화자의 직업/분야를 물어보는 GQ로, 본문 앞쪽에서 힌트를 주는 것이 일반적이다. 첫 대사의 "Today's accounting seminar has been really helpful"에서 (B)가 답임을 추측할 수 있다.

**14** 오후에는 어떤 일이 일어날 것인가?
(A) 구직 박람회
(B) 출장
(C) 워크숍
(D) 도서 낭독

해설 '오후(afternoon)'라는 키워드를 기억하고 본문에서 언급될 때 들을 수 있도록 훈련하자. 여자의 대사인 "This afternoon's workshop on ethics and finance must be very interesting"에서 오후에 워크숍이 진행되는 것을 알 수 있다.

**15** 도표를 보시오. 화자들은 어디에서 식사할 것 같은가?
(A) 캐피탈 스테이크에서
(B) 코리아 하우스에서
(C) 피자 리퍼블릭에서
(D) 리틀 인디아에서

해설 시각자료 문제는 문제와 표/그림을 미리 읽으면 답을 고르는 데 도움이 된다. 선택지에 가게 이름이 나온 것으로 보아 음원에서는 주소를 들려줄 것을 추측할 수 있다. 메인 가가 언급되지만 너무 멀다고 했고, 현재 있는 곳인 심슨 가의 식당으로 가자는 부분에서 (D)를 고를 수 있다. 음원을 듣고 표에서 장소와 가게 이름을 매칭하는 훈련을 하자.

**Questions 16 through 18** refer to the following conversation and schedule.

W: Hi, Jin-Woo. Do you have time to meet next week to talk about the new software we're developing? I have some ideas I'd like to discuss.
M: Sure, Michelle. Let's meet next week. But I'll be leaving on a business trip on Thursday to meet one of our overseas clients.
W: Okay, how about Wednesday then? I'll be at a department workshop all morning, but free in the afternoon.
M: Good, I'm free all afternoon.
W: I have an appointment later on, but I can meet you right before that. I'll send you a meeting invitation to your e-mail now.

W: 안녕하세요, 진우 씨. 다음 주에 우리가 개발하고 있는 새로운 소프트웨어에 대해 만나서 얘기할 시간 있어요? 같이 의논하고 싶은 아이디어가 있어요.
M: 물론이죠, 미셸. 다음 주에 만나요. 그런데 제가 목요일에 해외 고객 중 한 분을 만나기 위해 출장을 갈 거예요.
W: 네, 그러면 수요일은 어떠세요? 제가 오전 내내 부서 워크숍에 있지만 오후에는 시간이 있을 거예요.
M: 좋아요, 저는 오후 내내 한가해요.
W: 나중에 약속이 있지만 바로 그 전에 당신을 만날 수 있어요. 제가 지금 당신에게 메일로 회의 초대장을 보낼게요.

| 미셸의 일정 | 수요일 |
|---|---|
| 오전 9시 | 부서 워크숍 |
| 정오 | 점심 식사 |
| 오후 1시 | |
| 오후 2시 | 프레젠테이션 |
| 오후 3시 | |
| 오후 4시 | 약속 |

어휘 **schedule** 일정 **department** 부서 **presentation** 발표 **appointment** 약속 **interview** 면접 **business trip** 출장 **deliver** 배달하다 **inventory** 재고, 물건 **invitation** 초대(장) **supervisor** 관리자, 상사 **renovate** 개조하다, 수리하다 **office space** 사무 공간 **prepare** 준비하다 **materials** 자료 **develop** 개발하다 **discuss** 토론하다 **overseas** 해외의

**16** 남자는 목요일에 무슨 일이 있을 거라고 말하는가?
(A) 그는 구직 면접을 볼 것이다.
(B) 그는 출장을 갈 것이다.
(C) 상품이 배달될 것이다.
(D) 재고 조사가 이뤄질 것이다.

해설 '목요일(Thursday)'이라는 키워드를 기억하고 남자의 대사에 집중하자. 다음 주에 만나자는 여자의 제안에 남자가 "I'll be leaving on a business trip on Thursday to meet one of our overseas clients."라고 말하는 부분에서 목요일에 출장을 간다는 것을 알 수 있다.

**17** 도표를 보시오. 화자들은 언제 만날 것 같은가?
(A) 오전 9시에
(B) 오후 1시에
(C) 오후 3시에
(D) 오후 4시에

해설 표에 나온 시간대별 일정을 확인해 두고 음원을 듣자. 여자가 오전에는 바쁘지만 오후에는 시간이 있다고 했고, "I have an appointment later on, but I can meet you right before that"이라는 부분에서 오후 약속 바로 전에 볼 수 있다고 했으므로 답은 약속이 있는 바로 전 시간대인 3시임을 알 수 있다.

**18** 여자는 무엇을 하겠다고 말하는가?
(A) 초대장을 보내는 것
(B) 상사에게 말하는 것
(C) 사무 공간을 개조하는 것
(D) 자료를 준비하는 것

해설 여자가 할 일은 여자가 말할 확률이 높다. 여자의 마지막 대사인 "I'll send you a meeting invitation to your e-mail now"에서 초대장을 보낼 것임을 알 수 있다.

# PART 4

## UNIT 12 유형 I : 방송/뉴스

### ➕ 빈출 패턴 훈련 | p.86

자, 오늘의 날씨를 다시 한번 확인해 보죠. 이번 주 길었던 폭우가 마침내 끝난 것 같습니다. 하루 종일 화창할 예정이니 나가셔서 햇빛을 즐기시길 바랍니다.

**1** 화자는 누구일 것 같은가?
(A) 기상 캐스터
(B) 견학 가이드

안녕하세요. 일일 최신 비즈니스 뉴스의 사만다 로리입니다. ST 전자가 새 휴대폰 제니스 7의 출시일을 확정했습니다.

**2** 뉴스의 주제는 무엇인가?
(A) 두 회사의 합병
(B) 신제품 출시

또한 지역 뉴스로는, 제안된 예산에 대해 지역 사회의 관심이 많았는데요. 어제 시 위원회에서 마침내 이를 승인하기로 표결했습니다.

**3** 의회는 어제 무엇을 했는가?
(A) 예산을 승인했다
(B) 법을 개정했다

돌아오신 것을 환영합니다. 최근 연구에 의하면 사무직 직원들은 더 활동적인 직업을 가진 사람들보다 건강하지 않다고 합니다. 하루 종일 책상에 앉아 있는 일은 혈액 순환을 줄입니다.

**4** 연구에 따르면, 누가 덜 건강할 것 같은가?
(A) 우편 배달부
(B) 비서

### SPARTA PRACTICE | p.87

| 1 (B) | 2 (A) | 3 (A) | 4 (A) | 5 (B) |
| 6 (B) | 7 (B) | 8 (A) | 9 (B) | 10 (A) |
| 11 (A) | 12 (B) | | | |

**Questions 1 through 3** refer to the following news report.

Good evening, listeners. This is David Voight with the traffic report. Most roads heading downtown are currently experiencing heavy traffic because of heavy snow. Virtually every road downtown is packed with cars hardly moving. For anyone traveling near the area, there are delays of about an hour entering the city. So we strongly recommend taking the bus or the subway. Also, you can download the "Urban Traffic" application to search for which way is the fastest to your destination. Remember that some sections of the Main Square will be closed. We'll let you know as soon as the snow stops. Thanks for listening.

청취자 여러분, 안녕하세요. 교통 정보의 데이비드 보이트입니다. 폭설로 인해 현재 도심으로 가는 대부분의 도로가 교통 체증을 겪고 있습니다. 사실상 도심의 모든 도로가 거의 움직이지 않는 차량들로 가득합니다. 인근에서 이동 중인 여러분, 시내 진입이 약 1시간 지연되고 있습니다. 따라서 버스나 지하철을 이용하실 것을 강력히 권해 드립니다. 또한, "도시 교통" 애플리케이션을 다운 받아서 목적지까지 어떤 경로가 가장 빠른지 검색하실 수도 있습니다. 메인 광장의 일부 구역이 폐쇄된다는 걸 기억해 두세요. 저희는 눈이 그치자마자 여러분께 알려 드리겠습니다. 청취해 주셔서 감사합니다.

**어휘** report 뉴스, 보고  earlier 더 일찍  downtown 시내  currently 현재  experience 겪다  heavy traffic 교통 체증  virtually 사실상  packed with ~로 가득한  hardly 거의 ~ 않다  recommend 추천하다  application 애플리케이션  destination 목적지  section 구획  square 광장

**1** 뉴스의 주된 화제는 무엇인가?
(A) 도로 공사
(B) 교통 정보

**해설** 주제를 물어보는 General Question으로, 본문 앞쪽에서 힌트를 준다. 첫 문장의 "This is David Voight with the traffic report."에서 교통 뉴스임을 알 수 있다.

**2** 도시로 진입하는 데 얼마나 걸리는가?
(A) 1시간
(B) 1시간 30분

**해설** 도시로 들어간다는 표현 'enter the city'가 나오는 부분을 주의해서 들어야 한다. 담화 중반에 "~ there are delays of about an hour entering the city." 한 시간 정도 지연된다는 내용이 나오므로 답은 (A)이다.

**3** 화자는 청자들에게 무엇을 하라고 제안하는가?
(A) 앱을 다운 받는다
(B) 평소보다 일찍 출발한다

**해설** 제안하는 내용은 주로 담화 후반에 나온다. "Also, you can download the "Urban Traffic" application to search for which way is the fastest to your destination."에서 '도로 교통' 애플리케이션을 다운 받을 것을 권하고 있으므로 정답은 (A)이다.

**Questions 4 through 6** refer to the following broadcast.

It is now seven o'clock, time for our WXYZ hourly weather report. If you are just leaving the house, don't forget to take your umbrella. Although the sky is still clear, rain is expected to start around lunch time and will last throughout the day. The temperature will also go down to fifteen degrees by late afternoon. However, we will be able to see clear skies tomorrow morning with higher temperatures, so hang in there today. Now, let's check out the morning traffic for those who are on the road.

지금 시각은 7시로 WXYZ의 매시 일기 예보 시간입니다. 여러분이 지금 집을 나서고 계신다면 잊지 말고 우산을 챙기시기 바랍니다. 아직 하늘이 맑지만 점심 시간쯤에 비가 예상되며, 종일 지속될 것입니다. 또한 기온은 오후 늦게까지 15도로 내려갈 것입니다. 하지만 내일 아침이면 더 높은 기온에 맑은 하늘을 볼 수 있을 것이므로 오늘만 참고 견디세요. 자, 이제 도로에 계신 분들을 위해 아침 교통을 확인해 보죠.

**어휘** **weather forecaster** 기상 통보원  **advise** 조언하다  **introduce** 소개하다  **situation** 상황  **check out** 확인하다  **leave** 떠나다  **forget** 잊다  **umbrella** 우산  **clear** 맑은  **be expected to** ~라고 기대되다  **last** 지속하다  **throughout** ~내내  **temperature** 온도  **degree** ~도(온도)  **hang in** 버티다, 견디다

**4**  화자는 아마 누구인가?
  (A) 기상 통보원
  (B) 토크쇼 진행자

**해설** 말하는 사람이 누구인지를 물어보는 GQ는 주로 본문 앞쪽에서 힌트를 준다. 첫 문장에서 시간을 알려 주며 "매시 일기 예보 시간이다(It is now seven o'clock, time for our WXYZ hourly weather report)"라고 하는 부분에서 일기 예보에 관한 방송임을 알 수 있다. 따라서 말하는 사람으로는 (A) 기상 통보원을 고를 수 있다.

**5**  청자들은 무엇을 챙기라고 조언 받는가?
  (A) 코트
  (B) 우산

**해설** 청자들이 조언 받는 것(the listeners advised to ~)은 화자가 명령 또는 권유/청유형으로 언급한다. "우산을 가져가는 것을 잊지 마라(don't forget to take your umbrella)"에서 (B)가 답임을 알 수 있다.

**6**  다음에 무슨 일이 일어날 것인가?
  (A) 초대 손님이 소개될 것이다.
  (B) 교통 상황을 확인할 것이다.

**해설** 다음에 일어날 일을 추측하는 문제다. 특히, do next, do now, do first는 지금 당장 혹은 다음에 할 일을 묻는 표현으로 익혀 두자. 본문 마지막인 "이제 아침 교통을 확인해 보자(Now, let's check out the morning traffic)"에서 답을 알 수 있다.

**Questions 7 through 9** refer to the following announcement.

This is Dianne Walters with your weekly entertainment news. Actor Jackie Chang will be in town today. He's here to look for some possible places to film his next movie, *The Double Dragon*. City officials are meeting with him at ten o'clock today to discuss the details. Then they are having lunch together at a famous Chinese restaurant in town. At three o'clock, Mr. Chang will be leaving for the airport again. He's flying back west to finish his current project, a movie with Angelina Lewis.

여러분의 주간 연예 뉴스를 담당하는 다이앤 월터스입니다. 영화배우 재키 창이 오늘 저희 도시에 옵니다. 그는 그의 다음 영화인 더블 드래곤을 촬영할 장소를 찾기 위해 이곳에 옵니다. 시 공무원들은 세부 사항을 논의하기 위해 오늘 10시에 그와 만날 것입니다. 그러고 나서 그들은 저희 도시의 유명한 중국 식당에서 함께 식사를 할 것입니다. 3시에 창 씨는 다시 공항으로 떠날 것입니다. 그는 현재 프로젝트인 안젤리나 루이스와의 영화를 마무리짓기 위해 비행기를 타고 서부로 돌아갈 겁니다.

**어휘** **theater** 극장  **radio station** 라디오 방송국  **movie star** 영화배우  **official** 공무원  **film** 영화; 영화를 찍다  **depart** 출발하다  **weekly** 매주의, 주당  **town** 시, 도시  **look for** 찾다  **possible** 가능한  **place** 장소  **details** 세부 사항  **famous** 유명한  **leave for** ~를 향해 떠나다  **fly** (비행기를 타고) 날다, 날리다  **current** 현재의  **project** 프로젝트, 작업

**7**  화자는 어디에서 일하는가?
  (A) 영화관에서
  (B) 라디오 방송국에서

**해설** 화자가 일하는 장소를 물어보는 GQ로, 본문 앞쪽에서 힌트를 준다. 첫 문장의 "한 주의 연예 뉴스를 담당하는 다이앤 월터스이다(This is Dianne Walters with your weekly entertainment news)"라는 부분에서 장소가 방송국이고 말하는 사람이 진행자임을 알 수 있다. 영화배우에 대해 이야기하는 것만 듣고 (A)를 고르면 안 된다.

**8**  재키 창은 누구인가?
  (A) 영화배우
  (B) 시 공무원

**해설** 화자/청자가 아닌 제3의 인물의 직업이나 정체를 물어보는 문제로, 키워드인 이름 앞뒤에 단서가 나온다. 배우 재키 창(Actor Jackie Chang)이라는 부분에서 답을 알 수 있다. 물론 뒤에서도 영화배우라는 힌트가 나오지만 되도록 앞부분에서 답을 맞히는 훈련을 하자.

**9**  창 씨는 3시에 무엇을 할 것인가?
  (A) 새로운 영화 촬영을 시작할 것이다
  (B) 공항으로 출발할 것이다

**해설** '3시'라는 키워드를 기억하고 본문을 듣자. 창 씨는 여러 행동을 하지만 문제에서 묻는 것을 정확히 파악해야 한다. "3시에는 공항으로 출발한다(At three o'clock, Mr. Chang will be leaving for the airport again)"에서 정답을 알 수 있다.

**Questions 10 through 12** refer to the following radio broadcast.

And now it's time for News Radio 95.6 weekly community bulletin board. This weekend, the Malcom Theater Group downtown will be presenting an original one-act play, written by Janice Richmond. She is the author of many successful plays, who recently won the Newman Prize for best one-act play. Tickets can be purchased from the Malcom Theater box office for both Friday and Saturday evening performances. And now, we'll be back with the local weather right after this commercial break.

자, 이제 95.6 뉴스 라디오의 주간 지역 게시판 시간입니다. 시내에 있는 말콤 극장 그룹이 제니스 리치몬드가 쓴 창작 단막극을 이번 주에 선보일 예정입니다. 그녀는 많은 성공적인 희곡을 쓴 작가이며, 최근에 뉴먼 시상식에서 최고의 단막극 상을 받았습니다. 말콤 극장 매표소에서 금요일과 토요일 저녁 공연 티켓을 사실 수 있습니다. 이제, 저희는 광고 후 지역 날씨와 함께 돌아오겠습니다.

**어휘** **broadcast** 방송  **upcoming** 다가오는  **performance** 공연  **director** 감독, 이사  **recently** 최근에  **win an award** 상을 받다  **take classes** 수업을 듣다  **update** 새로운 것, 최신 정보  **advertisement** 광고  **weekly** 주의, 매주의  **community** 지역 공동체  **bulletin board** 게시판  **downtown** 시내  **present** 주다, 소개하다  **original** 독창적인, 원조의  **one-act play** 단막극

author 저자　successful 성공적인　purchase 구매하다
box office 매표소　commercial break 광고 시간

**10** 무엇에 관한 방송인가?
  (A) 다가올 공연
  (B) 유명한 감독

해설 주제를 물어보는 문제는 General Question에 해당하며 본문의 앞쪽에서 힌트를 준다. 앞부분인 "이번 주말에 극장에서 창작 단막극을 한다 (This weekend, the Malcom Theater Group downtown will be presenting an original one-act play)"는 내용에서 (A)가 답임을 알 수 있다.

**11** 화자에 의하면, 제니스 리치몬드는 최근에 무엇을 했는가?
  (A) 상을 받았다
  (B) 연기 수업을 들었다

해설 '리치몬드가 최근에(recently) 한 일'이라는 과거 시점의 키워드를 기억하고 듣자. 초반에 "최근에 단막극으로 상을 받았다(who recently won the Newman Prize for best one-act play)"는 부분에서 답을 알 수 있다.

**12** 청자들은 다음에 무엇을 들을 것 같은가?
  (A) 최신 뉴스 정보
  (B) 광고

해설 다음에 들을 내용은 마지막 부분에서 힌트를 준다. 이 문제는 난이도 높은 문제로, 마지막 문장에 두 가지 내용이 한꺼번에 나온다. "광고가 끝나자마자 날씨를 확인하겠다(And now, we'll be back with the local weather right after this commercial break)"는 문장을 듣고 순서상 먼저 나올 것은 광고, 그 다음이 날씨라는 것을 알 수 있다.

---

### SPARTA TEST　| p.88

| 1 (A) | 2 (C) | 3 (D) | 4 (C) | 5 (D) |
|---|---|---|---|---|
| 6 (A) | 7 (A) | 8 (B) | 9 (C) | 10 (D) |
| 11 (C) | 12 (C) | 13 (C) | 14 (A) | 15 (D) |
| 16 (B) | 17 (D) | 18 (B) | | |

**Questions 1 through 3** refer to the following broadcast.

Now, let's check out the weather again. Yes, it is hot today and tomorrow, too. A heat-wave alert has been issued for the city this week. Temperatures will continue to rise, and they will be over 37 degrees Celsius for most of the region today. Residents should follow these simple precautions to protect themselves from heatstroke caused by hot weather. We suggest you stay out of direct sunlight and drink plenty of water. If you have planned outdoor activities, you might want to postpone them for later. This weather will continue until Saturday and Sunday, and temperatures will finally drop beginning Monday afternoon.

자, 이제 날씨를 다시 확인해 보도록 하겠습니다. 네, 오늘도 덥고 내일도 마찬가지입니다. 이번 주에 도시에 폭염주의보가 내려졌습니다. 기온은 계속 올라갈 것이고 오늘 대부분의 지역에서 37도가 넘겠습니다. 주민들은 다음의 간단한 주의사항들을 따르셔서 더운 날로 인한 일사병을 예방하시기 바랍니다. 직사광선을 피하시고 물을 많이 드실 것을 권해 드립니다. 야외 활동을 계획하셨다면 나중으로 미루시는 것도 괜찮을 것 같습니다. 이 날씨는 토요일과 일요일까지 계속될 것이고 기온은 월요일 오후부터 떨어질 것입니다.

어휘 **weather** 날씨　**foggy** 안개 낀　**windy** 바람이 부는　**nutritious** 영양가가 높은, 건강에 좋은　**outside** 밖에　**temperature** 온도　**drop** 떨어지다　**check out** 확인하다　**heat-wave** 폭염　**alert** 경보　**issue** 발급하다, 발표하다　**continue to** 계속 ~하다　**rise** 올라가다　**over** ~위로, 이상　**Celsius** 섭씨의　**most of** 대부분의　**region** 지역　**precaution** 주의사항　**protect** 보호하다　**heatstroke** 일사병　**suggest** 제안하다　**plenty of** 많은　**activity** 활동　**postpone** 연기하다, 지연시키다　**finally** 마침내

**1** 이번 주에 어떤 날씨가 예상되는가?
  (A) 더운
  (B) 추운
  (C) 안개 낀
  (D) 바람 부는

해설 이번 주(this week)의 날씨를 묻는 Specific Question이다. 초반에 "이번 주에 폭염주의보가 내려졌다(A heat-wave alert has been issued for the city this week)"고 했으므로 정답은 동의 표현으로 바꾼 (A)이다. heat-wave가 정확하게 뭔지 모르더라도 뒤에서도 온도가 올라간다는 내용이 나오므로 답을 쉽게 고를 수 있다.

**2** 청자들은 무엇을 하라고 요구 받는가?
  (A) 영양가 있는 음식을 먹으라고
  (B) 바깥으로 나가라고
  (C) 물을 많이 마시라고
  (D) 태양을 쳐다보지 말라고

해설 청자들이 어떤 행동을 하라고 요구 받는(the listeners asked to do) 내용은 명령문이나 권유/청유형으로 주어진다. 여러 지시 사항 중에서 선택지와 매칭되는 것을 고르면 된다. 담화 중반 "직사광선을 피하고 물을 많이 마셔라(We suggest you stay out of direct sunlight and drink plenty of water)"에서 (C)를 고를 수 있다.

**3** 기온은 언제 떨어질 것인가?
  (A) 오늘
  (B) 토요일
  (C) 일요일
  (D) 월요일

해설 '기온이 떨어지는 시점(When ~ temperature drop)'이라는 문제의 키워드를 기억하고 본문을 듣자. 일기 예보의 경우 여러 요일과 날씨가 등장하지만, 본문에 나온다고 답이 아니라 문제에서 묻는 것을 정확히 찾아야 한다. 본문의 마지막 "월요일부터 기온이 떨어질 것이다 (temperatures will finally drop beginning Monday afternoon.)"에서 (D)가 정답임을 알 수 있다.

**Questions 4 through 6** refer to the following announcement.

Welcome back to Money Talk on KLX Radio. Our studio guest today is Dr. Jose Fernandez, professor of economics at Brown University and author of the recent bestseller, *How to Make the Most Out of Your Investment*. Today, Dr. Fernandez will be sharing his tips on the best ways to manage your personal finances. Throughout the show, I will be taking questions from listeners over the phone. So, if you have a question for Dr. Fernandez, feel free to call us here at the station at 555-1215.

KLX 라디오의 머니토크로 돌아오신 것을 환영합니다. 오늘 저희 스튜디오의 게스트는 호세 페르난데스 박사님으로, 브라운 대학의 경제학 교수이며 <당신의 투자에서 최고의 결과를 내는 법>이라는 최근 베스트셀러의 저자이십니다. 오늘 페르난데스 박사님은 여러분의 개인 재정을 관리하는 최고의 방법에 대해 조언해 주실 것입니다. 쇼 내내, 제가 전화로 청취자들의 질문을 받겠습니다. 그러니 페르난데스 박사님에게 질문이 있으시면 저희 방송국에 555-1215로 언제든지 전화 주세요.

**어휘** **radio station** 라디오 방송국  **career** 직업  **choice** 선택  **publishing** 출판  **opportunity** 기회  **communication** 의사소통, 커뮤니케이션  **strategy** 전략  **personal** 개인적인  **finance** 재정  **encourage** 독려하다  **register** 등록하다  **account** 계좌, 계정  **refer** 소개하다, 추천하다  **professor** 교수  **author** 작가  **the most** 가장 많은  **share** 공유하다, 함께하다  **tip** 조언  **manage** 관리하다  **throughout** ~하는 내내

**4** 화자는 어디에서 일하는가?
(A) 대학에서
(B) 서섬에서
(C) 라디오 방송국에서
(D) 은행에서

**해설** 화자가 일하는 장소를 물어보는 General Question으로, 주로 본문 앞쪽에서 힌트를 준다. 첫 문장에서 "KLX 라디오의 머니토크로 돌아오신 것을 환영한다(Welcome back to Money Talk on KLX Radio)"에서 정답을 알 수 있다.

**5** 페르난데스 씨는 무엇을 이야기할 것인가?
(A) 직업 선택
(B) 출판 기회
(C) 의사소통 전략
(D) 개인 재정

**해설** 지문 중반부에 "페르난데스 박사님은 여러분의 개인 재정을 관리하는 최고의 방법에 대한 조언해 주겠다(Today, Dr. Fernandez will be sharing his tips on the best ways to manage your personal finances.)"는 부분에서 (D)가 답임을 알 수 있다.

**6** 화자는 청자들에게 무엇을 하라고 독려하는가?
(A) 전화로 질문하는 것
(B) 세미나에 등록하는 것
(C) 계좌를 개설하는 것
(D) 친구를 소개하는 것

**해설** 후반부에 "전화로 질문을 받으니 질문 있으면 전화 주세요(I will be taking questions from listeners over the phone. So, if you have a question for Dr. Fernandez, feel free to call us)"에서 (A)가 답임을 알 수 있다.

**Questions 7 through 9** refer to the following traffic report.

Good morning, this is Shawn Mason's seven o'clock traffic report. On Highway 80, the traffic is moving slowly because of heavy fog in the area. If you have to come downtown, we suggest taking an alternate route, such as Route 7 or the Lincoln Tunnel. The foggy conditions have already cleared up on these roads, and you can drive much more safely. Remember that from tomorrow, road construction is scheduled to start on Highway 45 between River Road and Summit Exit. You may want to avoid that area until the end of next month. Thank you for listening. I'll be back exactly one hour later.

좋은 아침입니다. 저는 7시 교통 뉴스를 진행하는 션 메이슨입니다. 80번 고속도로에서는 이 지역의 짙은 안개로 인해 교통이 느려지고 있습니다. 시내로 오셔야 한다면 7번 도로나 링컨 터널 같은 다른 길을 이용하시기 바랍니다. 이 도로들에서는 안개가 이미 걷혔으니 훨씬 더 안전하게 운전하실 수 있습니다. 내일부터 리버 로드와 서밋 출구 사이의 45번 고속도로에서 도로 공사가 시작될 예정이라는 것을 기억해 주세요. 여러분은 다음 달 말까지 그 지역을 피하고 싶으실 겁니다. 청취해 주셔서 감사합니다. 저는 정확히 1시간 후에 돌아오겠습니다.

**어휘** **cause** 야기하다  **delay** 지연  **special** 특별한  **event** 행사  **construction** 공사  **keep** 계속 ~하다  **take a road** 도로로 가다  **public transportation** 대중교통  **early** 일찍  **heavy rain** 폭우  **parade** 퍼레이드  **fog** 안개  **area** 지역  **downtown** 시내  **alternate** 다른  **route** 행로, 길  **tunnel** 터널  **condition** 상황  **clear up** 치우다  **safely** 안전하게  **be scheduled to** ~하기로 되어 있다  **exit** 출구  **avoid** 피하다  **be back** 돌아오다  **exactly** 정확하게, 정각에  **later** 후에

**7** 무엇이 아침에 교통 체증을 야기했는가?
(A) 나쁜 날씨
(B) 자동차 사고
(C) 특별 행사
(D) 고속도로 건설

**해설** 원인/목적을 묻는 GQ로, 주로 본문 앞쪽에서 힌트를 준다. 담화 초반에 "안개로 인해 교통이 느려지고 있다(the traffic is moving slowly because of heavy fog in the area)"를 듣고 (A)를 고를 수 있다.

**8** 청자들은 무엇을 하라고 권유 받는가?
(A) 라디오를 계속 청취하는 것
(B) 다른 길로 가는 것
(C) 대중교통을 이용하는 것
(D) 집에서 일찍 출발하는 것

**해설** 교통 방송에서 아나운서가 권유하는 내용은 정해져 있다. '길이 막히니 다른 길로 가라'는 내용이나 '대중교통 이용하라'거나 '라디오를 계속 청취하라'는 내용이 자주 등장한다. 본문 중반에 "길이 막히니 다른 길로 가라(we suggest taking an alternate route, such as Route 7 or the Lincoln Tunnel)"고 했으므로 답은 (B)이다.

**9** 화자에 의하면, 내일 무슨 일이 생길 것인가?
(A) 새로운 고속도로가 개통될 것이다.
(B) 폭우가 내릴 것이다.
(C) 도로 공사가 시작될 것이다.
(D) 퍼레이드가 있을 것이다.

**해설** '내일'이라는 키워드를 기억해 두고 본문에서 듣도록 훈련하자. 담화 후반에 "내일부터 도로 공사가 시작될 것이다(Remember that from tomorrow, road construction is scheduled to start ~)"를 듣고 "도로 작업(roadwork)이 시작되다"로 바꾸어 표현한 (C)를 고를 수 있다.

**해설** "celebrities"를 기억하고 음원을 들으면 대화 후반부에 "~ because many world-famous celebrities will be participating to enjoy it." 유명인사들이 공연을 즐기기 위해 행사에 참여한다는 내용을 들을 수 있다. 따라서 정답은 (C)이다.

**Questions 10 through 12** refer to the following broadcast.

Good morning, AM Radio listeners, and welcome to the Trenton Business Show. In today's news, the mayor's office has announced the rescheduled date for this year's concert, which was canceled last month due to bad weather. The three-day event will begin on June 5. The organizers said this year's show will be especially incredible because many world-famous celebrities will be participating to enjoy it. The event will also feature a musical performance by Andrea Wilson, a noted country singer and songwriter.

안녕하세요, AM 라디오 청취자 여러분, Trenton 비즈니스 쇼에 오신 것을 환영합니다. 오늘의 뉴스로, 시장 직무실에서 올해 콘서트의 재조정된 일정을 발표했습니다. 지난달에 악천후로 인해 취소되었던 행사입니다. 3일간 열리는 이 행사는 6월 5일에 시작할 것입니다. 주최 측은 올해의 쇼가 많은 세계 유명 연예인들이 즐기러 참석하기 때문에 특히 훌륭할 것이라고 했습니다. 행사에서는 유명한 컨트리 음악 가수이자 작곡가인 안드레아 윌슨의 음악 공연도 마련될 것입니다.

**어휘** celebrity 유명인사, 연예인　attend 참석하다　guest speaker 초청 연사　mayor 시장　announce 발표하다　reschedule (일정을) 변경하다　cancel 취소하다　due to ~ 때문에　bad weather 악천후　organizer 주최자　especially 특히　incredible 믿을 수 없는, 훌륭한　participate 참여하다　feature 특색으로 하다　noted 유명한　songwriter 작곡가

**10** 어떤 행사가 진행될 것인가?
(A) 마술쇼
(B) 음악 시상식
(C) 퍼레이드
(D) 콘서트

**해설** 주제를 묻는 문제의 단서는 주로 초반에 등장하며 전반적인 내용을 이해하면 쉽게 풀 수 있다. 담화 초반에 "In today's news, the mayor's office has announced the rescheduled date for this year's concert ~"를 듣고 콘서트에 대한 내용임을 짐작할 수 있다. 그 뒤로도 콘서트에 대한 내용이 이어지므로 정답은 (D)이다.

**11** 행사는 언제 시작될 것인가?
(A) 6월 1일에
(B) 6월 3일에
(C) 6월 5일에
(D) 6월 15일에

**해설** '행사 시작(event start)'이라는 키워드에 집중하면 대화 중반부에 "The three-day event will begin on June 5."에서 6월 5일에 시작한다는 내용을 들을 수 있다. 따라서 정답은 (C)이다.

**12** 화자에 따르면, 유명인사들은 왜 행사에 참석할 것인가?
(A) 공연하기 위해
(B) 초청 연사로서 이야기하기 위해
(C) 공연을 즐기기 위해
(D) 행사를 소개하기 위해

**Questions 13 through 15** refer to the following news report.

This is Daniella Gibson reporting from Channel 7 News. I'm standing in the Palisade Park Mall, just outside of Jesse's Gourmet Coffee Shop, which is celebrating its grand opening. This is the first Jesse's Gourmet Coffee Shop in our city, but the Chicago-based company is already famous nationwide. To celebrate its grand opening, they have been providing free cups of their signature coffee to the first 100 customers from this morning. Yes, a free freshly brewed gourmet coffee. But you'd better move fast because <u>the store's already been open for three hours</u>. Even if you miss the complimentary coffee, they offer 20% discounts throughout the day, so it's worthwhile stopping by.

저는 7번 채널 뉴스에서 진행하고 있는 다니엘라 깁슨입니다. 저는 지금 팰리사이드 파크몰에서 개업을 축하하는 제시의 고메이 커피 바로 앞에 서 있습니다. 이곳은 저희 도시의 첫 번째 제시의 고메이 커피숍이지만, 시카고에 본사를 둔 이 회사는 이미 전국적으로 유명합니다. 개업식을 축하하기 위해, 그들은 오늘 아침부터 선착순 100명에게 이 회사만의 특별한 커피 한 잔을 무료로 제공하고 있습니다. 네, 신선하게 내린 고급 커피가 무료입니다. 하지만 가게가 오픈한 지 벌써 3시간이 되었으니 여러분은 빨리 움직이셔야 합니다. 무료 커피를 놓치셔도 오늘 하루 종일 20프로 할인을 하니 들러 보실 가치가 있을 겁니다.

**어휘** fabric 섬유의　manufacturer 제조업체　art gallery 미술관　grocery store 식료품점　receive 받다　drink 음료수　mug cup 머그컵　recipe 조리법　imply 암시하다　be open 열다, 영업하다　business hours 영업시간　would rather ~하는 편이 낫다　hurry 서두르다　report 보고하다, 보도하다　just 바로　outside 바깥에　celebrate 축하하다　grand opening 개업식　based 기반을 둔　nationwide 전국적으로　provide 제공하다　signature 특징　first 처음의, 먼저의　customer 고객　brew 끓이다　fast 빠르게　already 이미, 벌써　miss 놓치다　complimentary 무료의　throughout ~내내　be worthwhile ~할 가치가 있다　stop by 들르다

**13** 어떤 종류의 업체가 논의되고 있는가?
(A) 섬유 제조업체
(B) 미술관
(C) 카페
(D) 식료품점

**해설** 담화에서 말하는 사업체를 묻는 GQ로, 특히 지문 앞부분에 집중하자. 리포터인 여자가 "개업식을 축하하고 있는 커피숍 앞에 서 있다(I'm standing in the Palisade Park Mall, just outside of Jesse's Gourmet Coffee Shop, which is celebrating its grand opening)"는 내용을 듣고 (C)를 고를 수 있다.

**14** 일부 고객들은 오늘 아침에 무엇을 받을 것인가?
(A) 무료 음료
(B) 쿠폰 몇 장
(C) 머그컵
(D) 조리법

해설 '오늘 아침에 받는다(receive this morning)'는 키워드를 기억하고 본문을 듣자. 담화 중반에 "첫 100명에게 무료로 커피를 준다(they have been providing free cups of their signature coffee to the first 100 customers from this morning)"는 내용을 듣고 (A)를 고를 수 있다.

**15** 화자는 어떤 의미로 "가게가 오픈한 지 벌써 3시간이 되었습니다"라고 말하는가?
 (A) 그들의 영업시간이 변경되었다.
 (B) 그 장소는 고객들에게 인기가 없다.
 (C) 그들은 다른 시간에 만나는 것이 낫다.
 (D) 그들은 원하는 것을 얻기 위해 서둘러야 한다.

해설 화자 의도 파악 문제는 따옴표 " " 안의 표현이 본문에서 어떤 의미인지 파악해야 한다. 영업한 지 벌써 3시간이 지났다는 것은 빨리 가지 않으면 무료 커피를 받을 수 없다는 의미로 볼 수 있으므로 정답은 (D)이다.

**Questions 16 through 18** refer to the following broadcast.

> Thank you for tuning in to today's health show. I have a question for my listeners. Have you been trying to lower your fat intake but just can't resist the French fries at the local pub? Today, I'll teach you how to stop those cravings using a healthy eating habit program. I personally used this program to lower my fat intake, and the result was amazing. In fact, this program could help you change your eating behavior within one month. <u>That's not a lot of time.</u> The first step is setting goals. So, take a piece of paper and write down three eating habits you'd like to change.

> 오늘의 링킹 프로그램을 청취해 주셔서 감사합니다. 저희 청취자분들께 질문이 있습니다. 여러분은 지방 섭취를 줄이려고 노력해 왔으나 근처 술집에서 감자튀김을 거부할 수 없었던 적이 있습니까? 오늘, 건강한 식습관 프로그램을 이용해서 그런 욕구를 끊는 방법을 가르쳐 드리겠습니다. 제가 개인적으로 지방 섭취를 줄이기 위해 이 프로그램을 사용했는데 결과는 놀라웠습니다. 실은, 이 프로그램은 한 달 안에 당신의 식생활을 바꾸는 것을 도와줄 수 있습니다. 많은 시간은 아니에요. 첫 번째 단계는 목표를 세우는 것입니다. 그러니, 종이 한 장을 꺼내서 여러분이 바꾸고 싶은 3가지 식습관을 적으세요.

어휘 **broadcast** 방송　**tip** 조언　**habit** 습관　**planning** 계획, 기획　**decoration** 장식　**a lot of** 많은　**extend** 연장하다, 연기하다　**deadline** 마감일　**arrangement** 계획, 정리　**ask for** 요청하다　**opinion** 의견　**emphasize** 강조하다　**benefit** 혜택　**program** 계획, 프로그램　**log on** 로그인하다　**list** 목록, 리스트　**goal** 목표　**tune in** (주파수를) 맞추다, 청취하다　**health** 건강　**lower** 내리다, 낮추다　**fat** 지방　**intake** 섭취　**resist** 반항하다, 참다　**French fries** 감자튀김　**pub** 술집　**craving** 갈망, 열망　**personally** 개인적으로　**result** 결과　**amazing** 놀라운, 경이로운　**in fact** 사실은　**behavior** 행동, 행위　**step** 단계　**set** 세우다

**16** 방송의 주제는 무엇인가?
 (A) 운전 조언
 (B) 식습관
 (C) 재무 계획
 (D) 집안 장식

해설 주제를 물어보는 GQ로, 주로 본문 앞쪽에 힌트가 언급된다. 첫 문장에서 건강 관련 프로그램이라는 것을 알 수 있고, 그 다음에 "Today, I'll teach you how to stop those cravings using a healthy eating habit program." 부분을 듣고 정답이 (B)임을 알 수 있다.

**17** 화자는 왜 "많은 시간은 아니에요"라고 말하는가?
 (A) 마감을 연장하기 위해
 (B) 여행을 준비하기 위해
 (C) 의견을 요청하기 위해
 (D) 프로그램의 혜택을 강조하기 위해

해설 화자 의도 파악 문제는 주어진 문장의 앞뒤 문맥을 파악하는 것이 중요하다. 건강한 식습관이 주제이며, 담화 중반에 "~ this program could help you change your eating behavior within one month."라는 부분에서 식생활을 한 달 안에 바꿀 수 있다고 한 후 해당 문장을 말했기 때문에 좋은 프로그램임을 강조하기 위해서라는 것을 알 수 있다. 따라서 정답은 (D)이다.

**18** 화자에 의하면, 청자들은 먼저 무엇을 해야 하는가?
 (A) 컴퓨터에 로그인한다
 (B) 목표 리스트를 작성한다
 (C) 초청 연사의 말을 듣는다
 (D) 질문에 대답한다

해설 '청자들이 먼저 해야 할 일'이라는 문제의 키워드를 기억하고 본문을 듣자. Part 4에서는 한 명의 화자가 다수의 청자들에게 조언을 주거나 지시를 내리는 내용이 자주 등장한다. 담화 후반의 "The first step is setting goals."라는 부분에서 답이 (B)임을 알 수 있다.

## UNIT 13 유형 II : 녹음 메시지

**+ 빈출 패턴 훈련** | p.92

안녕하세요. 이 메시지는 인사부의 데이비드 앤더슨 씨에게 남기는 것입니다. 제 이름은 테레사 한이고 당신 회사의 영업직에 관한 신문 광고를 보고 연락 드렸습니다.

**1** 앤더슨 씨는 어디에서 일하는가?
(A) 인사부서에서
(B) 광고부서에서

안녕하세요. 에머슨 씨. 시설 관리 부서의 벤입니다. 어제 당신이 사무실의 고장 난 전등에 대해 메시지를 남기셨더군요. 제가 오늘 오후에 들를 수 있습니다.

**2** 화자는 왜 전화하는가?
(A) 문의에 답하기 위해
(B) 추가 정보를 주기 위해

죄송하지만 전화 거신 번호는 더 이상 사용되지 않습니다. 번호를 확인하신 후 다시 걸어 주세요.

**3** 무엇이 문제인 것 같은가?
(A) 현재 집에 아무도 없다.
(B) 잘못된 번호이다.

저희 회사의 컴퓨터 전화 상담 서비스에 전화 주셔서 감사합니다. 컴퓨터 제품 구매를 원하시면 지금 1번을 누르세요. 지원이 필요하시면 언제든지 0번을 누르시면 됩니다.

**4** 이 메시지는 누구를 대상으로 하는가?
(A) 컴퓨터 사용자들
(B) 조수들

### SPARTA PRACTICE | p.93

| 1 (B) | 2 (A) | 3 (A) | 4 (A) | 5 (B) |
| 6 (A) | 7 (A) | 8 (A) | 9 (B) | 10 (A) |
| 11 (B) | 12 (B) | | | |

**Questions 1 through 3** refer to the following telephone message.

Hi, this message is for Pamela Suzuki. Ms. Suzuki, this is Adam from the reception desk of Dr. Baker's office. I'm calling to remind you that you have an appointment at 11 o'clock tomorrow morning. You'll have a regular physical examination, and this will take about an hour. You need to bring your insurance card or any other medical records with you. Please come at least 15 minutes early to fill out some forms. If you can't make it, please call us back as soon as possible. Thank you and hope to see you tomorrow.

**어휘** receptionist 접수원  purpose 목적  confirm 확인하다  appointment 약속  ask for 요청하다  refund 환불  early 일찍  fill out 작성하다  form 양식  schedule 일정을 잡다  another 다른  reception desk 안내 데스크  remind 다시 알려 주다  physical examination 건강 검진  take (시간이) 걸리다  bring 가져오다  insurance card 보험 카드  medical record 의료 기록  at least 적어도  make it 올 수 있다, 갈 수 있다  call back 응답 전화하다  as soon as possible 되도록 빨리

**1** 화자는 누구일 것 같은가?
(A) 의사
(B) 접수원

**해설** 녹음 메시지에서 말하는 사람이 누구인지를 묻는 GQ로, 본문 앞쪽에서 힌트를 준다. "병원 접수 데스크에서 일한다(from the reception desk of Dr. Baker's office)"는 부분을 듣고 (B)를 골라야 한다. 병원이라고 무조건 의사가 전화하지는 않는다.

**2** 메시지의 목적은 무엇인가?
(A) 약속을 확인하기 위해
(B) 환불을 요청하기 위해

**해설** 전화한 목적은 자기를 소개한 후에 언급된다. "내일 약속이 있다는 것을 다시 알려 주기 위해 전화한다(I'm calling to remind you that you have an appointment ~)"를 듣고 (A)가 답임을 알 수 있다.

**3** 스즈키 씨는 왜 일찍 도착하라고 요청 받는가?
(A) 양식을 작성하기 위해
(B) 다른 약속을 잡기 위해

**해설** "일찍 도착하다(arrive early)"라는 문제의 키워드를 기억하고 명령이나 권유/청유형의 문장을 기다리자. "양식을 작성하기 위해 적어도 15분 일찍 오라(Please come at least 15 minutes early to fill out some forms)"는 부분에서 답을 알 수 있다. 특히 please로 시작하는 명령문은 지시, 권유/청유를 묻는 문제의 단서가 된다는 것을 기억하자.

**Questions 4 through 6** refer to the following recorded message.

Hello, you have reached the office of Tyler Law Firm. I'm going away for a convention in Sydney for three days, so I can't take your call right now. Please leave your name, number and a brief message after the tone, and I will get back to you as soon as I can. If the matter is urgent, please press one to be connected to my secretary. Thank you.

안녕하세요. 타일러 법률 사무소에 전화하셨습니다. 저는 시드니에서 진행될 컨벤션에 참석하기 위해 3일 동안 자리를 비워서 지금은 전화를 받을 수 없습니다. 삐 소리가 난 후 이름, 전화번호, 그리고 짧은 메시지를 남겨 주시면 되도록 빨리 연락 드리겠습니다. 만약 급한 일이시면 제 비서에게 연결하기 위해 1번을 눌러 주세요. 감사합니다.

**어휘** record 녹음하다; 기록  on vacation 휴가 중에  be away 자리를 비우다  on business 출장 중인  matter 일, 상태  urgent 긴급한  reach 도착하다, 연락하다  convention 컨벤션  take 받다  brief 간략한, 짧은  tone 소리, 신호  press 누르다  connect 연결하다  secretary 비서

**4** 청자는 어떤 사업체에 전화했는가?
(A) 법률 사무소
(B) 녹음 스튜디오

**해설** 청자가 전화한 업체를 묻는 문제로, 본문 앞쪽에서 힌트를 준다. 첫 문장에서 "타일러 법률 사무소에 전화하셨습니다(you have reached the office of Tyler Law Firm)"라고 했으므로 답이 (A)임을 알 수 있다.

**5** 화자는 왜 전화를 받을 수 없는가?
(A) 그녀는 휴가 중이다.
(B) 그녀는 출장 중이다.

**해설** 녹음 메시지에서 부재중 안내를 하는 가장 전형적인 형태이다. "시드니에서 있을 컨벤션에 참석하느라 전화를 받을 수 없다(I'm going away for a convention in Sydney for three days, so I can't take your call right now)"를 듣고 출장으로 인해 자리를 비웠다는 (B)를 고를 수 있다.

**6** 청자는 급한 일이 있으면 어떻게 해야 하는가?
(A) 1번을 누른다
(B) 메시지를 남긴다

**해설** 전형적인 부재중 안내 메시지는 급한 일이 있을 경우 비서나 동료 사원에게 일을 넘기는 경우가 많다. "급한 일이면 비서와 연결히기 위해 1번을 눌러라(If the matter is urgent, please press one to be connected to my secretary)"에서 (A)를 고를 수 있다.

**Questions 7 through 9** refer to the following recorded message.

Thank you for calling the City Museum. We are open to the public from 10 A.M. to 4 P.M., Tuesday through Friday and 10 A.M. to 7 P.M., Saturday and Sunday. The museum is closed on Mondays. For more information on individual exhibits and displays, please log on to our Web site at www.artmuseum.com. For information on the current lecture series on Modern Arts, please call 555-7352 during regular business hours. Thank you for calling the City Museum, and we hope to see you soon.

시립 박물관에 전화해 주셔서 감사합니다. 저희는 화요일부터 금요일까지는 오전 10시부터 오후 4시까지, 토요일과 일요일은 오전 10시부터 오후 7시까지 대중에게 공개합니다. 박물관은 매주 월요일에는 문을 열지 않습니다. 개인 전시회나 전시물에 대한 추가 정보를 원하시면 저희 웹사이트인 www.artmuseum.com에서 로그인하시기 바랍니다. 현재 진행되고 있는 근대 미술 강의 시리즈에 대한 정보를 원하시면 정규 운영 시간에 555-7352로 전화 주시기 바랍니다. 시립 박물관에 전화 주셔서 감사 드리며 곧 여러분을 뵙기를 바랍니다.

**어휘** close 닫다  lecture 강의  series 시리즈(물)  stay on the line (전화상) 기다리다  another 다른(= different)  individual 개별적인  exhibit 전시  display 진열(품)  log on 로그인하다  current 현재의  modern art 근대 미술  during ~ 동안  regular 정기의  business hours 영업시간, 운영 시간

**7** 화자는 어디에서 일하는가?
(A) 박물관에서
(B) 예술 학교에서

**해설** 녹음 메시지 속의 화자가 일하는 곳을 물어보는 문제로, 본문 앞쪽에서 힌트를 준다. 첫 문장의 "박물관에 전화해 주셔서 감사합니다(Thank you for calling the City Museum)"라는 부분에서 화자가 일하는 곳은 (A) 박물관임을 알 수 있다.

**8** 박물관은 무슨 요일에 문을 닫는가?
(A) 월요일에
(B) 일요일에

**해설** '문을 닫는 요일(On what day ~ closed)'이라는 문제의 키워드를 기억하고 들어야 하는 Specific Question이다. 언급되는 요일을 무조건 고르는 것이 아니라 문제에서 묻는 요일을 정확히 골라야 한다. 운영 시간을 설명하는 부분에서 "매주 월요일에는 문을 닫는다(The museum is closed on Mondays)"고 했으므로 (A)가 답임을 알 수 있다. 사업체의 안내 메시지에서는 영업시간 안내가 많이 등장한다는 것을 기억해 두자.

**9** 청자들이 강연 시리즈에 대해 정보를 얻고 싶으면 무엇을 해야 하는가?
(A) 전화를 끊지 말고 기다린다
(B) 다른 번호로 전화한다

**해설** '강연 시리즈(lecture series)'라는 키워드를 기억하고 본문을 듣자. 본문 마지막에서 "강연 시리즈에 대해서 알고 싶으면 555-7352로 연락하라(For information on the current lecture series on Modern Arts, please call 555-7352)"는 내용을 듣고 "다른 번호로 전화한다(Call another number)"는 (B)를 고를 수 있다.

**Questions 10 through 12** refer to the following recorded message.

Hi, Stacy. This is Pamela. I'm calling to see if you're available on Saturday, late afternoon. I'm planning a party to celebrate my promotion to the manager's position. You know I've been waiting for this for a long time and finally got it. I invited some people from other departments, so it would be a good chance for you to socialize. So, dress up and don't forget to bring your business cards. My mobile phone is being repaired at the moment. It's best to e-mail me if you have a question. So, hope to see you on Saturday.

안녕, 스테이시. 파멜라예요. 당신이 토요일 오후 늦게 시간이 되는지 알아보려고 전화했어요. 제가 매니저로 승진한 것을 축하하기 위해 파티를 계획하고 있어요. 아시다시피 이 일을 오랫동안 기다렸고 마침내 해냈어요. 제가 다른 부서의 사람들을 초대했는데 당신이 그 사람들을 사귈 수 있는 좋은 기회가 될 거예요. 그러니 잘 차려 입고 명함 가져오는 것도 잊지 마세요. 제 휴대 전화가 지금 수리 중이에요. 질문이 있으시면 이메일을 보내 주시는 게 가장 좋아요. 그러면 토요일에 보기를 바라요.

**어휘** invite 초대하다  party 파티  offer 제공하다, 제안하다  share 나누다  business card 명함  stop by 들르다  available 시간이 있는, 만날 수 있는  plan 계획하다  celebrate 축하하다  promotion 승진  manager 관리자, 상사  position 자리, 직책  wait for 기다리다  finally 마침내, 결국  department 부서  chance 기회  socialize 어울리다, 교제하다  dress up 정장을 입다, 옷을 갖춰 입다  forget 잊다  mobile phone 휴대 전화  repair 수리하다  best 최고의

**10** 화자는 왜 메시지를 남겼는가?
(A) 파티에 초대하기 위해
(B) 새로운 직장을 제안하기 위해

해설 개인 메시지는 가장 많이 출제되는 유형으로, 자기소개 후 메시지를 남기는 목적이 등장하는 것이 일반적이다. "파티를 계획하고 있는데, 시간이 있는지 묻기 위해 전화했다(I'm calling to see if you're available on Saturday, late afternoon. I'm planning a party ~)"라는 부분을 듣고 초대하다(invite)로 바꾸어 표현한 (A)를 고를 수 있다.

**11** 청자는 무엇을 가져와야 하는가?
(A) 나눠 먹을 음식
(B) 명함

해설 부탁이나 명령조로 물건을 가져오라고 하는 내용을 들어야 한다. 본문의 "옷을 잘 차려 입고 명함을 잊지 말고 가져오라(So, dress up and don't forget to bring your business cards)"는 부분에서 정답을 알 수 있다. 파티라고 해서 섣불리 음식을 고르지 않도록 주의하자.

**12** 화자는 청자에게 무엇을 하라고 제안하는가?
(A) 그녀의 사무실에 들르라고
(B) 이메일을 보내라고

해설 부탁이나 명령조로 어떤 행동을 제안하는 부분을 찾아야 한다. "질문이 있으면 이메일을 보내는 것이 가장 좋다(It's best to e-mail me if you have a question.)"는 부분에서 (B)가 답임을 알 수 있다.

## SPARTA TEST | p.94

| 1 (A) | 2 (C) | 3 (D) | 4 (B) | 5 (C) |
| 6 (C) | 7 (C) | 8 (D) | 9 (A) | 10 (D) |
| 11 (A) | 12 (B) | 13 (B) | 14 (A) | 15 (C) |
| 16 (A) | 17 (C) | 18 (B) | | |

**Questions 1 through 3** refer to the following telephone message.

Hello, Ms. Benson. This is Silvia from Yourway Furniture Store on Main Street. I'm afraid that the bookcase you ordered for your office is no longer in stock in our store. I can put in a special order for you if you want, but it will take at least three to four weeks to be delivered. So instead, I would like to recommend you order another model from our catalog similar to the one you ordered. I think OX536 or 540 is good for you and can be delivered to your office by the end of the week. I'll be out visiting the warehouse all day tomorrow, but you can leave a message on my answering machine. I'll be waiting for your call. Thank you.

안녕하세요, 벤슨 씨. 저는 메인가에 있는 유어웨이 가구점의 실비아입니다. 죄송하지만 손님께서 사무실에서 사용하려고 주문하신 책장이 저희 매장에 재고가 더 이상 없네요. 원하시면 특별 주문을 넣어 드릴 수 있는데 배달되기까지 적어도 3~4주는 걸릴 겁니다. 그래서 대신에 저희 카탈로그에서 손님께서 주문하신 것과 비슷한 것을 주문하시라고 권해 드리고 싶어요. 제 생각에는 OX536이나 540이 손님에게 적합할 것 같고 이번 주 안으로 손님 사무실까지 배달될 수 있습니다. 내일은 제가 하루 종일 창고에 있지만 제 자동 응답기에 메시지를 남기실 수 있습니다. 전화 기다리고 있겠습니다. 감사합니다.

어휘 **travel agent** 여행사 직원  **maintenance** 시설 관리  **printer** 인쇄업체  **recommend** 추천하다  **double** 두 배로 올리다  **discount** 할인  **different** 다른  **model** 모델, 상품  **visit** 방문하다  **bookstore** 서점  **post office** 우체국  **warehouse** 창고  **bookcase** 책장  **order** 주문하다  **no longer** 더 이상 ~ 않다  **special** 특별한  **take** (시간이) 걸리다  **deliver** 배달하다  **instead** 대신에  **similar to** ~와 비슷한  **end of the week** 주의 말(금요일)  **all day** 하루 종일  **leave a message** 메시지를 남기다  **answering machine** 자동 응답기  **wait for** 기다리다

**1** 화자는 아마도 누구인가?
(A) 매장 매니저
(B) 여행사 직원
(C) 시설 관리 직원
(D) 인쇄업자

해설 말하는 사람이 누구인지를 물어보는 General Question으로, 주로 본문 앞쪽에 힌트가 나온다. 첫 부분 "가구점에서 일하는 실비아입니다(This is Silvia from Yourway Furniture Store on Main Street)"에서 정답이 (A)임을 알 수 있다.

**2** 화자는 무엇을 추천하는가?
(A) 주문을 두 배로 늘리는 것
(B) 할인을 받는 것
(C) 다른 모델을 주문하는 것
(D) 가게를 방문하는 것

해설 화자가 추천하는 내용은 명령문, 권유/청유문으로 제시된다. 특별 주문을 넣을 수도 있지만 "비슷한 모델을 카탈로그에서 주문하라(I would like to recommend you order another model from our catalog similar to the one you ordered)"를 듣고 다른 모델(different model)이라는 동의 표현인 (C)를 고를 수 있다.

**3** 화자는 내일 어디에 있을 거라고 이야기하는가?
(A) 서점에
(B) 전화 회사에
(C) 우체국에
(D) 창고에

해설 '화자가 내일 있을 장소(Where ~ be tomorrow)'라는 키워드를 기억하고 본문을 듣자. "내일은 하루 종일 창고에 있을 것이다(I'll be out visiting the warehouse all day tomorrow ~)"에서 (D)가 답임을 알 수 있다.

**Questions 4 through 6** refer to the following recorded message.

Thank you for calling Central Electricity. This service announcement was updated at 10 A.M. on Monday, August 11th. We're still experiencing some electrical problems in the area of South Boston due to the heavy storm on Sunday. We apologize for any inconvenience to our customers, and our engineers are doing their best to resolve these problems as soon as possible. We expect all electrical systems will be checked and operating as usual by tomorrow morning. This message will be updated every two hours throughout the day to give you accurate information. Thank you again for calling Central Electricity.

센트럴 전기 회사에 전화 주셔서 감사합니다. 이 서비스 안내는 8월 11일 월요일 오전 10시에 업데이트되었습니다. 저희는 아직 일요일에 있었던 폭풍으로 인한 사우스 보스턴 지역의 전기 문제를 겪고 있습니다. 고객 여러분께 불편을 끼쳐 드려 사과드리고 저희 기술자들이 되도록 빨리 이 문제들을 해결하기 위해 최선을 다하고 있습니다. 모든 전기 시스템은 점검되어 내일 아침까지 평소와 같이 작동될 것으로 예상됩니다. 이 메시지는 여러분에게 정확한 정보를 드리기 위해 오늘 내내 두 시간마다 업데이트될 것입니다. 다시 한번 센트럴 전기 회사에 전화 주셔서 감사합니다.

**어휘** **plumbing** 배관 **problem** 문제 **electrical** 전기의 **failure** 실패, 고장 **weather report** 일기 예보 **construction** 공사 **be expected to** ~하기로 되어 있다 **how often** 얼마나 자주 **electricity** 전기 **update** 업데이트하다, 새로 바꾸다 **experience** 겪다 **area** 지역 **due to** ~때문에 **heavy storm** 강한 태풍 **apologize** 사과하다 **inconvenience** 불편함 **customer** 고객 **engineer** 엔지니어, 기술자 **do one's best** 최선을 다하다 **resolve** 해결하다 **as soon as possible** 되도록 빨리 **expect** 기대하다 **check** 확인하다, 점검하다 **operate** 작동하다 **as usual** 평소와 같이 **accurate** 정확한

**4** 무엇에 관한 메시지인가?

(A) 배관 문제
(B) 전기 고장
(C) 일기 예보
(D) 도로 공사

**해설** 주제를 물어보는 General Question으로, 본문 앞쪽에서 힌트를 주는 것이 일반적이다. 첫 번째 문장에서 업체 소개 후 "폭풍으로 인해 전기 문제를 겪고 있다(We're still experiencing some electrical problems in the area of South Boston due to the heavy storm)"에서 전기 고장이 문제인 것을 알 수 있다. 날씨에 대한 내용이 있지만 일기 예보가 주제는 아니다.

**5** 언제까지 작업이 끝날 예정인가?

(A) 오늘 아침
(B) 오늘 오후
(C) 내일 아침
(D) 내일 오후

**해설** '작업이 끝나는 시점(By when ~ finished)'이라는 키워드를 기억하고 본문을 듣자. "모든 시스템이 점검되어 내일 아침까지는 제대로 작동될 것이다(We expect all electrical systems will be checked and operating as usual by tomorrow morning)"에서 내일 아침이면 모든 것이 끝날 거라는 것을 추측할 수 있다. 난이도가 높은 경우 키워드가 정확히 언급되지 않기 때문에 정답에 가장 근접한 선택지를 골라야 한다.

**6** 녹음 메시지는 얼마나 자주 업데이트될 것인가?

(A) 30분마다
(B) 1시간마다
(C) 2시간마다
(D) 3시간마다

**해설** 얼마나 자주 업데이트되는가(How often ~ be updated)'라는 키워드를 기억하고 본문을 듣자. 본문의 마지막인 "2시간마다 업데이트될 것이다(This message will be updated every two hours)"라는 부분에서 (C)가 답임을 알 수 있다.

**Questions 7 through 9** refer to the following telephone message.

Hi, Mr. Blackstone. This is Edward Watson from Quick Document Services. We have received your request for a price estimate on a delivery, but we need more information to give you an accurate estimate. First, we need the size and weight of the package you want to send. Second, you have different delivery options. We have regular mail, express mail, and overnight delivery. Overnight delivery is the most expensive one but guarantees next day delivery on orders received before 11 A.M. As soon as we get this information, we can give you a detailed estimate. Thank you for choosing Quick Document Services, and we look forward to doing business with you.

안녕하세요, 블랙스톤 씨. 저는 퀵 다큐먼트 서비스 사의 에드워드 왓슨이라고 합니다. 손님께서 배달에 대한 가격 견적을 요청하셨는데요. 하지만 손님께 정확한 견적을 드리기 위해 정보가 더 필요합니다. 먼저, 보내시고자 하는 소포의 크기와 무게가 필요합니다. 두 번째, 손님은 다양한 배달 옵션을 고르실 수 있습니다. 저희는 일반 우편, 속달 우편, 그리고 익일 배달 서비스가 있습니다. 익일 배달 서비스는 가장 비싸지만 오전 11시 전에 받은 주문에 대해서는 바로 그 다음 날 배달을 보장합니다. 저희는 이 정보를 받자마자 손님께 자세한 견적을 드릴 수 있습니다. 퀵 다큐먼트 서비스 사를 선택해 주셔서 감사 드리며, 손님과 함께 거래하기를 기대하고 있겠습니다.

**어휘** **request** 요청하다 **estimate** 견적 **different** 다른 **product** 상품 **additional** 추가의 **exact** 정확한 **address** 주소 **payment** 지불 **preference** 선호 사항 **overnight** 하룻밤의, 익일의 **cheap** 저렴한 **quick** 빠른 **receive** 받다 **size** 크기 **weight** 무게 **package** 소포, 꾸러미 **option** 옵션, 선택 사항 **regular** 정규의, 일반의 **express** 속달의, 빠른 **the most** 가장, 최고의 **expensive** 비싼 **detailed** 자세한 **look forward to** 기대하다, 고대하다

**7** 블랙스톤 씨는 무엇을 요청했는가?

(A) 가격 할인
(B) 명함
(C) 비용 견적
(D) 다른 상품

**해설** 블랙스톤 씨가 과거에 요청한 것에 대해 물어보고 있다. 본문의 "손님께서 가격 견적을 요청했었다(We have received your request for a price estimate on a delivery)"라는 부분에서 답을 알 수 있다. 가게에서 손님의 질문에 답하기 위해 전화한 유형이다.

**8** 화자는 어떤 추가 정보가 필요한가?

(A) 정확한 주소
(B) 지불 정보
(C) 전화번호
(D) 배달 선호 사항

**해설** 화자에게 필요한 것을 묻는 문제로, 언급된 여러 사항 중에서 해당되는 선택지를 골라야 한다. 담화 중반에 "~ we need more information to give you an accurate estimate. First, we need the size and weight of the package you want to send. Second, you have different delivery options"에서 소포의 크기, 무게, 배달 옵션에 대한 정보가 필요하다고 했으므로 선택지 중에 이에 해당하는 (D)가 정답이다.

**9** 화자는 익일 배달 서비스에 대해 뭐라고 말하는가?

(A) 빠르다.
(B) 싸다.
(C) 새로 나왔다.
(D) 인기가 있다.

**해설** '익일 배송 서비스(overnight delivery service)'라는 키워드를 듣고 관련된 내용을 듣자. "익일 배송 서비스는 가장 비싸지만 바로 다음날에 도착한다(Overnight delivery is the most expensive one but guarantees next day delivery on orders received before 11 A.M.)"는 내용을 듣고 (A)가 답임을 알 수 있다.

**Questions 10 through 12** refer to the following telephone message.

> This message is for Ashley Miller. I saw your name and phone number on a sign advertising real estate in the Providence neighborhood today. I'm interested in buying a house there. I noticed there is a large park in the area, and I'd love to spend some time taking a walk there. As far as the type of house I'm looking for, I really want one with an extra room to use as my office space. Since I work from home, that is very important. Tomorrow, I'll be busy meeting with some clients, so let's get in touch next week. Thank you.
>
> 이 메시지는 애슐리 밀러에게 남깁니다. 제가 오늘 프로비던스 동네에 있는 부동산 광고 표지판에서 당신 이름과 번호를 보았는데요. 그쪽에 집을 사는 데 관심이 있습니다. 그 동네에 큰 공원이 있는 걸 봤는데, 거기서 산책하면서 시간을 보내고 싶네요. 제가 찾고 있는 집의 종류에 관해서는, 사무실로 쓸 수 있는 여분의 방이 있는 집이었으면 합니다. 제가 집에서 일하기 때문에 이는 무척 중요합니다. 내일은 제가 손님들을 만나느라 바쁘니 다음 주에 연락하죠. 감사합니다.

**어휘** **be interested in** ~에 관심 있다  **neighborhood** 동네  **quiet** 조용한  **public transportation** 대중교통  **office space** 사무 공간  **outdoor** 야외의  **patio** 뜰, 파티오  **greenhouse** 온실  **landscaper** 조경사, 정원사  **client** 고객  **property** 부동산  **deposit** 계약금  **sign** 표지판, 표시  **real estate** 부동산  **notice** 알아채다, 눈치채다  **area** 지역  **spend time** 시간을 보내다  **take a walk** 산책하다  **as far as** ~에 대해서는  **look for** 찾다  **extra** 추가의  **get in touch** 연락하다

**10** 화자는 왜 프로비던스 동네에 관심이 있는가?

(A) 식당이 많이 있다.
(B) 조용하다.
(C) 대중교통에 가깝다.
(D) 큰 공원이 있다.

**해설** 고유 명사가 키워드인 경우 본문에 그대로 나올 확률이 높다. 화자가 프로비던스 지역에 관심이 많은 이유는 키워드인 in the Providence neighborhood 다음 "I noticed there is a large park in the area, and I'd love to spend some time taking a walk there."에서 공원 때문에 관심을 가지게 되었다는 것을 알 수 있다. 따라서 정답은 (D)이다.

**11** 화자는 집에 무엇이 있기를 원하는가?

(A) 사무 공간
(B) 야외 뜰
(C) 수영장
(D) 온실

**해설** '집에 있으면 하는 것(want in a home)'이라는 키워드를 듣고 본문에서 단서를 찾자. 원하는 집의 종류를 말하는 부분에서 "As far as the type of house I'm looking for, I really want one with an extra room to use as my office space." 사무실로 사용할 수 있는 방을 원한다는 것을 알 수 있다. 따라서 답은 (A)이다.

**12** 화자는 내일 무엇을 할 거라고 말하는가?

(A) 조경사에게 전화한다
(B) 고객들과 만난다
(C) 부동산을 방문한다
(D) 보증금을 낸다

**해설** '내일 할 일'이라는 문제의 키워드를 기억하고 본문을 듣자. 후반부에 "Tomorrow, I'll be busy meeting with some clients ~"라는 부분에서 내일은 고객들과 약속이 있다는 것을 알 수 있다. 따라서 정답은 (B)이다.

**Questions 13 through 15** refer to the following recorded message and schedule.

> Hi, Yvette, it's Tim. I was delighted to hear that we'll be hiring five new accountants for our firm. We really need more people to handle all of our clients' accounts. But we haven't hired anyone new in a while. So, I'd like to briefly discuss what the application process will include. I'm looking at my schedule right now, and I have some free time today. Since we'll be at the lunch meeting together, why don't we meet as soon as it's over? I have some time between lunch and my appointment with a client. Let me know if that works for you. Thanks.
>
> 안녕하세요, Yvette, 저는 Tim입니다. 저는 우리 회사에 5명의 새로운 회계사를 고용할 것이라는 걸 듣고 기뻤습니다. 우리는 실제로 모든 고객들의 계정을 다루기 위해 더 많은 사람이 필요합니다. 하지만 한동안 새로운 사람을 뽑지 않았었죠. 그래서 저는 어떤 지원 절차가 포함될지 간략하게 논의하고 싶습니다. 제가 지금 제 일정표를 보고 있는데, 오늘 여유 시간이 좀 있네요. 우리가 점심 회동을 할 거니까 끝나자마자 만나는 건 어때요? 저는 점심 시간과 고객과의 약속 사이에 시간이 좀 있습니다. 시간이 되는지 알려주세요. 고맙습니다.

| 시간 | 일정 |
|---|---|
| 10:00-11:00 | 전화 회의 |
| 12:00-1:00 | 점심 회동 |
| 2:00-3:00 | 고객 상담 |
| 4:00-5:30 | 직원 회의 |

**어휘** **conference call** 전화 회의  **consultation** 상담  **law firm** 법률 회사  **accounting** 회계  **employment** 고용  **agency** 대행사  **airline** 항공사  **hire** 고용하다  **process** 절차  **budget** 예산  **proposal** 제안  **flight** 비행, 비행기  **delighted** 기쁜  **accountant** 회계사  **handle** 다루다  **accounts** (고객) 계정  **in a while** 오랫동안  **briefly** 간략하게  **application** 지원  **include** 포함하다  **right now** 지금 당장  **free** 여유 있는, 시간 있는  **as soon as** ~하자마자  **be over** 끝나다  **between** ~사이에  **work** 잘 되다, 작동하다

**13** 화자는 어디에서 일하는 것 같은가?

(A) 법률 사무소에서
(B) 회계 회사에서
(C) 직업 소개소에서
(D) 항공사에서

해설 화자가 일하는 장소를 묻는 GQ로, 주로 본문 앞쪽에서 힌트를 준다. "새로운 회계사들을 고용하게 되어서 기쁘다(I was delighted to hear that we'll be hiring five new accountants for our firm)"에서 회계 회사에서 일한다는 것을 알 수 있다.

**14** 화자는 무엇을 논의하고 싶어 하는가?
(A) 고용 절차
(B) 임대료 증가
(C) 예산 제안
(D) 비행 일정

해설 화자가 논의하고 싶어 하는 것은 "간략하게 고용 절차에 대해 이야기하고 싶다(I'd like to briefly discuss what the application process will include)"는 부분을 통해 (A)임을 알 수 있다.

**15** 도표를 보시오. 화자는 언제 만나고 싶어 하는가?
(A) 오전 10시에
(B) 오전 11시에
(C) 오후 1시에
(D) 오후 3시에

해설 표/그림 관련 문제는 미리 문제를 읽을 때 표도 확인해서 음원이 어떻게 나올지 추측해야 한다. 본문에서 "점심 회의가 끝나고 보자(Since we'll be at the lunch meeting together, why don't we meet as soon as it's over)"를 듣고 표에서 점심 회동이 끝난 시점인 1시를 골라야 한다.

**Questions 16 through 18** refer to the following telephone message and floor plan.

Hi, Margo, it's Wendy. I was just told that you'll lead the team that's developing our newest coffee machine. As you already know, you need to prepare a time frame and budget for the new project, and look over the data from previous projects. I have worked on a similar project last year, so I can give you some feedback about that if you want. You may have a couple of questions that you'd like to ask me. Office 3 is under construction now, where we always hold a meeting. So, let's meet in the office across from the staff lounge. See you soon.

안녕하세요, 마고, 웬디예요. 좀 전에 당신이 최신 커피머신을 개발하는 팀을 이끌게 되었다는 얘기를 들었어요. 이미 아시다시피, 당신은 새로운 프로젝트를 위한 개발 시간표와 예산을 준비하셔야 하고, 이전 프로젝트들의 자료를 검토하셔야 합니다. 제가 작년에 비슷한 프로젝트를 했으니, 원하신다면 당신에게 그것에 관해 조언을 드릴 수 있어요. 저에게 물어보고 싶은 질문이 좀 있을 거예요. 우리가 항상 회의했던 사무실 3호는 지금 공사 중이에요. 그러니 직원 휴게실 맞은편 사무실에서 만나기로 하죠. 곧 뵙겠습니다.

| 직원 휴게실 | | 사무실 2호 |
|---|---|---|
| 회의실 | | 사무실 3호 |
| 사무실 1호 | 입구 | 사무실 4호 |

어휘 **staff lounge** 직원 휴게실  **conference room** 회의실  **project** 프로젝트, 작업  **inquire** 문의하다  **technical** 기술의, 기술적인  **support** 지원  **be told** 듣다  **lead** 이끌다, 주도하다  **newest** 최신의  **prepare** 준비하다  **time frame** 기간, 시간표  **budget** 예산  **look over** 훑어보다  **previous** 지난  **similar** 비슷한  **feedback** 피드백, 의견  **across from** ~ 건너편의

**16** 화자는 왜 메시지를 남겼는가?
(A) 프로젝트에 관해 조언하기 위해
(B) 작업 일정에 대해 묻기 위해
(C) 무료로 기술 지원을 제공하기 위해
(D) 신제품에 관한 피드백을 받기 위해

해설 화자가 메시지를 남긴 이유를 묻는 GQ로, 주로 앞부분에서 단서를 찾을 수 있다. 초반에 청자가 새로운 프로젝트팀을 이끈다는 얘기를 들었다고 했고, 그 뒤에 개발 시간표 및 예산에 대한 조언을 주고 있으므로 정답은 (A)이다.

**17** 청자는 프로젝트를 위해 무엇을 해야 하는가?
(A) 회의를 잡는다
(B) 다른 팀들의 주문을 확인한다
(C) 이전 프로젝트들을 확인한다
(D) 일정을 변경한다

해설 세부 사항을 묻는 SQ로, 대화 중반부에 "~ and look over the data from previous projects."라는 부분에서 이전 프로젝트들의 자료를 확인하라는 (C)가 답임을 알 수 있다.

**18** 도표를 보시오. 어떤 사무실에서 회의가 열릴 것인가?
(A) 사무실 1호
(B) 사무실 2호
(C) 사무실 3호
(D) 사무실 4호

해설 시각 자료 문제는 문제와 표/그림을 미리 읽고 음원에서 어떤 내용이 나올지 추측해 두면 문제를 푸는 데 도움이 된다. 특히 지도 문제는 장소의 위치를 파악해 두는 것이 유리하다. 본문 마지막의 "So, let's meet in the office across from the staff lounge."라는 부분에서 직원 휴게실 건너편에서 만나자는 것을 알 수 있다. 시각 자료에서 직원 휴게실 맞은편은 사무실 2호이므로 정답은 (B)이다.

## UNIT 14 유형 III : 행사/인물 소개

### ➕ 빈출 패턴 훈련 | p.98

2020년 자동차 판매인 컨벤션에 오신 모든 여러분들께 감사드립니다. 저는 조직위원회장입니다. 저희는 오늘 여러분들을 위해 흥미로운 프로그램을 준비했습니다.

**1** 화자는 누구에게 이야기하고 있는가?
(A) 자동차 판매인
(B) 기조 연설자

신사 숙녀 여러분, 오른쪽을 보시면 유명한 화가 패트릭 디에고의 집이었던 디에고 미술관이 보이실 겁니다.

**2** 화자는 누구일 것 같은가?
(A) 관광 가이드
(B) 작가

제3회 연례 국제 야생 동물 보호 시상식에 오신 것을 환영합니다. 오늘 저희는 사회에 기여한 분들께 특별한 감사를 전할 것입니다.

**3** 이 시상식은 얼마나 자주 개최되는가?
(A) 한 달에 한 번
(B) 일 년에 한 번

오늘 고든 씨는 이번 주 초에 발간된 그의 새로운 저서 〈나의 삶, 나의 선택〉에 대해 이야기할 것입니다. 자 여러분, 고든 씨를 무대 위로 모실 테니 환영해 주세요.

**4** 다음에 무슨 일이 일어날 것 같은가?
(A) 고든 씨가 말할 것이다.
(B) 고든 씨가 책 몇 권을 살 것이다.

### SPARTA PRACTICE | p.99

| 1 (A) | 2 (B) | 3 (B) | 4 (A) | 5 (B) |
| 6 (B) | 7 (B) | 8 (B) | 9 (A) | 10 (A) |
| 11 (B) | 12 (A) | | | |

**Questions 1 through 3** refer to the following announcement.

Everyone, you've heard that our vice president in Marketing, Eleanor Barry, will retire at the end of next month. So, we're planning a small farewell party for her next Friday at 7 o'clock. We've decided to have it in the company cafeteria so that many people can join us after their work. Ms. Barry has been with us for 30 years since the company was founded in 1990. She served numerous positions. She's one of the most dedicated and passionate people in our company. We will miss her greatly. So please mark your calendar for next week's party.

여러분, 들으셨겠지만 마케팅 부사장이신 엘리너 배리 씨가 다음 달 말에 은퇴하십니다. 그래서 우리는 그녀를 위해 다음 주 금요일 7시에 작은 송별 파티를 계획하고 있습니다. 저희는 많은 사람들이 근무가 끝난 후 올 수 있도록 회사 식당에서 열기로 결정했습니다. 배리 씨는 회사가 세워진 1990년부터 30년 동안 저희와 함께했습니다. 그녀는 여러 보직을 임했습니다. 그녀는 우리 회사에서 가장 헌신적이고 열정적인 사람 중 한 명이었습니다. 우리는 그녀를 많이 그리워할 것입니다. 그러니 다음 주에 있을 파티를 여러분 달력에 꼭 표시해 두시기 바랍니다.

**어휘** announcement 발표　retirement 은퇴　take place 일어나다　heard 듣다(hear)의 과거, 과거분사형　vice president 부사장　plan 계획하다　farewell 환송　cafeteria 구내식당　join 함께하다, 같이하다　since ~이래로　found 설립하다　serve 일하다, 봉사하다　numerous 많은　position 자리, 직책　dedicated 헌신적인　passionate 열정적인　greatly 크게　mark 표시하다　calendar 달력

**1** 무엇에 관한 안내인가?
(A) 은퇴 기념 파티
(B) 연례 워크숍

**해설** 주제를 물어보는 General Question은 본문 앞쪽에서 힌트를 주는 경우가 대부분이다. 첫 문장 "마케팅 부사장이 은퇴해서 송별 파티를 계획하고 있다(~ our vice president in Marketing, Eleanor Barry, will retire at the end of next month. So, we're planning a small farewell party)"에서 답을 추측할 수 있다.

**2** 행사는 언제 열릴 것인가?
(A) 다음 달
(B) 다음 주

**해설** '행사가 열리는 시점(When ~ event take place)'이라는 키워드를 기억하고 본문을 듣자. 은퇴하는 시점은 다음 달이지만, "파티는 다음 주로 계획하고 있다(we're planning a small farewell party for her next Friday at 7 o'clock)"에서 답이 (B)임을 알 수 있다.

**3** 배리 씨는 얼마 동안 회사를 위해 일했는가?
(A) 20년
(B) 30년

**해설** 지문 중후반에 "회사가 설립된 1990년부터 30년 동안 회사와 같이 했다(Ms. Barry has been with us for 30 years since the company was founded in 1990)"는 부분에서 근무 경력이 (B) 30년임을 알 수 있다.

**Questions 4 through 6** refer to the following introduction.

Good morning, everyone. Welcome to the workshop entitled "How to market your products more efficiently." This course is to improve the marketing techniques of sales personnel of our company. Now, let me introduce today's guest speaker. Nathan Freeman is a professor in State University's marketing program and has been working as a consultant in the sales and marketing area over 15 years. He published the famous marketing book, *The Market*, a decade ago. This book has been used as the official textbook of marketing for almost 10 years. Now, let's give Mr. Freeman a big welcome.

여러분, 좋은 아침입니다. <당신의 상품을 더 효율적으로 광고하는 법>이라는 제목의 워크숍에 오신 것을 환영합니다. 이 수업은 우리 회사 영업 사원들의 마케팅 기술을 향상시키기 위한 것입니다. 자, 이제 오늘의 초빙 강사를 소개하겠습니다. 네이슨 프리먼은 주립 대학의 마케팅 프로그램의 교수이며 판매와 마케팅 분야에서 15년 넘게 고문으로 일했습니다. 그는 10년 전에 유명한 마케팅 저서인 <더 마켓>을 출판했습니다. 이 책은 마케팅의 공식 교재로 거의 10년이나 사용되었습니다. 자, 이제 프리먼 씨를 큰 환영으로 맞읍시다.

**어휘** **purpose** 목적  **introduce** 소개하다  **present** 주다, 수여하다  **award** 상  **audience** 관중, 관객  **editor** 편집자  **representative** 직원  **develop** 개발하다  **publish** 출판하다  **welcome** 환영하다  **entitled** ~라는 제목의  **market** 광고하다  **product** 상품  **efficiently** 효율적으로  **improve** 향상시키다  **technique** 기술  **personnel** 직원, 인사  **professor** 교수  **consultant** 컨설턴트, 상담사  **area** 분야, 지역  **decade** 10년  **official** 공식적인  **textbook** 교재

**4** 이 담화의 목적은 무엇인가?
   (A) 수업을 소개하기 위해
   (B) 상을 수여하기 위해

**해설** 목적을 물어보는 General Question은 앞부분에서 힌트를 준다. 첫 문장에서 "<당신의 상품을 더 효율적으로 광고하는 법>이라는 제목의 워크숍에 오신 것을 환영한다(Welcome to the workshop entitled "How to market your products more efficiently.")"에서 (A)가 답임을 알 수 있다.

**5** 이 담화는 어떤 청중을 대상으로 하는가?
   (A) 도서 편집기들
   (B) 판매 사원들

**해설** 듣는 사람의 정체를 묻는 General Question으로, 본문의 앞쪽에서 힌트를 준다. "이 수업은 회사의 영업 사원들의 마케팅 기술을 향상시키기 위한 것이다(This course is to improve the marketing techniques of sales personnel of our company)"에서 듣는 사람들이 회사의 영업 직원임을 알 수 있다.

**6** 네이슨 프리먼은 10년 전에 무엇을 했는가?
   (A) 신상품을 개발했다
   (B) 책을 출판했다

**해설** 소개(introduction) 유형에서 가장 많이 나오는 업적은 책을 쓰거나 강연을 하는 것이다. "10년 전에 책을 출판했다(He published the famous marketing book, The Market, a decade ago)"에서 (B)가 정답임을 알 수 있다.

**Questions 7 through 9** refer to the following announcement.

Good morning, ladies and gentlemen, and welcome to the New York Fine Arts Museum. Before we begin today's tour, I'd like to make an announcement. The collection of oil paintings from 19th century Europe is closed for cleaning and maintenance. However, you can enjoy the special sculpture exhibit sponsored by the Tien Family on the second floor. The tour will take about two hours, including a 20-minute coffee break in the outdoor café. You're not allowed to take flash pictures inside the gallery exhibition halls. You can purchase professionally-taken pictures of most of our art pieces in the museum gift shop on the first floor. Now, let's begin our tour.

신사 숙녀 여러분, 좋은 아침입니다, 뉴욕 미술관에 오신 것을 환영합니다. 오늘의 견학을 시작하기 전에 안내 말씀 드리고 싶습니다. 19세기 유럽의 유화 컬렉션은 청소와 보수를 위해 폐관되었습니다. 하지만 여러분은 2층에서 티엔 패밀리가 후원하는 특별 조각 전시회를 즐기실 수 있습니다. 견학은 야외 카페에서 20분 정도 커피 마시는 시간을 포함해서 약 2시간 정도 걸릴 것입니다. 갤러리 전시실 안에서 플래시를 사용해서 사진 찍는 것은 허용되지 않습니다. 1층의 박물관 기념품점에서 전문가가 찍은 저희 예술 작품 대부분을 구매하실 수 있습니다. 자, 이제 견학을 시작해 봅시다.

**어휘** **explain** 설명하다  **painting** 그림, 페인트칠  **process** 절차, 과정  **describe** 묘사하다  **museum** 박물관  **tour** 견학, 투어  **oil painting** 유화  **popular** 인기 있는  **recommend** 추천하다  **take a photograph** 사진 찍다  **flash** 플래시, 섬광  **fine arts** 미술  **collection** 수집, 컬렉션  **cleaning** 청소  **maintenance** 유지 보수  **enjoy** 즐기다  **special** 특별한  **sculpture** 조각품  **exhibit** 전시(회)  **sponsor** 후원하다  **include** 포함하다  **coffee break** 휴식 시간  **outdoor** 야외의  **allow** 허락하다  **inside** 안의  **exhibition** 전시  **purchase** 구매하다  **professionally** 전문적으로  **art piece** 예술 작품  **gift shop** 기념품점

**7** 안내의 목적은 무엇인가?
   (A) 그림 그리는 과정을 설명하기 위해
   (B) 박물관 견학을 설명하기 위해

**해설** "박물관에 온 사람들을 환영하며 견학을 시작하기 전에 드릴 말씀이 있다(welcome to the New York Fine Arts Museum. Before we begin today's tour, I'd like to make an announcement.)"는 부분에서 박물관 견학을 설명하고 있다는 것을 알 수 있다.

**8** 화자는 유화 갤러리에 대해 뭐라고 말하는가?
   (A) 인기가 많다.
   (B) 폐쇄되었다.

**해설** '유화(oil painting)'라는 키워드를 기억하고 듣자. "유화 컬렉션은 청소 및 보수로 문을 닫는다(The collection of oil paintings from 19th century Europe is closed for cleaning and maintenance)"를 듣고 (B)를 고를 수 있다.

**9** 화자는 무엇을 하지 말라고 권장하는가?
   (A) 플래시를 사용해서 사진 찍는 것
   (B) 갤러리에서 음식을 먹는 것

**해설** Part 4 문제 중에 가장 많이 나오는 것은 지시하는 내용을 묻는 문제이다. 이 문제에서는 특정 행동을 하지 말라고 하는 부분을 들어야 한다. 담화 후반에 "전시실에서 플래시를 사용해서 사진 찍는 것은 허용되지 않는다(You're not allowed to take flash pictures inside the gallery exhibition halls)"를 듣고 (A)를 답으로 고를 수 있다.

**Questions 10 through 12** refer to the following announcement.

Welcome to the 10th Annual Conference in International Trading. Before we begin today's schedule, I'd like to announce a few changes to our program. First, International Law seminars will take place in Room 207 instead of the main seminar room. Also, the product demonstration will be moved to the second-floor lounge. Finally, the discussion session on next year's hit products will take place right after lunch in the cafeteria because of the increased number of participants. We are truly sorry for the confusion, and these changes will be posted on the bulletin board at the information desk. We hope the conference is useful and enjoyable for all of you. Thank you.

제10회 연례 국제 무역 컨퍼런스에 오신 것을 환영합니다. 오늘 일정을 시작하기 전에 프로그램의 몇 가지 변동 사항을 알려드리고 싶습니다. 먼저, 국제법 세미나는 주 세미나실이 아닌 207호에서 진행됩니다. 또한, 상품 시연회는 2층 라운지로 옮겨질 겁니다. 마지막으로, 내년도 히트 상품에 대한 토론 시간은 늘어난 참가자들로 인해 점심 식사가 끝난 직후에 식당에서 개최될 것입니다. 혼란을 드려 정말 죄송하며 이 변동 사항들은 안내 데스크 게시판에 공지될 것입니다. 컨퍼런스가 여러분 모두에게 유익하고 즐겁길 바랍니다. 감사합니다.

**어휘** attend 참가하다  international 국제적인  trader 무역상  travel agent 여행사 직원  change 변경, 변동 사항  date 날짜  take place 일어나다  cafeteria 식당  discussion session 토론 시간  product demonstration 상품 시연  annual 연례의  a few 몇 개의  law 법  instead of ~대신에  main 주된, 주요의  lounge 라운지, 휴게실  increased 증가된  participant 참가자  truly 진심으로  confusion 혼동  post 올리다  bulletin board 게시판  useful 유용한  enjoyable 즐길 수 있는

**10** 누가 컨퍼런스에 참석하고 있는 것 같은가?
(A) 국제 무역상들
(B) 여행사 직원들

**해설** 듣는 사람이 누구인지를 물어보는 General Question으로, 본문 앞쪽에서 힌트를 준다. 첫 문장인 "국제 무역 컨퍼런스에 온 것을 환영한다(Welcome to the 10th Annual Conference in International Trading)"는 부분에서 무역업에 종사하는 사람들을 대상으로 한다는 것을 추측할 수 있다. 따라서 정답은 (A)이다.

**11** 어떤 변경 사항이 발표되었는가?
(A) 날짜 변경
(B) 방 변경

**해설** 본문에서 변경 사항(changes)이 언급되는 부분에서 힌트가 나올 것을 추측해야 한다. 국제법 세미나 장소가 변경되었다는 내용(International Law seminars will take place in Room 207 instead of the main seminar room)"을 듣고 장소 변경이 발표되었음을 알 수 있다.

**12** 식당에서 무슨 일이 일어날 것인가?
(A) 토론 시간
(B) 상품 시연

**해설** '식당(cafeteria)'이라는 키워드를 기억하고 본문을 듣자. 담화 후반에 "식당에서 토론 시간이 있을 것이다(the discussion session on next year's hit products will take place right after lunch in the cafeteria)"라는 부분에서 답을 알 수 있다.

**SPARTA TEST** | p.100

| 1 (C) | 2 (A) | 3 (D) | 4 (B) | 5 (C) |
| 6 (A) | 7 (C) | 8 (B) | 9 (C) | 10 (B) |
| 11 (D) | 12 (C) | 13 (B) | 14 (D) | 15 (A) |
| 16 (A) | 17 (B) | 18 (D) | | |

**Questions 1 through 3** refer to the following announcement.

Thank you all for coming on such a short notice. We are pleased to introduce Sandra Richardson, the new director of our Advertising Department. Ms. Richardson has a lot of experience in graphic design and marketing, and she will be a great asset to our company. Most recently, she was the general manager of the biggest advertising firm in New York, Grey Advertising. Before that, she was the head researcher in a market research firm in Paris, which did business with multi-billion dollar corporations both in Asia and in Europe. Today, she will talk about her vision for our company and our products. Please join us in welcoming Ms. Sandra Richardson.

갑작스러운 통보에도 이렇게 와 주셔서 모두 감사합니다. 우리는 광고팀의 새로운 이사인 산드라 리차드슨을 소개하게 되어서 기쁩니다. 리차드슨 씨는 그래픽 디자인과 마케팅에 많은 경험을 가지고 있으며, 우리 회사의 큰 자원이 될 것입니다. 가장 최근에 그녀는 뉴욕에서 가장 큰 광고 회사인 그레이 광고 회사에서 총 매니저로 일했습니다. 그전에는 파리에 있는 시장 연구 회사에서 수석 연구원으로 일했는데, 이 회사는 아시아와 유럽에 있는 수십억 달러짜리 회사들과 사업을 했습니다. 오늘, 그녀는 우리 회사와 상품의 비전에 대해 한 말씀하시겠습니다. 저희와 함께 산드라 리차드슨 씨를 환영해 주세요.

**어휘** purpose 목적  announce 발표하다  retirement 은퇴  introduce 소개하다  staff 직원  explain 설명하다  policy 방침  most recently 가장 최근에  host 주최하다  celebration 축하  conduct 행하다  interview 면접, 취재  give a speech 발표하다  short 짧은  notice 공지  pleased 기쁜  director 이사, 부장  experience 경력  asset 자산  general manager 총 매니저  researcher 연구원  corporation 기업체  vision 비전, 전망

**1** 안내의 목적은 무엇인가?
(A) 은퇴를 발표하기 위해
(B) 신상품을 소개하기 위해
(C) 새로운 직원을 소개하기 위해
(D) 회사 방침을 설명하기 위해

**해설** 목적을 물어보는 General Question으로, 주로 본문 앞쪽에서 힌트를 준다. 인사말 이후에 "광고팀의 새로운 이사를 소개한다(We are pleased to introduce Sandra Richardson, the new director of our Advertising Department)"는 부분을 듣고 '새로운 직원을 소개하기 위해'라는 (C)를 고를 수 있다.

**2** 리차드슨 씨는 가장 최근에 어디에서 일했는가?
(A) 뉴욕에서
(B) 파리에서
(C) 일본에서
(D) 싱가포르에서

**해설** 언급된 여러 경력 중, 가장 최근(most recently)에 일했던 곳을 골라야 한다. 담화 중반에 "가장 최근에 뉴욕에 있는 광고사에서 일했다(Most recently, she was the general manager of the biggest advertising firm in New York)"를 듣고 (A)를 고를 수 있다.

**3** 리차드슨 씨는 아마도 다음에 무엇을 할 것인가?
(A) 광고 캠페인을 시작한다
(B) 축하 파티를 개최한다
(C) 구직 면접을 본다
(D) 연설을 한다

해설 미래에 할 일을 예측하는 문제는 주로 본문 마지막에서 힌트를 준다. 특히, 소개 유형에서는 소개가 끝나고 마지막에 그 인물이 무대로 나와서 발표하는 경우가 많다. 오늘 산드라 씨가 회사와 상품의 비전에 대해 말할 것이라고 하면서 "저희와 함께 산드라 씨를 환영하자(Please join us in welcoming Ms. Sandra Richardson)"고 했으므로 산드라 씨가 나와서 얘기할 것을 추측할 수 있다.

**Questions 4 through 6** refer to the following talk.

Hi, everyone. Thanks for attending today's software training session. Adam Lowe is here to teach us how to use the new medical record software. All of the office staff here at Springtown Medical Clinic are going to be using this new software starting next month. We all should become familiar with it to ensure a smooth transition. You each received an e-mail earlier with individual passwords to access the program. So, we are good to go now. Before Mr. Lowe gets started, let me just remind you to shut off your mobile phones so that we can concentrate on our session today.

안녕하세요, 여러분. 오늘 소프트웨어 훈련 수업에 와 주셔서 감사합니다. 아담 로 씨는 오늘 저희에게 새로운 의료 기록 소프트웨어의 사용 방법을 가르쳐 주시기 위해 여기에 오셨습니다. 여기 스프링타운 병원의 모든 사무실 직원들은 다음 달부터 이 새로운 소프트웨어를 사용할 것입니다. 순조로운 이행을 위해 우리 모두가 소프트웨어에 익숙해져야 합니다. 여러분 각각은 프로그램을 사용하기 위한 개인 암호가 들어 있는 이메일을 받으셨습니다. 그러니 이제 사용할 준비가 되었죠. 로 씨가 시작하기 전에, 저희가 오늘 강의에 집중할 수 있도록 휴대폰을 꺼 주실 것을 다시 한번 알려 드립니다.

어휘 **medical** 의료의, 의학의 **appointment** 약속 **provide** 제공하다 **training** 훈련, 수업 **repair** 수리하다 **equipment** 장비 **pick up** 가지러 가다 **prescription** 처방전 **insurance** 보험 **individual** 개인의, 개별적인 **turn off** 끄다 **restart** 다시 시작하다 **instruction** 지시 사항 **purchase** 구매하다 **attend** 참석하다 **training session** 훈련 시간 **medical record** 의료 기록 **staff** 직원들 **be familiar with** ~에 익숙하다 **ensure** 확실하게 하다 **smooth** 원활한 **receive** 받다 **access** 접근하다 **shut off** 끄다 **mobile phone** 휴대폰 **concentrate** 집중하다

**4** 왜 로 씨는 스프링타운 병원에 있는가?
(A) 진료 예약을 바꾸기 위해
(B) 소프트웨어 훈련을 제공하기 위해
(C) 장비를 수리하기 위해
(D) 처방전을 받기 위해

해설 "아담 로 씨는 의료 기록 소프트웨어의 사용법을 가르치기 위해 왔다(Adam Lowe is here to teach us how to use the new medical record software)"에서 훈련을 제공하기 위해 왔음을 알 수 있다. training 과 course/class/session/workshop은 동의 표현으로 함께 익혀 두자.

**5** 화자에 의하면, 어떤 정보가 이메일로 보내졌는가?
(A) 할인 쿠폰
(B) 보험 정보
(C) 개인 암호
(D) 오늘의 근무 일정

해설 '메일로 보내진 정보(sent by e-mail)'라는 키워드를 기억하고 본문을 듣자. "개인 암호가 들어 있는 이메일을 받았을 것이다(You each received an e-mail earlier with individual passwords to access the program)"를 듣고 (C)를 고를 수 있다.

**6** 청자들은 무엇을 하라고 요청 받는가?
(A) 전화기 끄기
(B) 컴퓨터 다시 시작하기
(C) 지시 사항 읽기
(D) 상품 구매하기

해설 담화 마지막에 "휴대폰을 꺼 주실 것을 다시 한번 알려 드린다(let me just remind you to shut off your mobile phones ~)"에서 답이 (A)임을 알 수 있다.

**Questions 7 through 9** refer to the following introduction.

I'd like to welcome you all to tonight's reception for the Annual Fundraiser for Pet Society. We've raised over 5,000 dollars already just from the ticket sales to this event. All donations will be used to provide shelter and healthcare to animals in the area. And now, let me introduce our guest speaker, actress Isabela Madison. Isabela is well known for her roles in several popular films, and she's been the face of our campaign to encourage local pet adoption. Today, she'll talk about how she's been helping animals find homes and about how you can be involved in the process. Please join me in welcoming Isabela Madison to the stage.

오늘밤 애완동물 협회의 연례 모금 행사 파티에 오신 여러분 모두를 환영합니다. 저희는 이번 행사의 티켓 판매만 해서 벌써 5천 달러가 넘는 모금을 했습니다. 모든 기부금은 우리 지역에 있는 동물들에게 보금자리와 의료 서비스를 제공하는 데 사용될 것입니다. 자 이제, 오늘의 초대 발표자인 배우 이자벨라 매디슨 씨를 소개해 드리겠습니다. 이자벨라는 몇 편의 유명한 영화에서 그녀의 배역들로 잘 알려져 있고, 지역 애완동물의 입양을 독려하는 캠페인의 간판으로 활동했습니다. 오늘 그녀는 어떻게 동물들이 살 집을 찾는 걸 도왔고, 어떻게 여러분이 이 과정에 함께 할 수 있는지에 대해 말씀해 주시겠습니다. 이자벨라 매디슨 씨를 무대 위로 환영합시다.

어휘 **introduction** 소개 **film** 영화 **awards ceremony** 시상식 **fund-raising event** 모금 행사 **fair** 박람회 **director** 이사 **actress** 여배우 **veterinarian** 수의사 **biologist** 생물학자 **wild animal** 야생 동물 **forest** 숲 **renovation** 개조, 보수 **adoption** 입양 **registration** 등록 **process** 절차 **reception** 파티 **annual** 연례의 **fundraiser** 모금 행사 **society** 협회, 집단 **raise** 모금하다, 올리다 **already** 벌써 **just** 단지 **donation** 기부 **shelter** 대피소 **healthcare** 건강 관리, 의료 **well known** 유명한 **popular** 인기 있는 **face** 얼굴, 간판 **encourage** 독려하다 **local** 지역의 **involve** 관여하다 **join** 함께하다 **stage** 무대

**7** 어디에서 이 소개가 일어나고 있는가?
(A) 영화제에서
(B) 시상식에서
(C) 모금 행사에서
(D) 채용 박람회에서

해설 담화가 이루어지는 장소를 물어보는 GQ로, 첫 문장인 "애완동물 협회의 모금 행사 파티에 와 주셔서 고맙다(I'd like to welcome you all to tonight's reception for the Annual Fundraiser for Pet Society)"에서 (C) 모금 행사 장소임을 알 수 있다.

**8** 이자벨라 매디슨은 누구인가?
(A) 마케팅 이사
(B) 여배우
(C) 수의사
(D) 생물학자

해설 소개되는 인물이 누구인지를 물어보는 SQ로, 주로 그 인물의 이름 앞뒤로 직업/정체성을 나타내는 어휘가 등장한다. 담화 중반에 "오늘 초대 발표자인 여배우 이자벨라 씨를 소개한다(And now, let me introduce our guest speaker, actress Isabela Madison)"를 듣고 (B)가 답임을 알 수 있다.

**9** 이자벨라 매디슨은 무엇에 대해 말할 것인가?
(A) 숲의 야생 동물
(B) 집 수리
(C) 동물 입양
(D) 등록 절차

해설 소개되는 인물이 말할 주제는 본문의 뒤쪽에 나온다. "애완동물에게 집을 찾아 주는 걸 말하겠다(Today, she'll talk about how she's been helping animals find homes and about how you can be involved in the process)"고 했으므로 답은 (C)이다. 간접적으로 입양을 말했지만 바로 앞 문장에서 이미 입양이라는 어휘가 등장했다.

**Questions 10 through 12** refer to the following tour information.

Welcome to the Richmond Chocolate Factory. Richmond Factory is the first manufacturing plant to begin operations in the city in the 1960s, and it is still operating in its original building. Since it is quite noisy on the production floor, more information about the plant and its history will be given as an audio recording. You will each receive a pair of headphones before entering that section. Also, I ask you to stay with the group at all times while we are in the plant. Okay, are there any questions before we get started?

리치몬드 초콜릿 공장에 오신 것을 환영합니다. 리치몬드 공장은 1960년대에 시에서 운영을 시작한 첫 번째 제조 공장이고, 아직도 원래의 건물에서 운영하고 있습니다. 생산 작업장이 굉장히 시끄럽기 때문에 공장과 그 역사에 대한 더 많은 정보는 오디오 녹음으로 알려 드릴 겁니다. 여러분은 그 구역에 들어가기 전에 각각 헤드폰을 받으실 겁니다. 또한, 공장에 계시는 동안 항상 그룹과 함께 다니시기 바랍니다. 자, 그럼 시작하기 전에 질문이 있으신가요?

어휘 **distribute** 배포하다  **floor plan** 평면도  **operate** 운영하다, 작동하다  **original** 원래의, 최초의  **24 hours a day** 24시간 내내  **history** 역사  **lots of** 많은  **destroy** 파괴하다  **quietly** 조용히  **fill out** 작성하다  **survey** 설문 조사  **remain** ~한 상태로 있다  **protective** 보호의  **clothing** 의류  **plant** 공장(= factory)  **manufacturing** 제조(업)  **quite** 꽤  **noisy** 시끄러운  **production** 생산  **recording** 녹음  **receive** 받다  **pair** 한 쌍  **enter** 들어가다, 입력하다  **section** 구역  **stay** 머물다, ~한 상태로 있다  **at all times** 항상  **while** ~하는 동안  **question** 질문

**10** 화자가 "아직도 원래의 건물에서 운영하고 있습니다"라고 말하는 의미는 무엇인가?
(A) 24시간 영업한다.
(B) 역사가 길다.
(C) 돈을 많이 벌지 못했다.
(D) 예전에 붕괴된 적이 있다.

해설 화자의 의도를 물어보는 문제 유형은 미리 따옴표(" ") 부분을 읽어 두고 앞뒤 문맥을 파악해야 한다. "공장이 1960년대에 처음 세워졌는데, 아직도 원래 건물에서 운영되고 있다(Richmond Factory is the first manufacturing plant to begin operations in the city in the 1960s, and it is still operating in its original building)"는 문장은 이 공장이 오래 전에 세워져서 역사가 길다는 의미를 내포하고 있다.

**11** 방문객들에게 무엇이 배포될 것인가?
(A) 상품 샘플
(B) 견학 일정표
(C) 평면도
(D) 헤드폰

해설 '방문객들에게 배포될 것(be distributed)'이라는 문제의 키워드를 기억하고 본문을 듣자. "그 구역에 들어가기 전에 개별적으로 헤드폰을 받을 것이다(You will each receive a pair of headphones before entering that section)"라는 부분을 통해 (D)가 답임을 알 수 있다.

**12** 방문객들은 무엇을 하라고 부탁 받는가?
(A) 조용히 말하라고
(B) 설문 조사를 작성하라고
(C) 그룹과 함께 있으라고
(D) 방호복을 입으라고

해설 Part 4에 가장 많이 등장하는 유형으로, 어떤 행동을 하라고 부탁 받는 내용(be asked to do)은 명령문이나 권유/청유형으로 나오는 경우가 많다. "공장에 있는 동안 항상 그룹과 함께 다녀라(I ask you to stay with the group at all times while we are in the plant)"는 부분에서 (C)가 답임을 알 수 있다.

**Questions 13 through 15** refer to the following tour information and itinerary.

Alright, is everyone doing okay? Now, we've come to the next phase of our tour—the forest hike. We will hike through one of the Amazon's best-known forests. You will personally see the beautiful flowers and trees Mr. Santos mentioned during the lecture. Do not take pictures of everything you see. Rather just relax and enjoy the moment. A photo book showing a variety of local animals and plants comes with your tour package. You can pick it up at the end of the tour. Today, it's going to be very hot and humid. So, it is very important that you stay cool. Drink plenty of water and cover your heads with hats. Now, let's start.

자, 모두들 괜찮습니까? 이제 저희 견학의 다음 단계가 왔습니다. 바로 숲 하이킹입니다. 저희는 아마존의 가장 유명한 밀림 중 한 곳을 걸을 것입니다. 여러분은 강연 시간에 산토스 씨가 언급하신 아름다운 꽃과 나무를 직접 보실 겁니다. 여러분이 보는 모든 것을 사진 찍으려고 하지 마세요. 그보다는 여유롭게 이 순간을 즐기시기 바랍니다. 다양한 현지 동물과 식물을 보여 주는 사진집이 여러분의 투어 패키지에 포함되어 있습니다. 견학이 끝날 때 가져가실 수 있습니다. 오늘은 매우 덥고 습할 것입니다. 그러니 시원하게 있는 것이 매우 중요합니다. 물을 많이 드시고 모자로 머리를 가리시기 바랍니다. 그러면 시작해 봅시다.

| 견학 일정 | |
| --- | --- |
| 오전 9시 | 개인 강연 |
| 오전 10시 | 숲 하이킹 |
| 오후 12시 | 점심 식사 |
| 오후 1시 | 민속촌 견학 |

어휘 **tour** 여행, 견학  **itinerary** 일정  **private** 개인의  **lecture** 강연  **forest** 숲  **hike** 도보 여행, 하이킹  **folk village** 민속촌  **include** 포함하다  **return flight** 왕복 비행편  **wear** 입다, 바르다  **carry** 휴대하다  **equipment** 장비  **phrase** 단계  **personally** 개인적으로, 직접  **mention** 언급하다  **take pictures** 사진 찍다  **rather** 그러기보다는  **relax** 쉬다  **enjoy** 즐기다  **moment** 순간

photo book 사진집    show 보여 주다    a variety of 다양한
local 지역의    come with ~이 함께 오다    pick up 찾으러 가다
humid 습기가 많은    plenty of 많은    cover 가리다

**13** 도표를 보시오. 이 정보는 언제 발표되고 있는가?

(A) 오전 9시에
(B) 오전 10시에
(C) 오후 12시에
(D) 오후 1시에

해설 안내가 나가고 있는 시각을 묻고 있다. 시각 자료 문제는 미리 문제와 표/그림을 읽고 음원을 들어야 한다. "이제 산행을 시작한다(Now, we've come to the next phase of our tour—the forest hike)"는 부분을 도표에서 확인하면 정답은 (B) 10시임을 알 수 있다.

**14** 화자는 무엇이 견학에 포함되었다고 말하는가?

(A) 아침 식사
(B) 박물관 티켓
(C) 돌아가는 비행편
(D) 사진집

해설 '견학에 포함되어 있는 것(included in the tour)'이라는 문제의 키워드를 기억하고 본문을 듣자. 담화 중반에 "A photo book showing a variety of local animals and plants comes with your tour package."라는 부분에서 사진집이 제공됨을 알 수 있다.

**15** 화자는 청자들에게 무엇을 하라고 제안하는가?

(A) 물을 많이 마신다
(B) 자외선 차단제를 바른다
(C) 우산을 휴대한다
(D) 장비를 청소한다

해설 가이드인 화자가 지시하는 내용을 고르는 문제로, 마지막 문장 중 "Drink plenty of water"라는 부분을 통해 답이 (A)임을 알 수 있다.

**Questions 16 through 18** refer to the following excerpt from a workshop and flowchart.

> Okay, everyone. We've already talked about how to write a business plan for your first restaurant. As I said, restaurant business is much more complicated than most people think. However, with these key steps you're learning, you'll be on your way. Later on, we'll be discussing the menus and advertising of your new restaurant. But before we do that, we have a guest lecturer; an expert in real estate who's going to talk about choosing your restaurant's location. One quick reminder before we start. There's a reference library in the next room, so if you're looking for more specific information, you can go there after the workshop.

> 자, 여러분. 저희는 이미 여러분의 첫 번째 식당을 위한 사업 계획을 어떻게 작성하는지에 대해 이야기했습니다. 말씀드렸듯이, 요식업은 대다수의 사람들이 생각하는 것보다 훨씬 더 복잡합니다. 그렇지만 여러분이 배우고 있는 이런 중요한 단계들을 아신다면 별 문제 없을 것입니다. 나중에 저희는 여러분의 새 식당의 메뉴와 광고도 다룰 것입니다. 하지만 그러기 전에, 초대 강사를 모시겠습니다; 여러분 식당의 위치 선정에 대해 이야기할 부동산 전문가입니다. 시작하기 전에 다시 한번 간단히 알려 드리겠습니다. 옆방에 참고 도서관이 있으니 더 세부적인 정보를 찾고 계신다면 워크숍이 끝난 후에 그곳에 가 보시면 됩니다.

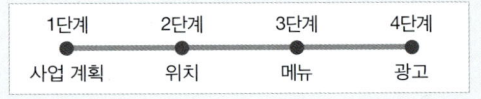

어휘 **business plan** 사업 계획  **location** 위치  **industry** 산업, 업계  **focus on** 집중하다  **guest speaker** 초대 발표자  **suggest** 제안하다  **refreshment** 간식  **serve** 서빙하다  **individual** 개별적인  **consultation** 상담  **arrange** 계획하다, 잡다  **additional** 추가의  **resources** 자원, 자료  **available** 이용할 수 있는  **already** 벌써  **complicated** 복잡한  **key** 중요한, 핵심  **be one's way** 순조로이 나아가다  **later on** 나중에  **lecturer** 강사  **expert** 전문가  **reminder** 생각나게 하는 것  **reference** 참조, 참고 자료  **library** 도서관  **specific** 자세한, 세부적인

**16** 워크숍은 어떤 업계에 중점을 두고 있는가?

(A) 식당
(B) 제조
(C) 관광
(D) 정보 기술

해설 행사 안내에서 워크숍의 주제를 물어보는 GQ로, 주로 본문 앞쪽에서 힌트를 준다. 본문 첫 문장의 "We've already talked about how to write a business plan for your first restaurant."에서 (A) 식당이 주제임을 알 수 있다.

**17** 도표를 보시오. 초대 강사는 어떤 단계를 논할 것인가?

(A) 1단계
(B) 2단계
(C) 3단계
(D) 4단계

해설 단계가 보기로 제시되었으니 음원에서는 주제에 대한 내용이 나올 것임을 알 수 있다. 1단계인 사업 계획은 이미 다뤘다고 했고, "초대 강사가 식당의 위치 선정에 대해 이야기할 것이다(we have a guest lecturer; an expert in real estate who's going to talk about choosing your restaurant's location)"라는 부분을 통해 2단계를 논할 것임을 알 수 있다.

**18** 화자는 왜 다른 방을 방문하라고 제안하는가?

(A) 약간의 간식이 제공될 것이다.
(B) 개인 상담을 잡을 수 있다.
(C) 또 다른 세미나가 곧 시작할 것이다.
(D) 추가 자료가 이용 가능하다.

해설 '다른 방(another room)'이라는 문제의 키워드를 기억하고 본문을 듣자. 본문 마지막의 "There's a reference library in the next room, so if you're looking for more specific information, you can go there ~"에서 옆방의 참고 도서관에서 더 자세한 정보를 찾을 수 있다고 했으므로 이를 다르게 표현한 (D)가 답임을 알 수 있다.

# UNIT 15 유형 IV: 직원 회의

## ✚ 빈출 패턴 훈련 | p.104

시작하기 전에, 먼저 우리 회사의 공식적인 복장 규정에 대해서 얘기하고 싶습니다. 여러분들의 겉모습이 우리 고객들의 인상에 영향을 미친다는 것을 기억해야 합니다.

**1** 누가 발표하고 있는가?
(A) 의류 제조업자
(B) 회사 관리자

다음 주제는 이번 주말에 있을 사무실의 전기 작업에 관한 것입니다. 저희는 지하의 배선에서 문제를 발견했고 교체하기로 결정했습니다.

**2** 어떤 종류의 작업이 행해질 것인가?
(A) 전기 유지 보수
(B) 사무실 청소

주목해 주세요. 생산 라인에서 일하는 모든 직원들에게 다시 알려 드리겠습니다. 여러분이 하루를 시작하기 전에, 게시판을 반드시 확인하여 어떤 변동 사항이 있는지 보십시오.

**3** 이 발표문은 누구를 대상으로 하는가?
(A) 영업 사원들
(B) 공장 직원들

좋은 아침입니다, 지역 관리자 여러분. 작년에 우리 회사의 총 판매가 약 30퍼센트 증가했고 수익은 거의 20퍼센트가 증가했음을 자랑스럽게 알려 드립니다.

**4** 작년에 수익은 얼마나 증가했는가?
(A) 30퍼센트
(B) 20퍼센트

## SPARTA PRACTICE | p.105

| 1 (A) | 2 (B) | 3 (B) | 4 (B) | 5 (A) |
| 6 (B) | 7 (B) | 8 (A) | 9 (B) | 10 (A) |
| 11 (B) | 12 (A) | | | |

**Questions 1 through 3** refer to the following talk.

I have an announcement to make. As you know, our offices are going to be painted starting tomorrow, Friday. I know this will be a big inconvenience for some of you, but it is a part of the regular maintenance process. You'll be pleased with the final result once the work is completed next Monday. Make sure your offices are ready for the painters on Friday. Store your files and other belongings in cabinets or in drawers and be sure to cover computers and desks with the plastic sheets we have provided to you. Thank you.

안내 말씀 드릴 것이 있습니다. 아시다시피, 저희 사무실이 내일인 금요일부터 페인트칠을 합니다. 이 일은 여러분 몇몇에게 굉장히 불편하겠지만 정기적인 시설 관리의 일부입니다. 일단 다음 주 월요일에 작업이 완성되면 여러분도 결과에 만족하실 겁니다. 금요일에 여러분의 사무실이 페인트공들이 일할 수 있도록 준비되어 있는지 확인하시기 바랍니다. 여러분의 파일과 다른 소지품들을 캐비닛이나 서랍에 넣으시고 컴퓨터와 책상들을 저희가 제공해 드린 비닐 시트로 덮어 주시기 바랍니다. 감사합니다.

**어휘** painter 페인트칠을 하는 사람, 화가  finish 끝내다 (= complete)  purchase 구매하다  prepare for ~을 준비하다  announcement 공지, 안내  inconvenience 불편함  part 부분  regular 정기적인  maintenance 시설 관리  process 절차  be pleased with ~에 기뻐하다  final 최종의  result 결과  make sure 확실하게 ~하다  be ready for ~을 준비하다  store 보관하다  belongings 소지품  cabinet 캐비닛  drawer 서랍  cover 가리다, 덮다  plastic 비닐, 플라스틱의  sheet 시트  provide 제공하다

**1** 화자는 누구에게 이야기하는가?
(A) 사무실 직원들
(B) 페인트공들

**해설** 화자가 말하고 있는 대상, 즉 듣는 사람이 누구인지를 물어보는 GQ로, 본문 앞쪽에서 힌트를 준다. 첫 문장의 "내일부터 우리 사무실에 페인트칠을 한다(As you know, our offices are going to be painted starting tomorrow ~)"에서 장소가 사무실이고 듣는 사람들은 사무실에서 일하는 직원들임을 알 수 있다.

**2** 언제 작업이 끝날 것인가?
(A) 금요일에
(B) 월요일에

**해설** 작업이 끝나는 시점을 물어보는 SQ로, "다음 주 월요일에 작업이 끝나면 결과에 만족할 것이다(You'll be pleased with the final result once the work is completed next Monday)"를 통해 (B)가 답임을 알 수 있다. 금요일은 일을 시작하는 시점이다.

**3** 청자들은 무엇을 하라고 요구 받는가?
(A) 새로운 컴퓨터를 구매하라고
(B) 페인트 작업에 대비하라고

**해설** 청자에게 특정 행동을 하라고 부탁하는 것은 명령문이나 권유/청유형으로 제시된다. 본문 후반부에 "페인트칠하는 사람들이 일할 수 있도록 준비하라(Make sure your offices are ready for the painters ~)"는 내용에서 답이 (B)임을 알 수 있다.

**Questions 4 through 6** refer to the following excerpt from a meeting.

I've called you to discuss our new line of sports shoes here at Golden Footwear. As you know, we have recently developed this new line specifically with younger generations in mind. In order to increase sales in the 20s through 30s' market, we need to come up with a fresh, exciting image for the line. To do that, I'm suggesting that we change the advertising agency for our new product promotion campaign. The Grey-Daiko Ad Agency has produced strong results in the under 35-market, and I think they would be a good fit for us.

저희 골든 풋웨어의 새로운 운동화 라인에 대해 논의하기 위해 여러분을 불렀습니다. 아시다시피, 저희는 최근에 이 새로운 상품 라인을 특히 더 젊은 세대를 염두에 두고 개발했습니다. 20대부터 30대 시장에서 판매를 늘리기 위해 저희는 그 제품을 위한 신선하고 흥미로운 이미지를 만들어 낼 필요가 있습니다. 그렇게 하기 위해 저는 신상품 홍보 캠페인을 위해 광고업체를 바꿀 것을 제안합니다. 그레이 다이코 광고 대행업체는 35세 이하의 시장에서 엄청난 결과를 내고 있고, 저는 그들이 우리 회사와 잘 맞을 거라고 생각합니다.

**어휘** stadium 경기장  manufacturer 제조업체  recently 최근에  introduce 소개하다  a line of merchandise 상품 라인  merge 합병하다  competitor 경쟁사  suggest 제안하다  lower 인하하다  retail 소매  hire 고용하다  different 다른  agency 업체  develop 개발하다  specifically 특별히  generation 세대  in mind 마음에 두고  in order to ~하기 위해  increase 증가시키다  market 시장  come up with ~을 생각해 내다  fresh 신선한  exciting 재미있는, 흥미로운  image 이미지  promotion 판촉  produce 만들어내다, 생산하다  result 결과  fit 맞춤; 맞추다

**4** 화자는 어디에서 일하는 것 같은가?
(A) 스포츠 경기장에서
(B) 신발 제조업체에서

**해설** 화자가 일하는 장소를 물어보는 GQ로, 주로 본문 앞쪽에서 힌트를 준다. 앞쪽에 "우리 회사의 새로운 운동화에 대해 이야기하기 위해 불렀다(I've called you to discuss our new line of sports shoes here at Golden Footwear)"는 부분에서 장소가 신발을 만드는 업체이고 주제가 신제품이라는 것을 추측할 수 있다.

**5** 화자에 의하면, 회사는 최근에 무엇을 했는가?
(A) 신제품 라인을 소개했다
(B) 경쟁사와 합병했다

**해설** '최근에(recently) 한 일'이라는 문제의 키워드를 기억하고 듣자. 본문에서 "최근에 젊은 세대를 염두에 두고 신제품을 만들었다(we have recently developed this new line specifically with younger generations in mind)"고 했으므로 (A)가 답임을 알 수 있다.

**6** 화자는 무엇을 하라고 제안하는가?
(A) 소매가 내리기
(B) 다른 업체 고용하기

**해설** '화자가 제안한다(the speaker suggest)'는 문제의 키워드를 기억하고 본문을 듣자. 후반에 "신제품 홍보 캠페인을 위해 광고업체를 바꿀 것을 제안한다(I'm suggesting that we change the advertising agency for our new product promotion campaign)"는 부분을 다른 업체를 고용한다는 표현으로 바꾼 (B)가 답이다.

**Questions 7 through 9** refer to the following announcement.

Attention, production line workers. As you've noticed, the main conveyor belt in Factory B is out of order. The maintenance crew thinks repairs to the belt will take at least a few hours. The production line will be closed until this repair is complete. In the meantime, we'd like you to report to your manager for special assignments. And assembly floor supervisors will call you late in the afternoon to let you know schedule changes for tomorrow's dayshift.

생산 라인 직원들은 주목해 주세요. 여러분도 아시겠지만, B공장에 있는 주 컨베이어 벨트가 고장났습니다. 시설 관리 직원들은 벨트 수리가 적어도 몇 시간은 걸릴 거라고 생각합니다. 생산 라인은 수리가 끝날 때까지 폐쇄될 겁니다. 그동안에 여러분은 특별 업무를 받기 위해 매니저에게 보고하시기 바랍니다. 그리고 내일 낮 근무조의 일정 변경을 알려드리기 위해 조립 현장 관리자들이 오후 늦게 전화 드릴 겁니다.

**어휘** construction site 공사 현장  factory 공장  mention 언급하다  equipment 장비  not working 작동하지 않는  supplies 물품  missing 없어진  inform 공지하다  safety 안전  policy 방침  change 변경  schedule 일정  production line 생산 라인  notice 알아채다  main 주요의  conveyor belt 컨베이어 벨트  out of order 고장 난  maintenance 시설 관리  crew 직원들  repair 수리; 수리하다  take (시간이) 걸리다  at least 적어도  a few 몇몇의  complete 완성된  in the meantime 그동안  report 보고하다  manager 상사  special 특별한  assignment 과제, 업무  assembly 조립  supervisor 관리자  dayshift 주간 근무조

**7** 이 안내는 아마도 어디에서 이루어지고 있는가?
(A) 공사장에서
(B) 공장에서

**해설** 안내가 이루어지는 장소를 물어보는 GQ로, 주로 본문 앞쪽에서 힌트를 준다. 첫 문장의 "생산 라인 직원들은 주목해 주세요(Attention, production line workers.)"라고 말하는 부분에서 장소가 (B) 공장임을 알 수 있다.

**8** 화자는 무슨 문제를 언급하는가?
(A) 일부 장비가 작동하지 않는다.
(B) 일부 용품이 없어졌다.

**해설** 담화 중반에 "주 컨베이어 벨트가 고장났다(the main conveyor belt in Factory B is out of order)"를 듣고 "작동하지 않는다(not working)"라는 동의 표현 (A)를 고를 수 있다.

**9** 직원들은 오늘 오후에 무엇에 대해 공지 받을 것인가?
(A) 안전 방침의 변경
(B) 근무 일정의 변경

**해설** '오늘 오후에 공지(informed ~ this afternoon)'라는 문제의 키워드를 기억하고 본문을 듣자. 담화 마지막에 "오후 늦게 관리자들이 근무조의 일정 변경 사항을 알려줄 것이다(supervisors will call you late in the afternoon to let you know schedule changes for tomorrow's dayshift)"라는 부분을 듣고 (B)를 고를 수 있다.

**Questions 10 through 12** refer to the following excerpt from a meeting.

The last thing I want to talk about today is the T-shirt that we wear as our uniforms here at the fitness center. We haven't changed the design for a while, so it's time to update our company's image with a sportier look. We have decided to have our employees choose the design for the next uniform. I'm going to hand out a survey showing various design options. Please complete the survey and indicate which one is your favorite. Then, I'll order shirts with the design that gets the most votes, and we should have them ready in a few weeks.

오늘 제가 마지막으로 이야기하고 싶은 것은 저희 피트니스 센터에서 유니폼으로 입고 있는 티셔츠입니다. 저희가 디자인을 오랫동안 바꾸지 않아서 이제는 회사의 이미지를 좀 더 스포티한 모습으로 업데이트할 때가 되었습니다. 저희는 우리 직원들에게 다음 유니폼 디자인의 선택권을 주기로 결정했습니다. 제가 다양한 디자인 선택 사항이 있는 설문지를 나누어 드리겠습니다. 설문지를 작성하시고 어떤 것이 가장 마음에 드는지 표시해 주시기 바랍니다. 그러고 나면 제가 가장 많은 표를 받은 디자인의 셔츠를 주문할 거고 몇 주 후에 준비될 것입니다.

**어휘** **uniform** 유니폼 **membership** 멤버십 **option** 옵션, 선택 사항 **change** 변경; 변경하다 **reduce** 줄이다 **cost** 비용 **update** 업데이트하다, 바꾸다 **image** 이미지 **provide** 제공하다 **preference** 선호 사항 **ship** 배송하다 **address** 주소 **last** 마지막의, 지난 **fitness center** 피트니스 센터 **for a while** 오랫동안 **sporty** 스포티한, 발랄한 **look** 모습; 보이다 **decide** 결정하다 **choose** 선택하다 **hand out** 나누어 주다 **various** 다양한 **complete** 작성하다 **survey** 설문 조사 **indicate** 나타내다 **favorite** 선호 사항; 선호하는 **order** 주문하다 **the most** 가장 많은 **vote** 투표권, 표 **a few** 몇몇의

**10** 화자가 주로 논의하는 것은 무엇인가?
(A) 회사 유니폼
(B) 멤버십 선택 사항

**해설** 주제를 물어보는 GQ로, 주로 본문 앞쪽에서 힌트를 준다. 첫 번째 문장 "우리 피트니스 센터에서 유니폼으로 사용하는 티셔츠에 대해 말하고 싶다(The last thing I want to talk about today is the T-shirt that we wear as our uniforms here at the fitness center)"에서 장소는 피트니스이고 주제는 유니폼임을 알 수 있다.

**11** 왜 변동이 있는가?
(A) 제품 원가를 줄이기 위해
(B) 회사의 이미지를 업데이트하기 위해

**해설** 회사 방침의 변경을 발표하는 경우, 대부분 그 이유도 함께 설명한다. 담화 중반에 "디자인을 오랫동안 바꾸지 않아서 회사의 이미지를 변경할 때가 되었다(We haven't changed the design for a while, so it's time to update our company's image ~)"에서 (B)가 답임을 알 수 있다.

**12** 직원들은 어떤 정보를 제공하라고 요청 받는가?
(A) 디자인 선호 사항
(B) 배송 주소

**해설** 담화 후반에서 설문지를 나누어 줄 테니 "무엇이 마음에 드는지 선택하라(Please complete the survey and indicate which one is your favorite)"는 내용을 듣고 선호 사항(preferences)이라는 동의 표현을 쓴 (A)를 고를 수 있다.

## SPARTA TEST | p.106

| | | | | |
|---|---|---|---|---|
| **1** (A) | **2** (D) | **3** (C) | **4** (C) | **5** (B) |
| **6** (C) | **7** (B) | **8** (D) | **9** (A) | **10** (D) |
| **11** (A) | **12** (C) | **13** (C) | **14** (B) | **15** (D) |
| **16** (A) | **17** (C) | **18** (B) | | |

**Questions 1 through 3** refer to the following excerpt from a meeting.

Before we begin reviewing this week's sales reports, I have a special announcement. Right now, we're verifying our policy about employee schedules. When you're away visiting clients or making sales presentations, Dexter, our office manager, needs to know where you are and when you'll be back. Therefore, we are adopting a new policy regarding out-of-office work. Before you leave the office, you should talk directly to Dexter and give him your information. Then, he'll post it on our Web site, so we'll all know where you are. In this way, we can manage our sales force more efficiently.

이번 주 판매 보고서 검토를 시작하기 전에 특별히 말씀 드릴 것이 있습니다. 지금 저희는 직원 일정에 대한 방침을 확인하고 있습니다. 여러분이 고객을 방문하거나 판매 발표를 하려고 자리를 비우실 때는 저희 사무실 매니저인 덱스터가 여러분이 어디에 있고 언제 돌아오는지 알아야 합니다. 그래서 저희는 외근에 대한 새로운 방침을 적용할 것입니다. 사무실을 비우기 전에 여러분은 직접 덱스터에게 말씀하셔서 그에게 여러분의 정보를 주셔야 합니다. 그러면 그는 그것을 우리 웹 사이트에 올려서 여러분이 어디 있는지 우리 모두가 알 수 있게 할 겁니다. 이렇게 하면 저희는 영업 사원들을 더 효율적으로 관리할 수 있을 겁니다.

**어휘** **talk** 담화 (= speech) **intend** 의도하다 **representative** 직원 **crew** 직원들 **factory** 공장 **purpose** 목적 **present** 주다 **award** 상; 수여하다 **announce** 발표하다 **promotion** 승진 **apologize** 사과하다 **delay** 지연; 지연시키다 **describe** 묘사하다 **policy** 방침 **maintenance** 시설 관리 **review** 검토하다 **provide** 제공하다 **copy** 복사본, ~부(세는 단위) **verify** 확인하다 **be away** 멀리 가다, 자리를 비우다 **visit** 방문하다 **client** 고객 **presentation** 발표 **be back** 돌아오다 **therefore** 그러므로 **adopt** 적용하다 **regarding** ~에 관해 **leave** 떠나다 **directly** 직접 **manage** 관리하다 **efficiently** 효율적으로

**1** 담화는 누구를 대상으로 하는 것 같은가?
(A) 판매 직원들
(B) 청소 직원들
(C) 공장 직원들
(D) 임시직 직원들

**해설** 듣는 사람이 누구인지를 물어보는 GQ로, 주로 본문 앞쪽에서 힌트를 준다. 첫 문장의 "판매 보고서를 검토하기 전에 말씀 드릴 것이 있다(Before we begin reviewing this week's sales reports, I have a special announcement)"는 부분에서 판매와 관련된 영업 사원들을 대상으로 함을 추측할 수 있다.

**2** 담화의 목적은 무엇인가?
(A) 상을 수여하기 위해
(B) 승진을 발표하기 위해
(C) 지연에 대해 사과하기 위해
(D) 방침을 설명하기 위해

해설 목적을 묻는 GQ로, 주로 본문 앞쪽에서 힌트를 준다. 중반부에 "새로운 외근 방침을 적용할 것이다(we are adopting a new policy regarding out-of-office work)"라는 부분을 듣고 (D)가 답임을 알 수 있다. 회사 방침이나 규정 변경에 대한 안내는 자주 나오는 회의 주제이다.

**3** 화자에 의하면, 덱스터는 무엇을 할 것인가?
(A) 시설 관리 사무소에 전화한다
(B) 지원자들의 이력서를 검토한다
(C) 일정 정보를 업데이트한다
(D) 보고서 복사본을 제공한다

해설 덱스터(Dexter)라는 인물의 이름을 기억하고 본문을 듣자. 담화 후반에 "덱스터에게 이야기하면 그가 정보를 웹 사이트에 올릴 것이다(you should talk directly to Dexter and give him your information. Then, he'll post it on our Web site)"라는 부분을 듣고 (C)를 답으로 고를 수 있다.

**Questions 4 through 6** refer to the following excerpt from a meeting.

Good afternoon, everyone. I have a quick announcement before we start the meeting. Parking lot A will be repaved from tomorrow. You can still park on the ground floor of parking lot A, but you are not allowed to park on any level higher than the ground floor. We expect there might be some congestion, so we recommend you use other parking lots on Jefferson Avenue or on Main Street. The construction will take about three days, and the new parking areas will be ready for your use from next Monday, March 7th. Thank you for your cooperation.

여러분, 안녕하세요. 회의를 시작하기 전에 짧은 안내가 있습니다. 내일부터 A 주차장의 포장 공사가 있을 것입니다. 여러분은 여전히 A 주차장의 1층에 주차하실 수 있습니다만, 1층 이상의 층에는 주차를 하실 수 없습니다. 혼잡이 있을 걸로 예상되오니 제퍼슨 가나 메인 가에 있는 다른 주차장을 이용하실 것을 권해 드립니다. 공사는 약 3일 정도 걸릴 것이고 새로운 주차장은 3월 7일인 다음 주 월요일부터 사용하실 수 있도록 준비될 것입니다. 여러분의 협조에 감사드립니다.

어휘 **renovation** 개조, 수리  **maintenance** 시설 관리, 보수  **parking lot** 주차장  **construction** 건축, 공사  **stadium** 경기장  **early** 일찍  **different** 다른  **prepare** 준비하다  **advertise** 광고하다  **take** (시간이) 걸리다  **quick** 빠른  **repave** 재포장하다  **still** 아직  **ground floor** 지상층, 1층  **allow** 허락하다  **level** 층  **higher** 더 높은  **expect** 기대하다  **congestion** 혼잡  **recommend** 추천하다  **use** 사용(하다)  **cooperation** 협조, 협력

**4** 무엇에 관한 담화인가?
(A) 신규 매장 개점
(B) 집 개조 작업
(C) 주차장 보수
(D) 경기장 건축

해설 주제를 물어보는 GQ로, 주로 본문 앞쪽에서 힌트를 준다. 본문 앞에서 "주차장의 포장 공사를 할 것이다(Parking lot A will be repaved from tomorrow)"라는 부분을 듣고 '주차장 보수'라는 동의 표현 (C)를 고를 수 있다.

**5** 직원들을 무엇을 하라고 요청 받는가?
(A) 일찍 퇴근하라고
(B) 다른 주차장을 이용하라고
(C) 회의 준비를 하라고
(D) 신문에 광고를 내라고

해설 직원들이 요청 받는 것은 명령이나 부탁하는 어조로 언급된다. 담화 중반에 "공사하는 주차장에 혼잡이 예상되오니 다른 주차장에 주차하는 것을 추천한다(We expect there might be some congestion, so we recommend you use other parking lots on Jefferson Avenue or on Main Street.)"에서 답을 추측할 수 있다. 여러 어휘의 동의 표현으로 등장할 수 있는 "different"라는 어휘에 주목하자.

**6** 프로젝트는 얼마나 걸릴 것인가?
(A) 1일
(B) 2일
(C) 3일
(D) 7일

해설 공사 기간을 묻는 SQ로, 시점/기간을 나타내는 어휘를 집중해서 듣자. 지문 후반부의 "공사는 3일 정도 걸릴 것이다(The construction will take about three days)"에서 (C)가 답임을 알 수 있다.

**Questions 7 through 9** refer to the following talk.

I'd like to talk to everyone today about our company's going-green initiative. Part of our mission here at Top Telecommunications is to be a leader in saving electricity. So, we're asking all employees to use less power and to reduce unnecessary use of electricity in the office. For example, turn off lights and computers when not in use. Now, I know what you're thinking; we've tried this before without great results. But this time, we're adding a reward to motivate employees. If our office reaches a 15 percent reduction in power in the next month, each of you will receive a voucher for a free dinner at the World Hotel.

저는 오늘 여러분에게 저희 회사의 친환경적인 새로운 계획에 대해 말씀드리고 싶습니다. 저희 탑 통신사의 미션 중 하나는 전기 절약에 있어서 리더가 되는 것입니다. 그래서 저희는 모든 직원들에게 사무실에서 전기를 더 적게 사용하고 불필요한 전기 사용을 줄여 주실 것을 부탁 드립니다. 예를 들어, 사용하지 않을 때는 전등과 컴퓨터를 끄는 것입니다. 자, 여러분이 무슨 생각을 하는지 압니다; 저희는 전에도 이것을 시도해 봤는데 좋은 결과를 보지 못했죠. 하지만 이번에는 직원들을 독려하기 위해 보상을 추가할 겁니다. 저희 사무실이 다음 달에 15프로 전기 절약에 도달한다면 여러분은 월드 호텔의 무료 저녁 식사 상품권을 받으실 것입니다.

어휘 **expand** 확장하다  **overseas** 해외의  **market** 시장  **reduce** 감소시키다  **electricity** 전기  **purchase** 구매하다  **equipment** 장비  **imply** 암시하다  **suggested** 제안된  **predict** 예측하다  **increase** 증가  **hire** 고용하다  **doubt** 의심  **receive** 받다  **successful** 성공적인  **meal** 식사  **bonus** 보너스  **going-green** 친환경적인  **initiative** 새로운 시도, 계획  **mission** 임무  **telecommunication** 통신  **leader** 리더  **save** 절약하다  **less** 더 적은  **power** 전력, 힘  **unnecessary** 필요 없는  **turn off** 끄다  **in use** 사용하는  **without** ~없이  **result** 결과  **add** 추가하다  **reward** 보상  **motivate** 동기를 주다, 자극하다  **reach** 도달하다  **voucher** 상품권, 쿠폰

**7** 화자에 의하면, 회사는 무엇을 하려고 하는가?
(A) 해외 시장으로 확장하기
(B) 전기 사용 줄이기
(C) 신입 사원들 고용하기
(D) 새로운 장비 구매하기

해설 본문 앞쪽에서 "회사의 미션 중 하나가 전기 절약에 있어서 리더가 되는 것이다(Part of our mission here at Top Telecommunications is to be a leader in saving electricity)"라고 한 후 전기 절약을 부탁하고 있으므로 (B)가 답임을 알 수 있다. 단순히 판매, 비용 절감뿐만 아니라 환경 보호와 같은 사회 기여에 대한 내용도 자주 출제되는 주제이다.

**8** 화자는 어떤 의도로 "여러분이 무슨 생각을 하는지 압니다"라고 말하는가?
(A) 그는 제안된 아이디어를 좋아한다.
(B) 그는 판매 증가를 예측한다.
(C) 그는 더 많은 사람들을 고용하고 싶어 한다.
(D) 그는 청자들의 의심을 이해한다.

해설 화자 의도 파악 문제는 따옴표 안의 표현을 미리 읽어 두고 앞뒤 문맥을 파악해야 한다. 바로 뒤에서 "지난번에도 이를 시도했으나 결과가 좋지 않았다(we've tried this before without great results)"는 부분을 듣고 이번 결과도 좋지 않을 거라고 생각하는 사람들의 의심을 이해할 수 있다는 의미임을 추측할 수 있다.

**9** 계획이 성공적이면 청자들은 무엇을 받을 수 있는가?
(A) 무료 식사
(B) 보너스
(C) 새로운 컴퓨터
(D) 승진 기회

해설 '직원들이 받는 것(the listeners receive)'이라는 키워드를 기억하고 본문을 듣자. 후반부에서 "15프로 전기 절약을 달성하면 호텔에서 무료 저녁 식사권을 받을 수 있다(If our office reaches a 15 percent reduction in power in the next month, each of you will receive a voucher for a free dinner at the World Hotel)"라고 했으므로 (A)가 답임을 알 수 있다.

**Questions 10 through 12** refer to the following excerpt from a meeting.

> The next item on our agenda is the upcoming visit to our company by our colleagues from the branch offices in London and Frankfurt. They're coming to get training on the new management software we've recently purchased. They'll be participating in this training with all of our staff here. Some of them are interested in touring the city while they're here. So, we're looking for volunteers to show them around. If you're interested in helping, please send me an e-mail after today's meeting. Be sure to include your availability so we can schedule the tours.

> 다음 안건은 런던과 프랑크푸르트 지사의 동료 사원들이 저희 회사를 곧 방문하는 것입니다. 그들은 우리가 최근에 구매한 새로운 관리 소프트웨어에 관한 교육을 받기 위해 올 겁니다. 그들은 이곳에 있는 모든 직원들과 같이 이번 훈련에 참여할 것입니다. 그들 중에 몇몇은 여기 있는 동안 시내를 관광하는 데 관심이 있어요. 그래서 우리는 그들을 구경시켜 줄 지원자들을 찾고 있습니다. 도움을 주는 데 관심이 있는 분들은 오늘 회의가 끝나고 저에게 이메일을 보내 주시기 바랍니다. 관광 일정을 잡을 수 있도록 본인의 가능한 시간을 꼭 포함시켜 주세요.

어휘 **colleague** 동료 사원 **visit** 방문하다; 방문 **inspect** 검사하다 **facility** 시설 **celebrate** 축하하다 **anniversary** 기념일 **sign** 서명하다 **agreement** 협약, 계약서 **participate** 참가하다 **tour** 견학, 관광 **arrange** 계획하다 **transportation** 교통편 **prepare** 준비하다 **material** 자료, 재료 **gather** 모이다, 모으다 **volunteer** 지원자 **qualification** 자격 요건 **contact information** 연락처 **availability** 이용 가능성 **list** 목록 **client** 고객 **item** 품목, 항목 **agenda** 안건 **upcoming** 다가오는 **branch** 지사 **management** 관리 **recently** 최근에 **staff** 직원들 **be interested in** ~에 관심이 있다 **look for** 찾다 **show around** 구경시켜 주다 **be sure to** 꼭 ~하다 **include** 포함하다 **schedule** 일정을 잡다; 일정

**10** 동료 사원들은 왜 회사를 방문할 것인가?
(A) 시설을 검사하기 위해
(B) 기념일을 축하하기 위해
(C) 합의서에 서명하기 위해
(D) 훈련에 참가하기 위해

해설 '동료 사원들이 방문하는 이유(Why ~ colleagues visiting)'라는 문제의 키워드를 기억하고 본문을 듣자. 첫 문장에서 해외 지사 직원들의 방문을 알려 준 후 "훈련에 참가하기 위해 방문한다(They're coming to get training on the new management software we've recently purchased)"고 설명하는 부분에서 (D)가 답임을 알 수 있다.

**11** 청자들은 무엇을 하라고 요청 받는가?
(A) 시내를 구경시켜 주는 것
(B) 교통편을 예약하는 것
(C) 자료를 준비하는 것
(D) 다음 날에 다시 모이는 것

해설 Part 4의 회사 관련 주제에서는 주로 화자가 상사이고 청자가 부하 직원인 경우가 많다. 따라서 화자가 지시하는 경우가 많으므로 권유/청유/명령문을 집중해서 들어야 한다. 본문 중간에서 "동료 사원들을 관광시켜 줄 자원자들을 찾고 있다(So, we're looking for volunteers to show them around)"고 했으므로 (A)가 답임을 알 수 있다. 사내에서 업무 이외에도 다양한 상황이 일어난다는 것을 알아 두자.

**12** 지원자들은 메일에 무엇을 보내야 하는가?
(A) 그들의 자격
(B) 연락처
(C) 가능한 시간
(D) 고객 리스트

해설 '메일에 보내야 하는 것(send in an e-mail)'이라는 문제의 키워드를 기억하고 본문을 듣자. 담화 마지막에, "일정을 잡을 수 있도록 가능한 시간을 알려 달라(please send me an e-mail after today's meeting. Be sure to include your availability so we can schedule the tours)"고 했으므로 (C)가 답임을 알 수 있다. availability는 물건의 재고 여부는 물론 사람의 시간 가능 여부를 뜻하기도 하므로 꼭 암기해 두자.

**Questions 13 through 15** refer to the following talk and graph.

Good morning. I'd like to start off our quarterly sales meeting by looking at our progress in attracting new subscribers here at Bishop Magazines. As you can see here, September is our most successful month due to an exclusive interview with a famous actress and artist Molina Yoko. You will also see that the second highest increase in new customers occurred during our special discount on subscription prices. This event was highly successful. Now, next month, we plan to hire a Web designer to improve our company's Web site to make it more user-friendly for our digital subscribers. I expect this change will give positive results.

좋은 아침입니다. 저희 비숍 잡지사의 신규 구독자 확보 상황을 검토하는 것으로 분기별 판매 회의를 시작하려고 합니다. 여기 보시는 것처럼, 유명한 배우이자 예술가인 몰리나 요코와의 단독 인터뷰 덕분에 9월의 판매가 가장 성공적이었습니다. 또한 두 번째로 높은 신규 고객의 증가는 구독 가격의 특별 할인이 있었던 기간임을 보실 수 있을 겁니다. 이 행사는 매우 성공적이었습니다. 그리고 다음 달에 저희는 디지털 구독자들이 더 편하게 사용할 수 있도록 저희 회사의 웹 사이트를 향상시킬 웹 디자이너를 고용할 계획입니다. 이 변화가 긍정적인 결과를 낼 것이라고 기대합니다.

**어휘** **customer** 고객  **Jun.** 6월(June의 줄임말)  **Jul.** 7월(July의 줄임말)  **Aug.** 8월(August의 줄임말)  **Sept.** 9월(September의 줄임말)  **advertising agency** 광고 대행업체  **insurance** 보험  **publishing** 출판  **grocery store** 식료품점  **be held** 개최되다  **plan to** ~할 계획이다  **branch** 지사  **reduce** 줄이다  **offer** 제공하다  **hire** 고용하다  **staff member** 직원  **start off** 시작하다  **quarterly** 분기별의  **progress** 향상, 발전  **attract** 끌어모으다  **subscriber** 구독자  **magazine** 잡지  **most** 가장  **successful** 성공적인  **due to** ~때문에  **exclusive** 독점의  **interview** 취재  **famous** 유명한  **artist** 미술가, 예술가  **occur** 일어나다  **during** ~동안  **subscription** 구독  **event** 행사  **highly** 매우  **user-friendly** 사용하기 쉬운  **digital** 디지털의  **expect** 기대하다  **positive** 긍정적인  **result** 결과

**13** 화자는 어디에서 일하고 있는 것 같은가?
 (A) 광고 대행사에서
 (B) 보험 대리점에서
 (C) 출판사에서
 (D) 식료품점에서

**해설** 일하는 장소를 물어보는 GQ는 본문 앞쪽에서 힌트를 줄 가성이 높다. "신규 구독자 확보 상황을 검토하는 것으로 회의를 시작하고 싶다(I'd like to start off our quarterly sales meeting by looking at our progress in attracting new subscribers here at Bishop Magazines.)"에서 이곳이 (C) 출판사임을 알 수 있다.

**14** 도표를 보시오. 언제 특별 할인 행사가 있었는가?
 (A) 6월에
 (B) 7월에
 (C) 8월에
 (D) 9월에

**해설** 시각자료 문제는 미리 문제와 표를 읽고 음원에서 어떤 내용이 나올지 예측해야 한다. 그래프/차트가 나오면 각 항목의 순위를 먼저 확인하자. '언제 특별 할인 행사가 있었는지(When ~ special discount event)'라는 문제의 키워드를 기억하고 본문을 듣다. 담화 중에 "두 번째로 신규 고객 확보율이 높은 달에 특별 할인이 있었다(You will also see that the second highest increase in new customers occurred during our special discount on subscription prices)"를 듣고 표에서 두 번째로 높은 시점인 (B) 7월을 골라야 한다.

**15** 화자에 의하면, 회사는 다음 달에 무엇을 계획하고 있는가?
 (A) 새로운 지점을 여는 것
 (B) 가격을 인하하는 것
 (C) 온라인 수업을 제공하는 것
 (D) 직원을 고용하는 것

**해설** '다음 달에 계획하고 있는 것(plan to do next month)'이라는 문제의 키워드를 기억하고 본문을 듣자. 미래에 대한 내용은 주로 본문 뒤쪽에 등장한다. "다음 달에는 새로운 웹 디자이너를 고용해서 웹 사이트를 향상시킬 것이다(Now, next month, we plan to hire a Web designer to improve our company's Web site)"라는 부분에서 (D)가 답임을 알 수 있다.

**Questions 16 through 18** refer to the following excerpt from a meeting and menu.

I'm glad to see all of our cooks here for this early morning meeting. First, I'd like to congratulate you on the positive feedback from our customers regarding our new dessert selections. Now, I have something to tell you about this weekend's menu. One of our suppliers had a problem, so we didn't receive our delivery from them. This won't affect our menus except for the Saturday dinner special. What I'd like you all to do is to think about another dish you can make for Saturday evening. We have time to reprint the menu. E-mail me any ideas you may have by 5 P.M. today.

우리 요리사들이 이른 아침 회의에 전부 참석해 주셔서 기쁩니다. 먼저, 고객들이 우리의 새로운 디저트 세트에 긍정적인 피드백을 준 것에 대해 여러분에게 축하 드리고 싶습니다. 이제, 이번 주말 메뉴에 대해 말씀 드릴 것이 있습니다. 저희 공급업체 중 하나에 문제가 있어서 배달을 받지 못했습니다. 이는 토요일 저녁 특별 요리 빼고는 다른 메뉴에 영향을 미치지 않을 것입니다. 여러분이 했으면 하는 것은 토요일 저녁을 위해서 만들 수 있는 다른 요리를 생각하는 것입니다. 메뉴를 새로 프린트할 시간이 아직 있어요. 오늘 오후 5시까지 여러분의 아이디어를 메일로 보내 주세요.

| 로렌조 식당 |
|---|
| 주말 특선 요리 |
| 금요일 저녁 : 오븐에 구운 피자와 피클 |
| 토요일 점심 : 홈메이드 파스타와 샐러드 |
| 토요일 저녁 : 해산물 튀김과 야채 |
| 일요일 점심 : 미트볼 샌드위치와 스프 |

어휘 **special** 특선 요리, 특별한 것  **oven-baked** 오븐에 구운  **pickle** 피클  **seafood** 해산물  **vegetable** 야채  **cook** 요리사  **replace** 교체하다  **prepare** 준비하다  **inspection** 검사  **suggestion** 제안  **arrange** 준비하다, 계획하다  **delivery** 배달  **print** 인쇄하다  **congratulate** 축하하다  **positive** 긍정적인  **feedback** 피드백, 의견  **customer** 고객  **dessert** 디저트  **selection** 모음, 선택  **supplier** 공급업체  **receive** 받다  **affect** 영향을 미치다  **except for** ~을 빼고  **dish** 요리  **reprint** 새로 프린트하다

**16** 청자들은 누구인 것 같은가?
(A) 요리사들
(B) 종업원들
(C) 식당 손님들
(D) 매니저들

해설 화자나 청자의 직업/직책을 물어보는 문제는 GQ로, 주로 본문 앞쪽에서 힌트를 준다. 첫 문장인 "I'm glad to see all of our cooks here for this early morning meeting."에서 장소가 식당이고 청자들은 요리사들임을 추측할 수 있다. 따라서 정답은 (A)이다.

**17** 도표를 보시오. 어떤 메뉴가 교체되어야 하는가?
(A) 피자
(B) 파스타
(C) 해산물
(D) 샌드위치

해설 시각 자료 문제는 문제와 표/그림을 미리 읽고 음원에 나올 부분을 예측하는 것이 문제를 푸는 데 유리하다. 보기에 요리 이름이 나왔으니 음원에서 요일을 들려 줄 확률이 높다. 담화 중반에서 "토요일 저녁 메뉴에만 영향을 미친다(This won't affect our menus except for the Saturday dinner special. What I'd like you all to do is to think about another dish you can make for Saturday evening)"고 했으므로 도표를 보면 이에 해당하는 (C) 해산물이 답임을 알 수 있다.

**18** 화자는 오늘 청자들이 무엇을 하기를 원하는가?
(A) 검사를 준비한다
(B) 제안을 이메일로 보낸다
(C) 특별 배달을 준비한다
(D) 새로운 메뉴를 인쇄한다

해설 담화 후반에 매니저로 보이는 화자가 요리사들에게 "오늘 새로운 요리 아이디어를 보내 달라(E-mail me any ideas you may have by 5 P.M. today)"고 하므로 ideas의 동의 표현으로 suggestions을 쓴 (B)가 정답이다.

# PART 5&6

## UNIT 01 명사와 대명사

### SPARTA PRACTICE | p.114

1 (C)   2 (D)   3 (D)   4 (A)

1 저희 정책에 관해 질문이 있으시면 주저하지 말고 고객 서비스 직원에게 연락해 주세요.
- **해설** 문맥상 '질문이 있으시면 주저하지 말고 물어보라'는 내용이 자연스러우므로 (C) hesitate를 넣어야 한다. 참고로 do 동사 뒤에는 동사원형이 들어가야 하며 [do not hesitate to V] '~하는 것을 주저하지 마세요' 형태로 자주 출제된다.
- **어휘** concerning ~에 관한   customer service representative 고객 서비스 직원   compete 경쟁하다   qualify 자격을 얻다   hesitate 주저하다   provide 제공하다

2 Smith 씨의 강연 후에, 청중은 짧은 토론을 위해 남아 있을 것을 요청받았다.
- **해설** 빈칸은 전치사 for의 목적어 자리이자 형용사 brief(간단한)의 수식을 받는 명사 자리로, 문맥상 '청중은 짧은 토론을 위해 남아 있을 것을 요청받았다'가 어울리므로 (D) discussion이 정답이다.
- **어휘** lecture 강연   audience 청중   invite 요청하다   brief 짧은, 간단한   attendance 참석   correspondence 서신   participation 참여   discussion 토론

3 관객들은 연설자가 연설을 끝낼 때까지 박수를 치지 않는 것이 관례다.
- **해설** 빈칸은 be동사(is)의 보어 자리에 들어갈 형용사 어휘 문제로, 문맥상 '관객들은 연설이 끝날 때까지 박수를 치지 않는 것이 관례다'의 의미를 완성하는 (D) customary가 정답이다. customary는 '관례적인'이라는 의미로 [It is customary to do] '~하는 것이 관례다'라는 패턴으로 자주 쓰인다. 참고로 (B) casual은 '격식을 차리지 않는, 평상시의'라는 의미로, 명사 앞에서만 수식(한정적 용법)이 가능하다는 것을 알아 두자.
- **어휘** hold one's applause 박수를 멈추다   speaker 연설자   finish 끝내다   enthusiastic 열렬한   casual 격식 차리지 않는, 평상시의   exclusive 독점적인   customary 관례적인

4 새로운 휴대 전화의 주문량이 이전에 예상했던 것보다 훨씬 많다.
- **해설** previously는 '이전에'라는 의미로 지금 또는 특정 시간보다 이전을 나타내는 시간 부사이다. 과거 시제와 어울리며, anticipated, scheduled, assigned, unknown 등의 과거분사도 수식할 수 있다. '새 휴대 전화의 주문량이 ---- 예상했던 것보다 훨씬 많다'라는 문맥에 적절한 어휘는 (A) previously(이전에)이다. 참고로 than (it was) previously anticipated(=expected) '전에 예상했던 것보다'의 표현을 암기해 두면 좋다.
- **어휘** amount 양   order 주문   anticipate 예상하다   previously 이전에   newly 최근에, 새로   completely 완전히   positively 명확하게, 단호히

### SPARTA TEST | p.116

1 (A)   2 (A)   3 (B)   4 (B)   5 (C)
6 (C)   7 (B)   8 (A)   9 (A)   10 (C)
11 (B)   12 (C)   13 (A)   14 (D)

1 Nice Interior 사의 직원들은 고객들이 탁월한 장식 서비스를 받을 것을 보장합니다.
- **해설** 사람 명사(Employees)와 사물 명사(Employment)의 구별 문제로, 빈칸은 문장의 주어 자리이고 문맥상 직원들이 고객들에게 보장하는 것이므로 정답은 (A) Employees가 된다.
- **어휘** ensure 반드시 ~하다, 보장하다   client 고객   outstanding 탁월한, 뛰어난   decorating service 장식 서비스

2 잔업을 했던 몇몇 기술자들은 초과 근무에 대한 충분한 보상을 받을 것이다.
- **해설** 빈칸은 타동사(receive)의 목적어 자리로, 보기 중 유일한 명사인 (A) compensation이 정답이다.
- **어휘** technician 기술자   extra 추가의, 여분의   overtime work 초과 근무   compensation 보상   compensate 보상하다

3 그는 지금까지 약 10년 동안 우리 회사 회계 부서를 책임져 오셨습니다.
- **해설** 빈칸은 문장의 주어 자리로, 주격대명사 (B) He가 정답이다. 참고로 재귀대명사인 (C)는 주어 자리에 올 수 없다는 것을 기억하자.
- **어휘** be responsible for ~을 담당하다, 책임지다   almost 거의

4 다가오는 고객 관계 관리 세미나에 대한 귀하의 관심에 감사드립니다.
- **해설** 빈칸은 전치사의 목적어인 명사 interest 앞, 소유격 자리이므로 정답은 (B) your가 된다.
- **어휘** interest 관심   upcoming 다가오는

5 Punchbowl Bus Service 사의 창립자인 Kristen Wiig는 버스를 직접 운전하곤 했다.
- **해설** 빈칸 앞은 완전한 문장이므로 빈칸은 주어인 Kristen Wiig를 강조하는 재귀대명사 자리이다. 따라서 (C) herself가 정답이다.
- **어휘** founder 창립자   used to ~하곤 했다

6 Stan 박사와 다음 약속을 잡으려면 내일 업무 시간 동안 그의 사무실로 전화 주세요.
- **해설** 타동사 make의 목적어 자리에 올 수 있는 명사를 찾는 문제로, 보기 중 유일한 명사인 (C)가 답이다.
- **어휘** make an appointment 약속을 정하다   during business hours 업무 시간 동안   appoint 임명[지명]하다

7 현금 자동 인출기를 사용하는 것은 돈을 한 계좌에서 다른 계좌로 보내는 쉬운 방법이다.
- **해설** 빈칸은 from A to B 구문에서 A에 해당하는 one account와 상응하는 표현이 들어가야 하는 자리다. 하나와 나머지 중 다른 하나를 가리킬 때 'one, another'의 표현을 쓴다. 따라서 (B)가 정답이다.
- **어휘** transfer 옮기다   account 계좌

**8** Cornel 씨는 최근에 선임 편집자로 승진되었음에도 불구하고 지역 사건과 관련된 이슈들을 직접 다룬다.

[해설] 의미상 주어인 Mr. Cornel과 동격이면서 재귀대명사의 관용적 표현으로 by oneself 형태를 이루는 재귀대명사 (A) himself가 정답이다.

[어휘] **deal with** 다루다, 처리하다   **related to** ~와 관련된   **senior editor** 선임 편집자

**9** 성수기에는 늘어난 편지와 소포의 양 때문에 우편 배달이 자주 지연된다.

[해설] [---- + 전치사 + 명사 + 동사]의 구조로, 빈칸은 문장의 주어 자리임을 파악한다. 먼저 보기에서 명사가 될 수 없는 (C) Delayed를 제거. (A) Delays는 명사의 복수형, (B) Delaying은 동명사, (D) Delay는 명사의 단수형으로 문장의 주어 역할을 할 수 있다. are는 복수 가산명사가 주어인 경우에 쓸 수 있으므로 (A) Delays를 선택하면 된다. 동명사인 (B) Delaying은 무조건 단수 동사가 나와야 한다. (D) Delay 또한 단수이므로 수 일치가 맞지 않다. 동사 delay(미루다, 연기하다)는 형태 변화 없이 명사로도 쓰일 수 있다는 것을 알아 두자.

[어휘] **mail delivery** 우편 배달   **frequent** 빈번한   **due to** ~ 때문에   **volume** 양, 분량   **peak periods** 성수기

**10** Goldman Fabrics 사는 판매량과 제품 품질에 있어서 경쟁사들을 꾸준히 능가해 왔다.

[해설] 빈칸은 타동사 surpass의 목적어 자리로, 보기 중 명사인 (C) competitors(경쟁자), (D) competitiveness(경쟁력)가 나올 수 있다. 사람 명사와 사물 명사 중, sales volume(판매량)과 product quality(제품 품질)에서 경쟁사들을 능가한다는 의미가 자연스러우므로 (C)가 적합하다는 것을 알 수 있다.

[어휘] **consistently** 끊임없이, 항상   **surpass** 능가하다, 뛰어넘다   **sales volume** 판매량   **quality** 품질   **competitive** 경쟁력 있는   **competitor** 경쟁자   **competitiveness** 경쟁력

[11~14]

임대 가능

12월 7~8일에 English Bay Unit Group에서 연례 Open House Weekend를 기념하려고 합니다. 해변에서의 라이프 스타일을 누리실 수 있습니다! 모든 아파트는 뛰어난 전망을 자랑합니다. 넓고 빛이 가득한 생활 공간을 즐기세요.

모든 아파트들은 최신식 부엌과 세탁 시설이 갖추어져 있습니다. 각 세대마다 차고 공간이 할당됩니다. 하지만 차를 이용하실 필요는 없을 겁니다! Tracie Street Apartment는 편리한 위치에 있으며 시내의 카페 및 상가와 매우 가까이 위치해 있습니다.

임대 사무실은 매일 오전 9시에 열고 오후 5시에 닫습니다. 저녁 약속은 전화로 잡으실 수 있습니다.

오늘 저희의 매력적인 아파트들을 둘러보십시오!

Deirdre MacDonald, 555-5709

[어휘] **available** 이용 가능한   **lease** 임대   **celebrate** 축하하다   **annual** 매년의   **spectacular** 장관의   **view** 전망   **light-filled** 빛이 가득한   **up-to-date** 최신의   **facility** 시설   **garage space** 차고 공간   **schedule** 일정을 잡다   **tour** 관광, 방문   **therefore** 그러므로   **similarly** 마찬가지로   **consequently** 따라서, 그 결과로   **additional** 추가적인   **in case of** ~인 경우   **inclement** 혹독한   **appointment** 약속

**11**

[해설] 빈칸에는 문맥상 소유격+명사를 대신하는 소유대명사가 들어가야 한다. 따라서 your lifestyle을 대신하는 (B) yours가 정답이다.

**12**

[해설] 빈칸은 동사 자리로, (B)는 제외되고 아파트의 특징을 설명하므로 현재 시제인 (C) feature(특징으로 하다)이 정답이다.

**13**

[해설] '주차 공간이 있지만 편리한 위치에 있고 시내 카페 및 상가가 가까이 있으므로 차를 이용하실 필요는 없습니다'라는 내용이므로 문맥상 적절한 연결어는 (A) However(그러나)이다.

**14** (A) 이는 직원들이 추가로 필요하다는 것을 의미합니다.
(B) 저희는 곧 이용 가능한 몇몇 사무실을 지을 것입니다.
(C) 날씨가 안 좋을 경우, 언제든지 연락 주세요.
(D) 저녁 약속은 전화로 잡으실 수 있습니다.

[해설] 앞뒤 문장과의 문맥상 관계를 파악해야 한다. 사무실 운영 시간이 오후 5시까지라는 내용이 앞 문장에 있으므로 그 이후의 저녁 약속은 전화로 잡을 수 있다는 내용의 (D)가 이어지는 것이 알맞다.

## UNIT 02 형용사와 부사

### SPARTA PRACTICE | p.122

1 (A)　2 (D)　3 (D)　4 (B)

**1** 소프트웨어 업그레이드에 대한 모든 결정은 다음 달에 예정된 특별 회의 때까지 연기될 것입니다.

**해설** 문장의 주어인 Any decision(결정)이 회의 때까지 '연기될 것이다'가 문맥상 어울리므로 (A) deferred가 정답이다. 참고로 defer는 delay, postpone의 동의어로, 보통 will be deferred(delayed, postponed)처럼 수동태로 자주 출제되며 뒤에 전치사인 until(~까지)과 자주 어울려 사용된다.

**어휘** decision 결정　defer 연기하다　resolve 해결하다　organize 준비하다　agree 동의하다

**2** 설문 조사 참여는 선택 사항이며 모든 고객 피드백을 환영합니다.

**해설** 빈칸은 문장의 주어 자리이자 명사 자리로 (B) Participant(참석자)와 (D) Participation(참석)이 정답 후보가 된다. 문맥상 '설문 조사 참여는 선택 사항이다'를 완성하는 (D) Participation이 정답이다. 참고로 (B) Participant(참석자)는 가산 명사로 문장의 동사가 단수(is)이므로 관사가 붙은 단수형(A participant)을 써야 한다.

**어휘** survey 설문 조사　optional 선택적인　welcome 환영받는, 기꺼이 받아들여지는　participatory 참여의　participant 참가자　participate 참여하다　participation 참여, 참석

**3** 저는 G-Star International 사에 있는 동안 회사의 회계 절차를 훨씬 더 효율적으로 만들었습니다.

**해설** 동사 made의 목적격 보어 자리로, 목적어인 the company's accounting process를 설명하는 적절한 형용사를 선택하는 문제다. 문맥상 '회사의 회계 절차를 훨씬 더 효율적으로 만들었다'가 적절하므로 '효율적인'이라는 뜻의 (D) efficient가 정답이다.

**어휘** accounting process 회계 절차　dedicated 헌신적인　hesitant 주저하는　abundant 풍부한　efficient 효율적인

**4** Mboro 트럭의 조립 공정은 처음부터 끝까지 약 17시간이 걸립니다.

**해설** 숫자 17을 수식하는 부사 자리로, '대략'이라는 뜻의 (B)가 정답이다.

**어휘** assembly process 조립 과정　neatly 깔끔하게　approximately 대략　closely 면밀히, 단단히　ultimately 결국

### SPARTA TEST | p.124

1 (B)　2 (D)　3 (D)　4 (B)　5 (B)
6 (B)　7 (A)　8 (D)　9 (A)　10 (D)
11 (D)　12 (B)　13 (C)　14 (B)

**1** 위원회는 상당한 논쟁 끝에 남아메리카로 투자를 확대하기로 결정했다.

**해설** 빈칸은 명사(debate) 앞에서 명사를 수식하는 형용사 자리다. 형용사인 (B) considerable(상당한)과 (D) considerate(사려 깊은) 중에서, 문맥상 '상당한 논쟁 이후'가 적절하므로 (B)가 정답이다.

**어휘** debate 논쟁　committee 위원회　expand 확장(확대)하다　investment 투자

**2** 고객 불만 후에 즉시 사과 편지를 보내는 것은 매우 권장되는 행위입니다.

**해설** [----- + 형용사 + 명사]의 형태로 빈칸에는 형용사를 수식하는 부사나 명사를 수식하는 형용사가 올 수 있다. '매우 권장되는 행위(관행)'라는 의미가 문맥상 적절하므로 (D)가 정답이다.

**어휘** apology 사과　promptly 즉시　complaint 불만　recommend 권하다, 추천하다

**3** 고객들의 안전을 보장하기 위해, Mac Grill은 식품 취급 과정을 정기적으로 평가한다.

**해설** [to부정사구, 주어 + 타동사 + 목적어 + -----] 형태로, 빈칸은 문미에서 동사 evaluates를 수식하는 부사 자리. 따라서 (D) regularly가 답이다.

**어휘** ensure 보장하다　safety 안전　evaluate 평가하다　procedure 절차

**4** 비록 Conley 씨는 회의에 늦게 도착했지만 전체 연설을 하는 데 시간이 충분했다.

**해설** [자동사 + ------ + 전치사구] 형태로, 빈칸은 동사를 수식하는 부사 자리이다. 보기 중 부사는 (A) lately(최근에), (B) late(늦게)가 있는데 'Conley 씨가 회의에 늦게 도착했다'가 의미상 어울리므로 (B)가 정답이다.

**어휘** though ~에도 불구하고　conference 회의　enough 충분한　deliver 연설하다　entire 전체의

**5** 그 회사는 운영한 지 불과 6개월 밖에 안 됐지만 매우 빠르게 수익을 내고 있다.

**해설** 빈칸은 2형식 동사(become) 다음 보어 자리로, 명사와 형용사가 올 수 있다. 주어인 it(the company)=profit, profitability의 동격 관계가 성립될 수 없으므로 형용사인 (B) profitable이 정답이다.

**어휘** although 비록 ~이지만　in business 사업을 하는　quickly 빠르게　profit 수익, 이익　profitable 수익성이 있는　profitability 수익성

**6** 대부분의 관리자들은 신입 직원들을 선택할 때 지원자들의 이력서를 꼼꼼히 살펴본다.

**해설** 빈칸은 주어(Most managers)와 동사(examine) 사이에서 동사를 수식하는 부사 자리이므로 (B) closely가 정답이다. (A) close도 '가까이'라는 뜻의 부사이나 문맥상 적절하지 않다.

**어휘** examine 검토하다　applicant 지원자　choose 선택하다, 고르다　close 가까운, 가까이　closely 면밀히

**7** Flyder 사는 수년 동안 직원 복지 증진에 적극적이었다.

**해설** 빈칸은 be동사의 보어 자리로, 주어(Flyder Co.)의 상태를 서술하는 형용사 (A) active가 정답이다.

**어휘** promote 촉진하다　welfare 복지　active 적극적인　actively 적극적으로　activist 운동가, 활동가　activity 행사, 활동

**8** 그 야유회 초대장은 시간제 직원들을 포함한 모든 회사 직원들을 위한 것이다.

**해설** 빈칸은 company employees를 수식하는 수량 형용사를 선택하는 문제로, (A) every는 뒤에 단수 가산 명사가 오므로 오답, (C) much는 불가산 명사와 함께 쓰이므로 오답이다. (B) few와 (D) all은 모두 복수 가산 명사 앞에 쓸 수 있다. '시간제 직원들을 포함한 모든 회사 직원들을 위한 것이다'가 문맥상 적절하므로 (D) all이 정답이다. 참고로 few는 '많지 않은'이라는 뜻으로 a few와 달리 부정의 의미라는 것을 알아 두자.

어휘 **invitation** 초대(장) **including** 포함하는 **part-time staff** 파트타임 직원, 시간제 직원

**9** Maholo 은행의 고객들은 언제든지 그들의 컴퓨터로 다양한 은행 업무를 쉽게 이용할 수 있다.

해설 빈칸은 조동사(can)와 동사원형(access) 사이의 부사 자리다. 따라서 (A) easily가 정답이다.

어휘 **access** 접근하다, 이용하다 **various** 다양한 **easily** 쉽게 **easy** 쉬운 **ease** 완화하다; 편안함, 안락함

**10** 계약서를 면밀하게 검토한 끝에 지원자는 조건이 만족스럽지 못하다는 것을 알게 됐다.

해설 빈칸은 동명사 reviewing을 수식하는 부사 자리로, 문맥상 '계약서를 철저하게 검토한 끝에'를 완성하는 (D) thoroughly가 답이다.

어휘 **review** 검토하다 **condition** 조건 **satisfactory** 만족할 만한 **equally** 동등하게 **densely** 밀집하여, 빽빽이

**[11~14]**

수신 : Charlie Rowe
발신 : Gemma Jones
제목 : 이전
날짜 : 12월 2일

Rowe 씨에게,

가족 상황 때문에 저는 다음 달 저의 고향인 Norwich로 돌아가야 합니다. 그렇더라도 Strathmoor Associates에서 계속 일하길 희망합니다.

동의하시면, 현재 제 직위에서 계속 일할 수 있는 가능성에 대해 논의하기 위해 당신을 만나고 싶습니다. 저는 원격으로 일하는 게 가능할 것 같습니다. 우리 업무의 대부분은 전자식으로 수행됩니다. 그리고 필요한 경우에는 중요한 회의를 위해 런던 사무실로 갈 수 있습니다.

곧 이 생각에 대해 당신과 더 자세히 이야기할 수 있기를 기대합니다.

안녕히 계세요,

Gemma Jones

어휘 **relocation** 전근, 이전 **situation** 상황 **relocate** 이전하다 **agree** 동의하다 **discuss** 논의하다 **possibility** 가능성 **when necessary** 필요한 경우에는 **in more detail** 보다 상세히 **therefore** 그러므로 **finally** 마침내 **after all** 결국 **even so** 그렇기는 하지만 **remote** 먼, 원격의 **remotely** 원격으로, 멀리 떨어져서 **fascinating** 매혹적인 **reply** 답변 **electronically** 전자(공학)적으로, 컴퓨터로 **travel expense** 출장비

**11**
해설 연결어 문제로, 빈칸 앞은 가족 문제로 고향으로 다시 돌아가야 한다는 내용이고 빈칸 뒤는 계속 일하기를 바란다는 내용이므로 문맥상 '그렇지만, 그렇기는 하지만'이라는 뜻을 지닌 연결어 (D) Even so가 어울린다.

**12**
해설 빈칸은 자동사 work를 수식하는 부사 자리이므로 (B) remotely가 정답이다.

**13** (A) Norwich는 방문하기에 굉장히 매력적인 도시입니다.
(B) 저는 회의에 관해 다른 사람들로부터 답장을 기다리고 있습니다.
(C) 우리 업무의 대부분은 전자식으로 수행됩니다.
(D) 여행 경비 보고서는 이달 말까지 제출해야 합니다.

해설 빈칸 앞은 '원격으로 일하는 것이 가능할 거라고 믿습니다'라는 내용이고 빈칸 뒤는 '그리고 필요한 경우에는 중요한 회의를 위해 런던 사무실로 갈 수 있습니다'라는 내용이므로 원격으로 일하는 것이 가능하다는 내용을 보충 설명하는 (C)가 적절하다.

**14**
해설 명사 어휘 문제로, '다른 지역에서 원격으로 일할 수 있고 필요한 경우에는 런던 사무실로 갈 수 있다'는 것은 Gemma Jones 씨의 아이디어라고 볼 수 있으므로 문맥상 빈칸에 들어갈 적절한 어휘는 (B) idea이다.

## UNIT 03 전치사

### SPARTA PRACTICE | p.130

1 (C)  2 (B)  3 (D)  4 (D)

**1** 새 그림들이 도착하면 기존의 모든 작품들은 미술관 지하 공간으로 옮겨질 것이다.
**해설** '새 그림들이 도착하면 기존 작품은 미술관 지하 공간으로 ---- 것이다'라는 의미로 문맥상 '지하 공간으로 옮겨질 것이다'가 자연스러우므로 빈칸에 적절한 동사는 (C) transferred(옮기다)이다.
**어휘** painting 그림  existing work 기존 작품  underground space 지하 공간  change 바꾸다  connect 연결하다  transfer 옮기다, 이동하다  relate 관련시키다

**2** 3개월간의 꾸준한 증가 이후에, 2분기에는 Perth 지역의 주택 매매의 수가 감소했다.
**해설** 형용사 steady(꾸준한)의 수식을 받는 문맥상 적절한 명사를 선택하는 문제로, 주절의 동사 fell(떨어졌다)이 단서가 된다. 문맥상 '주택 매매가 꾸준한 상승 이후에 떨어졌다'가 적합하므로 (B) increases가 정답이 된다.
**어휘** steady 꾸준한  the number of ~의 수  fall 떨어지다  advantage 장점  increase 증가  production 생산  explanation 설명

**3** 새로운 규정에 따르면, 모든 직원은 개인 휴가를 두 달까지 신청할 자격이 있다.
**해설** 빈칸 뒤의 to부정사와 함께 '개인 휴가를 신청할 자격이 있다'는 의미를 이루는 (D) eligible이 정답이다. (B) capable은 뒤에 of가 나와야 한다. 또한 capable은 능력이 향상되어 자격이 주어진다는 뜻을 지니는 반면, eligible은 법이나 규제 등 외부 요소가 바뀌어 자격이 주어지는 것을 뜻한다.
**어휘** according to ~에 따라  regulations (주로 복수로) 규정  apply for 신청하다  personal leave 개인 휴가  up to ~까지  variable 변하기 쉬운  capable 능력 있는  sociable 사교적인  eligible 자격이 있는

**4** James Harrison은 높이 평가되는 디자이너로, 지난 10년 동안 독창성으로 존경 받아 왔다.
**해설** 빈칸은 과거분사 regarded를 수식하는 부사 자리로, 문맥상 'James Harrison은 높이 평가 받는 디자이너이다'를 완성하는 (D) highly(높이, 아주)가 정답이다. [highly regarded + 사람 명사]는 '높이 평가 받는 사람'의 뜻으로 자주 출제된다는 것을 기억해 두자.
**어휘** regard 평가하다, 여기다  honor 존경하다, 명예를 주다  creativity 창조성, 독창력  decade 10년  gracefully 우아하게  largely 대개, 주로  luckily 운 좋게  highly 높이, 아주

### SPARTA TEST | p.132

1 (B)  2 (A)  3 (D)  4 (D)  5 (C)
6 (D)  7 (B)  8 (B)  9 (A)  10 (C)
11 (A)  12 (D)  13 (D)  14 (A)

**1** 신입 사원을 위한 오리엔테이션은 회사 강당에서 열릴 것이다.
**해설** be held(열리다) 다음에 장소인 the company auditorium(회사 강당)이 있으므로 장소 앞에 쓰이는 (B) at이 정답이다.
**어휘** employee 직원  auditorium 강당

**2** 귀하가 주문한 가구는 11월 11일에 배달될 예정입니다.
**해설** 특정 날짜(November 11) 앞에는 전치사 on을 써야 하므로 (A)가 정답이다.
**어휘** be scheduled to ~할 예정이다  deliver 배달하다

**3** Rosenfield 씨의 발표는 대략 오전 9시에 시작하기로 되어 있었다.
**해설** 시각인 '오전 9시'가 명시되어 있기 때문에 전치사 at을 써야 한다. (A) in은 아침, 오후, 밤을 나타내는 표현에, (B) on은 특정 날짜를 나타내는 표현 앞에 쓰이고, (C) for는 기간 앞에 쓰인다.
**어휘** presentation 발표, 연설  approximately 대략

**4** 몇몇 다리가 일부 트럭이 지나가기에 너무 낮기 때문에 영업용 트럭은 공원 도로를 이용하는 것이 금지되어 있다.
**해설** 동사(are prohibited)와 어울려 쓰이는 전치사를 고르는 문제. 동사 prohibit은 '금지하다'라는 의미로 전치사 from과 함께 쓰인다. 이밖에도 '목적어가 ~하지 못하게 하다'라는 뜻을 나타내는 refrain, keep, prevent 등의 동사는 [동사 + 목적어 + from + (동)명사]의 패턴을 취한다는 것도 알아 두자.
**어휘** commercial 상업용의, 영업용의  prohibit ~을 금지하다  parkway 공원 도로

**5** 서희 서비스에 대한 추가 정보를 받기 위해 등록하시면 저희는 개인 정보를 요구할 수도 있습니다.
**해설** 명사구인 additional information과 our services를 연결하는 전치사가 필요하다. 보기 중 전치사는 '~에 대한'이라는 의미로 쓰이는 (C) concerning이다.
**어휘** request 요구하다  personal information 개인 정보  register 등록하다

**6** 우리 연구 센터는 도쿄 시내에 있는 Edwards 빌딩 5층에 위치해 있다.
**해설** the fifth floor와 같이 층을 나타내는 표현 앞에는 전치사 on을 쓴다. 따라서 (D)가 답이다.
**어휘** be located 위치해 있다

**7** Connelly 씨는 전체 부서를 맡기 전에 앞으로 3개월간 그 프로젝트의 새로운 조정자 역할을 할 것이다.
**해설** serve는 자격을 나타내는 전치사 as와 함께 'serve as(~로서의 역할을 하다)' 형태로 쓰인다. 따라서 정답은 (B)이다. as는 전치사 이외에도 접속사로 쓰일 수 있는데, '~하면서, ~ 때문에'를 의미한다.
**어휘** coordinator 코디네이터, 조정자  take charge of ~의 임무를 맡다  entire 전체의

**8** Labelle 쇼핑센터는 진행 중인 공사 때문에 올여름에 일정 기간 동안 이용이 불가능할 것이다.
**해설** 문장 구조만 파악하면 쉽게 답을 고를 수 있다. 빈칸 뒤에 the ongoing construction이라는 명사구가 있고 의미도 '~ 때문에, ~로 인해'가 되어야 하므로 (B) due to가 정답임을 알 수 있다. (A) although(~임에도 불구하고)는 접속사, (C) in addition(게다가)은 부사, (D) however(그러나)는 부사이다.

어휘 **unavailable** 이용할 수 없는　**during a certain period** 일정 기간 동안　**ongoing** 진행 중인

**9**　United Health 사는 회사 제품의 국내 수요가 증가할 것이라고 믿었다.

해설　빈칸 앞의 increase는 형태 변화 없이 명사와 동사로 쓰일 수 있다. 여기에서는 앞에 관사(an)가 있으므로 명사로 쓰였으며, 명사일 때 in이나 by 같은 전치사를 동반한다. [increase in+대상]과 [increase by+수치] 표현을 알아 두자. 따라서 정답은 (A)이다. 전치사 in과 by는 상승(increase, raise, rise)을 나타내는 명사뿐만 아니라 하락(decrease, decline, reduction)을 나타내는 명사와도 어울리므로 함께 암기해 두어야 한다.

어휘　**believe** 생각하다, 믿다　**domestic demand** 국내 수요

**10**　모든 제안서는 11월 12일까지 제출되어야 하며, 늦어도 12월 1일까지 검토될 것입니다.

해설　빈칸 뒤의 시점 표현(November 12)에 주의한다. by와 until을 구별하는 문제로, by는 '기간의 완료'를 나타낼 때 쓰이고, until은 '기간의 지속성'을 나타낼 때 쓰인다. 여기서 11월 12일까지 제안서를 제출하는 것은 완료의 의미이므로 (C) by가 정답이다. by(=no later than)는 '늦어도 ~까지는' 의미로 해석하면 구분이 더 쉽다.

어휘　**proposal** 제안서　**evaluate** (양·가치·품질 등을) 평가하다[감정하다]　**no later than** 늦어도 ~까지는

**[11~14]**

> BRENTON (6월 22일) — 어제 Brenton Railway가 연방 교통청에서 3천 7백만 달러의 보조금을 받았다. 그 자금 덕분에, 이제 Birmingham 의 기차 터미널 건설을 시작할 수 있다. 철도 시스템의 확장은 분명 지역 사회의 많은 사람들에게 좋은 소식이다. 이 프로젝트는 그 역에서 약 75개의 정규직을 창출할 것이다. 운전자들 역시 이 보조금을 반기고 있다.
>
> 앞으로 개통될 Birmingham 역 근처에 살고 있는 Robert Fraisse 씨는 "저 같은 통근자들에게는 정말 다행이에요! 우리는 한동안 계속 악화되고 있는 도로 교통을 견뎌야 했어요. 저는 역이 개통되자마자 매일 자가용 대신 기차를 타고 출퇴근하는 걸 기대하고 있어요."라고 말했다.

어휘　**win a grant** 보조금을 받다　**federal** 연방의　**transit agency** 교통 기관　**thanks to** ~ 덕택에　**construction** 건설　**expansion** 확장　**certainly** 확실히　**community** 지역 사회　**What a relief** 정말 다행이다　**commuter** 통근자　**endure** 견디다, 참다　**steadily** 지속적으로　**worsening** 악화되는　**road traffic** 도로 교통　**instead of** ~ 대신에　**as soon as** ~하자마자　**funding** 자금　**create** 창출하다　**about** 대략　**permanent job** 정규직

**11**

해설　빈칸은 전치사 thanks to의 목적어 자리로, 알맞은 명사 어휘를 찾아야 하는 문제이다. 앞 문장에서 3천 7백만 달러의 보조금을 받았고 그 자금 덕분에 건설이 시작된다는 의미를 완성하는 (A)가 답이다. 참고로 funding은 불가산 명사임을 기억하자.

**12**　(A) 운전자들은 더 이상 터미널에 차를 주차할 수 없을 것이다.
　　(B) 공무원들은 공사가 무기한 연기된 것을 확인했다.
　　(C) 하지만 기차 월정기권의 가격은 인상될 것으로 예상된다.
　　(D) 이 프로젝트는 그 역에서 약 75개의 정규직을 창출할 것이다.

해설　빈칸 앞 보조금을 받아 새로운 역이 생길 것이고 이것이 지역 사회에 좋은 소식이라는 내용이다. 따라서 새로운 직업의 창출을 이끈다는 긍정적인 내용이 나와야 하므로 정답은 (D)가 된다.

**13**

해설　선행사가 사람인 Robert Fraisse이고 빈칸 다음에 동사가 바로 나온 것으로 보아 주격 관계대명사 자리임을 알 수 있다. 따라서 정답은 (D)가 된다. (A)는 관계부사, (B)는 선행사를 포함한 관계대명사, (C)는 소유격 관계대명사이다.

**14**

해설　전치사 어휘 문제로, 빈칸 뒤 기간을 나타내는 명사를 보고 for를 선택해야 한다. for some time now는 '지금까지 한동안(예전부터 지금까지)' 이라는 의미로, for a long[enough] period of time '오랫동안'과 유사한 의미로 암기해 두는 것이 좋다.

# UNIT 04 동사의 형태와 종류

## SPARTA PRACTICE | p.138

1 (B)  2 (A)  3 (A)  4 (B)

**1** 원래 내일로 예정되었던 회의가 다음 주 금요일까지 연기되었다.
**해설** 문맥에 맞는 동사를 찾는 어휘 문제로, '회의가 다음 주 금요일까지 연기되다'를 완성하는 (B) postponed가 정답이다.
**어휘** originally 원래   appoint 임명하다   postpone 연기하다   hold 열다, 개최하다   refuse 거절하다

**2** Sunday Post 사는 평일 오전 6시 30분 신문 배달을 보장합니다.
**해설** guarantees(보장하다)의 목적어 자리로, 문맥상 '오전 6시 30분 신문 배송을 보장하다'가 적합하므로 (A) delivery가 정답이다.
**어휘** guarantee 보증하다   on weekdays 평일에   delivery 배달, 배송   protection 보호   security 안전   expense 비용

**3** 회사 정책에 따라 기밀 성격을 띤 서류들은 항상 잠긴 파일 캐비닛에 보관되어야 한다.
**해설** 명사 nature(특징)을 수식하는 적절한 형용사를 선택하는 문제로, '----한 서류들이 항상 잠긴 파일 캐비닛에 보관되어야 한다'에서 적합한 형용사는 '기밀의, 비밀의'라는 뜻을 가진 (A) confidential이다.
**어휘** nature 본질, 특질, 특징   store 보관하다, 저장하다   at all times 항상   confidential 기밀의   limited 제한된   former 이전의   mandatory 의무적인

**4** 인사부는 현재 회계부서의 많은 신입직을 채우기 위해 자격이 있는 졸업생들을 모집하고 있습니다.
**해설** '인사부에서 자격이 있는 졸업생들을 ---- 모집하는 중이다'라는 문맥에서 빈칸에 적절한 어휘는 (B) currently(현재)이다. 참고로, currently(=presently)는 현재진행형 또는 available과 자주 쓰인다는 것을 알아 두자.
**어휘** seek ~을 찾다   qualified 자격이 있는   graduate 졸업생   entry-level 신입의, 초보자용의   accounting division 회계부   completely 완전히   currently 현재   significantly 상당히   slightly 약간, 조금

## SPARTA TEST | p.140

1 (C)  2 (C)  3 (B)  4 (A)  5 (B)
6 (C)  7 (B)  8 (D)  9 (D)  10 (A)
11 (B)  12 (C)  13 (D)  14 (A)

**1** 직원들은 휴가를 떠날 예정이면 부서장에게 말해야 한다.
**해설** 빈칸은 조동사(should) 다음 동사원형 자리로, 뒤에 전치사(to)를 취하는 유일한 자동사는 (C) talk이다. '말하다'류의 (A) tell, (B) say, (D) mention은 모두 타동사로 쓰인다.
**어휘** be on leave 휴가 중이다

**2** 소규모 디자인 회사인 Robin Interiors 사는 거주 공간을 전문으로 한다.

**해설** specialize는 자동사로 전치사 in과 함께 specialize in(~을 전문으로 하다)이라는 형태로 사용된다. 따라서 (C)가 답이다.
**어휘** residential space 거주 공간

**3** 신제품에 적당한 가격을 책정하는 것은 경쟁력을 유지하는 데 필수이다.
**해설** 2형식 동사(remain)의 보어 자리로, 보기 중 형용사 (B) competitive가 적절하다. remain competitive는 '경쟁력을 유지하다'라는 의미로 묶어서 알아 두자.
**어휘** reasonable price 적정 가격   competitive 경쟁력 있는

**4** 그 업무에 지원한 각 지원자들은 모든 신상 명세가 담긴 이력서를 제공해야 합니다.
**해설** 조동사(must) 다음에는 동사원형이 와야 하므로 (A) provide가 답이다.
**어휘** applicant 지원자   details 세부 사항

**5** 환불 또는 교환을 요청하시려면 고객 서비스 센터로 연락하세요.
**해설** 빈칸은 명령문의 동사 자리로, 빈칸 뒤 목적어 customer service를 취하는 타동사가 와야 한다. 보기 중 유일한 타동사인 (B) contact가 정답이다. (B) 이외에 보기는 자동사이다.
**어휘** replacement 교환   contact 연락하다   respond 응답하다   reply 대답하다

**6** 새로운 공장 감독관은 최근에 주요 생산 시설들의 견학을 수행했다.
**해설** 빈칸은 동사 자리로 (B) to conduct(to부정사)와 (D) conducting(동명사/현재분사)은 오답이다. (A) conduct가 정답이 되려면 주어(The new plant supervisor)와 수 일치를 이룬 conducts가 되어야 한다. 빈칸 앞 recently(최근에)는 과거시제와 어울리므로 (C) conducted가 답이다.
**어휘** plant 공장   supervisor 감독관   recently 최근에   tour 견학   production facilities 생산 시설   conduct 수행하다

**7** Welsh 씨는 뛰어난 영업 실적으로 상을 받아서 매우 기뻤다.
**해설** 주어인 Mr. Welsh를 보충하는 주격 보어 자리이자 부사 extremely의 수식을 받는 형용사 자리이므로 (B) happy가 정답이다.
**어휘** extremely 극도로, 매우   outstanding 뛰어난   performance 실적

**8** 우리의 많은 직원들이 새로운 컴퓨터 프로그램이 상당히 유익하다고 생각했다.
**해설** 빈칸은 have found의 목적어인 the new computer program을 보충하는 목적격 보어 자리이므로 형용사인 (D) beneficial(유익한)이 정답이다. 명사가 목적격 보어로 나올 경우 목적어와 동격을 나타내므로, (A) benefit(혜택)은 의미상 적합하지 않다.
**어휘** benefit 혜택; 이익을 얻다, ~에게 이롭다   beneficial 유익한, 이로운

**9** Lawrence 씨가 자리를 비우는 동안 Hoult 씨가 그녀의 프로젝트 일부를 관리할 것이다.
**해설** 빈칸 앞에 be동사가 있기 때문에 빈칸에는 (C) supervised(과거분사)와 (D) supervising(현재분사)이 올 수 있다. 빈칸 뒤에 목적어가 있기 때문에 능동의 형태가 되어야 하므로 현재분사형인 (D)가 답이다.
**어휘** be away 부재중이다   supervise 감독하다, 관리하다

10 손님이 도착했고 그녀를 만나기 위해 사무실에서 기다리고 있다는 것을 매니저에게 즉시 알리십시오.
해설 보기가 각기 다른 품사로 나열되었으므로 문법 문제임을 알 수 있다. 부사 Immediately는 문장의 필수 요소가 아닌 수식 요소로 동사를 수식하는 역할을 한다. 명령문은 동사원형으로 시작하므로 보기 중 (A) notify가 답이다.
어휘 **immediately** 즉시  **office** 사무실  **notify A that** A에게 ~을 알리다

[11~14]

수신: Height Sportswear 직원들
발신: Stephen Graham
날짜: 8월 26일
제목: 새로운 마케팅 매니저

직원분들께,

Samantha Logan 씨가 마케팅 매니저로서의 고용 제안을 수락했다는 것을 알려 드리고자 이 글을 씁니다. 그녀는 9월 1일부터 근무를 시작할 것입니다. Logan 씨는 16년의 마케팅 경험과 스포츠웨어 업계에서 8년간의 경력을 가지고 있습니다. 그녀는 처음에 새로 나올 Height Fit 여성 의류 라인의 마케팅 전략 개발에 주력할 것입니다. 그녀의 근무 첫날에 환영 오찬회가 있습니다. 정오에 124호에서 열릴 겁니다. 참석하시려면 저에게 8월 31일까지 알려 주시기 바랍니다.

어휘 **offer** 제안  **employment** 고용  **experience** 경험
**sportswear** 스포츠 의류  **focus** 집중하다  **initially** 처음에
**develop** 개발하다  **marketing strategy** 마케팅 전략
**upcoming** 다가올  **welcome lunch** 환영 오찬회
**be planning to** ~할 계획이다  **study** 연구  **outfit** 옷, 복장
**industry** (특정 분야의) 산업  **application** 지원, 적용
**look for** ~을 찾다  **volunteer** 자원 봉사자  **train** 훈련시키다
**conduct** 이행하다  **be held** 열리다  **attend** 참석하다
**reply** 응답하다  **leave** 떠나다  **travel** 여행하다, 이동하다

11
해설 빈칸은 동사 자리로, 동사가 아닌 (C) having accepted는 오답이다. 문맥상 Samantha Logan 씨가 고용 제안을 이미 수락한 것을 알리는 내용이므로 (B) has accepted가 정답이다.

12
해설 명사 어휘 문제로 '스포츠웨어 업계에서 경력을 쌓았다'가 적합하므로 '(특정 분야의) 산업'의 뜻을 가지고 있는 (C) industry가 정답이다.

13 (A) 우리는 Logan 씨를 훈련시킬 자원자를 찾고 있습니다.
(B) 날짜는 아직 결정되지 않았습니다.
(C) 그 시간에 면접이 진행될 것입니다.
(D) 정오에 124호에서 열릴 겁니다.
해설 빈칸 앞은 '그녀의 근무 첫날에 환영회가 있습니다'라는 내용이고 빈칸 뒤는 8월 31일까지 참석 여부를 알려 달라고 했으므로 빈칸에 들어갈 적절한 문장은 환영회가 열릴 장소를 말하는 (D)이다.

14
해설 빈칸은 동사 자리로, 문맥상 알맞은 동사 어휘를 골라야 한다. 앞에서 환영회가 있을 것이라고 했으므로 문맥상 참석 여부를 알려 달라는 내용이 나와야 한다. 따라서 (A) attend가 정답이다. (B) reply는 자동사로, 뒤에 목적어 it이 있으므로 답이 될 수 없다.

# UNIT 05 수 일치

**SPARTA PRACTICE** | p.146

1 (C)  2 (D)  3 (B)  4 (D)

1 Callan Brunker 출판사의 서평가인 Rob Corddry는 다음 주에 열리는 축제에서 강의를 할 것이다.
해설 빈칸은 조동사(will) 다음의 동사원형 자리이며, 빈칸 뒤에 목적어 (a lecture)가 있으므로 타동사가 와야 한다. (A) succeed는 타동사로 '~의 뒤를 잇다'라는 표현이 있지만 문맥상 어색하고, '성공하다'라는 뜻의 자동사로 쓰이려면 전치사 in이 와야 한다. (B) participate은 자동사로 전치사 in을 취하며, (D) speak는 뒤에 언어가 나올 때만 타동사로 쓰이고 자동사로 쓰일 때는 about/to/with이 나와야 한다. 따라서 '주다, 시연하다'라는 의미의 타동사 (C) present가 정답이다.
어휘 **book reviewer** 서평가  **lecture** 강의  **succeed** 성공하다
**participate** 참가하다  **present** 주다  **speak** 말하다

2 우리 회사는 자금 부족으로 인해 그 물건을 제조하는 것을 중단했다는 사실을 알리게 되어 유감입니다.
해설 빈칸은 전치사(because of)의 목적어 자리이다. '자금 ----- 때문에 물건을 제조하는 것을 중단했다'는 문맥에 적합한 명사는 (D) lack(부족)이다.
어휘 **inform** 알리다  **discontinue** 중지하다  **manufacture** 제조하다
**funding** 자금  **deletion** 삭제  **vacancy** 공석  **cancellation** 취소  **lack** 부족

3 우리 직원들은 큰 물건부터 심지어 가장 정교한 소지품까지 모든 물건을 안전하게 운송할 수 있도록 훈련 받습니다.
해설 빈칸 앞의 most는 2음절 형용사의 최상급 앞에 오는 표현이므로 빈칸에는 belongings(소지품)을 수식하는 형용사가 와야 한다. from A to B(A부터 B까지)의 구조로, '큰 것(large)부터 정교한 소지품까지'라는 의미가 되어야 하므로 '정교한'의 의미를 지닌 (B) delicate가 가장 적절하다.
어휘 **train** 훈련시키다  **transport** 수송하다  **belongings** 소유물
**safely** 안전하게  **personal** 개인적인  **delicate** 정교한, 섬세한
**interesting** 흥미로운  **durable** 내구성 있는

4 Green Chile Foods 사의 책임자는 더 큰 식품 가공 시설을 짓는 것에 마침내 동의했다.
해설 동사 agreed를 수식하는 부사 자리로, '마침내 동의했다'가 문맥상 가장 적절하므로 (D) finally가 정답이 된다. agree(동의하다), approve (승인하다)를 수식하는 부사로 finally(마침내)와 unanimously(만장일치로)가 정답으로 자주 출제된다.
어휘 **director** 관리자, 책임자  **agree** 동의하다  **food processing facility** 식품 가공 시설  **exactly** 정확히  **daily** 매일  **justly** 공정하게  **finally** 마침내

## SPARTA TEST | p.148

| 1 (A) | 2 (D) | 3 (C) | 4 (A) | 5 (B) |
| 6 (A) | 7 (B) | 8 (C) | 9 (C) | 10 (A) |
| 11 (D) | 12 (A) | 13 (B) | 14 (C) | |

**1** 자격을 갖춘 지원자들을 고용하는 것은 조직의 성장에 있어 매우 중요하다.

**해설** [동명사(Hiring) + 목적어(qualified applicants) + -----] 형태. 동명사가 문장의 주어로 쓰이면 동사는 단수형이 나와야 하므로 (A) is가 정답이다.

**어휘** hire 고용하다  qualified 자격을 갖춘  applicant 지원자  growth 성장  organization 조직

**2** 당신의 공장에 고용될 지역 근로자 수는 내가 예상했던 것보다 훨씬 많다.

**해설** 빈칸은 동사 자리, 문장의 주어는 The number이므로 단수 동사 (D) is가 정답이다.

**어휘** local worker 지역 근로자  hire 고용하다  expect 예상하다

**3** 사장으로 새로 임명된 Carlyle 씨는 우리에게 그의 새로운 경영 계획을 알려 주었다.

**해설** 빈칸은 동사 자리이므로 준동사 (B) to inform과 형용사 (D) informative는 오답이나. 수어 Mr. Carlyle은 3인칭 단수이고, 콤마와 콤마 사이의 newly appointed president은 주어를 꾸며 주는 역할을 하는 수식어이다. 따라서 (A) inform이 답이 되려면 -s가 붙어야 하므로 (C) informed가 정답이다.

**어휘** appointed 임명된  business plan 사업 계획  inform A of B A에게 B를 알리다

**4** 모든 Royal Alberta 공장 방문객들은 입구에서 등록하고 출입증을 받아야 한다.

**해설** 빈칸은 동사 자리이므로 준동사 (B) needing과 (C) to need는 오답이다. to the Royal Alberta factory는 수식어구이고 주어가 복수(All visitors)이므로 수 일치를 이루는 (A) need가 정답이다.

**어휘** visitor 방문객  register 등록하다  entrance 입구

**5** 대부분의 인사과 직원들은 어제 연례 세미나에 참석했다.

**해설** 문장의 주어는 복수(Most employees)이므로 단수 동사인 (A) attends와 (D) has attended는 오답이다. 문장 끝에 과거를 나타내는 yesterday(어제)가 있으므로 과거시제인 (B) attended가 답이다.

**어휘** employee 직원  Personnel Department 인사과  annual seminar 연례 세미나  attend 참석하다

**6** 참고로 말씀 드리자면, 호텔 객실 가격에 유럽식 아침 식사가 포함되어 있습니다.

**해설** 빈칸은 주어 자리이며 문장의 동사가 단수(includes)이므로 단수 명사인 (A) price가 답이다.

**어휘** for one's information 참고로  include 포함하다  continental breakfast 유럽식 아침 식사  price 가격  pricey 값비싼

**7** 저희 제품에 완전히 만족하지 않은 고객들은 전액 환불을 받을 수 있습니다.

**해설** 문장의 주어는 Customers(복수)이고 not completely satisfied with our merchandise는 수식어구다. 따라서 빈칸은 동사 자리로, 보기 중 복수 동사인 (B) are entitled가 정답이다. [be entitled to 동사원형/명사] '~할 권한이 있다' 표현을 암기해 두자.

**어휘** completely 완전히  satisfied 만족한  merchandise 상품  full refund 전액 환불  be entitled to ~할 자격이 있다

**8** Northwest Pacific 항공사는 단골 고객들에게 인센티브 프로그램을 제공하고 있습니다.

**해설** 빈칸은 동사 자리로, 주어인 Northwest Pacific Airways는 회사명(고유명사)이므로 형태는 복수형이라도 단수 취급해야 한다. 따라서 (C) is offering이 답이 된다.

**어휘** regular customer 단골 고객  offer 제공하다

**9** 이 직책에 지원하시려면, 귀하의 경력이 요약되어 있는 이력서를 보내 주세요.

**해설** 빈칸 앞 that은 주격 관계대명사로 빈칸은 동사 자리다. 주격 관계대명사 다음에 나오는 동사는 선행사에 수 일치를 시켜야 하고 선행사는 단수(a résumé)이기 때문에 (C) summarizes가 답이다.

**어휘** apply for 지원하다, 신청하다  summarize 요약하다  summary 요약, 개요

**10** 그 연구소의 연구원들 가운데 대략 30%는 지하철로 출퇴근을 한다.

**해설** 빈칸은 동사 자리로, 보기 중 동사가 될 수 없는 (C) commuting은 제외해야 한다. 문장의 주어는 복수형인 researchers이므로 동사 역시 복수형인 (A) commute가 되어야 한다. [percent of+명사]에서는 of 뒤에 나오는 명사에 수를 일치시킨다.

**어휘** approximately 대략  researcher 연구원  institute 기관[협회]  commute 통근하다

### [11~14]

Courtney Eaton 씨와 Jessica Henwick 씨가 진행하는 Minnesota Report는 날씨 관련 뉴스와 함께 최신 기상 정보를 제공하는 지역 라디오 프로그램입니다. Minnesota Report는 6년 전 기상 예보를 전달하는 Eaton 씨와 함께 처음 선보였습니다.

현지 기자인 Henwick 씨가 몇 년 후 합류했을 때 그 프로그램은 Minnesota 지역 내에서 가장 인기 있는 쇼가 되었습니다. 그 결과, 프로그램 임원들은 방송의 주제를 넓혀 기상 관련 소재를 다루는 다큐멘터리를 포함시키기로 결정했습니다. 그 프로그램은 저명한 기상학자들과의 토론을 다룰 것입니다.

Minnesota Report는 매일 오전 7시부터 7시 30분까지 방송됩니다.

**어휘** host 진행하다  up-to-date 최신의  forecast 예보  weather-related 날씨와 관련된  debut 데뷔하다  top-rated 가장 인기 있는  journalist 기자  executives 운영진, 이사진  air 방송하다  daily 매일  in detail 상세히  as a result 그 결과  furthermore 더군다나  together with ~을 포함하여, ~에 덧붙여  join 합류하다  replace 교체하다  introduce 소개하다  hire 고용하다  gradually 점차  reflect 반영하다  weather forecast 일기 예보  renowned 유명한  meteorologist 기상학자  demonstrate 증명하다, 보여 주다

**11**
해설 빈칸 앞 명사 forecasts와 빈칸 뒤 명사 weather-related news를 연결하는 전치사 자리로, 보기 중 유일한 전치사인 (D) together with (~을 포함하여, ~에 덧붙여)이 정답이다.

**12**
해설 '현지 기자인 Henwick 씨가 몇 년 후 ----- 때'에서 문맥상 들어갈 적절한 어휘는 '합류하다'라는 의미의 (A) joined이다.

**13**
해설 빈칸은 동사 자리로, 보기 중 동사인 (B) decided와 (D) decides 중 주어는 복수(program executives)이므로 단수 동사인 (D) decides는 오답이다. 따라서 (B) decided가 정답이다.

**14** (A) 라디오 프로그램들은 청취자의 피드백을 반영하며 점차 개선되고 있습니다.
(B) 일기 예보는 휴대 전화의 앱을 통해서도 이용 가능합니다.
(C) 그 프로그램은 저명한 기상학자들과의 토론을 다룰 것입니다.
(D) Minnesota Report는 최근에 라디오 순위에서 상승한 것으로 나타났습니다.

해설 빈칸 앞 문장에서 언급한 다큐멘터리(documentaries)에 대한 부연 설명을 하고 있는 (C)가 정답이다. (A)는 빈칸에 들어가기에는 일반적(general)인 내용이고, 청취자의 피드백에 관련된 내용은 없으므로 오답이다.

---

## UNIT 06 시제

### SPARTA PRACTICE | p.154

**1** (A)  **2** (A)  **3** (C)  **4** (C)

**1** 조경사들은 Brio 아파트의 새로운 정원을 위한 설계도를 제출하도록 요청 받았습니다.
해설 to부정사의 목적어인 designs(설계도)를 취하는 문맥상 적절한 동사는 '설계도를 제출하도록 요청 받았다'라는 의미의 (A) submit이다.
어휘 **landscape architect** 조경사  **invite** 요청하다  **submit** 제출하다  **agree** 동의하다  **call** 부르다  **base** ~에 기초를 두다

**2** TreeBirds Furniture 사는 당일 배송 서비스에 대해서 고객들과 공급업체들에게 긍정적인 피드백을 받았다.
해설 형용사 positive(긍정적인)의 수식을 받는 적절한 명사를 고르는 문제로, '고객들과 공급업체들에게 당일 배송 서비스에 대해 긍정적인 ----을 받았다'는 내용에 알맞은 것은 (A) feedback이다.
어휘 **positive** 긍정적인  **one-day delivery service** 당일 배송 서비스  **supplier** 공급자, 공급사  **feedback** 피드백, 의견  **experience** 경험  **impact** 영향, 충격  **influence** 영향력

**3** Susan 씨는 올해의 직원상 시상식 연회에서 그녀의 탁월한 업무 능력으로 인정 받을 것입니다.
해설 Susan 씨가 연회에서 상을 받을 만한 이유로, 빈칸 뒤 work를 수식하는 문맥상 적절한 형용사는 (C) outstanding이다.
어휘 **recognize** 인정하다  **promising** 유망한  **remaining** 남아 있는  **outstanding** 뛰어난  **considering** ~을 고려하면

**4** Sandbox 사는 일반적으로 이 지역에서 가장 신뢰할 수 있는 금융 컨설팅 회사로 여겨집니다.
해설 [is ------- regarded]에서 동사 regarded를 수식하는 부사 어휘 문제로, '일반적으로 간주된다'는 의미가 자연스러우므로 (C) generally가 답이다. 부사 generally(주로, 대개)는 주로 현재시제와 어울려 쓰인다.
어휘 **regard** 간주하다  **reliable** 신뢰할 만한  **approximately** 대략  **exactly** 정확히  **generally** 일반적으로  **loosely** 느슨하게

### SPARTA TEST | p.156

**1** (C)  **2** (A)  **3** (B)  **4** (A)  **5** (B)
**6** (B)  **7** (A)  **8** (D)  **9** (B)  **10** (D)
**11** (D)  **12** (B)  **13** (D)  **14** (A)

**1** Texon 사는 지난주에 약 5개의 새로운 온라인 게임을 출시할 거라는 계획을 발표했다.
해설 빈칸은 동사 자리이다. 빈칸 뒤에 last week(지난주)이라는 정확한 과거 시점을 나타내는 표현이 있으므로 과거시제 (C) announced가 답이다.
어휘 **plan** 계획  **release** 출시하다  **announce** 발표하다

**2** 당신이 프로젝트를 끝내면, 3일간의 휴가를 얻게 될 것입니다.
해설 주절의 시제가 미래(will be given)이므로 종속절의 시제도 미래가 되어야 하지만, 시간/조건 부사절에서는 현재시제가 미래시제를 대신하므로 (A) finish가 답이다.
어휘 **day off** (일을) 쉬는 날  **finish** 끝내다

**3** 내년부터 프로젝트 임원인 Gordon Argyle이 그 프로젝트의 관리를 책임질 것이다.

**해설** 문장 앞에 Effective next year라는 미래 시점을 나타내는 부사구가 있으므로, 미래시제가 나와야 한다. (C) to be는 문장에서 본동사가 될 수 없으므로 오답이다. (A) was는 과거, (D) has been은 현재완료형으로 시제가 맞지 않다. 따라서 (B) will be가 답이다.

**어휘** officer 임원, 직원 management 관리

**4** 영업 부서에 고용된 이래로, Gonzales 씨는 많은 신규 고객들과의 계약을 체결해 왔다.

**해설** 빈칸은 주절의 동사 자리로, 동사가 될 수 없는 (B) making과 (D) to make는 오답이다. (A) has made와 (C) will make를 보고 동사 시제 문제임을 파악한다. since(~이래로)는 주로 현재완료시제와 쓰이므로 (A) has made가 정답이다.

**어휘** be hired 고용되다 contract 계약 client 고객

**5** 비서가 긴급 상황을 보고하기 위해 도착했을 때 사장은 본사를 떠난 뒤였다.

**해설** 동사 시제 문제이다. When 부사절에서 비서가 도착한 과거 시점 (arrived)보다 사장이 본사를 떠난 것이 먼저 있었던 일이므로 정답은 과거완료시제인 (B) had left이다. 과거완료시제는 시험에서 출제될 때 항상 두 개 이상의 절로 나오며, 특정 과거 시점이 언급되어 있고 그 시점보다 먼저 일어난 일이라고 판단될 때만 답으로 가능하다.

**어휘** head office 본사 assistant 비서, 조수 emergency situation 비상 사태

**6** Litz 호텔은 매일 아침 6시부터 10시까지 라운지에서 무료 아침 식사를 제공합니다.

**해설** 빈칸은 동사 자리이므로 (A) offering과 (D) to offer는 오답, 주어와 수 일치가 맞지 않는 (C) be offered도 오답이다. 반복적인 습관이나 행동을 표현할 때 현재시제를 쓰므로 (B) offers가 답이다.

**어휘** complimentary 무료 offer 제공하다

**7** Media Tree 광고대행사는 다음 주 금요일 정오까지 영업사원직을 대상으로 한 지원서를 받을 것입니다.

**해설** Media Tree Advertising Agency가 주어이고 빈칸은 동사 자리다. 주어와 수 일치가 맞지 않은 (B), (D)는 오답이다. until noon next Friday(다음 주 금요일 정오까지)는 미래시제와 어울려야 하므로 (A) will be accepting이 답이다.

**어휘** application 신청서, 지원서 salespeople 영업 사원 noon 정오

**8** Gluck 씨가 5월 1일에 부사장으로서 새 직책을 시작한다는 사실을 발표하게 되어 기쁩니다.

**해설** 의미상 that 이하는 미래시제가 되어야 하고, 빈칸 뒤에 목적어(his new position)가 있기 때문에 능동의 의미가 되어야 하므로 (D) will be starting이 정답이다. <will be + -ing> 형태는 미래의 어떤 시점에 진행될 일을 나타낼 때 주로 쓰인다.

**어휘** be pleased to ~하게 되어 기쁘다 announce 발표하다 vice president 부사장

**9** 전기 문제 때문에 지난달 이래로 사무실의 에어컨이 사용되지 않고 있다.

**해설** 빈칸 뒤에 last month라는 과거 시점 표현이 있고 빈칸 앞에 현재완료시제(has not been used)가 있으므로 (B) since가 답이다.

**어휘** due to ~ 때문에 electrical problem 전기 문제

**10** 상무이사로서 5년간의 임기 뒤에 Kaminski 씨는 내년에 Al-Redwan Trading 사에서 전무이사로 승진할 것이다.

**해설** 먼저 빈칸이 문장의 동사 자리임을 파악해야 한다. 보기 중 동사가 될 수 없는 (C) to promote를 제외하고, next year를 통해 미래시제를 선택해야 한다. 따라서 정답은 (D) will be promoted이다. 빈칸 뒤에 목적어가 없으므로 수동태가 나와야 한다는 것에 주의하자.

**어휘** term 임기 managing director 상무이사 executive director 전무이사 promote 승진시키다

**[11~14]**

수신 : 고객 서비스 <customerservice@winderbaumapparel.co.id>
발신 : Thomas M. Hammel <m.hammel@fbemail.com>
날짜 : 8월 15일, 수요일
제목 : 주문 번호 8957293

관계자분께,

저는 최근에 Winderbaum Apparel의 웹 사이트에서 셔츠를 구입했고 지난주에 물건을 받았습니다. 그러나 어제 처음으로 입었을 때 소매의 바느질 부분에 약간의 하자를 발견했습니다. 결함이 있는 제품은 3일 이내에 반품 또는 교환해야 하며 제 물품은 요구되는 기간이 지났다는 것을 알고 있습니다.

그럼에도 부디 예외를 요청하고 싶습니다. 만약 그 상품이 매진되었다면 같은 가격의 다른 제품을 선택하고 싶습니다.

제 선택 사항이 무엇인지 알려 주시기 바랍니다.

안녕히 계세요,

Thomas M. Hammel

**어휘** recently 최근에 purchase 구매하다 notice 알아차리다 slight 약간의 damage 손상 stitching 바느질 sleeve 소매 exchange 바꾸다 no longer 더 이상 ~않다 time frame (소요되는) 기간 therefore 그러므로 additionally 게다가 still 아직 however 그러나 mistaken (의견이나 판단이) 잘못된 defective 결함이 있는 accepted 받아들인 ill-fitting (크기나 모양이) 안 맞는 package 소포 prefer to ~을 선호하다 business attire 비즈니스 정장 extend 연장하다 nonetheless 그럼에도 불구하고 kindly 부디 exception 예외

**11**

**해설** 앞 문장의 옷을 받았다는 내용과, 뒤 문장의 옷을 입어 보았을 때 하자를 발견했다는 내용을 자연스럽게 연결하는 것은 (D) However이다.

**12**

**해설** 앞 문장에서 소매의 바느질 부분에 하자가 있다고 했기 때문에 이를 수식하는 적절한 어휘는 (B) defective(결함이 있는)이다.

**13** (A) 저는 물건을 받고 2주 후에 당신에게 다시 소포를 보냈습니다.
(B) 점점 더 많은 사람들이 비즈니스 정장을 입기를 선호합니다.
(C) 이 정책은 최소 60일로 연장되었습니다.
(D) 그럼에도 부디 예외를 요청하고 싶습니다.

**해설** 앞 문장의 내용은 구매한 의류가 이미 교환/환불 기간이 지났다는 것이고, 뒤 문장에는 교환을 요청하는 내용이 있으므로 '그럼에도 불구하고 (Nonetheless) 예외를 적용해 달라'는 흐름이 이어지는 것이 적절하다. 따라서 답은 (D)이다.

**14**

**해설** 빈칸은 동사 자리로, (D)는 오답, (C)는 수 일치가 맞지 않다. '상품이 이미 매진되었다면'의 의미를 완성하는 현재완료형 (A) has sold가 답.

# UNIT 07 수동태

## SPARTA PRACTICE | p.162

**1** (B)  **2** (B)  **3** (D)  **4** (A)

**1** 이번 주 토요일에 Danni's Dress Boutique는 모든 쇼핑객들에게 20퍼센트 할인을 제공할 것입니다.
**해설** 빈칸 앞 be동사와 함께 진행형을 완성시키는 동사 어휘 문제로, 빈칸 뒤 간접 목적어 all shoppers(사람)와 직접 목적어 a 20 percent discount(사물)가 있으므로 보기 중 4형식 동사인 (B) offering이 정답이다.
**어휘** shopper 쇼핑객  discount 할인  notify 알리다  offer 제공하다  perform 이행하다  join 합류하다

**2** Jones 씨는 일정이 겹쳐서 시상식 연회에 불참했다.
**해설** Jones 씨가 시상식 연회에 참석하지 못한 이유로 '일정이 겹쳐서'가 문맥상 어울린다. 따라서 '충돌'이라는 뜻의 (B) conflict가 정답이다.
**어휘** absent 결석한  due to ~ 때문에  schedule 일정  following 추종자, 팬들  conflict 충돌  combination 조합  preservation 보존

**3** Catherine Salee 씨는 배경이 매우 인상적이어서 음악 치료사 직책에 선정됐다.
**해설** Catherine Salee 씨가 음악 치료사 직책에 선정된 이유를 설명하는 형용사 어휘를 찾는 문제. 부사절의 주어인 her background (그녀의 배경)가 인상적이었기 때문에 선정되었다는 것이 어울리므로 (D) impressive가 정답이다.
**어휘** music therapist 음악 치료사  background 배경  qualified 자격(증)이 있는  knowledgeable 아는 것이 많은  pleased 기쁜, 만족해하는  impressive 인상 깊은

**4** 직원 회의가 월요일 오전 10시 정각에 시작할 예정이니 모든 직원들은 참석해야 합니다.
**해설** 동사 start를 수식하는 알맞은 부사를 고르는 문제. start는 자동사로 '[start at + 시간]' '~시에 시작하다'로 쓰인다. (B) soon은 '곧'이라는 뜻의 부사로 불확실한 미래 시점을 의미하는데, 뒤에 '10시'라는 정확한 시간이 나와 있으므로 어색하다. 'promptly[sharply] at + 시간'은 '~시 정각에'라는 표현이다. 따라서 정답은 (A) promptly이다.
**어휘** be scheduled(=supposed, planned) to V ~할 예정이다  promptly 정확히 제 시간에  soon 곧  sometime 언젠가  presently 현재, 지금

## SPARTA TEST | p.164

**1** (C)  **2** (C)  **3** (C)  **4** (B)  **5** (C)
**6** (D)  **7** (B)  **8** (C)  **9** (B)  **10** (B)
**11** (C)  **12** (B)  **13** (B)  **14** (B)

**1** Kraft Foods Group 사는 주요 신문에서 몇몇 긍정적인 평가를 받았다.
**해설** 회사는 긍정적인 평가(several positive reviews)를 받는 대상이므로 능동태인 (C) has received가 정답이다. 또 다른 능동형인 (A) receive는 수 일치가 맞지 않아 오답이다.
**어휘** several 몇몇의  positive 긍정적인  review 평가, 검토

**2** 도시 지역 봉사상의 후보자는 이달 말에 발표될 것입니다.
**해설** 빈칸은 동사 자리. 수상 후보들(nominations)은 발표되는 것이므로 수동형을 써야 한다. 따라서 (C) will be announced가 답이다. 주어가 복수이므로 (D) has been announced는 수 일치가 맞지 않아 오답.
**어휘** nomination 수상 후보  announce 발표하다

**3** 합격자들은 관련 분야에서 최소 3년의 경험을 가지고 있어야 한다.
**해설** require(요구하다)의 목적어가 되어야 할 Successful applicants (합격자들)가 주어 자리에 있으므로 수동태 구조가 되어야 한다. 따라서 (C) are required가 답이다.
**어휘** successful applicant 합격자  experience 경험  related 관련된

**4** 직원 교육 프로그램의 모든 참가자들에게는 해외에서 일할 기회가 주어질 것입니다.
**해설** 4형식 동사(give)의 수동태 형태로, 간접 목적어(All participants)가 주어로 가고 직접 목적어(a chance to work abroad)가 수동태 뒤로 간 형태이다. 의미상 '모든 참가자들이 기회를 제공 받는다'가 어울리므로 be동사 뒤에 수동태를 완성하는 (B) given이 정답이다.
**어휘** participant 참석자  abroad 해외로

**5** 만약 구매품이 마음에 들지 않으면 전액 환불 받기 위해 그것을 영수증과 함께 가져오십시오.
**해설** 'be satisfied with(~에 만족하다)'로 쓰이므로 (C)가 정답이다.
**어휘** purchase 구매품  bring 가져오다  full refund 전액 환불

**6** Hoult 씨는 지난주에 자리를 비웠기 때문에 새로운 계약 조항에 대해 보고 받아야 한다.
**해설** 빈칸은 to부정사의 동사원형 자리로, to부정사는 동사의 성질을 가지고 있어 수동과 능동 형태가 가능하다. (A) brief와 (D) be briefed 중, 뒤에 목적어가 없고 주어인 he(=Mr. Hoult)가 보고 받아야 한다는 의미가 적절하므로 수동태인 (D)가 정답이다.
**어휘** term 조항  contract 계약  brief ~에게 알려 주다[보고하다]

**7** 교통 체증을 피하기 위해 참가자들은 대중교통을 이용할 것을 권장합니다.
**해설** 'be advised to + 동사원형'의 형태이므로, 빈칸 앞의 are과 함께 수동태를 이루는 (B) advised가 답이다.
**어휘** avoid 피하다  traffic congestion 교통 체증  participant 참가자  public transportation 대중교통

**8** 월요일에 면접을 본 William 씨는 연구 부서나 마케팅 부서에 배치될 것이다.
**해설** 조동사 will 다음에 올 적절한 동사의 형태를 묻는 문제로, (B)는 조동사 다음 동사원형이 와야 하기 때문에 제외. assign은 타동사로 뒤에 목적어가 와야 하지만 전치사 to가 있으므로 수동태인 (C)가 답이다. 조동사 뒤에 빈칸을 두어 수동/능동을 구별하는 문제가 자주 출제된다.
**어휘** interview 면접하다  either A or B A 또는 B  research department 연구 부서  marketing department 마케팅 부서  assign 배치시키다, (임무 따위를) 부여하다

**9** 세미나 좌석이 제한되어 있기 때문에 사전에 표를 예약하셔야 합니다.
**해설** 문맥상 주어(seats)와 동사(limit)가 '좌석이 제한된다'라는 의미의 수동 관계이고, 동사 뒤에 목적어가 없으므로 are 다음에는 과거분사 (B) limited(제한된)가 나와야 한다.

어휘 **reserve** 예약하다   **in advance** 사전에, 미리   **limit** 제한하다   **limitation** 제한, 한정, 규제

**10** 저희는 직원들에게 회사 내 다른 직책으로 전환하기 위한 교육과 지원을 제공할 것입니다.

해설 조동사(will) 다음 동사원형 자리로 동명사 (A) providing과 to부정사 (D) to provide는 오답이다. (B) be providing은 능동태, (C) be provided는 수동태로, 빈칸 뒤 사람 목적어(our workers)와 사물 목적어(training and support)가 있으므로 능동인 (B) be providing이 정답이다.

어휘 **training** 훈련   **support** 지원   **transition** 변화, 전환   **role** 역할

[11~14]

수신 : staff@alexander.com
발신 : k.urban@alexandercenter.com
답장 : 전력 중단
날짜 : 1월 12일

Alexander Center의 전기 서비스 업데이트의 일환으로 일부 건물의 전력이 오전 8시부터 오후 2시까지 매주 일요일 3주 동안 중단될 것입니다. 직원들은 이날 어떠한 상황이라도 건물 안에서 근무할 수 없습니다. 그러나 직원들은 회사 노트북을 사용하여 재택근무를 할 수 있습니다. 직원들은 미리 냉장고를 비우고 모든 상하기 쉬운 것들을 집에 가져가시기 바랍니다. 또한 컴퓨터나 스캐너는 금요일에 퇴근하기 전에 끄셔야 합니다. Data Center는 이번 전력 중단으로 인해 영향을 받지 않을 것입니다.

안녕히 계세요,

Karl Urban

어휘 **power** 전력   **electrical** 전기의   **under any circumstances** 어떠한 상황이라도   **clean out** 비우다   **perishable** 상하기 쉬운   **prior to** ~이전에   **leave for the day** 퇴근하다   **issue** 안건   **project** 프로젝트   **request** 요청하다   **overtime pay** 초과 근무 수당   **garage** 주차장   **frequently** 자주   **additionally** 또한, 게다가   **exceptionally** 예외적으로   **occasionally** 가끔   **affect** ~에게 영향을 주다

**11**
해설 빈칸은 앞서 언급된 Sundays를 의미하므로 (C) days가 답이다.

**12** (A) 직원들은 일요일에 일할 경우 초과 근무 수당을 요청할 수 있습니다.
(B) 그러나 직원들은 회사 노트북을 사용하여 재택근무를 할 수 있습니다.
(C) 만약 사무실에 오길 원한다면 차고에 주차하지 마세요.
(D) 매우 숙련된 기술자들이 전기 업데이트를 실행하기 위해 고용되었습니다.

해설 앞 문장에 특정일에 사무실에서 일을 할 수 없다는 내용이 있다. 보기 중 바로 이어질 자연스러운 문장은 however를 언급한 후 회사 노트북으로 재택근무를 할 수 있다는 (B)이다.

**13**
해설 빈칸 앞 문장에 전력 중단으로 인해 직원들에게 요청하는 내용이 있고 빈칸 다음에도 요청 사항이 이어지고 있으므로 중간에 들어갈 적절한 연결어는 (B) Additionally(또한)이다.

**14**
해설 조동사 다음 동사원형 자리로, (A) affect 또는 (B) be affected가 와야 한다. 능동과 수동을 구별하는 문제로, 'Data Center는 이번 전력 중단으로 인해 영향을 받지 않을 것입니다'라는 수동의 의미가 되어야 하므로 수동태인 (B)가 정답이다.

## UNIT 08 부정사

### SPARTA PRACTICE | p.170

**1** (D)   **2** (D)   **3** (B)   **4** (C)

**1** Heinfeld 사는 온라인 주문의 현저한 감소를 겪었고, 분석가들은 그것을 개인 정보 유출에 대한 대중의 염려 탓으로 돌렸다.

해설 '온라인 주문의 감소는 개인 정보 유출에 대한 대중의 염려 탓이다'가 문맥상 적절하므로 '~의 결과로 보다, 탓으로 돌리다'라는 뜻의 (D) attributed가 정답이다.

어휘 **marked** 현저한   **analyst** 분석가   **accuse** 고소하다   **present** 나타내다, 제시하다   **disapprove** 비난하다   **attribute A to B** A를 B의 탓으로 돌리다

**2** 각 승객들은 무료로 하나의 수하물만 가지고 기내에 탑승할 수 있습니다.

해설 문맥상 free of와 함께 '무료로'라는 의미를 완성하는 (D) charge가 정답이다. 참고로 (B) fare는 '탈것의 요금'을 의미한다.

어휘 **passenger** 승객   **luggage** 수하물, 짐   **loss** 손실   **fare** 요금   **budget** 예산   **charge** 요금

**3** Baker's Kitchen은 인기가 너무 많아서 주인은 매장 두 곳을 추가로 열었다.

해설 빈칸은 stores(매장)를 수식하는 형용사 자리로, 문맥상 '가게가 인기가 많아서 추가 매장을 열었다'가 적절하므로 '추가적인, 추가의'의 의미를 지닌 (B) additional이 정답이다.

어휘 **popular** 인기 있는   **owner** 주인   **allowable** 허용되는   **additional** 추가적인   **uninterested** 흥미 없는   **inclusive** 폭넓은

**4** 그 교육은 참가자들이 효율적으로 설문 조사를 실시하는 방법을 배울 수 있게 도울 것이다.

해설 빈칸은 to부정사(to conduct)를 수식하는 부사 어휘 문제로, 문맥상 conduct와 어울리는 부사를 골라야 한다. '효율적으로 설문 조사를 실시하는 방법을 배우다'라는 내용이 적절하므로 (C) effectively가 정답이다.

어휘 **training session** 교육   **conduct a survey** 설문 조사를 하다   **accidently** 우연히   **slightly** 약간, 조금   **effectively** 효과적으로   **rarely** 드물게

### SPARTA TEST | p.172

**1** (D)   **2** (C)   **3** (D)   **4** (D)   **5** (D)
**6** (A)   **7** (A)   **8** (A)   **9** (C)   **10** (C)
**11** (B)   **12** (B)   **13** (B)   **14** (D)

**1** 제대로 작동하기 위해 이 기계는 정기적으로 점검 받아야 한다.
해설 in order to 뒤에는 동사원형이 와야 한다. 따라서 답은 (D)이다.
어휘 **properly** 적절히   **machine** 기계   **at regular intervals** 일정한 간격을 두고, 정기적으로

**2** 무역 박람회는 업계 최고의 공급업체 직원들을 만나 볼 수 있는 좋은 기회입니다.

**해설** opportunity를 포함한 일부 명사는 to부정사의 수식만 받을 수 있다. 따라서 정답은 (C)이다.
**어휘** representative 직원, 대표   supplier 공급업자

**3** 요리사 Faye Ward는 이전 요리사가 새로운 식당을 개업하기 위해 떠난 후 Richard's Restaurant을 인수했다.
**해설** 빈칸 앞 완전한 문장이므로 빈칸은 수식어 자리다. 빈칸 뒤에 또 다른 목적어(a new restaurant)가 있고 의미상 '~하기 위해(목적)'가 어울리므로 to부정사의 부사적 용법인 (D)가 답이다.
**어휘** chef 요리사   take over 인계 받다   previous 이전의   open 열다

**4** 재무팀의 유연한 예산은 우리가 더 많은 사무용품을 구매할 수 있도록 할 것입니다.
**해설** allow는 목적격 보어로 to부정사를 취하는 5형식 동사이므로 (D) to purchase가 알맞다.
**어휘** flexible 유연한   budget 예산(안)   office supplies 사무용품

**5** 모든 근로자들은 회사 안내책자에 쓰여 있는 규정들을 지켜야 한다.
**해설** 'be required to + 동사원형(~하라고 요구 받다)'의 구조이므로 (D) to comply가 정답이다.
**어휘** regulation 규정   manual 안내책자   comply with ~을 지키다

**6** 투숙객들은 예약을 확인하기 위해 적어도 이틀 전에 미리 호텔에 연락해야 합니다.
**해설** 빈칸 뒤에 동사원형(confirm)이 있고, 빈칸 이하가 앞 문장 전체를 수식하는 부사 역할을 하고 있다. 따라서 to부정사를 만드는 (A)가 정답이다.
**어휘** contact 연락하다   confirm 확인하다   reservation 예약   at least 적어도   in advance 미리, 사전에

**7** Josiah 씨는 Gwinnett 대학이 주최할 여름 집중 프로그램에 참석하라는 이메일 초대장을 받았다.
**해설** 빈칸 앞이 완전한 문장이므로 보기 중 동사인 (B)와 (D)는 제외. 남겨진 (A)와 (C)를 통해 앞에 있는 명사를 후치 수식하는 준동사 문제임을 알 수 있다. (C) 과거분사는 수동이므로 뒤에 목적어가 올 수 없다. 따라서 답은 (A) to attend이다. to부정사는 명사를 뒤에서 수식하는 형용사적 용법으로 쓰였는데, to부정사의 동사가 타동사일 경우 뒤에 목적어가 온다.
**어휘** receive 받다   invitation 초대[초청]장   host (행사를) 주최하다   attend 참석하다

**8** 부서장들은 자신의 직위에 요구되는 조건들을 완수하기 위해 초과 근무하는 것이 필요하다.
**해설** to부정사의 의미상 주어를 표현할 때는 그 앞에 <for+목적격> 형태를 쓴다. 따라서 정답은 (A)이다.
**어휘** work overtime 초과 근무를 하다   in order to ~를 하기 위해   fulfill (직무나 약속을) 이행하다, 수행하다   requirement 요건

**9** 정확성을 보장하기 위한 노력으로, 기술자들은 최소한 한 달에 두 번 기계의 손상을 점검하도록 권장된다.
**해설** 'in an effort to V(~ 하려는 노력으로)'라는 의미의 숙어로, 이때 to부정사는 명사를 뒤에서 수식하는 형용사적 용법. 따라서 답은 (C)이다.
**어휘** accuracy 정확(도)   engineer 기술자   be encouraged to V ~하라고 권고 받다   inspect 검사하다   machinery 기계   damage 손상   ensure 확실하게 하다

**10** 토요일 댄스 공연 티켓을 예약하시려면 목요일 정오 전에 매표소로 전화해야 합니다.
**해설** 빈칸 다음에 동사원형(reserve)이 있으므로 보기 중 동사원형을 연결할 수 있는 것은 (C) In order to이다. (A) As to(~에 관하여)와 (B) In addition to(~이외에도)의 to는 전치사라는 것을 주의해야 한다.
**어휘** reserve 예약하다   performance 공연   box office 매표소

**[11~14]**

수신: sally732@que2mail.ca
발신: noreply@bluemountainairlines.ca
날짜: 9월 1일
제목: Blue Mountain Airlines 비밀번호

회원분께,

당신이 Blue Mountain Airlines 계정의 비밀번호 변경을 요청하셔서 이메일을 보냅니다. 당신의 계정은 재설정되었고, 임시 비밀번호는 Sa7d203b입니다.
임시 비밀번호는 24시간 후에 만료된다는 것을 숙지해 주세요. 가능한 한 빨리 이 비밀번호를 이용하여 bluemountainairlines.co.ca/members에 로그인하십시오. 변경을 완료하기 위해 메시지가 뜨면 지시를 따라 주십시오.
Blue Mountain Airlines는 고객의 정보 보호를 소중히 여깁니다. 만약 변경을 요청하지 않으셨다면 바로 연락 주시기 바랍니다.

안녕히 계세요,

Blue Mountain Airlines

**어휘** account 계정, 계좌   temporary password 임시 비밀번호   follow 따르다   instructions 지시 사항   value 소중히 하다   security 안전, 보안   activate 활성화하다   expire 만기가 되다   amend (의안 등을) 수정하다   execute (계획 따위를) 실행하다, 실시하다   waive 포기하다

**11**
**해설** 빈칸은 동사 자리로, (C) requesting은 정답이 될 수 없고 주어가 you이므로 수 일치가 맞지 않는 (D) requests도 오답이다. (A) request 현재시제와 (B) requested 과거시제 중, 문맥상 이미 변경을 요청했고 그에 대한 글을 쓴 것이므로 정답은 (B) requested이다.

**12**
**해설** 빈칸 앞 문장에서 임시 비밀번호를 발급했다고 했고, 빈칸 뒤에서 가능한 한 빨리 사이트에 접속하라고 했으므로 빈칸에는 임시 비밀번호가 만기될 것이라는 내용이 들어가야 한다. 따라서 (B) expire가 답이다.

**13**
**해설** 빈칸 뒤 목적어(the change)가 있고 콤마 뒤로 완전한 문장이 있으므로 빈칸은 준동사인 to부정사가 와야 한다. 이때 to부정사는 부사적 용법으로 '~하기 위해'라는 목적의 의미이다.

**14** (A) 우리는 새로운 회원 카드를 동봉했습니다.
   (B) 귀하가 저희 Airline Club을 처음 이용하시기 때문에 회원비를 면제해 드리겠습니다.
   (C) 할인 및 기타 혜택에 대한 추가 정보를 위해 저희 웹 사이트를 방문하십시오.
   (D) 만약 변경을 요청하지 않으셨다면 바로 연락 주시기 바랍니다.
**해설** 비밀번호 변경 요청에 답하면서 고객의 정보를 보호하는 것을 중요하게 생각한다고 했으므로 빈칸에는 만약 본인이 변경을 요청한 것이 아닐 경우 바로 연락을 달라는 내용의 (D)가 오는 것이 적절하다.

## UNIT 09 동명사

### SPARTA PRACTICE | p.178

1 (A)　2 (B)　3 (C)　4 (C)

**1** 저희는 현재 회계 분야에서 최소 2년의 경험을 가지고 있는 능력 있는 직원들을 구하고 있습니다.
**해설** 문맥상 '자격을 갖춘 사람을 구하다'라는 내용이 자연스럽다. 따라서 (A) seeking이 정답이다. 참고로 look이 '~을 찾다'의 의미가 되려면 전치사 for와 함께 쓰여야 한다.
**어휘** qualified 자격이 있는　at least 최소한　experience 경험　seek 구하다, 찾다　urge 주장하다　express 표현하다

**2** 우리는 모든 이력서를 철저히 검토한 후에 면접 볼 지원자를 결정할 것이다.
**해설** 타동사 determine의 목적어이자 의문형용사 which(어떤)의 수식을 받는 명사 자리로, 문맥상 '이력서를 검토한 후에 어떤 지원자를 인터뷰할지 결정할 것이다'가 어울리므로 (B) candidates가 정답이다.
**어휘** thoroughly 철저히　review 검토하다　determine 결정하다　donation 기부(금)　candidate 후보자　incentive 장려금　earnings 수익

**3** Johnson 씨는 고객 불만 해결뿐만 아니라 데이터베이스 정리도 처리할 만큼 충분히 다재다능하다.
**해설** 고객 불만을 해결하는 것과 데이터베이스를 정리하는 것은 Johnson 씨가 그만큼 여러 방면에 유능하다는 것이므로 '다재다능한'이라는 뜻의 (C) versatile이 정답이다.
**어휘** enough to V ~할 정도로 충분히　handle 다루다　organize 정리하다　address 다루다, 처리하다　assorted 여러 가지　complete 완전한　versatile 다재다능한　typical 전형적인

**4** 우리가 지난달에 출시한 신상품들이 판매를 시작하자마자 즉시 매진되었다.
**해설** 부사 어휘 문제로, 문맥상 '판매를 시작하자마자 바로 매진되었다'의 의미를 완성하는 (C) immediately가 정답이다. immediately after는 '~한 직후에'라는 뜻으로 시험에 자주 출제되는 표현이다.
**어휘** launch 출시하다　sell out 다 팔리다　go on sale 판매하다　personally 개인적으로　closely 면밀히　immediately 즉각　frequently 자주

### SPARTA TEST | p.180

1 (B)　2 (C)　3 (D)　4 (C)　5 (D)
6 (D)　7 (D)　8 (A)　9 (A)　10 (B)
11 (C)　12 (D)　13 (C)　14 (B)

**1** 직원들은 교육 과정에 참여하거나 온라인 개인 교습을 수료하는 것 중에서 선택할 수 있다.
**해설** 전치사 of 다음에 빈칸이 있으므로 명사가 와야 하는 자리지만 빈칸 뒤에 또 다른 목적어인 a training class를 취할 수 있는 것은 동명사이다. 따라서 (B) attending이 정답이다.
**어휘** option 선택(권)　complete 끝내다　online 온라인상의　tutorial 개별 지도 (시간), 지침서

**2** 호텔 투숙객은 지하 주차장에 주차하기 전에 주차권을 제시해야 합니다.
**해설** [before V-ing] 형태이다. 빈칸은 전치사의 목적어 자리로, 동명사가 와야 한다. 따라서 (C) parking이 답이다.
**어휘** underground garage 지하 주차장

**3** 신상품을 성공적으로 출시하는 방법 중 하나는 신중한 시장 조사이다.
**해설** 'key to + 명사/동명사(~의 방법)' 구조로, 빈칸은 동명사인 launching을 수식하는 부사 자리다. 따라서 (D) successfully가 정답이다.
**어휘** launch 출시하다　successfully 성공적으로

**4** 재무 기록에 오류가 발생하지 않게 하려면, 계좌 번호를 입력하는 데 표준 절차를 따르십시오.
**해설** 빈칸은 전치사(for)의 목적어 자리이자 뒤에 목적어(account numbers)를 취하는 동명사 자리이므로 (C) entering이 적절하다.
**어휘** avoid 피하다　financial record 재무 기록　standard procedures 표준 절차　account number 계좌 번호　enter 기입하다, 입력하다　entrance 입구

**5** 소프트웨어 설치에 어려움이 있을 경우, 하루 종일 기술 지원이 가능합니다.
**해설** 동명사 관용표현인 have difficulty -ing(~하는 데 어려움을 겪다)의 패턴으로 빈칸에는 동명사인 (D) installing이 적절하다.
**어휘** difficulty 어려운　technical support 기술 지원　throughout the day 하루 종일　install 설치하다

**6** 저희 여름 카탈로그에서 귀하의 최근 주문건을 처리하는 데 실수가 있었던 점에 대해 사과드리고 싶습니다.
**해설** 빈칸은 전치사(in)의 목적어 자리이자 빈칸 뒤 [소유격+명사]를 목적어로 취하는 동명사 자리이므로 (D) processing이 답이다.
**어휘** wish to V ~하고 싶다　apologize for ~에 대해 사과하다　process 처리하다

**7** 우리는 새로운 근현대 미술관의 개장을 발표하게 되어 자랑스럽습니다.
**해설** 빈칸은 to부정사(to announce)의 목적어 자리이므로 '개장'이라는 뜻의 (D) opening이 답이다. 동명사는 관사 다음에 올 수 없으나 여기서 opening은 동명사가 아닌 명사라는 점에 주의한다.
**어휘** be proud to ~을 자랑스럽게 여기다　announce 발표하다

**8** Gupta 씨는 Belleza 건설사의 모든 직원들이 안전 절차를 따르게 할 책임이 있다.
**해설** 빈칸은 명사 자리로, 빈칸 뒤의 명사절을 목적어로 취하면서 전치사(for)의 목적어가 될 수 있는 (A) ensuring이 답이다. [전치사(for)+동명사(ensuring)+that절] 구조이다.
**어휘** be responsible for ~에 책임이 있다　safety procedure 안전 절차　follow 따르다　ensure 반드시 ~하게 하다, 보장하다

**9** Olsen 씨는 지난달에 회사를 퇴직하자마자 경제학 관련 서적을 집필하기 시작했다.
**해설** begin은 to부정사 또는 동명사를 목적어로 취하며 '~하기 시작하다'라는 뜻을 나타내므로 (A) writing이 답이다.
**어휘** economics 경제학　retire 퇴직하다

**10** 신입 사원들은 수습 기간 동안 집중 교육을 받는 데 익숙해져야 한다.

해설 '~하는 데 익숙해지다'라는 의미의 숙어로 'be used to'를 쓰는데, 여기서 to는 전치사이므로 뒤에 동명사나 명사가 나와야 한다. 보기 중 이에 부합하는 것은 동명사인 (B) undergoing이다. 여기서 주의할 것은 be used to V 구문은 '~하기 위해 사용되다'라는 뜻으로 쓰인다는 것이다. 따라서 (A) undergo가 들어가면 '신입 사원들이 집중 교육을 받기 위해 사용되다'라는 어색한 의미가 된다.

어휘 **intensive training** 집중 교육(훈련) **probation period** 수습 기간 **undergo** 겪다, 경험하다

[11~14]

수신 : markjohnson@pharcon.com.au
발신 : jamesgarner@umedvic.edu.au
날짜 : 7월 21일
제목 : 감사합니다!

Johnson 박사님께,

어제 저희 실험실에 방문해 주셔서 감사합니다. 항상 그렇듯이 당신의 전문 지식에 감사드립니다. 저희 기술자들은 개선된 이미지 시스템에 대한 당신의 설명에 특히 도움을 받았습니다.
앞으로 몇 개월간 저는 몇몇 직원을 더 고용할 계획입니다. 혹시 10월에 한 번 더 교육해 주실 수 있을까요? 만약 해 주신다면 신입 직원들에게 매우 큰 도움이 될 것입니다.
자세한 사항을 이야기하기 위해 저에게 알려 주세요.

진심으로,

James Garner

어휘 **lab** 실험실 **as always** 늘 그렇듯이 **expertise** 전문 지식[기술] **technician** 기술자 **especially** 특히 **benefit from** ~로부터 이익을 얻다 **demonstration** 시연, 설명 **lead** 이끌다 **session** 교육, 수업 **details** 세부 사항 **visit** 방문하다 **appreciate** 고마워하다 **promising** 유망한 **input** 조언 **adhere to** ~을 준수하다 **strict** 엄격한

**11**

해설 전치사 for의 목적어 자리로, 뒤에 our lab을 목적어로 취할 수 있는 동명사가 나와야 한다. 빈칸 뒤에서 수신자가 실험실에서 이미지 시스템에 대한 교육을 했다는 것을 알 수 있으므로 보기 중 '실험실에 방문했다'는 의미를 만드는 (C) visiting이 정답이다.

**12**

해설 빈칸은 동사 자리로, 회사를 방문해서 시스템을 설명한 Dr. Johnson에게 감사를 드린다는 의미를 완성하는 (D)가 정답이다. (A)와 (C)는 능동태로 빈칸 뒤에 목적어가 없기 때문에 답이 될 수 없고, 전문적 지식을 알려준 것은 과거의 일(yesterday)이므로 미래시제인 (B)는 오답이다.

**13**

해설 Dr. Johnson을 지칭하는 대명사 you가 정답이다.

**14** (A) 후보자 대부분은 매우 유망해 보입니다.
(B) 만약 해 주신다면 신입 직원들에게 매우 큰 도움이 될 것입니다.
(C) 귀하의 의견을 주신다면 그 과정은 빠르게 진행될 수 있습니다.
(D) 이 직원들은 엄격한 규정을 준수해야 합니다.

해설 빈칸 앞에서 Dr. Johnson에게 신입 직원들을 위한 교육을 요청하고 있고 빈칸 뒤에서는 '자세한 내용을 이야기하기 위해 연락 바란다'는 내용이 나온다. 이를 자연스럽게 이어줄 문장으로 그 교육이 직원들에게 큰 도움이 될 것이라는 (B)가 가장 적절하다.

## UNIT 10 분사

### SPARTA PRACTICE | p.186

**1** (D)  **2** (A)  **3** (D)  **4** (A)

**1** 저희는 산업용 차량과 기계처럼 크기가 큰 물품의 운송을 전문으로 하고 있습니다.

해설 빈칸은 뒤에 전치사(in)를 취하는 자동사 자리로, 보기 중 자동사인 (B) emerge와 (D) specialize 중 문맥상 '우리는 크기가 큰 물품의 운송을 전문으로 하고 있습니다'를 완성하는 (D) specialize가 답이다. specialize in은 '~을 전문으로 하다'의 뜻으로 시험에 자주 나온다.

어휘 **ship** 배송하다 **such as** ~와 같은 **vehicle** 탈것 **machinery** 기계(류) **commend** 칭찬하다, 추천하다 **emerge** 나타나다, 나오다 **perform** 수행하다, 이행하다 **specialize** 전문으로 하다

**2** 행사 기획자들은 Price 씨에게 지역 회의에 참석할 수 있는 초대장을 보냈다.

해설 문맥상 '지역 회의에 참석할 수 있는 초대장을 보냈다'가 적절하므로 (A) invitation이 정답이다.

어휘 **event organizer** 행사 기획자 **regional conference** 지역 회의 **invitation** 초대(장) **application** 신청(서) **information** 정보

**3** 일단 주문이 완료되면 물건들은 3일 이내에 고객에게 배송될 것입니다.

해설 빈칸은 be동사의 보어 자리로, 주어인 the order(주문)을 보충 설명하는 가장 적절한 형용사를 선택하는 문제이다. '주문이 완료되면 물건이 고객에게 배송된다'는 의미를 완성하는 (D) complete가 적절하다.

어휘 **once** 일단 ~하면 **order** 주문 **ship** 배송하다 **whole** 전체의 **accurate** 정확한 **entire** 전체의 **complete** 완전한, 완료된

**4** 오전 회의에 앞서 모든 팀원들은 전략 개요를 간략하게 훑어보아야 합니다.

해설 '회의에 앞서 전략 개요를 ---- 훑어보아야 합니다'라는 문맥에 적합한 어휘는 (A) briefly(간략히)이다.

어휘 **prior to** ~에 앞서 **look over** ~을 훑어보다 **strategy** 전략 **outline** 개요, 요점 **briefly** 간략히, 간단히 **readily** 서슴없이, 쉽사리 **scarcely** 드물게 **visibly** 명백하게

### SPARTA TEST | p.188

**1** (A)  **2** (B)  **3** (A)  **4** (B)  **5** (B)
**6** (D)  **7** (B)  **8** (B)  **9** (B)  **10** (B)
**11** (C)  **12** (A)  **13** (B)  **14** (A)

**1** 다가오는 지역 행사에 대한 흥미로운 정보 몇 가지가 웹 사이트에 나와 있습니다.

해설 빈칸은 명사 information을 수식하는 자리로, '흥미로운, 재미있는'이라는 의미의 형용사 (A) interesting이 정답이다. 수식하는 대상이 감정을 느끼는 주체이면 과거분사 interested를, 감정을 유발시키는 원인이면 현재분사 interesting을 쓴다.

어휘 **upcoming** 다가오는, 이번의 **be listed** 명단[목록]에 오르다

**2** 온라인 뱅킹을 이용하는 고객들은 새 시스템에 많은 결함이 있다고 알렸다.

**해설** 문장의 주어는 Customers이고 동사는 reported이다. 한 문장에서 접속사 없이 두 개의 동사가 있을 수 없으므로 동사인 (A)와 (D)는 제외한다. ------ online banking은 Customers를 수식해야 하므로 빈칸은 분사 형태가 되어야 하는데, 이때 Customers는 온라인 뱅킹을 이용하는 주체이므로 현재분사인 (B)가 알맞다.

**어휘** online banking 온라인 뱅킹　report 신고하다, 보고하다
a number of 많은　fault 결함, 잘못

**3** 그 건물의 구조는 신입 직원들과 방문자들에게 종종 혼란을 줄 수 있다.

**해설** 빈칸에는 주어인 The layout of the building을 설명하는 보어가 필요하다. (A)와 (D) 중에서 건물 구조는 사람들에게 혼란을 주는 주체이므로 능동의 현재분사인 (A) confusing이 정답이다. 명사인 (B) confusion을 쓰면, The layout of the building과 confusion이 동격이 되므로 맞지 않다.

**어휘** layout 배치, 설계(법), 구조　confusing 혼란을 주는　confuse 혼란스럽게 만들다　confused 혼란스러운

**4** 일단 합병이 되면 3개의 부서는 단 한 명의 매니저가 관리할 것이다.

**해설** '일단 합병이 되면'이라는 뜻의 분사구문이 되어야 하는데, 분사구문의 주어는 주절의 주어와 같은 the three departments다. 이는 합병되는 대상이므로 과거분사인 (B) merged가 정답으로 알맞다.

**어휘** department 부서, 부문　under the supervision of ~의 감독 하에
merge ~를 합병시키다

**5** 10년 이상 동안 Max Taxis는 방문객들과 지역 주민들이 선호하는 교통수단이었다.

**해설** 빈칸 뒤 명사(means)를 수식하는 형용사 자리로, means(수단)는 선호되는 대상이므로 과거분사인 (B) preferred가 정답. 'preferred means of transportation(선호하는 교통수단)'을 암기해 두자.

**어휘** means 수단　transportation 대중교통　local 주민, 현지인
prefer 선호하다　preference 선호　preferably 더 좋아하여, 오히려

**6** 그 쇼는 인기가 매우 많아서 제한된 수량의 티켓만 구입 가능하다.

**해설** number(수)를 수식하는 형용사 자리로 '제한된 숫자'가 문맥에 맞으므로 수동의 의미인 과거분사 (D) limited가 정답이다.

**어휘** since ~ 때문에　extremely 극도로, 매우　popular 인기 있는
limited 제한되는

**7** 회의장에 늦게 도착했기 때문에 그녀는 회의실에 들어갈 수 없었다.

**해설** '회의실에 늦게 도착했기 때문에'라는 뜻의 분사구문을 만들어야 한다. 분사구문의 동사 arrive는 '도착하다'라는 뜻의 자동사이므로 수동태가 될 수 없다. 따라서 (B) Arriving이 정답이다.

**어휘** late 늦게　prohibit A from -ing A가 ~하는 것을 막다

**8** Inside Engineering은 International Society of Engineers에서 분기별로 배포하는 잡지입니다.

**해설** 빈칸은 명사(a journal)를 후치 수식하는 형용사 자리로, 수식 받는 명사와의 관계가 수동이므로 과거분사인 (B) distributed가 정답이다.

**어휘** journal 신문, 잡지　quarterly 분기별로　distribute 배포하다

**9** Mora Stewart는 연극에서 단역을 연기하지만, 그의 연기는 관객들에게 오랜 감동을 남긴다.

**해설** 명사를 수식하는 형용사를 묻는 문제로, last는 자동사이므로 명사를 수식할 때 과거분사가 될 수 없다. 이와 같이 명사를 수식할 때 현재분사(V-ing)로만 쓰는 표현들은 묶어서 암기하자. 최근 시험에 나온 표현으로 lasting impression(오래 지속되는 인상) 외에도 an existing facility(기존 시설), a rewarding discussion(가치 있는 토론), challenging tasks(힘든 과제), demanding customers(까다로운 손님들) 등이 있다.

**어휘** minor role 단역　performance 연기　audience 청중, 관중

**10** 우리는 당신이 게시판에 게시할 공고문을 준비할 때 이 견본에 나와 있는 구성을 따를 것을 권장합니다.

**해설** 접속사 when 뒤에 주어와 동사가 없으므로 분사구문이 와야 한다는 것을 알 수 있다. 빈칸 다음에 목적어 announcements가 있기 때문에 능동형 분사구문이 되어야 하므로, (B) preparing이 답이다. 시험에서는 접속사 while, when, before, after 뒤에 빈칸을 두어 능동(V-ing)과 수동(V-ed) 분사구문을 물어보는 문제가 주로 출제된다.

**어휘** announcement 발표　bulletin board 게시판　recommend 권고하다　follow 따르다

**[11~14]**

**연례 실적 평가**

서면 평가는 실적 평가 과정의 마지막 단계입니다. 이것은 특정 기간 동안 직무 수행에 대한 공식적인 평가입니다. 성과는 고용주의 기대치에 근거하여 판단됩니다. 평가의 주된 목적은 직원들에게 피드백을 주기 위함입니다. 또한 다음 평가 기간을 위한 기대치를 설정하는 데도 도움이 됩니다.

이 평가는 업무 평가를 위해 필요하다고 여겨지는 지속적인 소통을 대신하진 않습니다.

**어휘** performance 실적　evaluation 평가(서)　written 서면의
assessment 평가　process 과정　formal 공식적인
appraisal 평가　success 성과, 성공　measure 측정하다, 재다
according to ~에 따라서　determine 결정하다　substitute 대체물, 대리인　ongoing 진행 중인, 계속되는　quality 질, 품질
revision 개정, 수정　phase 단계　fragment 파편, 조각, 단편
main purpose 주된 목적　institute 시작하다　biannual 2년마다의　authorize 승인하다　payment 지불
at one's discretion ~의 재량에 따라　establish 확립하다
release 공개하다　consider 간주하다

**11**

**해설** '실적 평가의 마지막 -----는 서면 평가입니다'에서 문맥상 적합한 어휘는 (C) phase(단계)이다.

**12** (A) 평가의 주된 목적은 직원들에게 피드백을 주기 위함입니다.
(B) 많은 회사들이 연 2회의 평가를 시작했습니다.
(C) 매니저들은 재량에 따라 지불을 승인할 수 있습니다.
(D) 평가서들은 당신이 퇴사한 후 5년 동안 파일에 보관됩니다.

**해설** 빈칸 다음 문장의 also가 힌트로, 직원 평가를 하는 목적을 언급하고 있으므로 빈칸에도 평가의 목적이 나와야 한다. 따라서 직원들에게 피드백을 주기 위해서라고 설명한 (A)가 정답이다.

**13**

**해설** '다음 평가 기간을 위한 기대치를 ------ 하는 데 도움이 됩니다'에서 문맥상 적합한 어휘는 (B) establish(확립하다, 세우다)이다.

**14**

**해설** 빈칸 앞 communication을 후치 수식하는 형용사 자리로, 문맥상 '업무 평가를 위해 필요하다고 여겨지는 소통'이란 내용이 자연스럽다. 따라서 수동의 의미인 과거분사 (A) considered가 정답이다.

## UNIT 11 접속사

### SPARTA PRACTICE | p.198

1 (D)  2 (C)  3 (B)  4 (D)

**1** 신입 사원 환영회가 2월 13일에 TNC 빌딩에서 열릴 예정입니다.
[해설] 빈칸 앞 be동사와 함께 수동태를 완성하는 동사 어휘 문제로, '연회가 2월 13일에 열릴 것이다'가 문맥상 적합하므로 빈칸에 알맞은 것은 '~을 열다, 개최하다'의 의미를 가진 hold의 과거분사 (D) held이다.
[어휘] **reception** 연회  **replace** 교체하다, 대신하다  **hire** 고용하다  **pick** 고르다, 선택하다  **hold** 열다, 개최하다

**2** Alicia Bergan 씨는 연결편을 놓쳐서 공항 호텔에서 하룻밤을 묵어야 했다.
[해설] 빈칸은 공항 호텔에 머무르게 된 이유가 되어야 하므로 '연결편'이라는 뜻의 (C) connection이 정답이다.
[어휘] **miss** 놓치다  **stay overnight** 하룻밤 묵다  **flexibility** 융통성  **observation** 관찰, 감시  **connection** 연결편, 운행 수단  **suggestion** 제안

**3** Ross 씨는 작년에 일자리를 잃고 그 이후로 수많은 임시직을 해 왔다.
[해설] 빈칸 뒤 명사(jobs)를 수식하는 형용사 자리로, 문맥상 '직업을 잃고 나서 많은 임시직들을 해 왔다'가 적절하므로 (B) temporary가 답이다. 참고로 have since p.p.는 '그 이래로 ~해 왔다'라는 표현으로 여기서 since는 부사이다.
[어휘] **factual** 사실에 입각한  **temporary** 임시의  **prepared** 미리 준비된  **further** 추가의

**4** 건강 관리에 대한 관심이 늘어서 유기농 식품 판매량이 눈에 띄게 증가했다.
[해설] 문장의 동사 increased를 수식하는 부사 어휘 문제이다. '건강 관리에 대한 관심이 늘어 유기농 식품 판매가 눈에 띄게 늘었다'는 내용으로, 증감 동사(increase)를 수식하는 (D) remarkably가 정답이다.
[어휘] **rising demand** 증가하는 수요  **organic food** 유기농 식품  **regularly** 정기적으로  **nearly** 거의  **shortly** 곧  **remarkably** 눈에 띄게

### SPARTA TEST | p.200

1 (A)  2 (B)  3 (B)  4 (B)  5 (A)
6 (D)  7 (A)  8 (C)  9 (A)  10 (B)
11 (B)  12 (A)  13 (D)  14 (A)

**1** 신규 지점의 위치는 Mason 빌딩이나 Sorenton 타워가 될 것입니다.
[해설] 상관 접속사 구문 either A or B(A 혹은 B)를 묻는 문제로, 둘 중 하나에 새 지점이 위치할 것이라는 의미를 나타내는 (A) or가 답이다.
[어휘] **location** 위치

**2** 콘서트 주최 측은 공연장에 녹음 장비를 들이지 말라고 요구한다.
[해설] 동사 insist의 목적어 자리에 절이 있으므로 빈칸은 명사절을 이끄는 접속사 (B) that이 들어가야 한다.
[어휘] **organizer** 주최자  **insist that** ~라고 주장하다  **recording equipment** 녹음 장비  **venue** 개최 장소, 공연장

**3** 직원 복지 혜택의 변경이 시간제 근로자들에게도 영향을 미칠지 아닐지를 확인하십시오.
[해설] 빈칸은 타동사 confirm의 목적어 자리로, 빈칸 뒤에 완전한 문장이 있으므로 명사절 접속사 (B) whether가 답이다. (A) while과 (D) as long as는 부사절 접속사로, 문장에서 부사 역할을 하므로 답이 될 수 없고 (C) prior to는 전치사로 뒤에 문장이 올 수 없다.
[어휘] **confirm** 확인하다  **benefit** 혜택  **affect** 영향을 미치다  **while** ~하는 동안  **whether** ~인지 아닌지  **prior to** ~이전에  **as long as** ~하는 한

**4** Wilson 씨는 다음 주에 사무실에 없지만 여전히 이메일로 연락할 수 있을 것입니다.
[해설] 빈칸은 등위 접속사 자리로, 빈칸 앞뒤의 문맥을 통해 답을 선택해야 한다. 빈칸 앞 내용은 Wilson 씨가 다음 주에 사무실에 없다는 내용이고 빈칸 뒤는 이메일로 연락 가능하다는 내용이므로 역접의 관계를 나타내는 (B) but이 적절하다.
[어휘] **out of the office** 부재중인  **reachable** 연락 닿을 수 있는

**5** Brown 씨와 저 둘 다 회의에 참석할 수 없다는 것을 알리게 되어 유감입니다.
[해설] 동사 inform은 4형식 동사로 [inform A that절] 'A에게 ~를 알리다'의 구조로 사용된다. 따라서 명사절 접속사 (A) that이 답이다.
[어휘] **regret to** ~해서 유감이다  **inform** 알리다

**6** 고객들은 우리 사무용 가구들이 어떻게 만들어지는지 보기 위해 Birmingham 공장을 견학하도록 요청 받았다.
[해설] 빈칸 앞에 see가 있고 그 다음에 절이 왔으므로 절을 이끄는 명사절 접속사 (D) how가 정답이다. how는 to부정사나 절을 이끌어 '~하는 방법, 어떻게 ~하는지'의 뜻을 지닌다.
[어휘] **customer** 고객  **invite** 요청하다  **tour** 둘러보다  **factory** 공장  **office furniture** 사무 가구

**7** 세미나에 관한 추가 세부 사항들은 참석에 관심을 보인 모든 사람들에게 보내질 것이다.
[해설] 빈칸부터 attending까지가 everyone을 수식하므로 빈칸에는 관계대명사가 와야 한다. 선행사인 everyone(모든 사람)은 사람을 뜻하고 빈칸 뒤에 주어가 없으므로 사람을 수식하는 주격 관계대명사 (A) who가 답이다.
[어휘] **additional** 추가적인  **details** 세부 사항

**8** 이 단체는 모금 활동을 포함하는 일을 할 직원을 고용하고 있습니다.
[해설] 주어는 This organization, 동사는 is hiring, 빈칸부터 fundraising까지는 앞의 a staff member를 수식하므로 빈칸은 관계대명사 자리다. 빈칸 뒤는 완전한 문장이고, responsibilities와 함께 '직원의 책무'가 되는 것이 문맥상 적절하므로 (C) whose를 선택해야 한다.
[어휘] **organization** 단체, 조직  **responsibilities** 책무  **fundraising** 모금 활동

**9** 주방용 식탁과 의자는 보통 세트로 판매하지만, 일부 의자는 개별적으로도 구입 가능하다.
[해설] [---- + 문장, 문장]의 형태이므로 빈칸은 접속사 자리. 앞 문장의 요지는 '주방용 식탁과 의자는 보통 세트로 판매한다'이고 뒤 문장은 '일부 의자는 개별적으로 구입 가능하다'이므로 역접의 의미를 나타내는 접속사가 어울린다. 따라서 '~이지만'이라는 의미의 (A) While이 답이다. 접속사 while은 시간 부사절 접속사로 '~동안'뿐만 아니라 양보 부사절 접속사 '~이지만, ~인 반면에'라는 의미로도 쓰일 수 있다.

349

어휘 **kitchen table** 식탁　**usually** 주로, 대개　**individually** 개별적으로, 각각 따로

**10** Wambach 씨는 그 일에 가장 적임자였기 때문에 판매원의 대체자로 고용되었다.

해설 빈칸은 문장과 문장을 연결하는 접속사 자리다. (C) only는 부사이므로 오답. 접속사 (A) until(~까지), (B) because(~때문에), (D) so that(~하기 위해) 중, 앞 문장은 'Wambach 씨는 고용되었다'는 내용이고 뒤 문장은 '그녀가 그 일에 가장 적격이다'라는 내용이므로 [결과+원인] 관계이다. 따라서 (B) because가 적절하다.

어휘 **employ** 고용하다　**substitute** 대신하는 사람, 대리자
**salesperson** 판매원　**qualified** 자격을 갖춘

[11~14]

수신: 모든 Ecotinuum 직원들
발신: Anthony Quintal, 엔지니어링 부서장
날짜: 3월 30일 금요일
제목: 정기 안전 점검

동료분들께,

관리팀이 이달 초에 발표한 대로, 엔지니어링 부서가 회사의 컴퓨터 및 에어컨의 정기적인 안전 검사를 실시할 예정입니다. 목적은 어느 전자 장비가 교체될 필요가 있는지 알아보는 것입니다.
이 문제에 대해 여러분의 도움을 요청 드립니다. 컴퓨터 또는 에어컨에서 발견하는 반복적인 문제들을 기록해 두십시오. www.ecotinuumco.com/form에서 이용할 수 있는 양식을 작성하여 다음 주까지 그 문제를 보고하십시오. 자세한 세부 사항을 전달할 필요는 없습니다. 저희가 요청하는 것은 기계 번호를 입력한 다음 그 문제를 간략하게 설명하는 것입니다. 도와주셔서 감사합니다.

어휘 **regular safety inspection** 정기 안전 점검　**colleague** 동료
**determine** 알아내다　**electronic equipment** 전자 장비
**replace** 교체하다　**make a note of** ~을 메모하다
**recurrent** 되풀이되는　**encounter** 접하다　**briefly** 간략히
**describe** 묘사하다　**experiment** 실험　**region** 지역
**category** 범주　**matter** 문제　**elaborate** 정교한, 복잡한, 자세한
**details** 세부 사항　**technician** 기술자　**It is no wonder that** ~은 전혀 놀랄 일이 아니다, ~은 당연하다

**11**
해설 동사 시제 문제로, 이달에 발표한 대로 정기 안전 검사가 있을 거는 내용이므로 미래시제가 와야 한다. 따라서 (B) will be performing이 답.

**12**
해설 빈칸은 타동사(determine)의 목적어 자리면서 빈칸 뒤 문장을 이어주는 접속사 자리다. 보기 중 접속사 역할을 하는 것은 (A) which와 (B) whom. 이 중 빈칸 뒤 명사 electronic equipment를 수식할 수 있는 의문 형용사 (A)가 답이다.

**13**
해설 명사 어휘 문제로, 앞에서 어느 장비가 교체될 필요가 있는지 알아본다고 했고 이에 직원들에게 도움을 요청한다는 내용이므로 빈칸에는 (D) matter(문제)가 적절하다.

**14** (A) 자세한 세부 사항을 전달할 필요는 없습니다.
(B) 현재 다른 기술자들을 고용할 계획은 없습니다.
(C) 문제가 너무 많다는 것은 놀랄 일이 아닙니다.
(D) 추가 회의가 예정되어 있지 않습니다.

해설 빈칸 앞에서는 사이트에서 양식을 작성하여 문제를 보고하라고 했고 빈칸 뒤에서는 양식에 작성해야 할 내용을 말하고 있다. 특히 빈칸 뒤에서 문제가 있는 기계 번호를 적고 간략하게 설명만 하면 된다는 내용을 미루어 볼 때, 빈칸에 들어갈 적절한 내용은 세부 사항까지 자세하게 전달할 필요가 없다는 (A)이다.

# UNIT 12 비교 / 도치 및 가정법

## SPARTA PRACTICE | p.206

1 (A)  2 (B)  3 (B)  4 (D)

**1** 올해 1분기의 수익은 꽤 좋지 않았지만 2분기에는 올랐다.
**해설** 빈칸은 동사완료형 have p.p.를 완성하는 동사 어휘 문제로, 앞 문장을 but으로 연결했기 때문에 앞 문장의 slow와 역접의 의미를 이루는 (A) risen이 정답이다.
**어휘** fairly 상당히, 꽤  profit 수익  rise 오르다  pay 지불하다  cost 비용이 들다  apply 적용하다

**2** 고객들의 편의를 위해 메뉴는 저희 웹 사이트에서 확인하실 수 있습니다.
**해설** 문맥상 '고객들의 편의를 위해'라는 의미가 어울리므로 이를 완성하는 (B) convenience가 답이다.
**어휘** purpose 목적  convenience 편의, 편리  precision 정확(성)  condition 상태

**3** 렌터카 추가 보험은 의무 사항은 아니지만 적극 권장됩니다.
**해설** 빈칸 뒤 문장이 '강력히 권장된다'고 했고 but으로 연결됐기 때문에 역접의 의미가 나와야 한다. 따라서 '의무는 아니다'라는 의미를 완성하는 (B) mandatory가 정답이다.
**어휘** supplementary 보충의, 추가의  insurance 보험  strongly 강력히  recommend 추천하다  inspected 검사된  mandatory 의무적인  approved 승인된  official 공식적인

**4** 관리자는 효과적인 의사소통의 중요성을 반복해서 강조했습니다.
**해설** 현재완료형인 has stressed에서 동사 stress(강조하다)를 수식하는 부사 어휘 문제로, '효과적인 의사소통의 중요성을 반복해서 강조하다'가 문맥상 어울리므로 (D) repeatedly가 답이다.
**어휘** stress 강조하다  importance 중요성  effective 효과적인  readily 쉽게  markedly 현저하게  naturally 당연히, 자연스럽게  repeatedly 되풀이하여

## SPARTA TEST | p.208

1 (B)  2 (D)  3 (B)  4 (D)  5 (A)
6 (C)  7 (B)  8 (D)  9 (D)  10 (B)
11 (A)  12 (C)  13 (D)  14 (D)

**1** 저희 Happy Home 사는 경쟁사들보다 더 낮은 가격으로 청소 서비스를 제공합니다.
**해설** 빈칸 뒤의 than은 형용사/부사의 비교급과 함께 쓰이므로 (B) lower가 정답이다.
**어휘** competitor 경쟁사(자)  lower 더 낮은; ~을 내리다(낮추다)

**2** McCarthy 씨는 최대한 철저하게 올해의 예산 보고서를 검토했다.
**해설** as ~ as 사이에 빈칸이 있으므로 형용사나 부사 원급이 와야 한다. as가 없어도 앞 문장은 완전한 문장이므로 부사인 (D) thoroughly가 답.
**어휘** review 검토하다  budget report 예산 보고서  thorough 철저한  thoroughly 철저하게

**3** 우리 회사의 재정 상태가 작년보다 더 나빠졌다.
**해설** 빈칸은 2형식 동사 become 뒤 형용사 자리다. 빈칸 뒤에 than이 있으므로 형용사 bad의 비교급인 (B) worse가 정답이다.
**어휘** financial condition 재정 상태  worse 더 나쁜

**4** 도로가 완전히 수리되었다면 교통 체증은 완화되었을 것이다.
**해설** 가정법 과거완료 [If+S+had+p.p., S+조동사의 과거형+have+p.p.] 구조에서 if가 생략되고 주어(the road)와 had가 도치된 문장이다. 주어인 the road는 '수리되어야' 하므로 수동태인 (D) been repaired가 답이다.
**어휘** completely 완전히  traffic congestion 교통 체증  relieve 완화시키다

**5** Daisy Ridley는 아무리 바빠도 좀처럼 회의에 늦지 않았다.
**해설** 원래 문장은 'Daisy Ridley seldom arrived late for ~'이다. 강조를 위해 부정어 seldom(좀처럼 ~않다)을 문장 맨 앞으로 보내면 주어와 동사가 도치되어 'Seldom did Daisy Ridley arrive late for ~'가 된다. 따라서 (A) arrive가 답이다.
**어휘** seldom 좀처럼 ~않는  no matter how (=however) 아무리 ~해도

**6** 영업직의 지원자 수가 3년 전보다 훨씬 더 많다.
**해설** 빈칸 뒤의 비교급 형용사 higher를 수식할 수 있는 부사는 much, even, still, far, a lot 등이 있다. 따라서 (C) much가 정답이다.
**어휘** the number of ~의 수  applicant 지원자  sales position 영업직

**7** Holland 씨가 파티에 왔었더라면 그의 잠재 고객들을 만날 기회를 가졌을 것이다.
**해설** If절에 had+p.p.가 있으므로 가정법 과거완료 구문이라는 것을 알 수 있다. 따라서 주절은 [주어+조동사의 과거형+have p.p.]가 되어야 하므로 빈칸은 (B) would have had가 알맞다.
**어휘** chance 기회  potential 잠재적인

**8** Birch Run Outlet은 시장에서 가장 다양한 가전제품을 고객들에게 제공한다.
**해설** 명사 variety 앞에는 형용사가 와야 하고, 문장 끝에 최상급의 단서가 되는 in the market이 있으므로 형용사의 최상급인 (D) widest가 답이다.
**어휘** a variety of 다양한  home appliance 가전제품  wide 넓은

**9** 고려 대상이 되려면 작성된 지원서를 늦어도 6월 30일까지 보내야 한다.
**해설** 'no later than(늦어도 ~까지)'은 비교급이 포함된 관용표현으로 (D) than이 정답이다.
**어휘** in order to ~하기 위하여  completed 완료된  application form 지원서

**10** 이 회사의 많은 변호사들 중에서 Neill 씨가 부동산법을 전문으로 하는 가장 경험 많은 변호사이다.
**해설** 문장 맨 앞의 'Of the many lawyers(많은 변호사들 중에)'는 최상급 표현과 어울리므로 (B) the most가 정답이다.
**어휘** lawyer 변호사  experienced 경험 많은  specialize in ~을 전문으로 하다  real estate law 부동산법

[11~14]

Espressione #2419를 강력하게 추천해 드립니다. 이것은 훌륭한 커피를 빠르고 쉽게 내립니다. 주전자로 끓이는 것보다 훨씬 빠릅니다. 커피 두 잔을 내리는 데 채 2분도 걸리지 않습니다!
Espressione #2419는 작동하기 쉬운 다양하고 유용한 기능들이 있습니다. 예를 들어, 커피의 농도는 측면에 부착된 원형 다이얼로 간편하게 조절할 수 있습니다. 1분 이상 사용되지 않을 경우 자동으로 전원이 꺼집니다. 무엇보다도, 깔끔하고 간편한 설계로 인해 사용 후 세척이 용이합니다.

**어휘** highly 매우  recommend 추천하다  quickly 빠르게
easily 쉽게  kettle 주전자  less than ~보다 덜한  a range of 다양한  useful 유용한  feature 특징  adjust 조절하다
strength 강도, 농도  best of all 무엇보다도  lighter 더 가벼운
imitate 모방하다  operate 조작하다  assemble 조립하다
be satisfied with ~에 만족하다  manufacturer 제조업체
guaranty 보증 (기간)  be in business 사업을 하다
unattended 방치된  once 일단 ~하면

**11**
**해설** 빈칸 뒤 문장에서 두 잔의 커피를 내리는 데 2분도 걸리지 않는다고 했으므로 문맥상 '커피를 더 빨리 내린다'는 내용이 적합하다. 따라서 정답은 (A) faster이다.

**12**
**해설** '-----하기 쉬운 유용한 기능들이 있다'에서 문맥상 적합한 어휘는 '조작하다'라는 의미의 (C) operate이다.

**13** (A) 저는 제조사의 보증에 만족하지 않았습니다.
(B) Espressione 사는 20년 동안 사업을 하고 있습니다.
(C) 506-7674-7000으로 전화하시면 이 기계를 주문하실 수 있습니다.
(D) 1분 이상 사용되지 않을 경우 자동으로 전원이 꺼집니다.
**해설** 앞 문장과 뒤 문장 모두 제품의 편리성과 장점을 나열하고 있으므로 마찬가지로 편리한 기능을 언급한 (D)가 답이다.

**14**
**해설** '사용 ------ 쉽게 세척이 가능합니다'에서 문맥상 적절한 어휘는 '~이후'라는 의미의 (D) after이다.

# PART 7

## UNIT 13 독해 I [문제 유형별]

### SPARTA TEST | p.222

| 1 (C) | 2 (D) | 3 (C) | 4 (A) | 5 (C) |
| 6 (B) | 7 (D) | 8 (D) | 9 (B) | 10 (C) |
| 11 (B) | 12 (A) | 13 (C) | 14 (B) | 15 (C) |
| 16 (D) | 17 (A) | 18 (C) | 19 (D) | 20 (A) |

[1~2]

발신: Bryan Cranston
수신: EAU 공장 매니저들
제목: Gloria 사
날짜: 6월 17일

우리는 회사가 Gloria 사의 건축 장비 주요 공급업체가 되기 위해 그들과 협의를 시작했다고 통보 받았습니다. Gloria 사의 보조 기사 Schwartz 씨는 생산 부장인 William Packer 씨와 함께 우리 시설의 생산 과정을 논의하기 위해 금요일 아침 애리조나에 있는 본사에 올 것입니다.

Schwartz 씨는 금요일 오후에 피닉스에 있는 공장들을 견학시켜 달라고 부탁했습니다. 우리는 오후 3시경에 그들을 모시기 위해 이미 리무진을 준비했습니다. 따라서 그들에게 공장 운영에 대한 필요한 세부 사항들을 제공할 수 있는 견학 일정표를 만들어 줄 것을 여러분에게 부탁드립니다.

질문이 있으시면 연락 바랍니다.

Bryan Cranston

**어휘** be notified 통보 받다  enter into negotiations 협상에 들어가다
main supplier 주요 공급업체  building tools 건축 장비
main headquarters 본사  production process 생산 과정
facility 시설  tour 견학  factory 공장  arrange 준비하다, 마련하다  agenda 안건, 의제, 일정  details 세부 사항
operation 운영

**1** 이메일의 목적은 무엇인가?
(A) 새로운 보조 기사의 고용을 알리기 위해
(B) 생산 과정에 대한 정보를 제공하기 위해
(C) 공장 방문에 대한 준비를 요청하기 위해
(D) 대량의 건축 장비를 주문하기 위해

**해설** 이메일이나 편지에서 주제, 목적을 묻는 문제는 I am writing to ~나 This letter is to ~ 등의 표현을 통해 직접적으로 알 수 있지만 지문 전체의 흐름을 파악해서 풀어야 하는 경우도 있다. 이 지문은 후자의 경우로, 다른 회사의 중역이 본사에서 공장 견학을 할 것임을 알리는 글이다. 특히 마지막에 "Therefore, I ask you to create an agenda of the tour which can provide necessary details about factory operations to them"을 보면 직원들에게 공장 견학 준비를 부탁하고 있으므로 (C)가 답이 된다.

**2** Schwartz 씨는 금요일 오전에 무엇을 할 예정인가?
(A) 계약서에 서명하기
(B) 차를 빌리기
(C) 공장을 견학하기
(D) 회의에 참석하기

**해설** 특정 시점이 질문에 언급되었으므로 지문에서 그 시점을 찾아 읽는다. 지문에 Friday morning과 Friday afternoon의 두 시점이 언급되었으므로 주의해야 한다. "Mr. Schwartz will be coming to our main headquarters in Arizona on Friday morning to discuss ~"를 보면 Schwartz 씨는 금요일 아침에 생산 과정을 논의하기 위해 본사에 들를 것이라고 했으므로 회의에 참석할 것이라고 예상할 수 있다. 따라서 정답은 (D)이다. (C)는 금요일 오후의 일정이라고 볼 수 있다.

[3~5]

**사업 매각**

Maisons Bread and Butter는 수익성이 있고 손님들의 방문이 매우 잦은 제과제품 매장이며, 호가는 170,000 달러입니다. Units 1-2 Sedley place에 편리하게 위치해 있으며 센트럴 파크, 브로드웨이 극장, 쇼핑몰, 식당 및 그 밖의 많은 곳들이 도보로 다닐 수 있는 거리 안에 있습니다. 사업체 매각은 상점의 모든 집기, 설비 및 제빵 기구들을 포함합니다.

가게는 상당한 성장 가능성을 가지고 있습니다. 매장은 식사 공간이 있는 더 큰 판매 공간으로 확장될 수 있습니다. 야외 좌석 공간도 만들 수 있습니다.

사진이나 매물에 대한 자세한 사항을 위해 Sedley Commercial Properties 부동산 중개인인 Christopher Bowie에게 연락 바랍니다. (bowie@sedleycp.co.ie)

**어휘** asking price 파는 사람이 원하는 가격, 호가  store fixtures (상점의) 집기  baking equipment 제빵 기구

**3** 어떤 종류의 사업이 매물로 나왔는가?
(A) 슈퍼마켓
(B) 식당
(C) 빵집
(D) 부엌용품 매장

**해설** 본문 첫 번째 문장에서 heavily frequented baked-goods shop (손님들이 자주 찾는 제과제품 매장)이라고 명시되어 있으므로 답은 (C) bakery(빵집)라는 것을 알 수 있다.

**4** Maisons Bread and Butter에 관해 명시되지 않은 것은?
(A) 개점 시간이 이르다.
(B) 많은 고객들이 있다.
(C) 센트럴 파크 근처에 있다.
(D) 성공적인 사업체이다.

**해설** Maisons Bread and Butter 매장의 세부 사항을 물어보는 문제로, 본문과 보기를 하나하나 대조해야 한다. 매장의 개장 시간에 대한 언급은 없으므로 답은 (A)가 된다.

**5** 공고에 따르면, 사업장의 어떤 변화가 암시되는가?
(A) 사업장 위치가 옮겨질 수 있다.
(B) 부엌 장비가 업그레이드될 수 있다.
(C) 판매 공간의 규모가 커질 수 있다.
(D) 제품들이 더 다양해질 수 있다.

**해설** 두 번째 단락 "the shop can be expanded to a larger retail space with a dining area. An outdoor seating area could also be created"에서 공간을 확장할 수 있다는 언급이 있으므로 답은 (C)가 된다.

[6~7]

**Cordwainers Clothing**

우리의 소중한 고객분들께,

Norwick의 Cordwainers Clothing은 11월 27일부터 모든 물건을 가정이나 회사까지 무료로 배달해 드릴 수 있다는 것을 발표하게 되어 기쁩니다. 수리나 수선을 위해 제품을 맡기실 때 배달을 원하시는지 아니면 직접 매장에서 가져가실지 알려 주세요.
무료 배송은 오직 Norwick 지역의 주소에만 가능합니다.
고객님의 애용에 감사 드립니다!

**어휘** valued customer 소중한 고객  be pleased to ~해서 기쁘다  announce 발표하다  delivery 배달  available 이용 가능한  drop off ~를 갖다 주다  alteration 수선  patronage 애용  renovation 보수, 수리  by mail 우편으로  promptly 즉시  event 행사

**6** 11월 27일에 무슨 일이 일어날 것인가?
(A) 새로운 지점이 개점할 것이다.
(B) 새로운 서비스가 제공될 것이다.
(C) 가게가 보수를 위해 문을 닫을 것이다.
(D) 할인이 가능할 것이다.

**해설** 본문의 첫 번째 문장 "~ beginning November 27, free home or business delivery of all items will be available"에서 11월 27일부터 회사가 무료 배송 서비스를 시작한다는 것을 알 수 있으므로 정답은 (B)가 된다.

**7** 고객들은 무엇을 하라고 요청 받는가?
(A) 우편으로 양식을 돌려보낸다
(B) 제품을 바로 주문한다
(C) 행사에 참석한다
(D) 선택사항을 고른다

**해설** 첫 문단 마지막 줄, "~ please let us know if you would like to have them delivered or pick them up in-store"에서 배달 또는 직접 수령을 선택해서 알려 달라고 했기 때문에 보기 중 적절한 답은 (D) Choose an option이 된다.

[8~10]

지난달 올해의 Neville 상 수상자로 Ray Stevenson이 선정되었을 때 전세계가 놀라움을 금치 못했다. 스웨덴 출신 작가 Stevenson은 수상 소감에서 자신도 다른 사람들처럼 놀랐다고 밝혔다. "저는 남은 평생 동안 계속 놀라 있을 것입니다." 그는 300여명의 관객들 앞에서 농담을 던졌다. 그는 또한 "이는 저에게 엄청난 영광이고 영원토록 소중히 간직할 것입니다."라고 말했다.

50여 편의 소설을 집필했지만 이 50세의 작가는 이와 같은 명성을 누려본 적이 없다. 그는 20세에 첫 소설을 발표하며 "책을 한 권이라도 팔면 행복할 것 같다"라고 말하기도 했다. 30년의 경력 동안 그는 밤에 글을 쓸 수밖에 없었는데 가족을 부양하기 위해 낮에는 법원 서기관으로 일해야 했기 때문이다. 그렇게 하면서 그는 사회적 정의와 인간 본성에 관해 탐구했다. 그는 자신의 작품이 더 큰 시장에 진출할 수 없을 것이라 생각했는데, 그 이유는 그의 책이 철학적이며 액션이 많이 담겨 있지 않기 때문이다.

하지만 상황은 바뀌려 하고 있다. 수상 이후로 그는 최신작인 <FIRST THINGS FIRST>를 시작으로 그의 작품들을 여러 언어로 번역해서 출간하자는 제안을 많이 받고 있다.

Neville 상은 사회적 문제와 관련하여 예술성이 뛰어나고 독창적인 작품을 쓴 작가에게 주어지는 상이다. 상의 이름은 Morgan Neville에서 땄는데, 그녀는 이 상을 제정했으며 오늘날까지 출품작들을 심사하고 있다. 그녀는 Florida 출신이며 1970년에 Human Dignity Foundation을 창설하여 사회적 편견에 대한 문제를 제기하고 있다.

**어휘** **shocked** 놀란, 충격 받은   **winner** 수상자   **proclaim** 선언하다
**acceptance speech** 수상 소감   **for the rest of one's life**
~의 남은 일생 동안   **joke** 농담하다   **audience** 청중
**note** 언급하다   **honor** 영광, 명예   **be sure to do** 반드시 ~하다
**cherish** 소중히 하다, 고이 간직하다   **despite** ~에도 불구하고
**fame** 명성   **release** 출판하다   **at the age of** ~의 나이에
**legal clerk** 법원 서기관   **in order to do** ~하기 위해
**support** 부양하다   **explore** 탐구하다   **social justice** 사회 정의
**human nature** 인간 본성, 인간성   **reach** 다다르다, 이르다
**philosophical** 철학적인   **packed with** ~로 가득 찬
**be about to** ~하려고 하다   **offer** 제안   **translate into** ~로
번역하다   **starting with** ~을 시작으로   **latest** 가장 최근의
**award** (상을) 수여하다   **author** 작가   **outstanding** 뛰어난
**work** 작품   **related to** ~와 관련된   **social issue** 사회적 문제
**name after** ~의 이름을 따라   **establish** 설립하다, 창설하다
**judge** 심사하다, 평가하다   **competition** 대회   **address** (문제 등을) 제기하다, 제출하다   **prejudice** 편견

**8** Stevenson 씨에 대해 옳은 것은?

(A) 그는 전업 작가로서 일을 시작했다.
(B) 그는 Florida에 살고 있다.
(C) 그의 이야기에는 액션이 많다.
(D) 그는 상을 받아서 몹시 놀랐다.

**해설** Stevenson 씨에 대한 설명 중 도입부의 "Stevenson, a Swedish writer, proclaimed in his acceptance speech that he was as surprised as everybody else."를 보면 스스로도 상을 받아서 몹시 놀랐다는 것을 알 수 있다. 따라서 정답은 (D)이다.

**9** 네 번째 단락, 첫 번째 줄의 단어 "outstanding"과 의미상 가장 가까운 것은?

(A) 그 이후의
(B) 훌륭한
(C) 보통의
(D) 남아 있는

**해설** outstanding은 '뛰어난'이란 뜻의 형용사. 비슷한 어휘로 excellent, good, great 등이 있다. 보기에서 가장 가까운 의미의 단어는 (B)이다.

**10** 지문에 표시된 [1], [2], [3] 그리고 [4] 중에서 다음 문장이 들어가기에 가장 적절한 위치는 어디인가?

"하지만 상황은 바뀌려 하고 있다."

(A) [1]
(B) [2]
(C) [3]
(D) [4]

**해설** 주어진 문장에 접속사 But이 있으므로 해당 문장은 앞 문장과 뒤 문장이 역접이 되는 곳에 넣어야 한다. 중반부에 "He believes that he has not been able to reach a larger market ~." 자신의 작품들이 대형 시장에 진출할 수 없을 것이라 생각했다는 내용이 언급되어 있다. 다음 문장 "Since his award, he has received many offers ~."에서 수상 이후로 출간 제안을 많이 받고 있다는 내용이 이어지므로 주어진 문장이 들어갈 적절한 위치는 (C) [3]이다.

**[11~12]**

수신: noreply@wickpedbooks.com
발신: mhyoon@uhemail.net
제목: Foster의 다음 책
날짜: 8월 28일

Thomas C. Foster의 베스트셀러 비즈니스 책을 구입하신 고객님은 같은 저자가 쓴 "Manage Your Day-to-Day"가 곧 출간된다는 것에 관심이 있으실 겁니다.

지금 선주문을 하시면 10월 12일에 배송되며 초판 인쇄본 한 부를 받으실 것입니다. 사전 주문을 하려면 www.wickpedbooks.com/coming_soon을 방문하시면 됩니다.

안녕히 계세요,

wickpedbooks.com 영업팀

**어휘** **customer** 고객   **purchase** 구매하다   **author** 저자
**be published** 출간되다   **soon** 곧   **preorder** 선주문하다
**delivery** 배달   **be guaranteed** 보장 받다   **first edition** 초판

**11** 이메일이 보내진 이유는 무엇인가?

(A) 구매를 확인하기 위해
(B) 제품을 광고하기 위해
(C) 북 투어를 알리기 위해
(D) 고객 리뷰를 요청하기 위해

**해설** 본문의 첫 번째 문단 "As a customer who purchased a best-selling business book by Thomas C. Foster, you might be interested to know that *Manage Your Day-to-Day* by the same author will be published soon"에서 새롭게 출간될 책을 알리고 있고 다음 문단에서는 선주문을 하면 얻는 혜택을 알려 주고 있으므로 목적은 상품 광고라고 할 수 있다. 따라서 (B)가 정답이다.

**12** Manage Your Day-to-Day에 대해 암시되는 것은 무엇인가?

(A) 아직 출간되지 않았다.
(B) 이미 매진됐다.
(C) 베스트셀러 책이다.
(D) 웹 사이트에서 논평되었다.

**해설** 이메일을 보낸 날짜는 8월 28일이고 "By preordering now for delivery on October 12, you are guaranteed to receive a copy from the first edition printing."을 통해 선주문을 하면 10월 12일에 받아 볼 수 있다고 했으므로 책은 아직 출판되지 않았다는 것을 알 수 있다. 따라서 아직은 이용할 수 없다는 (A)가 답이 된다.

**[13~14]**

http://www.findajobforyou.in

많은 기업들이 일 년 중 이 시기에 고용을 시작하기 때문에 지금 귀하의 이력서를 제출해야 할 때입니다. 귀하의 경력을 막 시작하시는 것이든 또는 어떤 변화를 찾고 계시든, 귀하를 위한 일이 있습니다.

저희 비영리 기관은 현재 제조, 배달, 사무 관리 및 식품 서비스 분야에서 다양한 직책의 근로자를 찾고 있는 100개 이상의 회사들을 확인했습니다.

이것은 최신 목록입니다. 여기 있는 모든 직책은 9월 1일부터 지원 가능합니다. 목록을 살펴보고 자신의 경력과 관심사에 일치하는 직업을 찾으십시오.

오늘 신청하십시오!

*9월 1일에 업데이트된 페이지*

어휘 **hire** 고용하다 **at this time of year** 이맘때에 **submit** 제출하다 **résumé** 이력서 **whether** ~이든지 아니든지 간에 **career** 경력 **nonprofit organization** 비영리 기관 **identify** 확인하다 **over** ~이상 **currently** 현재 **seek** 구하다 **various** 다양한 **position** 직책 **manufacturing** 제조 **delivery** 배달 **office administration** 사무 관리 **updated** 최신의 **list** 목록 **as of** ~일자로 **simply** 그냥, 간단히 **go through** ~을 살펴보다 **match** 일치하다 **experience** 경력 **interest** 관심사 **apply** 신청하다

**13** 웹 페이지의 목적은 무엇인가?
(A) 새로운 캠페인을 홍보하기 위해
(B) 신생 회사를 홍보하기 위해
(C) 직업을 찾는 사람들을 돕기 위해
(D) 직원들에게 새로운 정책을 설명하기 위해

해설 첫 번째 문장 "Many companies begin to hire at this time of year, so now is the time to submit your résumé"에서 회사들이 고용을 시작하는 시기이므로 이력서를 제출하라는 내용과, 바로 이어서 다양한 직책의 근로자를 찾고 있는 회사들의 목록을 만들었다는 내용을 비추어 볼 때 이 글의 목적은 직업을 찾는 사람들에게 도움을 주는 것이므로 (C)가 답이 된다.

**14** 최근에 수정된 것은 무엇인가?
(A) 배달 경로
(B) 회사 목록
(C) 이력서 요구 사항
(D) 고용 지침

해설 본문의 "Our nonprofit organization has identified over 100 companies that are currently seeking workers for various positions in manufacturing, delivery, office administration, and food service. This is an updated list"에서 수정된 리스트를 보면 회사의 목록을 확인할 수 있다고 했으므로 (B)가 답이 된다. 본문의 updated와 질문의 revised는 동의어이다.

## [15~17]

**Ace와 함께 성공적인 비즈니스를!**

Ace Office Printing Solutions는 전문적인 인상을 주는 출력물로 여러분의 사업에 남다른 경쟁력을 갖춰 드립니다. Ace 컬러 레이저젯과 전문가용 시리즈 잉크젯 프린터는 다양한 용지에 좋은 품질의 컬러 문서를 인쇄합니다. 뿐만 아니라, Ace 3500C와 3000C 전문가용 시리즈 잉크젯 프린터는 한 번에 400장까지 용지를 넣을 수 있는 두 개의 용지 보급 트레이까지 갖추고 있습니다. 이것은 대규모 회의 때 다면 및 양이 많은 문서도 손쉽게 복사할 수 있습니다! 저희는 또한 귀사의 간접비를 최소화해 드립니다. 타사 제품들보다 저렴한 장당 인쇄 비용과 뛰어난 성능으로 Ace 사는 현명하면서도 저렴한 선택이 됩니다. 크고 작은 어떤 종류의 사업체에도 잘 어울리는 다양한 제품들이 있습니다. 귀사에 맞는 기종을 알아보시거나 저희 Ace의 뛰어난 기술 지원 서비스가 궁금하시면 지금 당장 www.ace.org를 방문해 주십시오.

어휘 **successful** 성공적인 **along with** ~와 함께, 더불어 **professional-looking** 전문적인 인상을 주는 **printout** 인쇄물 **competitive edge** 경쟁 우위 **print** 인쇄하다 **splendid** 훌륭한 **a variety of** 다양한 **in addition** 게다가 **feature** 특징을 이루다 **paper tray** 용지함 **up to** ~까지 **load** 적재하다 **at once** 한 번에 **a piece of cake** 식은 죽 먹기 **overheads** 간접비 **to a minimum** 최소한으로 **cost-per-page** 페이지당 비용 **competitive brand** 경쟁 제품 **affordable** 저렴한 **legendary** 전설적인, 아주 유명한

**15** 무엇이 광고되고 있는가?
(A) 컴퓨터
(B) 모니터
(C) 프린터
(D) 프린터 용지

해설 주제나 광고하는 대상은 대부분 제목이나 첫 문장에서 나온다. print, Printer 등에서 (C)가 정답임을 알 수 있다.

**16** Ace 사의 제품 특징으로 언급되지 않은 것은 무엇인가?
(A) 한 번에 여러 장을 프린트할 수 있다.
(B) 경쟁사 제품보다 성능이 좋다.
(C) 비용 효율적이다.
(D) 다른 제품보다 크기가 작다.

해설 본문에서 언급된 것이 아닌 것을 묻는 문제는 본문에서 해당하는 것들을 하나씩 소거하면서 풀어야 한다. 다섯 번째 줄에서 "It makes printing multi-page, multi-copy documents ~"를 통해 (A)를 알 수 있고, 여섯 번째 줄, "~ help keep your overheads to a minimum"과 "Lower cost per page and higher performance than competitive brands"를 통해 (B)와 (C)를 알 수 있으므로 답은 (D)이다.

**17** 고객들은 기술 지원이 필요하면 어떻게 해야 하는가?
(A) 회사 웹 사이트에 접속한다
(B) 회사를 직접 방문한다
(C) 가까운 대리점을 방문한다
(D) 지정 수리점에 전화한다

해설 마지막 문장에서 support services에 대한 정보를 원하면 웹 사이트를 방문하라고 했으므로 (A)가 답이다.

## [18~20]

몬트리올, 캐나다 (8월 16일) - 50년 넘게 Sokolov 가족은 Montreal Central Square에 위치한 Montreal Glass Factory를 소유하고 운영해 왔다. Montreal Glass Factory는 7년 전 Opal Auto Parts에 인수되었다. 그러나 4년 만에 Opal Auto Parts는 폐업하고 그 회사를 비공개 가격으로 몬트리올 시에 매각했다.

어제 일찍, 몬트리올 시의회는 기업가인 Scott Heidegger에게 회사를 매각했다. Heidegger 씨는 이 부지에 재생 가능한 탄소 섬유 제조 공장을 건설할 계획이다. Cindy Merlin 시장에 따르면, 시의회는 시 예산의 균형을 맞추기 위해 15,000평방미터의 건물을 4백만 달러에 매각했다. 그녀는 "Heidegger 씨는 90% 재활용이 가능한 탄소 섬유를 생산하기 위해 노력하고 있으며, 이는 첫 시도일 거예요."라고 덧붙였다. 그녀는 또한 몬트리올에 무공해 산업을 도입하기 위해 노력하고 있다는 사실을 강조하며 "시장으로서 도시를 깨끗하게 유지하는 것은 제 의무입니다."라고 말했다.

전 화학자이기도 한 Heidegger 씨는 몬트리올을 선택한 이유를 환경 친화적인 산업에 지방 세율을 할인해 주는 몇 안 되는 도시 중 하나였기 때문이라고 말했다. 그는 또한 더 많은 기계를 구매하고 건물을 보수하는 데 250만 달러를 추가로 투자할 계획이다. 그는 회사가 2년 후에 수익을 낼 것으로 기대하고 있다.

그는 "골프공과 테니스 라켓과 같은 더 가볍지만 튼튼한 스포츠 장비를 재활용된 탄소 섬유로 만들 수 있습니다."라고 했으며 "곧 모든 탄소 섬유를 100% 재생 가능하게 만들기 위해 제가 발명한 첨가제를 사용할 것입니다."라고 말했다.

그는 생산을 위해 완전하게 가동될 수 있는 공장을 수리하는 데 약 8개월이 걸릴 것이라고 말했다. 한편 그는 또한 현지에서 150명 이상의 인력을 고용할 것이라고 덧붙였다.

**어휘** more than ~이상  own 소유하다  operate 운영하다
in a matter of four years 4년 만에  property 재산, 부동산
undisclosed 밝혀지지 않은  city council 시의회
entrepreneur 기업가  renewable 재생 가능한  carbon fiber 탄소 섬유  manufacturing 제조  mayor 시장  balance 균형을 맞추다  budget 예산  recyclable 재활용할 수 있는
highlight 강조하다  responsibility 책임  former 이전의
chemist 화학자  local tax rate 지방세 징수율
environmentally friendly 친환경적인  invest 투자하다
machinery 기계류  renovation 개조  profitable 수익성이 있는
equipment 장비  additive 첨가제  invent 발명하다
approximately 대략  fully functional 완전히 작동되는
in the meantime 그 동안[사이에]  workforce 노동자, 직원

**18** 이 기사는 무엇을 발표하고 있는가?
(A) 회사의 명칭 변경
(B) 공장의 이전
(C) 새로운 산업 설립
(D) 두 자동차 부품 제조업체들의 합병

**해설** 한 회사가 특정 회사에 매각되는 내용의 글로, 그 회사가 앞으로 몬트리올 시에 미치는 영향을 말하고 있다. 두 번째 문단 초반부 "Mr. Heidegger is planning on building ~ on this property"에서 이 부지에 새로운 사업을 할 계획이라고 했으므로 (C)가 답임을 알 수 있다.

**19** 몬트리올 시에 대해 알 수 있는 것은 무엇인가?
(A) 재활용 프로그램 수상 경력이 있다.
(B) 두 개 이상의 산업 단지를 보유하고 있다.
(C) 전에 Heidegger 씨에게 부동산을 매각한 적이 있다.
(D) 환경적으로 책임이 있는 기업들을 끌어들이는 것을 목표로 한다.

**해설** 두 번째 문단에서 몬트리올 시장은 무공해 산업을 도입하기 위해 노력 중인 것을 알 수 있고, "Mr. Heidegger said he chose ~ to environmentally friendly industries" Heidegger 씨는 몬트리올 시를 선택한 이유로 친환경 산업에 지방 세율을 할인해 주는 몇 안 되는 도시였기 때문이라고 했다. 즉, 몬트리올 시가 환경적으로 책임 있는 기업들을 끌어들이려 한다는 것을 유추할 수 있으므로 (D)가 정답이다.

**20** [1], [2], [3] 그리고 [4]로 표시된 위치 중, 다음 문장이 들어가기에 가장 적절한 것은?
"Montreal Glass Factory는 7년 전 Opal Auto Parts에 인수되었다."
(A) [1]
(B) [2]
(C) [3]
(D) [4]

**해설** [1] 앞 문장에서 50년 이상 동안 Sokolov 가족은 Montreal Glass Factory를 운영했다고 했고, 뒤 문장 "However, in a matter of four years, Opal Auto Parts closed down its business ~"에서 4년 만에 Opal Auto Parts 사는 폐업하고 그곳을 몬트리올 시에 매각했다고 했다. 따라서 [1]에서 Montreal Glass Factory가 Opal Auto Parts 사에 인수되었다고 말하는 것이 문맥상 자연스러우므로 (A)가 답이다.

## UNIT 14 독해 II [지문 유형별 1]

### + READING POINT | p.231

**[1~2]**

A&S 피아노 학교, 6250 플라자 드 아우구스투스
265-970 로마, 이탈리아

11월 25일
조지 스미스
고객 관계 담당자
스미스&앤더슨 피아노 회사
530 비아 데클라 255-860 로마, 이탈리아

스미스 씨께,

오늘날 같이 급변하는 세계에서 직원의 성과를 못 보고 지나치는 것은 흔한 일입니다. 이번이 그런 경우인데, 저는 당신의 판매원 중 한 명인 프랭크 존스 씨가 아주 훌륭한 서비스를 제공했음을 당신께 알려 드리고자 이 글을 씁니다. 제가 지난달 새로운 피아노를 구입하기 위해 당신의 가게를 방문했을 때 존스 씨는 거기서 모든 질문에 답변해 주었고, 제 모든 요구 사항을 들어 줬습니다. 그는 확실히 그 직업에서 신용을 얻는 사람이며, 당신은 그런 훌륭한 직원을 가진 것을 영광이라 생각해야 합니다.
진심으로 우리 A&S 피아노 학교가 그의 능력, 서비스 그리고 피아노에 대한 지식을 높이 평가하고 있음을 존스 씨에게 알려 주세요. 그는 당신의 상점에서 아주 즐겁게 쇼핑할 수 있게 해 주었습니다.

진심을 담아,

존 지오바니
사장

**1** 이 편지의 목적은 무엇인가?
(A) 피아노의 품질에 대해 논평하기 위해
(B) 영업직에 지원하기 위해
(C) 피아노 배달을 요청하기 위해
(D) 특정 직원을 칭찬하기 위해

**2** 프랭크 존스는 스미스&앤더슨 피아노 회사에서 무슨 일을 하는가?
(A) 피아노를 연주한다.
(B) 피아노를 창고에 보관한다.
(C) 피아노를 판매한다.
(D) 피아노를 배달한다.

### + READING POINT | p.233

**[1~2]**

수신: 모든 직원
발신: 인사부
답장: 새 휴가 정책

지난주에 발표했듯이, 일 년 이상 회사에서 근무한 직원들에게 부여될 휴가 기간이 늘었습니다. 추가된 휴가 시간에 관련된 자세한 사항은 다음과 같습니다:

- 1년에서 5년 동안 저희와 함께 한 직원들에게는 1년마다 3일이 추가됩니다.
- 6년에서 10년 동안 저희 회사와 함께 한 직원들에게는 1주일(5일 근무일)이 추가됩니다.
- 11년 이상 이 회사에 고용된 사람들에게는 8일이 추가됩니다.

이 날들은 현재 모든 직원들이 받고 있는 2주일(10일 근무일) 이외의 것입니다. 현재 수습 기간 중인 직원들에게는 적용되지 않고 계속해서 일 년에 10일의 휴가만 받을 것임을 유념하세요.

**1** 이 회람의 목적은 무엇인가?
 (A) 직원들이 휴가를 더 많이 사용하도록 장려하기 위해
 (B) 직원들에게 변화를 알리기 위해
 (C) 각 직원들의 휴가 일수를 알리기 위해
 (D) 직원들의 요구 사항을 묻기 위해

**2** 직원들은 어떤 추가 혜택을 받게 될 것인가?
 (A) 더 긴 휴가 기간
 (B) 더 긴 병결일
 (C) 더 종합적인 의료 보험
 (D) 더 많은 봉급 인상 기회

## + READING POINT | p.235

[1~2]

### FRIENDS OF THE EARTH

현재 오스트리아 빈에 위치한 저희 사무실에서 근무할, 경험 많고 창조적이며 헌신적인 환경 전문가를 찾고 있습니다.

영어가 조직에서 통용되는 언어이며 반드시 문어와 구어로 유창하게 구사할 수 있어야 합니다. 이 자격 요건에 더해, 지원자들은 환경 과학 또는 생물학 학위를 소지하고 있어야 하며, 최소 3년 이상의 국제 업무 경험이 있어야 합니다.

직무는 다음과 같습니다: 클리포드 심슨 국장을 도와 연구 프로그램 확대 가속화; 환경 문제에 대한 설문 조사 진행; 프로그램들이 예산 범위 내에서 운영되고 있으며, 기금 마련의 목적을 충족시키고 있음을 보증하기 위한 내부 전략 실행

해당 직책에 대한 자세한 설명과 지원서를 받아 보시려면, www.foe.org를 방문해 주세요. 이력서와 추천서 한 부, 그리고 작문 샘플 한 부를 신청서와 함께 9월 30일까지 클리포드 심슨 씨에게 이메일로 보내 주십시오.

**1** 이 광고는 누구를 대상으로 하는 것 같은가?
 (A) 환경 전문가들
 (B) 행정 보좌관들
 (C) 인사 담당 전문가들
 (D) 국제 무역 전문가들

**2** 지원자들이 국장에게 보내야 하는 것은 무엇인가?
 (A) 자격증 목록
 (B) 자기 소개서
 (C) 추천서
 (D) 졸업장 사본

## + READING POINT | p.237

[1~2]

### 더블 샷 아파트

저희 토카이 홈 건설사는 현재 런던 구역에 50채의 집을 건설하고 있음을 발표하게 되어 자랑스럽습니다. 지금까지 부지 준비와 토대 공사, 그리고 뼈대 작업이 마무리되었고, 지붕과 벽 설치가 순조롭게 진행되고 있습니다. 이 고급 아파트의 건설은 올해 말에 완성될 예정입니다.

1층의 가구는 세 개의 침실과 두 개의 욕실을 갖추고 있으며 뒤뜰로 이어집니다. 2층의 가구는 두 개의 침실과 두 개의 욕실로 구성되며 후방에 발코니를 갖출 것입니다. 이 훌륭하고, 손이 많이 가지 않아도 되는 아파트는 전기 난방과 새로운 에너지 효율적인 냉장고와 스토브, 식기세척기를 갖추고 있습니다.

중앙역과 가까운 런던 한가운데에 편리하게 위치해 있습니다.

집이라고 부를 수 있는 완벽한 장소를 찾기 위해 오늘 트윈 오크스 중개사에 전화하세요!

전시용 모델 하우스는 8월 21일부터 공개될 예정입니다. 더 많은 정보는 555-1357번으로 전화주세요.

**1** 아파트에 대해 언급된 것은 무엇인가?
 (A) 공사가 완료되었다.
 (B) 주방용품이 포함되어 있다.
 (C) 거실이 넓다.
 (D) 세탁 시설이 이용 가능하다.

**2** 광고에 포함되지 않은 정보는 무엇인가?
 (A) 모델 아파트의 개장일
 (B) 공사 중인 가구의 수
 (C) 집의 예상 가격
 (D) 아파트의 위치

## SPARTA TEST | p.238

| 1 (A) | 2 (D) | 3 (B) | 4 (A) | 5 (C) |
| 6 (A) | 7 (D) | 8 (D) | 9 (A) | 10 (C) |
| 11 (C) | 12 (A) | 13 (D) | 14 (A) | 15 (A) |
| 16 (C) | 17 (C) | 18 (C) | 19 (D) | 20 (A) |

[1~2]

수신 : 전 직원
발신 : Zara Patterson <zpatterson@mcelhinneyco.com>
날짜 : 11월 21일
제목 : 정보

전 직원들에게,

지난주 우리는 직원 휴가 시간 정책의 최근 변경 사항을 반영하기 위해 직원 안내서를 개정했습니다. 이제 휴가는 긴급 상황인 경우를 제외하고 최소 1주일 전에 신청해야 합니다. 또한 각 직원의 유급 휴가는 3일에서 5일로 늘었습니다. 직원 안내서에는 특정 정책 업데이트에 대한 추가 정보가 있습니다. 여러분은 인사부 사무실(142호)에서 직원 안내서의 인쇄본을 가져가실 수 있으며, 저희가 첨부 파일로 보내 드리길 원하시면 제게 연락하세요.

여러분의 휴가 상황을 자세히 알아보길 원하시면 저희와 그것에 대해 이야기할 수 있도록 약속을 잡으시기 바랍니다.

안녕히 계세요.

Zara Patterson
인사부장
McElhinney 사

**어휘** attention 주의, 주목   update 갱신[개정]하다   employee handbook 직원 안내서   reflect 반영하다   vacation time 휴가 시간   policy 정책   request 요청하다   at least 적어도, 최소한   in advance 미리   except ~를 제외하고   emergency situation 비상사태(상황)   the number of ~의 수   sick day 병가(유급 휴가)   additional information 추가 정보   printed 인쇄된   attachment 첨부   make an appointment 약속하다   sincerely 올림(격식을 차리는 편지를 맺는 말)

**1** 이메일의 목적은 무엇인가?

　(A) 개정된 설명서가 이용 가능하다는 것을 알리기 위해
　(B) 성과 검토 과정에 대한 변경 사항을 알리기 위해
　(C) 직원들에게 이메일 시스템 업그레이드를 통보하기 위해
　(D) 직원들의 휴가 계획에 관해 묻기 위해

**해설** 이메일의 주제를 물어보는 문제이다. 주제는 보통 첫 문장에서 단서를 찾을 수 있으며 '~ we updated the employee handbook to reflect recent changes in our employee vacation time policy.'에서 정답이 (A)임을 알 수 있다.

**2** Patterson 씨는 직원들에게 무엇을 하라고 제안하는가?

　(A) 아플 때 그에게 알리기
　(B) 그에게 휴가 신청서를 메일로 보내기
　(C) 새로운 복사 규정에 대한 지침을 읽기
　(D) 필요할 경우 그와 만날 일정을 잡기

**해설** 제안하는 내용은 보통 글의 마지막에서 확인할 수 있는데, 마지막 단락에서 'If you want to require a detailed look at your situation, please make an appointment so that we can discuss it.' 휴가 상황을 더 자세히 알고 싶으면 약속을 잡으라고 했기 때문에 보기 중 이를 적절하게 바꾼 것은 (D)이다.

**[3~4]**

수신: Sevelia Corporation 직원들
발신: Scott Frank, 총무부장
회신: 회사 휴무

Sevelia Corporation 본사와 모든 지사들은 연휴를 위해 12월 22일부터 1월 2일까지 휴무에 들어갑니다. 추가로, 일부 지사는 12월 21일 목요일부터 문을 닫을 것입니다. 지사 휴무와 관련된 더 자세한 정보는 아래를 보십시오.

• Miami / 12월 21일 - 정오부터 휴무
• Virginia Gardens / 12월 21일 - 정상 근무
• Coconut Grove / 12월 21일 - 정상 근무
• Bay Heights / 12월 21일 - 오후 3시부터 휴무
• Palmetto Bay / 12월 21일 - 정오부터 휴무

**어휘** main office 본사　branch 지사　holiday 휴일　detailed information 상세한 정보　regular business hours 정상 근무 시간

**3** 메모의 목적은 무엇인가?

　(A) 새로운 지사 개업을 발표하기 위해
　(B) 직원들에게 업무 시간의 변경을 알리기 위해
　(C) 새로운 사업 전략을 소개하기 위해
　(D) 새 사무실을 위한 기부금을 모으기 위해

**해설** 메모가 쓰인 목적을 묻고 있다. 회신 제목이 'Office Closures'이고 'Please see below for more detailed information on branch closing.' 지점 휴무와 관련된 정보를 보라고 했으므로 업무 시간의 변경에 대해 알리고 있음을 알 수 있다.

**4** Palmetto Bay 지사는 12월 21일 몇 시에 문을 닫는가?

　(A) 오후 12시에
　(B) 오후 1시에
　(C) 오후 2시에
　(D) 오후 3시에

**해설** Palmetto Bay 지사가 12월 21일에 언제 문을 닫는지 묻고 있다. 해당 지점이 언급된 지문 하단에서 Palmetto Bay 지사의 폐점 시간을 정오(noon closing)라고 했으므로 정답은 (A)가 된다.

**[5~8]**

**네오 무역 회사**

저희는 1월 1일부터 회계팀을 이끌 사람을 찾고 있습니다. 그 직책에 대한 자격 요건은 다음과 같습니다: 관련 분야에서 최소 5년의 경력, 회계 자격증 및 영어와 프랑스어 유창하게 구사.

자격을 갖춘 지원자들만 우리 회사 임원 면접 대상이 될 것입니다.

회계 팀장으로서 회계 자료의 정확성을 검토하고 예산 제안서의 적절성을 확인하면서 회계부 직원들이 감사 규정을 준수하는지 감독할 것입니다.

급여는 경력과 성과에 따라 결정될 것입니다. 그러나 보수와 복지 혜택을 협상할 여지는 있습니다.

지원자들은 희망 연봉과 연봉 기록을 보여주는 지원서와 이력서를 제출해야 합니다. 또한 모든 자격 증명서들도 포함되어야 합니다.

**어휘** requirement 자격 요건　at least 최소한　experience 경험, 경력　related field 관련 분야　certificate 증명서, 자격증　fluency 유창함　qualified candidate 자격을 갖춘 후보자　take A into consideration A를 고려하다　executive 경영진　accountant 회계사　supervise 감독하다　auditing regulations 회계 감사 규정　accuracy 정확(도)　appropriateness 적절성　budget 예산　proposal 제안서　be commensurate with ~에 비례하다　achievement 업적　room 여지　negotiate 협상하다　compensation 보상(금), 배상　proof 증명　credential 자격증

**5** 광고의 목적은 무엇인가?

　(A) 고용 제안을 거절하기 위해
　(B) 특가품을 제공하기 위해
　(C) 공석을 알리기 위해
　(D) 잠재 직원을 추천하기 위해

**해설** 회계부서의 팀장직을 맡을 사람을 찾고 있는 구인 광고이므로 정답은 (C)가 된다.

**6** 그 직책에 고용되기 위한 자격 요건 중 하나는 무엇인가?

　(A) 2개 국어 능력
　(B) 학사 학위
　(C) 회계 분야에서 4년의 경력
　(D) 회계 감사 규정에 대한 지식

**해설** 첫 번째 문단 'fluency in both English and French'를 통해 영어와 프랑스어에 능통해야 한다는 내용을 알 수 있으므로 (A)가 정답이다. 회계 분야에 5년의 경력이 있어야 하므로 (C)는 오답이다. (D)는 감사 규정이 본문에 언급되어 있기는 하지만 자격 요건이 아니라 진행할 업무 중 하나이므로 오답이다. (B)의 학사 학위는 지문에서 언급되지 않았다.

**7** 면접에 대해 알 수 있는 사실은 무엇인가?

　(A) 모든 지원자들은 간단한 면접을 받을 것이다.
　(B) 인사부 직원들에 의해 이루어질 것이다.
　(C) 모든 지원자들은 영어 면접을 준비해야 한다.
　(D) 자격 요건을 충족시키지 않은 사람들은 면접을 받을 자격이 없다.

**해설** 두 번째 문단 'Only qualified candidates will be taken into consideration for an interview with executives of our company'를 통해 자격 요건을 충족시키지 않은 지원자들은 임원 면접을 할 수 없다는 것을 알 수 있으므로 (D)가 답이다. 면접은 임원을 상대로 진행되므로 (B)는 오답이다.

**8** 광고에 포함된 정보가 아닌 것은 무엇인가?
(A) 직책에 대한 자격 요건
(B) 합격자의 근무 시작일
(C) 부서장의 업무
(D) 임원 면접 일정

해설 임원 면접이 진행된다고 언급되어 있을 뿐 그 일정은 언급되어 있지 않다. 따라서 정답은 (D)가 된다.

[9~11]

### 임시 전시: Janet Wilder와 그녀의 인생 작품
### 6월 9일 - 8월 5일
### Loom Gallery Hall

Reign Museum은 이번 여름에 20세기 유명한 사진작가이자 저술가인 Janet Wilder 씨의 작품에 경의를 표하는 전시회를 개최합니다. 이 전시회는 Wilder 씨의 삶의 배경을 소개하고 그녀의 경력이 어떻게 성공가도를 달렸는지 보여줄 겁니다. 그녀의 어린 시절부터 이탈리아 예술가인 Roberto Paccini와의 결혼 생활에 이르기까지 개인 사진들과 일기 몇 점이 전시될 예정입니다. 이 전시회는 Milan의 옛집과 Palermo의 마지막 집에서 나온 그녀의 가장 훌륭한 작품 일부를 모았으며, 이것들은 그녀의 글쓰기와 사진 기술에 큰 영향을 미쳤습니다. 그녀의 모든 예술 작품들은 갤러리 2층 홀에 놓일 것입니다. 또한, 30분짜리 다큐멘터리와 Wilder의 과거 인터뷰 동영상이 Margot Elizabeth Show Room에서 전시일 내내 상영될 겁니다.

이 멋진 전시회에는 사전 등록이 필요합니다. 티켓은 5월 20일부터 판매될 예정입니다. 티켓은 박물관 사무실에 881-818-5588로 전화하거나 Reign Museum 웹 사이트 www.reignmuseum.com에서 온라인으로 구입할 수 있습니다. 모든 티켓 구매자들은 티켓에 인쇄된 날짜와 시간에만 전시회를 관람할 수 있습니다. 모든 티켓 판매와 예약은 변경하실 수 없습니다.

어휘 **hold** 개최하다 **exhibition** 전시회 **pay tribute** 경의를 표하다 **feature** ~을 특징으로 하다 **background** 배경 **illustrate** 분명히 보여주다 **personal photograph** 개인 사진 **childhood** 어린 시절 **on display** 전시 중인 **gather** 모으다 **greatly influence** 상당히 영향을 미치다 **in addition** 게다가 **interview clip** 인터뷰 동영상 **pre-registration** 사전 등록

**9** 정보의 목적은 무엇인가?
(A) 다가올 행사를 알리기 위해
(B) 박물관의 개관을 홍보하기 위해
(C) 최근에 발표한 연극을 광고하기 위해
(D) 새로 개봉한 영화를 홍보하기 위해

해설 본문의 헤드라인을 통해 전시회의 주제와 전시 일정을 알 수 있고, 본문에서는 전시회의 특징을 나열하고 있기 때문에 (A)가 정답이다.

**10** Wilder 씨에 대해 언급된 것은 무엇인가?
(A) 그녀는 어린 시절에 살았던 집의 투어를 열었다.
(B) 그녀는 이탈리아 시골 풍경을 그렸다.
(C) 그녀는 두 지역에서 살았다.
(D) 그녀는 Paccini 씨와 함께 영화를 만들었다.

해설 본문에서 다섯 번째 줄을 보면 'This exhibition has gathered some of her finest works from her old house in Milan and her last house in Palermo, which greatly influenced her writing and photography technique.'에서 그녀가 Milan과 Palermo 두 곳에서 살았던 것을 알 수 있다. 따라서 (C)가 정답이다.

**11** 티켓에 관해 무엇이 언급되는가?
(A) 6월 9일 이전에는 판매되지 않을 것이다.
(B) 온라인으로만 구할 수 있다.
(C) 특정 날짜에 사용되어야 한다.
(D) 언제든지 취소될 수 있다.

해설 글의 맨 마지막 내용 'Please remember that all ticket buyers are allowed to the exhibit only at the date and time printed on the tickets'에서 모든 티켓 구매자들은 티켓에 인쇄된 날짜와 시간에만 전시회를 관람할 수 있다고 했으므로 (C)가 정답임을 알 수 있다.

[12~13]

### 이미 만들어진 사무실
### 지금 당장 사업을 하세요!

Carden 사무실 임대 회사는 시드니, 멜버른, 브리즈번에서 가구와 설비가 완비된 사무실 공간을 제공하는 혁신적인 회사입니다. 상업 지구 내 편리한 장소 몇 군데에서 고르세요. 저희 임대 장소들은 모두 최고급 레스토랑과 쇼핑몰, 문화 센터에 근접해 있습니다.

작은 사무실부터 큰 사무실까지, 그리고 컴퓨터부터 책상, 의자까지 완벽히 갖춰져 있습니다. Carden은 당신의 사업을 경영하는 데 필요한 것을 정확하게 제공해 드릴 수 있습니다. 컴퓨터 데이터베이스 및 접수처 등 당신의 특별한 상황에 맞춘 주문이 모두 가능합니다.

추가 정보가 필요하시면 www.leaseofficenow.com을 방문하시거나 555-3215-121로 전화 주시기 바랍니다.

어휘 **ready-made** 이미 만들어져 나오는 **conduct** 수행하다 **immediately** 즉시 **office leasing** 사무실 임대 **revolutionary** 혁신적인 **provide** 제공하다 **fully** 완전히 **furnished** 가구가 딸린 **equipped** 장비를 갖춘 **convenient** 편리한 **location** 위치 **high-end** 최고급의 **require** 필요하다 **run a business** 사업을 경영하다 **reception** 접수처 **custom-ordered** 맞춤 주문의 **specification** 명세 사항 **facility** 편의 시설 **various** 여러 가지 **available** 이용할 수 있는 **short-term** 단기간의 **rental** 임대

**12** 사무실 공간을 임대하는 사람들에게 어떤 서비스가 제공되는가?
(A) 요구 사항에 맞는 맞춤형 공간
(B) 최고급 레스토랑에서의 무료 주차
(C) 문화 센터까지 교통 수단
(D) 비용 효율적인 웹 사이트 설계

해설 두 번째 문단 두 번째 줄의, 'Computer databases and reception can all be custom-ordered to your specifications'를 보면 업무에 맞는 다양한 공간이 제공된다고 했으므로 (A)를 답으로 고를 수 있다.

**13** Carden 사에서 임대 가능한 공간에 대해 언급되지 않은 것은 무엇인가?
(A) 시설이 완전히 갖춰져 있다.
(B) 쇼핑 시설에 가깝다.
(C) 크기가 다양하다.
(D) 단기 임대가 가능하다.

해설 첫 번째 줄, 'fully furnished and equipped office spaces'를 보면 (A)의 '시설이 완전히 갖춰져 있다'는 것을 알 수 있다. 세 번째 줄 'All of our leased spaces are close to high-end restaurants, shopping malls, and cultural centers.'를 통해 (B)의 '쇼핑몰과 거리가 가깝다'는 것을 알 수 있다. 두 번째 문단 첫 번째 줄, 'From small to large'를 보면 (C)를 알 수 있다. 따라서 언급되지 않은 것은 (D)이다.

## [14~16]

수신: Steve O'Shea <steveo@b&b.co.uk>
발신: Tina Conners <tconners@b&b.co.uk>
제목: 휴가
날짜: 10월 14일 목요일

O'Shea 씨에게,

제가 다음 주에 휴가를 떠나는 동안 당신이 제 일을 대신 담당해 주시는 데 동의해 주셔서 고맙게 생각합니다. 당신이 처리해야 할 직무에 대한 세부 사항을 알려드리겠습니다.

먼저, 매일 오전 11시에 팩스기에서 모든 파일을 가져와서 동료들에게 즉시 나눠 주세요. 팩스기는 저희 사무실 바로 밖 복도에 있습니다. 또한, 저는 이미 업무 진행자들과 일정을 조정했습니다. 그들의 다음 주 일정은 모두 확인했지만 당신이 참고할 수 있도록 그들의 일정표 사본을 당신의 책상에 올려 두었습니다.

그리고 목요일 오전 11시 30분에 101호에서 중요한 전략 회의가 있습니다. 회의 중에 메모를 잘 해 두시고 메모 내용을 늦어도 오후 3시까지 부서의 모든 사람에게 이메일로 보내주십시오.

마지막으로, 금요일 오후까지 저희 변호사들로부터 받은 모든 송장들을 저희 고객들에게 보내 주세요. 도움이 필요하면 저에게 이메일을 보내거나 전화 주십시오.

도움이 되는 동료가 되어 주셔서 감사합니다.

안녕히 계세요.

Tina Conners

**어휘** appreciate 감사하다  agree 동의하다  handle 다루다, 처리하다
responsibility 책무  details 세부 사항  duty 임무  take care of 처리하다  hand 건네주다  colleague 동료  promptly 즉시
hallway 복도  arrange (일을) 처리하다  confirm 확인하다
reference 참고  furthermore 더욱이  strategy 전략
take notes 메모하다  no later than 늦어도 ~까지  invoice 송장
attorney 변호사  supportive 도와주는  office mate 회사 동료

**14** 이메일의 목적은 무엇인가?
(A) 일련의 지시 사항을 전달하기 위해
(B) 신입 직원의 책무를 설명하기 위해
(C) 휴가를 요청하기 위해
(D) 회의 안건을 마무리짓기 위해

**해설** 글을 쓴 목적을 묻는 문제로 첫 번째 문단에서 Conners 씨가 휴가 중 직무를 대신 맡아줄 O'Shea 씨에게 감사를 전하며 해야 할 업무들을 나열하고 있으므로 (A)가 정답이다.

**15** 이메일에 따르면, Conners 씨가 매일 하는 일은 무엇인가?
(A) 팩스를 나눠 주는 것
(B) 고객들에게 청구서를 보내는 것
(C) 회의에서 메모하는 것
(D) 휴가 일정을 정하는 것

**해설** 두 번째 문단, 첫 번째 문장 'First, I would like to ask you to pick up all files ~ hand them out to colleagues promptly.'에서 팩스를 나눠 주는 일이 매일 아침에 하는 일임을 알 수 있으므로 (A)가 정답.

**16** O'Shea 씨와 Conners 씨에 대해 알 수 있는 것은 무엇인가?
(A) 그들은 비슷한 시기에 고용되었다.
(B) 그들은 각자 다른 날에 일한다.
(C) 그들은 사무실 공간을 공유한다.
(D) 그들은 직접 만난 적이 없다.

**해설** 두 번째 문단, 두 번째 줄 'The fax machine is on the hallway just outside our office.'에서 our office라고 했으므로 같은 사무실에서 일한다는 것을 알 수 있다. 따라서 정답은 (C)이다.

## [17~20]

**긴급 보도 자료**

Chris Kent에게 735-717-8617로 연락 주세요.

햄프턴, 버지니아 주 (9월 14일) - Lucian Art Center에 전시된 일부 미술 작품들이 다음 달에 시작될 국제 전시회의 일부로 선정되었습니다. Karl Ray 씨의 그림 5점과 Helena Beesly 씨의 사진 9점이 전시회에 포함됩니다.
Ray 씨의 작품들은 프랑스의 NCA Art Center에서 10월 2일에 공개될 예정입니다. 그 후에 그 전시는 코펜하겐의 Hexagon Museum으로 옮겨 5개월 간 전시됩니다.
터키의 Mara Museum of Art에서는 이미 Beesly 씨의 사진 일부를 전시하고 있지만, Ray 씨가 외국에서 자신의 작품을 전시하는 것은 처음입니다. 박물관의 작품들을 책임지고 있는 큐레이터 Camilla Baker 씨는 9월 21일 목요일 밤에 Ray 씨를 Lucian Art Center로 초청했으며, 그는 그곳에서 초대 손님들과 그의 작품에 대해 이야기할 예정입니다.
Lucian Art Center는 9월 21일과 22일인 목요일과 금요일에는 평상시보다 2시간 반 늦은 오후 10시 30분까지 개장합니다. 이는 그것들이 프랑스로 가기 전에 이러한 위대한 작품을 감상하고자 하는 방문자들을 더 유치하기 위해서입니다.
Lucian Art Center 홈페이지 www.lucianartcenter.org에서 운영 시간 및 기타 행사에 대한 자세한 내용을 확인하십시오. 9월 21일과 22일에만 사용할 수 있는 30% 할인 쿠폰도 인쇄할 수 있습니다.

**어휘** art piece 예술 작품  display 전시하다  be selected 선정되다
exhibition 전시[회]  painting 그림  photograph 사진
be included 포함되다  be scheduled to ~할 예정이다  curator 큐레이터(박물관·미술관 등의 전시 책임자)  responsible 책임이 있는
usual 평상시의  closing time 마감 시간  attempt 시도  attract 끌어모으다  appreciate 감상하다  operation hours 운영 시간
details 세부 사항  print out 인쇄하다

**17** 무엇이 발표되고 있는가?
(A) Lucian Art Center에서 진행되는 워크숍
(B) Lucian Art Center의 대표직의 변화
(C) 작품 전시를 위한 계획
(D) 지역 미술품 수집가의 후한 기부

**해설** 첫 번째 문단의 'Some art pieces displayed at Lucian Art Center have been selected to be a part of an international exhibition which will begin next month.'에서 일부 미술 작품들이 전시회의 일부로 선정되었다는 내용을 시작으로 두 번째 문단에서는 전시 장소 및 일정이 나열되고 있다. 따라서 (C)가 정답이다.

**18** Ray 씨에 대해 암시되는 것은 무엇인가?
(A) 그는 곧 프랑스로 이동할 것이다.
(B) 그의 작품은 여러 나라에서 전시되었다.
(C) 그는 그의 작품에 대해 이야기할 계획이다.
(D) 그의 사진에는 지역 행사들이 등장한다.

**해설** 세 번째 문단 두 번째 줄, 'The main curator responsible for the museum's collections, Camilla Baker, has invited Mr. Ray to Lucian Art Center on Thursday night, September 21, and there, he will discuss his paintings with guests.'에서 그가 초대 손님들과 그의 작품에 대해 이야기할 예정이라고 했으므로 (C)가 답임을 알 수 있다.

**19** 보도 자료에 따르면, 9월 21일에는 어떤 일이 일어날 것인가?

(A) 미술 작품 큐레이터들이 다른 박물관에서 올 것이다.
(B) Ray 씨의 작품 전시회가 열릴 것이다.
(C) Beesly 씨가 대중에게 발표할 것이다.
(D) 박물관 관람객들은 늦게까지 머무를 수 있을 것이다.

해설 네 번째 문단 첫 번째 줄, 'The Lucian Art Center will be open until 10:30 P.M. on Thursday and Friday, September 21-22, two and half hours later than the usual closing time.'을 통해 관람객들이 평상시보다 박물관에 더 오래 머물 수 있다는 것을 알 수 있으므로 (D)가 정답이다.

**20** Lucian Art Center에 관해 어떤 정보가 언급되는가?

(A) 박물관 큐레이터의 이름
(B) 박물관 입장료
(C) 박물관의 거리 주소
(D) 박물관 전화번호

해설 세 번째 문단 두 번째 줄, 'The main curator responsible for the museum's collections, Camilla Baker ~.'에서 박물관의 큐레이터가 Camilla Baker 씨라고 했으므로 (A)가 정답임을 알 수 있다.

## UNIT 15 독해 III [지문 유형별 2]

### + READING POINT | p.247

[1~3]

**공지**

에이탐 국제 공항은 승객분들께 최근에 모든 터미널 전역에 무선 인터넷이 설치됐음을 알려드리고자 합니다. 저희 무선 인터넷 서비스는 사용하기 편리해서 승객분들은 24시간 내내 인터넷 이용과 이메일 송수신이 가능합니다. 이 서비스는 무료입니다. 인터넷에 연결하기 위해 필요한 것은 노트북 컴퓨터뿐입니다.

노트북 컴퓨터는 없지만 인터넷 사용을 원하실 경우, 편리하게 사용하실 수 있도록 터미널 B 곳곳에 컴퓨터 스테이션이 위치해 있고, 장소는 파란색으로 표시되어 있습니다. 이 서비스는 10분당 1유로의 아주 적은 비용으로 사용 가능하며, 오전 6시부터 자정까지 일주일 내내 이용 가능합니다.

기술 지원 또는 추가 정보를 원하시거나 서비스가 불만족스러우시면, 터미널 A의 20번 게이트에 있는 고객 상담 데스크로 와 주세요. 저희는 승객분들을 더 잘 모시기 위해 모든 일을 할 수 있어 기쁩니다.

**1** 이 공지의 목적은 무엇인가?

(A) 지원을 요청하기 위해
(B) 상품 광고를 위해
(C) 서비스 홍보를 위해
(D) 지침을 주기 위해

**2** 공지에서 컴퓨터 스테이션에 대해 언급한 것은 무엇인가?

(A) 파란색으로 표시됐다.
(B) 24시간 내내 이용 가능하다.
(C) 터미널 A에 위치해 있다.
(D) 무료로 이용 가능하다.

**3** 이용자들은 도움이 필요할 때 무엇을 하라고 요청 받는가?

(A) 서비스 센터에 전화하기
(B) 20번 게이트로 가기
(C) 이메일 보내기
(D) 관리자에게 연락하기

### + READING POINT | p.249

[1~2]

**Whitten 사의 부회장, 회사를 떠나다**

청량음료 제조사인 Whitten 사는 어제 오후에 53세의 부회장인 Eric Smalls의 퇴직을 발표하였다. Whitten 사는 아직 후임자를 임명하지 않았지만 내부 소식통에 의하면 Maureen Wicks가 가장 유력한 후보라고 한다.

지난 5년간 Eric Smalls는 가족과 더 많은 시간을 보내고 싶다고 표했다. 그는 고문으로서 계속 일하겠지만 대부분의 일일 업무는 그만둘 것이다. Smalls는 Olde Tyme 음료 회사의 창립 멤버로서, 25여년 전에 초기 성공에 있어 핵심적인 존재였다.

**1** 기사문은 주로 무엇에 관한 것인가?

(A) 경영 절차의 변경
(B) 회사 내의 직원 변동
(C) 신제품 개발
(D) 일부 관리자들의 은퇴

**2** Eric Smalls에 대해서 무엇이 언급되는가?

(A) 회사의 해외 시장 확장을 책임지고 있다.
(B) 경쟁 회사에서 일하기 위해 떠날 것이다.
(C) 몇 년 동안 가족들과 함께 있고 싶어 했다.
(D) 새로운 부사장이 될 것이다.

### + READING POINT | p.251

[1~2]

**극장 목록**

티켓 및 상영 시간 정보를 위해서는 Movie Time의 웹 사이트 www.movietime.com으로 방문해 주시거나 (321) 555-1212로 전화 주세요.

'#' 표와 아래의 극장명 옆에 제시된 코드번호를 입력하세요.

바로넷 - 59번가 & 3번대로 #609
<어 핫 데이 인 브루클린>
<팀스 포레스트>

비익맨 - 65번가 & 2번대로 #606
<더 댄져러스 위스퍼>

첼시 - 7번대로와 8번대로 사이의 23번가 #597
<어 핫 데이 인 브루클린>
<콜드 수프 앤 멜티드 치즈>
<더 레인 워 레이트>

시네마 베르트 - 와벌리 광장 & 브로드웨이 #625
<콜 더 마운틴>
<라 쿠에 세 푸에데>
(영어 자막이 지원되는 스페인 영화)

펀 하우스 포 시네플렉스 - 10번가 & 6번대로 #547
<리벤지 오브 더 프리메이츠>
<스페이스 버디즈 2>
<데어데블스 온 더 루즈>

**1** 이 정보는 누구를 대상으로 한 것 같은가?

(A) 영화배우들
(B) 극장 소유주들
(C) 영화 팬들
(D) 영화 제작자들

**2** 영어 음성이 아닌 영화를 상영하는 극장은 어디인가?

(A) 비익맨
(B) 첼시
(C) 시네마 베르트
(D) 펀 하우스 포 시네플렉스

### + READING POINT | p.253

[1]

**아로마 커피숍**
Spring대로 Rossio Square 2층
로스앤젤레스, 캘리포니아
410-810-1992

주문 번호: 106110
날짜: 8월 7일, 오전 7시 30분

휘핑크림이 올라간 카푸치노 라지 2잔  7.00달러
소계                                    7.00달러
세금                                    0.84달러
총액                                    7.84달러

현금                                   10.00달러
잔돈                                    2.16달러

--------------------------------------------------------

8월 15일
Jack Reynor
매장 매니저
아로마 커피숍
Spring대로 Rossio Square 2층
로스앤젤레스, 캘리포니아

Reynor 씨에게,

제가 당신의 커피숍에서 겪은 경험에 대해 알려 드리고 싶습니다. 한번은 해외로 휴가 가기 몇 시간 전에 당신의 카페에 들렀고 카푸치노 한 잔을 주문했습니다.
저는 서둘러야 해서 잔돈을 주의 깊게 세지 못했습니다. 공항에 도착하자마자 제가 지불해야 하는 가격보다 두 배나 더 많이 냈다는 것을 알았습니다. 영수증을 보면 저는 플레인 카푸치노 한 잔을 받았음에도 불구하고 휘핑크림이 있는 두 잔의 카푸치노를 구매했다고 나와 있습니다.
이런 불편함을 보상해 줄 조치가 취해졌으면 합니다.

Cailee Spaeny

**1** Spaeny 씨는 언제 여행을 떠났는가?

(A) 8월 2일에
(B) 8월 7일에
(C) 8월 15일에
(D) 8월 16일에

### SPARTA TEST | p.254

| 1 (D) | 2 (C) | 3 (A) | 4 (B) | 5 (C) |
| 6 (C) | 7 (A) | 8 (C) | 9 (B) | 10 (A) |
| 11 (C) | 12 (D) | 13 (A) | 14 (A) | 15 (C) |
| 16 (A) | 17 (C) | 18 (A) | 19 (D) | 20 (D) |
| 21 (A) | 22 (B) | 23 (C) | 24 (A) | 25 (C) |

[1~3]

<아메리칸 사이언스 저널> 2019년 12월호에
논문이나 기사를 제출하고자 하는 모든 분들에게 알립니다

2019년 11월 1일부터 <아메리칸 사이언스 저널>에 출판될 논문이나 기사를 제출하고자 하는 분들은 아래의 양식을 따라야 합니다:

I. 표지            VII. 절차
II. 목차           VIII. 연구 결과
III. 개요          IX. 결론 및 분석
IV. 서론           X. 참고 문헌
V. 연구 목적       IX. 부록
VI. 연구 한계

**추가 유의 사항:**
* 모든 논문의 표지에는 연구 제목, 저자 이름, 제출 날짜 그리고 저자의 상세 연락처가 들어가야 합니다.
* 제출 마감시한은 2019년 11월 20일입니다. 그 후, 본 저널이 논문을 받은 다음 날 저자에게 통보할 것입니다.
* 예전과 마찬가지로, 논문이나 기사를 제출하고자 하는 분은 본 저널의 1년 정기 구독을 신청해야 합니다. 정기 구독에 관한 문의는 875-4433번으로 데보라 해리스에게 전화하시거나 dharris@ajs.org로 이메일을 보내시면 됩니다.
* 다른 문의 사항이 있으면 groberts@ajs.org로 조지 로버츠에게 이메일을 보내 주십시오.

**어휘** attention 집중  submit 제출하다  paper 논문  article 기사  issue (잡지의) 호  publication 출간  follow 따르다  format 양식  cover page 표지  study 연구  additional 추가의  note 유의 사항  include 포함시키다  title 제목  author 작가  contact details 상세연락처  deadline 마감일  submission 제출  sign up 신청하다, 등록하다  subscription 정기 구독  inquiry 문의 사항

**1** 안내문의 목적은 무엇인가?
(A) 잡지에 광고 게재를 요청하기 위해
(B) 저자들에게 저널을 읽으라고 부탁하기 위해
(C) 저자들에게 저널을 판매하기 위해
(D) 저자들에게 기사 접수에 대해 알리기 위해

**해설** 첫 단락인 'Starting November 1, 2019, anyone who wishes to submit a paper or an article for publication in the *American Journal of Science* will be required to follow the format below'에서 논문이나 기사 접수에 관해 알리기 위한 글임을 알 수 있다. 따라서 (D)가 정답이다.

**2** 안내문에 따르면, 표지에 요구되는 사항이 아닌 것은 무엇인가?
(A) 제출 날짜
(B) 논문 제목
(C) 기사의 길이
(D) 저자의 이름

**해설** 추가 유의 사항의 첫 번째 항목인 'The cover pages of any paper should include the title of the study, the name of the author, the date submitted, and the contact details of the author'에서 기사의 길이에 대한 언급은 없으므로 (C)가 정답이다.

**3** 논문을 제출하는 사람들에 대해 무엇이 언급되는가?
(A) 저널을 구독해야 한다.
(B) 박사 학위가 있어야 한다.
(C) 과학 부문의 교수여야 한다.
(D) 2019년 12월호를 구입해야 한다.

**해설** 지문 후반에 'As has been done in the past, anyone who is interested in submitting a paper or an article should sign up for a one-year subscription of the journal.'에서 1년간 저널을 구독 신청해야 한다고 했으므로 (A)가 정답이다.

**[4~5]**

**Endo Motors 사의 매출이 증가하다**

사우스 벤드, 인디애나 주 (4월 7일) — Endo Motors 사가 자사의 세단 라인에 대한 연간 판매량을 발표했다. 올해 매출액은 전년 대비 4.8% 증가했다고 한다. 이 증가율은 업계 전문가들이 예상했던 2.2%에 비해 거의 두 배나 높다. 그러나 이것은 2년 전부터 꾸준히 8.0%의 매출 증가를 보인 회사에게는 여전히 비교적 낮은 비율이다. 회사의 이사들은 여전히 긍정적으로 보고 있다. 그들은 Endo Motors 사가 향후 3년간 세단 생산량을 늘릴 준비를 하고 있다고 발표함으로써 자신감을 보였다.

**어휘** increase 상승, 증가  sales 판매(량)  release 공개하다  sales numbers 판매 수치  report 보고하다  compared to ~와 비교하여  expert 전문가  expect 예상하다  comparably 비교할 수 있을 만큼, 동등하게  steady 꾸준한  positive 긍정적인  confidence 확신, 자신감  announce 발표하다  preparation 준비

**4** 올해 회사 매출은 얼마나 증가했는가?
(A) 2.2퍼센트
(B) 4.8퍼센트
(C) 7.0퍼센트
(D) 8.0퍼센트

**해설** 특정 수치를 물어보는 문제로 기사에 언급된 수치에 주목하자. 기사 전반부에 'It is reported that the sales for this year increased by 4.8 percent compared to last year.'에서 매출이 작년에 비해 4.8 퍼센트가 증가했다는 것을 알 수 있으므로 (B)가 답이다.

**5** 회사의 이사들에 관해 언급된 것은 무엇인가?
(A) 그들은 매출 증가 규모에 실망했다.
(B) 그들은 보고서의 정확성에 대해 확신한다.
(C) 그들은 향후 더 많은 자동차를 만들고 싶어 한다.
(D) 그들은 사우스 벤드에 새로운 제조 공장을 건설할 계획이다.

**해설** company directors가 언급된 부분을 찾아서 확인해야 한다. 기사의 마지막에 'Company directors remain positive; they showed their confidence by announcing that Endo Motors is in preparation to increase its sedan production for the next three years.'를 통해 향후 3년 동안 세단의 생산을 증가할 계획이라는 것을 알 수 있으므로 (C)가 정답이다.

**[6~7]**

**Imaker Byflow Agent** [오전 8:30]
안녕하세요, Myers-L Help의 Joanne입니다. 무엇을 도와드릴까요?

**Adrien Brody** [오전 8:30]
제 프린터에 사용할 소프트웨어의 새 버전을 다운로드하는 데 문제가 있습니다.

**Imaker Byflow Agent** [오전 8:32]
어떤 종류의 프린터를 가지고 계신가요?

**Adrien Brody** [오전 8:33]
K-17 desktop입니다. 다운로드하려면 제품 일련번호가 필요한데 찾을 수가 없네요.

**Imaker Byflow Agent** [오전 8:33]
프린터를 끄셨나요? 카트리지 문 안쪽을 확인해 보세요.

**Adrien Brody** [오전 8:34]
그건 몰랐네요! 잠시만요. 확인해 볼게요.

**Adrien Brody** [오전 8:35]
문에 여덟 자리 번호가 있네요. 이건가요?

**Imaker Byflow Agent** [오전 8:37]
맞습니다. 더 도와드릴 일이 있나요?

**Adrien Brody** [오전 8:38]
아닙니다. 감사합니다.

**어휘** trouble 문제   product 상품   serial number 일련번호   digit 숫자   fix 고치다   purchase 구매하다   create 만들다

**6** Brody 씨는 무엇을 하려 하는가?
  (A) 카트리지 문을 고친다
  (B) 프린터를 구매한다
  (C) 소프트웨어를 다운로드한다
  (D) 비밀번호를 만든다

**해설** Brody 씨가 "I'm having trouble downloading the new version of software for my printer."라고 보냈으므로 소프트웨어의 새로운 버전을 다운로드하려 한다는 것을 알 수 있다. 따라서 정답은 (C)이다.

**7** 오전 8시 34분에, Brody 씨가 쓴 "그건 몰랐네요"는 어떤 의미일 것 같은가?
  (A) 그는 직원의 의견을 시도하지 않았었다.
  (B) 그는 프린터를 끄는 것을 잊어버렸다.
  (C) 그는 카트리지를 방금 구매했다.
  (D) 그는 전에 온라인으로 도움을 받은 적이 없다.

**해설** Brody 씨는 일련번호를 찾는다고 했고 이에 직원이 카트리지 안쪽 문을 보라고 했다. 그러자 Brody 씨가 8자리 번호가 있다고 하는 것으로 보아 That's a new one이 의미하는 바로는 (A)가 가장 적절하다.

**[8~10]**

**Gillian Anderson** [오후 3시 13분]
저는 Sunnyside Diner에 있는데 Huntington 도서관의 Annie Starke 씨를 만났습니다. 저희는 새로운 설치에 관한 계약을 체결할 수 있을 것 같습니다.

**Terence Stamp** [오후 3시 14분]
좋아요. 지금 그녀와 함께 있나요?

**Gillian Anderson** [오후 3시 15분]
도서관장인 Stefanie Martini에게 전화가 와서 잠시 나가 있고 곧 돌아올 겁니다. 저희가 6월 30일까지 모든 목공일을 마칠 수 있을까요?

**Terence Stamp** [오후 3시 16분]
글쎄요, 우리는 그 뒤에 Woodlands 지역 박물관 작업이 있고 그러고 나서 South Carolina 대학 기숙사 작업, 그 다음에 몇 가지 작업들이 있습니다. 안 될 이유는 없을 것 같습니다.

**Gillian Anderson** [오후 3시 19분]
혹시 모르니까 기숙사 일을 나중으로 미룰 수 있을까요?

**Terence Stamp** [오후 3시 20분]
제가 지금 대학의 Honor Kneafsey에게 전화를 걸어 몇 가지 작업이 미뤄질 수 있다고 이야기해 놓겠습니다. 그들은 8월까지 기숙사에 아무도 들이지 않을 겁니다.

**Gillian Anderson** [오후 3시 22분]
좋아요. 그녀가 통화가 거의 끝난 것 같습니다. 아무튼 Honor 씨가 무슨 말을 하든 저에게 문자로 보내 주세요. 큰 계약일 텐데, 놓치고 싶지 않군요.

**어휘** run into ~를 우연히 만나다   take a call 전화를 받다   library director 도서관장   woodworking 목공일   dormitory 기숙사   make sure 확실하게 하다   text (휴대 전화로) 문자를 보내다   huge contract 큰 계약

**8** Anderson 씨는 무엇을 하길 바라는가?
  (A) 도서관장과 만나기
  (B) 좋은 식당 찾기
  (C) 계약 체결하기
  (D) 경영 대학에 다니기

**해설** Anderson 씨가 3시 13분에 'We may get the contract on their new installations.'에서 새로운 설치에 관한 계약을 체결할 수 있을 것 같다고 했고, 3시 22분에 'This would be a huge contract, so I don't want to lose it.'을 통해 계약을 놓치고 싶지 않다고 했으므로 Anderson 씨는 새로운 계약을 체결하길 원한다는 것을 알 수 있다. 따라서 (C)가 정답이다.

**9** 오후 3시 16분에, Stamp 씨가 쓴 "안 될 이유는 없을 것 같습니다"는 어떤 의미일 것 같은가?
  (A) 그는 메시지를 잘못 이해했다고 생각한다.
  (B) 그는 마감일을 지킬 수 있다고 생각한다.
  (C) 그는 제안서를 보길 원한다.
  (D) 그는 동료와 상의할 필요가 있다.

**해설** 주어진 문장은 3시 15분의 'Can we finish all the woodworking by June 30?'에 대한 대답이므로 몇 가지 작업이 더 있지만 작업 일정을 맞출 수 있다는 것을 의미한다. 따라서 (B)가 정답이다.

**10** South Carolina 대학에 대해 암시된 내용은 무엇인가?
  (A) 지금 당장 프로젝트를 끝낼 필요는 없다.
  (B) Huntington에 있는 곳으로 이전할 것이다.
  (C) 새로운 현장에 기숙사 건설을 계획하고 있다.
  (D) 현재 기숙사를 가지고 있지 않다.

**해설** 3시 19분 Anderson 씨의 문자에서 기숙사 일을 미룰 수 있는지 물었고, 3시 20분 Stamp 씨의 문자 'I'll call Honor Kneafsey at the college now and tell him we might run behind on a few jobs. They're not putting anyone in the dormitory until August.'에서 그들은 8월까지는 기숙사에 아무도 들이지 않을 거라고 했으므로 South Carolina 대학의 기숙사 작업은 급한 게 아니라는 것을 알 수 있다. 정답은 (A)이다.

**[11~15]**

Intourist 여행사
윌버로우 레인 65922
31154 워싱턴 주, 시애틀
(402) 387-2020

| | |
|---|---|
| 성명: | Jennifer Walker |
| 출발: | 뉴저지 주, Montclair 시 |
| 도착: | 펜실베니아 주, Strasburg 시 |
| 출구 번호: | 7 |
| 출발 시각: | 12월 24일 월요일, 오전 7시 35분 |
| 도착 시각: | 12월 24일 월요일, 오후 12시 35분 |
| 좌석 번호: | 3B (통로측) |
| 버스 종류: | 특급 |
| 버스 요금: | 80달러 |

------------------------------------------------

### 승객들께 알림

지난 시즌에 동해안 버스 정거장에서 겪은 극심한 혼잡 때문에 Intourist 여행사는 오랜 연착과 예약 취소를 방지할 목적으로 다음의 변경 사항을 알려 드리고자 합니다.

- 동해안의 주요 도시를 왕복하는 모든 버스 노선에 5대의 버스를 증편합니다. 하지만 중서부의 버스는 증편되지 않습니다.
- 이번 시즌 동안 승객 여러분의 요구 사항에 도움이 되고자 역 직원을 50퍼센트 증원하겠습니다.
- 월요일부터 토요일, 오전 9시부터 오후 8시까지 손님이 많은 시간대에 출발하는 모든 버스 노선에 대해 표 가격을 15퍼센트 인상합니다. 이는 가장 바쁜 시간대에 혼잡을 줄일 것입니다.
- 오후 10시부터 오전 6시 사이에 출발하는 버스 노선의 모든 표 가격을 20퍼센트 할인합니다.
- 특급 버스표는 모든 버스에 최대 수용 인원을 채우기 위해 5퍼센트 인하합니다.
- 모든 버스표는 최소한 출발 10일 전에 구매하시기를 요청 드립니다.
- 탑승을 지연시키는 새 보안 점검 때문에 최소한 출발 1시간 전에 도착하시기 바랍니다. 출발 1시간 이내에 도착하지 않으시면 버스의 좌석을 보장해 드릴 수 없습니다. 그러한 경우 버스표를 환불해 드리지 않습니다.

** 모든 변동 사항은 12월 15일부터 1월 15일까지 유효합니다.

**어휘** departure 출발  aisle 복도  congestion (교통 등의) 혼잡  following 다음의  aimed at ~을 목적으로 하는  prevent 막다, 방지하다  cancellation 취소  route 노선  peak time 피크 타임, 가장 바쁜 시간대  to maximum capacity 최대로 수용할 때까지  business day 영업일  prior to ~전에  security check 보안 점검  guarantee 보장하다

**11** Intourist 여행사의 버스 승차 방침이 왜 바뀌었는가?

(A) 승객들이 비싼 요금에 대해 불평했다.
(B) Intourist 여행사는 승객의 수를 늘리고 싶어 했다.
(C) 지난 시즌에 연착이 많았다.
(D) 고객들이 다양한 여행지를 원했다.

**해설** 방침이 변경된 이유를 묻는 문제로, 공고문 맨 앞에 지난 시즌에 심한 혼잡을 겪었고 오랜 연착과 예약 취소를 방지하기 위해 방침을 변경한다고 언급되어 있다. 따라서 정답은 (C)이다.

**12** 공고에 따르면, 승객들은 무엇을 해야 하는가?

(A) 특급 버스표를 먼저 예매하기
(B) 출발 시간을 알려 주기
(C) 기차역에 취소를 알려 주기
(D) 표를 미리 구매하기

**해설** 공고문의 여섯 번째 항목에서 표를 미리 구매하라고 했으므로 (D)가 정답이다. deluxe bus ticket에 관한 내용은 가격 인하만 언급되어 있으므로 (A)는 오답이다. 공고 마지막 부분에 승객은 버스 출발 1시간 전에 정거장에 도착해야 한다고 했으나 출발 시간을 알려 주라는 얘기는 없으므로 (B)도 오답이다. (C) 기차역에 취소를 통보하라는 것은 언급되지 않았다.

**13** 다음 중 어떤 변화가 이뤄지지 않을 것인가?

(A) 모든 노선에 버스가 증편될 것이다.
(B) 일부 버스표의 값이 인하될 것이다.
(C) 추가 직원들이 역에서 근무할 것이다.
(D) 몇몇 안전 조치가 취해질 것이다.

**해설** 공고문의 첫 항목을 보면 동해안의 버스 노선은 증편되지만 중서부는 증편되지 않는다고 했으므로 답은 (A)이다. 네 번째 항목에서 오후 10시에서 오전 6시에 출발하는 버스표는 할인된다고 했으므로 (B)는 맞고, (C)는 두 번째 항목에서 확인할 수 있다. 마지막 항목에서 새로운 보안 점검이 있다고 했으므로 (D)도 맞는 설명이다.

**14** Walker 씨가 받을 수 있는 할인율은 얼마인가?

(A) 5퍼센트
(B) 15퍼센트
(C) 20퍼센트
(D) 50퍼센트

**해설** 버스표를 보면 Walker 씨는 deluxe bus를 탄다는 것을 알 수 있다. 공고문의 다섯 번째 항목을 보면 특급 버스표는 5퍼센트 할인된다고 했으므로 정답은 (A)이다.

**15** Walker 씨는 언제 승차권을 구입했겠는가?

(A) 12월 15일에
(B) 12월 24일에
(C) 12월 14일 전에
(D) 12월 15일 후에

**해설** 공고 여섯 번째 항목에 표 구입은 최소한 출발 10일 전에 해야 한다고 되어 있다. 티켓에 Walker 씨의 출발 날짜는 12월 24일로 되어 있으므로 Walker 씨가 12월 14일 이전에 승차권을 구매했음을 알 수 있다. 따라서 정답은 (C)이다.

[16~20]

수신 : Lana Chambers <lchambers@lunetech.com>
발신 : Benjamin Zhang <benzhang@lunetech.com>
날짜 : 4월 6일
제목 : 무역 박람회

Chambers 씨에게,

작년에 El Cid Trade Show 참가 준비를 도와주셔서 감사드립니다.

올해 무역 박람회는 7월 15일부터 18일까지 Saint Thomas Convention Center에서 개최됩니다. 작년에는 Squire Hall 룸을 예약했습니다. 4일 동안 대략 700명의 사람들이 저희 행사에 참석했으며, 각 행사마다 평균 75명이 참석했습니다. 올해 무역 박람회는 더 많은 방문객들을 유치할 것으로 예상됩니다.

작년에 좌석은 충분했지만 우리가 더 나은 시청각 장비를 갖춘 장소에서 행사를 준비했다면 발표는 더 좋았을 것입니다. 일부 참가자들이 발표 중 혼동을 주었던 형편없는 음향 장비에 대해 불평했던 것을 기억합니다. 그래서 올해는 같은 실수를 되풀이하고 싶지 않습니다.

작년에 저희는 행사 첫날부터 Squire Hall에서 판매업체들을 위한 작은 연회를 가졌습니다. 올해는 선정된 업체들을 Terrance Grill 또는 Sal's Kitchen에서의 저녁 식사에 초대할 것입니다. 그래서 저희는 출장 뷔페 서비스가 추가로 필요하지 않을 것 같습니다. 예약하는 대로 세부 사항을 알려드리도록 하겠습니다.

감사합니다.

Benjamin Zhang
Lune Tech 사

---------------------------------------------------------------
### Saint Thomas Convention Center

Squire Hall은 저희의 가장 넓은 장소입니다. 최대 250명까지 수용할 수 있어 비즈니스 행사 또는 개인 축하 파티에 적합합니다. 출장 뷔페 서비스는 Ivory Tusk Catering 사에서 제공합니다.

Yellow Room과 Extina Room은 중소기업이나 학술 단체가 개인 모임이나 이벤트를 진행할 수 있는 최적의 공간입니다. 각각 무선 인터넷, 컴퓨터 두 대, 디지털 프로젝터가 있습니다. Yellow Room의 최대 수용 인원은 50명입니다. Extina Room은 벽걸이형 TV를 갖추고 있고 75명까지 수용할 수 있습니다.

Briar Hall은 발표회, 행사 및 세미나를 위한 고급스러운 장소를 제공합니다. 대형 프로젝션 스크린, 높은 무대, 연단, 전문적인 수준의 조명 및 고급 음향 시스템이 모두 이 방에 있습니다. 최대 100명까지 수용할 수 있습니다.

Buena Square는 Saint Thomas Convention Center의 중심부에 위치해 있습니다. 이 우아한 야외 장소는 식사나 결혼 피로연을 위해 이용 가능합니다. 최대 수용 인원은 200명입니다. Briar Hall을 임대하면 무료로 이용하실 수 있습니다.

**어휘** **trade show** 무역 박람회 **organize** 준비하다, 조정하다
**participation** 참석 **book** 예약하다 **approximately** 대략
**in attendance** 참석한 **attract** 끌다 **audiovisual equipment** 시청각 장비 **participant** 참석자 **complain** 불평하다 **obviously** 명백히 **repeat** 반복하다 **reception** 연회 **vendor** 상인, 업체
**catering service** 출장 뷔페 서비스 **make a reservation** 예약하다
**function** 행사 **lead** 이끌다 **wireless Internet** 무선 인터넷
**access** 이용 **maximum** 최대의 **capacity** 수용력
**a wall-mounted television** 벽걸이 TV **podium** (연설자·지휘자 등이 올라서는) 연단 **lighting** 조명 **elegant** 우아한, 품격 있는
**outdoor** 야외

**16** 지난해 무역 박람회에서 Zhang 씨의 역할은 무엇이었을 것 같은가?

(A) 행사 준비하기
(B) 장비 설치하기
(C) 출장 요리업체 돕기
(D) 발표하기

**해설** Zhang 씨는 이메일을 쓴 사람이고 첫 문장에서 'Thank you for helping me to organize the participation in the El Cid Trade Show last year.'를 통해 작년에 행사를 준비했던 것을 유추할 수 있다.

**17** 올해 무역 박람회는 작년과 어떻게 다를 것인가?

(A) 컨벤션 센터에서 열릴 것이다.
(B) 2일 동안 진행될 것이다.
(C) 더 많은 사람들이 참석할 것이다.
(D) 추가 전시품들이 포함될 것이다.

**해설** 이메일의 두 번째 문단 두 번째 줄, 'There were approximately 700 people in attendance at our events during the four days, with an average of about 75 people at each event. This year, the trade show is expected to attract even more visitors.'에서 4일 동안 약 700명의 사람들이 참석했고 올해는 더 많은 참가자들이 올 것으로 예상하고 있으므로 (C)가 답이다.

**18** 작년 박람회에서 어떤 문제가 발생했는가?

(A) 일부 사람들은 발표자들의 말을 들을 수 없었다.
(B) 박람회 중에 행사 장소가 변경되었다.
(C) 예약된 공간이 너무 작았다.
(D) 발표자 중 한 명이 참석하지 못했다.

**해설** 이메일 세 번째 문단 두 번째 줄에서 'I remember some participants complaining about the poor sound system, which obviously got them confused during the presentations.' 일부 참가자들이 발표 중 음향 시스템 때문에 혼란을 겪었다는 것은 그들이 발표자의 말을 듣는 데 문제가 있었다는 의미로 볼 수 있다. 따라서 (A)가 정답이다.

**19** 누가 작년에 Lune Tech 사의 연회에서 음식 서비스를 제공했는가?

(A) Buena Square
(B) Sal's Kitchen
(C) Terrance Grill
(D) Ivory Tusk Catering

**해설** 이메일의 마지막 문단, 첫 번째 줄에서 'Last year, we had a small reception ~ in Squire Hall'을 통해 작년에 Squire Hall에서 행사를 진행했다는 것을 알 수 있고, 정보문의 첫 번째 문단, 두 번째 줄에서 Squire Hall을 설명하는 내용 중 'Catering services are provided by the Ivory Tusk Catering.'에서 출장 뷔페 서비스는 Ivory Tusk Catering 사에서 제공한다고 했으므로 (D)가 정답이 된다.

**20** Lune Tech 사는 올해 어떤 공간을 예약할 것 같은가?

(A) Squire Hall
(B) The Yellow Room
(C) The Extina Room
(D) Briar Hall

**해설** 첫 번째 지문에서 올해 행사에서 개선되었으면 하는 점들을 파악한 후, 두 번째 지문의 행사장에서 가장 적합한 곳을 찾아야 한다. 이메일의 두 번째 문단, 두 번째 줄에서 'There were approximately 700 people ~ with an average of about 75 people at each event. This year, the trade show is expected to attract even more visitors.'를 통해 최소 75명 이상을 수용할 수 있는 공간이 되어야 된다는 점, 세 번째 문단, 첫 번째 줄에서 '~ our presentations could have been better if we'd prepared our event in a place with better audiovisual equipment.'를 통해 더 나은 시청각 장비가 갖춰져야 한다는 점, 네 번째 문단, 세 번째 줄에서 '~ we won't need extra catering services.'를 통해 출장 뷔페 서비스가 필요하지 않다는 점들을 고려해 볼 때, 두 번째 지문에서 이를 가장 잘 만족하는 것은 (D)이다.

**[21~25]**

수신 : 제인 골드만 <jgoldman@huntsco.co.uk>
발신 : 배송부 <shipping@quickpack.co.uk>
날짜 : 6월 2일, 오전 11시 3분
제목 : 선적 리스트, 주문 번호 48628

골드만 씨께,

Quick Pack Shipping에서 주문해 주셔서 감사드립니다. 귀하가 주문하신 물품 목록을 첨부했습니다.
주문품을 귀하께서 알려 주신 우편 주소로 영업일 기준으로 4일 안에 준비해서 보내 드리겠습니다. 주문품이 배송되면 귀하의 신용 카드에 청구될 것입니다.
물품이 배송되고 나면 주문을 취소하거나 변경할 수 없음을 알려드립니다.

감사합니다.

Quick Pack Shipping

---

주문서

| 품목 번호 | 설명 | 총수량 |
|---|---|---|
| C306 | 종이봉투 | 300 |
| B012 | 마분지 상자 | 450 |
| E256 | 버블 랩 두루마리 | 250 |
| E311 | 우송용 원통 | 350 |

> 수신 : 배송부 <shipping@quickpack.co.uk>
> 발신 : 제인 골드만 <jgoldman@huntsco.co.uk>
> 날짜 : 6월 2일 오후 4시 45분
> 제목 : 답장 : 선적 리스트, 주문 번호 48628
>
> 주문 번호 48628에 관해 이 글을 씁니다. 귀사가 저에게 보낸 리스트를 보면 주문 내역은 정확하지만 주문을 변경하고 싶습니다.
>
> 원래 저는 C306번 물품을 300개 요청했지만 200개로 줄이고 싶습니다. 또한 제가 처음에 전화를 걸어 주문할 때는 현재 비닐 랩의 재고가 없다고 들었습니다. 주문품이 배송되기 전에 그것을 살 수 있다면 주문에 400개를 추가하고 싶습니다.
>
> 안녕히 계세요.
>
> 제인 골드만
> Hunts 사

**어휘** order 주문; 주문하다   ship 발송하다   business day 영업일   charge 청구하다   description 묘사, 지정 품목   cardboard 마분지   bubble wrap 버블 랩   mailing tube (신문, 잡지) 우송용 원통   concerning ~에 관한   according to ~에 따르면   decrease 줄이다, 감소하다   out of stock 재고가 없는   available 구할 수 있는, 이용 가능한

**21** 첫 번째 이메일의 목적은 무엇인가?
  (A) 주문품을 확인하려고
  (B) 주문품이 발송될 수 없음을 알리려고
  (C) 주문이 지연된 이유를 설명하려고
  (D) 품절된 제품에 대해 알리려고

**해설** 첫 번째 이메일의 'Attached is a list of the items you ordered.'에서 주문품 리스트를 보낸다고 했고, 그 뒤에 배송과 금액 청구에 관한 내용이 나오므로 배송될 물품을 주문자에게 확인하려는 것임을 알 수 있다. 따라서 정답은 (A)이다.

**22** 첫 번째 이메일에서 언급된 정책은 무엇인가?
  (A) 손해 정책
  (B) 취소 정책
  (C) 승인 정책
  (D) 개인 정보 보호 정책

**해설** 마지막 문단에서 'Please be aware that you cannot cancel ~ sent out.'을 보면 일단 배송되면 주문을 취소하거나 변경할 수 없다고 하므로 취소 정책에 관해 언급하고 있다는 것을 알 수 있다.

**23** 두 번째 메일에서, 두 번째 단락 두 번째 줄의 단어 "place"와 의미상 가장 가까운 것은?
  (A) 고용하다
  (B) 서다
  (C) 주다
  (D) 생각하다

**해설** place one's order는 '주문하다'라는 의미이므로, 이때 place 대신에 give를 쓸 수 있다. 따라서 정답은 (C)이다.

**24** 골드만 씨는 무엇을 덜 주문하기를 바라는가?
  (A) 종이봉투
  (B) 마분지 상자
  (C) 버블 랩 두루마리
  (D) 우송용 원통

**해설** 첨부된 표와 두 번째 메일을 보고 답을 찾아야 하는 문제이다. 두 번째 이메일에서 C306의 주문량을 줄이고 싶다고 했고, 첨부된 표를 보면 C306은 Paper bags(종이봉투)로 나와 있으므로 (A)가 정답이다.

**25** 골드만 씨에 대해 추측할 수 있는 것은 무엇인가?
  (A) 그녀의 주문에 문제가 있다.
  (B) 그녀는 주문을 취소할지도 모른다.
  (C) 그녀는 재고가 없는 제품을 원한다.
  (D) 그녀는 주문하기 위해 인터넷을 이용했다.

**해설** 두 번째 이메일의 마지막 문단에서 골드만 씨는 비닐 랩의 재고가 없어서 주문을 못 했는데 구할 수 있다면 400개를 사고 싶다고 했으므로 (C)가 정답임을 알 수 있다.

# 토익 빈출 어휘

# DAY 01

| # | 단어 | 품사 뜻 | 예문 |
|---|---|---|---|
| 1 | **serve** | v (음식 등을) 제공하다, 차려 주다 | **serve** food at a restaurant<br>식당에서 음식을 제공하다 |
| 2 | **counter** | n 계산대, 조리대 | stand behind the **counter**<br>조리대 뒤에 서 있다 |
| 3 | **bowl** | n 볼, 사발, 우묵한 그릇 | mix food in a **bowl**<br>볼에 음식을 섞다 |
| 4 | **instrument** | n 기구, 악기<br>(= musical instrument) | play an **instrument**<br>악기를 연주하다 |
| 5 | **railing** | n 난간 | lean against the **railing**<br>난간에 기대다 |
| 6 | **chop** | v (잘게) 썰다; 다지다 | **chop** the vegetables<br>야채를 잘게 썰다 |
| 7 | **copy machine** | n 복사기 | operate a **copy machine**<br>복사기를 작동시키다 |
| 8 | **cross** | v 건너다; 교차시키다 | **cross** the street<br>길을 건너다 |
| 9 | **middle** | n 가운데 | in the **middle** of the road<br>길 한가운데에 |
| 10 | **sweep** | v (빗자루로) 쓸다 | **sweep** the floor<br>바닥을 쓸다 |
| 11 | **walkway** | n 보도 | both sides of the **walkway**<br>보도 양쪽 |
| 12 | **lawn** | n 잔디밭 | mow the **lawn**<br>잔디를 깎다 |
| 13 | **face** | v 향하다 | **face** the same direction<br>같은 방향을 향하다 |
| 14 | **suit** | n 정장 | put on a **suit**<br>정장을 입다 (입는 동작) |
| 15 | **microscope** | n 현미경 | look into a **microscope**<br>현미경을 들여다보다 |

| | | | |
|---|---|---|---|
| 16 | discuss | v 의논하다 | **discuss** the problem<br>문제를 의논하다 |
| 17 | colleague | n 동료 직원 | talk to a **colleague**<br>동료 직원에게 말하다 |
| 18 | microphone | n 마이크 | hold a **microphone**<br>마이크를 들다 |
| 19 | assemble | v 조립하다 | **assemble** a bike<br>자전거를 조립하다 |
| 20 | factory | n 공장 | work at a **factory**<br>공장에서 일하다 |
| 21 | examine | v 점검하다; 자세히 보다 | **examine** the tools<br>공구를 점검하다 |
| 22 | safety goggles | n 안전 고글 | wear **safety goggles**<br>안전 고글을 쓰다 (이미 쓴 상태) |
| 23 | stack | v 쌓다 | **stack** the boxes<br>상자들을 쌓다 |
| 24 | operate | v 작동하다, 조작하다 | **operate** a forklift<br>지게차를 작동하다 |
| 25 | machinery | n 기계, 장비 | heavy **machinery** on the site<br>작업 현장에 있는 중장비 |
| 26 | warehouse | n 창고 | clean the **warehouse**<br>창고를 청소하다 |
| 27 | each other | pron 서로 | talk to **each other**<br>서로 이야기하다 |
| 28 | hand | v 건네주다 | **hand** some food to others<br>다른 사람들에게 음식을 건네주다 |
| 29 | customer | n 고객 | serve a **customer** in a store<br>가게에서 손님을 응대하다 |
| 30 | meal | n 식사 | order a **meal**<br>식사를 주문하다 |

# DAY 02

| # | 단어 | 품사/뜻 | 예문 |
|---|---|---|---|
| 1 | **turn on** | v (조명 등을) 켜다 | **turn on** the light<br>조명을 켜다 |
| 2 | **place** | v 두다, 놓다 | **place** it on the table<br>그것을 탁자 위에 놓다 |
| 3 | **hallway** | n 복도 | in the middle of the **hallway**<br>복도 중앙에 |
| 4 | **dock** | n 부두, 선착장 | The boat is approaching the **dock**.<br>배가 부두에 접근하는 중이다. |
| 5 | **pier** | n 부두, 선착장 | The boats docked at a **pier**.<br>배들이 부두에 정박해 있다. |
| 6 | **path** | n 길 | walk along the **path**<br>길을 따라 걷다 |
| 7 | **lead** | v 이끌다, 연결되다, 이어지다 | The road **leads** up the hill.<br>길이 언덕 위로 이어진다. |
| 8 | **tie** | v 묶다, 매다 | **tie** the books in a bundle<br>책들을 한 묶음으로 매다 |
| 9 | **reflect** | v 반사하다, 비추다 | Trees are **reflected** on the water.<br>나무들이 물에 비치고 있다. |
| 10 | **hang** | v 매달다, 걸다 | **hang** a coat on the hanger<br>코트를 옷걸이에 걸다 |
| 11 | **rack** | n 선반, 걸이 | on the **rack** near the wall<br>벽 쪽에 있는 선반 위에 |
| 12 | **on display** | 진열 중인 | The cars are **on display**.<br>자동차들이 진열되어 있다. |
| 13 | **outside** | adv 바깥에 | The plant has been placed **outside** the window. 화분이 창문 밖에 놓여 있다. |
| 14 | **crosswalk** | n 횡단보도 | The bus has stopped at a **crosswalk**.<br>버스가 횡단보도에 멈췄다. |
| 15 | **establish** | v 설립[설정]하다, 세우다 | **establish** a marketing strategy<br>마케팅 전략을 세우다 |

| | | | |
|---|---|---|---|
| 16 | pottery | n 도자기 | A piece of **pottery** sits on the table.<br>탁자 위에 도자기 한 점이 놓여 있다. |
| 17 | park | v (자동차를) 주차하다 | **park** the car in front of the house<br>집 앞에 차를 주차하다 |
| 18 | garage | n 차고, 자동차 정비소 | The car is parked in the **garage**.<br>차가 차고 안에 주차되어 있다. |
| 19 | arrange | v 정리하다 | **arrange** the chairs in rows<br>의자들을 줄 맞춰 정리하다 |
| 20 | seat | v 앉히다, 앉다　n 자리 | She **seated** herself on the desk.<br>그녀는 책상 위에 앉았다. |
| 21 | around | prep 주위에, 둘러서 | stand **around** the table<br>탁자 주위에 서다 |
| 22 | position | v 자리잡다, 두다<br>n 직무, 직책; 위치 | **positioned** above the bench<br>벤치 위쪽에 자리잡았다 |
| 23 | above | prep ~보다 위에 | the moon **above** the hill<br>언덕 위의 달 |
| 24 | bench | n 벤치, 긴 의자 | on a **bench** by the street<br>길가의 벤치 위에 |
| 25 | bake | v (빵 등을) 굽다 | **bake** some cookies in the oven<br>오븐에 쿠키를 굽다 |
| 26 | travel | v 여행하다, 가다 | **travel** to work by train<br>기차를 타고 통근하다 |
| 27 | highway | n 고속 도로 | cars traveling on the **highway**<br>고속 도로 위를 달리는 자동차들 |
| 28 | bridge | n 다리, 교량 | build a **bridge** over a river<br>강 위로 다리를 건설하다 |
| 29 | extend | v 뻗다, 연장하다 | A bridge **extends** above the water.<br>다리가 물 위로 뻗어 있다. |
| 30 | carry | v 운반하다, 옮기다 | He was **carrying** a heavy box.<br>그는 무거운 상자를 운반하고 있었다. |

# DAY 03

|  |  |  |  |
|---|---|---|---|
| 1 | **write on** | v 쓰다 | **write on** the board<br>칠판 위에 쓰다 |
| 2 | **garden** | n 정원 | flowers in the **garden**<br>정원에 있는 꽃들 |
| 3 | **empty** | adj 텅 빈  v 비우다 | an **empty** basket<br>텅 빈 바구니 |
| 4 | **occupy** | v (공간, 시간을) 차지하다 | **occupy** much space<br>많은 공간을 차지하다 |
| 5 | **grow** | v 자라다, 커지다 | a nice place for plants to **grow**<br>식물이 자라기에 좋은 곳 |
| 6 | **fence** | n 울타리, 담장 | bushes by the **fence**<br>울타리 옆의 덤불 |
| 7 | **pick up** | v 들어올리다, 줍다 | **pick up** trash on the street<br>거리의 쓰레기를 줍다 |
| 8 | **cart** | n 손수레 | unload a **cart**<br>수레에서 짐을 내리다 |
| 9 | **edge** | n 끝, 가장자리, 모서리 | on the **edge** of the cliff<br>벼랑 끝에 |
| 10 | **platform** | n (기차역의) 플랫폼 | passengers on the **platform**<br>플랫폼에 있는 승객들 |
| 11 | **handle** | v 다루다, 처리하다 | **handle** the machine<br>기계를 다루다 |
| 12 | **device** | n 장치, 기구 | a safety **device**<br>안전장치 |
| 13 | **board** | v 탑승하다, 승차하다 | people waiting to **board**<br>탑승하려고 기다리는 사람들 |
| 14 | **plane** | n 비행기 | The **plane** landed safely.<br>비행기가 안전하게 착륙했다. |
| 15 | **crowded** | adj 붐비는, 복잡한 | The bus is very **crowded**.<br>버스가 매우 붐빈다. |

| | | | |
|---|---|---|---|
| 16 | share | v 함께 쓰다, 공유하다 | **share** a house with friends<br>친구들과 집을 함께 쓰다 (함께 살다) |
| 17 | office space | n 사무 공간, 사무실 | lease **office space**<br>사무실을 임대하다 |
| 18 | take a walk | v 산책하다 | **take a walk** in a park<br>공원에서 산책하다 |
| 19 | sign | v 서명하다 | **sign** the contract<br>계약서에 서명하다 |
| 20 | document | n 문서 | hand over a **document**<br>문서를 건네주다 |
| 21 | participate | v 참가하다, 참석하다 | **participate** in a conference<br>회의에 참가하다 |
| 22 | passenger | n 승객 | pick up **passengers**<br>승객들을 태우다 |
| 23 | line | v 줄을 서다, 줄을 세우다 | **line** up along the wall<br>벽을 따라 줄을 서다 |
| 24 | head | v 향하다, 가다 | Let's **head** back home.<br>집으로 돌아갑시다. |
| 25 | get off | v 내리다 | **get off** the bus at the next stop<br>다음 정류장에서 버스에서 내리다 |
| 26 | vehicle | n 차량, 탈것, 운송 수단 | rows of parked **vehicles**<br>여러 줄로 주차되어 있는 차량들 |
| 27 | trash | n 쓰레기 | clean up the **trash**<br>쓰레기를 청소하다 |
| 28 | recycle | v 재활용하다 | **recycle** paper, plastic, and metals<br>종이, 플라스틱, 금속류를 재활용하다 |
| 29 | environment | n 환경 | ways to protect the **environment**<br>환경을 보호하기 위한 방법들 |
| 30 | corner | n 구석, 모퉁이 | the grocery store on the **corner**<br>길 모퉁이의 식료품점 |

# DAY 04

|  |  |  |  |
|---|---|---|---|
| 1 | **final** | adj 최종의, 마지막의 | The **final** outcome was a surprise.<br>최종 결과는 놀라웠다. |
| 2 | **decision** | n 결정 | We must come to a **decision**.<br>우리는 결정을 내려야 한다. |
| 3 | **pay raise** | n 급여 인상 | ask for a **pay raise**<br>급여 인상을 요청하다 |
| 4 | **decide** | v 결정하다 | difficult to **decide**<br>결정하기 어려운 |
| 5 | **remember** | v 기억하다 | I cannot **remember** his name.<br>그의 이름이 기억나지 않아요. |
| 6 | **forget** | v 잊어버리다 | I never **forget** a face.<br>저는 사람 얼굴을 절대 잊어버리지 않아요. |
| 7 | **announce** | v 알리다, 발표하다 | **announce** a new regulation<br>새로운 규정을 발표하다 |
| 8 | **yet** | adv 아직 | They are not here **yet**.<br>그들은 아직 여기에 오지 않았다. |
| 9 | **check** | v 확인하다 | Please **check** your schedule again.<br>스케줄을 다시 확인해 주세요. |
| 10 | **be in charge (of)** | v (~를) 담당하다 | She will **be in charge of** this project.<br>그녀는 이 프로젝트를 담당할 것이다. |
| 11 | **depending (on)** | prep ~에 따라 | **depending on** class size<br>학급 규모에 따라 |
| 12 | **depart (for)** | v (~를 향해) 떠나다, 출발하다 | She will **depart for** the party soon.<br>그녀는 곧 파티에 참석하러 떠날 것이다. |
| 13 | **hire** | v 고용하다 | **hire** more workers<br>근로자를 더 고용하다 |
| 14 | **benefit** | n 혜택, 이득 | a position with more **benefits**<br>혜택이 더 많은 일자리 |
| 15 | **in front of** | prep ~의 앞에 | The truck is **in front of** the store.<br>트럭이 가게 앞에 있다. |

| | | | |
|---|---|---|---|
| 16 | business hours | n 영업시간, 근무 시간 | **Business hours** are over.<br>영업시간이 끝났습니다. |
| 17 | package | n 소포 | trace the **package**<br>소포의 행방을 추적하다 |
| 18 | continue | v 계속하다, 이어지다 | The cold weather will **continue** for a few days.<br>추운 날씨가 며칠간 이어지겠습니다. |
| 19 | either | pron 둘 다, 양쪽 모두 | I don't like **either** of them.<br>그들 중 어느 쪽도 좋아하지 않아요. |
| 20 | accounting | n 회계 | All invoices go to the **accounting** department.<br>모든 송장은 회계부서로 갑니다. |
| 21 | location | n 위치 | move to another **location**<br>다른 장소로 이전하다 |
| 22 | manage | v 관리하다; 해내다 | I can **manage** it by myself.<br>저는 혼자서 해낼 수 있습니다. |
| 23 | bill | n 계산서 | a mistake in the **bill**<br>계산서의 오류 |
| 24 | include | v 포함하다 | **include** the delivery charge<br>배송비를 포함하다 |
| 25 | tax | n 세금 | duty to pay the **tax**<br>세금을 낼 의무 |
| 26 | convenient | adj 편리한 | What time is the most **convenient** for you?<br>몇 시가 가장 편해요? |
| 27 | relocate | v 이전하다, 옮기다 | a good place to **relocate** the company<br>회사를 이전할 좋은 장소 |
| 28 | fare | n 요금 | The bus **fare** is being increased.<br>버스 요금이 인상될 것이다. |
| 29 | airport | n 공항 | The plane landed at the **airport**.<br>비행기가 공항에 착륙했다. |
| 30 | fair | n 박람회 | a world trade **fair**<br>세계 무역 박람회 |

# DAY 05

| # | 단어 | 품사/뜻 | 예문 |
|---|---|---|---|
| 1 | reserve | v 예약하다 | **reserve** a table for two<br>두 명을 위한 테이블을 예약하다 |
| 2 | upstairs | adv 위층으로 | move the bags **upstairs**<br>가방을 위층으로 옮기다 |
| 3 | division | n (회사의) 부서 | the sales **division**<br>영업부 |
| 4 | entrance | n 입구, 정문 | near the main **entrance**<br>정문 근처 |
| 5 | register | v 등록하다 | **register** for the class<br>수업에 등록하다 |
| 6 | reasonable | adj 합리적인 | The price is quite **reasonable**.<br>가격이 꽤 합리적이다. |
| 7 | visible | adj 보이는, 알아볼 수 있는 | no longer **visible** in the mist<br>안개 속에서 더 이상 보이지 않는 |
| 8 | conflict | n 충돌, 갈등 | a **conflict** between the new and old<br>신구의 갈등 |
| 9 | recommend | v 추천하다, 권하다 | **recommend** a place for dinner<br>저녁 식사를 위한 장소를 추천하다 |
| 10 | responsible | adj 책임지는, 책임이 있는 | He is **responsible** for the accident.<br>그는 사고에 대한 책임이 있다. |
| 11 | upcoming | adj 다가오는, 곧 있을 | in the **upcoming** season<br>다가오는 시즌 (계절) |
| 12 | head office | n 본사 | We have a **head office** in Seoul.<br>저희는 서울에 본사를 두고 있습니다. |
| 13 | leave | v 떠나다; 남기다 | **leave** it on the desk<br>책상 위에 두다 |
| 14 | attend | v 참석하다; 출석하다 | Let me know if you cannot **attend**.<br>참석하실 수 없으면 저에게 알려 주세요. |
| 15 | client | n 의뢰인, 고객 | find a new **client**<br>새로운 고객을 찾다 |

| | | | |
|---|---|---|---|
| 16 | **stationery** | n 문구류 | The **stationery** order has been delivered.<br>주문한 문구류가 배달되었다. |
| 17 | **office supplies** | n 사무용품 | **Office supplies** are kept in the cabinet.<br>사무용품은 캐비닛에 보관된다. |
| 18 | **prefer** | v 선호하다, 더 좋아하다 | either way you **prefer**<br>당신이 선호하는 어떤 쪽이든 |
| 19 | **assistant** | n 비서, 보좌관 | When does the new **assistant** start?<br>새로운 비서는 언제 일을 시작하나요? |
| 20 | **charity** | n 자선, 자선 단체 | **charity** event to help the poor<br>가난한 사람들을 돕기 위한 자선 행사 |
| 21 | **reduce** | v 줄이다, 감소하다 | a good idea to **reduce** expenses<br>비용을 줄이기 위한 좋은 아이디어 |
| 22 | **invoice** | n 송장, 청구서 | The **invoice** must be submitted for payment.<br>지불을 위해 청구서를 제출해야 합니다. |
| 23 | **invitation** | n 초대장 | an **invitation** to the party<br>파티 초대장 |
| 24 | **jam** | v (제 기능을 못하도록) 막히다, 걸리다 | It will **jam** up the copy machine.<br>그건 복사기를 걸리게 할 거예요. |
| 25 | **assign** | v 배정하다, 지정하다 | **assign** a new password<br>새 비밀번호를 지정하다 |
| 26 | **demonstration** | n 시연, 시범 | give a product **demonstration**<br>제품 시연을 하다 |
| 27 | **proposal** | n 제안 | turn down the **proposal**<br>제안을 거절하다 |
| 28 | **volume** | n 볼륨, 음량; 분량 | lower the **volume** on the radio<br>라디오 소리를 줄이다 |
| 29 | **advertise** | v 광고하다 | **advertise** a house for sale<br>집을 팔기 위해 광고하다 |
| 30 | **contract** | n 계약서, 계약 | The **contract** lasts for three years.<br>그 계약은 3년간 존속된다. |

# DAY 06

|  |  |  |  |
|---|---|---|---|
| 1 | launch | v 개시하다, 착수하다 | **launch** a new product<br>신제품을 출시하다 |
| 2 | delay | v 미루다, 연기하다 | The delivery of the order was **delayed**.<br>주문품의 배송이 지연되었다. |
| 3 | in advance | adv 미리, 사전에 | at least 5 business days **in advance**<br>영업일 기준으로 최소 5일 전에 |
| 4 | aisle seat | n 통로 쪽 좌석 | An **aisle seat** would be fine.<br>통로 쪽 자리가 좋겠습니다. |
| 5 | reference | n 참고, 참조 | as a **reference**<br>참고로 |
| 6 | deadline | n 기한, 마감 시간 | finish the work by the **deadline**<br>기한 내에 일을 끝내다 |
| 7 | suggestion | n 제안, 제의 | a constructive **suggestion**<br>건설적인 제안 |
| 8 | suppose | v 추측하다, 생각하다 | I **suppose** you are right.<br>당신이 옳다고 생각합니다. |
| 9 | quarterly | adj 분기별의 (1년의 1/4, 3개월) | meet the **quarterly** sales goals<br>분기별 영업 목표를 달성하다 |
| 10 | mind | v 꺼리다, 언짢아하다 | I don't **mind** at all.<br>저는 전혀 개의치 않습니다. |
| 11 | turn down | v (소리, 음량을) 줄이다, 낮추다; 거절하다 | **turn down** the TV<br>TV 소리를 줄이다 |
| 12 | account | n 계정, 계좌 | put some money into the **account**<br>계좌에 돈을 입금하다 |
| 13 | appointment | n 약속 | I can arrange an **appointment** for you.<br>당신을 위해 예약을 잡아 드릴 수 있어요. |
| 14 | permit | n 허가, 허가증 | a work **permit**<br>취업 허가서 |
| 15 | process | v 처리하다, 진행하다 | **process** mass data<br>대량의 자료를 처리하다 |

| # | 단어 | 품사·뜻 | 예문 |
|---|---|---|---|
| 16 | performance | n 공연, 연주회 | The dancer is doing a **performance** on the stage.<br>무용수가 무대에서 공연하고 있다. |
| 17 | baggage | n 수하물, 짐 | Load your **baggage** into the bus.<br>버스에 짐을 실으세요. |
| 18 | flight | n 비행(기) | How long will the **flight** be delayed?<br>비행기가 얼마나 지연될까요? |
| 19 | suitcase | n 여행 가방 | The **suitcase** is full of clothes.<br>여행 가방이 옷으로 가득 차 있다. |
| 20 | follow-up | n 후속 조치 | There is no **follow-up** action.<br>후속 조치가 없다. |
| 21 | sales director | n 영업 이사 | apply for the position of **sales director**<br>영업 이사 직책에 지원하다 |
| 22 | locate | v 찾다, 위치시키다 | **locate** a lost mobile phone<br>잃어버린 휴대 전화를 찾다 |
| 23 | available | adj 이용할 수 있는 | Let me know when you are **available**.<br>시간 나실 때 알려 주세요. |
| 24 | perfect | adj 완벽한 | a **perfect** spot to enjoy the summer vacation<br>여름휴가를 즐길 완벽한 장소 |
| 25 | stay | v 머무르다, ~한 채로 있다 | **stay** awake all night<br>밤새 깨어 있다 |
| 26 | patio | n 파티오(건물 뒤쪽에 있는 테라스, 뜰) | a nice weather to eat on the **patio**<br>파티오에서 식사할 만한 좋은 날씨 |
| 27 | supervisor | n 상사, 관리자 | Report it to your **supervisor** immediately.<br>당신 상사에게 그것을 즉시 보고하세요. |
| 28 | purchase | v 구매하다 | **purchase** an item online<br>온라인으로 물건을 구매하다 |
| 29 | afraid | adj 두려워하는, 염려하는 | I'm **afraid** they are still working on it.<br>유감스럽게도 그들은 아직 작업 중이다. |
| 30 | else | adv 그 외의, 또 다른 | I want to ask something **else**.<br>다른 것을 물어보고 싶습니다. |

# DAY 07

|  |  |  |  |
|---|---|---|---|
| 1 | concern | v 관련되다; 걱정스럽게 하다 | That does not **concern** me at all.<br>그것은 저와 전혀 관련이 없습니다. |
| 2 | probably | adv 아마 | He will **probably** win the prize.<br>그는 아마 상을 탈 것이다. |
| 3 | travel agent | n 여행사 직원 | A **travel agent** will make the reservations.<br>여행사 직원이 예약할 겁니다. |
| 4 | payment | n 지불, 납입 | upon receipt of **payment**<br>납입금이 수령되는 대로 |
| 5 | grocery | n 식료품(점) | get some milk at the **grocery** store<br>식료품점에서 우유를 사다 |
| 6 | security | n 보안, 경비 | for the reasons of **security**<br>보안상의 이유로 |
| 7 | efficient | adj 효율적인; 유능한 | The car is also energy-**efficient**.<br>그 자동차는 또한 에너지 효율적이다. |
| 8 | transaction | n 거래, 매매 | The **transaction** made them a good profit.<br>그 거래는 그들에게 많은 이익을 냈다. |
| 9 | auto mechanic | n 자동차 수리공 | The **auto mechanic** is repairing the engine.<br>자동차 정비공이 엔진을 수리하고 있다. |
| 10 | famous | adj 유명한 | She is known as a **famous** singer.<br>그녀는 유명한 가수로 알려져 있다. |
| 11 | afford | v (경제적, 시간적으로) 여유가 되다 | I can't **afford** the house.<br>나는 그 집을 살 형편이 안 됩니다. |
| 12 | entertainment | n 오락, 여흥 | Many people use the Internet for **entertainment**.<br>많은 사람들이 오락을 위해 인터넷을 씁니다. |
| 13 | representative | n 판매 대리인; 대표자 | consult the sales **representative**<br>영업 직원과 상의하다 |
| 14 | recently | adv 최근에 | The place has become very popular **recently**.<br>그 장소는 최근에 크게 인기를 얻었다. |
| 15 | special rate | n 특별 할인 요금 | give **special rates** to children under 5<br>5세 이하의 아동에게 특별 할인 요금을 제공하다 |

| | | | |
|---|---|---|---|
| 16 | divide | v 나누다 | The participants were **divided** into two groups.<br>참석자들은 두 그룹으로 나뉘었다. |
| 17 | confirm | v 확인하다 | I want to **confirm** my reservation on Saturday.<br>토요일 예약을 확인하고 싶습니다. |
| 18 | attendance | n 출석, 참석 | We look forward to your **attendance**.<br>여러분의 참석을 기대합니다. |
| 19 | intersection | n 교차로, 사거리 | Police officers are at the **intersection**.<br>경찰관들이 교차로에 있다. |
| 20 | lease | n 임대, 임대 계약 | The **lease** runs for 12 months.<br>임대 계약은 12개월 동안 지속된다. |
| 21 | expire | v 만료되다, 만기가 되다 | Your subscription is about to **expire**.<br>당신의 구독이 곧 만료됩니다. |
| 22 | realtor | n 부동산업체 | the right **realtor** to market a property<br>부동산을 거래할 적당한 부동산업체 |
| 23 | access | v 접근하다, 접속하다 | permissions to **access** the network<br>네트워크에 접속할 권한 |
| 24 | local | adj 지역의, 현지의 | according to a **local** newspaper<br>한 지역 신문에 따르면 |
| 25 | refund | n 환불 | get a full **refund**<br>전액 환불을 받다 |
| 26 | procedure | n 절차 | repeat the **procedure** several times<br>절차를 몇 번 반복하다 |
| 27 | sightseeing | n 관광 | go **sightseeing** in the city<br>도시를 관광하러 가다 |
| 28 | relative | n 친척 | gifts for friends and **relatives**<br>친구들과 친척들을 위한 선물 |
| 29 | volunteer | n 지원자; 자원봉사자 | I need a **volunteer** to help me.<br>저를 도와줄 지원자가 필요합니다. |
| 30 | renovation | n 개조, 보수 공사 | The **renovation** will be completed by the end of the month.<br>보수 공사는 이번 달 말까지 완료될 것이다. |

# DAY 08

| # | 단어 | 품사/뜻 | 예문 |
|---|---|---|---|
| 1 | **attendant** | n 안내원, 보조 요원 | a parking **attendant** <br> 주차 안내원 |
| 2 | **terrible** | adj 끔찍한, 형편없는 | a **terrible** experience <br> 끔찍한 경험 |
| 3 | **tourist** | n 관광객 | a **tourist** looking at a map <br> 지도를 보는 관광객 |
| 4 | **stop over** | v 들르다, 경유하다 | **stop over** at Madrid <br> 마드리드를 경유하다 |
| 5 | **book** | v 예약하다 | be **booked** up for the whole week <br> 일주일 내내 일정이 꽉 차다 |
| 6 | **stain** | n 얼룩 | rub out the **stain** <br> 얼룩을 문질러서 빼다 |
| 7 | **property** | n 재산; 부동산, 건물 | a piece of **property** near the lake <br> 호수 근처의 건물 |
| 8 | **clearance** | n 재고 정리 | They are holding a **clearance** sale. <br> 그들은 재고 정리 세일 중입니다. |
| 9 | **luggage** | n 짐, 수하물, 가방 | Put your **luggage** in the trunk. <br> 짐 가방을 트렁크에 넣으세요. |
| 10 | **weight** | n 무게 | I am putting on **weight**. <br> 몸무게가 늘고 있다. |
| 11 | **wonder** | v 궁금하다 | I **wonder** if she can come. <br> 그녀가 올 수 있을지 궁금하다. |
| 12 | **business trip** | n 출장 | a **business trip** to Paris <br> 파리 출장 |
| 13 | **product** | n 제품, 상품 | a newly launched **product** <br> 새롭게 출시된 제품 |
| 14 | **competition** | n 경쟁, 경기 | win a **competition** <br> 경쟁에서 이기다 |
| 15 | **construction** | n 건축, 건설 | The **construction** of the building is not yet completed. <br> 그 건물의 건축은 아직 끝나지 않았다. |

| # | 단어 | 품사/뜻 | 예문 |
|---|---|---|---|
| 16 | predict | v 예측하다 | **predict** the outcome<br>결과를 예측하다 |
| 17 | gym | n 체육관 | work out in a **gym**<br>체육관에서 운동하다 |
| 18 | correct | v 수정하다, 바로잡다 | **correct** the error<br>오류를 수정하다 |
| 19 | withdraw | v 인출하다, 철수하다 | **withdraw** some money from an account<br>계좌에서 돈을 인출하다 |
| 20 | deposit | v 입금하다, 예치하다 | **deposit** some money into an account<br>계좌에 돈을 입금하다 |
| 21 | merchandise | n 제품, 상품 | Please do not touch the **merchandise** on display.<br>진열된 상품을 만지지 마세요. |
| 22 | quality | adj 고급의;<br>n 품질, 우수함, 고급 | a **quality** product<br>품질 좋은 제품 |
| 23 | celebrate | v 기념하다, 축하하다 | **celebrate** Teacher's Day on May 15<br>5월 15일에 스승의 날을 기념하다 |
| 24 | anniversary | n 기념일 | It's been an **anniversary** since 1963.<br>1963년부터 기념일이 되었다. |
| 25 | promote | v 장려하다, 승진시키다 | to **promote** a healthy diet<br>건강한 식습관을 장려하기 위해 |
| 26 | compete | v 경쟁하다 | **compete** against the best teams<br>최고의 팀들과 경쟁하다 |
| 27 | introduce | v 소개하다 | I'm honored to **introduce** Dr. Lee to you.<br>이 박사님을 여러분께 소개하게 되어 영광입니다. |
| 28 | neighborhood | n 이웃, 동네 | around their **neighborhood**<br>그들의 동네 주변에 |
| 29 | invite | v 초대하다 | **invite** your family to the party<br>가족들을 파티에 초대하다 |
| 30 | whether | conj ~인지 (아닌지) | **whether** you like it or not<br>당신이 좋아하든지 싫어하든지 |

# DAY 09

| # | 단어 | 품사 | 뜻 | 예문 |
|---|---|---|---|---|
| 1 | deserve | v | ~을 받을 만하다 | **deserve** a rest<br>휴식을 취할 만하다 (쉬어 마땅하다) |
| 2 | miss | v | 그리워하다, 놓치다 | All of us already **miss** you.<br>우리 모두는 벌써 당신이 그립습니다. |
| 3 | review | v | 검토하다 | **review** the report<br>보고서를 검토하다 |
| 4 | look over | v | (대충) 훑어보다, 살펴보다 | **look over** the catalog<br>카탈로그를 훑어보다 |
| 5 | implement | v | 시행하다, 실시하다 | how to **implement** the change<br>이 변경을 시행할 방법 |
| 6 | specialize | v | 전문화하다, 특수화하다 | **specialized** in vegetarian dishes<br>채식주의자 요리를 전문으로 하는 |
| 7 | custom-made | adj | 주문 제작한, (고객의 요구에) 맞춤화된 | **custom-made** or ready-made products<br>맞춤 제품 또는 기성품 |
| 8 | maintenance | n | 관리, 보존 | **maintenance** and support plans<br>유지 관리 및 지원 계획 |
| 9 | pass | v | 지나가다; 통과하다 | **pass** through the downtown area<br>시내를 지나가다 |
| 10 | paycheck | n | 급료 (급료로 받는 수표) | get paid with a **paycheck**<br>수표로 급료를 받다 |
| 11 | reimbursement | n | 변제, 상환, 배상 | to receive a **reimbursement**<br>상환을 받기 위해 |
| 12 | detail | n | 세부 사항 | in **detail** from A to Z<br>처음부터 끝까지 상세하게 |
| 13 | incorrect | adj | 틀린, 잘못된 | Your password is **incorrect**.<br>당신의 비밀번호가 잘못되었습니다. |
| 14 | replace | v | 교체하다 | **replace** the malfunctioning parts<br>오작동하는 부품들을 교체하다 |
| 15 | cause | v | 야기하다, 초래하다 | **cause** a severe traffic jam<br>심각한 교통 체증을 야기하다 |

## 토익 빈출 어휘

| # | 단어 | 품사·뜻 | 예문 |
|---|------|---------|------|
| 16 | extension number | n 내선번호 | The **extension number** is already in use. 그 내선번호는 이미 사용 중이다. |
| 17 | reach | v ~에게 연락하다; ~에 이르다 | You can **reach** me at the office. 저에게 사무실로 연락하시면 됩니다. |
| 18 | submit | v 제출하다 | **submit** a loan application 대출 신청서를 제출하다 |
| 19 | request | v 요청하다 | **request** a full reimbursement 전액 변제를 요청하다 |
| 20 | appeal | v 관심을 끌다; 호소하다 | **appeal** to young readers 젊은 독자들의 관심을 끌다 |
| 21 | complicated | adj 복잡한 | too **complicated** for most of the users 사용자 대부분에게 너무 복잡한 |
| 22 | extensive | adj 대규모의, 광범위한 | **extensive** knowledge of ancient history 고대 역사에 대한 광범위한 지식 |
| 23 | beverage | n 음료수 | prohibit alcoholic **beverage** sales 알코올 음료 판매를 금지하다 |
| 24 | damage | v 손상을 주다, 훼손하다 | I didn't mean to **damage** anything. 어떤 것도 훼손하려고 했던 것은 아닙니다. |
| 25 | strategy | n 전략 | a **strategy** to increase sales 매출을 늘리는 전략 |
| 26 | owner | n 주인, 소유주 | the **owner** of the restaurant 식당 주인 |
| 27 | advertisement | n 광고 | put an **advertisement** in newspapers 신문에 광고를 내다 |
| 28 | article | n 글, 기사 | source of the **article** 기사의 출처 |
| 29 | celebrity | n 유명인사 | have an interview with a **celebrity** 유명인사를 인터뷰하다 |
| 30 | popularity | n 인기 | The book has grown in **popularity** recently. 그 책은 최근에 인기를 얻었다. |

# DAY 10

| # | 단어 | 품사/뜻 | 예문 |
|---|---|---|---|
| 1 | **limited** | **adj** 제한된, 한정된 | **limited** to 90 letters<br>90자 이하로 제한된 |
| 2 | **express** | **n** 급행열차, 속달 | a letter sent by **express**<br>속달로 보낸 편지 |
| 3 | **destination** | **n** 목적지 | I arrived at the **destination** a little late.<br>나는 목적지에 조금 늦게 도착했다. |
| 4 | **valuables** | **n** 귀중품 | put the **valuables** in the safe<br>귀중품을 금고에 넣다 |
| 5 | **update** | **n** 최신 정보 | hear the latest **update**<br>최신 정보(뉴스)를 듣다 |
| 6 | **situation** | **n** 상황 | in a difficult **situation**<br>어려운 상황에서 |
| 7 | **rush hour** | **n** 러시아워, 혼잡 시간대 | to avoid the **rush hour** traffic<br>교통 혼잡 시간을 피하려고 |
| 8 | **congested** | **adj** 붐비는, 혼잡한 | **congested** downtown area<br>혼잡한 시내 지역 |
| 9 | **merger** | **n** 합병 | the **merger** of affiliated companies<br>계열사들의 합병 |
| 10 | **council** | **n** 의회 | attend a city **council** meeting<br>시 의회 회의에 참석하다 |
| 11 | **approve** | **v** 승인하다, 인가하다 | difficult to **approve**<br>승인하기 어려운 |
| 12 | **revise** | **v** 수정하다, 정정하다 | I want to **revise** my last order.<br>최근 주문 사항을 수정하고 싶습니다. |
| 13 | **vote** | **n** 표, 투표 **v** 투표하다 | cast a **vote** against the change<br>변화에 반대하는 표를 던지다 |
| 14 | **secretarial** | **adj** 비서직의 | **secretarial** works such as printing and copying<br>인쇄, 복사와 같은 비서직 업무 |
| 15 | **mess** | **n** 엉망 | The room is in a **mess**.<br>방이 엉망진창이다. |

| | | | |
|---|---|---|---|
| 16 | avoid | v 피하다 | measures to **avoid** risks<br>위험을 피할 방안 |
| 17 | expected | adj 예상되는 | the **expected** time of arrival<br>예상되는 도착 시간 |
| 18 | last | v 계속되다 | **last** for days or weeks<br>며칠 또는 몇 주간 지속되다 |
| 19 | temperature | n 온도 | the lowest **temperature** this year<br>올해 들어 가장 낮은 기온 |
| 20 | official | n 공무원, 관리 | a high-ranking **official** in the government<br>정부의 고위 관료 |
| 21 | current | adj 현재의, 지금의 | the **current** rate of exchange<br>현재의 환율 |
| 22 | broadcast | n 방송 | on a nationwide radio **broadcast**<br>전국의 라디오 방송에서 |
| 23 | original | adj 독창적인; 원조의 | He has an **original** mind.<br>그는 독창적인 정신을 가지고 있다. |
| 24 | award | n 상 | present the **award**<br>시상하다 |
| 25 | precaution | n 예방 조치 | **precaution** to prevent car accidents<br>자동차 사고를 막기 위한 예방 조치 |
| 26 | postpone | v 미루다, 연기하다 | **postpone** the event for a week<br>행사를 일주일 미루다 |
| 27 | nutritious | adj 영양가 많은 | a **nutritious** and healthy food<br>영양가 많고 몸에 좋은 음식 |
| 28 | opportunity | n 기회 | miss a great investment **opportunity**<br>엄청난 투자 기회를 놓치다 |
| 29 | finance | n 재정, 금융 | a major player in the world of **finance**<br>금융업계의 선두 주자 |
| 30 | complimentary | adj 무료의 | **complimentary** breakfast served in the cafeteria<br>구내식당에서 제공하는 무료 아침 식사 |

# DAY 11

| | | | |
|---|---|---|---|
| 1 | result | n 결과 | announce a **result**<br>결과를 발표하다 |
| 2 | retirement | n 은퇴, 퇴직 | a **retirement** pension<br>퇴직 연금 |
| 3 | outstanding | adj 뛰어난, 미지불된 | **outstanding** debts<br>아직 갚지 못한 빚 |
| 4 | application | n 지원[신청](서) | an **application** form<br>신청서 |
| 5 | loan | n 대출[융자](금) | repay the **loan**<br>대출을 갚다 |
| 6 | require | v 요구하다, 필요로 하다 | **require** much skill<br>많은 숙련이 필요하다 |
| 7 | stable | adj 안정된, 안정적인 | **stable** prices<br>안정된 물가 |
| 8 | occupation | n 직업 | out of **occupation**<br>실직한, 직업이 없는 |
| 9 | sufficient | adj 충분한 | **sufficient** evidence<br>충분한 증거 |
| 10 | expense | n (업무상) 경비 | travel **expenses**<br>출장비 |
| 11 | reimburse | v 배상하다, 상환하다 | **reimburse** any expenses<br>모든 비용을 배상하다 |
| 12 | receipt | n 영수증; 수령 | an original **receipt**<br>영수증 원본 |
| 13 | personally | adv 직접, 개인적으로 | apply **personally**<br>직접 신청하다 |
| 14 | identifiable | adj 인식 가능한, 알아볼 수 있는 | **identifiable** information<br>식별 정보 |
| 15 | enclose | v 동봉하다 | **enclose** a remittance<br>송금액을 동봉하다 |

| | | | |
|---|---|---|---|
| 16 | **suitable** | adj 적합한, 적절한, 알맞은 | a **suitable** candidate<br>적합한 후보자 |
| 17 | **occasion** | n (특별한) 행사 | a special **occasion**<br>특별한 행사 |
| 18 | **fill in** | v 기입하다, 채우다 | **fill in** the registration form<br>신청서를 기입하다 |
| 19 | **occasional** | adj 가끔의 | **occasional** errors<br>가끔 있는 오류 |
| 20 | **complete** | v (서식을 빠짐없이) 작성하다 | **complete** the questionnaire<br>설문지를 작성하다 |
| 21 | **successful** | adj (어떤 일에) 성공한, 성공적인 | enjoy a **successful** career<br>성공적인 경력을 누리다 |
| 22 | **store** | v 저장[보관]하다 | Equipment is safely **stored**.<br>장비는 안전하게 보관됩니다. |
| 23 | **correctly** | adv 정확하게, 바르게 | stack the paper **correctly**<br>종이를 똑바로 쌓다 |
| 24 | **merge** | v 합병[병합]하다, 합치다 | **merge** the two companies<br>두 회사를 합병하다 |
| 25 | **crucial** | adj 중대한, 결정적인 | a **crucial** stage<br>중대한 단계 |
| 26 | **adversely** | adv 불리하게, 반대로 | affect **adversely**<br>나쁜 영향을 미치다 |
| 27 | **valid** | adj (법적·공식적으로) 유효한, 정당한 | a **valid** passport<br>유효한 여권 |
| 28 | **accommodate** | v 수용하다 | **accommodate** up to 500 guests<br>손님을 500명까지 받다 |
| 29 | **valuable** | adj 가치 있는, 귀중한 | **valuable** contributions<br>귀중한 공헌 |
| 30 | **budget** | n 예산(안) | lead to a **budget** deficit<br>예산 적자로 이어지다 |

# DAY 12

| # | 단어 | 품사/뜻 | 예시 |
|---|---|---|---|
| 1 | **recognized** | adj 인정된, 알려진 | a **recognized** organization<br>인정받는 기관[단체] |
| 2 | **transportation** | n 교통, 운송(수송) | public **transportation**<br>대중교통 |
| 3 | **inform** | v (공식적으로) 알리다, 통지하다 | **inform** us of any changes<br>저희에게 변경 사항을 알려 주세요 |
| 4 | **usable** | adj 사용 가능한, 쓸 수 있는 | **usable** washer and dryer<br>사용 가능한 세탁기와 건조기 |
| 5 | **entirely** | adv 전적으로, 완전히, 전부 | agree **entirely** what he said<br>그가 말한 것에 전적으로 동의하다 |
| 6 | **committee** | n 위원회 | organize a **committee**<br>위원회를 조직하다 |
| 7 | **encourage** | v 독려하다, 권장하다 | **encourage** the use of the smartphones<br>스마트폰 사용을 권장하다 |
| 8 | **accept** | v 받아들이다, 인정하다 | **accept** the responsibility<br>책임을 받아들이다 |
| 9 | **development** | n 개발, 발전 | a profitable **development** plan<br>수익성 있는 개발 계획 |
| 10 | **contribute** | v 기여하다, 이바지하다 | **contribute** to the success<br>성공에 기여하다 |
| 11 | **marketplace** | n (상품·서비스 등의 경쟁이 벌어지는) 시장 | be in the **marketplace**<br>시장에 선보이다 |
| 12 | **inspection** | n 점검, 검사/검토 | thorough **inspection**<br>철저한 검사 |
| 13 | **auditor** | n 회계 감사관 | according to **auditor** figures<br>감사관의 계산에 의하면 |
| 14 | **defect** | n 결함 | a minor **defect**<br>사소한 결함 |
| 15 | **promise** | n 약속  v 약속하다 | make a **promise**<br>약속을 하다 |

| | | | |
|---|---|---|---|
| 16 | catalogue | n (상품의) 목록, 카탈로그 | offer an online **catalogue**<br>온라인 카탈로그를 제공하다 |
| 17 | complain | v 불평[항의]하다 | **complain** about the serivce<br>서비스에 대해 불평하다 |
| 18 | take place | v (계획된 일이) 개최되다 | be scheduled to **take place**<br>열릴 것으로 예정되어 있다 |
| 19 | prosecutor | n 검사 | a district public **prosecutor**<br>지방 검사 |
| 20 | agreement | n 동의, 합의 | come to an **agreement**<br>합의를 보다 |
| 21 | unstable | adj 불안정한 | **unstable** conditions<br>불안한 상태 |
| 22 | recession | n 경기 후퇴, 불경기, 불황 | a business **recession**<br>경기 불황 |
| 23 | effort | n 노력, 공 | with the utmost **effort**<br>최대로 노력하여 |
| 24 | candidate | n 후보자, 지원자 | the best **candidate** for the job<br>그 직책에 가장 적격인 지원자 |
| 25 | factor | n 요인, 요소 | a principal **factor**<br>주된 요인 |
| 26 | efficiency | n 효율(성), 능률(성) | improvements in **efficiency**<br>능률 개선 |
| 27 | administrator | n 관리자, 행정인 | a hospital **administrator**<br>병원 관리자 |
| 28 | administrate | v 관리하다, 행정하다 | **administrate** the company<br>회사를 관리하다 |
| 29 | concerning | prep ~에 관한[관련된] | questions **concerning** the company<br>회사에 관한 질문 |
| 30 | alternate | adj 번갈아 일어나는 | work on **alternate** days<br>격일로 근무하다 |

# DAY 13

| # | 단어 | 품사/뜻 | 예시 |
|---|---|---|---|
| 1 | state | v 진술하다, 말하다 | **state** my views<br>나의 견해를 말하다 |
| 2 | allow | v (무엇을 하도록) 허락하다 | **allow** staff to park<br>직원들에게 주차를 허락하다 |
| 3 | technician | n 기술자, 기사 | an experienced **technician**<br>숙련된 기술자 |
| 4 | finally | adv 마침내 | be **finally** settled<br>마침내 해결되다 |
| 5 | knowledge | n 지식 | comprehensive **knowledge**<br>해박한(광범위한) 지식 |
| 6 | authorized | adj 인가 받은, 공인된 | **authorized** centers<br>지정된 서비스센터 |
| 7 | retire | v 은퇴[퇴직]하다 | **retire** from business<br>사업에서 은퇴하다 |
| 8 | currently | adv 현재, 지금 | be **currently** available<br>지금 이용 가능하다 |
| 9 | competitive | adj 경쟁을 하는, 경쟁력 있는 | at a **competitive** price<br>경쟁력 있는 가격으로 |
| 10 | delivery | n 배달, 전달 | by express **delivery**<br>빠른 우편으로 |
| 11 | leadership | n 지도력, 통솔력 | provide **leadership**<br>리더십을 발휘하다 |
| 12 | limit | v 한정[제한]하다 | Seating is **limited**.<br>좌석이 제한되어 있다. |
| 13 | participant | n 참가자 | a survey **participant**<br>설문 조사 참가자 |
| 14 | admit | v 들어가게 하다, 입장을 허락하다 | **admit** by ticket only<br>표를 가진 사람만 입장을 허가하다 |
| 15 | recommendation | n 추천장, 추천, 권고 | a letter of **recommendation**<br>추천장 |

| | | | |
|---|---|---|---|
| 16 | dedicate | v 바치다, 전념[헌신]하다 | **dedicate** oneself to<br>~에 전념하다, 몸을 바치다 |
| 17 | nationwide | adj 전국적인 | a **nationwide** strike<br>전국적인 파업 |
| 18 | regularly | adv 정기적으로 | inspect **regularly**<br>정기적으로 점검하다 |
| 19 | interested | adj ~에 관심 있는 | any **interested** employees<br>관심 있는 직원들은 누구나 |
| 20 | welcome | adj 환영 받는, 반가운 | a **welcome** change<br>반가운 변화 |
| 21 | presentation | n 발표, 프레젠테이션 | make a **presentation**<br>발표하다 |
| 22 | constantly | adv 끊임없이, 거듭 | complain **constantly**<br>끊임없이 불평하다 |
| 23 | remind | v 상기시키다, 다시 한번 알려 주다 | It **reminds** me of him.<br>그것은 그를 상기시킨다. |
| 24 | comply with | v 지키다, 준수하다 | **comply with** the rules<br>규칙에 따르다 |
| 25 | safety procedures | n 안전 절차, 안전 수칙 | information about **safety procedures**<br>안전 절차에 대한 정보 |
| 26 | tremendous | adj 엄청난, 대단한, 굉장한 | a **tremendous** achievement<br>굉장한 업적 |
| 27 | success | n 성공, 성과 | achieve **success**<br>성공하다 |
| 28 | satisfactory | adj 만족스러운, 충분한 | **satisfactory** results<br>만족스러운 결과 |
| 29 | concisely | adv 간결하게 | speak clearly and **concisely**<br>명료하고 간결하게 말하다 |
| 30 | exclusively | adv 오로지, 오직 | focus **exclusively** on personal matters<br>개인적인 문제에만 중점을 두다 |

# DAY 14

| | | | |
|---|---|---|---|
| 1 | **interview** | v (면접관이) 면접을 보다 | **interview** ten applicants<br>열 명의 지원자를 면접 보다 |
| 2 | **potential** | adj (~이 될) 가능성이 있는, 잠재적인 | **potential** customers<br>잠재 고객들 |
| 3 | **thoroughly** | adv 철저히, 철두철미하게 | **thoroughly** review<br>철저히 검토하다 |
| 4 | **assume** | v (권력·책임을) 맡다 | **assume** the responsibility<br>책임을 맡다 |
| 5 | **percentage** | n 비율, 퍼센트 | a **percentage** of profit<br>이율 |
| 6 | **hazard** | n 위험 (요소) | a fire/safety **hazard**<br>화재/안전 위험 요소 |
| 7 | **resume** | v 재개하다, 다시 시작하다 | **resume** talks/negotiations<br>회담/협상을 재개하다 |
| 8 | **operation** | n 활동, 운영 | business **operation**<br>경영 활동 |
| 9 | **expand** | v 확장되다[시키다] | a plan to **expand** into Asia<br>아시아 시장으로 진출할 계획 |
| 10 | **district** | n (특정한) 지구[지역] | the financial **district**<br>금융가 |
| 11 | **residential** | adj 거주하기 좋은, 주택지의 | a **residential** district<br>주택가 |
| 12 | **considerably** | adv 많이, 상당히 | drop **considerably** in value<br>가치가 현저히 떨어지다 |
| 13 | **ample** | adj 충분한 | **ample** evidence/proof<br>충분한 증거 |
| 14 | **secure** | v 획득[확보]하다 | **secure** a contract/deal<br>계약/거래를 따내다 |
| 15 | **accountant** | n 회계원, 회계사 | a qualified **accountant**<br>자격을 갖춘 회계사 |

## 토익 빈출 어휘

| | | | |
|---|---|---|---|
| 16 | **sector** | n 부문[분야] | the manufacturing **sector**<br>제조업 부문 |
| 17 | **fill** | v (일자리에 사람을) 채우다 | **fill** the position<br>일할 사람을 채우다 |
| 18 | **several** | adj 몇몇의 | **several** months<br>수개월(여러 달) |
| 19 | **discontinue** | v (계속하던 것을) 중단하다 | **discontinue** the services<br>서비스를 중지하다 |
| 20 | **assembly** | n (차량·가구 등의) 조립 | a car **assembly** plant<br>자동차 조립 공장 |
| 21 | **architect** | n 건축가 | a renowned **architect**<br>유명한 건축가 |
| 22 | **ventilation** | n 통풍, 환기 장치 | a **ventilation** system<br>환기 장치 |
| 23 | **install** | v 설치하다 | **install** a free software<br>무료 소프트웨어를 설치하다 |
| 24 | **conference** | n 회의, (공식) 회담 | hold a press **conference**<br>기자 회견을 열다 |
| 25 | **agenda** | n 의제, 안건 (목록) | draw up an **agenda**<br>안건을 작성하다 |
| 26 | **finalize** | v 마무리짓다, 완결하다 | **finalize** plans/arrangements<br>계획/준비를 마무리짓다 |
| 27 | **attach** | v 붙이다, 첨부하다 | **attach** a label to a parcel<br>소포에 꼬리표를 붙이다 |
| 28 | **production** | n 생산(량) | **production** line<br>생산 라인 |
| 29 | **base** | n (지지·권력 등의) 기반 | widen the customer **base**<br>고객층을 넓히다 |
| 30 | **greenhouse** | n 온실 | reduce **greenhouse** gases<br>온실가스를 줄이다 |

# DAY 15

| # | 단어 | 품사/뜻 | 예문 |
|---|---|---|---|
| 1 | **train** | v (특정한 직업·일을 위해) 교육[훈련]시키다 | **train** new employees<br>신입 직원들을 훈련시키다 |
| 2 | **draft** | n 원고, 초안 | attach the final **draft**<br>최종 원고를 첨부하다 |
| 3 | **below** | adv 아래[밑]에 | see **below** for references<br>하단을 참조하시오 |
| 4 | **gather** | v (정보를) 모으다[수집하다] | **gather** information<br>정보를 수집하다 |
| 5 | **acquire** | v (노력·능력으로) 습득하다, 얻다 | **acquire** a skill<br>기술을 익히다 |
| 6 | **attribute** | v (~을 …의) 탓으로 보다 | **attribute** the success to him<br>성공은 그의 덕이다 |
| 7 | **advisable** | adj 권할 만한, 바람직한 | Early booking is **advisable**.<br>조기 예매를 권장합니다. |
| 8 | **appropriately** | adv 적당하게, 알맞게 | behave **appropriately**<br>적절히 행동하다 |
| 9 | **function** | n 행사, 의식 | attend an official **function**<br>공식 행사에 참가하다 |
| 10 | **consumer** | n 소비자 | **consumer** awareness<br>소비자 인식 |
| 11 | **response** | n 대답, 응답, 반응 | in **response** to her request<br>그녀의 요구에 응하여[답하여] |
| 12 | **material** | n 재료, 자재, 자료 | be used as building **materials**<br>건축 자재로 쓰이다 |
| 13 | **repair** | n 수리   v 고치다, 수리하다 | a computer in need of **repair**<br>수리가 필요한 컴퓨터 |
| 14 | **voucher** | n 상품권, 할인권, 쿠폰 | send a gift **voucher**<br>상품권을 보내다 |
| 15 | **despite** | prep ~에도 불구하고 | **despite** the fact that ~<br>~의 사실에도 불구하고 |

| # | 단어 | 품사 뜻 | 예문 |
|---|---|---|---|
| 16 | **unpredictable** | adj 예측할 수 없는, 예측 불가능한 | **unpredictable** consequences<br>예측할 수 없는 결과 |
| 17 | **trend** | n 동향, 추세 | economic/social/political **trends**<br>경제적/사회적/정치적 동향 |
| 18 | **executive** | n (기업이나 조직의) 경영 이사[중역] | advertising/business **executives**<br>홍보/영업 이사 |
| 19 | **profile** | n 개요(서), 신상 명세 | an employee **profile**<br>직원 신상 명세 |
| 20 | **leader** | n 지도자, 대표 | become a political **leader**<br>정치 지도자가 되다 |
| 21 | **create** | v (느낌이나 인상을) 자아내다, 만들다 | **create** much interest<br>많은 흥미를 자아내다 |
| 22 | **target** | v 대상으로 삼다, 겨냥하다 | be **targeted** at regular customers<br>단골 고객들을 대상으로 하다 |
| 23 | **overall** | adj 전반적인, 전체의 | boost **overall** sales<br>총 매출을 올리다 |
| 24 | **contingency** | n 만일의 사태 | a **contingency** plan<br>(불의의 사태에 대비한) 사전 대책 |
| 25 | **immediate** | adj 즉각적인, 직속의 | report to an **immediate** supervisor<br>직속 상관에게 보고하다 |
| 26 | **protective** | adj 보호하는, 보호용의 | wear **protective** clothing<br>보호(장비)복을 입다 |
| 27 | **brief** | adj 짧은, 간단한 | for only a **brief** time<br>짧은 시간 동안만 |
| 28 | **connect** | v 연결하다 | **connect** to the Internet<br>인터넷에 연결하다 |
| 29 | **urgent** | adj 긴급한 | **urgent** matters to discuss<br>논의해야 할 긴급한 사안들 |
| 30 | **individual** | adj 개인의, 개별적인 | respect the rights of the **individual**<br>개인의 권리를 존중하다 |

# DAY 16

| | | | |
|---|---|---|---|
| 1 | participation | n 참가, 참여 | active **participation** 적극적인 참가 |
| 2 | conservation | n 보존, 관리 | energy **conservation** 에너지 절약 |
| 3 | consistently | adv 지속적으로, 일관되게 | **consistently** positive reviews 지속적으로 긍정적인 평가 |
| 4 | attract | v 끌어들이다 | **attract** new customers 신규 고객들을 끌어들이다 |
| 5 | leading | adj 가장 중요한, 선두적인 | a **leading** manufacturer 선두 제조업체 |
| 6 | appoint | v 임명하다 | **appoint** a new secretary 새 비서를 임명하다 |
| 7 | visitor | n 방문객, 손님 | a frequent **visitor** 자주 찾아오는 방문객, 단골손님 |
| 8 | retailer | n 소매업자; 소매업 | buy from a **retailer**[wholesaler] 소매[도매] 상인에게서 사다 |
| 9 | alter | v 바꾸다, 고치다 | **alter** conditions 조건을 변경하다 |
| 10 | notice | n 알림, 통지 | give one month's **notice** 한 달 전에 통지하다 |
| 11 | host | v (행사를) 주최하다 | **host** a reception 환영회를 주최하다 |
| 12 | component | n 부품, 구성 요소 | replace worn-out **components** 낡은 부품들을 교체하다 |
| 13 | excellent | adj 훌륭한, 탁월한 | provide **excellent** service 훌륭한 서비스를 제공하다 |
| 14 | communicate | v 의사소통을 하다 | **communicate** with each other 서로 의사소통을 하다 |
| 15 | progress | n 진행, 진전 | slow/steady/rapid **progress** 더딘/꾸준한/빠른 진전 |

| # | 단어 | 품사/뜻 | 예문 |
|---|---|---|---|
| 16 | strength | n 강점, 장점 | the **strengths** and weaknesses<br>강점과 약점 |
| 17 | ideal | adj 이상적인, 가장 알맞은 | the **ideal** candidate for the position<br>그 직책에 가장 알맞은 후보자 |
| 18 | firm | n 회사 | work for an engineering **firm**<br>엔지니어링 회사에서 일하다 |
| 19 | patient | n 환자 | treat[cure] a **patient**<br>환자를 진찰하다[치료하다] |
| 20 | familiar | adj ~에 익숙한 | be **familiar** with the computer<br>컴퓨터에 익숙하다 |
| 21 | stated | adj 명시된 | Do not exceed the **stated** dose.<br>명시된 복용량을 초과하지 마시오. |
| 22 | newsletter | n (조직의) 소식지[회보] | publish the company **newsletter**<br>사보를 발행하다 |
| 23 | preparation | n 준비, 대비 | in **preparation** for tomorrow's meeting<br>내일 회의에 대비해서 |
| 24 | fiscal | adj 국가 재정의 | **fiscal** policies/reforms<br>국가 재정 정책/세제 개혁 |
| 25 | pair | v (둘씩) 짝을 짓다 | be **paired** with senior staff<br>선임 직원과 둘씩 조가 되다 |
| 26 | senior | n (계급·지위가 더 높은) 상급자 | hire **senior** staff<br>고위급 간부, 상급 직원을 뽑다 |
| 27 | plumbing | n 배관 | replace the whole **plumbing** system<br>전체 배관 시스템을 교체하다 |
| 28 | electrical | adj 전기의 | establish an **electrical** company<br>전기 회사를 설립하다 |
| 29 | failure | n 실패, 고장 | The plan was a complete **failure**.<br>그 계획은 완전한 실패였다. |
| 30 | inconvenience | n 불편함 | Sorry for the **inconvenience**.<br>불편을 드려 죄송합니다. |

# DAY 17

| # | 단어 | 품사/뜻 | 예문 |
|---|---|---|---|
| 1 | **experience** | v 겪다, 경험하다 | **experience** mechanical problems<br>기계 고장을 겪다 |
| 2 | **prompt** | adj 즉각적인, 신속한 | make a **prompt** decision<br>신속한 결정을 하다 |
| 3 | **additional** | adj 추가의 | an **additional** delivery charge<br>추가 배달 비용 |
| 4 | **charge** | n (상품·서비스에 대한) 요금 | pay admission **charges**<br>입장료를 지불하다 |
| 5 | **conscientious** | adj 양심적인, 성실한 | a **conscientious** worker<br>성실한 근로자 |
| 6 | **inquiry** | n 질문, 문의, 조회 | an **inquiry** office<br>(호텔이나 역 등의) 안내소 |
| 7 | **ahead of** | prep (시간적으로) ~보다 빨리 | **ahead of** schedule<br>예정보다 먼저(일찍) |
| 8 | **mistakenly** | adv 잘못하여, 실수로 | believe **mistakenly**<br>잘못 생각하다 |
| 9 | **direct** | adj 직행의, 직접적인 | a **direct** flight to New York<br>뉴욕으로 가는 직항편 |
| 10 | **loss** | n 손실액, 손해 | suffer considerable **losses**<br>상당한 손실을 겪다 |
| 11 | **delegate** | n (집단의 의사를 대표하는) 대표(자) | meet a **delegate**<br>대표를 만나다 |
| 12 | **motivate** | v 동기 부여하다 | **motivate** employees<br>직원들에게 동기 부여하다 |
| 13 | **economic** | adj 경제의 | an **economic** recession<br>경기 침체 |
| 14 | **competent** | adj 능숙한, 유능한 | **competent** workers<br>유능한 직원들 |
| 15 | **perform** | v (일·과제·의무 등을) 행하다 | **perform** a contract<br>계약을 이행하다 |

| 16 | duty | n 업무, 의무 | perform important **duties**<br>중요한 업무를 하다 |
|---|---|---|---|
| 17 | commercial | adj 상업의 | a **commercial** vehicle<br>(화물을 수송하는) 상업용 차량 |
| 18 | flexibility | n 융통성, 탄력성 | offer customers more **flexibility**<br>고객들에게 더 많은 융통성을 제공하다 |
| 19 | stress | v 강조하다 | **stress** the importance of language<br>언어의 중요성을 강조하다 |
| 20 | precise | adj 정확한, 정밀한 | **precise** details/instructions<br>정확한 세부 내용/지시 사항 |
| 21 | promising | adj 유망한, 촉망되는 | a **promising** young accountant<br>전도유망한 젊은 회계사 |
| 22 | consistent | adj ~와 일치하는, 일관된 | **consistent** with our principles<br>우리의 원칙과 일치하는 |
| 23 | subscribe | v (신문 등을) 구독하다 | **subscribe** to a magazine<br>잡지를 정기 구독하다 |
| 24 | transfer | v 전근[이전]하다,<br>이전[전근]시키다 | **transfer** to the sales department<br>영업부서로 전근가다 |
| 25 | atmosphere | n 분위기, 기운, 공기 | create a friendly **atmosphere**<br>우호적인 분위기를 조성하다 |
| 26 | comfortable | adj 편안한, 쾌적한 | a very **comfortable** atmosphere<br>매우 편안한 분위기 |
| 27 | malfunction | v (기계 등이) 작동하지 않다 | If this machine **malfunctions**,<br>기계가 작동하지 않으면 |
| 28 | acceptable | adj 받아들일 수 있는<br>[허용할 수 있는] | an **acceptable** compromise<br>수용할 수 있는 타협안 |
| 29 | resolve | v 해결하다 | in an attempt to **resolve** the conflict<br>갈등을 해소하기 위한 시도로 |
| 30 | estimate | n 견적 | The delivery fee was included in the **estimate**.<br>견적에 운송료가 포함되었다. |

# DAY 18

|  |  |  |  |
|---|------|--------------|---------|
| 1 | evaluation | n 평가 | job **evaluation** process<br>직무 평가 과정 |
| 2 | at least | adv 적어도[최소한] | **at least** once a week<br>적어도 일주일에 한 번 |
| 3 | facility | n (편의) 시설 | use shopping **facilities**<br>쇼핑 시설을 이용하다 |
| 4 | suburban | adj (도시) 교외의 | live in **suburban** areas<br>교외 지역에 살다 |
| 5 | resident | n 거주자, 주민 | a **resident** of Paris<br>파리의 거주자 |
| 6 | lodge | v 숙박[하숙]하다 | **lodge** at a hotel<br>호텔에 묵다 |
| 7 | substantial | adj (양·가치·중요성이) 상당한 | a **substantial** change<br>상당한 변화 |
| 8 | essential | adj 필수적인, 극히 중요한 | an **essential** part/component<br>필수적인 부분/성분 |
| 9 | technical | adj 기술적인, 전문적인 | in **technical** terms<br>전문 용어로 |
| 10 | consult | v 상담하다, 상의하다 | **consult** with my colleagues<br>동료들과 상의하다 |
| 11 | support | n 지지, 지원 | continued **support**<br>끊임없는 지원 |
| 12 | enthusiastic | adj 열렬한, 열광적인 | due to **enthusiastic** response<br>열렬한 반응으로 인해 |
| 13 | ensure | v 반드시 ~하게 하다, 보장하다 | to **ensure** your success<br>귀하의 성공을 보장하기 위해 |
| 14 | funding | n 자금, 재정 지원 | get government **funding**<br>정부의 재정 지원을 받다 |
| 15 | forecast | n 예측, 예보, 전망 | according to the weather **forecast**<br>일기 예보에 따르면 |

| # | 단어 | 품사/뜻 | 예시 |
|---|---|---|---|
| 16 | appropriate | adj 적절한 | an **appropriate** measure<br>적절한 조치 |
| 17 | reliable | adj 믿을 만한 | a **reliable** source<br>믿을 만한 소식통 |
| 18 | emergency | n 비상 (사태) | in case of (an) **emergency**<br>비상시에는 |
| 19 | terms | n (합의·계약 등의) 조건 | the **terms** of the agreement<br>합의 조건 |
| 20 | feature | n 특징, 특성 | a notable **feature**<br>눈에 띄는 특징 |
| 21 | theory | n 이론, 학설 | propound a **theory**<br>이론을 제기하다 |
| 22 | opposition | n (~에 대한 강한) 반대[항의] | without **opposition**<br>반대 없이 |
| 23 | reveal | v 드러내다, 폭로하다 | **reveal** the truth<br>사실을 밝히다 |
| 24 | household | n 가정  adj 가정의 | **household** appliances<br>가전제품 |
| 25 | average | adj 평균의 | an **average** rate/cost/price<br>평균 비율/비용/가격 |
| 26 | reorganize | v 재편성하다 | **reorganize** the staff<br>직원을 재편성하다 |
| 27 | adopt | v (투표로) 채택하다 | **adopt** the scheme<br>계획을 채택하다 |
| 28 | stagnant | adj 침체된 | a **stagnant** economy<br>침체된 경제 |
| 29 | insurance | n 보험 | an **insurance** provider<br>보험 회사 |
| 30 | coverage | n (보상) 범위, 보도 | medical **coverage**<br>보험(의료) 혜택 |

# DAY 19

| # | 단어 | 품사/뜻 | 예문 |
|---|---|---|---|
| 1 | **beneficial** | adj 유익한, 이로운 | be mutually **beneficial** / 상호간에 이롭다 |
| 2 | **impressive** | adj 인상적인, 인상[감명] 깊은 | an **impressive** performance / 감명 깊은 공연 |
| 3 | **investor** | n 투자자 | a large **investor** / 거액 투자자 |
| 4 | **foreseeable** | adj 예측할 수 있는 | in the **foreseeable** future / 가까운 미래에 |
| 5 | **anticipate** | v 기대하다, 예상하다 | **anticipate** eagerly / 열렬히 고대하다 |
| 6 | **congestion** | n 혼잡, 정체 | due to traffic **congestion** / 교통 체증 때문에 |
| 7 | **recruit** | v (신입 사원·회원 등을) 모집하다, 뽑다 | **recruit** staff / 직원을 모집하다 |
| 8 | **revenue** | n (기관의) 수익 | reduce **revenue** loss / 수익 손실을 줄이다 |
| 9 | **brilliant** | adj 훌륭한, 멋진 | a **brilliant** performance / 멋진 공연 |
| 10 | **drive** | n 추진력, 투지 | He has tremendous **drive**. / 그는 투지가 대단하다. |
| 11 | **come up with** | v ~을 생각해 내다, 고안하다 | **come up with** a different approach / 다른 접근법을 고안하다 |
| 12 | **complex** | n 복합 건물, (건물) 단지 | an industrial **complex** / 산업 단지 |
| 13 | **demolish** | v (건물을) 철거하다 | **demolish** a building / 건물을 철거하다 |
| 14 | **faithfulness** | n 충실함, 신뢰할 만함 | **faithfulness** to the duties / 의무에 대한 충실함 |
| 15 | **switch** | v 전환하다, 바꾸다 | **switch** seats / 자리를 바꾸다 |

| # | 단어 | 품사/뜻 | 예문 |
|---|---|---|---|
| 16 | air | v 방송하다, 방송되다 | The program was **aired** last week.<br>그 프로그램은 지난주에 방송되었다. |
| 17 | prove | v 입증[증명]하다 | **prove** to be competent<br>유능함이 입증되다 |
| 18 | enrollment | n 등록, 등록자 수, 입학 | **Enrollment** fee is charged.<br>등록비가 청구됩니다. |
| 19 | permission | n 허락, 허가 | get **permission**<br>허가를 얻다 |
| 20 | durability | n 내구성, 내구력 | **durability** of the products<br>제품의 내구성 |
| 21 | audience | n (공연 등의) 관중 | address an **audience**<br>청중에게 연설하다 |
| 22 | fasten | v (두 부분을 연결해) 매다 | **fasten** a seatbelt<br>안전벨트를 매다 |
| 23 | expiration | n (기간·임기 등의) 만료, 만기 | an **expiration** date<br>(유효 기간) 만기일 |
| 24 | proceed | v (이미 시작된 일을 계속) 진행하다 | Work is **proceeding** slowly.<br>작업이 더디게 진행되고 있다. |
| 25 | initiative | n (문제 해결을 위한 새로운) 계획 | as part of our public relations **initiative**<br>홍보 계획의 일환으로 |
| 26 | foundation | n (건물의) 토대, 기초 | **foundation** work<br>기초 공사 |
| 27 | feasibility | n (실행) 가능성 | a **feasibility** study<br>예비 조사, 타당성 조사 |
| 28 | overseas | adj 해외의, 국외의 | **overseas** development/markets<br>해외 개발/시장 |
| 29 | employment | n 고용, 채용 | the conditions of **employment**<br>채용 조건 |
| 30 | consultation | n 상담 | available at any time for **consultation**<br>언제든지 상담 가능한 |

# DAY 20

| | | | |
|---|---|---|---|
| 1 | evaluate | v (양, 가치 등을) 평가하다 | **evaluate**[assess] outcomes<br>결과를 평가하다 |
| 2 | determine | v 결정하다 | **determine** which is right<br>어느 쪽이 옳은지를 결정하다 |
| 3 | fill out | v 기입하다 | **fill out** an application<br>신청서에 기입하다 |
| 4 | boost | v 증가시키다, 북돋우다 | **boost** exports/profits<br>수출/수익을 증가시키다 |
| 5 | morale | n 사기, 의욕 | boost/raise **morale**<br>사기를 높이다 |
| 6 | horizon | n 수평선, 지평선 | below the **horizon**<br>수평선 아래로 |
| 7 | implication | n 암시, 함축, 영향 | the **implications** of the merger<br>합병의 영향 |
| 8 | unexpected | adj 예기치 못한, 뜻밖의 | an **unexpected** result<br>예기치 못한 결과 |
| 9 | enthusiasm | n 열광; 열정, 열의 | **enthusiasm** for the job<br>일에 대한 열의 |
| 10 | consideration | n 사려, 숙고 | under **consideration**<br>고려 중인 |
| 11 | deal with | v 다루다, 처리하다 | **deal with** the issues<br>쟁점들을 다루다 |
| 12 | fragile | adj 손상되기 쉬운 | **fragile** goods<br>파손되기 쉬운 상품 |
| 13 | environmental | adj 환경의 | the **environmental** pollution<br>환경 오염 |
| 14 | unfortunate | adj 유감스러운 | the **unfortunate** decision<br>유감스러운 결정 |
| 15 | minor | adj 작은, 가벼운 | a **minor** error<br>사소한 실수 |

| # | 단어 | 품사/뜻 | 예시 |
|---|---|---|---|
| 16 | downsize | v 줄이다 | **downsize** the workforce<br>직원 수를 줄이다 |
| 17 | outcome | n 결과 | a probable **outcome**<br>가능한 결과 |
| 18 | guideline | n 가이드라인, 지침 | according to the new **guideline**<br>새로운 지침에 따라 |
| 19 | maximize | v 극대화하다 | **maximize** efficiency/profits<br>효율성/수익을 극대화하다 |
| 20 | effectiveness | n 유효(성), 효능 | the **effectiveness** of the new drug<br>신약의 효능 |
| 21 | domestic | adj 국내의 | the **domestic** market<br>국내 시장 |
| 22 | accommodation | n 숙박 시설 | a comfortable **accommodation**<br>편안한 숙박 시설 |
| 23 | respectfully | adv 공손하게, 정중하게<br>(= politely) | decline **respectfully**<br>정중히 거절하다 |
| 24 | numerous | adj 많은, 수많은 | **numerous** file formats<br>여러 파일 형식 |
| 25 | ceremony | n 의식, 기념 행사 | at the opening **ceremony** tonight<br>오늘밤 개막 행사에서 |
| 26 | decade | n 10년 | thanks to a **decade** of effort<br>10년간의 노력 덕분에 |
| 27 | exhibit | n 전시품, 전시회 | The **exhibit** runs from Monday to Friday.<br>전시회는 월요일부터 금요일까지 진행됩니다. |
| 28 | annual | adj 연례의, 매년의 | reduce the **annual** expenses<br>연간 경비를 줄이다 |
| 29 | confusion | n 혼란, 혼동 | cause a lot of **confusion**<br>많은 혼란을 야기하다 |
| 30 | prescription | n 처방전, 처방약 | ask for a **prescription**<br>처방전을 요구하다 |

books.english.co.kr

books.english.co.kr

books.english.co.kr

books.english.co.kr

books.english.co.kr

books.english.co.kr

books.english.co.kr